KB108072

회사 실무에
힘을 주는

오토캐드 2023

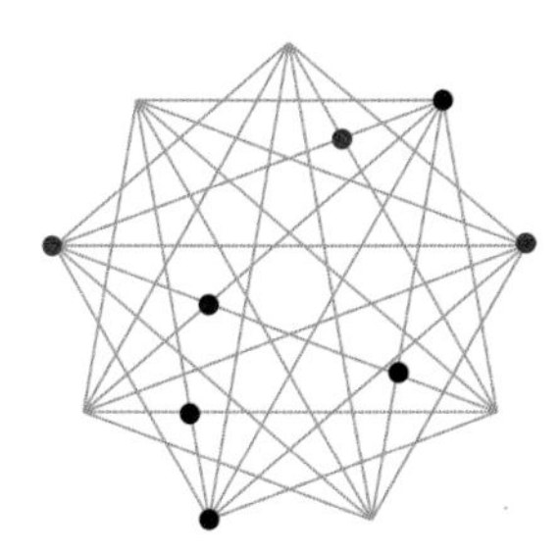

남현우 지음

회사 실무에 힘을 주는

오토캐드 2023

초판 1쇄 인쇄 | 2023년 1월 10일
초판 1쇄 발행 | 2023년 1월 20일

지 은 이 | 남현우
발 행 인 | 이상만
발 행 처 | 정보문화사

책임편집 | 노미라
교정·교열 | 안종군

주 소 | 서울시 종로구 동숭길 113 정보빌딩
전 화 | (02)3673-0037(편집부) / (02)3673-0114(代)
팩 스 | (02)3673-0260
등 록 | 1990년 2월 14일 제1-1013호
홈페이지 | www.infopub.co.kr

I S B N | 978-89-5674-922-8

저자의 말

많은 분야에서 사용되고 있는 오토캐드

AutoCAD는 건축, 인테리어, 기계, 전기, 전자, 토목, 산업 디자인, 제품 디자인, 설계, 디자인 등 사용되지 않는 분야가 거의 없을 정도로 우리 산업에서 중요한 위치를 차지하고 있는 프로그램입니다.

처음부터 끝까지

각 분야의 설계나 디자인 종사자, 학생들이 캐드를 공부할 때 처음부터 단축키를 사용하거나 단축 명령어를 사용하는 경우가 있습니다. 좀 더 캐드를 쉽게 익히기 위해서라고 할 수 있죠! 하지만 필자는 이 방식을 권장하지 않습니다. 조금 더딜 수는 있지만 완전한 명령어를 키보드에 입력해 도면을 그리는 것이 명령어에 대한 이해도와 명령어의 활용도 파악에 도움이 되기 때문입니다.
책의 첫 페이지부터 끝 페이지까지 천천히 따라 하면 어느 순간 오토캐드에 대해 자신감이 더 생길 것입니다.

실무 경험

필자는 대학에서 오랫동안 학생들을 지도해 왔고 실무에서 많은 경험을 했습니다. 가장 처음 작업한 실무는 강남구 소재 한 회사의 사무 공간을 AutoCAD를 이용해 평면도를 만들고 A1 크기로 출력하는 것이었습니다. 몇 번의 수정을 거쳐 평면도를 완성했지만 대형 출력기(플로터)를 다루는 것이 서툴러 당황했던 기억이 납니다. 그 이후 전철 노선도, 건축 인테리어 투시도, 제품 도면 등 다양한 2D/3D 도면 작업을 수행하면서 캐드에 대한 자신감이 생겼습니다. 이 책에는 이러한 실무를 통해 익혔던 오토캐드 활용법이 담겨 있습니다.

아무리 어려운 책이라도 백 번을 읽으면 그 뜻을 알 수 있다고 했습니다. 책을 보다가 어려운 부분이 있다면 읽고 또 읽어서 그 내용을 분석한 후에 드로잉한다면 내용을 충분히 이해할 수 있을 것입니다. 그래도 어려운 부분이 있다면 필자에게 메일을 보내 주시기 바랍니다.

저자 **남현우**
master@lineart.co.kr

미리 보기

PART

사용자에게 필요한 내용을 효율적으로 학습할 수 있도록 구성했습니다.

Section

제목과 도입문을 통해 배울 내용을 한눈에 파악할 수 있습니다.

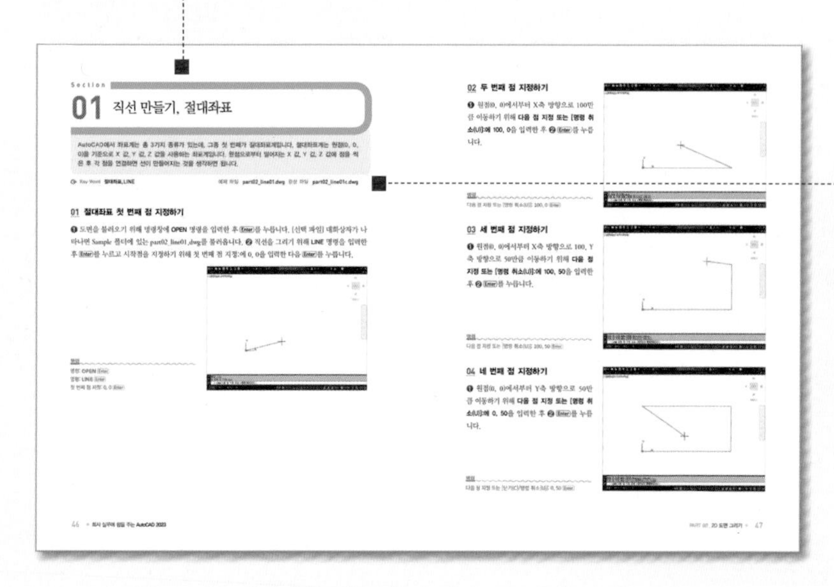

예제/완성 파일

각 섹션에서 배울 내용을 따라 할 수 있도록 예제 파일을 제공합니다. 이 책의 본문을 따라 하는 데 필요한 예제 파일 및 완성 파일은 정보문화사 홈페이지(infopub.co.kr) 자료실에서 다운로드할 수 있습니다.

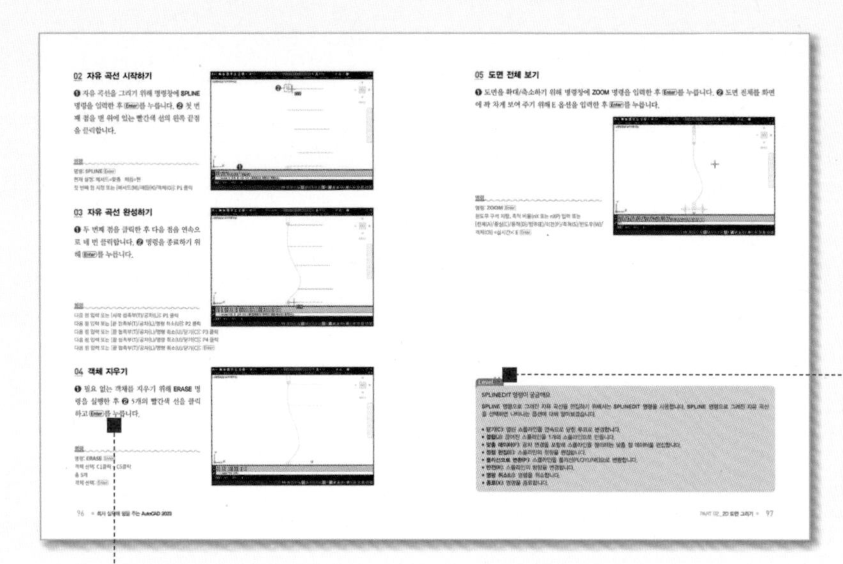

Level UP

배우는 내용에 대한 추가 설명, 각 항목에 대한 자세한 설명이 담겨 있습니다.

따라 하기

실무 예제를 실제로 따라 하는 내용입니다. 친절한 설명과 그림을 참고해 학습할 수 있습니다.

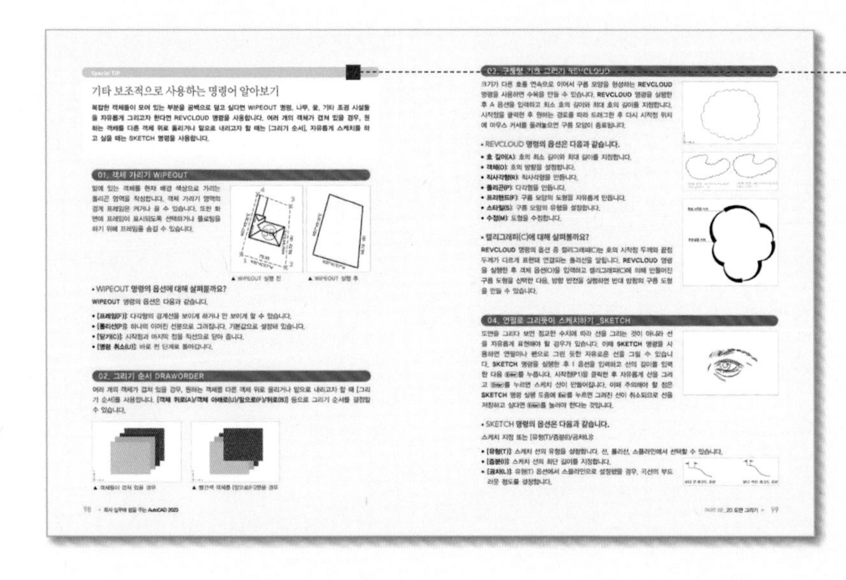

Special TIP

본문에서 다루지 못한 내용을 보강함으로써 다양한 방법으로 사용자의 수준을 한 단계 업그레이드할 수 있도록 도와줍니다.

차례

PART 01 AutoCAD 2023 시작하기

PART 02

2D 도면 그리기

PART 03

2D 도면 편집하고 3D 모델링하기

PART 04 문자, 해치, 치수 만들고 출력하기

PART 05

실무 예제로 AutoCAD 2023 달인되기

PART 01

AutoCAD 2023 시작하기

AutoCAD(Computer Aided Design and Drafting)는 컴퓨터를 사용한 디자인, 제도 기술을 의미하는 것으로, 건축, 기계, 인테리어, 제품, 전기, 전자 등과 같은 다양한 분야의 도면을 그릴 수 있는 범용 프로그램입니다. AutoCAD를 사용하면 설계 업무나 디자인 업무에서 정확성, 기능성, 규격성 등을 강화할 수 있고 복제와 편집을 쉽게 할 수 있기 때문에 업무의 효율성을 극대화할 수 있습니다. 그 덕분에 AutoCAD의 사용 범위는 그래픽, 3차원 애니메이션 등과 같은 산업 분야까지 확대되고 있습니다. 1부에서는 AutoCAD 2023의 개요, 설치 방법, 주요 특징, 기능에 대해 알아보겠습니다.

A U T O C A D 2 0 2 3

Section

01 AutoCAD 2023 개요

AutoCAD는 이제 건축, 인테리어, 토목, 전기, 전자, 디자인 등 다양한 분야에서 없어서는 안 될 필수 프로그램으로 자리 잡았습니다. AutoCAD에 대한 개요와 새로운 기능에 대해 알아보겠습니다.

01 AutoCAD 2023 개요

AutoCAD 2023은 설계자, 디자이너를 세심하게 고려해 개발된 프로그램입니다. AutoCAD 2023을 사용하면 시간을 절약할 수 있고 속도와 정확도를 높일 수 있으며 일상적인 제도, 상세도, 실시 설계, 디자인 작업을 신속하게 진행할 수 있습니다. 또한 AutoCAD 도구는 개념적 설계와 시각화를 위해 혁신적으로 개발됐으며, 새로운 도구 세트와 함께 동작하므로 생산성을 보장하고 모든 작업에 효율성을 제공합니다. 다양하고 멋진 3D 디자인을 만들 수 있고 클라우드에 접속해 디자인에 대한 공동 작업을 할 수 있으며 모바일 기기를 이용해 디자인에 적용할 수 있습니다.

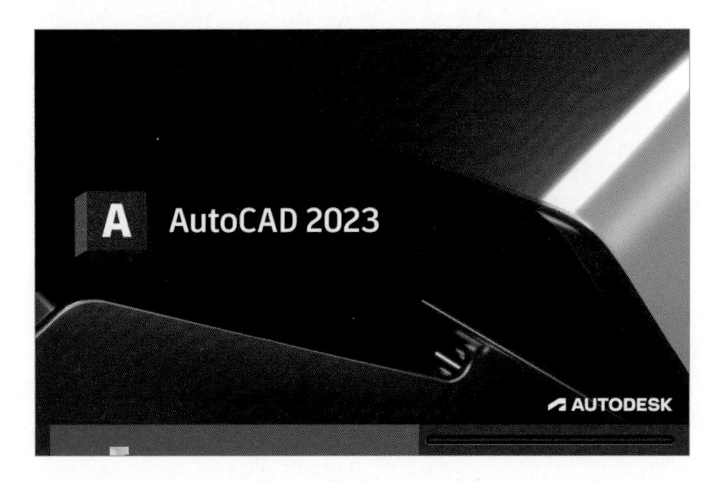

02 AutoCAD 2023의 새로운 기능

AutoCAD 2022에서 AutoCAD 2023으로 업그레이드되면서 변경되거나 향상된 기능을 간략하게 알아보겠습니다.

성능 분석기

성능 분석기를 사용하면 AutoCAD에서 느리거나 응답하지 않는 것처럼 보이는 원인을 진단할 수 있습니다. AutoCAD의 성능은 하드웨어 및 네트워크의 구성에 따라 달라질 수 있습니다. 성능 분석기 도구는 성능에 영향을 미칠 수 있는 다양한 문제를 이해하기 위한 의미 있는 방법을 제공합니다.

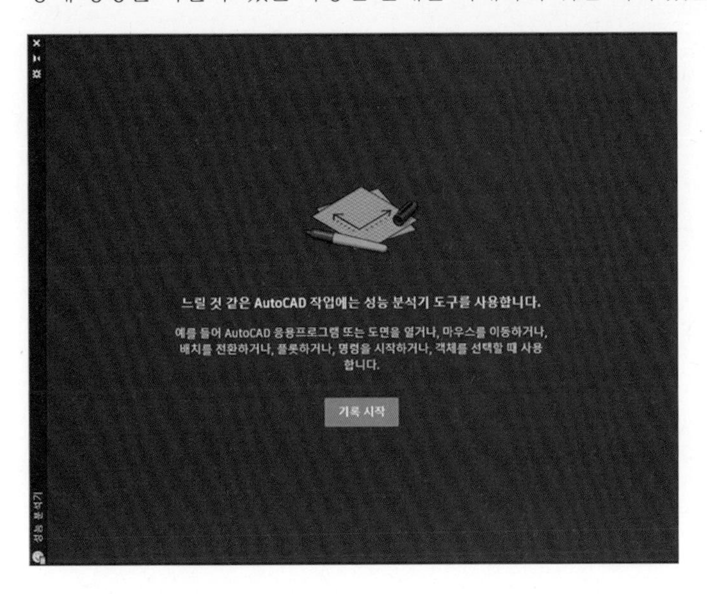

시트 세트 관리자 개선 사항

AutoCAD는 웹용 시트 세트 관리자에 추가 기능을 제공합니다. AutoCAD 2023에서는 웹용 시트 세트 관리자를 사용해 AutoCAD 데스크톱을 사용하든, AutoCAD 웹 앱을 사용하든 Autodesk Docs에서 시트 세트를 쉽게 작성할 수 있습니다.

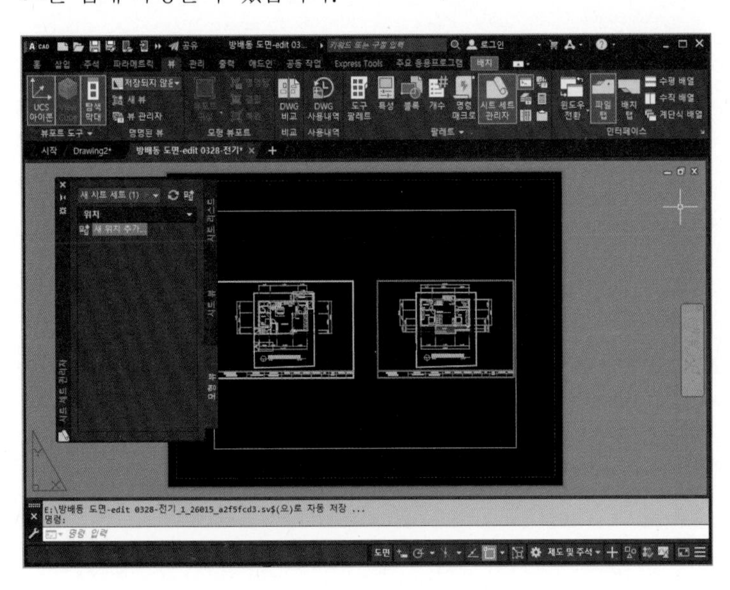

새로 만들기 툴팁 추가

[새로 만들기] 드롭다운에 툴팁이 추가됐습니다. 이제 새 도면을 작성할 때 어떤 템플릿을 사용하는지 알 수 있습니다.

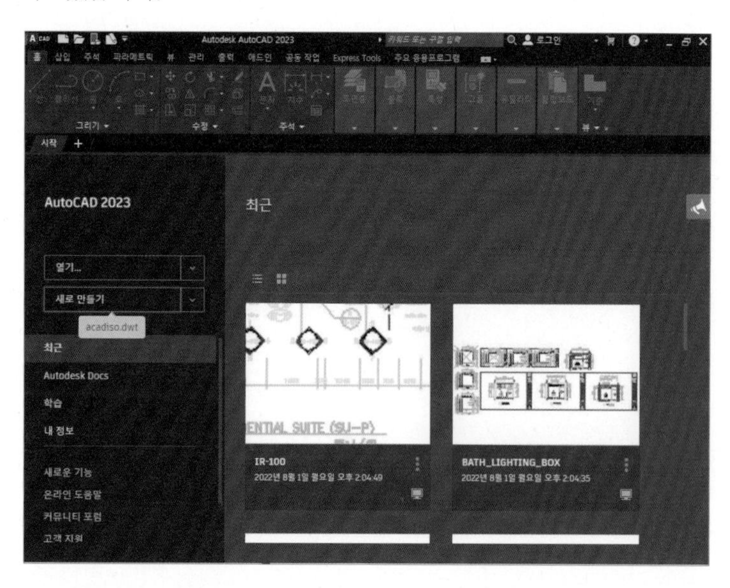

[내 정보] 탭 추가

[내 정보] 탭이 추가됐습니다. 내 정보의 유용한 팁과 기능을 사용해 프로젝트를 좀 더 빠르게 완료할 수 있습니다. 로그인해야만 정보를 알 수 있습니다.

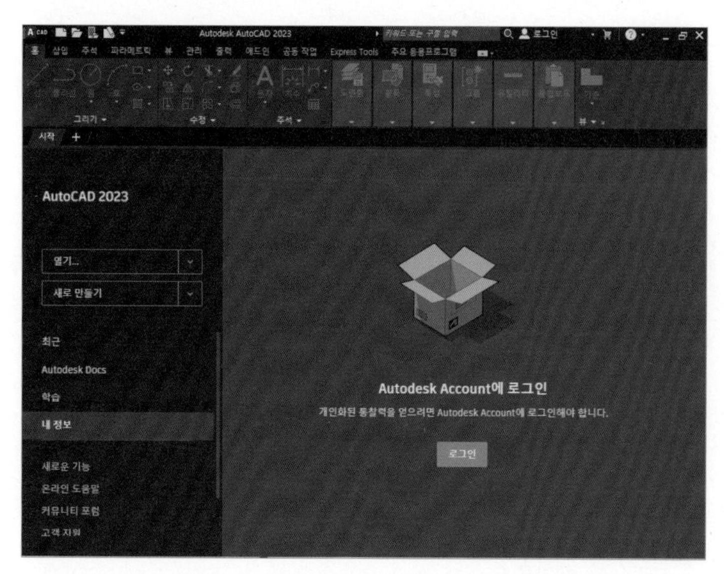

표식 가져오기 및 표식 도우미

[배치] 탭에 있는 공동 작업 메뉴의 [표식 가져오기]를 사용하면 종이나 PDF에서 피드백을 가져와 기존 도면을 변경하지 않고 변경 사항을 자동으로 추가할 수 있습니다.

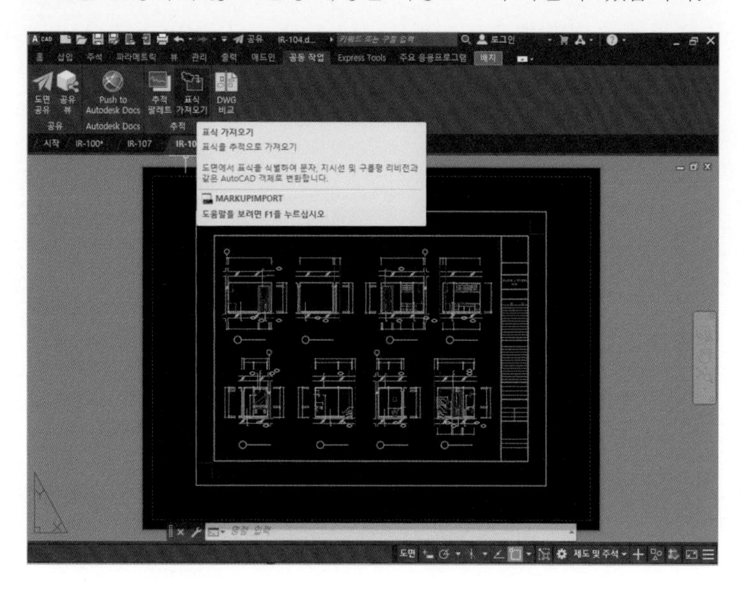

개수

[뷰] 메뉴에 있는 개수를 사용하면 도면 내에 있는 블록의 이름과 사용된 수를 알 수 있습니다. 직사각형 또는 폴리곤 선택 영역, 전체 모형 공간을 지정하거나 경계 객체를 개수 영역으로 선택합니다. 유효한 경계 객체는 선 세그먼트로 구성되며 자신과 교차하지 않는 닫힌 폴리선이어야 합니다. 이전 개수 세션에 정의된 개수 영역은 현재 개수에도 사용할 수 있습니다.

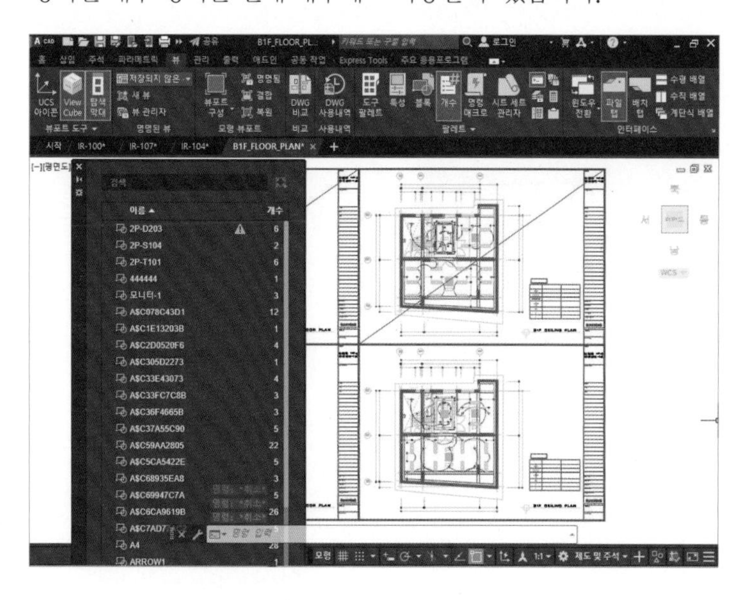

매크로 어드바이저

명령 매크로에는 AutoCAD에서 작업할 때 자주 수행하는 작업을 자동화하는 데 도움이 되는 일련의 명령 및 시스템 변수가 포함돼 있습니다. AutoCAD는 사용자의 고유한 명령 사용 현황에 따라 매크로 정보를 생성합니다. 명령 매크로 팔레트를 사용해 제안된 명령 매크로를 보고, 시도하고, 저장합니다. 명령 매크로를 사용할 수 있도록 명령 매크로 팔레트의 [저장됨] 탭에 추가한 후 리본에 추가할 수도 있습니다.

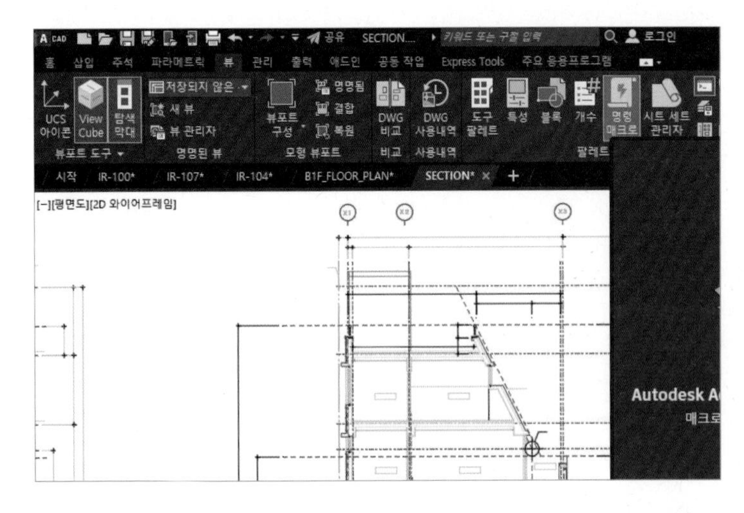

부동 도면 윈도우

앵커된 명령 윈도우가 활성 도면 윈도우와 함께 유지될 수 있고 부동 명령 윈도우는 해당 위치를 유지합니다. 도면 윈도우가 겹치는 경우 활성 도면 윈도우가 위에 표시되고 도면 윈도우를 원하는 위치에 고정할 수 있습니다. 고정된 도면 윈도우는 주 AutoCAD 응용 프로그램 윈도우 위에 유지됩니다. 추가 옵션을 보려면 부동 도면 윈도우의 제목 표시줄을 마우스 오른쪽 버튼으로 클릭하면 됩니다.

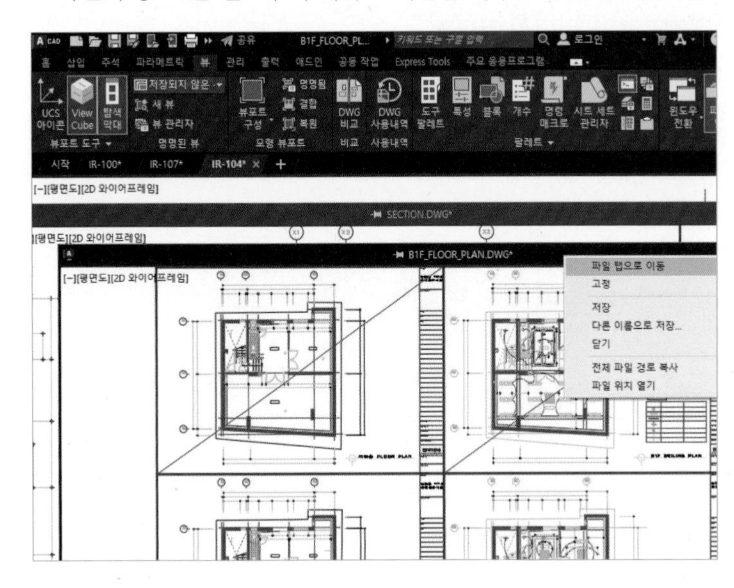

3D 그래픽

최신 GPU와 다중 코어 CPU의 모든 성능을 활용해 훨씬 큰 도면을 위한 원활한 탐색 환경을 제공하는 새로운 교차 플랫폼 3D 그래픽 시스템이 포함돼 있습니다. 이 그래픽 시스템은 '음영 처리' 및 '모서리로 음영 처리됨'이라는 비주얼 스타일에 사용할 수 있으며 기본적으로 켜져 있습니다.

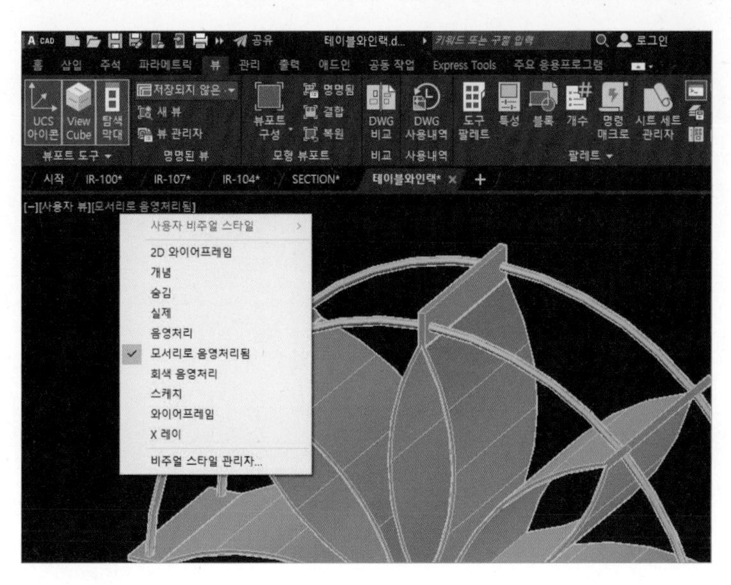

CUTBASE 명령

새로운 CUTBASE 명령은 선택한 객체를 지정된 기준점과 함께 클립보드에 복사하고 도면에서 해당 객체를 제거하는 기능입니다.

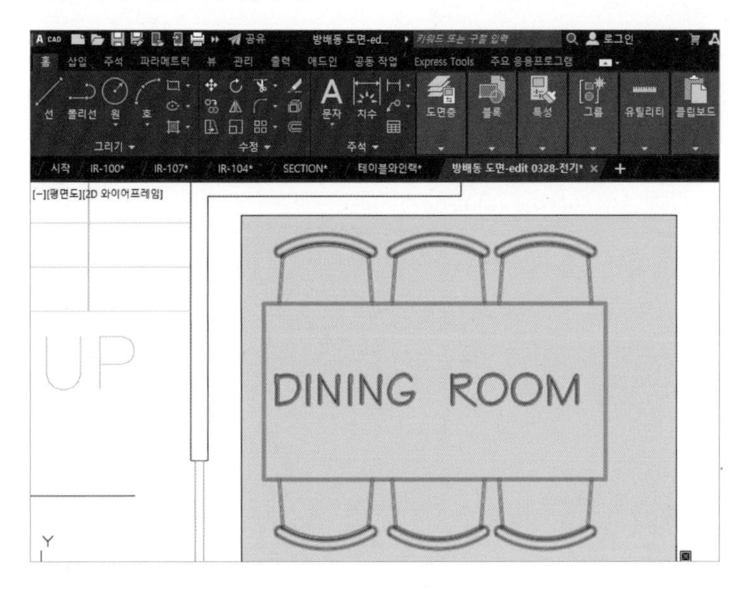

폴리선 연장

새 그립 옵션인 정점 연장은 선택한 끝 그립에서 연장되는 폴리선에 새 정점을 추가합니다. 더 이상 폴리선의 방향을 반전할 필요가 없습니다.

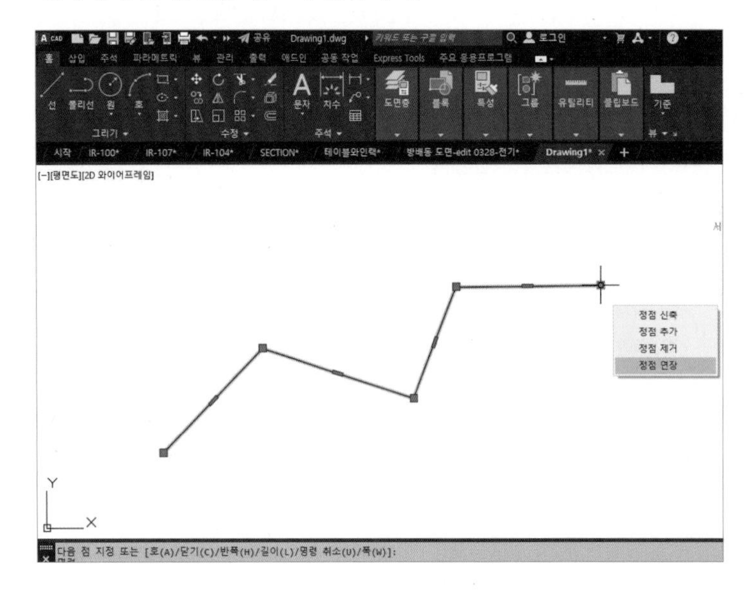

MLEADER 개선 사항

MLEADER 명령에 새 지시선에 사용할 기존 여러 줄 문자 객체를 선택하는 옵션이 추가됐습니다. 다중 지시선 스타일에 기본 문자 값이 있는 경우에는 여러 줄 문자 옵션을 사용할 수 없습니다.

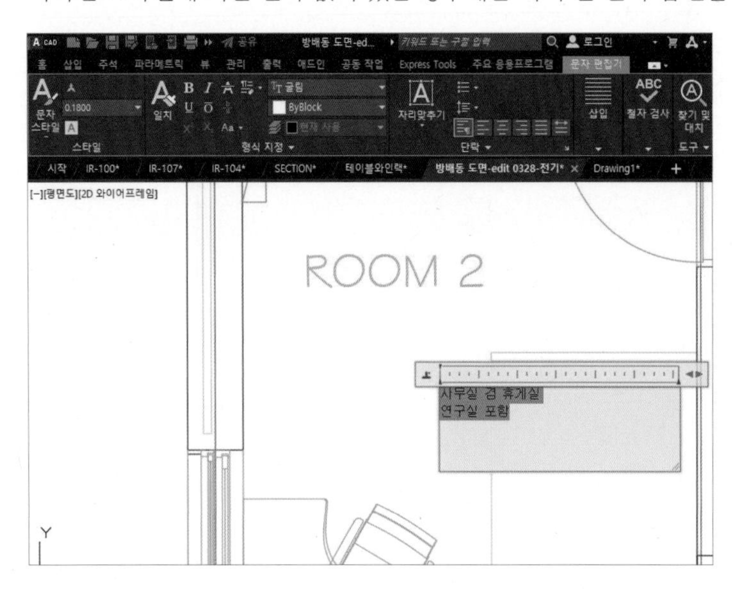

Section

02 AutoCAD 2023 설치하기

AutoCAD는 오토데스크 사에서 제작한 프로그램입니다. 프로그램을 설치하기 위해서는 오토데스크 사의 홈페이지에서 제품을 다운로드해야 합니다. 오토데스트 사의 홈페이지에 접속해 프로그램을 다운로드한 후 설치해 보겠습니다.

01 Autodesk 홈페이지 접속하기

❶ AutoCAD 2023 무료 체험판을 다운로드하기 위해 http://www.autodesk.co.kr에 접속합니다. ❷ Autodesk 홈페이지에서 [제품] – [주요 제품] – [AutoCAD]를 클릭합니다.

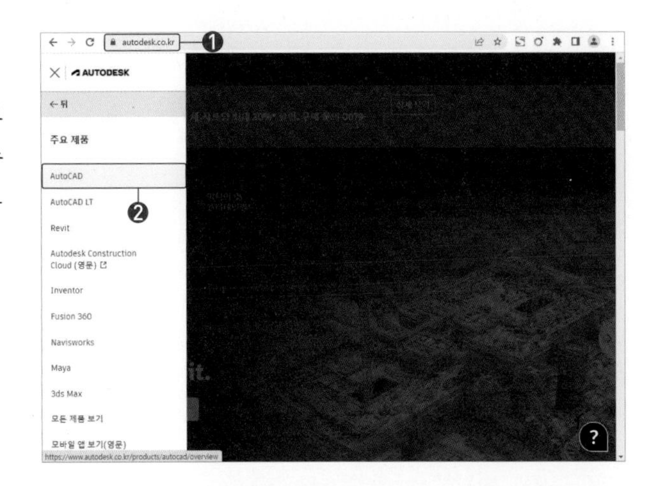

02 제품 선택하기

❶ AutoCAD 프로그램 화면이 나타나면 ❷ [무료 체험판 다운로드]를 클릭합니다.

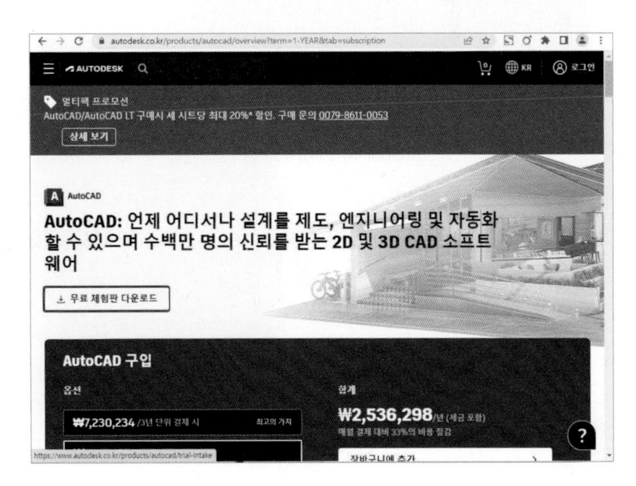

03 로그인하기

Autodesk 아이디와 비밀번호를 입력해 로그인합니다. 계정이 없다면 먼저 계정을 생성해야 합니다. ❶ 고객 정보를 입력한 후 ❷ [다음] 버튼을 클릭합니다.

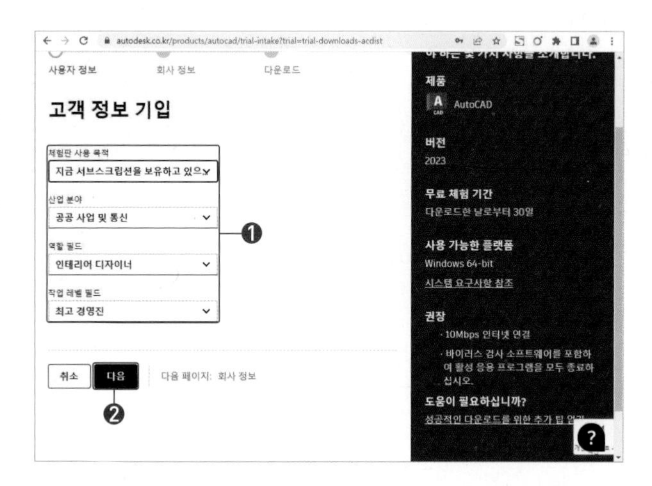

04 회사 정보 입력하기

❶ 회사 정보를 입력한 후 ❷ [다음] 버튼을 클릭합니다.

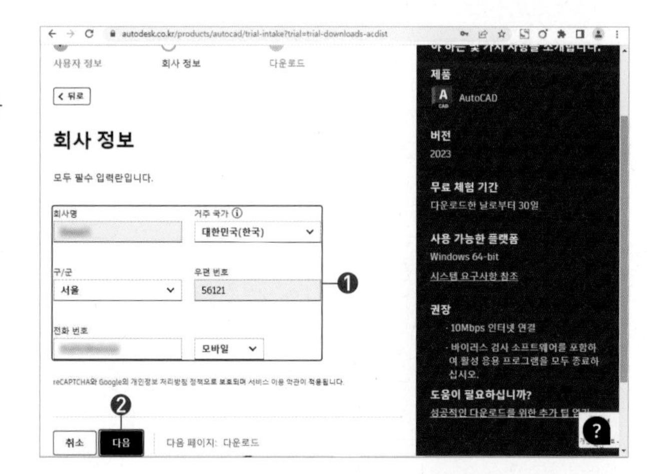

05 다운로드하기

❶ [다운로드] 창이 나타나면 ❷ [설치]를 [다운로드]로 변경합니다.

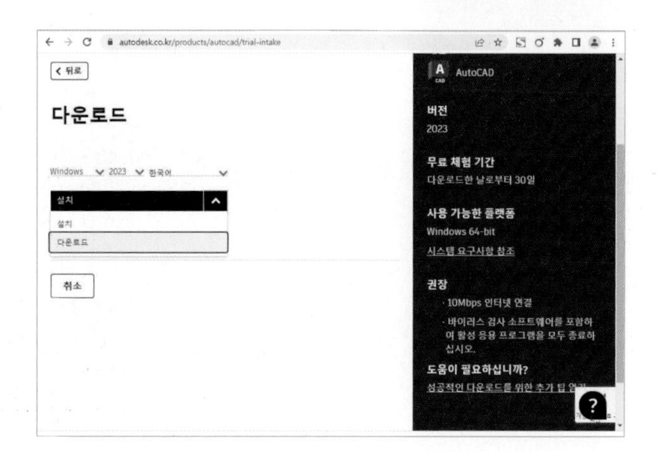

06 다운로드 실행하기

❶ 화면 왼쪽 하단에서 AutoCAD 2023 프로그램이 다운로드되는 것을 알 수 있습니다. ❷ 컴퓨터 사양에 따라 4~5분 정도 소요됩니다.

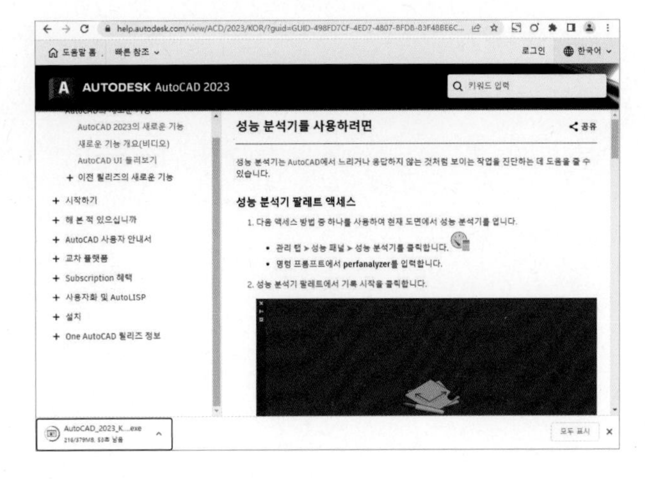

07 설치하기

❶ 다운로드 폴더에 있는 AutoCAD_2023_Korean_Win_64bit_dlm_002_002.sfx.EXE를 더블클릭합니다. ❷ 만약 [파일 열기] – [보안 경고] 이 파일을 실행하시겠습니까? 대화상자가 나타나면 [실행] 버튼을 클릭합니다.

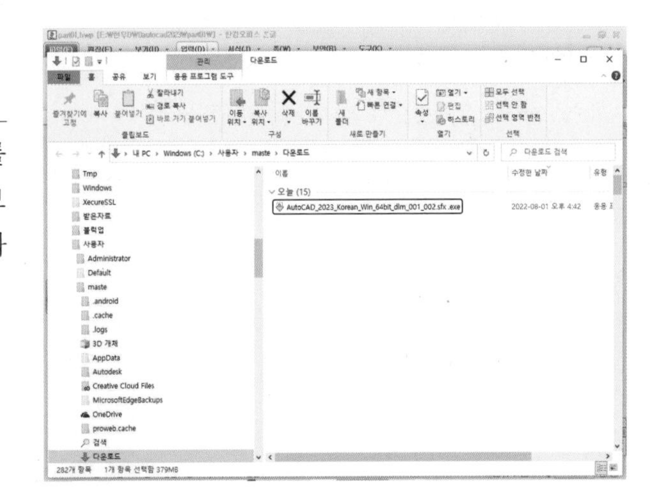

08 동의하기

압축이 해제됩니다. 5분 정도 소요됩니다. ❶ 라이선스 및 서비스 계약이 나타나면 [동의함]을 선택한 후 ❷ [다음] 버튼을 클릭합니다.

09 컴퓨터에 설치

❶ AUTODESK AUTOCAD 2023 화면이 나타납니다. ❷ [설치] 버튼을 클릭합니다.

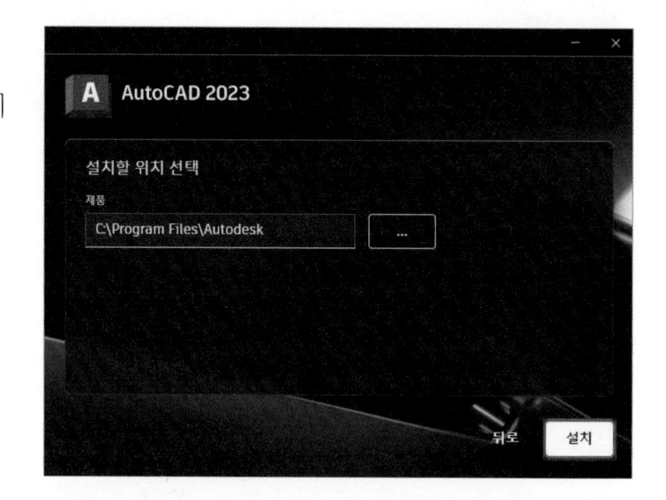

10 설치 중

❶ 화면에 설치 진행률이 나타납니다. ❷ 인터넷 속도에 따라 차이가 있지만 약 30분 정도 소요됩니다.

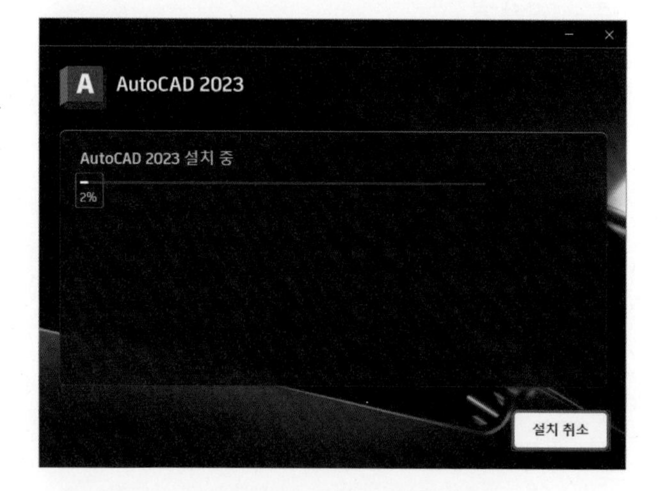

11 설치 완료하기

❶ 제품을 성공적으로 설치했습니다. ❷ AutoCAD 2023 프로그램을 실행하기 위해 [시작] 버튼을 클릭합니다.

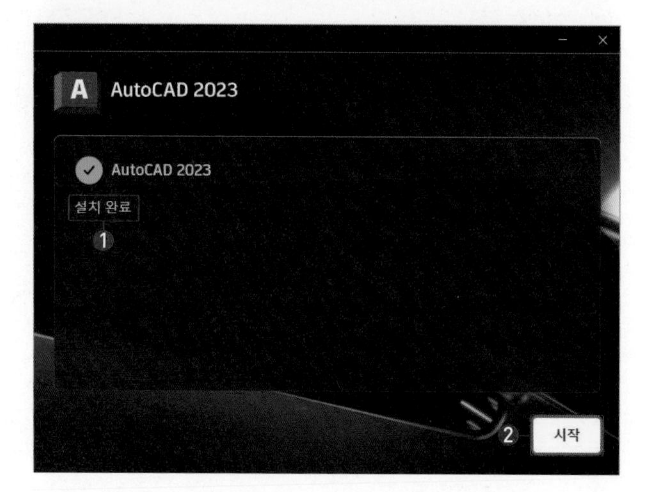

12 마이그레이션

❶ 사용자 설정 마이그레이션 창이 나타나면 모두 선택합니다. ❷ [체크] 버튼을 클릭합니다.

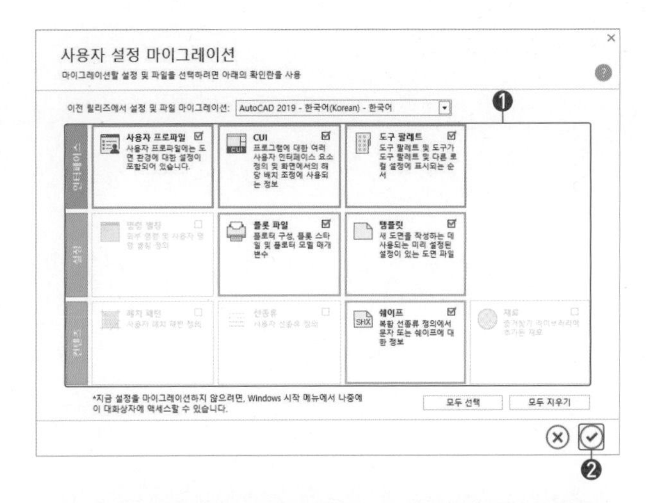

13 시작하기

❶ [AUTODESK AutoCAD] 창이 나타나면 [Autodesk ID로 로그인]을 클릭합니다. ❷ AutoCAD 2023이 시작됩니다.

14 설치 확인하기

❶ AutoCAD 2023의 설치가 끝나면 오른쪽 그림과 같이 바탕화면에 AutoCAD 2023-한국어(Korean), Autodesk Recap 360, A 360 Desktop, Autodesk 데스크톱 앱 아이콘이 나타납니다. ❷ 필자와 여러분의 윈도우 바탕화면은 다를 수 있습니다.

Special TIP

AutoCAD 2023 설치 사양

AutoCAD 2023의 컴퓨터 시스템 사양은 사용자에 따라 다를 수 있습니다.

01. AutoCAD 2023의 시스템 요구사항

운영 체제	64비트 Microsoft® Windows® 11 및 Windows 10(지원 정보는 Autodesk의 제품 지원 수명 주기 참고)
프로세서	• BasiC: 2.5–2.9GHz 프로세서 • 권장: 3GHz 이상 프로세서
메모리	• BasiC: 8GB • 권장: 16GB
해상도	• 일반 디스플레이: 1,920x1,080 with True Color • 고해상도 4K 디스플레이 • Windows 10에서 지원되는 해상도(지원 디스플레이 카드 포함) 최대 3,840x2,160
디스플레이 카드	• BasiC: 29GB/s 대역폭 및 DirectX 11 호환 기능을 갖춘 1GB GPU • 권장: 106GB/s 대역폭 및 DirectX 12 호환 4GB GPU
디스크 공간	10.0GB
좌표 입력 장치	MS 마우스 호환
.NET Framework	.NET Framework 4.8 이상

02. 대규모 데이터 세트, 점 구름 및 3D 모델링을 위한 추가 요구사항

메모리	RAM 8GB 이상
디스크 공간	6GB의 사용 가능한 하드 디스크 여유 공간(설치에 필요한 용량 제외)
디스플레이 카드	3,840x2,160(4K) 이상의 트루컬러 비디오 디스플레이 어댑터, 4G VRAM 이상, Pixel Shader 3.0 이상, DirectX 지원 워크스테이션급 그래픽 카드

Section

03 AutoCAD 2023 시작하기

오토데스크 사에서 AutoCAD 2023을 다운로드해 설치했습니다. 이제 프로그램을 실행해 AutoCAD 2023을 시작해 보겠습니다.

01 AutoCAD 2023 시작하기

❶ AutoCAD 2023을 실행하기 위해 윈도우 바탕화면에 있는 AutoCAD 2023-한국어(Korean) 버튼을 더블클릭합니다. ❷ 윈도우의 [시작] - [모든 프로그램] - [Autodesk] - [AutoCAD 2023-한국어(Korean)]를 선택해도 됩니다.

02 실행하기

❶ 만약 [설정 마이그레이션] 대화상자가 나타나면 [모두 선택]을 클릭한 후 [확인] 버튼을 클릭합니다. AutoCAD 2023 프로그램이 로드되면서 실행되는 것을 알 수 있습니다. 30일 동안 사용할 수 있는 트라이얼 버전이라면 Autodesk ID로 로그인합니다. ❷ 새로운 화면을 열기 위해 [파일] - [새로 만들기]를 선택합니다.

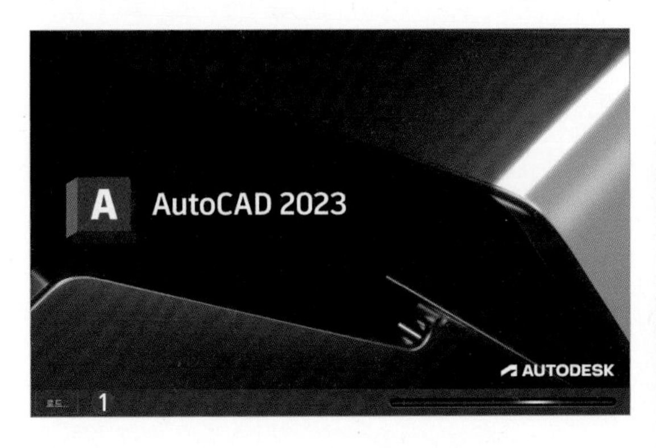

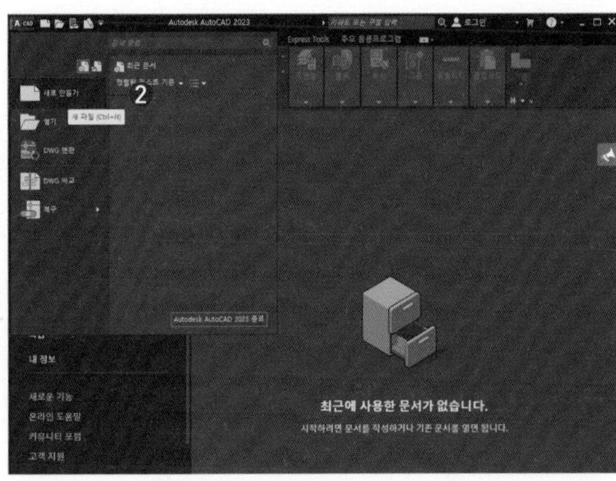

03 새 화면 열기

❶ [템플릿 선택] 대화상자가 나타나면 'acad.dwt'를 선택한 후 ❷ [열기]를 클릭합니다. 새로운 화면이 나타납니다.

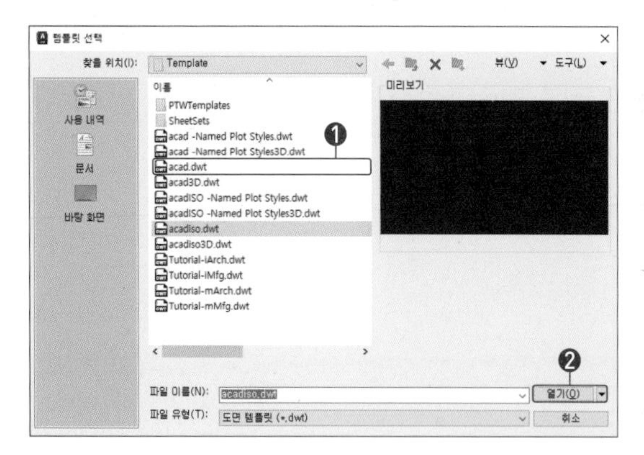

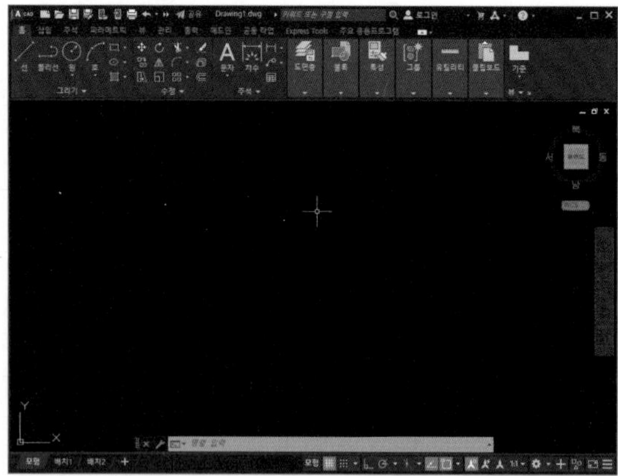

04 화면 정리하기

❶ 화면 배경색을 흰색으로 변경합니다. ❷ 화면을 정리하기 위해 Ctrl+0를 누릅니다. 화면에 격자 무늬가 보일 경우 F7을 눌러 해제합니다.

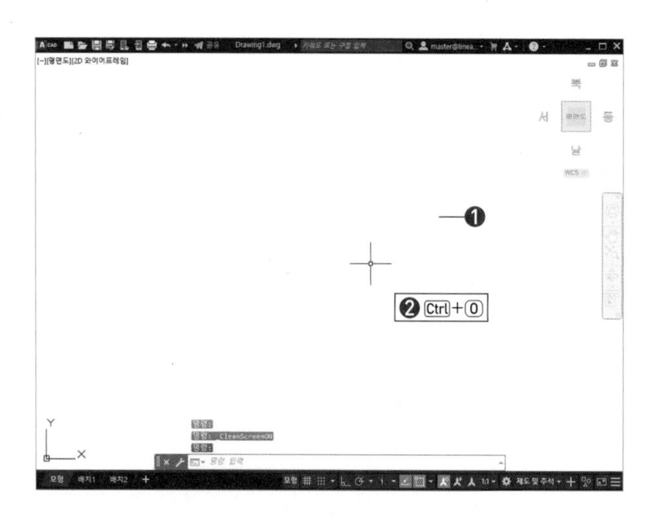

LevelUP

화면 배경색을 흰색으로 변경하기

화면 배경색을 바꾸기 위해서는 명령 라인에 OPTIONS 명령을 실행한 후 [옵션] 대화상자의 [화면 표시] 탭에서 [색상] 버튼을 클릭합니다. [도면 윈도우 색상] 대화상자가 나타나면 [컨텍스트(X)] 탭의 2D 모형 공간을 선택한 후 인터페이스 요소의 균일한 배경을 선택합니다. [색상] 탭에서 흰색을 선택한 후 [적용 및 닫기] 버튼을 클릭합니다.

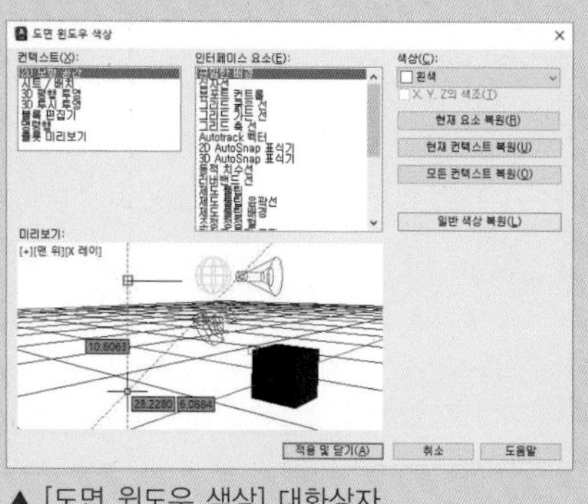

▲ [도면 윈도우 색상] 대화상자

Section

04 AutoCAD 2023 종료하기

이번에는 간단하게 선을 그리고 도면을 저장한 후 AutoCAD 2023을 종료해 보겠습니다.

01 선 그리기

❶ 선을 그리기 위해 LINE 명령을 실행합니다. ❷ 첫 번째 점을 지정한 후 반시계 방향으로 다음 점을 세 번 클릭하고 Enter를 누릅니다.

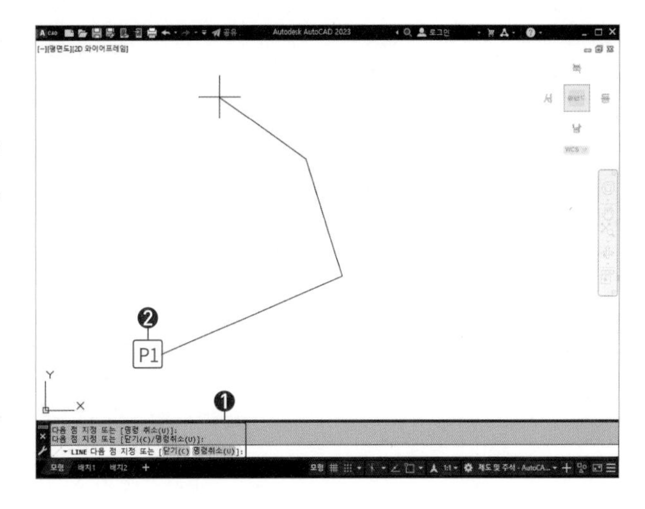

명령

명령: **LINE**
첫 번째 점 지정: P1
다음 점 지정 또는 [명령 취소(U)]: P2
다음 점 지정 또는 [명령 취소(U)]: P3
다음 점 지정 또는 [닫기(C)/명령 취소(U)]: P4
다음 점 지정 또는 [닫기(C)/명령 취소(U)]: Enter

02 종료하기

❶ AutoCAD 2023을 종료하기 위해 **EXIT** 명령을 실행합니다. ❷ [AutoCAD] 대화상자가 나타납니다. '변경사항을 Drawing1.dwg에 저장하시겠습니까?'에서 [예(Y)]를 클릭하고 [다른 이름으로 도면 저장] 대화상자가 나타나면 ❸ 저장 위치를 '내 문서'로 지정하고 ❹ 파일 이름에 **test**를 입력한 후 ❺ [저장] 버튼을 클릭합니다. AutoCAD 2023이 종료되는 것을 알 수 있습니다.

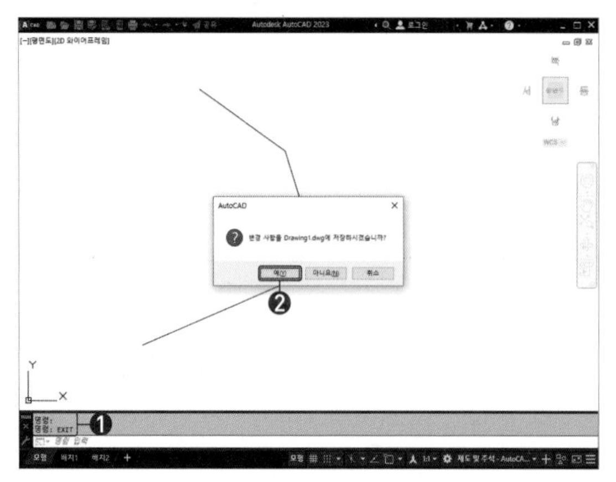

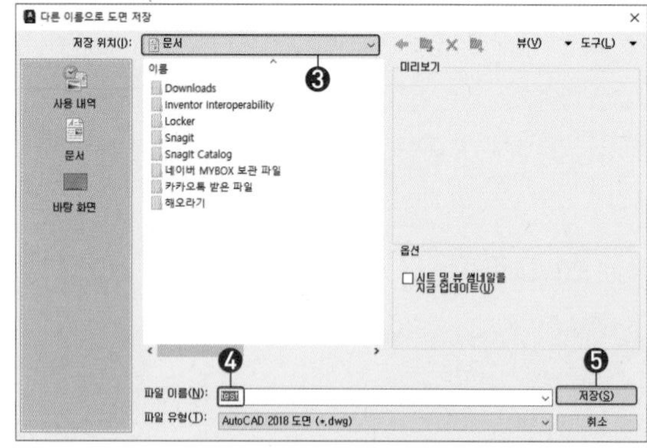

Point

CLOSE 명령을 사용하면 현재 도면을 닫을 수 있고 **CLOSEALL** 명령을 사용하면 열려 있는 모든 도면을 닫을 수 있습니다.

Point

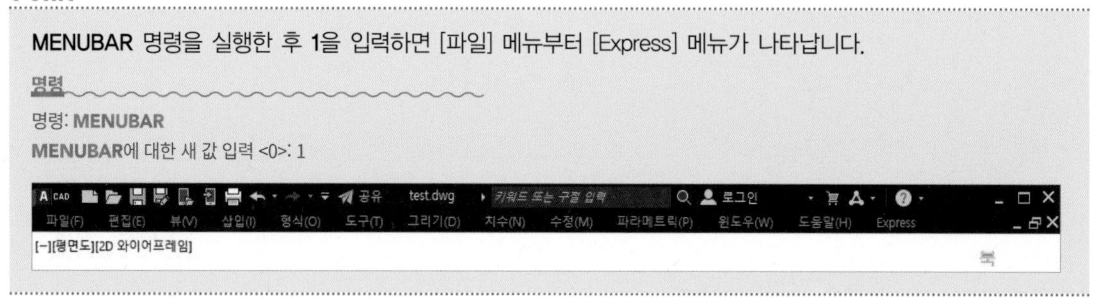

MENUBAR 명령을 실행한 후 **1**을 입력하면 [파일] 메뉴부터 [Express] 메뉴가 나타납니다.

명령

명령: **MENUBAR**

MENUBAR에 대한 새 값 입력 <0>: 1

Section

05 AutoCAD 2023 작업 공간 살펴보기

AutoCAD 2023에는 제도 및 주석, 3D 기본 사항, 3D 모델링이라는 3개의 작업 공간이 있습니다. 사용하는 명령어는 모두 같지만, 화면 인터페이스는 내용에 따라 다르게 나타납니다.

AutoCAD 2023 작업 공간 변경하기

AutoCAD 2023에는 3가지 인터페이스의 작업 공간을 설정할 수 있습니다. 제도 및 주석은 2D 도면을 그리기 위한 작업 공간, 3D 기본 사항은 3D 도면을 그리기 위한 기본 작업 공간, 3D 모델링은 3D 도형을 작업하기 위한 작업 공간입니다. **WSCURRENT** 명령을 실행한 후 작업 공간의 이름을 입력하고 Enter를 누르면 됩니다.

01 제도 및 주석

2D 도면을 작도하기 위한 작업 공간입니다. 제도 및 주석 작업 공간이라고 해서 3D 모델링이 불가능한 것은 아닙니다. 단지 인터페이스가 2D 도면을 그리기 위한 팔레트, 도구 상자로 구성되는 것입니다.

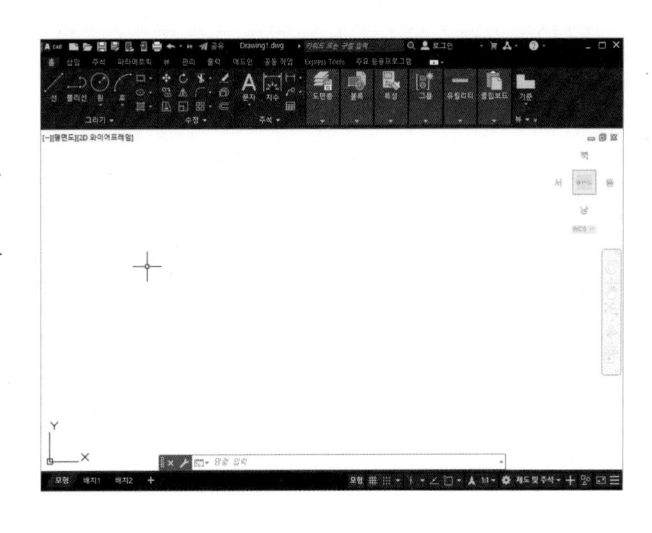

명령

명령: **WSCURRENT**
WSCURRENT에 대한 새 값 입력 <"3D 모델링">: **제도 및 주석**

02 3D 기본 사항

3D 도면을 작도하기 위한 기본 작업 공간입니다. 3D 기본 사항 작업 공간이라고 해서 2D 도면을 그리지 못하는 것이 아닙니다. 단지 인터페이스가 3D 도면을 그리기 위한 팔레트, 도구 상자로 구성되는 것입니다.

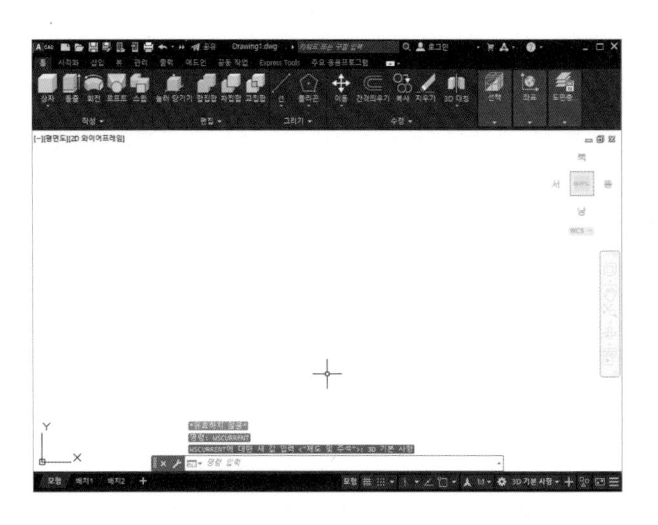

명령

명령: **WSCURRENT**
WSCURRENT에 대한 새 값 입력 <"제도 및 주석">: 3D 기본 사항

03 3D 모델링

3D 도면을 작도하기 위한 기본 작업 공간에 좀 더 구체적으로 3D 모델링 작업을 위한 작업 공간이 나타납니다. 3D 모델링을 위한 도구 상자와 팔레트가 화면에 나타납니다.

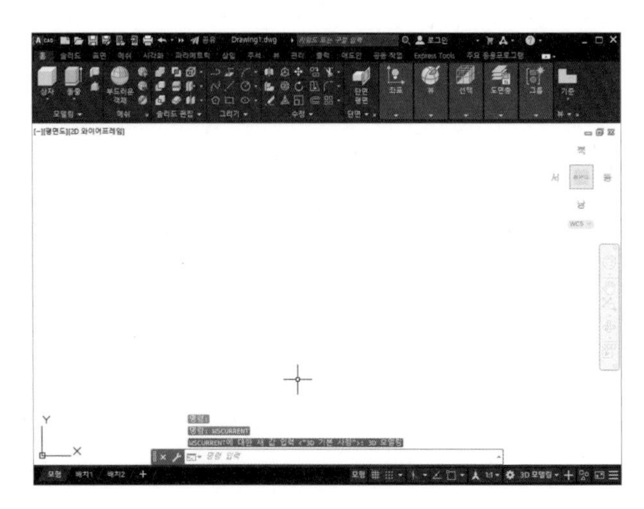

명령

명령: **WSCURRENT**
WSCURRENT에 대한 새 값 입력 <"3D 기본 사항">: 3D 모델링

Point

화면에 도구 막대가 나타나지 않는 경우가 있습니다. 이때는 명령 라인에 **-TOOLBAR** 명령을 실행한 후 도구 막대 이름 입력 또는 전체(ALL): 에 **ALL**을 입력하고 Enter를 누르면 모든 도구 막대가 나타납니다. 도구 막대를 모두 숨기려면 **S**를 입력한 후 Enter를 누르면 되고 원하는 도구 막대만 표시하고 싶다면 도구 막대의 이름을 입력하면 됩니다.

명령

명령: **-TOOLBAR** Enter
도구 막대 이름 또는 [전체(ALL)] 입력: **ALL** Enter
다음의 옵션 입력 [표시(S)/숨기기(H)]: **S** Enter

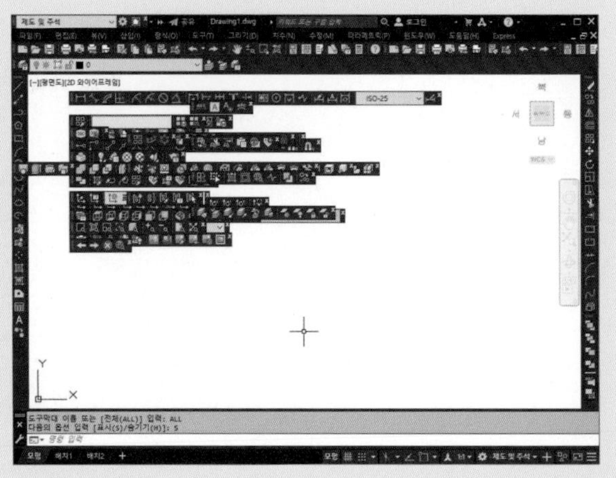

모든 도구 막대가 나타난 경우

Section

06 AutoCAD 2023 화면 구성 살펴보기

AutoCAD 2023의 화면 구성에 대해 자세히 알아보겠습니다. AutoCAD 2023을 설치했는데 상단의 팝 메뉴의 순서가 이 책과 다르게 나타나는 이유는 마이그레이션의 버전이 다르기 때문입니다. 이는 단지 순서에 대한 차이이므로 도면을 작업하는 데는 전혀 문제가 없습니다. 제도 및 주석 작업 공간을 기준으로 알아보겠습니다.

AutoCAD 2023 화면(제도 및 주석 작업 공간)

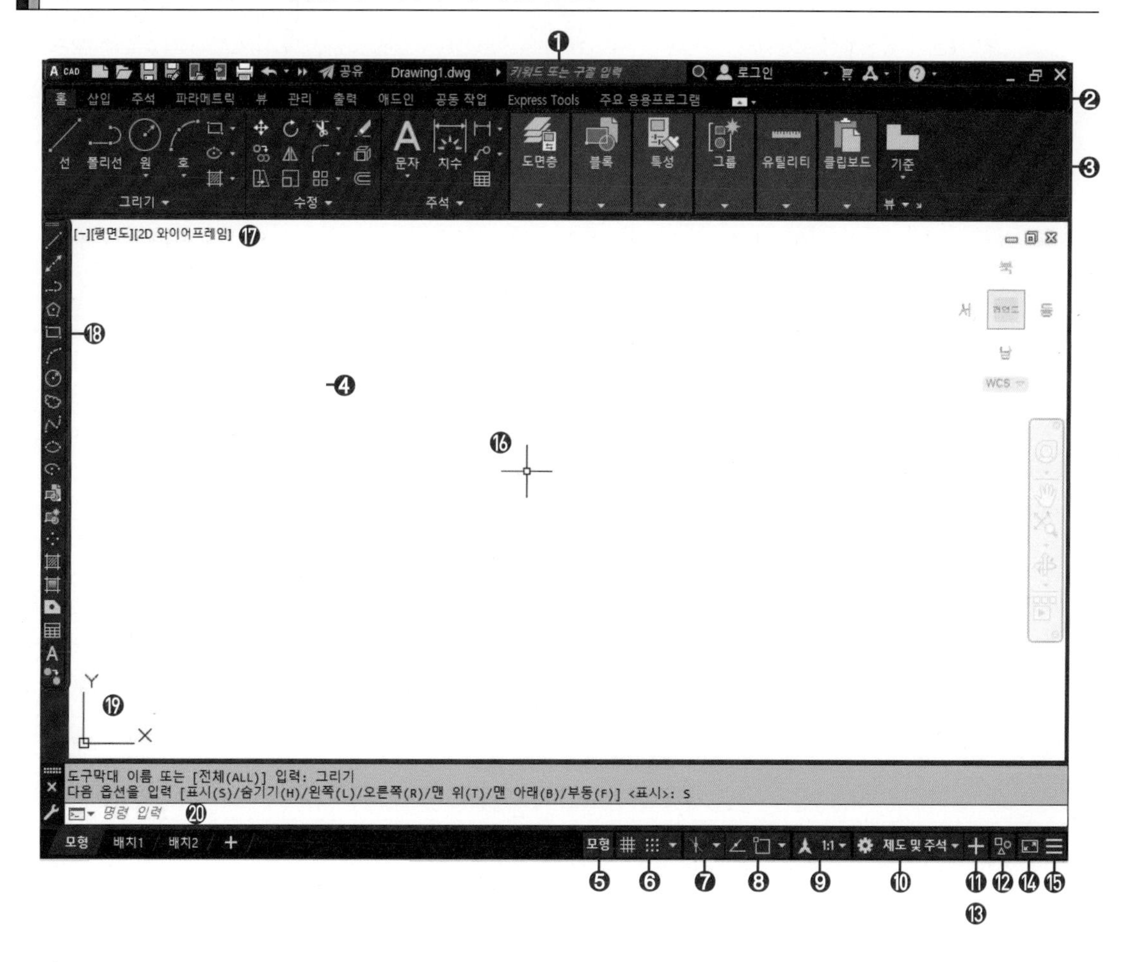

❶ **작업 표시줄**: AutoCAD의 파일 이름, 파일 경로, 저장, 불러오기, 되돌리기, 로그인 등이 나타납니다.

❷ **풀다운 메뉴**: AutoCAD에서 사용하는 명령어들이 메뉴로 나타납니다. 메뉴를 선택하면 풀다운 메뉴가 나타납니다.

❸ **도구 아이콘**: 풀다운 메뉴에 대한 도구 아이콘이 나타납니다.

❹ **도면 창**: 도면 작업 영역을 나타내며 여러 개의 도면 창을 열 수 있습니다.

❺ **모형**: 모형 공간 또는 도면 공간을 표시합니다. [배치] 탭에서 사용됩니다.

❻ **그리드 표시(F7), 스냅 사용(F9)**: GRID 명령으로 지정한 간격만큼 격자 무늬가 나타납니다. 또한 SNAP 명령으로 설정한 간격 두기의 사용 여부를 결정합니다. 극좌표 스냅, 그리드 스냅, 스냅을 설정할 수 있습니다.

❼ **직교 모드(F8), 극좌표 추적(F10), 등각 투영**: 마우스의 직교, 극좌표 추적, 등각 투영을 사용할 수 있습니다.

❽ **자동 스냅(F11), 객체 스냅(F3)**: 스냅 참조 선을 표시할 수 있으며, 객체 스냅 설정 및 사용 여부를 결정할 수 있습니다.

❾ **현재 뷰의 주석 추적**: 클릭하면 축적을 지정할 수 있습니다.

❿ **작업 공간**: 제도 및 주석, 3D 기본 사항, 3D 모델링에 대한 작업 공간을 선택할 수 있습니다. 또한 작업 공간을 저장, 설정, 사용자화하거나 레이블을 표시할 수 있습니다.

⓫ **주석 감시**: 주석 감시 여부를 결정할 수 있습니다.

⓬ **객체 분리**: 객체 분리, 객체 숨기기를 할 수 있습니다.

⓭ **주석 감시**: 11번 주석 감시를 켜면 나타납니다.

⓮ **화면 정리, 사용자화**: 도구 막대 및 팔레트를 숨겨 도면 영역을 최대화할 수 있고, 사용자가 필요한 인터페이스를 선택할 수 있습니다.

⓯ **사용자화**: 좌표부터 객체 분리까지 원하는 명령을 선택해 사용할 수 있습니다.

⓰ **커서(CURSOR)**: 좌표를 지정하거나 객체를 선택할 때 사용하는 커서입니다. CURSORTYPE 명령으로 윈도우 커서와 AutoCAD의 커서를 선택할 수 있습니다.

⓱ **뷰 분할, 사용자 뷰, 비주얼 스타일**: 화면 분할을 조절할 수 있습니다. 사용자 뷰 이름, 비주얼 스타일의 이름이 나타납니다.

⓲ **도구 상자**: AutoCAD의 명령을 실행하는 아이콘이 모여 있는 도구 상자입니다. 도구 상자의 위치는 드래그해서 마음대로 조절할 수 있습니다. -TOOLBAR 명령을 사용하면 원하는 도구 상자를 표시할 수 있습니다.

⓳ **좌표계(UCS)**: 사용자 좌표계(UCS)를 나타냅니다. UCSICON 명령을 사용하면 사용자 좌표계를 보이게 하거나 보이지 않게 할 수 있고 원점을 변경할 수도 있습니다.

⓴ **명령 입력**: AutoCAD 명령어를 입력하는 곳입니다.

Section

07 도면 불러오고 저장하기

이번에는 AutoCAD 2023에서 도면을 불러오고 저장하는 방법에 대해 알아보겠습니다. 여기서 중요한 것은 AutoCAD 상위 버전에서는 도면을 불러올 수 없다는 것입니다.

Key Word OPEN, SAVE

예제 파일 part01_opensave.dwg 완성 파일 part01_opensavec.dwg

01 도면 불러오기

❶ 도면을 불러오기 위해 명령창에 **OPEN** 명령을 입력한 후 Enter를 누릅니다. ❷ [파일 선택] 대화상자가 나타나면 C:\Sample\part01\part01_opensave.dwg를 선택한 후 [열기] 버튼을 클릭합니다. ❸ Ctrl+O를 눌러 화면을 정리합니다.

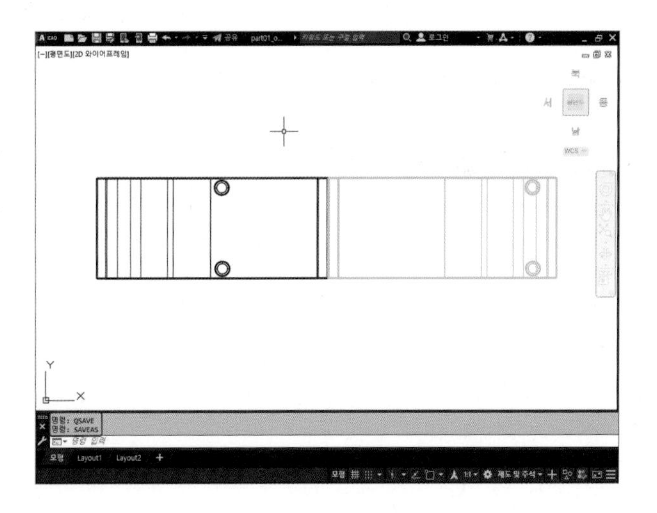

명령

명령: **OPEN** Enter

02 화면 전환하기

❶ 화면을 전환하기 위해 명령창에 **-VPOINT** 명령을 입력한 후 Enter를 누릅니다. ❷ 관측점 지정 또는 [회전(R)] 〈나침반과 삼각대 표시〉:에 **1, -2, 1**을 입력한 후 Enter를 누릅니다.

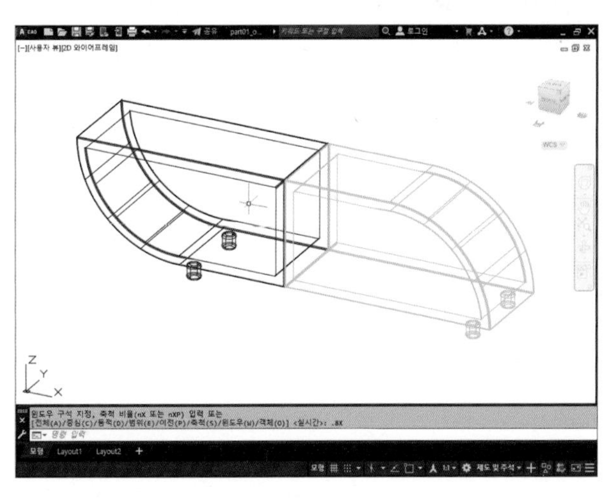

명령

명령: **-VPOINT** Enter
현재 뷰 방향: VIEWDIR=0.0000, 0.0000, 1.0000
관측점 지정 또는 [회전(R)] <나침반과 삼각대 표시>: 1, -2, 1 Enter
모형 재생성 중...

03 컬러링 이미지 만들기

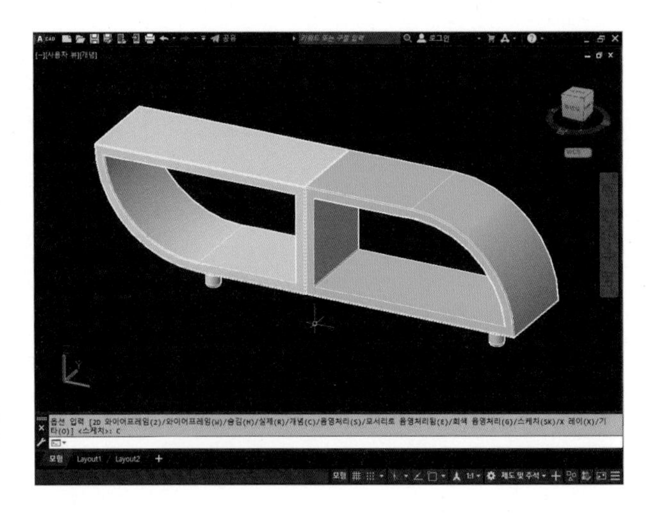

❶ 모델링의 셰이딩 타입을 지정하기 위해 명령창에 SHADEMODE 명령을 입력합니다. ❷ 컬러링 효과를 지정하기 위해 C 옵션을 입력한 후 Enter를 누릅니다.

명령

명령: **SHADEMODE** Enter
VSCURRENT
옵션 입력 [2D 와이어프레임(2)/와이어프레임(W)/숨김(H)/실제(R)/개념(C)/음영 처리(S)/모서리로 음영 처리됨(E)/회색 음영 처리(G)/스케치(SK)/X 레이(X)/기타(O)] <개념>: C Enter

04 저장하기

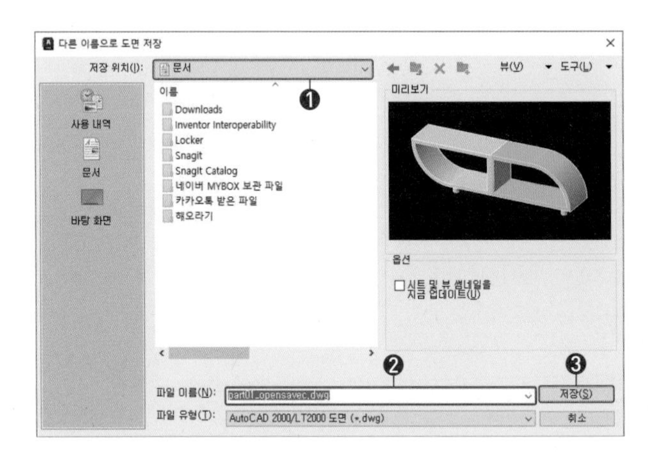

도면을 다른 이름으로 저장하기 위해 명령창에 SAVEAS 명령을 입력한 후 Enter를 누릅니다. [다른 이름으로 도면 저장] 대화상자가 나타나면 ❶ 저장 위치를 지정한 후 ❷ 파일 이름에 원하는 파일명을 입력하고 ❸ [저장] 버튼을 클릭합니다.

Point

QSAVE 명령을 사용하면 현재 도면 이름으로 저장됩니다.

Point

AutoCAD에서 도면을 그리고 저장할 경우에는 현재 버전보다 이하 버전으로 저장하는 것이 좋습니다. 그 이유는 현재 캐드 버전보다 상위 버전은 불러올 수 없기 때문입니다.

Section

08 도면 자동 저장 경로 지정하기

도면을 작업하다 보면 컴퓨터가 갑자기 꺼지는 경우가 종종 발생합니다. 이런 경우 자동 저장 경로를 설정해 놓으면 저장 경로에 파일이 자동 저장됩니다.

Key Word OPTIONS

예제 파일 part01_savepath.dwg

01 도면 불러오기

❶ 도면을 불러오기 위해 명령창에 **OPEN** 명령을 입력한 후 Enter를 누릅니다. ❷ [파일 선택] 대화상자가 나타나면 C:\Sample\part01\part01_savepath.dwg를 선택한 후 [열기] 버튼을 클릭합니다.

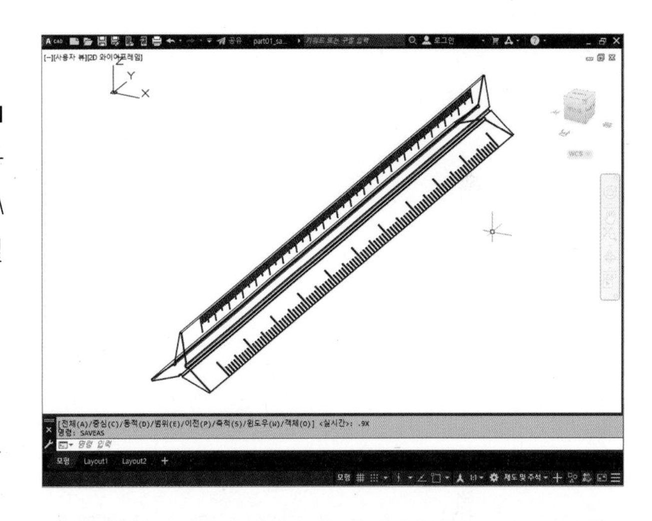

명령

명령: OPEN Enter

02 경로 지정하기

❶ 자동 저장 경로를 지정하기 위해 명령창에 **OPTIONS** 명령을 입력한 후 Enter를 누릅니다. ❷ [옵션] 대화상자가 나타나면 [파일] 탭을 누릅니다. ❸ [자동 저장 파일 위치]에서 [+] 버튼을 눌러 경로를 보여 준 후 [찾아보기] 버튼을 클릭합니다. ❹ [폴더 찾아보기] 대화상자가 나타나면 원하는 경로를 지정한 후 [확인] 버튼을 클릭합니다.

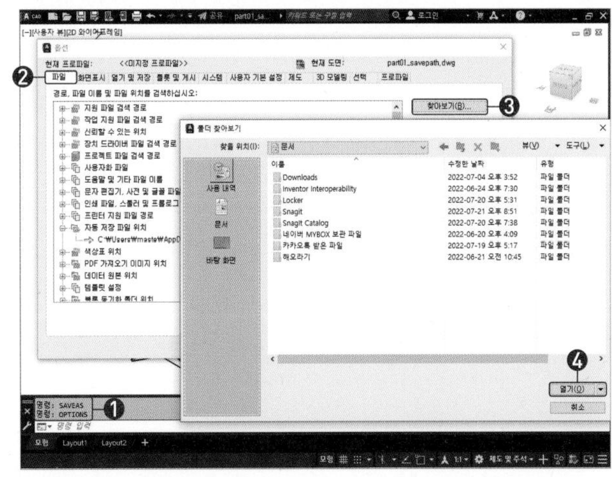

LevelUP

자동 저장 시간 설정

SAVETIME 명령을 실행하면 자동 저장 시간을 분 단위로 설정할 수 있습니다.

Section

09 자동 저장 시간 설정하고 도면 복구하기

앞에서 자동 저장 경로를 설정하는 방법을 알아봤습니다. 이번에는 자동 저장 시간을 설정하고 저장된 파일을 불러와 보겠습니다. 자동 저장된 파일의 이름을 변경해 도면을 불러올 수도 있습니다.

Key Word OPTIONS, SAVETIME

예제 파일 part01\part01_opensave.dwg

01 자동 저장 시간 설정하기

OPEN 명령을 사용해 part01_opensave.dwg를 불러옵니다. 도면에 대한 자동 저장 시간을 설정하기 위해 명령창에 OPTIONS 명령을 입력한 후 Enter를 누릅니다. ❶ [열기 및 저장] 탭을 누른 후 [파일 안전 예방 조치]에서 ❷ [자동 저장]에 체크 표시를 하고 ❸ 그 아래에 2를 입력한 다음 ❸ [확인] 버튼을 클릭합니다. ❹ 숫자 2는 2분을 의미하며 2분 간격으로 자동 저장된다는 것입니다. SAVETIME 명령을 사용해 저장 시간을 입력해도 됩니다.

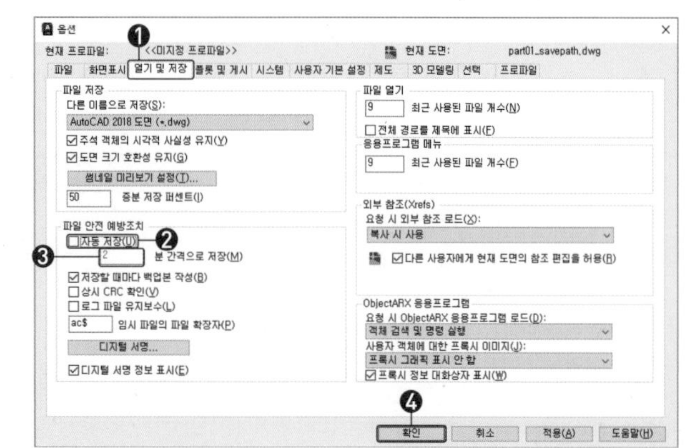

명령

명령: OPEN Enter

명령: OPTIONS Enter

02 파일 이름 변경해 불러오기

2분이 경과되면 파일이 메시지와 함께 자동 저장 경로에 저장됩니다. 필자는 경로를 C 드라이브로 지정했기 때문에 C 드라이브에 자동 저장됩니다. 자동 저장된 파일은 AutoCAD 2023에서 불러올 수 없습니다. 내 컴퓨터를 실행한 후 C 드라이브를 확인하면 저장된 파일을 알 수 있습니다. 파일 위에 마우스 오른쪽 버튼을 누른 후 [이름 바꾸기]를 선택합니다. 파일의 확장자를 '.dwg'로 변경합니다. **OPEN** 명령을 사용해 이 파일을 불러오면 파일이 열립니다. 아무리 컴퓨터가 갑자기 꺼진다 하더라도 2분 전 도면은 복구할 수 있습니다.

명령

명령:
E:\part01_savepath_1_16776_369b02f4.sv$(으)로 자동 저장...

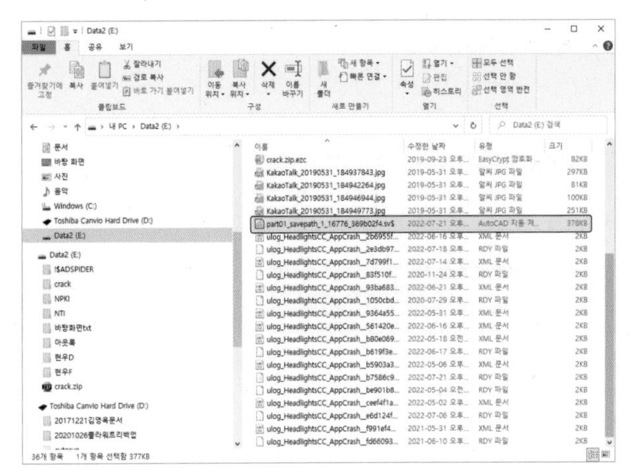

LevelUP

[파일] 메뉴의 [저장]과 [다른 이름으로 저장]의 차이점은 뭔가요?

[파일] 메뉴의 [저장]을 선택하면 저장해 놓은 파일 이름으로 다시 저장되고 [다른 이름으로 저장]을 선택하면 다른 이름으로 저장할 수 있는 [다른 이름으로 도면 저장] 대화상자가 나타납니다. 명령 라인에서 **QSAVE** 명령을 실행하는 것은 [파일] 메뉴의 [저장]을 선택하는 것과 같고 명령창에서 **SAVE** 명령어를 실행하는 것은 [파일] 메뉴의 [다른 이름으로 저장]을 선택하는 것과 같습니다.

Section

10 화면 분할하기

3D 도면이나 복잡한 2D 도면을 작업할 때 화면을 분할해 작업하면 편리합니다. VPORTS를 사용해 화면을 분할해 보겠습니다.

Key Word VPORTS,VPOINT,HIDE 예제 파일 part01_vports.dwg 완성 파일 part01_vportsc.dwg

01 도면 불러오기

도면을 불러오기 위해 명령창에 **OPEN** 명령을 입력한 후 Enter를 누릅니다. [파일 선택] 대화상자가 나타나면 C:\Sample\part01\part01_vports.dwg를 선택하고 [열기] 버튼을 클릭합니다. 화면을 분할하기 위해 명령창에 **VPORTS** 명령을 입력한 후 Enter를 누릅니다. ❶ [뷰포트] 대화상자가 나타나면 새 이름에 3개 화면을 입력한 후 [표준 뷰포트]에서 ❷ [셋:아래]를 선택하고 ❸ [확인] 버튼을 클릭합니다.

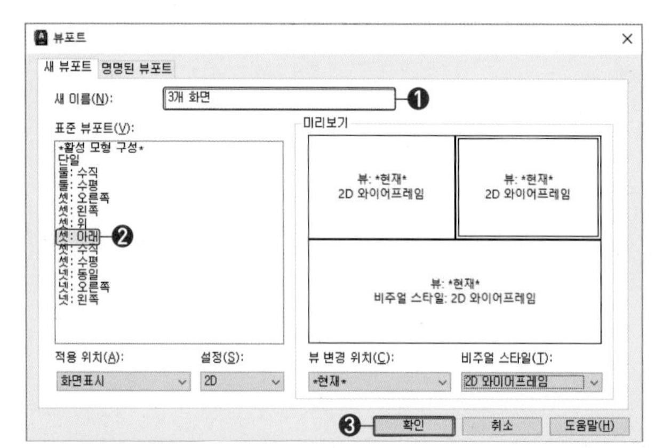

명령

명령: **OPEN** Enter
명령: **VPORTS** Enter

02 뷰 전환하기

우측 상단에 있는 뷰포트를 선택한 후 명령창에 **-VPOINT**를 입력하고 Enter를 누릅니다. 그런 다음 관측점을 입력하고 Enter를 누릅니다. 아래쪽에 있는 뷰포트를 선택한 후 명령창에 **-VPOINT**를 입력하고 Enter를 누릅니다. 그럼 다음 관측점을 입력하고 Enter를 누릅니다. 마우스 가운데 휠 버튼을 위, 아래로 돌려 화면을 확대한 후 은선을 제거하기 위해 **HIDE** 명령을 실행합니다. 화면만 분할된 것일 뿐 3개의 도면이 된 것은 아닙니다. 다시 원래의 1개 화면으로 복귀하려면 [뷰포트] 대화상자의 [표준 뷰포트]에서 [단일]을 선택하면 됩니다.

명령

명령: **-VPOINT** Enter
현재 뷰 방향: VIEWDIR=1.0000,-2.0000,1.0000
관측점 지정 또는 [회전(R)] <나침반과 삼각대 표시>: 0, -1, -0 Enter
모형 재생성 중...

명령: **-VPOINT** Enter
현재 뷰 방향: VIEWDIR=1.0000,-2.0000,1.0000
관측점 지정 또는 [회전(R)] <나침반과 삼각대 표시>: 1,-2,5 Enter
모형 재생성 중...

명령: **HIDE** Enter
모형 재생성 중...

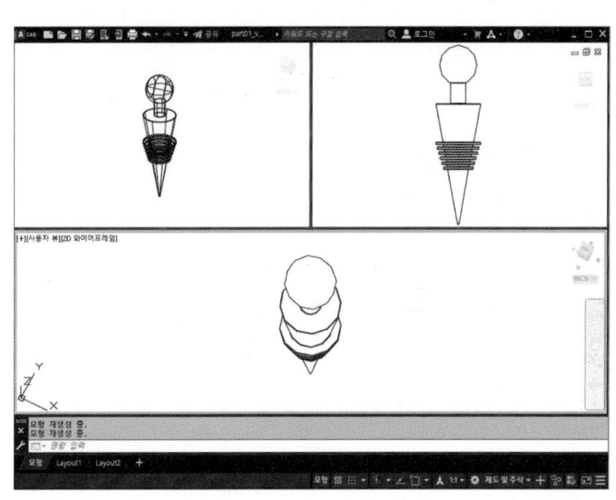

LevelUP

DXF를 불러오는 방법은 무엇인가요?

예제 파일 | part01_ford_f150.dxf

3DS MAX 또는 SketchUp 프로그램에서 작업한 파일을 AutoCAD 2023에서 불러올 수 있습니다. 3DS MAX 또는 SketchUp에서 파일을 DFX로 내보내기 한 후 AutoCAD 2023에서 **DXFIN** 명령으로 불러오면 됩니다.

명령

명령: **DXFIN** Enter

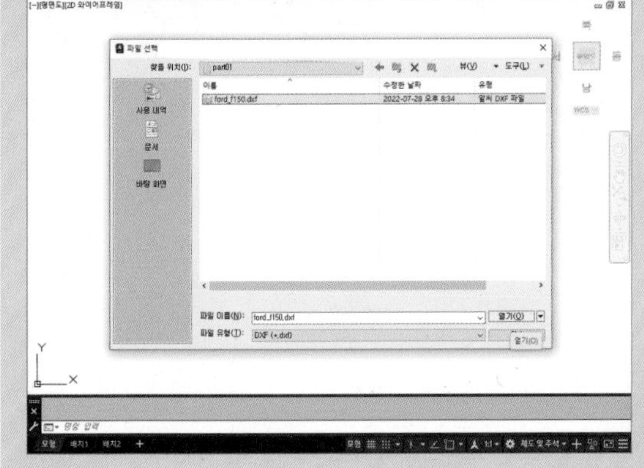

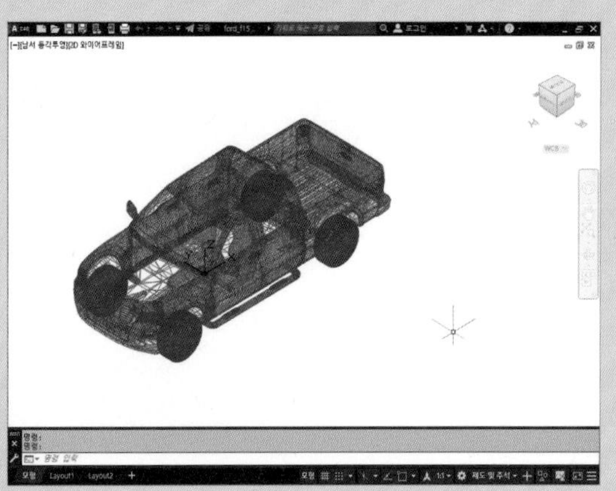

Point

3D 모델링 파일인 3DS 파일을 불러오기 위해서는 **3DSIN** 명령을 사용하면 됩니다. 3DS 파일은 재질, 카메라, 빛을 포함해서 가져올 수 있지만, DXF 파일은 모델링만 불러올 수 있습니다.

LevelUP

내가 그린 그림을 캐드에서 불러오는 방법은 무엇인가요?

예제 파일 | part01_sk.jpg

캐드에서는 다른 프로그램에서 저장한 파일뿐 아니라 내가 그린 그림, 내가 찍은 사진을 불러올 수 있습니다. **IMAGEATTACH** 명령을 사용하면 원하는 그림을 마음대로 불러올 수 있고 편집할 수도 있습니다. 또한 **MAGERADJUST** 명령을 사용하면 이미지의 밝기, 대비, 페이드를 조절할 수 있고 **IMAGEFRAME** 명령을 사용하면 이미지의 경계선을 보이지 않게 할 수 있습니다.

명령

명령: **IMAGEATTACH** Enter

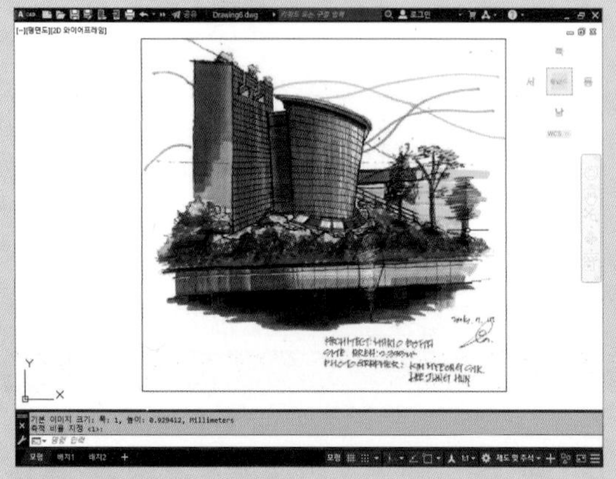

▲ IMAGEATTACH 명령으로 스케치 이미지를 삽입한 경우

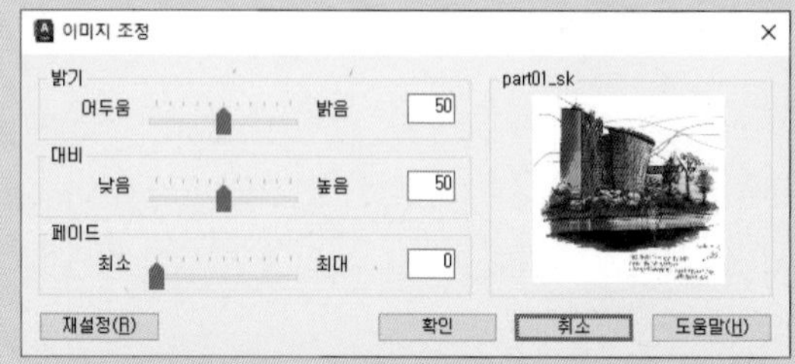

▲ IMAGERADJUST 명령으로 이미지의 경계를 클릭한 경우

손상된 파일을 복구하는 방법이 궁금해요

손상된 파일을 복구하기 위해서는 **RECOVER** 명령을 사용합니다. 이 명령은 도면의 헤더 정보가 손상돼 도면의 내용이 완전하게 열리지 않거나 아예 열리지 않을 경우에 실행할 수 있습니다. [파일 선택] 대화상자에서 도면 파일의 이름을 입력하거나 손상된 도면 파일을 선택하면 복구 과정에 대한 내용을 표시되며, 도면 내부에서 오류가 발견되면 스스로 복구해 도면을 불러옵니다. 도면을 불러온 후 오류가 발생한 부분을 복구하기 위해서는 **AUDIT** 명령을 실행한 후 탐지된 오류를 수정하기 위해 **Y** 옵션을 입력하고 Enter를 누릅니다. 명령창을 보면 2단계에 걸친 감사 결과가 표시된 것을 알 수 있습니다.

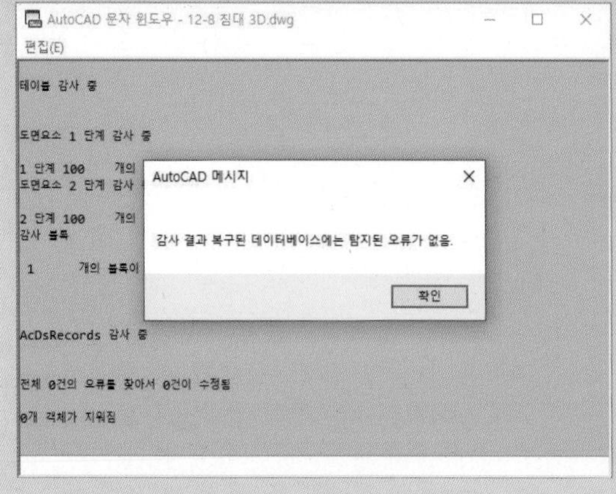

▲ RECOVER 명령을 사용해 파일을 불러온 경우

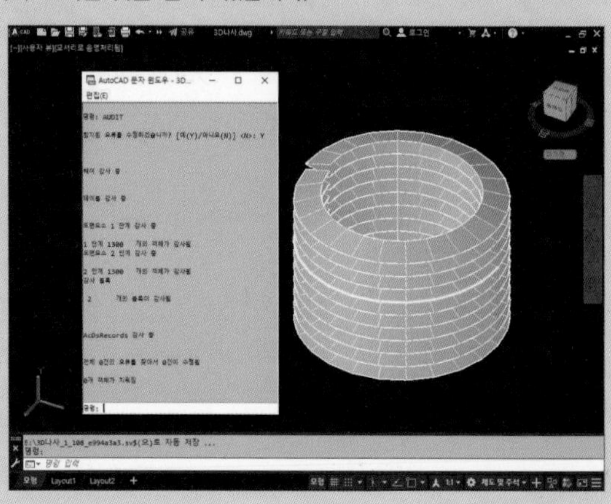

▲ AUDIT 명령을 실행한 경우

Section

11 캐드 도면을 포토샵에서 불러오기

캐드 도면을 포토샵으로 내보내는 데는 **EXPORT** 명령을 사용해 EPS 파일로 만드는 방법과 출력 파일(PLOT FILE)을 만들어 내보내는 방법이 있습니다. 여기서는 EXPORT를 사용하는 방법을 알아보겠습니다.

Key Word **VEXPORT, PLACE(가져오기)** 예제 파일 **part01_eps.dwg, part01_eps.eps** 완성 파일 **part01_eps.psd**

01 파일 내보내기

OPEN 명령을 사용해 part01_e ps.dwg를 불러옵니다. ❶ 도면을 포토샵 파일로 내보내기 위해 **EXPORT** 명령을 실행합니다. ❷ [데이터 내보내기] 대화상자가 나타나면 저장할 위치를 지정한 후 ❸ [파일 이름]의 [파일 유형]을 캡슐화된 PS(*.eps)로 지정하고 ❹ [저장] 버튼을 클릭합니다.

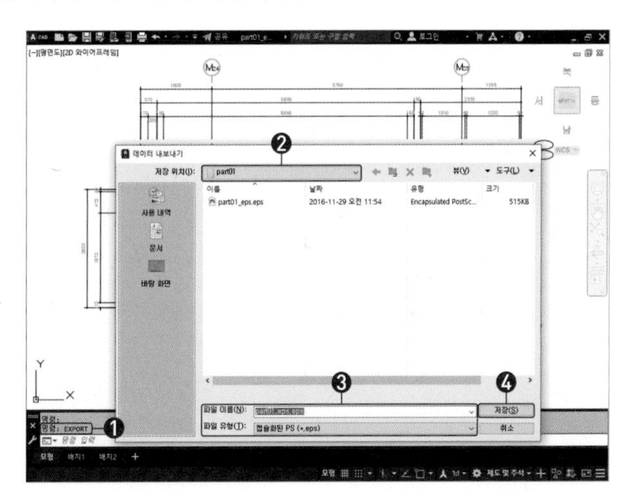

명령

명령: **EXPORT** Enter

LevelUP

가져오기(PLACE) 메뉴가 궁금해요

Photoshop CC 이상에는 [포함 가져오기], [연결 가져오기] 메뉴, Photoshop CC 이하에는 [가져오기] 메뉴가 나타납니다. [포함 가져오기]는 삽입되는 이미지가 현재 이미지에 포함되는 것이고, [연결 가져오기]는 삽입되는 이미지가 별도의 파일로 존재하는 것입니다.

02 포토샵에서 불러오기

❶ 포토샵을 실행한 후 [파일] 메뉴의 [새로 만들기]를 선택합니다. ❷ [새로 만들기] 대화상자가 나타나면 [폭]을 297mm, [높이]를 210mm, [해상도]를 150pixels/inch, [색상모드]를 RGB Color로 지정한 후 [확인] 버튼을 클릭합니다. AutoCAD에서 만든 파일을 불러오기 위해 [파일]에서 [포함 가져오기]를 선택합니다. [포함 가져오기] 대화상자가 나타나면 part01_eps.eps를 선택한 후 [가져오기] 버튼을 클릭합니다. 도면의 윤곽선을 뚜렷하게 보이기 위해 상부 옵션에서 [Anti-alias]를 해제한 후 Enter를 누릅니다.

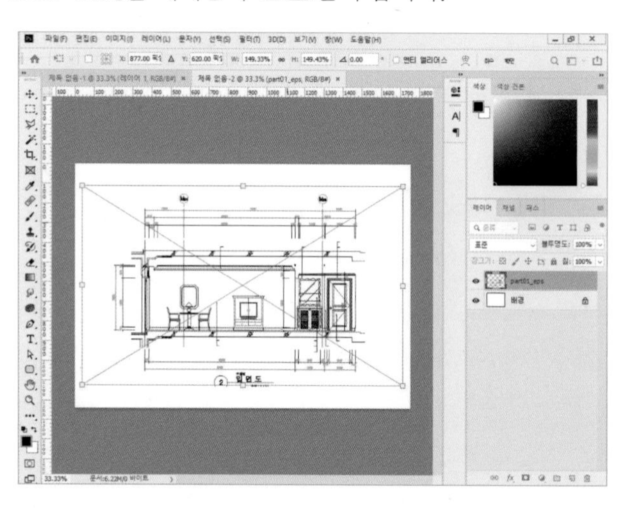

LevelUP

도면 정보는 꼭 입력해야 하나요?

캐드를 공부하는 사람들은 도면만을 그리려고 할 뿐, 도면에 대한 정보를 입력하는 것은 무시하는 경우가 있습니다. 하지만 요즘처럼 많은 정보가 쏟아지는 상황에서 내가 그린 도면에 대한 정보는 매우 중요하고 저작권의 근거 자료도 될 수 있으므로 반드시 입력하는 것이 좋습니다. **DWGPROPS** 명령을 사용하면 도면에 대한 정보를 입력할 수 있습니다.

Drawing8 특성

일반 | 개요 | 통계 | 사용자

제목(T):
주제(S):
작성자(A):
키워드(K):
주석(C):
하이퍼링크 기준(H):

확인(O) 취소(C) 도움말(H)

▲ [도면 특성] 대화상자

명령

명령: **DWGPROPS** Enter

LevelUP

Anti-alias(앤티 앨리어스)에 대해 자세히 알려 주세요

Anti-alias는 픽셀의 경계를 부드럽게 표현하는 것을 말합니다. 즉, 사선이나 곡선에서 나오는 이미지 깨짐(계단) 현상을 예방할 수 있는 기능입니다. [Anti-alias]의 체크 박스를 선택한 후 도면을 확대해 보면 경계선 부분의 강약이 조절돼 부드러워진 것을 알 수 있습니다. 그런데 무조건 Anti-alias를 적용하는 것이 좋은 것만은 아닙니다. AutoCAD에서 만든 도면을 포토샵에서 불러올 때 Anti-alias를 적용하면 도면의 경계가 너무 부드럽게 표현돼 도면이 흐려질 수 있기 때문에 Anti-alias를 적용하지 않고 가져오기하는 경우도 있다는 것을 명심하기 바랍니다.

- **Anti-alias에 체크 표시를 한 후 포토샵에서 도면을 불러온 경우**

픽셀의 경계가 부드럽게 표현되지만, 너무 흐린 도면이 만들어질 수 있습니다. 이때 불러온 도면 레이어를 몇 개 복사하면 부드러우면서도 선명한 도면을 만들 수 있습니다.

- **Anti-alias에 체크 표시를 한 후 포토샵에서 도면을 불러온 경우**

픽셀의 경계에서 계단 현상이 나타나지만, 경계선이 선명한 도면을 만들 수 있습니다.

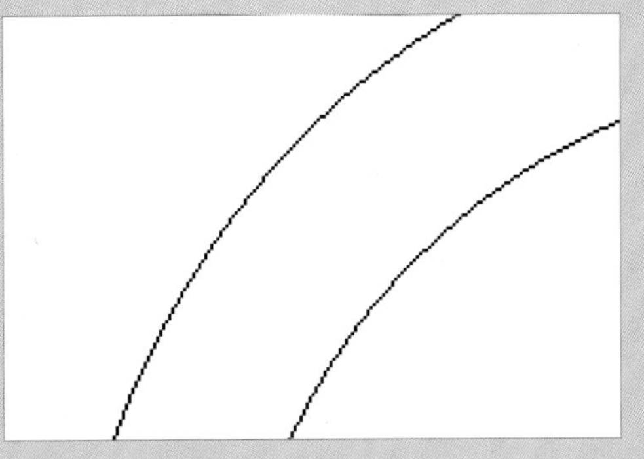

Section

12 이전 단계로 돌아가기

UNDO 명령은 되돌아간 지점과 사용된 명령을 알 수 있도록 명령 또는 시스템 변수 이름을 표시하고, U 명령은 사용자가 원하는 만큼 한 번에 한 단계씩 거슬러 올라가면서 실행했던 명령을 취소할 수 있습니다. 이번에는 UNDO와 U 명령에 대한 내용과 이전 단계를 다시 복구할 수 있는 REDO 명령에 대해 알아보겠습니다.

01 UNDO 명령

UNDO 명령은 U 명령과 기능은 같지만, 명령을 좀 더 효과적으로 취소할 수 있습니다. UNDO 명령은 기본적으로 작업했던 내용을 단 한 번만 취소할 수 있지만, 옵션을 설정하면 원하는 만큼 취소할 수 있습니다. 단, UNDO 명령은 OPEN 명령을 실행하기 직전까지 되돌아갈 수 있고 UNDO 명령을 복구할 수 있는 REDO 명령은 한 번밖에 실행되지 않습니다.

❶ **UNDO 명령의 사용 방법**: UNDO 명령의 실행 방법은 다음과 같습니다.

명령: **UNDO** Enter ← 명령을 실행합니다.
현재 설정: 자동 = 켜기, 조절 = 전체, 결합 = 예, 도면층 = 예
취소할 작업의 수 또는 [자동(A)/조절(C)/시작(BE)/끝(E)/표식(M)/뒤(B)] 입력 <1>: ← 옵션을 선택합니다.

❷ **UNDO 명령 옵션**

- **[자동(A)]**: 자동 설정 기능을 사용할 것인지의 여부를 결정합니다.
- **[조절(C)]**: UNDO 기능을 제한하거나 끕니다.
- **[시작(BE)/끝(E)]**: UNDO 명령의 시작과 끝을 설정할 수 있습니다.
- **[표식(M)/뒤(B)]**: 표식은 취소한 명령 정보를 명령창에 나타냅니다. 단, 뒤(B) 옵션을 사용해야만 표식 기능이 인식됩니다. 뒤(B) 옵션은 이 표식 뒤로 수행된 모든 작업을 취소합니다.

02 U 명령

한 번에 한 단계씩 백업하면서 도면이 현재 편집 세션을 시작한 시점의 상태가 될 때까지 원하는 횟수만큼 U 명령을 입력할 수 있습니다. 작업을 취소할 수 없는 경우, 명령 이름은 표시되지만 작업은 수행되지 않습니다. 파일로 인쇄 또는 파일에 쓰기와 같은 현재 도면 외부의 작업은 취소할 수 없고 명령을 사용하는 도중에 모드를 변경했거나 투명 명령을 사용한 경우에는 주 명령의 효과와 함께 이들의 효과도 취소됩니다. Ctrl+Z를 눌러 명령을 취소할 수도 있습니다.

❶ **U 명령의 사용 방법**: U 명령의 실행 방법은 다음과 같습니다.

명령: **U** Enter ← 명령을 실행합니다(원하는 만큼 반복 실행하면 됩니다).

❷ 한꺼번에 여러 단계를 취소, 복구하는 방법

명령을 취소하기 위해 U 명령을 실행하면 명령이 한 단계씩 취소됩니다. 그러나 UNDO 아이콘 옆에 있는 화살표를 클릭하면 여러 단계를 한꺼번에 취소할 수 있습니다. 명령 복수(REDO) 또한 이와 같은 방법으로 실행하면 됩니다.

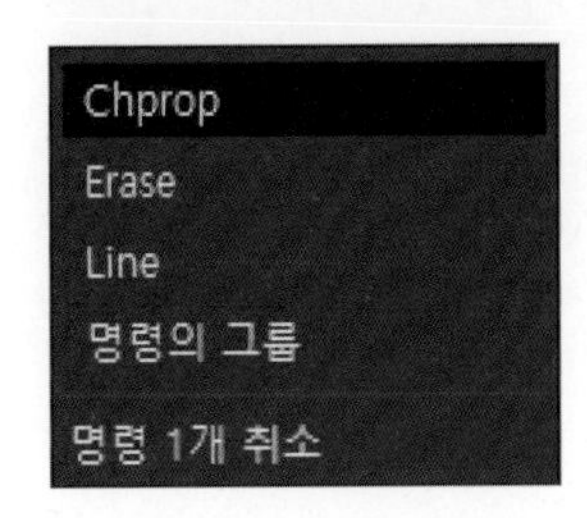

Section

13 객체 스냅, 극좌표 추적, 객체 스냅 추적 사용하기

객체 스냅과 극좌표를 사용하면 정확한 도면을 만들 수 있습니다. 이와 더불어 객체 스냅 추적과 극좌표 추적을 사용하면 도면을 좀 더 빠르고 정확하게 만들 수 있습니다.

Key Word CIRCLE

예제 파일 part01_snap.dwg 완성 파일 part01_snapc.dwg

01 객체 스냅, 극좌표 주척, 객체 스냅 추적 활성화하기

OPEN 명령을 실행한 후 part01_snap.dwg를 불러옵니다. ❶ 정확한 도면을 만들기 위해 화면 우측 하단에 있는 사용자화 버튼을 누른 후 극좌표 추적, 객체 스냅 추적, 2D 객체 스냅에 체크 표시를 합니다. ❷ 화면 하단에 있는 극좌표 추적 버튼, 객체 스냅 추적 버튼, 객체 스냅 버튼을 눌러 활성화합니다. ❸ 원을 그리기 위해 CIRCLE 명령을 실행한 후 두 점에 의해 원을 그리기 위해 원에 대한 중심점 지정 또는 [3점(3P)/2점(2P)/Ttr – 접선 접선 반지름(T)]:에 2P를 입력하고 Enter를 누릅니다. ❹ 원의 시작점을 수평선 우측 끝점에 지정합니다.

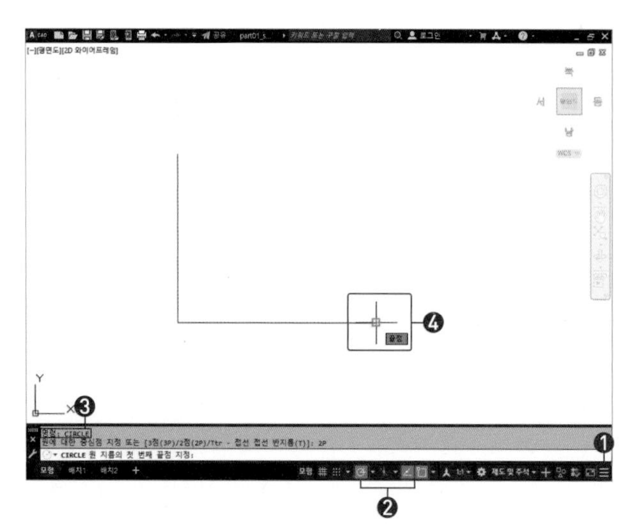

명령

명령: **OPEN** Enter

명령: **CIRCLE** Enter

원에 대한 중심점 지정 또는 [3점(3P)/2점(2P)/Ttr - 접선 접선 반지름(T)]: 2P Enter

원 지름의 첫 번째 끝점을 지정: P1 클릭

02 포인트 추적해 두 번째 점 지정하기

❶ 원의 두 번째 점을 추적하기 위해 수평선의 우측 끝점에 마우스 커서를 올려놓고 위쪽 방향으로 이동하면 녹색 점선이 나타납니다. ❷ 마우스 커서를 수직선의 상부 끝점에 올려놓고 우측으로 이동해 수평 녹색 점선과 수직 녹색 점선이 만나는 지점에 원의 두 번째 점을 지정합니다.

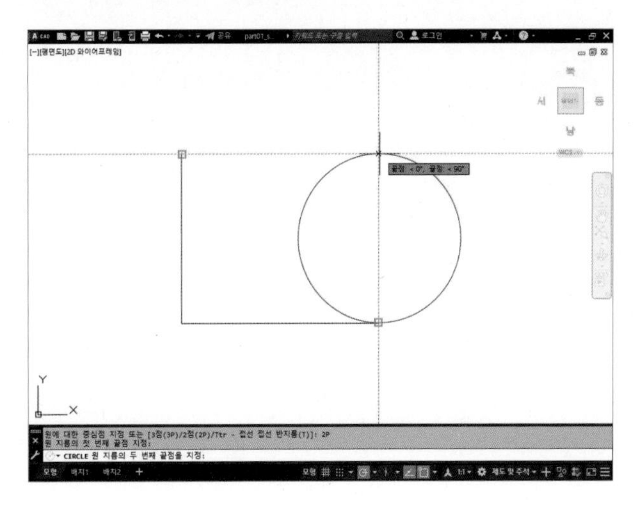

명령

원 지름의 두 번째 끝점을 지정: P1 클릭

Section

14 동적 좌표계 사용하기

3D 모델링을 할 때 기울어진 해당 면에 또 다른 도형을 그려야 할 경우가 있습니다. 이때 동적 좌표계(DUCS)를 사용하면 좀 더 편리하게 좌표계를 지정해 도형을 그릴 수 있습니다.

Key Word CIRCLE

예제 파일 part01_ducs.dwg 완성 파일 part01_ducsc.dwg

01 동적 UCS 활성화하기

도면을 불러오기 위해 명령창에 **OPEN** 명령을 입력해 part01_ducs.dwg를 불러옵니다. 만약 AutoCAD 2023 이하 버전이라면 도면이 와이어 프레임으로 불러질 수 있습니다. ❶ 동적 좌표계를 활성화하기 위해 우측 하단에 있는 사용자화 버튼을 누른 후 동적 UCS에 체크 표시를 합니다. ❷ 화면 하단에 있는 동적 UCS 버튼을 눌러 활성화합니다. ❸ 원을 그리기 위해 **CIRCLE** 명령을 실행한 후 마우스 커서를 경사진 면 위로 이동합니다. 경사진 면의 경계가 점선으로 바뀐 것을 알 수 있습니다. 원의 중심점을 클릭합니다.

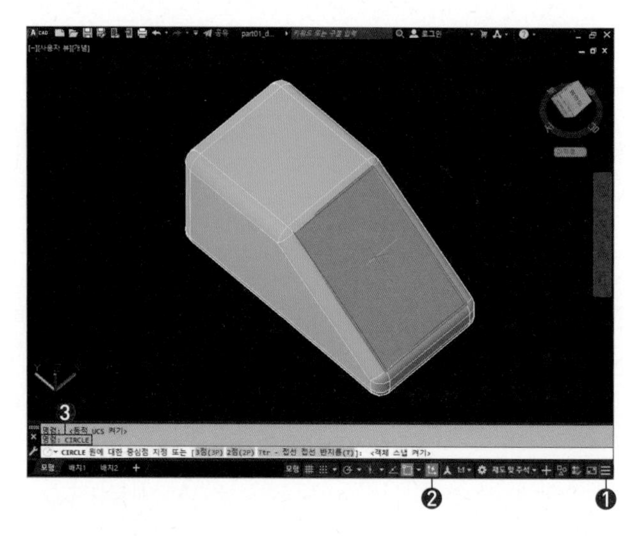

명령

명령: **OPEN** (Enter)
명령: **CIRCLE** (Enter)
원에 대한 중심점 지정 또는 [3점(3P)/2점(2P)/Ttr - 접선 접선 반지름(T)]: P1 클릭

02 원 그리기

마우스 커서를 이동해 적당한 크기의 반지름을 지정합니다.

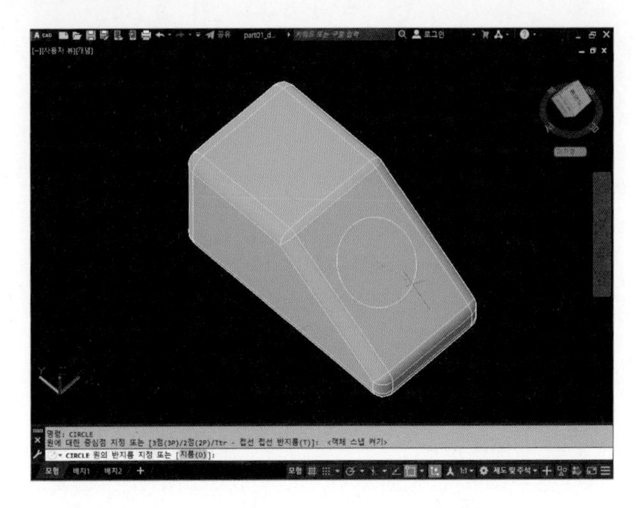

명령

원의 반지름 지정 또는 [지름(D)]: P1 클릭

LevelUP

동적 입력 사용 방법을 알고 싶어요

모니터와 컴퓨터의 사양이 높아짐에 따라 도면의 작업 속도가 빨라졌습니다. 동적 입력을 사용하면 마우스 포인터에 명령어가 나타나 도면을 좀 더 편리하게 만들 수 있습니다. 동적 입력을 사용하기 위해서는 화면 우측 하단에 있는 사용자화 버튼을 누른 후 [동적 입력]에 체크 표시를 하고 동적 입력 버튼을 눌러 활성화해야 합니다. 명령창에 명령을 입력하면 마우스 커서의 주변에 명령이 나타납니다. 필자는 습관적으로 동적 입력을 사용하지 않습니다.

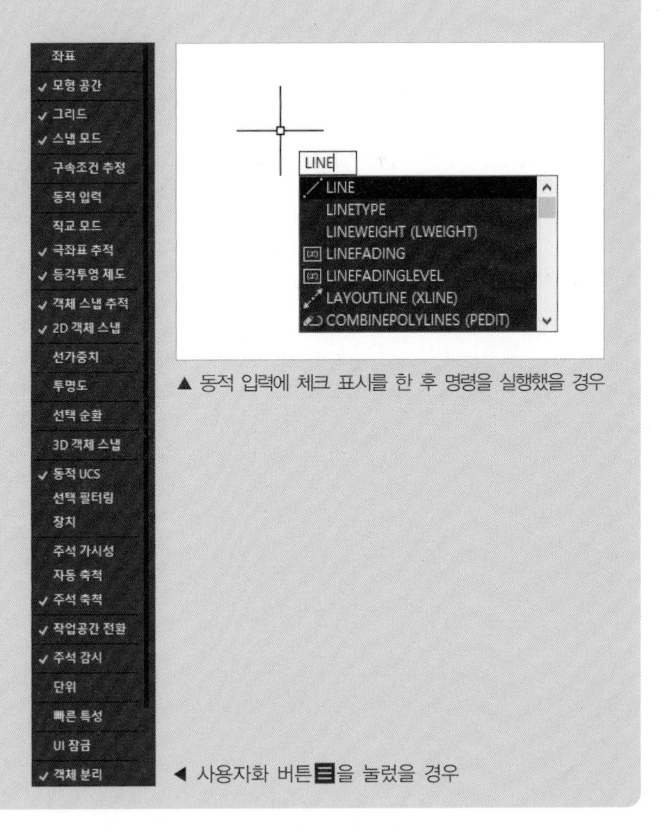

▲ 동적 입력에 체크 표시를 한 후 명령을 실행했을 경우

◀ 사용자화 버튼을 눌렀을 경우

Section

15 사용자 좌표계 원점 위치 변경하기

2D, 3D 모델링을 할 때 좌표계의 원점을 변경해야 할 경우가 있습니다. 이때는 UCS의 원점 위치와 UCS 아이콘의 위치를 변경할 수 있습니다.

Key Word **UCS, UCSICON** 예제 파일 **part01_ucsor.dwg** 완성 파일 **part01_ucsorc.dwg**

01 동적 입력 활성화하기

도면을 불러오기 위해 명령창에 **OPEN** 명령을 입력해 part01_ucsor.dwg를 불러옵니다. ❶ 정확한 포인트를 지정하기 위해 객체 스냅 버튼을 눌러 활성화합니다. 좌표계의 원점을 변경하기 위해 **UCS** 명령을 실행합니다. ❷ 원점을 지정하기 위해 **OR** 옵션을 입력한 후 Enter를 누르고 새로운 원점의 위치를 지정합니다.

명령

명령: **OPEN** Enter

명령: **UCS** Enter

현재 UCS 이름: *표준*

UCS의 원점 지정 또는 [면(F)/이름(NA)/객체(OB)/이전(P)/뷰(V)/표준(W)/X(X)/Y(Y)/Z(Z)/Z축(ZA)] <표준>: OR Enter

새 원점 지정 <0,0,0>: P1 클릭

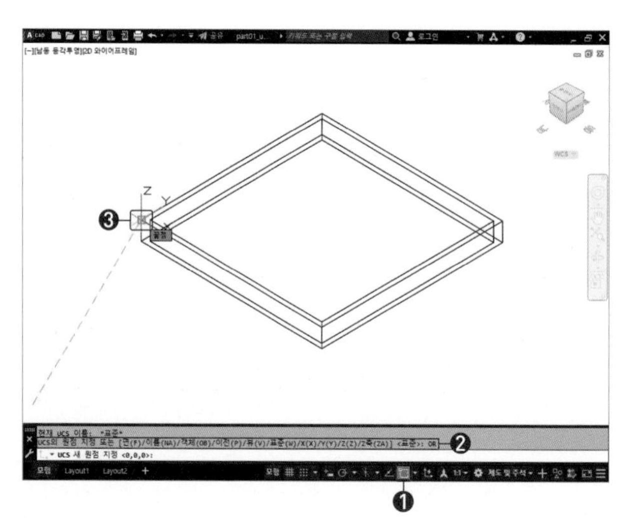

02 좌표계 아이콘 이동하기

좌표계의 원점도 이동됐습니다. ❶ 좌표계의 아이콘을 앞에서 지정한 원점의 위치로 이동하지 않고 원래 좌표계의 원점으로 이동하기 위해 **UCSICON** 명령을 실행한 후 ❷ **N** 옵션을 입력하고 Enter를 누릅니다. 좌표계의 아이콘을 앞에서 지정한 원점의 위치로 이동하기 위해서는 OR 옵션을 사용하면 됩니다.

명령

명령: **UCSICON** Enter
옵션 입력 [켜기(ON)/끄기(OFF)/전체(A)/원점 없음(N)/원점(OR)/선택 가능(S)/특성(P)] <켜기>: **N** Enter

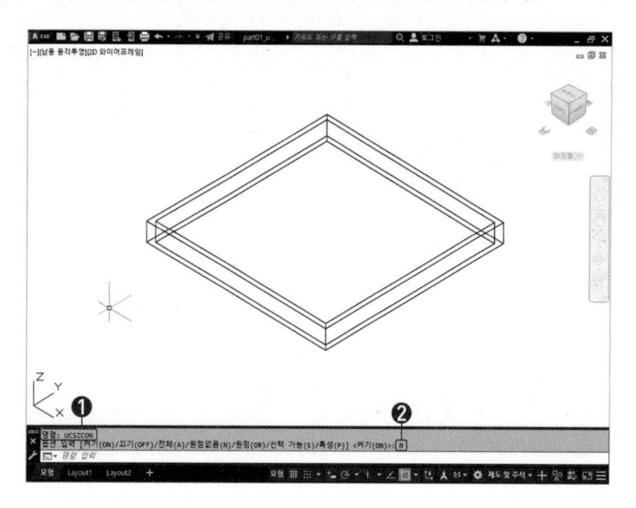

Level UP

솔리드 모델링에 대해 알고 싶어요

솔리드 모델링(SOLID MODELING)에서 **SECTION** 명령을 사용하면 단면도를 추출할 수 있고 **SLICE** 명령을 사용하면 모델링을 자르기할 수 있습니다.

Keyword **SECTION, SLICE** 예제 파일 **part01_section.dwg** 완성 파일 **part01_sectionc.dwg**

단면도 추출하기

❶ part01_section.dwg를 불러옵니다. 솔리드 모델링에서 단면도를 추출하기 위해 **SECTION** 명령을 실행합니다. ❷ 객체를 선택한 후 Enter를 누르고 3개의 지점을 지정하면 세 점을 통과하는 단면도가 만들어집니다.

명령

명령: **SECTION** Enter
객체 선택: 솔리드 객체 선택
객체 선택: Enter
다음을 사용해 단면 평면 위에 첫 번째 점 지정 [객체(O)/Z축(Z)/뷰(V)/XY(XY)/YZ(YZ)/ZX(ZX)/3점(3)] <3점>: P1 클릭
평면 위의 두 번째 점 지정: p2
평면 위의 세 번째 점 지정: p3

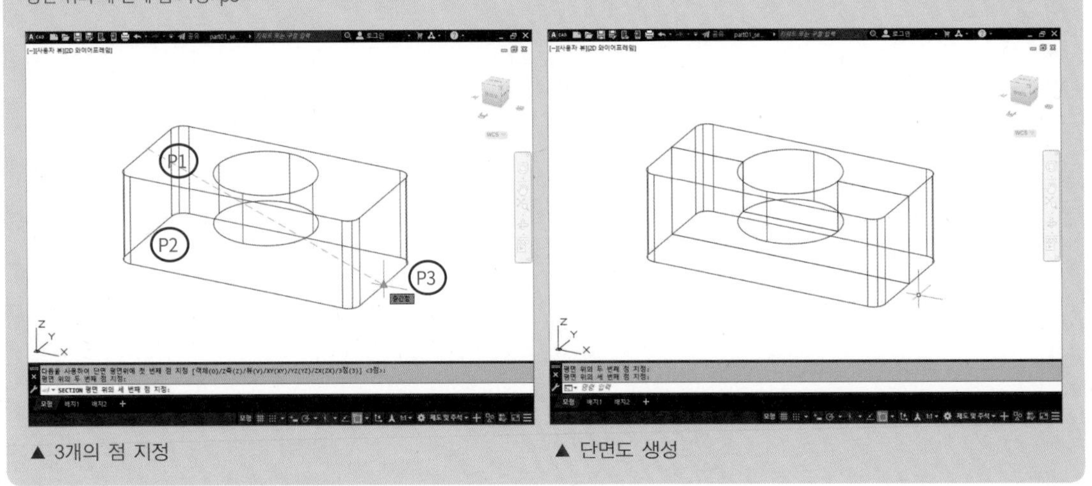

▲ 3개의 점 지정 ▲ 단면도 생성

모델링 자르기

❶ part01_slice.dwg를 불러옵니다. 솔리드 모델링을 자르기 위해 **SLICE** 명령을 실행합니다. ❷ 객체를 선택한 후 칼날이 지나가는 첫 번째 점과 두 번째 점을 지정하고 남기고 싶은 면의 방향을 클릭합니다.

명령

명령: **SLICE** Enter
슬라이스할 객체 선택: 솔리드 객체 선택
슬라이스할 객체 선택: Enter
슬라이싱 평면의 시작점 지정 또는 [평면형 객체(O)/표면(S)/Z축(Z)/뷰(V)/XY(XY)/YZ(YZ)/ZX(ZX)/3점(3)] <3점>: P1 클릭
평면 위의 두 번째 점 지정: P2
원하는 면 위의 점 지정 또는 [양쪽 면 유지(B)] <양쪽(B)>: P3

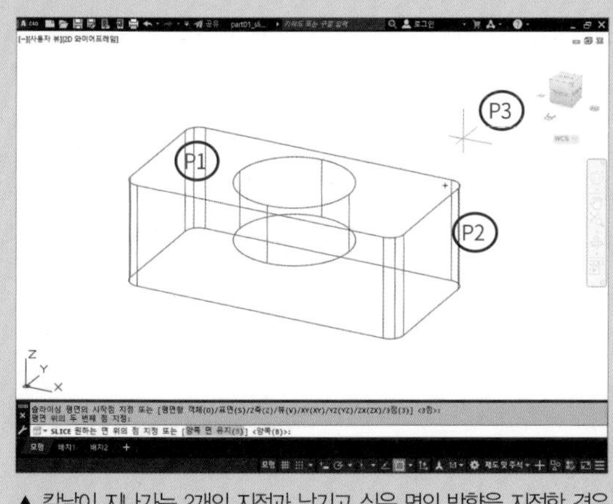

▲ 칼날이 지나가는 2개의 지점과 남기고 싶은 면의 방향을 지정한 경우

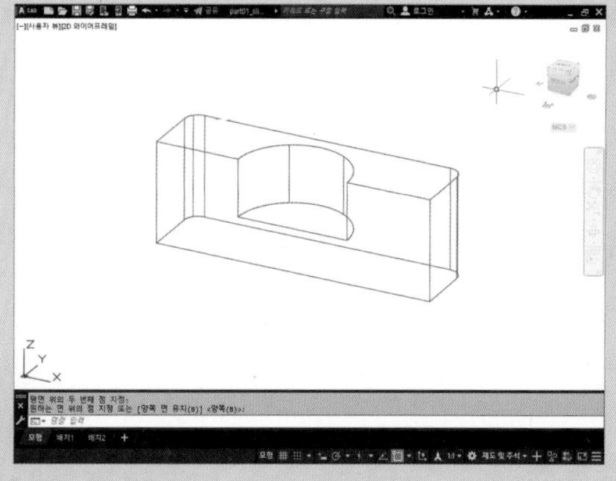
▲ 객체가 잘린 경우

PART

02

2D 도면 그리기

2부는 드로잉 명령을 익히는 단계로, 직선과 호로 이뤄진 도형을 만들어 보겠습니다. 좌표계에 대한 개념과 직선, 원, 호, 다각형, 광선, 다중 선, 자유 곡선, 폴리선, 스케치를 익힐 수 있고 이를 사용해 도면을 만드는 방법도 익힐 수 있습니다. 도면 그리기의 바탕이 되는 부분이므로 내용을 충실하게 익혀 어떠한 도형도 만들 수 있는 캐드 사용자가 되기를 바랍니다.

A U T O C A D 2 0 2 3

Section

01 직선 만들기, 절대좌표

AutoCAD에서 좌표계는 총 3가지 종류가 있는데, 그중 첫 번째가 절대좌표계입니다. 절대좌표계는 원점(0, 0, 0)을 기준으로 X 값, Y 값, Z 값을 사용하는 좌표계입니다. 원점으로부터 떨어지는 X 값, Y 값, Z 값에 점을 찍은 후 각 점을 연결하면 선이 만들어지는 것을 생각하면 됩니다.

Key Word **절대좌표, LINE** 예제 파일 part02_line01.dwg 완성 파일 part02_line01c.dwg

01 절대좌표 첫 번째 점 지정하기

❶ 도면을 불러오기 위해 명령창에 **OPEN** 명령을 입력한 후 Enter를 누릅니다. [선택 파일] 대화상자가 나타나면 Sample 폴더에 있는 part02_line01.dwg를 불러옵니다. ❷ 직선을 그리기 위해 **LINE** 명령을 입력한 후 Enter를 누르고 시작점을 지정하기 위해 첫 번째 점 지정:에 0, 0을 입력한 다음 Enter를 누릅니다.

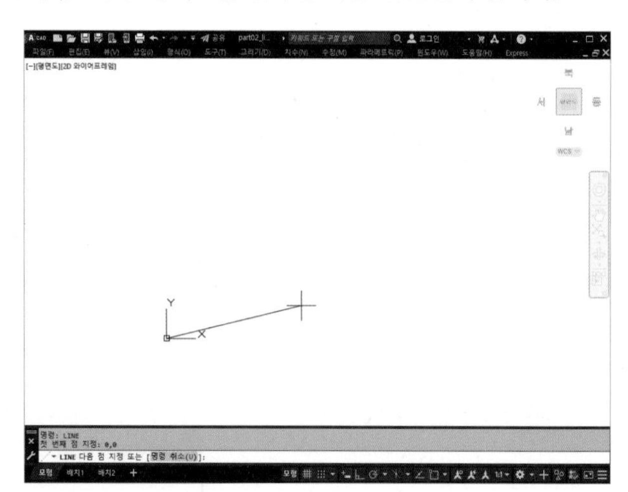

명령

명령: **OPEN** Enter
명령: **LINE** Enter
첫 번째 점 지정: 0, 0 Enter

02 두 번째 점 지정하기

❶ 원점(0, 0)에서부터 X축 방향으로 100만큼 이동하기 위해 **다음 점 지정 또는 [명령 취소(U)]:에 100, 0**을 입력한 후 ❷ Enter를 누릅니다.

명령

다음 점 지정 또는 [명령 취소(U)]: 100, 0 Enter

03 세 번째 점 지정하기

❶ 원점(0, 0)에서부터 X축 방향으로 100, Y축 방향으로 50만큼 이동하기 위해 **다음 점 지정 또는 [명령 취소(U)]:에 100, 50**을 입력한 후 ❷ Enter를 누릅니다.

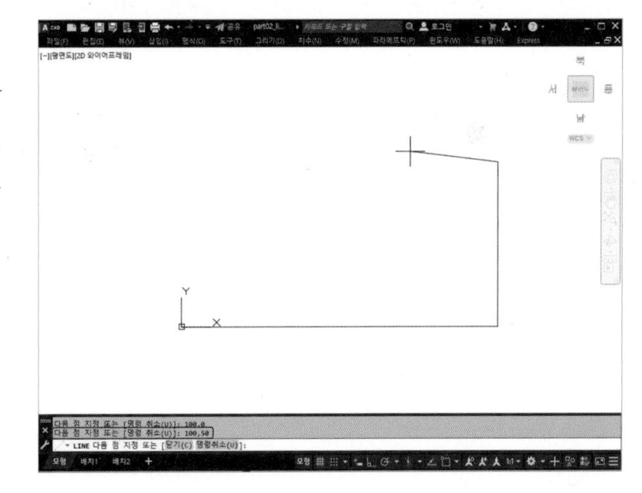

명령

다음 점 지정 또는 [명령 취소(U)]: 100, 50 Enter

04 네 번째 점 지정하기

❶ 원점(0, 0)에서부터 Y축 방향으로 50만큼 이동하기 위해 **다음 점 지정 또는 [명령 취소(U)]:에 0, 50**을 입력한 후 ❷ Enter를 누릅니다.

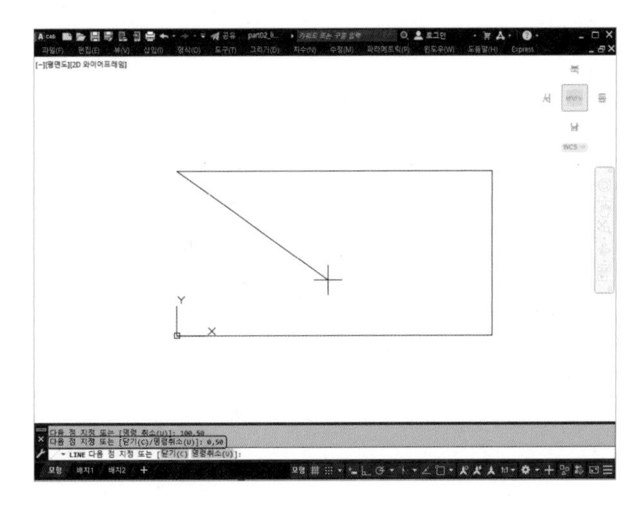

명령

다음 점 지정 또는 [닫기(C)/명령 취소(U)]: 0, 50 Enter

05 마지막 점 지정하기

❶ 다시 첫 번째 점을 지정하기 위해 다음 점 지정 또는 [닫기(C)/명령 취소(U)]:에 0, 0을 입력한 후 Enter를 누릅니다. ❷ 선 그리기를 종료하기 위해 다음 점 지정 또는 [닫기(C)/명령 취소(U)]:에서 Enter를 한 번 더 누릅니다.

명령

다음 점 지정 또는 [닫기(C)/명령 취소(U)]: 0, 0 Enter
다음 점 지정 또는 [닫기(C)/명령 취소(U)]: Enter

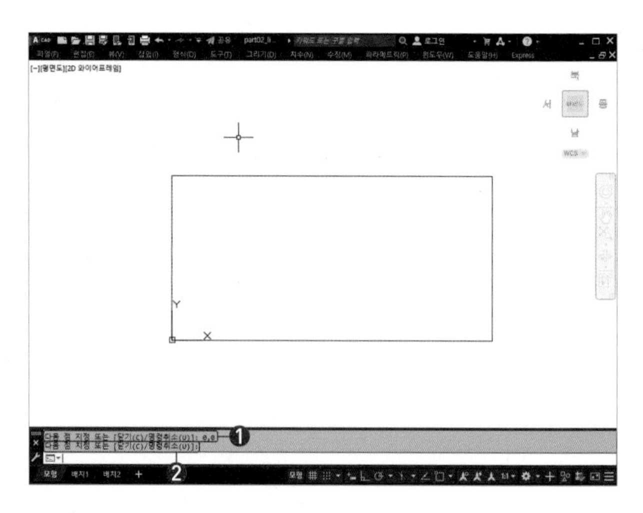

Level UP

절대좌표는 무엇인가요?

입력하고자 하는 점의 정확한 좌푯값을 알고 있거나 원점으로부터의 거리와 각도를 알고 있다면 키보드를 사용해 여러 가지 형태로 좌푯값을 입력할 수 있습니다. 이러한 모든 형식들을 '절대좌표'라고 합니다. 절대좌표는 점의 좌푯값을 원점(0, 0, 0)에서 X축, Y축, Z축 방향으로 이동한 거리에서 만나는 좌표이며 값을 입력할 때는 X, Y, Z 사이에 콤마(,)를 입력해 구분할 수 있습니다. 또한 절대좌표는 표준 좌표계(WCS)를 기준으로 하는 좌표계로, X-Y 직교 좌표계에서 이뤄집니다. 수평(오른쪽, 왼쪽)으로 이동하면 X축, 수직(상, 하)으로 이동하면 Y축, 두 이동 축이 이루는 평면이 X-Y 좌표계입니다. 그리고 다시 이 평면에 수직으로 이동하는 축을 'Z축'이라고 합니다.

• 절대좌표의 점 위치를 지정하는 방법

절대좌표의 점 위치를 지정하는 방법은 다음과 같습니다.

	기준점	입력 방법
절대좌표	X축, Y축, Z축이 만나는 곳(원점: 0, 0, 0)	X, Y, Z

Section

02 직선 만들기, 상대좌표

AutoCAD에서 좌표계의 종류는 총 3가지인데, 그 두 번째가 상대좌표계입니다. 상대좌표계는 캐드에서 가장 많이 사용하는 좌표계로, 맨 마지막에 입력된 좌표를 원점(0, 0, 0)으로 인식하게 하고 그 원점으로부터 X축, Y축, Z축 방향으로 이동하는 좌표를 입력하는 것을 말합니다.

Key Word 상대좌표(@X, Y, Z), LINE 예제 파일 part02_line02.dwg 완성 파일 part02_line02c.dwg

01 상대좌표 첫 번째 점 지정하기

도면을 불러오기 위해 명령창에 **OPEN** 명령을 입력한 후 Enter를 누릅니다. [선택 파일] 대화상자가 나타나면 Sample 폴더에 있는 part02_line02.dwg를 불러옵니다. ❶ 직선을 그리기 위해 **LINE** 명령을 입력한 후 Enter를 누릅니다. ❷ 시작점을 지정하기 위해 첫 번째 점 지정:에 선의 시작점을 클릭합니다.

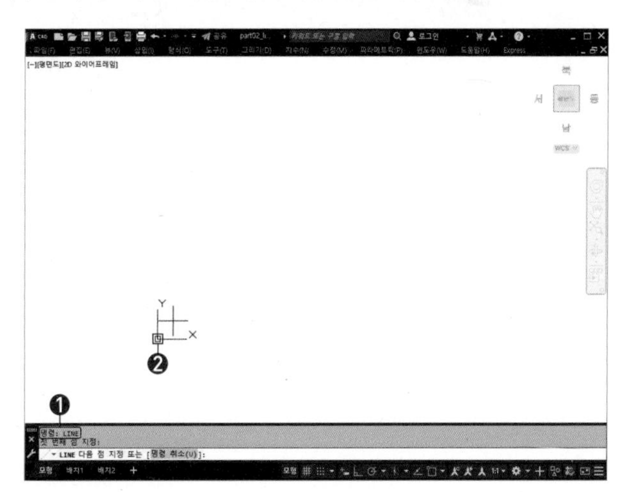

명령

명령: **OPEN** Enter
명령: **LINE** Enter
첫 번째 점 지정: P1 클릭

02 두 번째 점 지정하기

❶ 앞에서 지정한 위치를 원점(0, 0)으로 인식하기 위해 **@**를 입력하고 X축 방향, Y축 방향으로 이동하는 좌표를 입력한 후 ❷ Enter를 누릅니다.

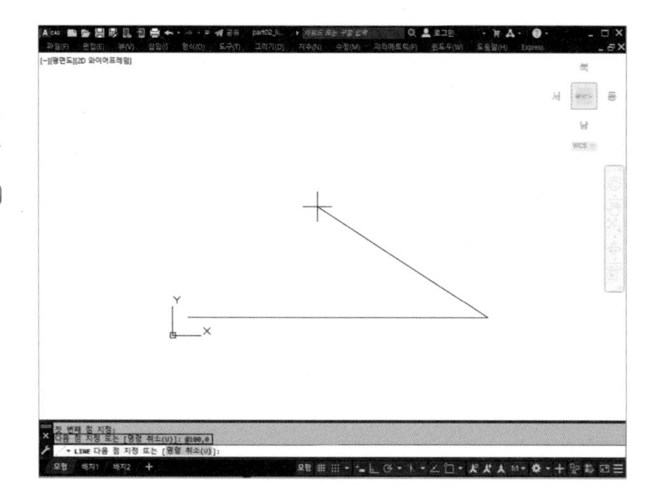

명령

다음 점 지정 또는 [명령 취소(U)]: @100, 0 Enter

Point

좌표를 오른쪽 방향으로만 이동하기 위해서는 **@거리(X 방향 거리), 0**을 입력하면 됩니다.

03 세 번째 점 지정하기

❶ 다시 한번 앞에서 지정한 위치를 원점(0, 0)으로 인식하기 위해 **@**를 입력한 후 X축, Y축 방향으로 이동하는 좌표를 입력하고 Enter를 누릅니다. ❷ 좌표를 위쪽 방향으로만 이동시키기 위해서는 @0, 거리(Y축 방향 거리)를 입력하면 됩니다.

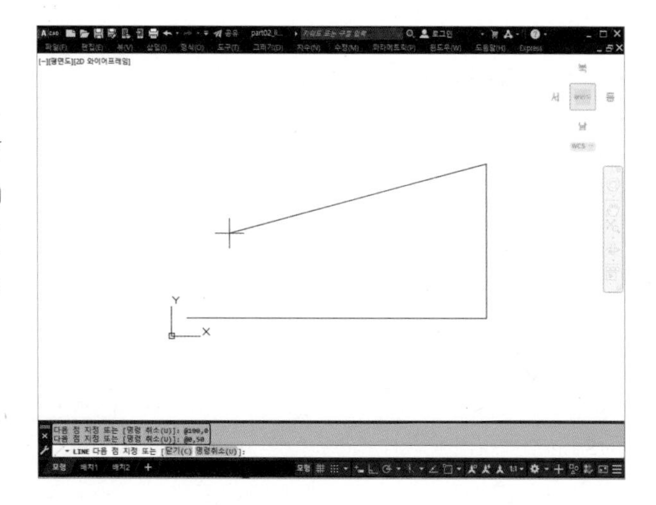

명령

다음 점 지정 또는 [명령 취소(U)]: @0, 50 Enter

Point

좌표를 위쪽 방향으로만 이동시키기 위해서는 **@0, 거리(Y축 방향 거리)**를 입력하면 됩니다.

04 네 번째 점 지정하기

❶ 다시 한번 앞에서 지정한 위치를 원점(0, 0)으로 인식하기 위해 @를 입력한 후 X, Y축 방향으로 이동되는 좌표를 입력한 후 Enter를 누릅니다. ❷ 좌표를 왼쪽 방향으로만 이동시키기 위해서는 @-거리(X 방향 거리), 0을 입력하면 됩니다.

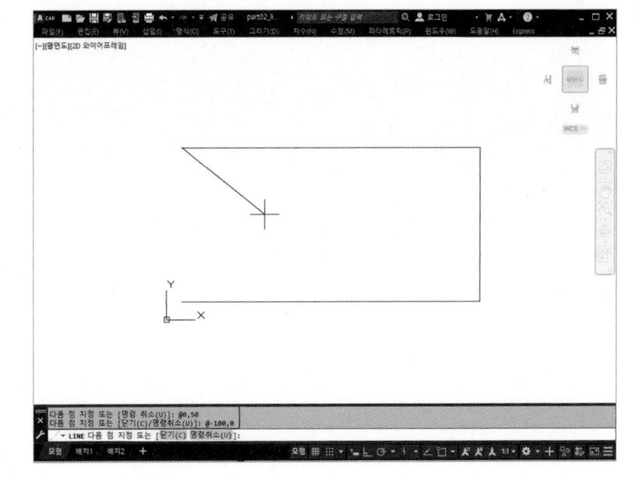

명령

다음 점 지정 또는 [닫기(C)/명령 취소(U)]: @-100, 0 Enter

Point

좌표를 왼쪽 방향으로만 이동시키기 위해서는 **@-거리(X 방향 거리), 0**을 입력하면 됩니다.

05 선 닫기

❶ 시작점과 마지막 점을 직선으로 닫기 위해 다음 점 지정 또는 [닫기(C)/명령 취소(U)]:에 C를 입력한 후 ❷ Enter를 누릅니다.

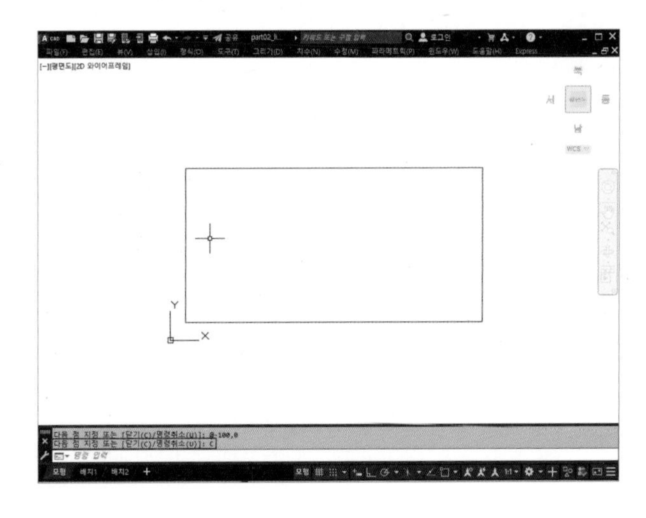

명령

다음 점 지정 또는 [닫기(C)/명령 취소(U)]: C Enter

Point

좌표를 아래쪽 방향으로만 이동시키기 위해서는 **@0, -거리(Y축 방향 거리)**를 입력하면 됩니다.

Level UP

상대좌표는 무엇인가요?

맨 마지막에 입력한 좌표에서 다음 좌표까지의 거리를 입력하는 좌표를 '상대좌표'라고 합니다. 절대좌표는 @를 사용해 구분할 수 있습니다. 즉, **@X, Y, Z**를 입력했을 때 @는 현재 좌표를 원점으로 인식한다는 말합니다. 상대좌표에서 Z 값을 생략하면 0으로 인식합니다.

• 상대좌표의 점 위치를 지정하는 방법

상대좌표의 점 위치를 지정하는 방법은 다음과 같습니다. @는 마지막 좌표를 원점으로 인식한다는 의미이고 좌푯값을 생략하면 0으로 인식합니다.

	기준점	입력 방법
상대좌표	최종 지정된 좌표	@X, Y, Z

Level UP

최종 좌표는 무엇인가요?

최종 좌표는 맨 마지막으로 지정한 점의 좌표를 말합니다. 최후에 사용된 좌표는 @를 사용해 표시할 수 있습니다. 입력하고자 하는 점 바로 전에 지정한 점을 '최종 좌표'라고 합니다.

• 최종 점의 위치를 지정하는 방법

최종 점의 위치를 지정하는 방법은 다음과 같습니다.

	기준점	입력 방법
최종 좌표	최종 지정된 좌표	@

Section

03 삼각형 만들기, 상대극좌표

AutoCAD에서 좌표계 중 세 번째가 상대극좌표계입니다. 상대극좌표계는 맨 마지막에 입력된 좌표를 원점(0, 0, 0)으로 인식하게 하고 그 원점으로부터 X축, Y축, Z축 방향으로 이동하는 거리와 각도를 입력하는 것을 말합니다.

Key Word 상대극좌표(@길이<각도), LINE   예제 파일 part02_line03.dwg 완성 파일 part02_line03c.dwg

01 삼각형 만들기

AutoCAD 2023을 실행한 후 도면을 불러오기 위해 명령창에 **OPEN** 명령을 입력한 후 Enter를 누릅니다. [선택 파일] 대화상자가 나타나면 Sample 폴더에 있는 part02_line03.dwg를 불러옵니다. ❶ 직선을 그리기 위해 **LINE** 명령을 입력한 후 Enter를 누릅니다. ❷ 시작점을 지정하기 위해 첫 번째 점 지정:에 선의 시작점을 클릭합니다.

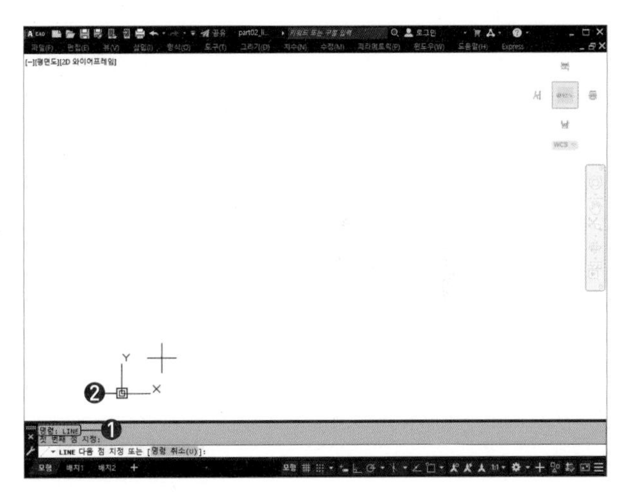

명령

명령: **LINE** Enter
첫 번째 점 지정: P1 클릭

02 두 번째 점 지정하기

❶ 앞에서 지정한 위치를 원점(0, 0)으로 인식하기 위해 @를 입력한 후 선의 길이, 〈 표시를 입력한 후 ❷ Enter를 누릅니다.

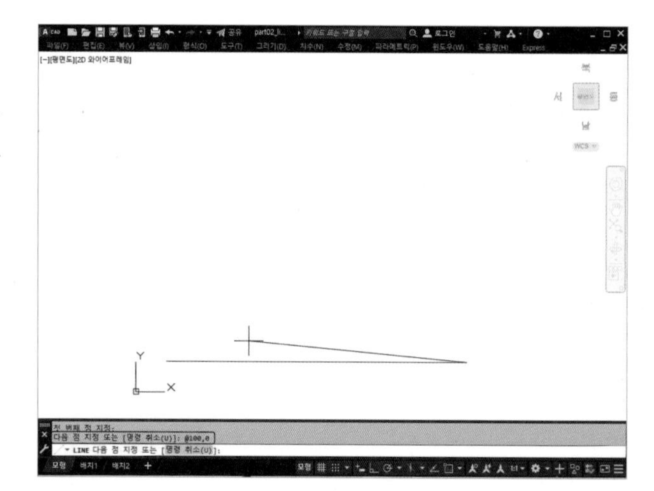

명령

다음 점 지정 또는 [명령 취소(U)]: @100<0 Enter

Point

〈 표시는 각도, 0은 0도 방향을 말합니다.

03 세 번째 점 지정하기

❶ 앞에서 지정한 위치를 원점(0, 0)으로 인식하기 위해 @를 입력한 후 선의 길이, 〈 표시를 입력한 후 ❷ Enter를 누릅니다.

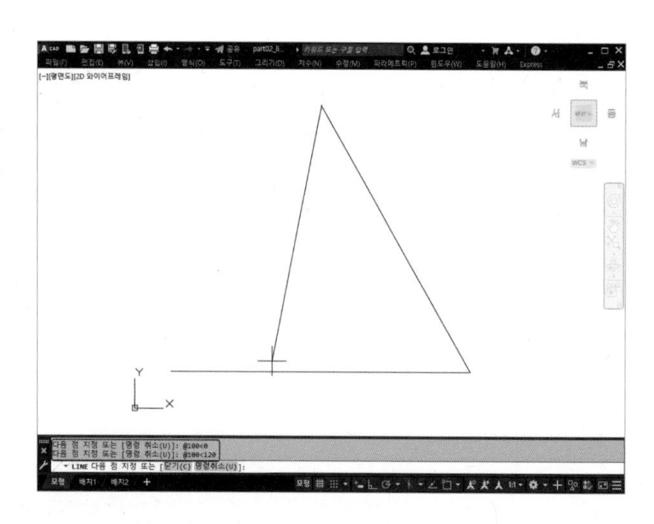

명령

다음 점 지정 또는 [명령 취소(U)]: @100<120 Enter

Point

〈 표시는 각도, 120은 0도 방향으로부터 120도 방향을 말합니다.

04 네 번째 지정하기

❶ 앞에서 지정한 위치를 원점(0, 0)으로 인식하기 위해 @를 입력한 후 선의 길이, 〈 표시를 연속으로 두 번 입력한 후 Enter를 누릅니다. ❷ 선 그리기를 종료하기 위해 다음 점 지정 또는 [닫기(C)/명령 취소(U)]:에서 Enter를 한 번 더 누릅니다.

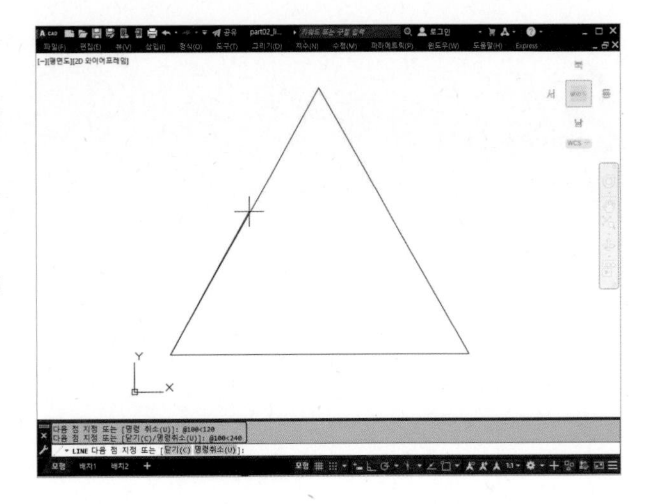

명령

다음 점 지정 또는 [닫기(C)/명령 취소(U)]: @100<240 Enter
다음 점 지정 또는 [닫기(C)/명령 취소(U)]: Enter

LevelUP

상대극좌표는 무엇인가요?

극좌표계는 각도를 사용하는 좌표를 말하며 절대극좌표계와 상대극좌표계로 나눌 수 있습니다. 점의 좌푯값과 길이, 절대 각을 〈로 표시하는 방법을 '절대극좌표계'라 하고 현재 지정된 마지막 점에 대한 거리 값과 각도를 사용하는 것을 '상대극좌표계'라고 합니다. 입력 형식은 '@길이〈각도'입니다.

- **상대극좌표의 점 위치를 지정하는 방법**

상대극좌표의 점 위치를 지정하는 방법은 다음과 같습니다.

	기준점	입력 방법
상대 극좌표(극좌표)	최종 지정된 좌표	@길이〈각도

LevelUP

각도 계산하기

극좌표계를 사용해 도형을 그릴 때는 각도를 반드시 사용해야 합니다. 처음 캐드를 접하는 사용자들은 그리고자 하는 도형의 각도 계산에 어려움을 느끼는 경우가 많은데, 다음과 같은 내용을 이해하고 있으면 각도를 쉽게 계산할 수 있습니다.

1. 무조건 0도(3시 방향)를 기준으로 합니다.
2. 0도를 기준으로 시계 방향의 각도는 – 값을 입력합니다.
3. 도형의 외각을 기준으로 합니다.
4. 삼각형 내각의 합은 180도, 4각형 네 각의 합은 360도입니다.

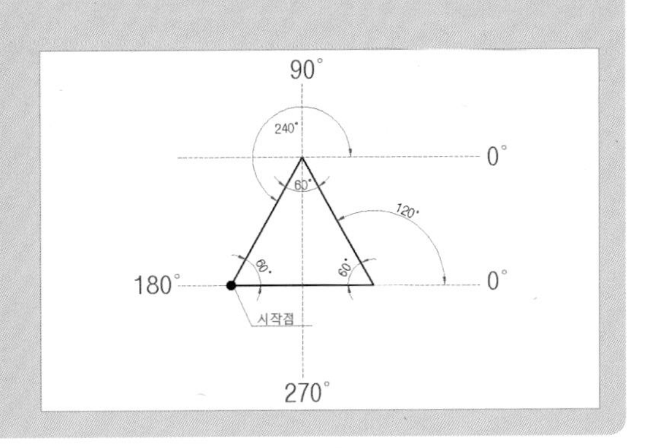

Section

04 단방향 무한 직선 만들기

AutoCAD에서는 단방향의 무한 직선을 만들 수 있습니다. 이때는 RAY 명령을 사용하면 되는데, 기준이 되는 1개의 지점과 다른 지점을 사용하면 단방향 무한 직선을 편리하게 만들 수 있습니다.

Key Word RAY, OSNAP   예제 파일 part02_line04.dwg 완성 파일 part02_line04c.dwg

01 스냅 설정하기

AutoCAD를 실행한 후 도면을 불러오기 위해 명령창에 **OPEN** 명령을 입력하고 Enter를 누릅니다. [선택 파일] 대화상자가 나타나면 Sample 폴더에 있는 part02_line04.dwg를 불러옵니다. 객체에 대한 정확한 포인트를 지정하기 위해 **OSNAP** 명령을 실행한 후 ❶ [제도 설정] 대화상자가 나타나면 [객체 스냅] 탭에서 ❷ [객체 스냅 켜기]에 체크 표시를 합니다. ❸ 그런 다음 [객체 스냅 모드]의 끝점, 중간점에 체크 표시를 한 후 ❹ [확인] 버튼을 클릭합니다.

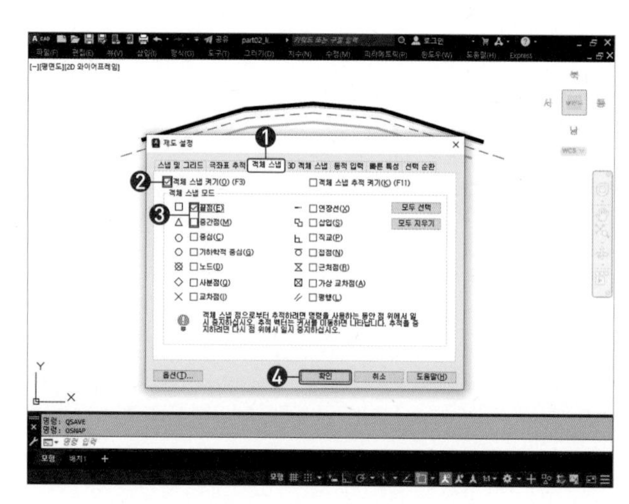

명령

명령: **OPEN** Enter
명령: **OSNAP** Enter

02 단방향 무한 직선 그리기

❶ 단방향 무한 직선을 그리기 위해 명령창에 **RAY** 명령을 입력한 후 Enter를 누릅니다. ❷ 시작점을 지정하기 위해 수직선의 상부 끝점을 클릭합니다.

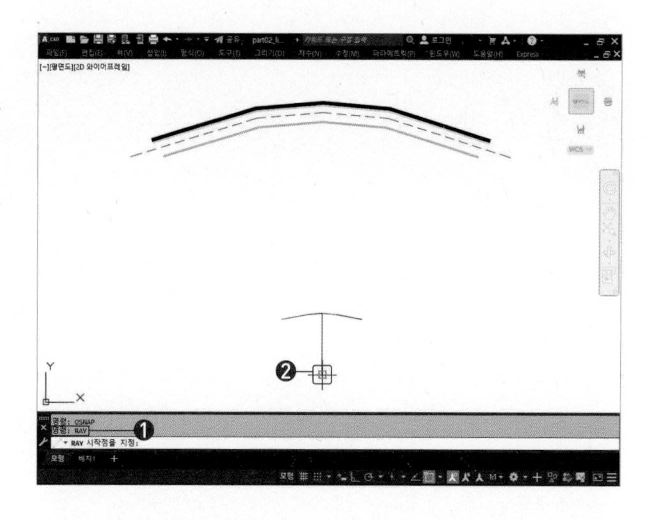

명령

명령: RAY Enter
시작점을 지정: P1 클릭

03 통과점 지정하기

통과점을 지정하기 위해 사선의 끝점을 클릭합니다.

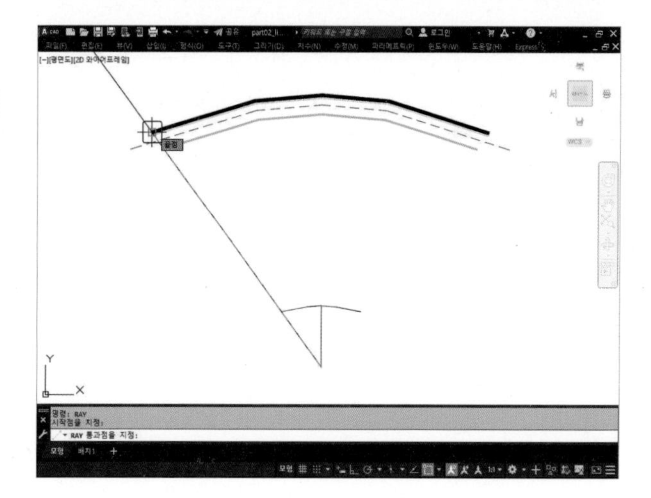

명령

통과점을 지정: P1 클릭

Point

직교가 설정돼 있다면 F8을 눌러 해제합니다. F8을 한 번 더 누르면 직교가 활성화됩니다.

04 통과점 지정하기

03과 똑같은 방법으로 두 번째 통과점을 지정합니다. 선의 끝점에 지정하면 됩니다.

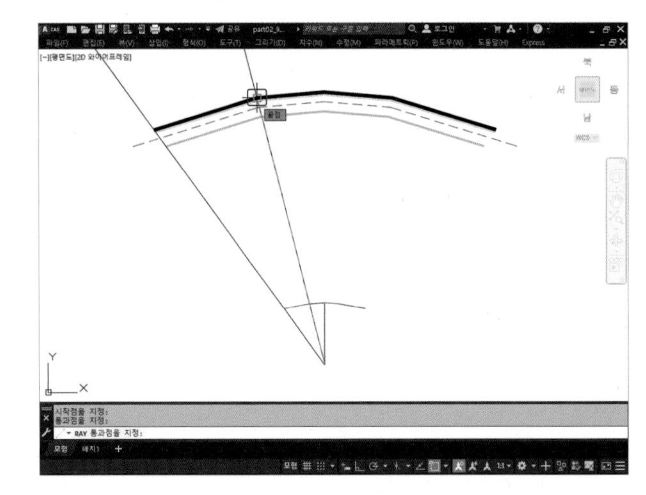

명령

통과점을 지정: P1 클릭

05 단방향 무한 직선 종료하기

❶ 나머지 통과점을 지정하기 위해 선의 끝점을 연속으로 세 번 지정하고 ❷ RAY 명령을 종료하기 위해 Enter를 누릅니다.

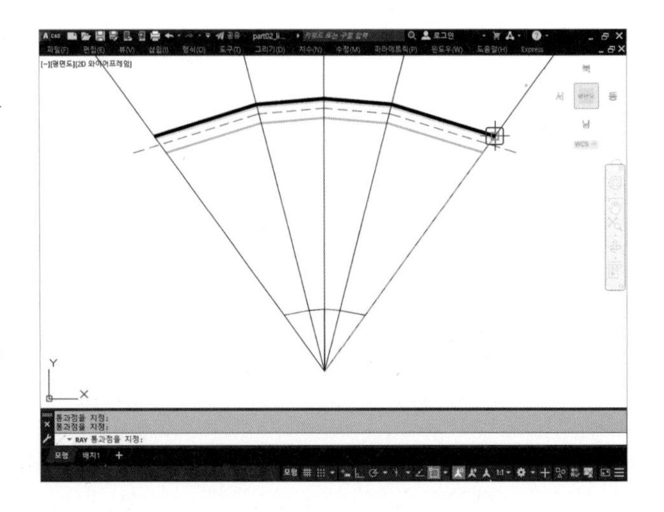

명령

통과점을 지정: P1 클릭
통과점을 지정: P2 클릭
통과점을 지정: P3 클릭
통과점을 지정: Enter

06 객체 지우기

객체를 선택하기 위해 화살표 방향으로 드래그한 후 객체를 지우기 위해 Delete를 누릅니다.

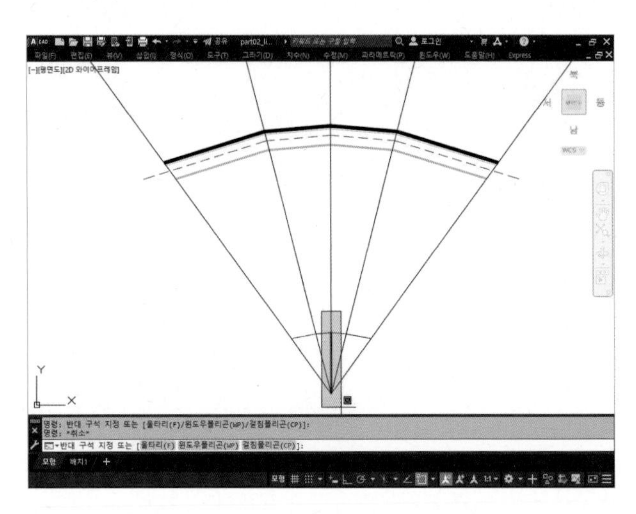

명령

명령: P1 클릭
반대 구석 지정 또는 [울타리(F)/윈도우 폴리곤(WP)/걸침 폴리곤(CP)]: P2 클릭
명령: _.erase 1개를 찾음

Section

05 사각형 쉽게 만들기

AutoCAD에서는 정사각형 또는 직사각형을 쉽게 만들 수 있습니다. RECTANGLE 명령을 사용해 회전된 사각형, 모따기, 모깎기, 폭이 지정된 사각형을 그려 보겠습니다.

Key Word RECTANGLE

예제 파일 part02_rectangle.dwg 완성 파일 part02_rectangle_01~05.dwg

01 직사각형 첫 번째 점과 반대 구석점 지정하기

❶ 도면을 불러오기 위해 명령창에 **OPEN** 명령을 입력한 후 Enter를 누릅니다. [선택 파일] 대화상자가 나타나면 Sample 폴더에 있는 part02_rectangle.dwg를 불러옵니다. ❷ 직사각형을 한 번에 그리기 위해 명령창에 **RECTANGLE** 명령을 입력한 후 Enter를 누릅니다. ❸ 첫 번째 구석점과 다른 구석점을 입력한 후 Enter를 누릅니다.

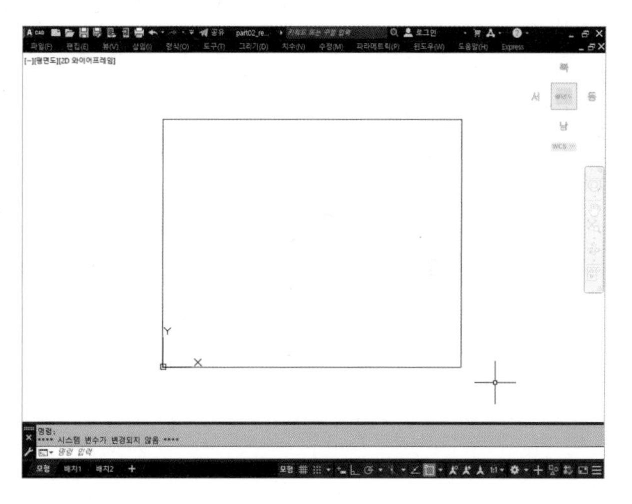

명령

명령: RECTANGLE Enter

첫 번째 구석점 지정 또는 [모따기(C)/고도(E)/모깎기(F)/두께(T)/폭(W)]: 0, 0 Enter
다른 구석점 지정 또는 [영역(A)/치수(D)/회전(R)]: @100, 80 Enter

02 폭 지정하기

❶ 직사각형의 폭을 지정해 보겠습니다. ❷ 이전 명령을 취소하기 위해 명령창에 **U** 명령을 입력한 후 Enter를 누릅니다. ❸ 직사각형을 그리기 위해 **RECTANGLE** 명령을 실행한 후 W 옵션을 입력하고 Enter를 누릅니다. ❹ 직사각형 선의 폭을 입력한 후 Enter를 누르고 첫 번째 구석점과 다른 구석점을 지정한 다음 Enter를 누릅니다.

명령

명령: **U** Enter
명령: **RECTANGLE** Enter
첫 번째 구석점 지정 또는 [모따기(C)/고도(E)/모깎기(F)/두께(T)/폭(W)]: W Enter
직사각형의 선 폭 지정 <0.0000>: 3 Enter
첫 번째 구석점 지정 또는 [모따기(C)/고도(E)/모깎기(F)/두께(T)/폭(W)]: 0, 0 Enter
다른 구석점 지정 또는 [영역(A)/치수(D)/회전(R)]: @100, 80 Enter

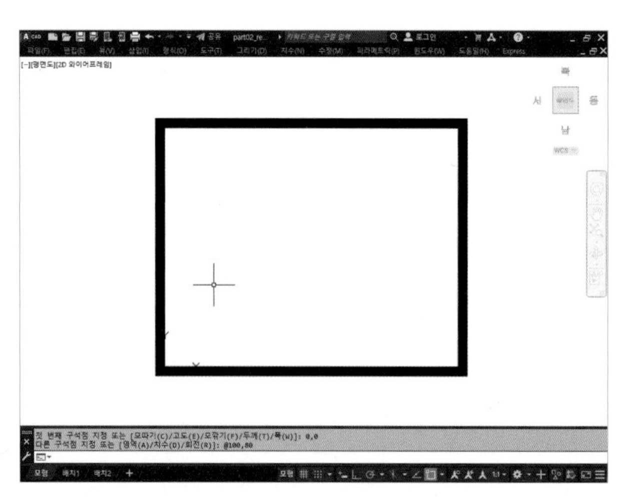

03 회전 각도 입력하기

❶ 이전 명령을 취소하기 위해 명령창에 **U** 명령을 입력한 후 Enter를 누릅니다. ❷ 회전된 직사각형을 그리기 위해 **RECTANGLE** 명령을 실행한 후 첫 번째 구석점을 지정하고 Enter를 누릅니다. ❸ 직사각형을 회전하기 위해 **다른 구석점 지정 또는 [영역(A)/치수(D)/회전(R)]:**에서 R 옵션을 입력한 후 회전 각도를 입력하고 Enter를 누릅니다. ❹ 다른 구석점을 지정한 후 Enter를 눌러 직사각형 그리기를 종료합니다.

명령

명령: **U** Enter
명령: **RECTANGLE** Enter
현재 직사각형 모드: 폭=3.0000
첫 번째 구석점 지정 또는 [모따기(C)/고도(E)/모깎기(F)/두께(T)/폭(W)]: 0, 0 Enter
다른 구석점 지정 또는 [영역(A)/치수(D)/회전(R)]: R Enter
회전 각도 지정 또는 [선택점(P)] <0>: 20 Enter
다른 구석점 지정 또는 [영역(A)/치수(D)/회전(R)]:@50, 50 Enter

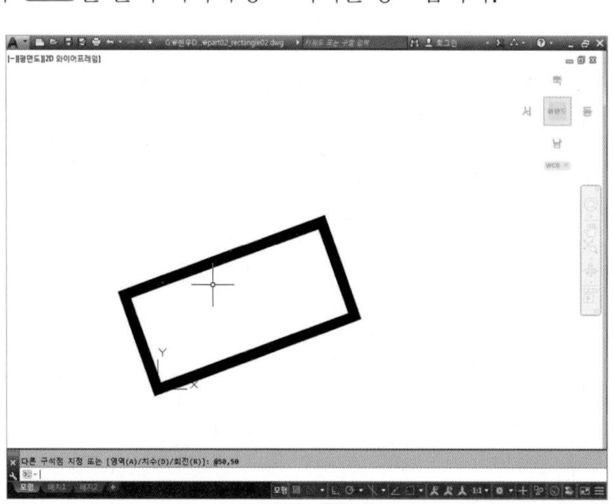

04 둥그렇게 모깎기하기

❶ 이전 명령을 취소하기 위해 명령창에 **U** 명령을 입력한 후 Enter를 누릅니다. ❷ 둥그렇게 모깎기된 직사각형을 그리기 위해 **RECTANGLE** 명령을 실행한 후 **첫 번째 구석점 지정** 또는 **[모따기(C)/고도(E)/모깎기(F)/두께(T)/폭(W)]:**에서 **F** 옵션을 입력하고 Enter를 누릅니다. ❸ 모깎기 반지름을 지정한 후 첫 번째 구석점과 다른 구석점을 지정하고 Enter를 누릅니다.

명령

명령: **U** Enter
명령: **RECTANGLE** Enter
현재 직사각형 모드: 폭=3.0000 회전=20
첫 번째 구석점 지정 또는 [모따기(C)/고도(E)/모깎기(F)/두께(T)/폭(W)]: F Enter
직사각형의 모깎기 반지름 지정 <0.0000>: 10 Enter
첫 번째 구석점 지정 또는 [모따기(C)/고도(E)/모깎기(F)/두께(T)/폭(W)]: 0, 0 Enter
다른 구석점 지정 또는 [영역(A)/치수(D)/회전(R)]: R Enter
회전 각도 지정 또는 [선택점(P)] <20>: 0 Enter
다른 구석점 지정 또는 [영역(A)/치수(D)/회전(R)]: @100, 80 Enter

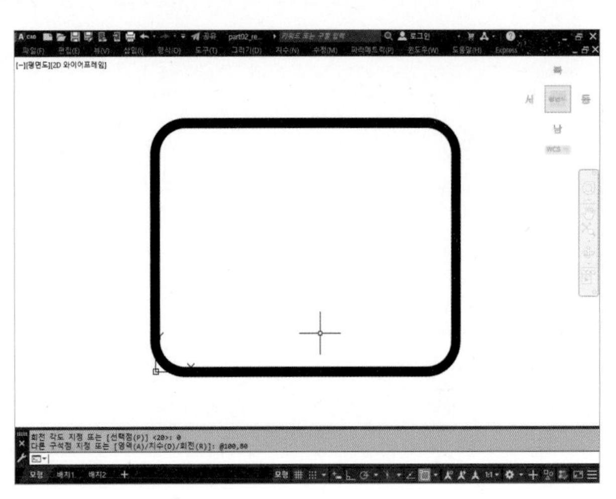

05 각지게 모따기하기

❶ 이전 명령을 취소하기 위해 명령창에 **U** 명령을 입력한 후 Enter를 누릅니다. ❷ 각지게 모따기된 직사각형을 그리기 위해 **RECTANGLE** 명령을 실행한 후 **첫 번째 구석점 지정** 또는 **[모따기(C)/고도(E)/모깎기(F)/두께(T)/폭(W)]:**에서 C 옵션을 입력하고 Enter를 누릅니다. ❸ 첫 번째 모따기 거리와 두 번째 모따기 거리를 지정한 후 첫 번째 구석점과 다른 구석점을 지정합니다.

명령

명령: **U** Enter
명령: **RECTANGLE** Enter
현재 직사각형 모드: 모깎기=10.0000 폭=3.0000
첫 번째 구석점 지정 또는 [모따기(C)/고도(E)/모깎기(F)/두께(T)/폭(W)]: C Enter
직사각형의 첫 번째 모따기 거리 지정 <10.0000>: 50 Enter
직사각형의 두 번째 모따기 거리 지정 <10.0000>: 20 Enter
첫 번째 구석점 지정 또는 [모따기(C)/고도(E)/모깎기(F)/두께(T)/폭(W)]: 0, 0 Enter
다른 구석점 지정 또는 [영역(A)/치수(D)/회전(R)]: @100, 80 Enter

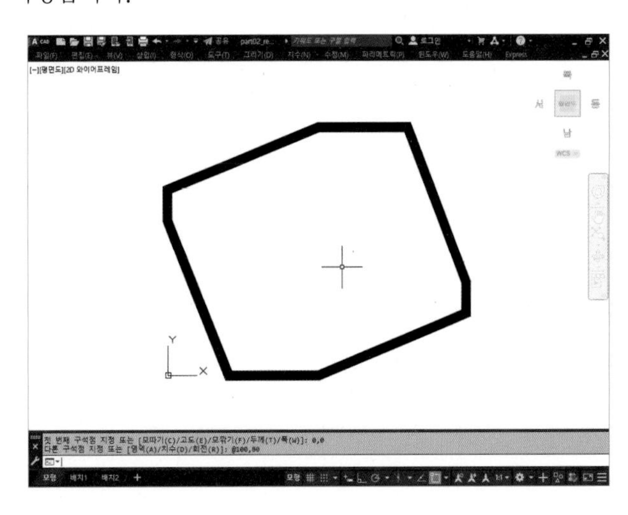

Section

06 양방향 무한 직선으로 물매 만들기

AutoCAD에서는 양방향의 무한 직선을 만들 수 있습니다. 무한 직선을 만들 때는 XLINE 명령을 사용하면 되는데, XLINE 명령의 여러 가지 옵션을 사용하면 다양한 양방향 무한 직선을 만들 수 있습니다.

Key Word XLINE, PLINE

예제 파일 part02_xline.dwg 완성 파일 part02_xlinec.dwg

01 사각형 첫 번째 점 지정하기

❶ 도면을 불러오기 위해 명령창에 **OPEN** 명령을 입력한 후 Enter를 누릅니다. [선택 파일] 대화상자가 나타나면 Sample 폴더에 있는 part02_xline.dwg를 불러옵니다. ❷ 지붕 물매에 대한 사각형을 그리기 위해 **RECTANGLE** 명령을 실행한 후 첫 번째 구석점을 지정합니다.

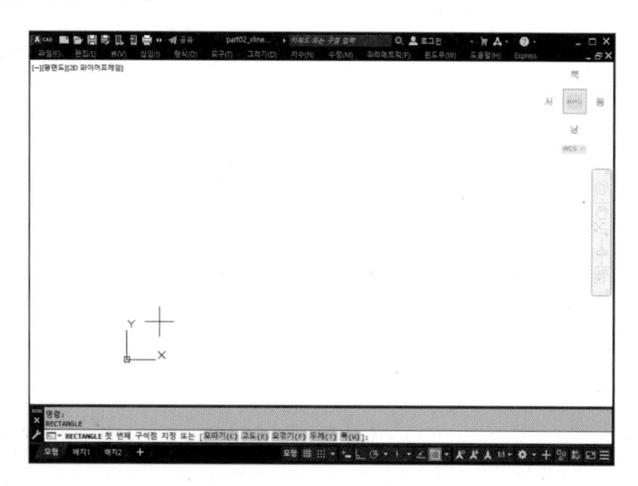

명령

명령: **RECTANGLE** Enter

첫 번째 구석점 지정 또는 [모따기(C)/고도(E)/모깎기(F)/두께(T)/폭(W)]: P1 클릭

02 다른 구석점 지정하기

❶ 다른 구석점을 지정한 후 Enter를 누릅니다. ❷ 첫 번째 점으로부터 X축으로 40 거리, Y축으로 40 거리에 다른 구석점을 지정하는 것입니다.

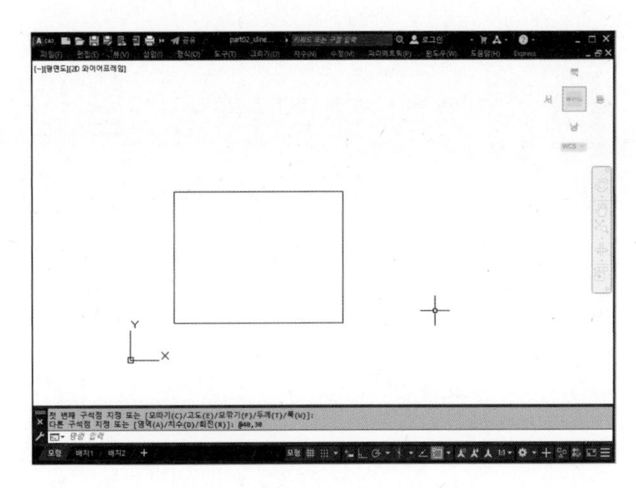

명령

다른 구석점 지정 또는 [영역(A)/치수(D)/회전(R)]: @40, 30 Enter

03 무한 직선 시작점 지정하기

❶ 양방향 무한 직선을 만들기 위해 명령창에 **XLINE** 명령을 입력한 후 Enter를 누릅니다. ❷ 첫 번째 점을 사각형의 좌측 끝점에 지정합니다.

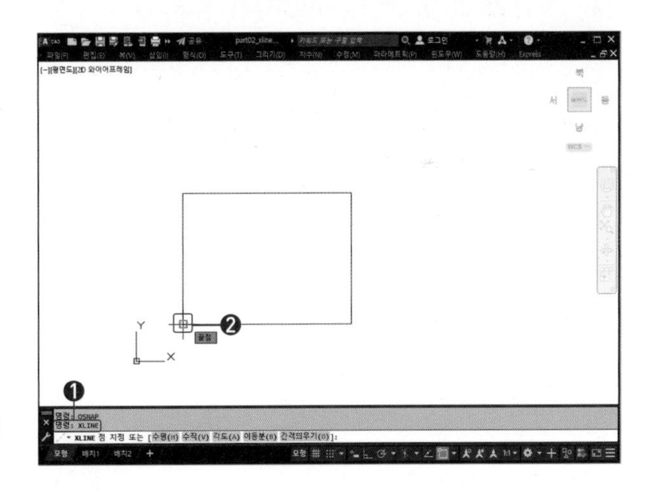

명령

명령: **XLINE** Enter
점 지정 또는 [수평(H)/수직(V)/각도(A)/이등분(B)/간격 띄우기(O)]: P1 클릭

Point

만약 끝점이 인식되지 않는다면 **OSNAP** 명령을 실행한 후 [제도 설정] 대화상자 – [객체 스냅] – [객체 스냅 켜기] – [객체 스냅 모드] – [끝점]에 체크 표시를 하고 [확인] 버튼을 누르면 됩니다.

04 다른 통과점 지정하기

❶ 다른 통과점을 지정한 후 ❷ Enter를 누르면 양방향 무한 직선이 만들어집니다.

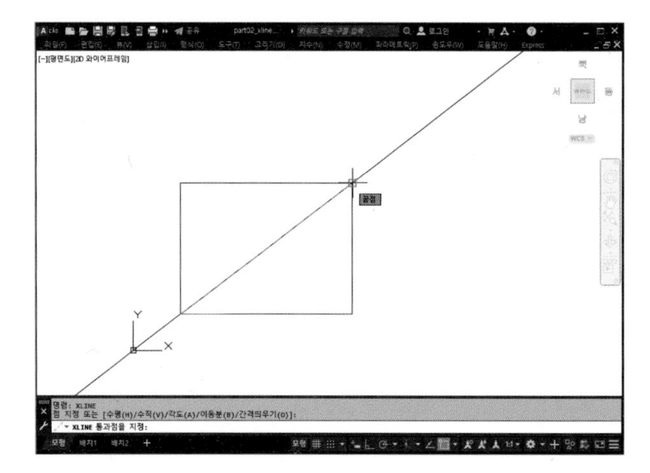

명령

통과점 지정: P1 클릭
통과점 지정: Enter

LevelUP

지붕 물매는 무엇인가요?

지붕 물매(Roof Pitch)는 지붕면의 경사 정도로, 수평면에 대한 지붕면의 경사도를 말합니다. 빗물의 흐름을 원활하게 하기 위해 경사지게 한 것을 '물매' 또는 '물미'라고 합니다. 물매는 수평 거리 10cm에 대한 직각 3각형의 수직 높이로 나타내고 3cm 물매, 4cm 물매, 5cm 물매라고 부릅니다.

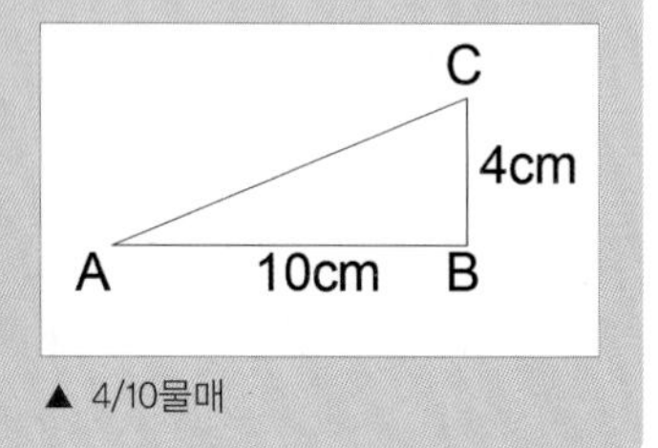

▲ 4/10물매

05 물매 시작점 지정하기

❶ 물매에 해당하는 삼각형을 만들기 위해 명령창에 PLINE 명령을 입력한 후 Enter를 누릅니다. ❷ 선의 시작점을 지정합니다.

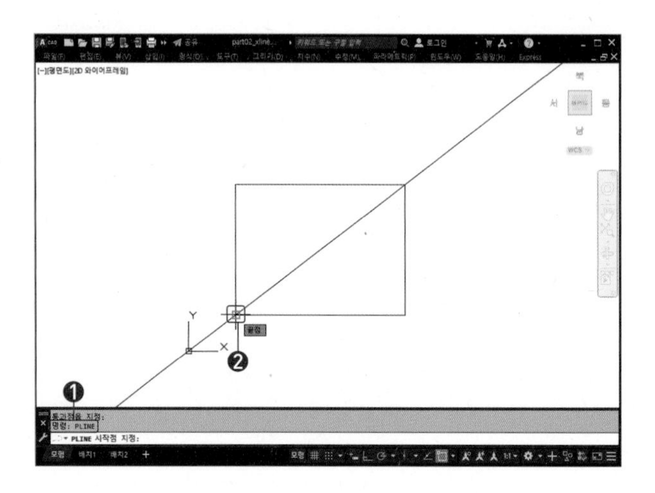

명령

명령: **PLINE** Enter
시작점 지정: P1 클릭
현재의 선 폭은 0.0000임

06 폴리선 종료하기

❶ 반시계 방향으로 다음 점을 두 번 연속으로 클릭한 후 시작점과 끝점을 닫기 위해 ❷ C 옵션을 입력하고 Enter를 누릅니다.

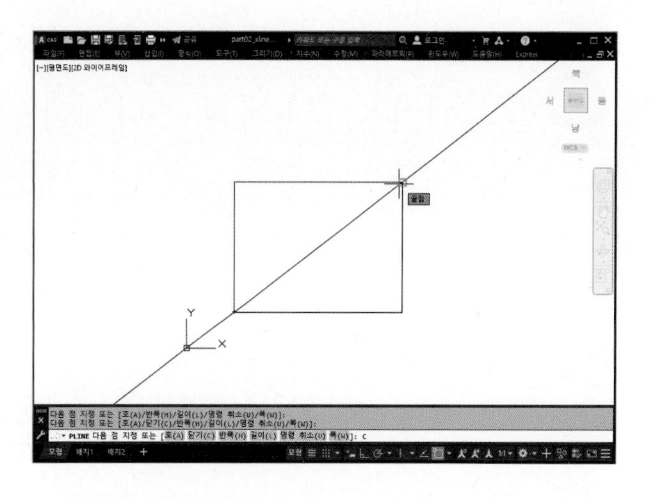

명령

다음 점 지정 또는 [호(A)/반폭(H)/길이(L)/명령 취소(U)/폭(W)]: P2 클릭

다음 점 지정 또는 [호(A)/닫기(C)/반폭(H)/길이(L)/명령 취소(U)/폭(W)]: P3 클릭

다음 점 지정 또는 [호(A)/닫기(C)/반폭(H)/길이(L)/명령 취소(U)/폭(W)]: C Enter

07 객체 지우기

❶ 필요 없는 객체를 지우기 위해 ERASE 명령을 입력한 후 Enter를 누릅니다. ❷ 사각형과 양방향 무한 직선을 클릭한 후 Enter를 누릅니다.

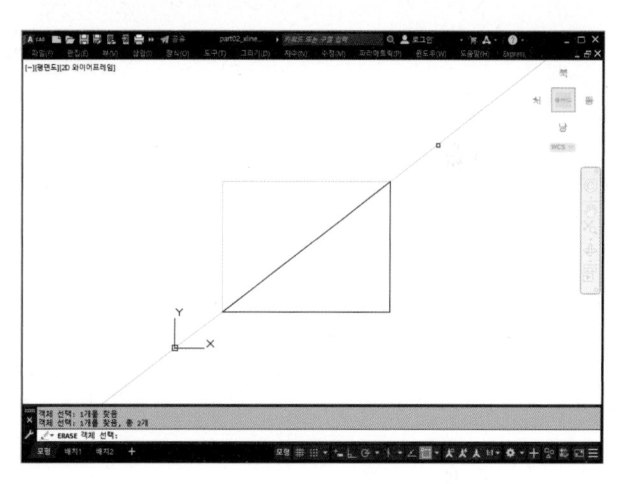

명령

명령: **ERASE** Enter

객체 선택: C1 클릭

객체 선택: C2 클릭

총 2개

객체 선택: Enter

Special TIP

무한 직선인 XLINE에 대해 자세히 알아보기

X선(XLINE)은 무한 직선을 작성할 수 있으며 점, [수평(H)/수직(V)/각도(A)/이등분(B)/간격 띄우기(O)]의 옵션을 갖고 있습니다. 무한 직선을 그리려면 XLINE 명령을 실행한 후 점을 지정하거나 옵션을 선택하면 됩니다. XLINE의 옵션인 점, 수평, 수직, 각도, 이등분, 간격 띄우기에 대해 간단히 알아보겠습니다.

- **점**: 선이 통과할 두 점을 사용해 무한 직선의 위치를 지정합니다.

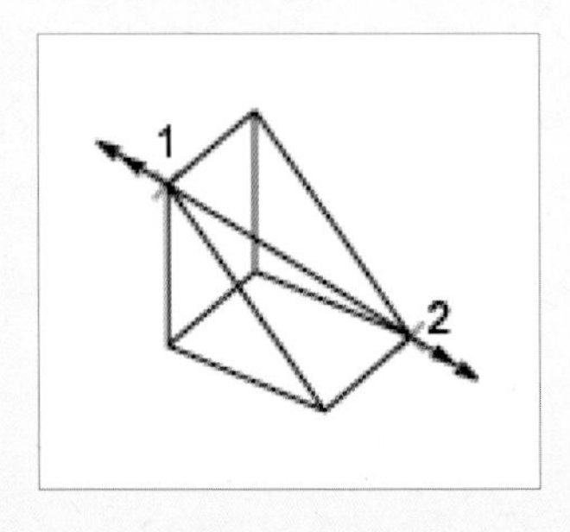

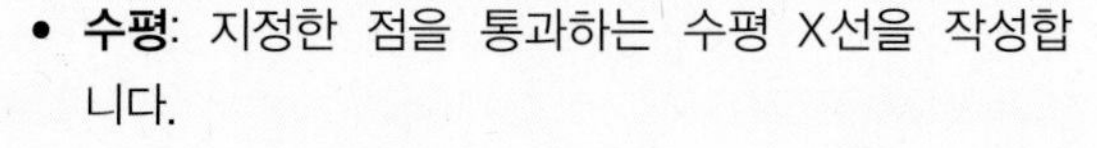

- **수평**: 지정한 점을 통과하는 수평 X선을 작성합니다.

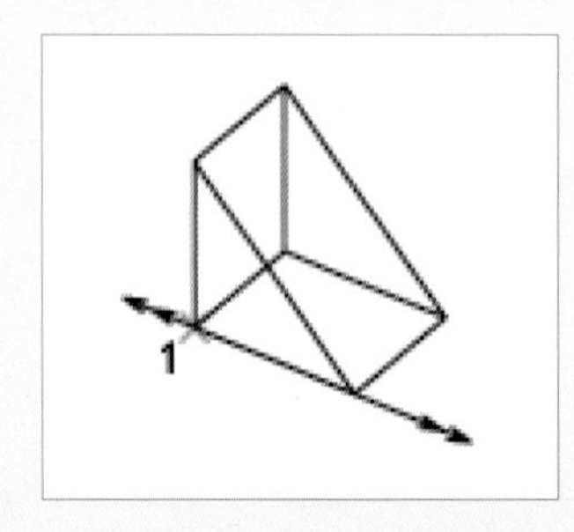

- **수직**: 지정한 점을 통과하는 수직 X선을 작성합니다.

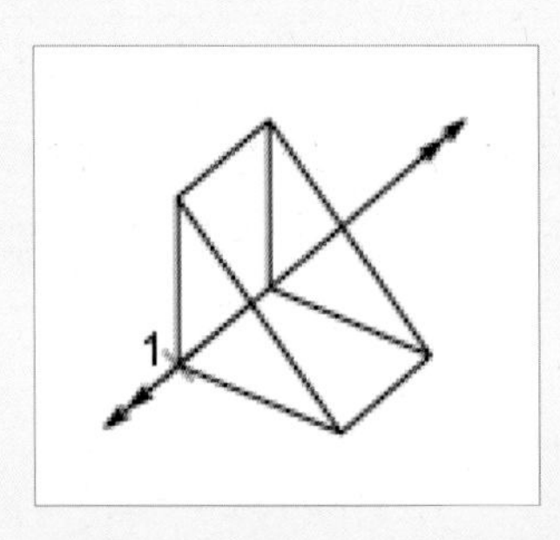

- **각도**: 지정한 각도로 X선을 작성합니다.

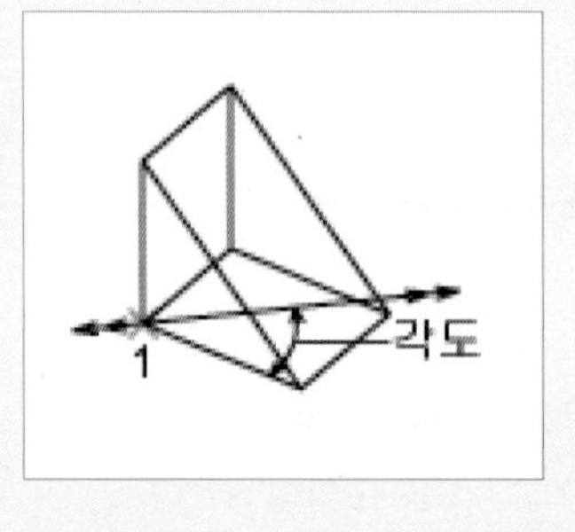

- **이등분**: 선택한 각도의 정점을 통과하면서 첫 번째 선과 두 번째 선 사이를 이등분하는 X선을 작성합니다.

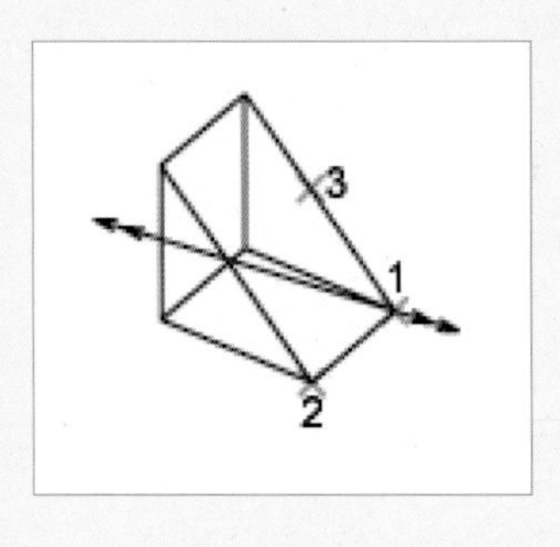

- **간격 띄우기**: 다른 객체에 평행하게 X선을 작성합니다.

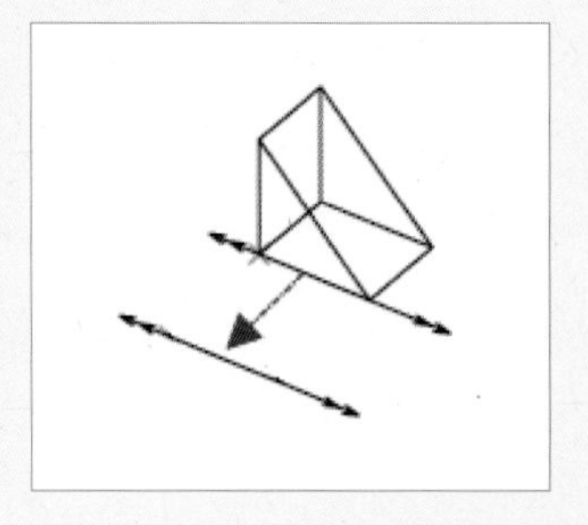

Section

07 다중 선 스타일 지정하기

다양한 분야의 도면을 그리다 보면 단일 선이 아닌 이중, 삼중 이상의 선을 그릴 경우가 있습니다. 이런 경우 MLINE 명령을 사용해 다중 선을 그릴 수 있는데, 다중 선을 그리기 이전에 스타일을 지정해야 합니다. MLSTYLE 명령을 사용해 다중 선의 스타일을 지정해 보겠습니다.

Key Word **MLSTYLE** 예제 파일 art02\part02_mline.dwg 완성 파일 part04\part02_mlinec.dwg

01 예제 파일 불러오기

❶ 도면을 불러오기 위해 명령창에 **OPEN** 명령을 입력한 후 Enter를 누릅니다. ❷ [선택 파일] 대화상자가 나타나면 Sample 폴더에 있는 part02\part02_mline.dwg를 불러옵니다.

명령

명령: **OPEN** Enter

02 다중 선 스타일 이름 지정하기

❶ 다중 선 스타일을 지정하기 위해 명령창에 **MLSTYLE** 명령을 입력한 후 Enter를 누릅니다. ❷ [여러 줄 스타일] 대화상자가 나타나면 새로운 스타일을 만들기 위해 [새로 만들기] 버튼을 클릭한 후 ❸ [새 여러 줄 스타일 작성] 대화상자가 나타나면 [새 스타일 이름]에 A를 입력하고 ❹ [계속] 버튼을 클릭합니다.

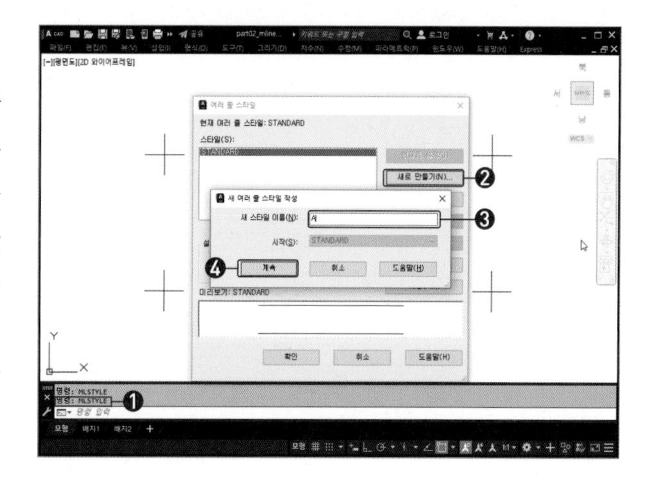

명령

명령: **MLSTYLE** Enter

03 새 여러 줄 스타일 이름 지정하기

❶ 새 여러 줄 스타일 이름을 지정하기 위해 [새 여러 줄 스타일 : A] 대화상자의 [설명]에 **벽체**를 입력합니다. ❷ 선의 간격을 지정하기 위해 [요소]의 **0.5**를 선택한 후 ❸ [간격 띄우기]에 있는 0.500을 **100**으로 수정합니다.

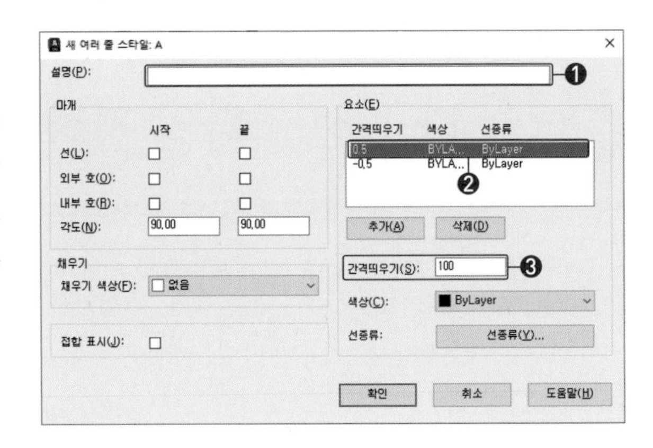

04 선 간격 지정하고 선 추가하기

❶ 다른 선의 간격을 지정하기 위해 [요소]의 **−0.5**를 선택한 후 ❷ [간격 띄우기]에 있는 0.500을 **−100**으로 수정합니다. ❸ 선을 추가하기 위해 [추가] 버튼을 클릭합니다.

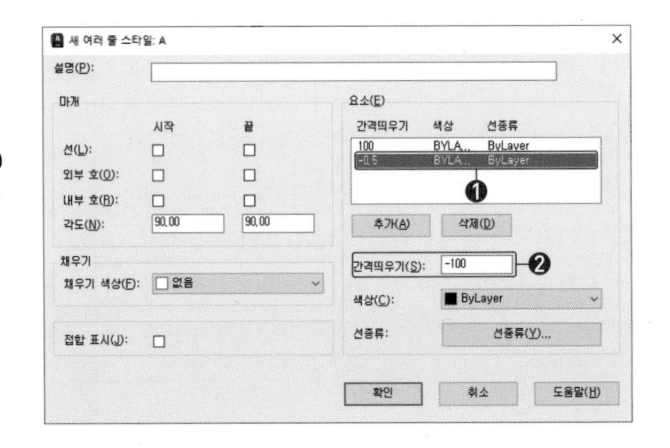

05 선 색상 지정하기

❶ 추가된 선의 색상을 지정하기 위해 [요소]의 **0**을 선택한 후 ❷ [색상]에서 **빨간색**을 선택합니다. ❸ 스타일 지정을 완료하기 위해 [확인] 버튼을 클릭합니다.

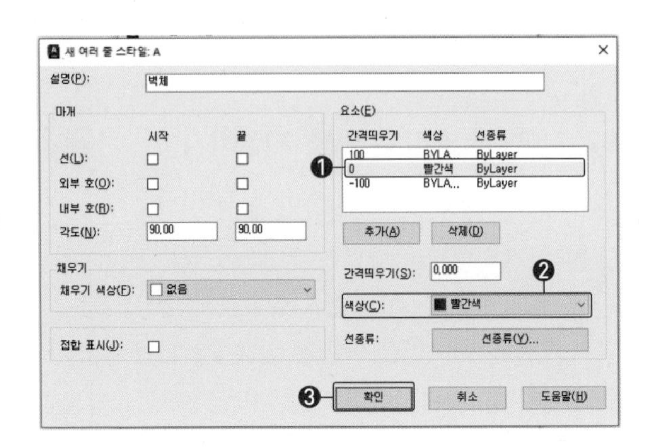

06 현재로 설정하기

❶ 다시 한번 [여러 줄 스타일] 대화상자가 나타나면 [스타일]의 A를 선택합니다. ❷ 선택된 A 스타일을 사용하기 위해 [현재로 설정] 버튼을 클릭한 후 ❸ [확인] 버튼을 클릭합니다.

Section

08 다중 선 만들기

여러 줄의 스타일을 설정한 후에는 지정된 스타일을 기준으로 다중 선을 그려야 합니다. 다중 선을 만들 수 있는 MLINE 명령을 사용해 여러 줄을 만들어 보겠습니다. 다중 선을 그리기 전에 기준점과 축척을 지정하는 것을 잊지 말아야 합니다.

Key Word MLINE 예제 파일 part02\part02_mlinem.dwg 완성 파일 part02\part02_mlinemc.dwg

01 다중 선 옵션과 시작점 지정하기

❶ 도면을 불러오기 위해 **OPEN** 명령을 입력한 후 Enter를 누릅니다. [선택 파일] 대화상자가 나타나면 Sample 폴더에 있는 part02_mlinem.dwg를 불러옵니다. ❷ 다중 선을 그리기 위해 명령창에 **MLINE** 명령을 입력한 후 Enter를 누릅니다. ❸ 다중 선의 축척을 지정하기 위해 S 옵션을 입력한 후 Enter를 누르고 축척을 입력한 다음 Enter를 누릅니다. ❹ 기준점을 지정하기 위해 J 옵션을 입력한 후 Enter를 누르고 가운데 선을 기준선으로 설정하기 위해 Z 옵션을 입력한 다음 Enter를 누릅니다. ❺ 다중 선의 시작점을 클릭합니다.

명령

명령: **OPEN** Enter
명령: **MLINE** Enter
현재 설정: 자리 맞추기=맨 위, 축척=20.00, 스타일=A
시작점 지정 또는 [자리 맞추기(J)/축척(S)/스타일(ST)]: S Enter
여러 줄 축척 입력 <20.00>: 1 Enter
현재 설정: 자리 맞추기=맨 위, 축척=1.00, 스타일=A
시작점 지정 또는 [자리 맞추기(J)/축척(S)/스타일(ST)]: J Enter
자리 맞추기 유형 입력 [맨 위(T)/0(Z)/맨 아래(B)] <맨 위>: Z Enter
현재 설정: 자리 맞추기=0, 축척=1.00, 스타일=A
시작점 지정 또는 [자리 맞추기(J)/축척(S)/스타일(ST)]: P1 클릭

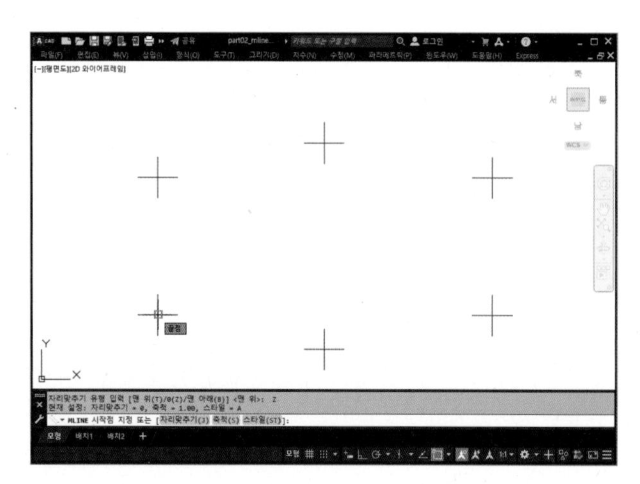

02 다음 점 지정하기

❶ 다음 점을 지정하기 위해 반시계 방향으로 연속 네 번을 클릭한 후 ❷ Enter를 누릅니다.

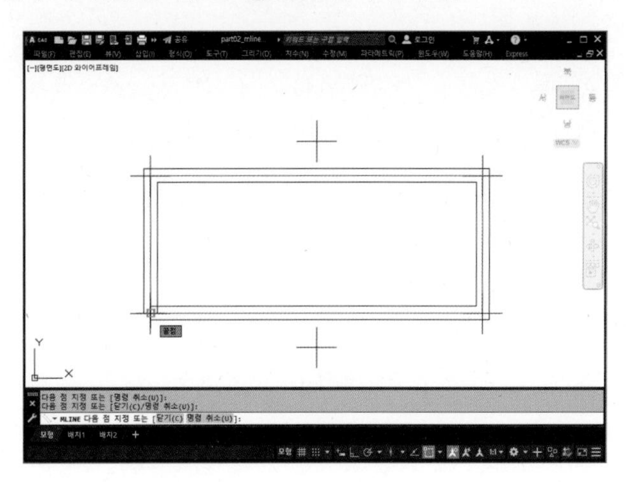

명령

다음 점 지정: P1 클릭
다음 점 지정 또는 [명령 취소(U)]: P2 클릭
다음 점 지정 또는 [닫기(C)/명령 취소(U)]: P3 클릭
다음 점 지정 또는 [닫기(C)/명령 취소(U)]: P4 클릭
다음 점 지정 또는 [닫기(C)/명령 취소(U)]: Enter

Point

네 번째 점은 다중 선의 첫 번째 지점과 같은 위치의 점입니다.

03 다중 선 시작점, 두 번째 점 지정하기

❶ 다시 한번 다중 선을 그리기 위해 명령창에 MLINE 명령을 입력한 후 Enter를 누릅니다. ❷ 다중 선의 시작점과 두 번째 점을 지정한 후 Enter를 누릅니다.

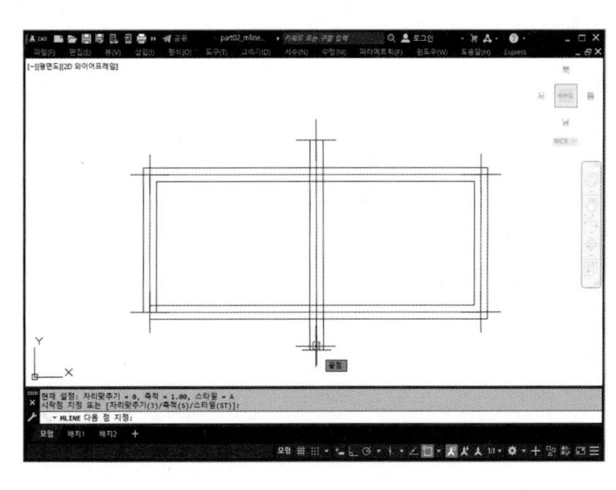

명령

명령: **MLINE** Enter
현재 설정: 자리 맞추기=0, 축척=1.00, 스타일=A
시작점 지정 또는 [자리 맞추기(J)/축척(S)/스타일(ST)]: P1 클릭
다음 점 지정: P2 클릭
다음 점 지정 또는 [명령 취소(U)]: Enter

LevelUP

MLINE에서 자리 맞추기의 맨 위(T)/0(Z)/맨 아래(B)는 무엇인가요?

자리 맞추기의 기본값은 맨 위입니다. 자리 맞추기는 자리 맞춤으로 다중 선을 그릴 때 기준이 되는 선입니다. 즉, 좌표 입력의 기준이 위쪽이라는 의미입니다. Z는 가운데 선을 좌표 입력의 기준으로, 아래는 아래 선을 기준으로 설정합니다.

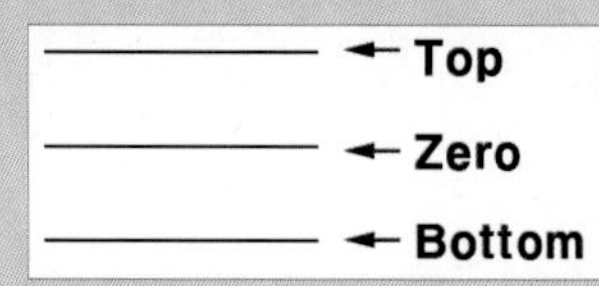

LevelUP

MLINE은 OFFSET이 안 돼요!

다중 선을 그릴 수 있는 **MLINE** 명령에서는 **OFFSET** 명령을 사용할 수 없습니다. 따라서 먼저 객체를 분해할 수 있는 **EXPLODE** 명령으로 다중 선을 분해하고 평행 복사 명령인 **OFFSET**을 실행해야 합니다.

Section

09 다중 선 편집하기

다중 선을 만들고 난 후에 다중 선이 교차되는 부분을 편집해야 하는 경우가 있습니다. 이때 MLEDIT 명령을 사용하면 다중 선을 편집할 수 있습니다. 총 12 종류의 편집 도구가 있는데, 이 편집 도구를 사용하면 다중 선을 편집할 수 있습니다.

Key Word MLEDIT　　예제 파일 part02\part02_mledit.dwg 완성 파일 part02\part02_mleditc.dwg

01 다중 선 편집 옵션(구석 접합) 지정하기

도면을 불러오기 위해 **OPEN** 명령을 입력한 후 Enter를 누릅니다. [선택 파일] 대화상자가 나타나면 Sample 폴더에 있는 part02_mledit.dwg를 불러옵니다. ❶ 다중 선을 편집하기 위해 명령창에 MLEDIT 명령을 입력한 후 Enter를 누릅니다. ❷ [여러 줄 편집 도구] 대화상자가 나타나면 다중 선의 모서리를 모따기하기 위해 [여러 줄 편집 도구] 대화상자에서 [구석 접합]을 클릭합니다.

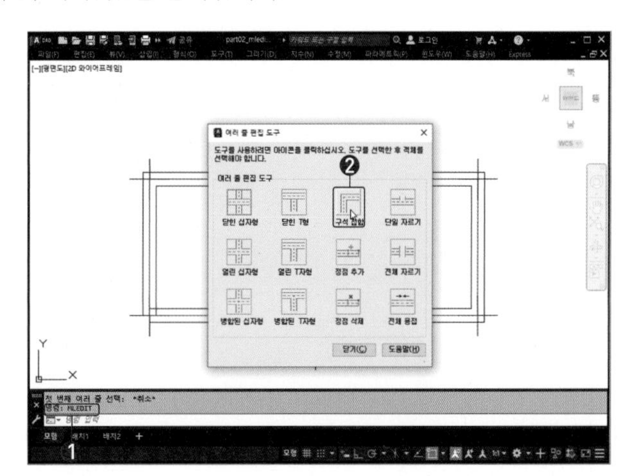

명령

명령: **MLEDIT** Enter

02 다중 선 모서리 지정하기

❶ 다중 선의 모서리를 지정하기 위해 첫 번째 여러 줄과 두 번째 여러 줄을 클릭합니다. ❷ 편집 명령을 종료하기 위해 Enter를 누릅니다.

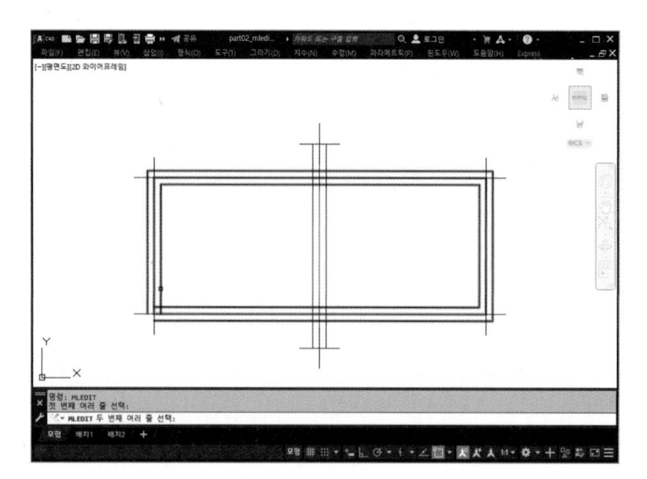

명령

첫 번째 여러 줄 선택: C1 클릭
두 번째 여러 줄 선택: C2 클릭
첫 번째 여러 줄 선택 또는 [명령 취소(U)]: Enter

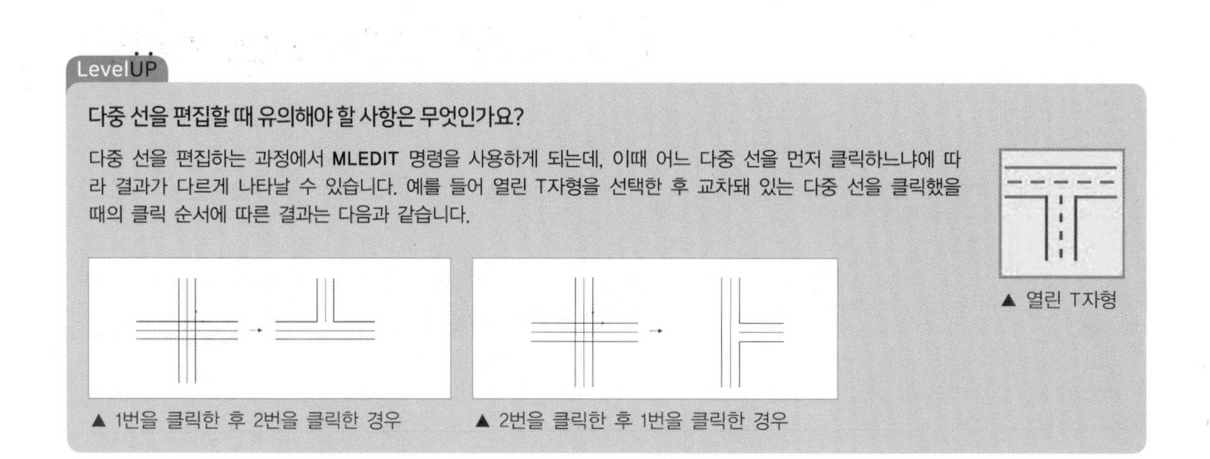

LevelUP

다중 선을 편집할 때 유의해야 할 사항은 무엇인가요?

다중 선을 편집하는 과정에서 **MLEDIT** 명령을 사용하게 되는데, 이때 어느 다중 선을 먼저 클릭하느냐에 따라 결과가 다르게 나타날 수 있습니다. 예를 들어 열린 T자형을 선택한 후 교차돼 있는 다중 선을 클릭했을 때의 클릭 순서에 따른 결과는 다음과 같습니다.

▲ 열린 T자형

▲ 1번을 클릭한 후 2번을 클릭한 경우

▲ 2번을 클릭한 후 1번을 클릭한 경우

03 열린 T자형 지정하기

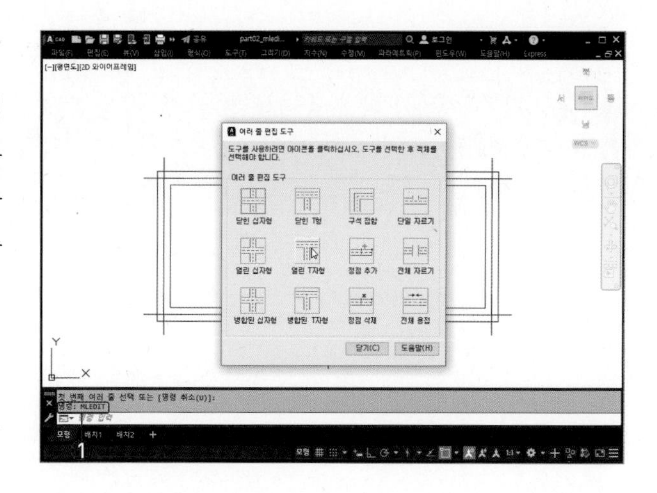

❶ 다시 한번 다중 선을 편집하기 위해 명령창에 MLEDIT 명령을 입력한 후 Enter를 누릅니다. ❷ [여러 줄 편집 도구] 대화상자가 나타나면 [여러 줄 편집 도구]에서 [열린 T자형]을 클릭합니다.

명령

명령: **MLEDIT** Enter

04 다중 선 지정하기

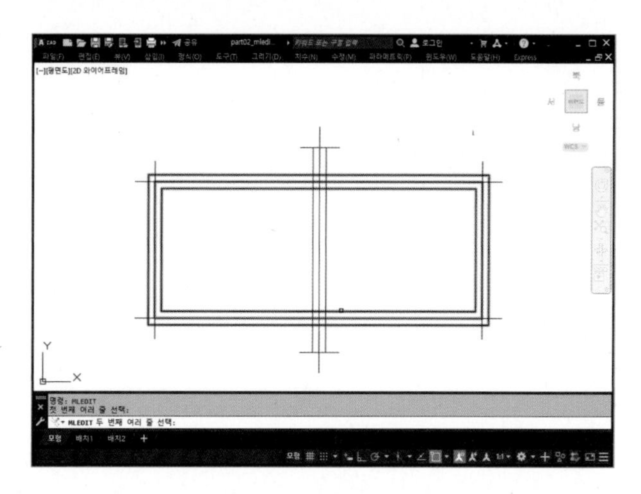

❶ 다중 선을 지정하기 위해 첫 번째 점 여러 줄과 두 번째 여러 줄을 클릭합니다. ❷ 편집 명령을 종료하기 위해 Enter를 누릅니다.

명령

첫 번째 여러 줄 선택: C1 클릭
두 번째 여러 줄 선택: C2 클릭
첫 번째 여러 줄 선택 또는 [명령 취소(U)]: Enter

05 병합된 T자형 지정하기

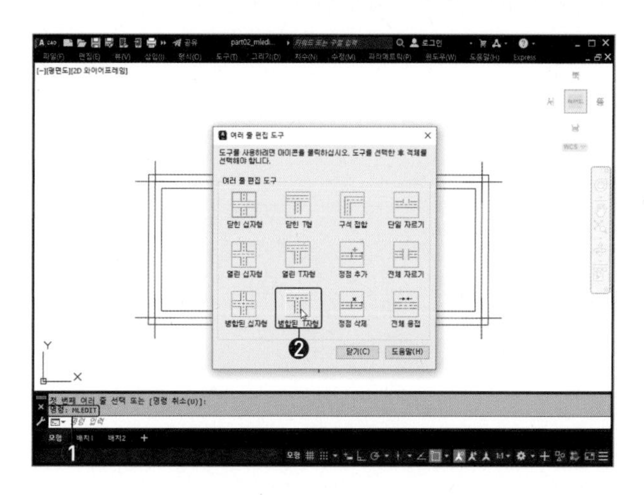

❶ 다시 한번 다중 선을 편집하기 위해 명령창에 MLEDIT 명령을 입력한 후 Enter를 누릅니다. ❷ [여러 줄 편집 도구] 대화상자가 나타나면 [여러 줄 편집 도구]에서 [병합된 T자형]을 선택한 후 [닫기] 버튼을 클릭합니다.

명령

명령: **MLEDIT** Enter

06 다중 선 지정하기

❶ 다중 선을 지정하기 위해 첫 번째 여러 줄과 두 번째 여러 줄을 클릭합니다. ❷ 편집 명령을 종료하기 위해 Enter를 누릅니다.

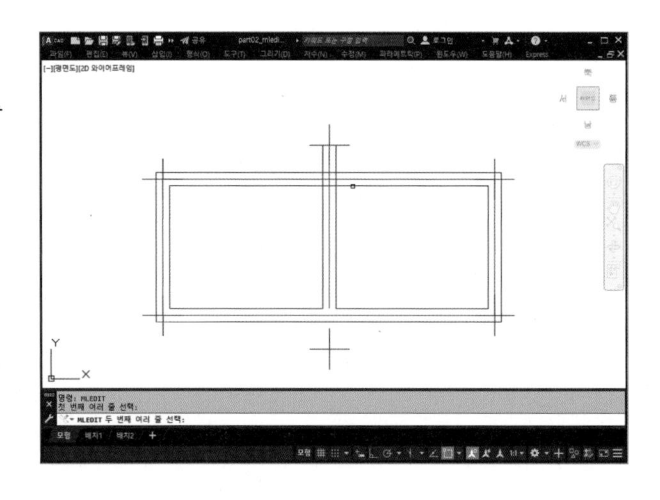

명령

첫 번째 여러 줄 선택: C1 클릭
두 번째 여러 줄 선택: C2 클릭
첫 번째 여러 줄 선택 또는 [명령 취소(U)]: Enter

07 객체 지우기

❶ 필요 없는 객체를 지우기 위해 ERASE 명령을 입력한 후 Enter를 누릅니다. ❷ 삭제하고자 하는 6개의 객체를 클릭한 후 명령을 종료하기 위해 Enter를 누릅니다.

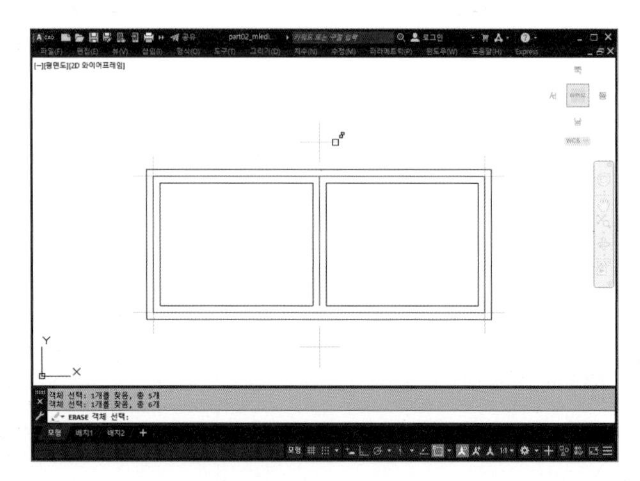

명령

명령: **ERASE** Enter
객체 선택: C1~C6 클릭
총 6개
객체 선택: Enter

Point

PICKBOX는 객체를 선택할 때 나타나는 박스를 말합니다. 0부터 50 사이의 정수를 입력하면 크기가 조절됩니다. 사용자의 취향에 따라 크기를 조절해 사용하면 됩니다.

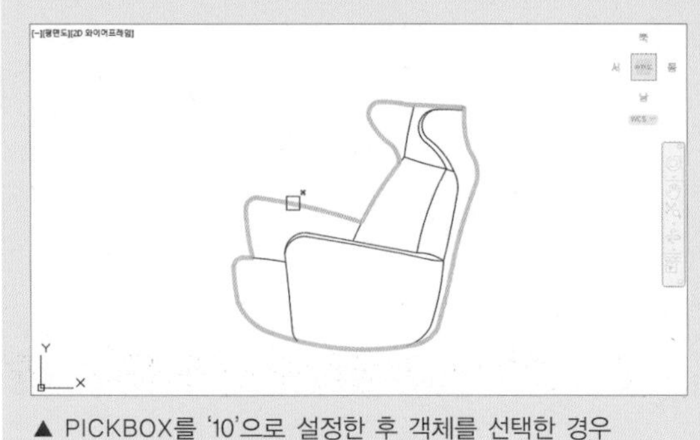

▲ PICKBOX를 '10'으로 설정한 후 객체를 선택한 경우

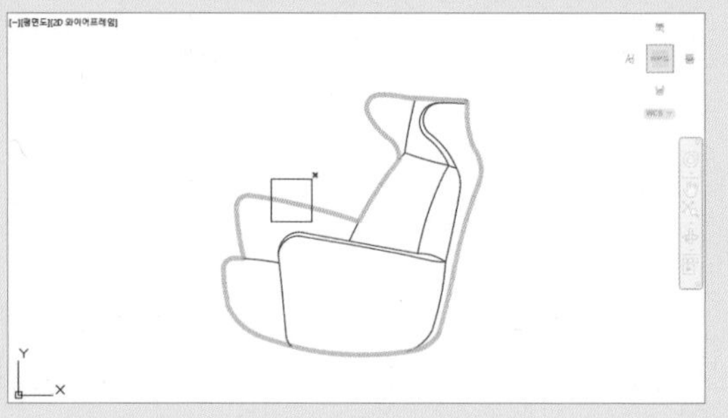

▲ PICKBOX를 '40'으로 설정한 후 객체를 선택한 경우

Special TIP

MLEDIT에 대해 자세히 알아보기

다중 선 객체를 수정할 수 있는 MLEDIT 명령을 실행하면 [여러 줄 편집 도구] 대화상자가 나타나는데, 이 대화상자에는 4개의 열에 견본 이미지가 있는 도구가 표시됩니다. 첫 번째 열은 십자형으로 교차하는 다중 선, 두 번째 열은 T자형을 형성하는 다중 선, 세 번째 열은 구석 접합과 정점, 네 번째 열은 다중 행의 중단 점을 조절합니다. 각 도구에 대해 자세히 알아보겠습니다.

- **닫힌 십자형**
  두 다중 선 사이의 닫힌 십자형 교차를 작성합니다.

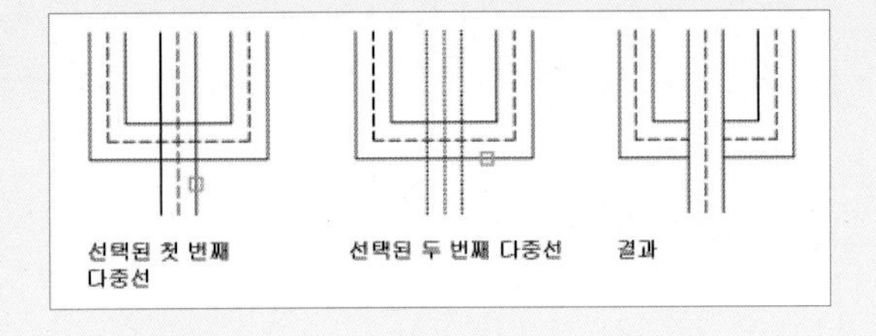

- **열린 십자형**
  두 다중 선 사이의 열린 십자형 교차를 작성합니다. 첫 번째 다중 선의 모든 요소와 두 번째 다중 선의 바깥쪽 요소만 끊어집니다.

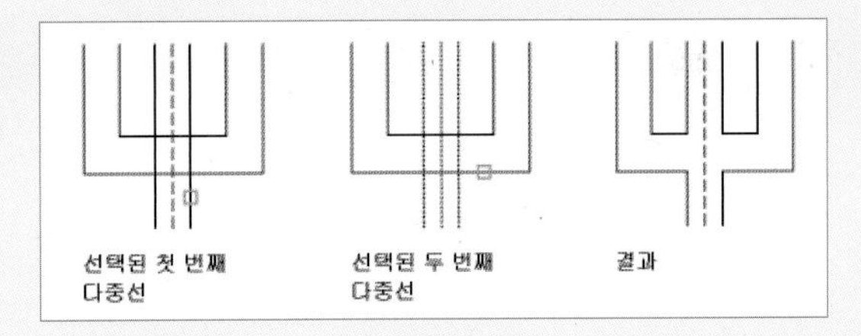

- **병합된 십자형**
  두 다중 선 사이의 병합된 십자형 교차를 작성합니다. 다중 선을 선택하는 순서는 중요하지 않습니다.

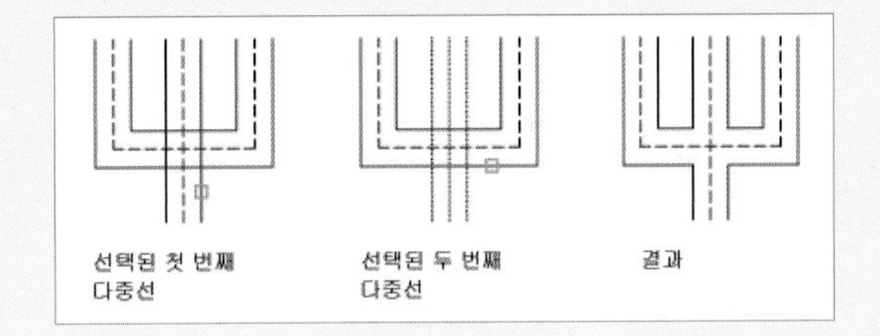

- **닫힌 T자형**
  두 다중 선 사이의 닫힌 T자형 교차를 작성합니다. 첫 번째 다중 선은 두 번째 다중 선과의 교차점까지 잘라지거나 연장됩니다.

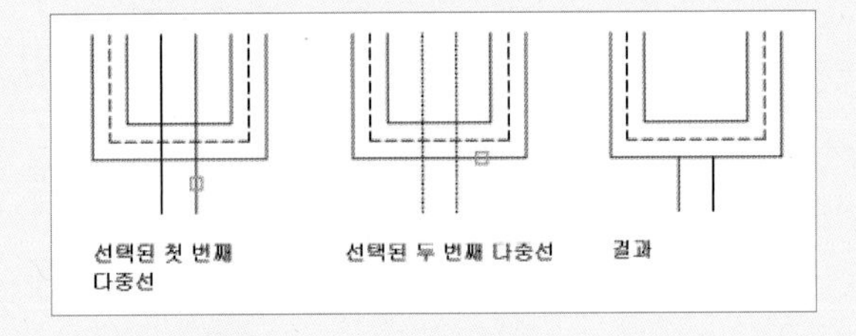

- **열린 T자형**
  두 다중 선 사이의 열린 T자형 교차를 작성합니다. 첫 번째 다중 선은 두 번째 다중 선과의 교차점까지 잘라지거나 연장됩니다.

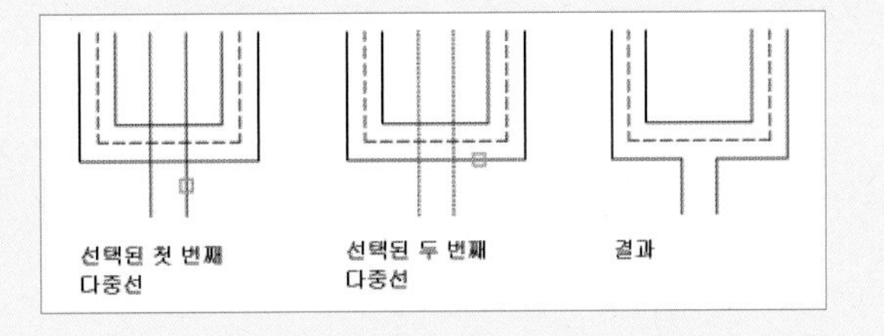

• **병합된 T자형**

2개의 다중 선 사이에 병합된 T자형 교차를 작성합니다. 다중 선은 잘리거나 다른 다중 선과의 교차점까지 확장됩니다.

선택된 첫 번째 다중선

선택된 두 번째 다중선

결과

• **구석 접합**

다중 선 사이의 구석 접합을 작성합니다. 다중 선은 잘리거나 교차점까지 확장됩니다.

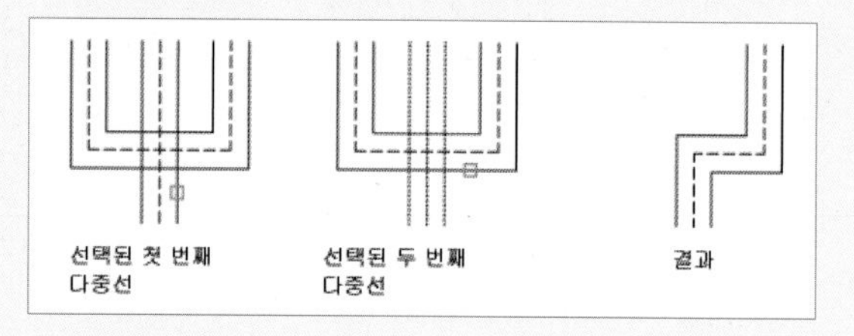

• **정점 추가**

다중 선에 정점을 추가합니다.

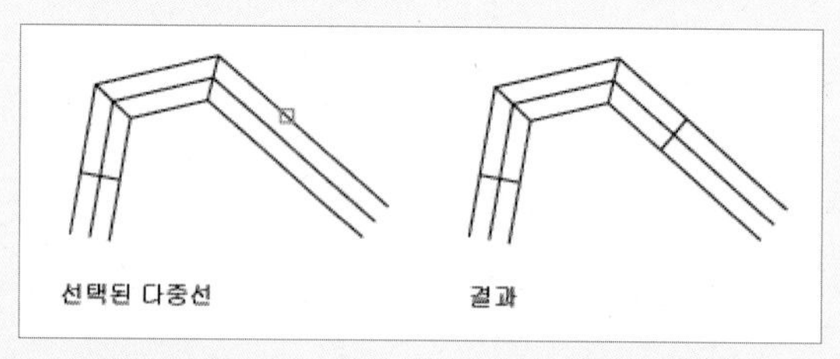

• **정점 삭제**

다중 선에서 정점을 삭제합니다.

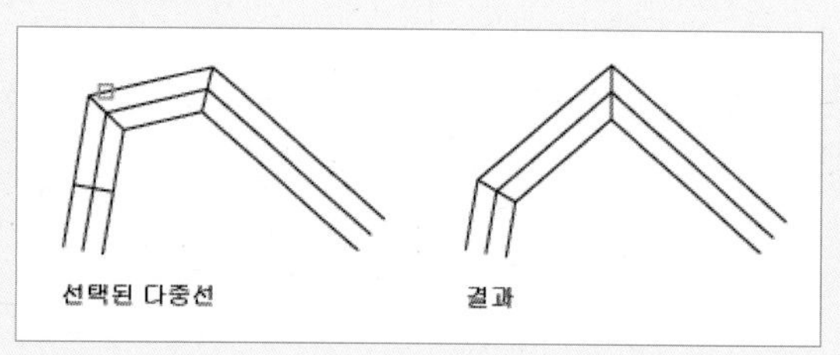

• **단일 자르기**

다중 선의 선택한 요소를 시각적으로 끊습니다.

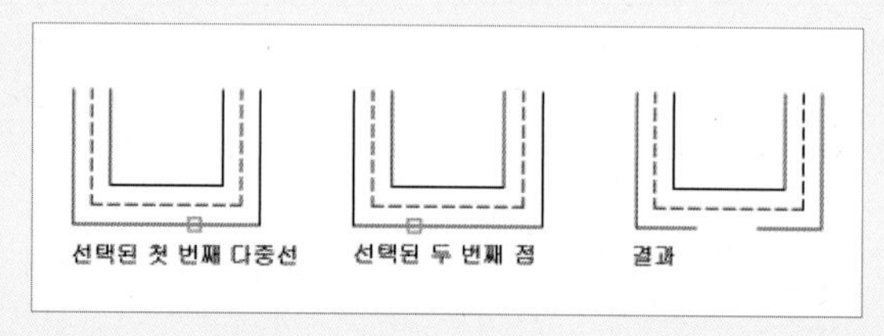

• **전체 자르기**

전체 다중 선을 시각적으로 끊습니다.

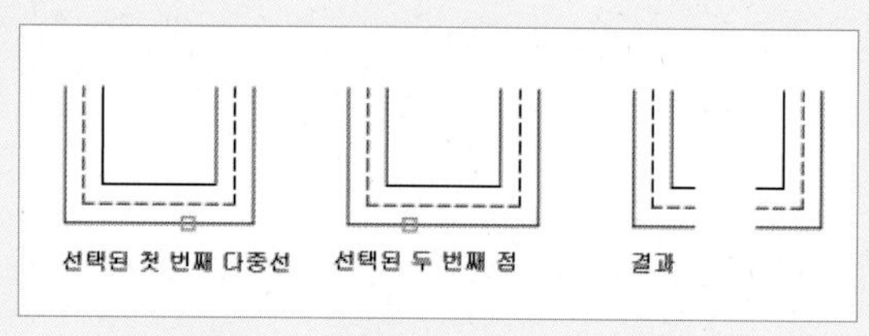

• **전체 용접**

잘렸던 다중 선 세그먼트를 다시 결합합니다.

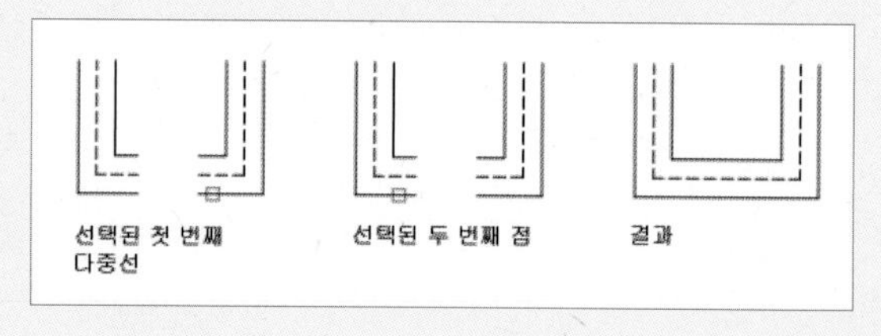

Section

10 PLINE 명령으로 화살표 만들기

도면을 작성하다 보면 선의 두께를 달리해서 도형을 표현해야 하는 경우가 있습니다. 이때는 PLINE 명령을 사용하면 됩니다. PLINE 명령은 선과 호를 병행하면서 그릴 수 있고 선의 두께를 변경하면서 작도할 수도 있습니다.

Key Word PLINE

예제 파일 part02\part02_pline.dwg 완성 파일 part02\part02_plinec.dwg

01 화살표 시작 폭 지정하기

❶ 도면을 불러오기 위해 명령창에 **OPEN** 명령을 입력한 후 Enter를 누릅니다. [선택 파일] 대화상자가 나타나면 Sample 폴더에 있는 part02\part02_pline.dwg를 불러옵니다. 연결선을 그리기 위해 명령창에 **PLINE** 명령을 입력한 후 Enter를 누릅니다. ❷ 선의 시작점을 클릭한 후 선의 두께를 지정하기 위해 W 옵션을 입력하고 Enter를 누릅니다. ❸ 선의 시작하는 폭과 끝 폭을 입력합니다.

명령

명령: **OPEN** Enter

명령: **PLINE** Enter

시작점 지정: P1 클릭

현재의 선 폭은 0.0000임

다음 점 지정 또는 [호(A)/반폭(H)/길이(L)/명령 취소(U)/폭(W)]: W Enter

시작 폭 지정 <0.0000>: 100 Enter

끝 폭 지정 <100.0000>: 100 Enter

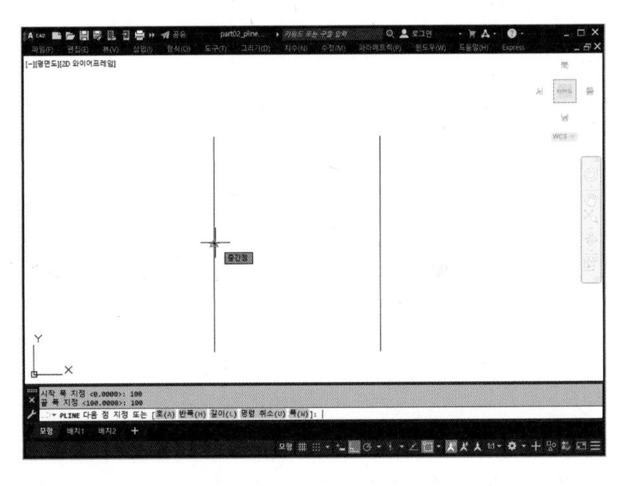

Point

만약, 선의 중간점이 인식을 못한다면 **OSNAP** 명령을 실행한 후 객체 스냅 모드에서 중간점에 체크 표시를 하고 [확인] 버튼을 누르면 됩니다.

02 다음 점 지정하고 화살표 끝 폭 다시 입력하기

❶ 1000 길이에 해당하는 직선을 그리기 위해 **다음 점 지정 또는 [호(A)/반폭(H)/길이(L)/명령 취소(U)/폭(W)]:**에 **@1000, 0**을 입력한 후 Enter를 누릅니다. ❷ 선의 두께를 다시 지정하기 위해 W 옵션을 입력한 후 Enter를 누르고 선의 시작 폭과 끝 폭을 지정합니다.

명령

다음 점 지정 또는 [호(A)/반폭(H)/길이(L)/명령 취소(U)/폭(W)]: @1000, 0 Enter
다음 점 지정 또는 [호(A)/닫기(C)/반폭(H)/길이(L)/명령 취소(U)/폭(W)]: W Enter
시작 폭 지정 <100.0000>: 500 Enter
끝 폭 지정 <500.0000>: 0 Enter

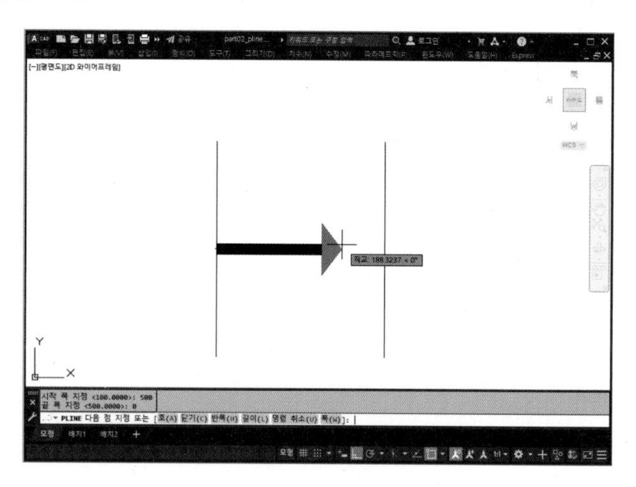

03 화살표 길이 지정하기

❶ 화살표의 길이를 지정하기 위해 **다음 점 지정 또는 [호(A)/닫기(C)/반폭(H)/길이(L)/명령 취소(U)/폭(W)]:**에 **@600, 0**을 입력한 후 Enter를 누릅니다. ❷ 선 그리기를 종료하기 위해 Enter를 한 번 더 누릅니다.

명령

다음 점 지정 또는 [호(A)/닫기(C)/반폭(H)/길이(L)/명령 취소(U)/폭(W)]: @600, 0 Enter
다음 점 지정 또는 [호(A)/닫기(C)/반폭(H)/길이(L)/명령 취소(U)/폭(W)]: Enter

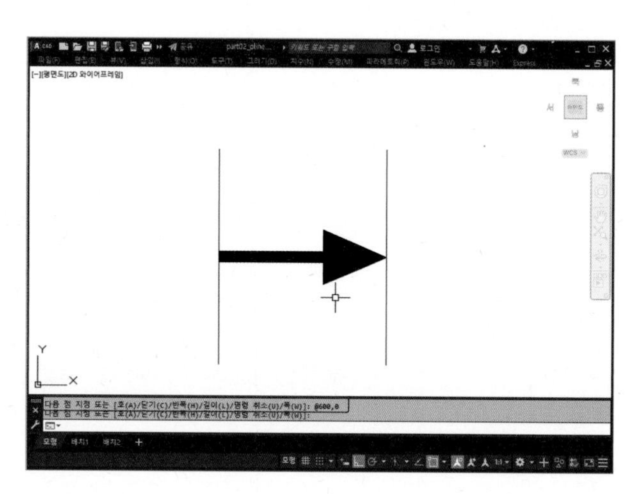

04 숨어 있는 도면층 보이기

❶ 도면층을 설정하기 위해 명령창에 **-LAYER** 명령을 입력한 후 Enter를 누릅니다. ❷ 숨어 있는 레이어를 보여 주기 위해 T 옵션을 입력한 후 도면층의 이름을 입력하고 Enter를 두 번 누릅니다.

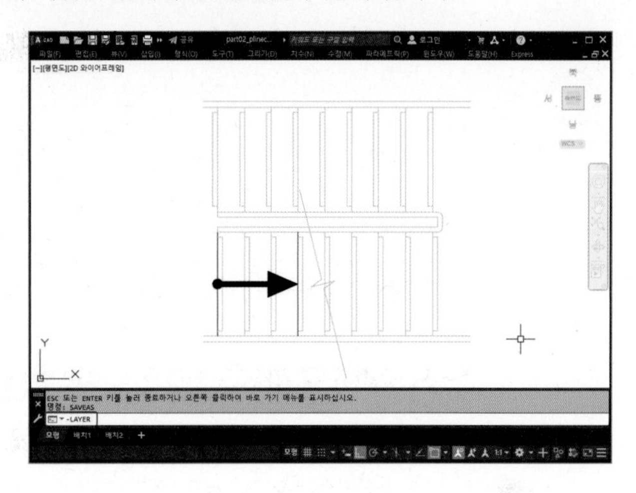

명령

명령: **-LAYER** Enter

현재 도면층: "0"
옵션 입력 [?/만들기(M)/설정(S)/새로 만들기(N)/이름 바꾸기(R)/켜기(ON)/끄기(OFF)/색상(C)/선 종류(L)/선 가중치(LW)/투명도(TR)/재료(MAT)/플롯(P)/동결(F)/동결 해제(T)/잠금(LO)/잠금 해제(U)/상태(A)/설명(D)/조절(E)/외부 참조(X)]: T Enter

동결 해제시킬 도면층의 이름 리스트 입력: 1 Enter
옵션 입력 [?/만들기(M)/설정(S)/새로 만들기(N)/이름 바꾸기(R)/켜기(ON)/끄기(OFF)/색상(C)/선 종류(L)/선 가중치(LW)/투명도(TR)/재료(MAT)/플롯(P)/동결(F)/동결 해제(T)/잠금(LO)/잠금 해제(U)/상태(A)/설명(D)/조절(E)/외부 참조(X)]: Enter

Section

11 PEDIT 명령으로 선 연결하고 끊기

2차원 도면을 작성할 때 대부분의 도형은 선과 호로 이뤄집니다. LINE 명령과 ARC 명령으로 선과 호를 개별적으로 작성한 후 이를 1개의 객체로 만들어야 할 경우가 있습니다. 이때 PEDIT 명령의 J 옵션을 사용하면 됩니다. 또한 두께를 지정할 때는 W 옵션, 선을 끊을 때는 B 옵션을 사용합니다.

Key Word PEDIT, [J], [W], [B]　　예제 파일 part02\part02_pedit.dwg 완성 파일 part02\part02_peditc.dwg

01 폴리선 전환하기

❶ 도면을 불러오기 위해 명령창에 OPEN 명령을 입력한 후 Enter를 누릅니다. [선택 파일] 대화상자가 나타나면 Sample 폴더에 있는 part02_pedit.dwg를 불러옵니다. ❷ 여러 개의 선을 모두 1개의 선으로 만들기 위해 명령창에 **PEDIT** 명령을 입력한 후 Enter를 누릅니다. ❸ 선을 PLINE으로 만들기 위해 수평선을 클릭한 후 선택된 일반 직선을 PLINE으로 전환하기 위해 **전환하기를 원하십니까? 〈Y〉**에서 Y를 입력한 후 Enter를 누릅니다.

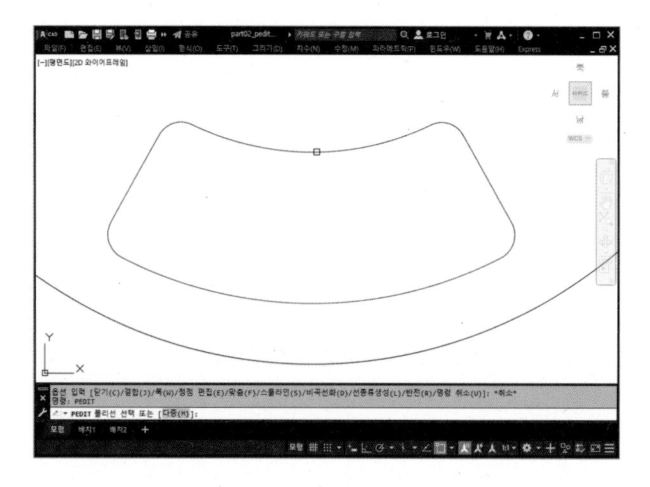

명령

명령: **PEDIT** Enter
폴리선 선택 또는 [다중(M)]: C1 클릭
선택된 객체가 폴리선이 아님
전환하기를 원하십니까? <Y> Y Enter

02 선 연결하기

❶ 여러 개의 끊어진 선을 1개의 선으로 만들기 위해 J 옵션을 입력한 후 Enter를 누릅니다. ❷ 객체를 선택하기 위해 첫 번째 점과 반대 구석점을 클릭한 후 Enter를 누릅니다.

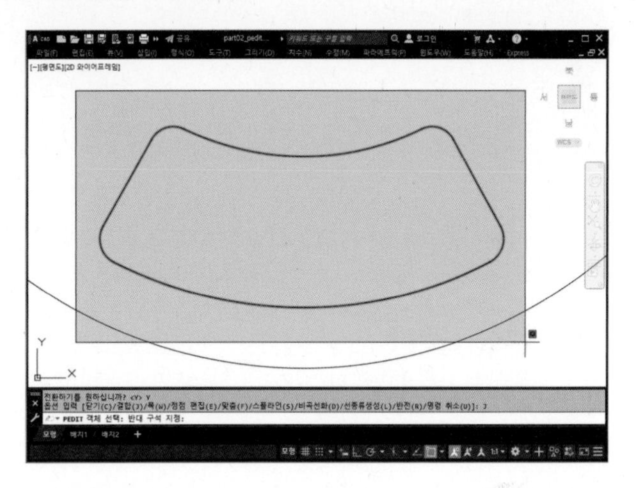

명령

옵션 입력 [닫기(C)/결합(J)/폭(W)/정점 편집(E)/맞춤(F)/스플라인(S)/비곡선화(D)/선 종류 생성(L)/반전(R)/명령 취소(U)]: J Enter
객체 선택: P1 클릭
반대 구석 지정: P2 클릭
8개를 찾음
객체 선택: Enter

03 선 폭 지정하기

❶ 1개의 선으로 만들어진 PLINE에 두께를 지정하기 위해 W 옵션을 입력한 후 Enter를 누릅니다. ❷ 선의 두께를 지정한 후 Enter를 누르고 명령을 종료하기 위해 Enter를 한 번 더 누릅니다.

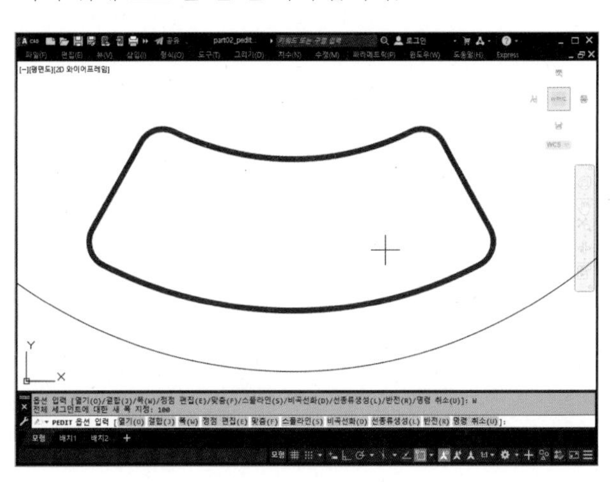

명령

7개의 세그먼트가 폴리선에 추가됨
옵션 입력 [열기(O)/결합(J)/폭(W)/정점 편집(E)/맞춤(F)/스플라인(S)/비곡선화(D)/선 종류 생성(L)/반전(R)/명령 취소(U)]: W Enter
전체 세그먼트에 대한 새 폭 지정: 100 Enter
옵션 입력 [열기(O)/결합(J)/폭(W)/정점 편집(E)/맞춤(F)/스플라인(S)/비곡선화(D)/선 종류 생성(L)/반전(R)/명령 취소(U)]: Enter

LevelUP

폭이 지정된 PLINE을 일반 선으로 복귀하려면 어떻게 해야 하나요?

PLINE 명령을 사용해 선의 폭을 지정한 후 이를 다시 원래의 일반 선으로 되돌리기 위해서는 **EXPLODE** 명령을 사용하면 됩니다. **EXPLODE**는 PLINE, BLOCK 등으로 만들어진 객체를 낱개로 분리하는 명령어입니다.

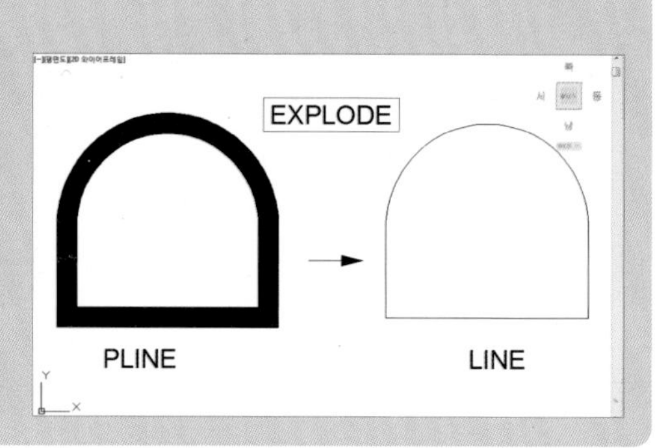

04 폴리선 편집하기

❶ **PLINE** 명령으로 만들어진 선을 끊기 위해 다시 한번 명령창에 **PEDIT** 명령을 입력한 후 Enter를 누릅니다. ❷ PLINE을 편집하기 위해 폴리선을 지정합니다.

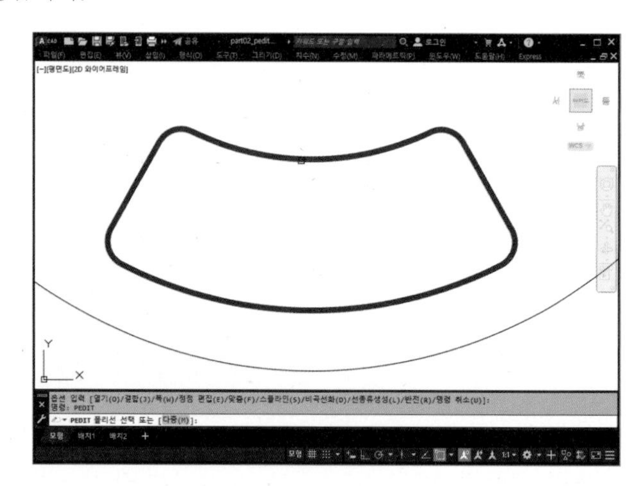

명령

명령: **PEDIT** Enter
폴리선 선택 또는 [다중(M)]: C1 클릭

05 정점 편집하기

❶ PLINE의 정점을 편집하기 위해 E 옵션을 입력한 후 Enter를 누릅니다. ❷ 끊을 선의 첫 번째 정점을 지정하기 위해 Enter를 세 번 누른 후 B 옵션을 입력하고 Enter를 누릅니다. ❸ 끊을 선의 두 번째 정점을 지정하기 위해 Enter를 세 번 누른 후 G 옵션을 입력하고 Enter를 누릅니다. ❹ 명령을 종료하기 위해 X 옵션을 입력한 후 다시 한번 Enter를 누릅니다.

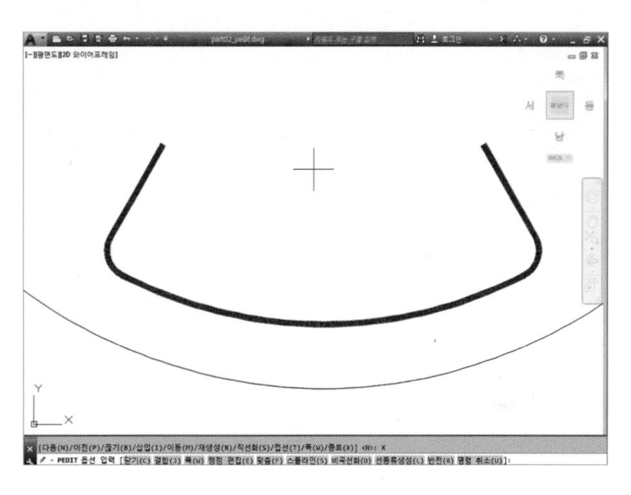

명령

옵션 입력 [열기(O)/결합(J)/폭(W)/정점 편집(E)/맞춤(F)/스플라인(S)/비곡선화(D)/선 종류 생성(L)/반전(R)/명령 취소(U)]: E Enter
정점 편집 옵션 입력
[다음(N)/이전(P)/끊기(B)/삽입(I)/이동(M)/재생성(R)/직선화(S)/접선(T)/폭(W)/종료(X)] <N>: Enter
정점 편집 옵션 입력
[다음(N)/이전(P)/끊기(B)/삽입(I)/이동(M)/재생성(R)/직선화(S)/접선(T)/폭(W)/종료(X)] <N>: Enter
정점 편집 옵션 입력
[다음(N)/이전(P)/끊기(B)/삽입(I)/이동(M)/재생성(R)/직선화(S)/접선(T)/폭(W)/종료(X)] <N>: Enter

정점 편집 옵션 입력
[다음(N)/이전(P)/끊기(B)/삽입(I)/이동(M)/재생성(R)/직선화(S)/접선(T)/폭(W)/종료(X)] <N>: B
옵션 입력 [다음(N)/이전(P)/진행(G)/종료(X)] <N>: Enter
옵션 입력 [다음(N)/이전(P)/진행(G)/종료(X)] <N>: Enter
옵션 입력 [다음(N)/이전(P)/진행(G)/종료(X)] <N>: Enter
옵션 입력 [다음(N)/이전(P)/진행(G)/종료(X)] <N>: G Enter
정점 편집 옵션 입력

[다음(N)/이전(P)/끊기(B)/삽입(I)/이동(M)/재생성(R)/직선화(S)/접선(T)/폭(W)/종료(X)] <N>: X Enter
옵션 입력 [닫기(C)/결합(J)/폭(W)/정점 편집(E)/맞춤(F)/스플라인(S)/비곡선화(D)/선 종류 생성(L)/반전(R)/명령 취소(U)]: Enter

Section

12 PEDIT로 곡선 만들기

PEDIT 명령의 F 옵션을 사용하면 각 폴리선을 외접하는 곡선을 만들 수 있고 D 옵션을 사용하면 원래 직선으로 만들 수 있습니다. 또한 S 옵션을 사용하면 각 폴리선을 외접하는 곡선을 만들 수 있습니다.

Key Word [S], [D], [F]   예제 파일 part02\part02_pcurve.dwg 완성 파일 part02\part02_pcurvec.dwg

01 폴리선 선택하기

❶ 도면을 불러오기 위해 명령창에 **OPEN** 명령을 입력한 후 Enter를 누릅니다. [선택 파일] 대화상자가 나타나면 Sample 폴더에 있는 part02_pcurve.dwg를 불러옵니다. ❷ 2D 폴리선을 편집하기 위해 명령창에 **PEDIT** 명령을 입력한 후 Enter를 누르고 폴리선을 클릭합니다.

명령

명령 : **OPEN** Enter

명령: **PEDIT**

폴리선 선택 또는 [다중(M)]: C1 클릭

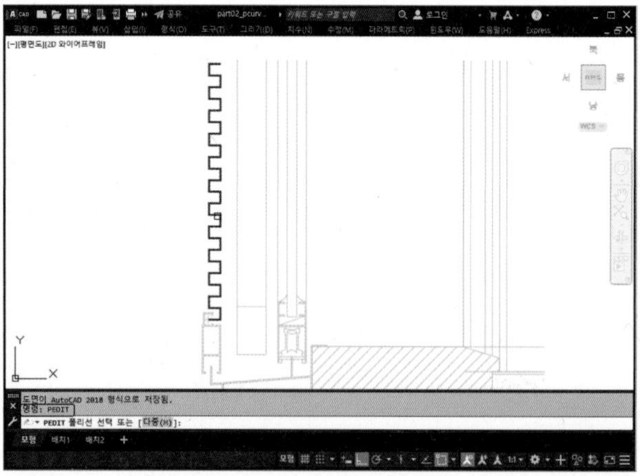

02 곡선 옵션 입력하기

❶ 직선의 폴리선을 곡선으로 만들기 위해 폴리선을 선택한 후 S 옵션을 입력하고 ❷ Enter를 누릅니다.

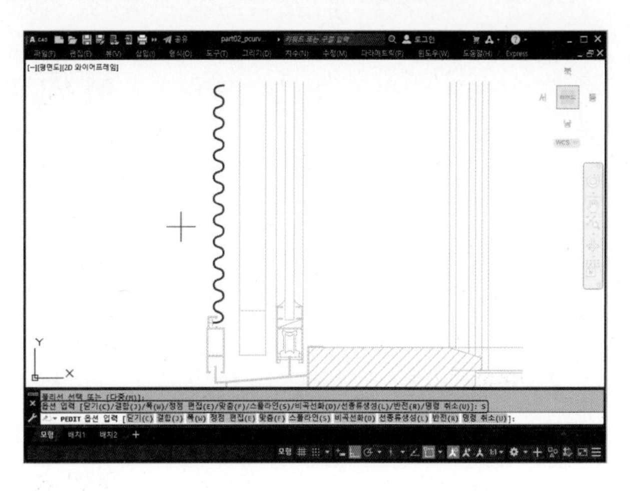

명령

옵션 입력 [닫기(C)/결합(J)/폭(W)/정점 편집(E)/맞춤(F)/스플라인(S)/비곡선화(D)/선 종류 생성(L)/반전(R)/명령 취소(U)]: S Enter

03 직선 지정하기

❶ 곡선을 다시 직선으로 만들기 위해 D 옵션을 입력한 후 ❷ Enter를 누릅니다.

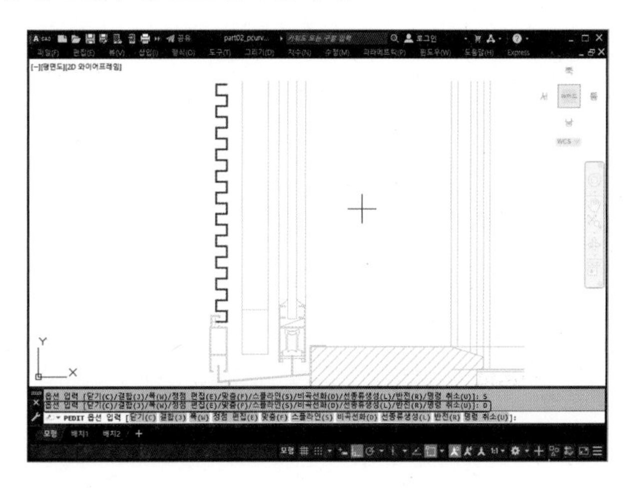

명령

옵션 입력 [닫기(C)/결합(J)/폭(W)/정점 편집(E)/맞춤(F)/스플라인(S)/비곡선화(D)/선 종류 생성(L)/반전(R)/명령 취소(U)]: D Enter

04 곡선 지정하기

❶ 다시 한번 직선을 곡선으로 만들기 위해 F 옵션을 입력한 후 Enter를 누르고 ❷ 편집을 종료하기 위해 Enter를 한 번 더 누릅니다.

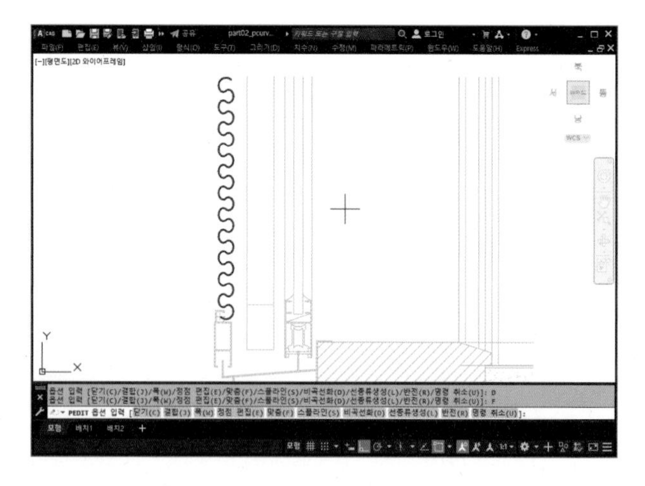

명령

옵션 입력 [닫기(C)/결합(J)/폭(W)/정점 편집(E)/맞춤(F)/스플라인(S)/비곡선화(D)/선 종류 생성(L)/반전(R)/명령 취소(U)]: F Enter
옵션 입력 [닫기(C)/결합(J)/폭(W)/정점 편집(E)/맞춤(F)/스플라인(S)/비곡선화(D)/선 종류 생성(L)/반전(R)/명령 취소(U)]: Enter

LevelUP

PEDIT의 F 옵션과 S 옵션의 차이점은 무엇인가요?

폴리선을 편집할 수 있는 PEDIT 명령에서 직선을 곡선으로 만들 수 있는 옵션에는 **Fit**와 **Spline**이 있습니다. 이 두 옵션의 차이점을 알아보겠습니다.

- **Fit 옵션**: 폴리선의 모든 정점을 지나고, 지정한 접선 방향을 사용해 곡선을 만들어 줍니다.
- **Spline 옵션**: 각 폴리선의 첫 번째 정점과 마지막 정점만을 통과하고 나머지 정점은 통과하지 않습니다. 각각의 폴리선에 내접하는 것과 비슷한 곡선을 만듭니다.

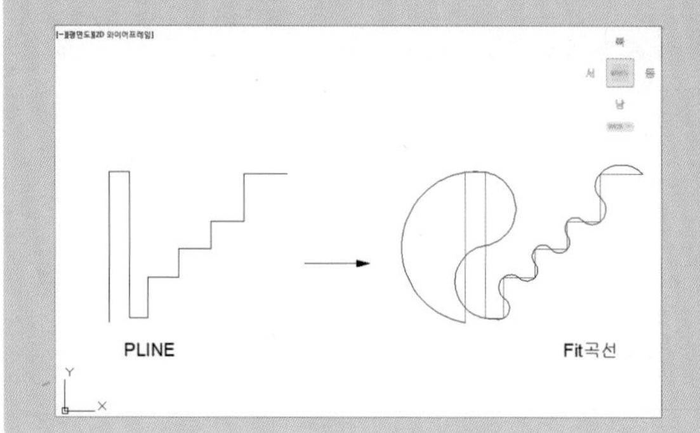

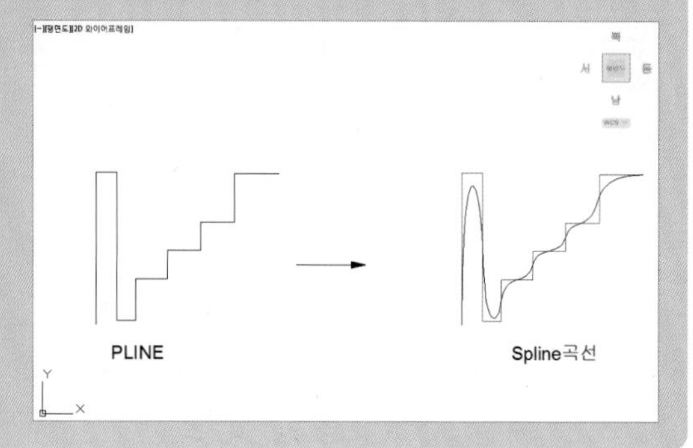

Section

13 3D 폴리선 만들기

2D 폴리선을 그릴 수 있는 PLINE 명령은 좌표를 Z축 방향으로 입력할 수 없습니다. 그러나 3DPOLY 명령을 사용하면 Z축 방향으로 좌표를 입력할 수 있을 뿐 아니라 PEDIT 명령을 사용해 편집할 수도 있습니다.

Key Word 3DPOLY,-VPOINT   예제 파일 part02\part02_3dpoly.dwg 완성 파일 part02\part02_3dpolyc.dwg

01 3차원 관찰자 시점 지정하기

❶ 도면을 불러오기 위해 명령창에 **OPEN** 명령을 입력한 후 Enter를 누릅니다. [선택 파일] 대화상자가 나타나면 Sample 폴더에 있는 part02_3dpoly.dwg를 불러옵니다. ❷ 3차원 관찰자 시점으로 변경하기 위해 명령창에 **–VPOINT** 명령을 입력한 후 Enter를 누르고 좌표점을 입력한 다음 Enter를 누릅니다.

명령

명령: **OPEN** Enter
명령: **-VPOINT** Enter
현재 뷰 방향: VIEWDIR=0.0000, 0.0000, 1.0000
관측점 지정 또는 [회전(R)] <나침반과 삼각대 표시>: 1, -2, 1 Enter
모형 재생성 중...

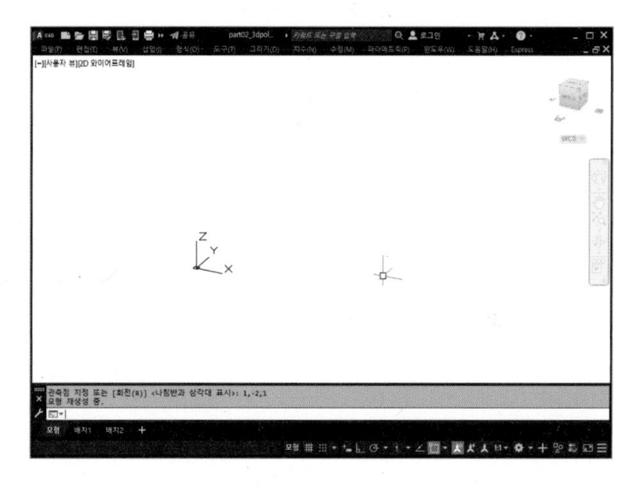

02 3D 폴리선 시작점 지정하기

❶ 3차원 폴리선을 만들기 위해 명령창에 3DPOLY 명령을 입력한 후 Enter를 누르고 ❷ 폴리선의 시작점을 클릭합니다.

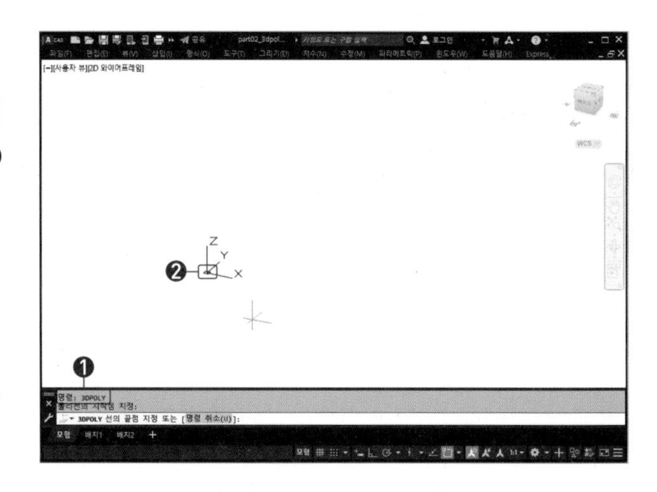

명령

명령: **3DPOLY** Enter
폴리선의 시작점 지정: P1 클릭

03 Z축 방향점 지정하기

❶ Z축 방향으로 폴리선을 그리기 위해 좌표점을 입력한 후 ❷ Enter를 누릅니다.

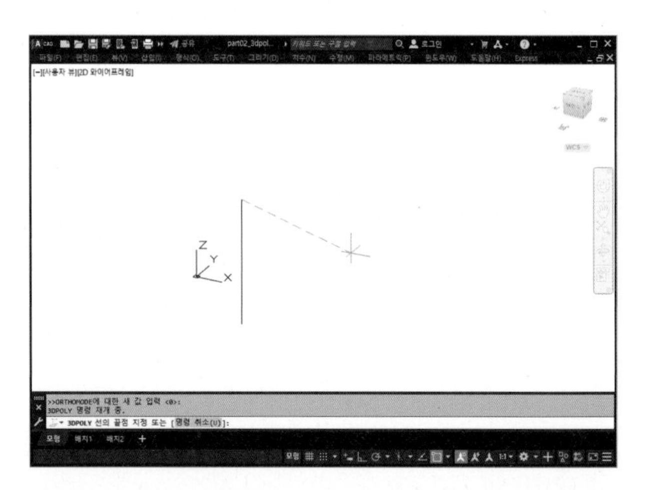

명령

선의 끝점 지정 또는 [명령 취소(U)]: @0, 0, 200 Enter

04 X축 방향점 지정하기

❶ X축 방향으로 폴리선을 그리기 위해 좌표점을 입력한 후 ❷ Enter를 누릅니다.

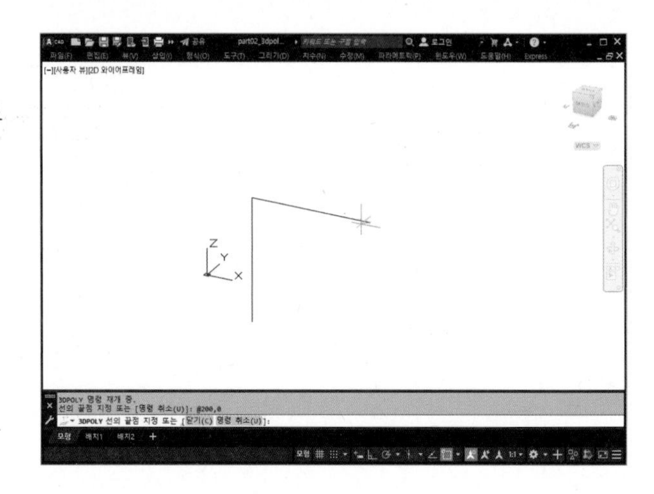

명령

선의 끝점 지정 또는 [명령 취소(U)]: @200, 0, 0 Enter

05 Y축 방향점 지정하기

❶ Y축 방향으로 폴리선을 그리기 위해 좌표점을 입력한 후 ❷ Enter를 누릅니다.

명령

선의 끝점 지정 또는 [닫기(C)/명령 취소(U)]: @0, 200, 0 Enter

06 Z축 방향점 다시 지정하기

❶ 다시 한번 Z축 방향으로 폴리선을 그리기 위해 좌표점을 입력한 후 Enter를 누르고 ❷ 폴리선 그리기를 종료하기 위해 Enter를 한 번 더 누릅니다.

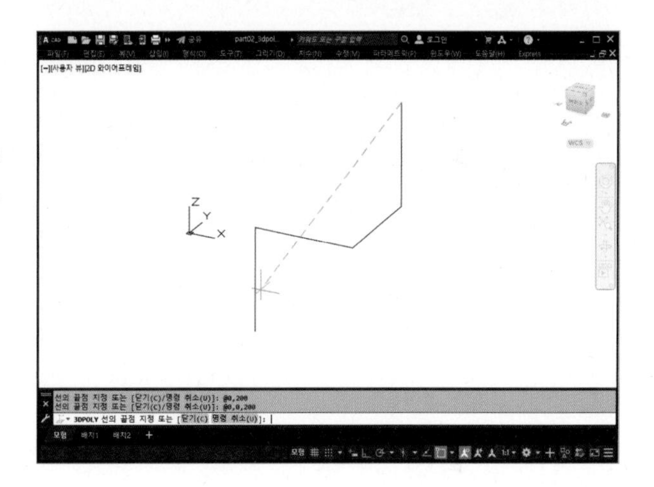

명령

선의 끝점 지정 또는 [닫기(C)/명령 취소(U)]: @0, 0, 200 Enter
선의 끝점 지정 또는 [닫기(C)/명령 취소(U)]: Enter

Section

14 3D 폴리선 편집하기

2D 폴리선을 그릴 수 있는 PLINE 명령은 좌표를 Z축 방향으로 입력할 수 없습니다. 그러나 3DPOLY 명령을 사용하면 Z축 방향으로 좌표를 입력할 수 있을 뿐 아니라 PEDIT 명령에 의해 편집할 수도 있습니다.

Key Word PEDIT

예제 파일 part02_3dpolyedit.dwg 완성 파일 part02_3dpolyeditc.dwg

01 3D 폴리선 편집하기

❶ 도면을 불러오기 위해 명령창에 **OPEN** 명령을 입력한 후 Enter를 누릅니다. [선택 파일] 대화상자가 나타나면 Sample 폴더에 있는 part02_3dpolyedit.dwg를 불러옵니다. ❷ 3D 폴리선을 편집하기 위해 명령창에 **PEDIT** 명령을 입력한 후 Enter를 누르고 폴리선을 클릭합니다.

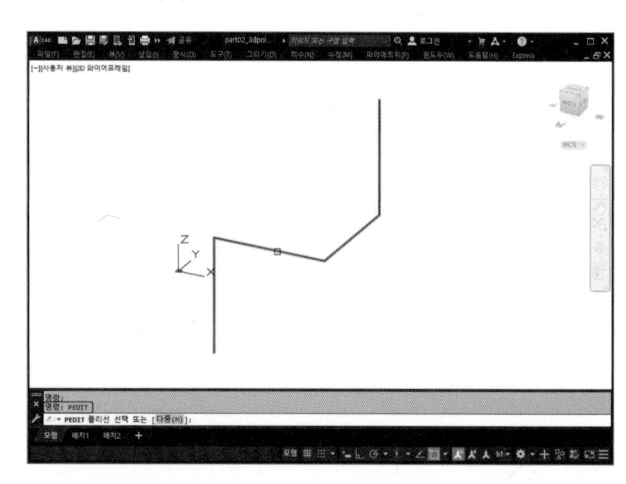

명령

명령: **OPEN** Enter
명령: **PEDIT** Enter
폴리선 선택 또는 [다중(M)]: C1클릭

02 3D 폴리선 닫기

❶ 3D 폴리선의 시작점과 끝점을 닫기 위해 C 옵션을 입력한 후 ❷ Enter를 누릅니다.

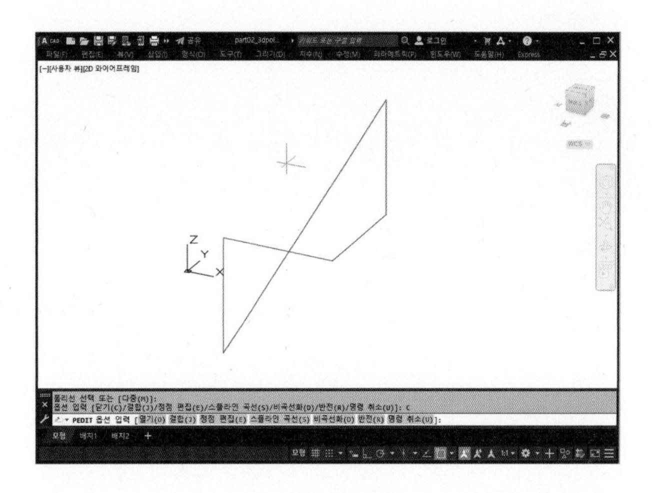

명령

옵션 입력 [닫기(C)/결합(J)/정점 편집(E)/스플라인 곡선(S)/비곡선화(D)/반전(R)/명령 취소(U)]: C Enter

03 3D 폴리선 곡선 만들기

❶ 곡선을 만들기 위해 S 옵션을 입력한 후 ❷ Enter를 누릅니다.

명령

옵션 입력 [열기(O)/결합(J)/정점 편집(E)/스플라인 곡선(S)/비곡선화(D)/반전(R)/명령 취소(U)]: S Enter

04 3D 폴리선 열기

❶ 곡선의 시작점과 끝점을 열기 위해 O 옵션을 입력한 후 ❷ Enter를 누릅니다.

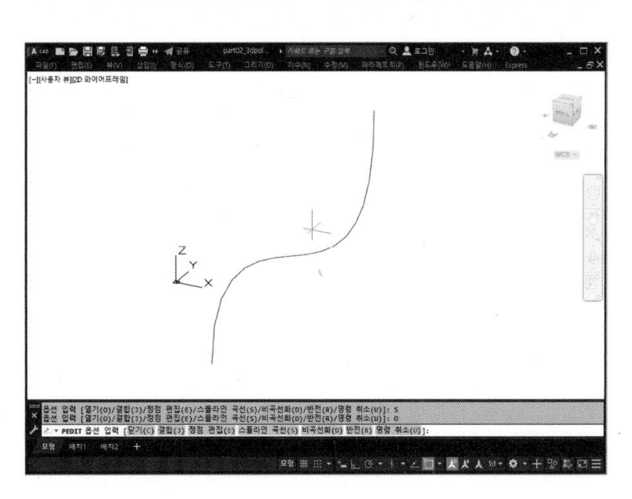

명령

옵션 입력 [열기(O)/결합(J)/정점 편집(E)/스플라인 곡선(S)/비곡선화(D)/반전(R)/명령 취소(U)]: O Enter

05 3D 폴리선 정점 편집하기

❶ 정점을 편집하기 위해 E 옵션을 입력한 후 Enter를 누릅니다. ❷ 정점과 정점 사이를 끊기 위해 B 옵션을 다시 입력한 후 Enter를 누릅니다. ❸ 다음 점을 지정하기 위해 N 옵션을 입력한 후 Enter를 누르고 점 사이를 끊기 위해 G 옵션을 입력한 다음 Enter를 누릅니다. ❹ 명령을 종료하기 위해 X 옵션을 실행한 후 다시 한번 Enter를 누릅니다.

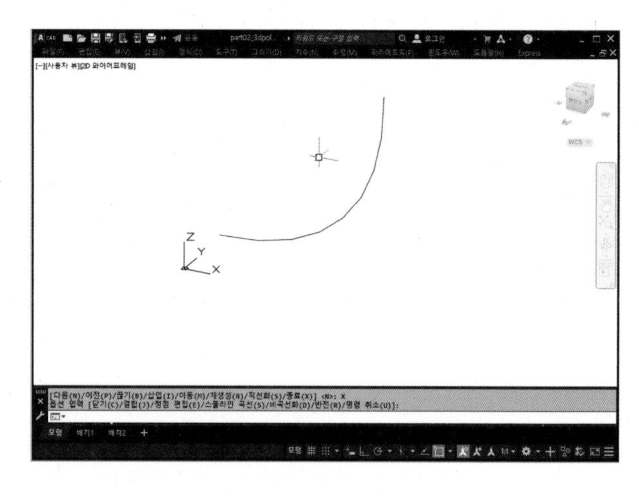

명령

옵션 입력 [닫기(C)/결합(J)/정점 편집(E)/스플라인 곡선(S)/비곡선화(D)/반전(R)/명령 취소(U)]: E Enter
정점 편집 옵션 입력
[다음(N)/이전(P)/끊기(B)/삽입(I)/이동(M)/재생성(R)/직선화(S)/종료(X)] <N>: B Enter
옵션 입력 [다음(N)/이전(P)/진행(G)/종료(X)] <N>: N Enter
옵션 입력 [다음(N)/이전(P)/진행(G)/종료(X)] <N>: G Enter
정점 편집 옵션 입력
[다음(N)/이전(P)/끊기(B)/삽입(I)/이동(M)/재생성(R)/직선화(S)/종료(X)] <N>: X Enter
옵션 입력 [닫기(C)/결합(J)/정점 편집(E)/스플라인 곡선(S)/비곡선화(D)/반전(R)/명령 취소(U)]: Enter

Section

15 SPLINE으로 자유 곡선 만들기

도면을 그리다 보면 원이나 호, 직선 이외에 다양한 형태의 곡선을 그려야 할 경우가 있습니다. 이번에는 자유로운 곡선을 그릴 수 있는 SPLINE 명령과 스플라인을 편집할 수 있는 SPLINEDIT 명령에 대해 자세히 알아보겠습니다.

Key Word **SPLINE, ERASE, ZOOM**

예제 파일 part02_spline.dwg 완성 파일 part02_splinec.dwg

01 스냅 설정하기

도면을 불러오기 위해 명령창에 **OPEN** 명령을 입력한 후 Enter를 누릅니다. [선택 파일] 대화상자가 나타나면 Sample 폴더에 있는 part02_spline.dwg를 불러옵니다. ❶ 객체에 대한 정확한 포인트를 지정하기 위해 **OSNAP** 명령을 실행한 후 [제도 설정] 대화상자가 나타나면 ❷ [객체 스냅] 탭의 [객체 스탭 켜기]에 체크 표시를 합니다. ❸ [객체 스냅 모드]의 끝점에만 체크 표시를 한 후 [확인] 버튼을 클릭합니다.

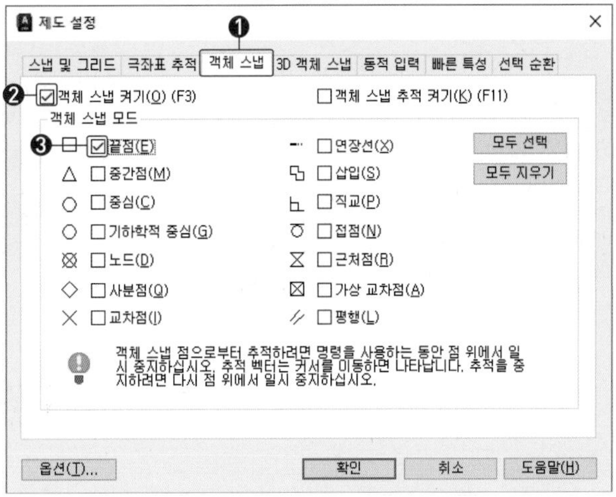

제도 설정

❶ 스냅 및 그리드 | 극좌표 추적 | 객체 스냅 | 3D 객체 스냅 | 동적 입력 | 빠른 특성 | 선택 순환

❷ 객체 스냅 켜기(O) (F3) 객체 스냅 추적 켜기(K) (F11)

객체 스냅 모드

❸ 끝점(E) 연장선(X) 모두 선택

중간점(M) 삽입(S) 모두 지우기

중심(C) 직교(P)

기하학적 중심(G) 접점(N)

노드(D) 근처점(R)

사분점(Q) 가상 교차점(A)

교차점(I) 평행(L)

객체 스냅 점으로부터 추적하려면 명령을 사용하는 동안 점 위에서 일시 중지하십시오. 추적 벡터는 커서를 이동하면 나타납니다. 추적을 중지하려면 다시 점 위에서 일시 중지하십시오.

옵션(T)... 확인 취소 도움말(H)

명령

명령: **OPEN** Enter

명령: **OSNAP** Enter

02 자유 곡선 시작하기

❶ 자유 곡선을 그리기 위해 명령창에 **SPLINE** 명령을 입력한 후 Enter를 누릅니다. ❷ 첫 번째 점을 맨 위에 있는 빨간색 선의 왼쪽 끝점을 클릭합니다.

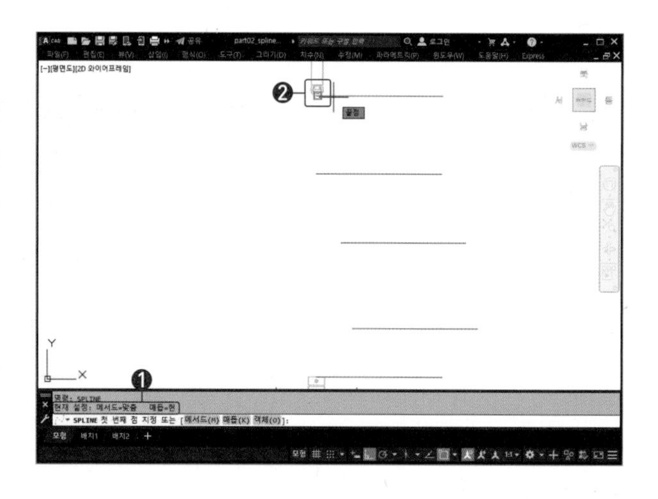

명령

명령: **SPLINE** Enter
현재 설정: 메서드=맞춤 매듭=현
첫 번째 점 지정 또는 [메서드(M)/매듭(K)/객체(O)]: P1 클릭

03 자유 곡선 완성하기

❶ 두 번째 점을 클릭한 후 다음 점을 연속으로 네 번 클릭합니다. ❷ 명령을 종료하기 위해 Enter를 누릅니다.

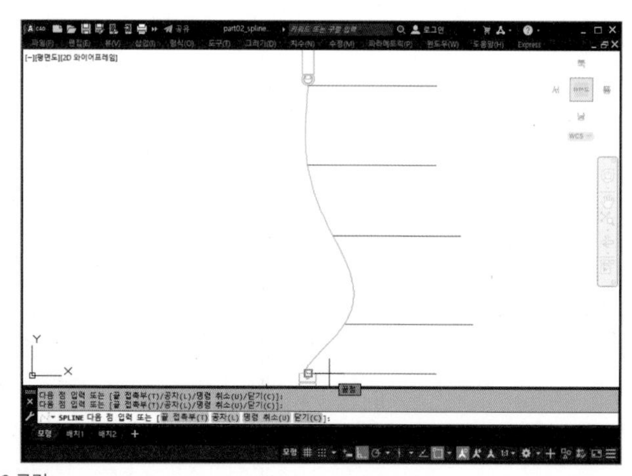

명령

다음 점 입력 또는 [시작 접촉부(T)/공차(L)]: P1 클릭
다음 점 입력 또는 [끝 접촉부(T)/공차(L)/명령 취소(U)]: P2 클릭
다음 점 입력 또는 [끝 접촉부(T)/공차(L)/명령 취소(U)/닫기(C)]: P3 클릭
다음 점 입력 또는 [끝 접촉부(T)/공차(L)/명령 취소(U)/닫기(C)]: P4 클릭
다음 점 입력 또는 [끝 접촉부(T)/공차(L)/명령 취소(U)/닫기(C)]: Enter

04 객체 지우기

❶ 필요 없는 객체를 지우기 위해 **ERASE** 명령을 실행한 후 ❷ 5개의 빨간색 선을 클릭하고 Enter를 누릅니다.

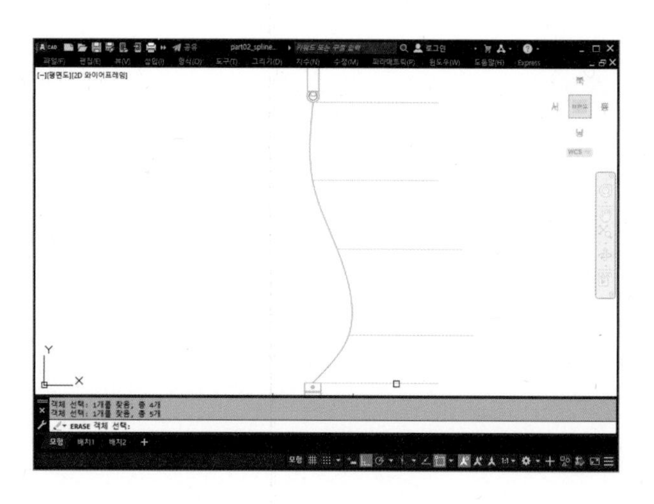

명령

명령: **ERASE** Enter
객체 선택: C1클릭 ~ C5클릭
총 5개
객체 선택: Enter

05 도면 전체 보기

❶ 도면을 확대/축소하기 위해 명령창에 **ZOOM** 명령을 입력한 후 Enter를 누릅니다. ❷ 도면 전체를 화면에 꽉 차게 보여 주기 위해 E 옵션을 입력한 후 Enter를 누릅니다.

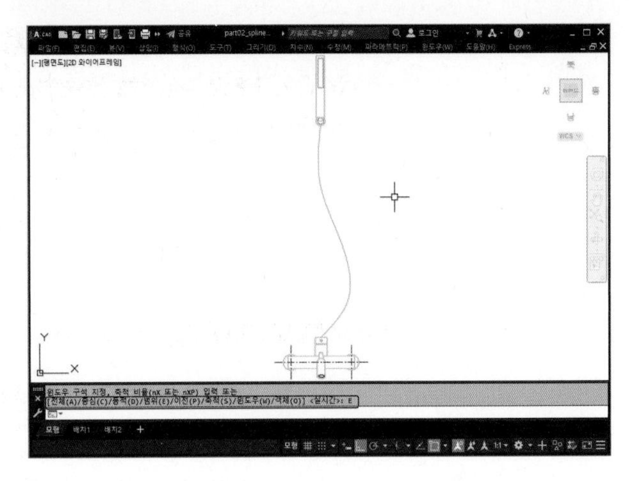

명령

명령: **ZOOM** Enter
윈도우 구석 지정, 축척 비율(nX 또는 nXP) 입력 또는
[전체(A)/중심(C)/동적(D)/범위(E)/이전(P)/축척(S)/윈도우(W)/객체(O)] <실시간>: E Enter

Level UP

SPLINEDIT 명령이 궁금해요

SPLINE 명령으로 그려진 자유 곡선을 편집하기 위해서는 **SPLINEDIT** 명령을 사용합니다. **SPLINE** 명령으로 그려진 자유 곡선을 선택하면 나타나는 옵션에 대해 알아보겠습니다.

- **닫기(C)**: 열린 스플라인을 연속으로 닫힌 루프로 변경합니다.
- **결합(J)**: 끊어진 스플라인을 1개의 스플라인으로 만듭니다.
- **맞춤 데이터(F)**: 공차 변경을 포함해 스플라인을 정의하는 맞춤 점 데이터를 편집합니다.
- **정점 편집(E)**: 스플라인의 정점을 편집합니다.
- **폴리선으로 변환(P)**: 스플라인을 폴리선(PLOYLINE)으로 변환합니다.
- **반전(R)**: 스플라인의 방향을 변경합니다.
- **명령 취소(U)**: 명령을 취소합니다.
- **종료(X)**: 명령을 종료합니다.

Special TIP

기타 보조적으로 사용하는 명령어 알아보기

복잡한 객체들이 모여 있는 부분을 공백으로 덮고 싶다면 WIPEOUT 명령, 나무, 꽃, 기타 조경 시설들을 자유롭게 그리고자 한다면 REVCLOUD 명령을 사용합니다. 여러 개의 객체가 겹쳐 있을 경우, 원하는 객체를 다른 객체 위로 올리거나 밑으로 내리고자 할 때는 [그리기 순서], 자유롭게 스케치를 하고 싶을 때는 SKETCH 명령을 사용합니다.

1. 객체 가리기 WIPEOUT

밑에 있는 객체를 현재 배경 색상으로 가리는 폴리곤 영역을 작성합니다. 객체 가리기 영역의 경계 프레임은 켜거나 끌 수 있습니다. 또한 화면에 프레임이 표시되도록 선택하거나 플로팅을 하기 위해 프레임을 숨길 수 있습니다.

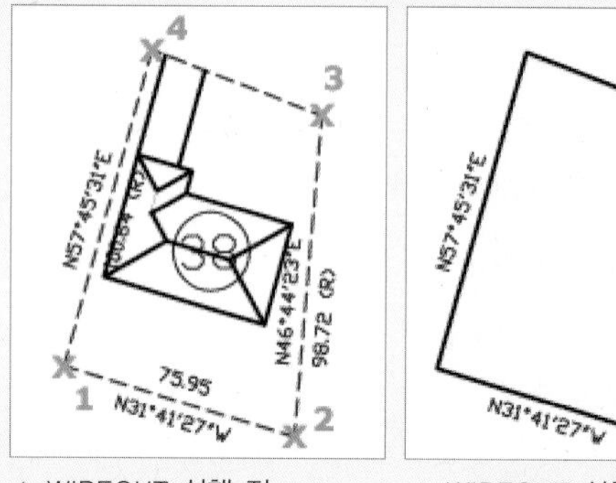

▲ WIPEOUT 실행 전 ▲ WIPEOUT 실행 후

•WIPEOUT 명령의 옵션은 다음과 같습니다.

- **[프레임(F)]**: 다각형의 경계선을 보이게 하거나 안 보이게 할 수 있습니다.
- **[폴리선(P)]**: 하나의 이어진 선분으로 그려집니다. 기본값으로 설정돼 있습니다.
- **[닫기(C)]**: 시작점과 마지막 점을 직선으로 닫아 줍니다.
- **[명령 취소(U)]**: 바로 전 단계로 돌아갑니다.

2. 그리기 순서 DRAWORDER

여러 개의 객체가 겹쳐 있을 경우, 원하는 객체를 다른 객체 위로 올리거나 밑으로 내리고자 할 때 [그리기 순서]를 사용합니다. **[객체 위로(A)/객체 아래로(U)/앞으로(F)/뒤로(B)]** 등으로 그리기 순서를 결정할 수 있습니다.

▲ 객체들이 겹쳐 있을 경우

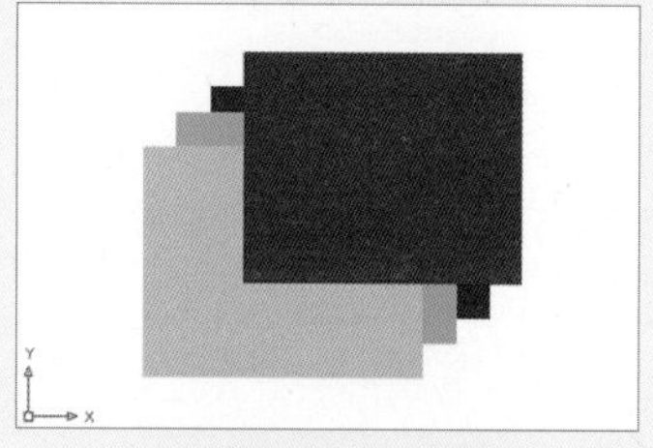

▲ 빨간색 객체를 [앞으로(F)]했을 경우

3. 구름형 기호 그리기 REVCLOUD

크기가 다른 호를 연속으로 이어서 구름 모양을 형성하는 **REVCLOUD** 명령을 사용하면 수목을 만들 수 있습니다. **REVCLOUD** 명령을 실행한 후 A 옵션을 입력하고 최소 호의 길이와 최대 호의 길이를 지정합니다. 시작점을 클릭한 후 원하는 경로를 따라 드래그한 후 다시 시작점 위치에 마우스 커서를 올려놓으면 구름 모양이 종료됩니다.

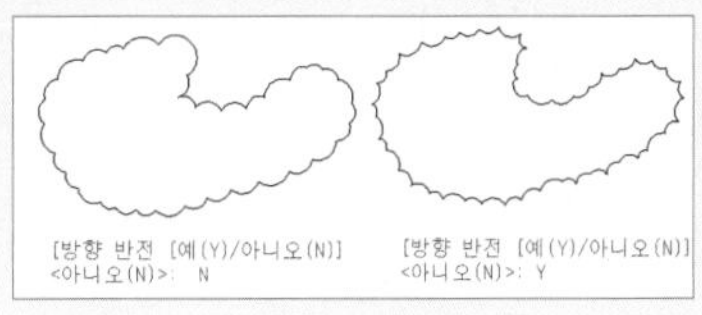

• REVCLOUD 명령의 옵션은 다음과 같습니다.

- **호 길이(A)**: 호의 최소 길이와 최대 길이를 지정합니다.
- **객체(O)**: 호의 방향을 설정합니다.
- **직사각형(R)**: 직사각형을 만듭니다.
- **폴리곤(P)**: 다각형을 만듭니다.
- **프리핸드(F)**: 구름 모양의 도형을 자유롭게 만듭니다.
- **스타일(S)**: 구름 모양의 유형을 설정합니다.
- **수정(M)**: 도형을 수정합니다.

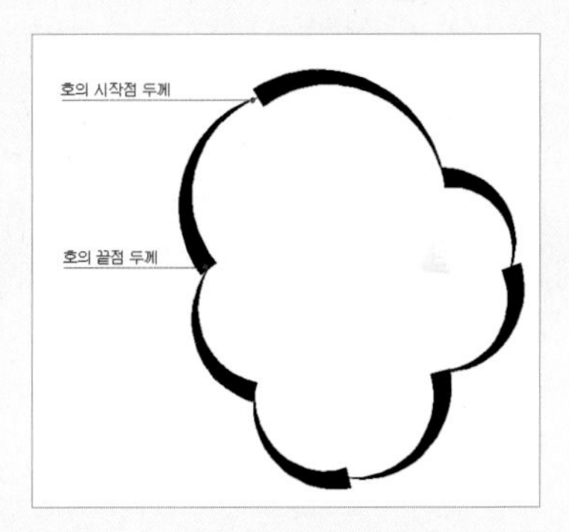

• 캘리그래피(C)에 대해 살펴볼까요?

REVCLOUD 명령의 옵션 중 캘리그래피(C)는 호의 시작점 두께와 끝점 두께가 다르게 표현돼 연결되는 폴리선을 말합니다. **REVCLOUD** 명령을 실행한 후 객체 옵션(O)을 입력하고 캘리그래피(C)에 의해 만들어진 구름 도형을 선택한 다음, 방향 반전을 실행하면 반대 방향의 구름 도형을 만들 수 있습니다.

4. 연필로 그리듯이 스케치하기 _SKETCH

도면을 그리다 보면 정교한 수치에 따라 선을 그리는 것이 아니라 선을 자유롭게 표현해야 할 경우가 있습니다. 이때 **SKETCH** 명령을 사용하면 연필이나 펜으로 그린 듯한 자유로운 선을 그릴 수 있습니다. **SKETCH** 명령을 실행한 후 I 옵션을 입력하고 선의 길이를 입력한 다음 Enter를 누릅니다. 시작점(P1)을 클릭한 후 자유롭게 선을 그리고 Enter를 누르면 스케치 선이 만들어집니다. 이때 주의해야 할 점은 **SKETCH** 명령 실행 도중에 Esc를 누르면 그려진 선이 취소되므로 선을 저장하고 싶다면 Enter를 눌러야 한다는 것입니다.

• SKETCH 명령의 옵션은 다음과 같습니다.

- **[유형(T)]**: 스케치 선의 유형을 설정합니다. 선, 폴리선, 스플라인에서 선택할 수 있습니다.
- **[증분(I)]**: 스케치 선의 최단 길이를 지정합니다.
- **[공차(L)]**: 유형(T) 옵션에서 스플라인으로 설정했을 경우, 곡선의 부드러운 정도를 결정합니다.

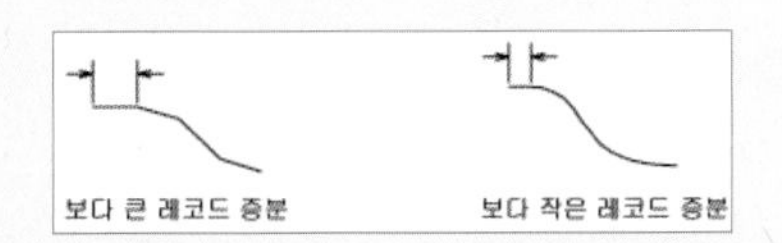

Section

16 반지름을 사용한 원 그리기

원(CIRCLE)을 그리는 데는 5가지 방법이 있습니다. 이번에는 원의 중심점과 반지름을 사용하는 방법에 대해 알아보겠습니다.

Key Word CIRCLE

예제 파일 part02_circle_01.dwg 완성 파일 part02_circle_01c.dwg

01 원 중심점 지정하기

❶ 도면을 불러오기 위해 명령창에 **OPEN** 명령을 입력한 후 Enter를 누릅니다. [선택 파일] 대화상자가 나타나면 Sample 폴더에 있는 part02_circle_01.dwg를 불러옵니다. ❷ 원을 그리기 위해 **CIRCLE** 명령을 실행한 후 원의 중심점을 클릭합니다.

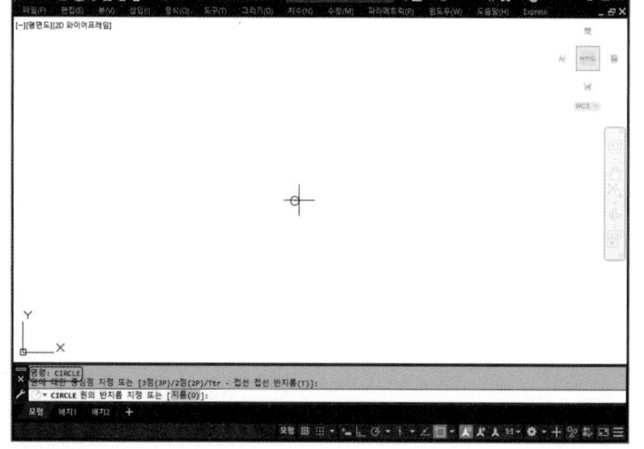

명령

명령: **OPEN** Enter

명령: **CIRCLE** Enter

원에 대한 중심점 지정 또는 [3점(3P)/2점(2P)/Ttr - 접선 접선 반지름(T)]: P1 클릭

02 반지름 입력하기

❶ 원에 대한 반지름을 입력한 후 ❷ Enter를 누릅니다.

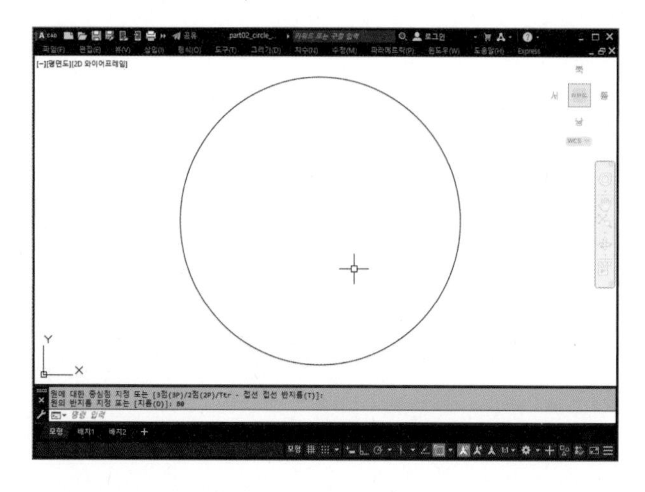

명령

원의 반지름 지정 또는 [지름(D)]: 80 Enter

Point

RADIUS는 원의 반지름을 말합니다.

Section

17 지름을 사용해 원 그리기

이번에는 원의 중심점과 지름을 사용하는 방법에 대해 알아보겠습니다.

Key Word CIRCLE, DIAMETER　　예제 파일 part02_circle_02.dwg 완성 파일 part02_circle_02c.dwg

01 원 중심점 지정하기

❶ 도면을 불러오기 위해 명령창에 **OPEN** 명령을 입력한 후 Enter를 누릅니다. [선택 파일] 대화상자가 나타나면 Sample 폴더에 있는 part02_circle_02.dwg를 불러옵니다. ❷ 원을 그리기 위해 **CIRCLE** 명령을 실행한 후 원의 중심점을 클릭합니다.

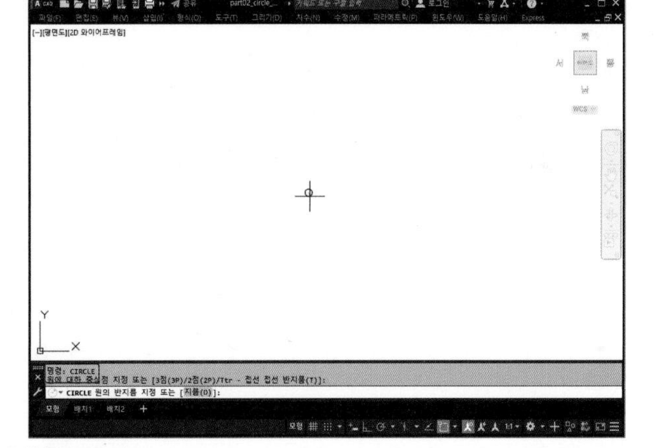

명령

명령: **OPEN** Enter
명령: **CIRCLE** Enter
원에 대한 중심점 지정 또는 [3점(3P)/2점(2P)/Ttr - 접선 접선 반지름(T)]: P1 클릭

02 지름 입력하기

❶ 원에 대한 지름을 입력한 후 ❷ Enter를 누릅니다.

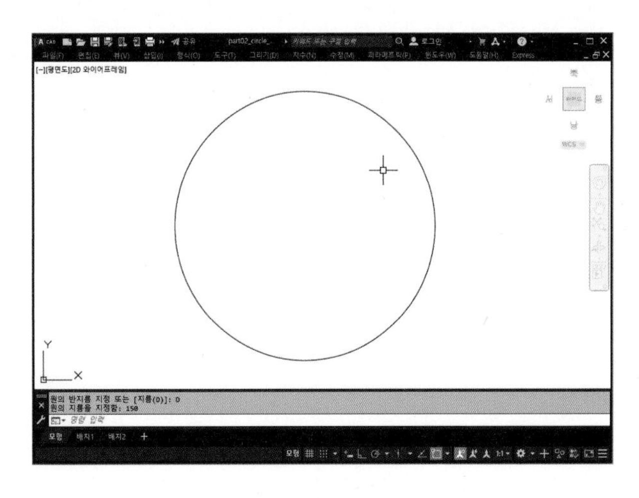

명령

원의 반지름 지정 또는 [지름(D)]: D Enter
원의 지름을 지정함: 150 Enter

Point

DIAMETER는 원의 지름을 말합니다.

Section

18 세 점을 사용한 원 그리기

이번에는 세 점을 통과하는 원을 만들어 보겠습니다.

Key Word CIRCLE,3P　　예제 파일 part02_circle_03.dwg 완성 파일 part02_circle_03c.dwg

01 예제 파일 불러오기

❶ 도면을 불러오기 위해 명령창에 OPEN 명령을 입력한 후 Enter를 누릅니다. ❷ [선택 파일] 대화상자가 나타나면 Sample 폴더에 있는 part02_circle_03.dwg를 불러옵니다.

명령

명령: **OPEN** Enter

02 3P 옵션 사용하기

❶ 원을 그리기 위해 CIRCLE 명령을 실행합니다. ❷ 세 점을 통과하는 원을 그리기 위해 3P 옵션을 입력한 후 첫 번째 점, 두 번째 점, 세 번째 점을 연속으로 클릭합니다.

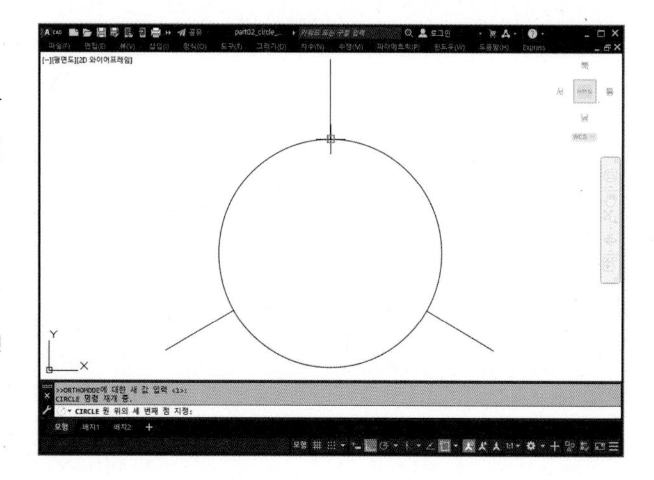

명령

명령: **CIRCLE** Enter
원에 대한 중심점 지정 또는 [3점(3P)/2점(2P)/Ttr - 접선 접선 반지름(T)]: 3P
원 위의 첫 번째 점 지정: P1 클릭
원 위의 두 번째 점 지정: P2 클릭
원 위의 세 번째 점 지정: P3 클릭

Point

선이나 호의 끝점이 지정되지 않는다면 Shift를 누른 후 마우스 오른쪽 버튼을 클릭하고 [끝점]을 선택하면 됩니다.

Section

19 두 점을 사용한 원 그리기

이번에는 두 점을 통과하는 원을 만들어 보겠습니다.

Key Word CIRCLE, 2P

예제 파일 part02_circle_04.dwg 완성 파일 part02_circle_04c.dwg

01 예제 파일 불러오기

❶ 도면을 불러오기 위해 명령창에 **OPEN** 명령을 입력한 후 Enter를 누릅니다. ❷ [선택 파일] 대화상자가 나타나면 Sample 폴더에 있는 part02_circle_04.dwg를 불러옵니다.

명령

명령: **OPEN** Enter

02 2P 옵션 사용하기

❶ 원을 그리기 위해 **CIRCLE** 명령을 실행합니다. ❷ 두 점을 통과하는 원을 그리기 위해 2P 옵션을 입력한 후 첫 번째 끝점, 두 번째 끝점을 연속으로 클릭합니다.

명령

명령: CIRCLE Enter
원에 대한 중심점 지정 또는 [3점(3P)/2점(2P)/Ttr - 접선 접선 반지름(T)]: 2P Enter
원 지름의 첫 번째 끝점을 지정: P1 클릭
원 지름의 두 번째 끝점을 지정: P2 클릭

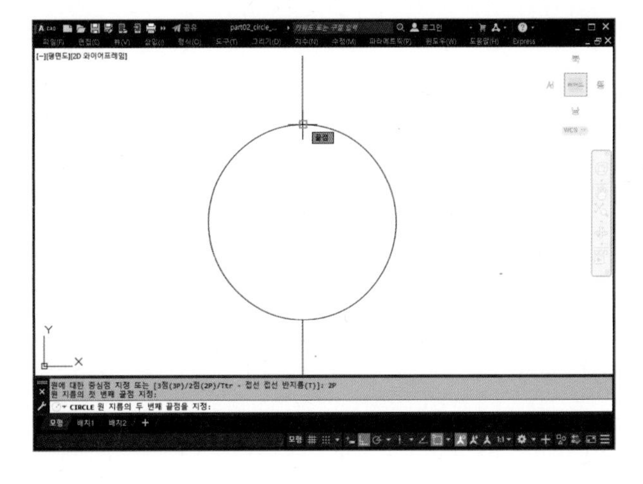

Point

두 점 간의 거리는 지름입니다. 2P 옵션을 사용해 원을 그리면 두 점 간의 거리가 원의 지름이 됩니다.

Section

20 2개의 접선과 반지름을 사용해 원 그리기

이번에는 2개의 접선과 반지름을 사용하는 방법에 대해 알아보겠습니다.

Key Word CIRCLE, TTR

예제 파일 part02_circle_05.dwg 완성 파일 part02_circle_05c.dwg

01 TTR 옵션 사용하기

❶ 도면을 불러오기 위해 명령창에 **OPEN** 명령을 입력한 후 Enter를 누릅니다. [선택 파일] 대화상자가 나타나면 Sample 폴더에 있는 part02_circle_05.dwg를 불러옵니다. ❷ 원을 그리기 위해 **CIRCLE** 명령을 실행한 후 ❸ 2개의 접선과 반지름을 사용해 원을 그리기 위해 TTR 옵션을 입력하고 Enter를 누른 다음 ❹ 2개의 원을 클릭합니다.

명령

명령: **OPEN** Enter
명령: **CIRCLE** Enter
원에 대한 중심점 지정 또는 [3점(3P)/2점(2P)/Ttr - 접선 접선 반지름(T)]: TTR Enter
원의 첫 번째 접점에 대한 객체위의 점 지정: C1 클릭
원의 두 번째 접점에 대한 객체위의 점 지정: C2 클릭

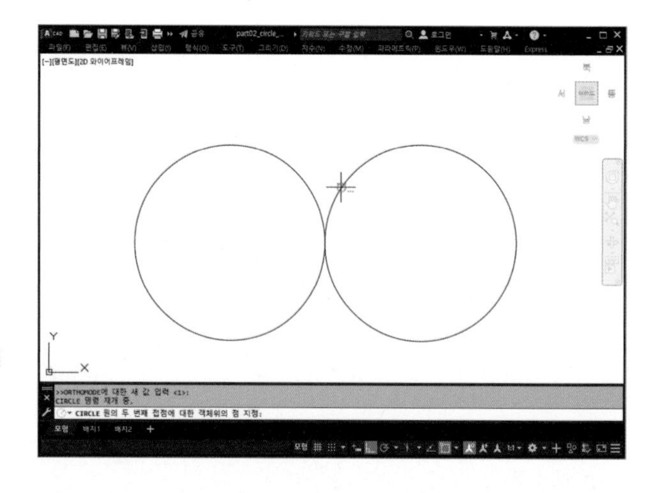

Point

TTR은 'Tangent Tangent Radius'의 약자로, 2개의 접선과 원의 반지름을 사용하는 것을 말합니다.

02 반지름 입력하기

❶ 원의 반지름을 입력한 후 ❷ Enter를 누릅니다.

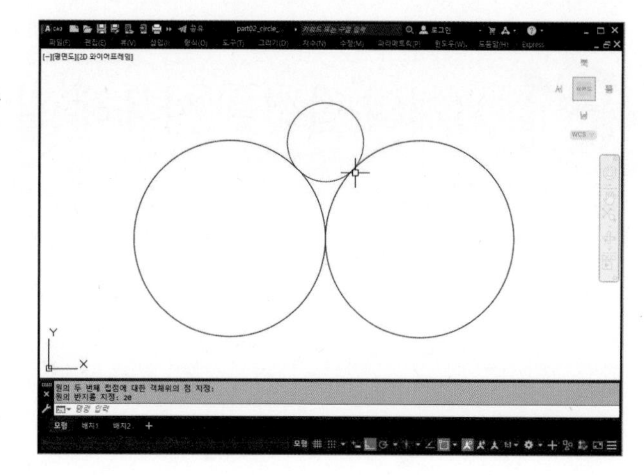

명령

원의 반지름 지정 <50.0000>: 20 Enter

LevelUP

2개의 객체를 접하는 TTR 옵션이 궁금해요

2개의 객체를 접하는 원을 그릴 경우, 2개의 객체에 해당하는 것에는 선과 선, 선과 원, 원과 원, 호와 호, 선과 호, 원과 호 등이 있습니다.

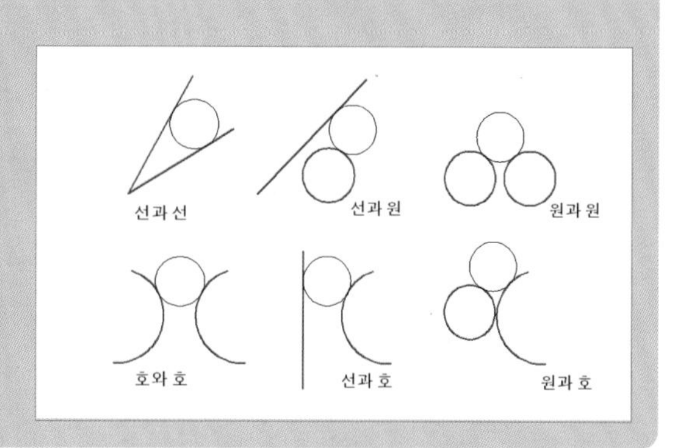

Section

21 3개의 접선을 사용해 원 그리기

이번에는 3개 접선의 접점과 원의 반지름을 사용하는 방법에 대해 알아보겠습니다.

Key Word CIRCLE,3P,TAN

예제 파일 part02_circle_06.dwg 완성 파일 part02_circle_06c.dwg

01 3개의 접선 사용하기

❶ 도면을 불러오기 위해 명령창에 **OPEN** 명령을 입력한 후 Enter를 누릅니다. [선택 파일] 대화상자가 나타나면 Sample 폴더에 있는 part02_circle_06.dwg를 불러옵니다. ❷ 원을 그리기 위해 **CIRCLE** 명령을 실행한 후 3개의 접선을 통과하는 원을 그리기 위해 ❸ 3P 옵션을 입력하고 Enter를 누릅니다. ❹ 첫 번째 접선을 지정하기 위해 **원 위의 첫 번째 점 지정:**에 **TAN**을 입력한 후 Enter를 누르고 첫 번째 선을 클릭합니다.

명령

명령: **OPEN** Enter

명령: **CIRCLE** Enter

원에 대한 중심점 지정 또는 [3점(3P)/2점(2P)/Ttr - 접선 접선 반지름(T)]: 3P Enter

원 위의 첫 번째 점 지정: TAN Enter

-> C1 클릭

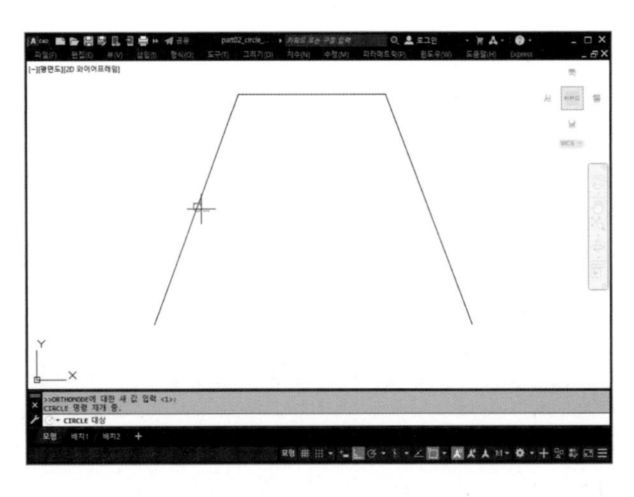

Point

TAN은 'Tangent'의 약자로, 접선에 접하는 점을 지정할 수 있는 스냅 모드입니다.

02 두 번째 접선 지정하기

❶ 두 번째 접선을 지정하기 위해 **원 위의 두 번째 점 지정:**에 TAN을 입력한 후 Enter를 누르고 ❷ 두 번째 선을 클릭합니다.

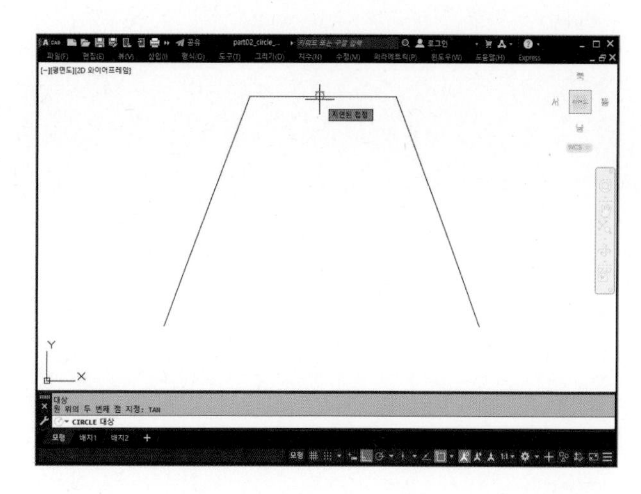

명령

원 위의 두 번째 점 지정: TAN Enter
-> C2 클릭

03 세 번째 접선 지정하기

❶ 세 번째 접선을 지정하기 위해 **원 위의 세 번째 점 지정:**에 TAN을 입력한 후 Enter를 누르고 ❷ 세 번째 선을 클릭합니다.

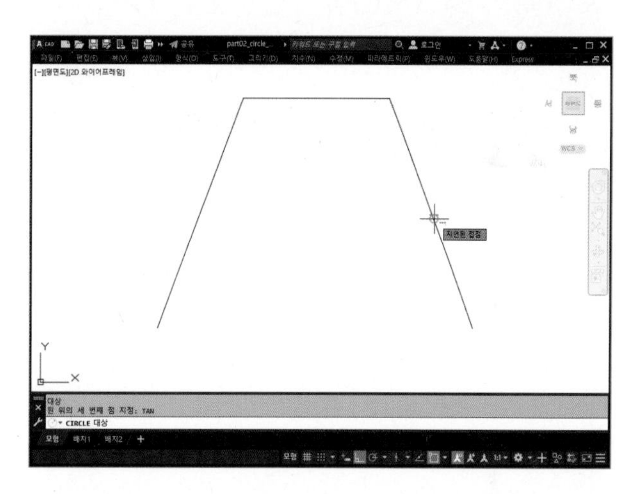

명령

원 위의 세 번째 점 지정: TAN Enter
-> C3 클릭

04 확인하기

❶ 3개의 접선을 통과하는 원이 만들어진 것을 알 수 있습니다. ❷ TAN 객체 스냅은 접선의 접점을 지정할 때 사용합니다.

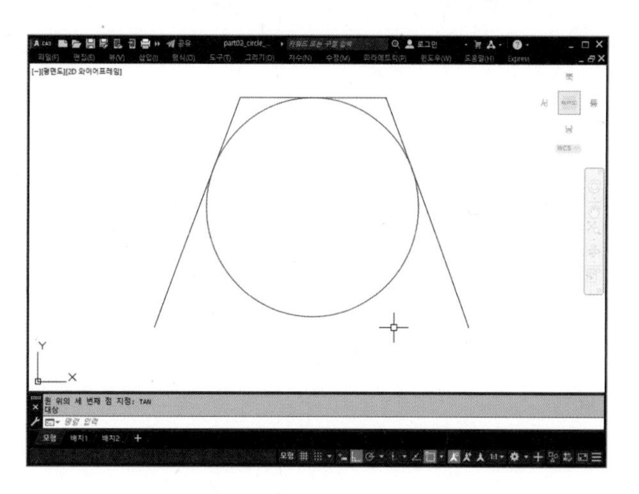

LevelUP

TAN은 무엇인가요?

TAN은 TANGENT의 약자로, 호, 원, 타원, 타원형 호, 폴리선 호 또는 스플라인의 접점을 말합니다. **OSNAP** 명령을 실행한 후 [제도 설정] 대화상자의 [객체 스냅 켜기]에 체크 표시를 한 후 [객체 스냅 모드]에서 접점(N)에 체크 표시를 해도 되지만, 포인트를 지정할 때 **TAN**을 입력하고 객체를 클릭해도 됩니다. Shift+마우스 오른쪽 버튼을 눌러도 됩니다.

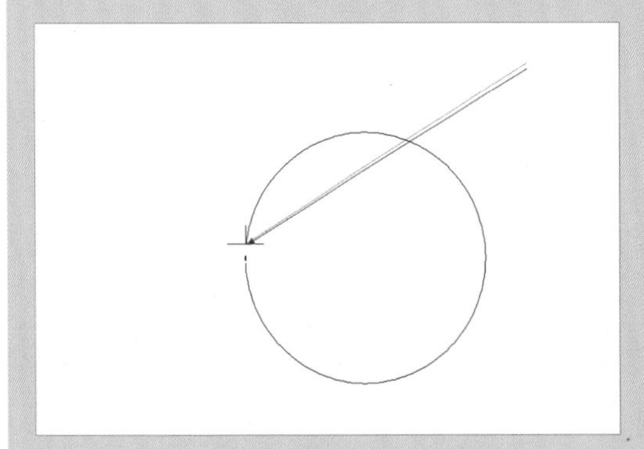

▲ 접점(TANGENT)을 사용해 선의 두 번째 점 지정

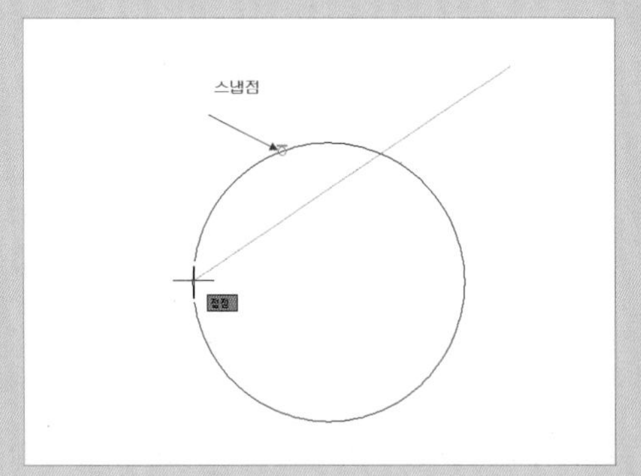

▲ 선과 원의 접선이 만들어지는 포인트에 스냅이 설정됩니다.

LevelUP

객체 스냅을 쉽게 지정할 수 있는 방법은 없나요?

도면을 작도하다가 객체 스냅을 빠르게 지정하려면 Shift+ 마우스 오른쪽 버튼을 누른 후 원하는 객체 스냅을 선택하면 됩니다.

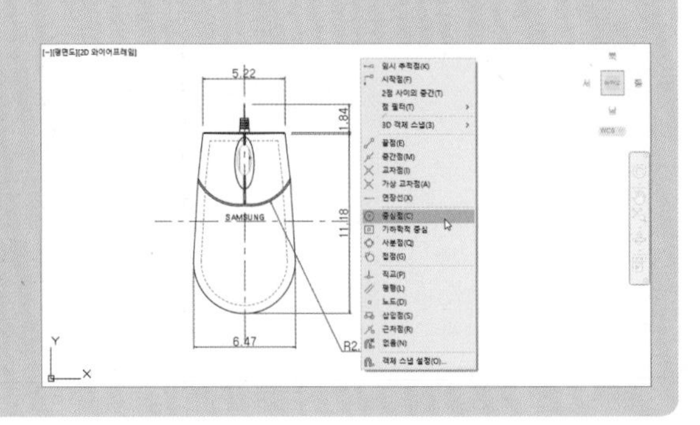

Section

22 축의 끝점을 사용해 타원형 만들기

럭비공처럼 원이 찌그러진 형태의 도형을 '타원형'이라고 합니다. 타원형을 그리는 데는 2가지 방법이 있는데, 이번에는 축의 양쪽 끝점과 거리 값을 사용하는 방법에 대해 알아보겠습니다.

Key Word ELLIPSE

예제 파일 part02_ellipse.dwg 완성 파일 part02_ellipsec.dwg

01 예제 파일 불러오기

❶ 도면을 불러오기 위해 명령창에 **OPEN** 명령을 입력한 후 Enter를 누릅니다. ❷ [선택 파일] 대화상자가 나타나면 Sample 폴더에 있는 part02_ellipse.dwg를 불러옵니다.

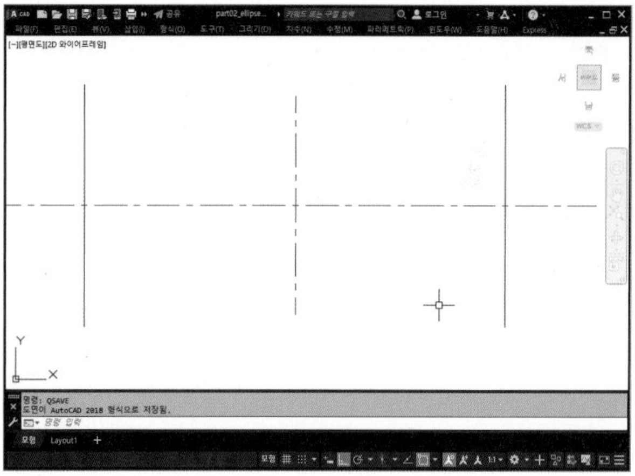

명령: QSAVE
도면이 AutoCAD 2018 형식으로 저장됨.
모형 Layout1

명령

명령: **OPEN** Enter

02 스냅 설정하기

❶ 객체에 대한 정확한 포인트를 지정하기 위해 **OSNAP** 명령을 실행한 후 [제도 설정] 대화상자가 나타나면 [객체 스냅] 탭에서 [객체 스냅 켜기]에 체크 표시를 합니다. ❷ [객체 스냅 모드]의 중간점, 사분점, 교차점에 체크 표시를 한 후 ❸ [확인] 버튼을 클릭합니다.

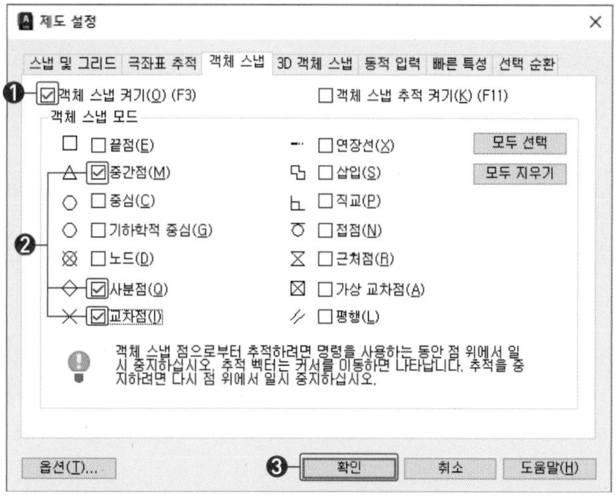

제도 설정
스냅 및 그리드 | 극좌표 추적 | 객체 스냅 | 3D 객체 스냅 | 동적 입력 | 빠른 특성 | 선택 순환
❶ ☑ 객체 스냅 켜기(O) (F3) ☐ 객체 스냅 추적 켜기(K) (F11)
객체 스냅 모드
☐ 끝점(E) ☐ 연장선(X) 모두 선택
☑ 중간점(M) ☐ 삽입(S) 모두 지우기
☐ 중심(C) ☐ 직교(P)
❷ ☐ 기하학적 중심(G) ☐ 접점(N)
☐ 노드(D) ☐ 근처점(R)
☑ 사분점(Q) ☐ 가상 교차점(A)
☑ 교차점(I) ☐ 평행(L)
객체 스냅 점으로부터 추적하려면 명령을 사용하는 동안 점 위에서 일시 중지하십시오. 추적 벡터는 커서를 이동하면 나타납니다. 추적을 중지하려면 다시 점 위에서 일시 중지하십시오.
옵션(T)... ❸ 확인 취소 도움말(H)

명령

명령: **OSNAP** Enter

03 타원형 첫 번째 끝점 지정하기

❶ 타원형을 그리기 위해 ELLIPSE 명령을 실행한 후 ❷ 타원의 축 끝점을 지정합니다.

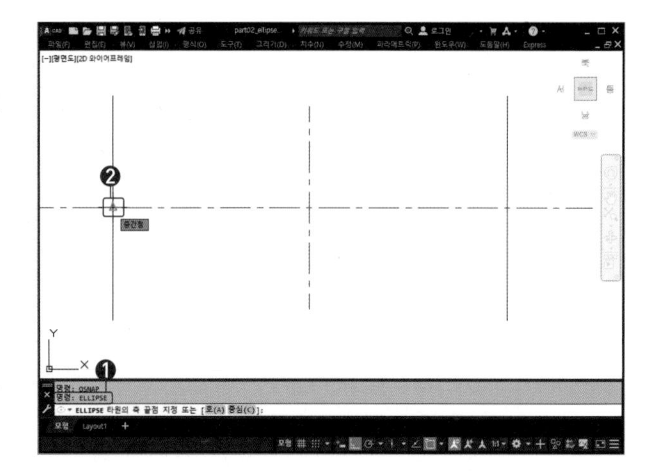

명령

명령: **ELLIPSE** Enter

타원의 축 끝점 지정 또는 [호(A)/중심(C)]: P1 클릭

Point

교차점은 선이 서로 겹쳐 있을 때 교차되는 지점(Intersection)을 말합니다.

04 타원형 두 번째 끝점 지정하기

❶ 타원 축의 다른 끝점을 지정합니다. ❷ 거리 값을 알고 있다면 상대좌표를 입력해도 됩니다.

명령

축의 다른 끝점 지정: P2 클릭

05 다른 축 거리 지정하기

❶ 타원의 중심과 다른 축 끝점과의 거리 값을 입력한 후 ❷ Enter를 누릅니다.

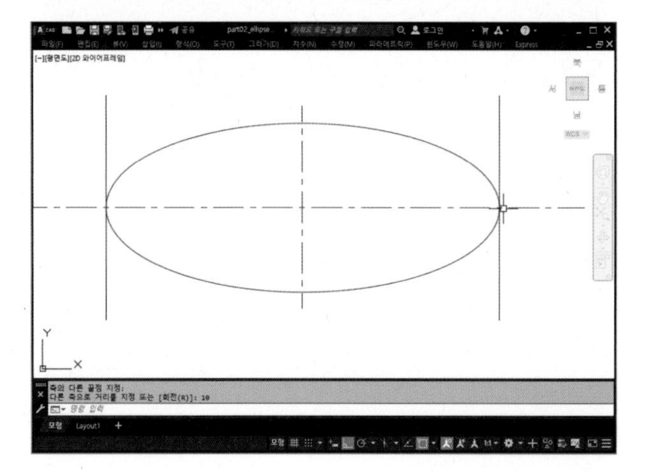

명령

다른 축으로 거리를 지정 또는 [회전(R)]: 10 Enter

LevelUP

타원에서 Rotate의 의미는 무엇인가요?

ELLIPSE 명령에서 ROTATE는 축(Axis)을 기준으로 회전하는 것을 말합니다. 각도가 90도에 가까울수록 폭이 좁은 타원이 그려집니다. 원에서 Rotate 값을 지정할 때 **90**을 입력하면 '* 유효하지 않음*'이라는 메시지가 나타납니다. 90도는 폭이 없는 타원이 되기 때문에 허용되지 않는 수치입니다.

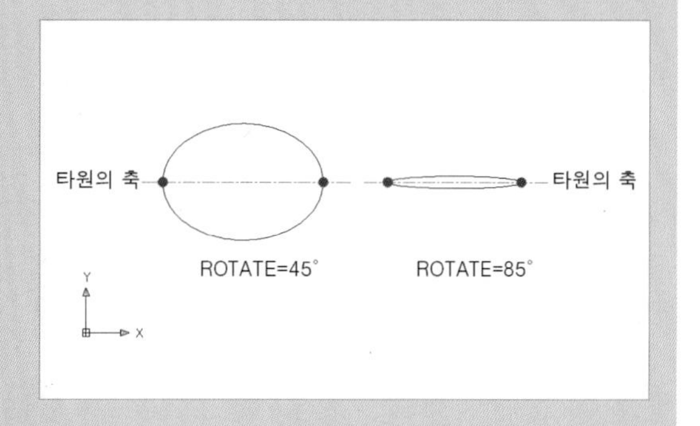

객체 자르기가 잘 안 돼요!

객체를 자르기 위해 **TRIM** 명령을 실행한 후 절단 모서리 객체 선택에서 Enter를 누르고 자를 객체를 클릭하면 객체가 한꺼번에 절단되지 않는 경우가 있습니다. 이런 경우, 절단 모서리를 지정한 후 자를 객체를 클릭하면 됩니다.

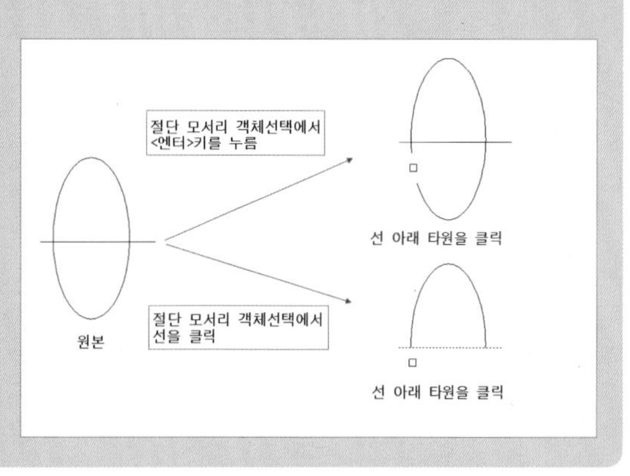

Section

23 중심점과 축의 거리를 사용해 타원형 만들기

타원형 그리는 데는 2가지 방법이 있습니다. 이번에는 중심점과 축의 거리를 사용해 타원형 만드는 방법에 대해 알아보겠습니다.

Key Word ELLIPSE

예제 파일 part02_ellipse.dwg 완성 파일 part02_ellipsecd.dwg

01 타원형 중심 점 지정하기

❶ 도면을 불러오기 위해 명령창에 **OPEN** 명령을 입력한 후 Enter를 누릅니다. ❷ [선택 파일] 대화상자가 나타나면 Sample 폴더에 있는 part02_ellipse.dwg를 불러옵니다. ❸ 다시 한번 타원형을 만들기 위해 **ELLIPSE** 명령을 실행한 후 타원의 중심을 지정하기 위해 C 옵션을 입력하고 Enter를 누른 다음 선의 교차점을 클릭합니다.

명령

명령: **ELLIPSE** Enter
타원의 축 끝점 지정 또는 [호(A)/중심(C)]: C Enter
타원의 중심 지정: P1 클릭

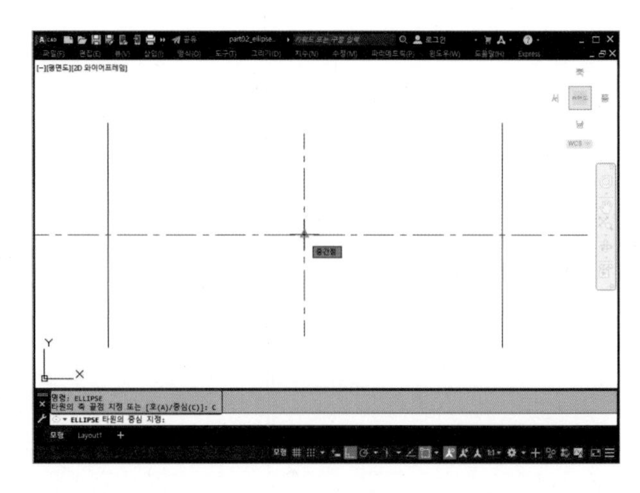

02 중심과의 거리 값 입력하기

❶ 중심과 축의 끝점을 상대좌표로 입력한 후 ❷ Enter를 누릅니다.

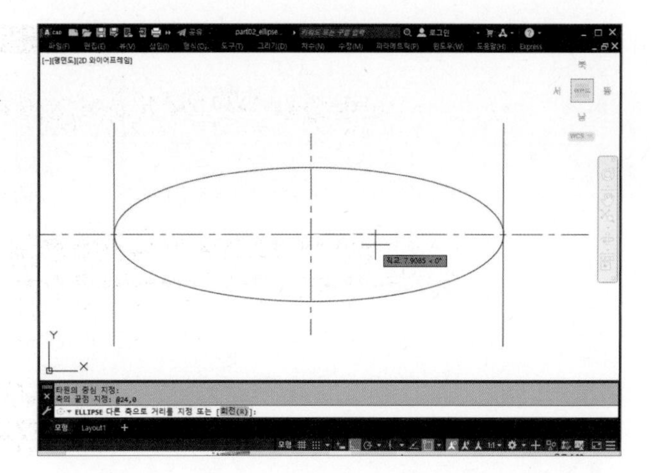

명령

축의 끝점 지정: @24, 0 Enter

03 중심과의 다른 거리 값 입력하기

❶ 다른 축으로 거리를 입력한 후 ❷ Enter를 누릅니다.

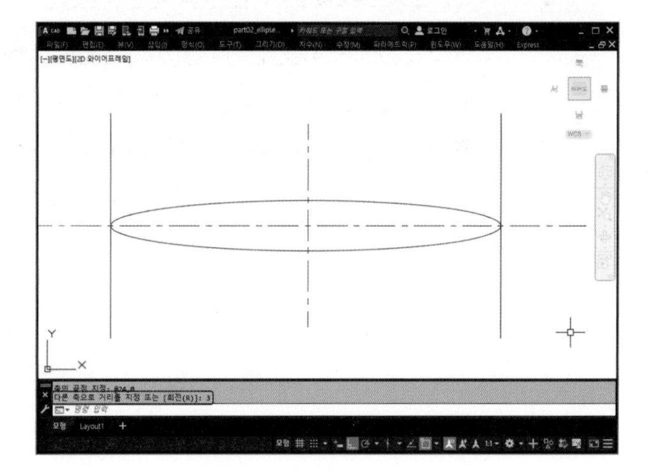

명령

다른 축으로 거리를 지정 또는 [회전(R)]: 3 Enter

04 객체 지우기

❶ 객체를 지우기 위해 ERASE 명령을 실행한 후 ❷ 2개의 수직선을 클릭하고 Enter를 누릅니다.

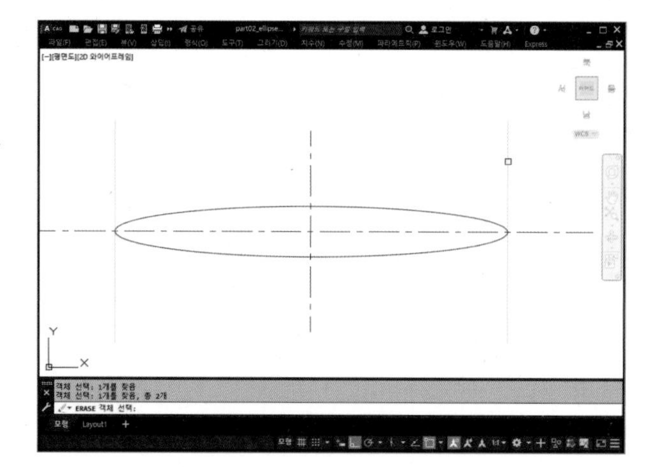

명령

명령: **ERASE** Enter
객체 선택: C1클릭
1개를 찾음
객체 선택: C2 클릭
1개를 찾음, 총 2개
객체 선택: Enter

Point

객체 선택은 객체를 지우거나 이동, 복사, 회전할 때 객체를 선택하는 것을 말합니다. 여러 개의 객체가 있을 경우, 마우스를 왼쪽 방향에서 우측 상단 방향으로 드래그하면 박스 안에 완전히 포함된 객체만 선택됩니다. 이와 반대로 우측에서 좌측 상단 방향으로 드래그하면 박스 안에 걸친 것과 포함된 것이 모두 선택됩니다.

Section

24 시작점, 끝점, 각도를 사용해 호 그리기(SEA)

ARC 명령을 사용해 호를 그리는 방법을 알아보겠습니다. 호를 그리는 방법은 드로잉 명령 중에서 가장 다양합니다. 이번에는 호의 시작점과 끝점, 각도를 사용해 호를 그리는 방법을 알아보겠습니다.

Key Word ARC   예제 파일 part02_arc_01.dwg 완성 파일 part02_arc_01c.dwg

01 호의 시작점 지정하기

❶ 도면을 불러오기 위해 명령창에 **OPEN** 명령을 입력한 후 Enter를 누릅니다. [선택 파일] 대화상자가 나타나면 Sample 폴더에 있는 part02_arc_01.dwg를 불러옵니다. ❷ 객체에 대한 정확한 포인트를 지정하기 위해 **OSNAP** 명령을 실행한 후 [제도 설정] 대화상자가 나타나면 [객체 스냅] 탭에서 [객체 스냅 켜기]에 체크 표시를 합니다. ❸ [객체 스냅 모드]의 노드에 체크 표시를 한 후 [확인] 버튼을 클릭합니다. ❹ 호의 시작점, 끝점, 각도를 사용해 호를 그려 보겠습니다. ❺ 호를 그리기 위해 **ARC** 명령을 실행한 후 호의 시작점을 지정합니다.

명령

명령: **OPEN** Enter
명령: **OSNAP** Enter
명령: **ARC** Enter
호 작성 방향: 시계 반대 방향(Ctrl을 누른 새로 방향 전환).
호의 시작점 지정 또는 [중심(C)]: P1 클릭

Point

노드(NODE)는 포인트(POINT)로 만들어진 객체의 중심을 설정할 때 사용하는 객체 스냅입니다.

02 호의 끝점과 각도 입력하기

❶ 호의 끝점을 지정하기 위해 E 옵션을 입력한 후 Enter를 누르고 호의 끝점을 지정합니다. ❷ 호의 각도를 지정하기 위해 A 옵션을 입력한 후 Enter를 누르고 호의 ❸ 내부 각도를 입력한 다음 Enter를 누릅니다.

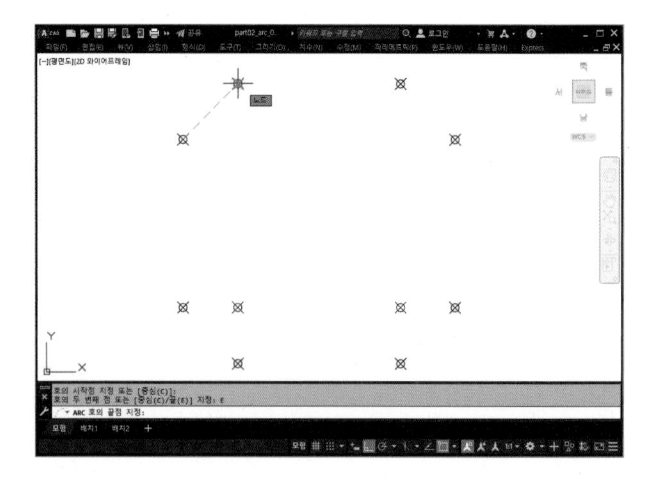

명령

호의 두 번째 점 또는 [중심(C)/끝(E)] 지정: E Enter
호의 끝점 지정: P2 클릭
호의 중심점 지정 또는 [각도(A)/방향(D)/반지름(R)]: A Enter
사이 각 지정: -90 Enter

Point

호의 사이 각을 지정할 경우, 각도를 시계 방향으로 지정하기 위해서는 마이너스(−) 각도를 입력해야 합니다.

Section

25 시작점, 끝점, 반지름을 사용해 호 그리기(SER)

호의 시작점과 끝점, 반지름을 사용해 그리는 방법에 대해 알아보겠습니다.

Key Word ARC

예제 파일 part02_arc_02.dwg 완성 파일 part02_arc_02c.dwg

01 호의 시작점 지정하기

❶ 도면을 불러오기 위해 명령창에 **OPEN** 명령을 입력한 후 Enter를 누릅니다. [선택 파일] 대화상자가 나타나면 Sample 폴더에 있는 part02_arc_02.dwg를 불러옵니다. 호의 시작점, 끝점, 반지름을 사용해 호를 그려 보겠습니다. ❷ 호를 그리기 위해 **ARC** 명령을 실행한 후 호의 시작점을 지정합니다.

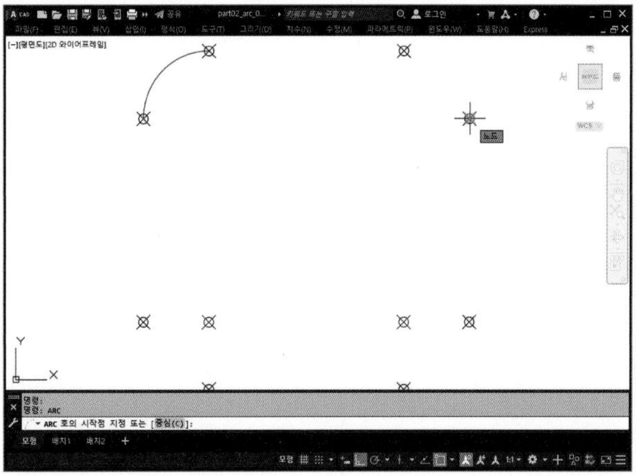

명령

명령: **OPEN** Enter

명령: **ARC** Enter

호의 시작점 지정 또는 [중심(C)]: P1 클릭

02 호의 끝점과 반지름 입력하기

❶ 호의 끝점을 지정하기 위해 E 옵션을 입력한 후 Enter를 누르고 호의 끝점을 지정합니다. ❷ 호의 반지름을 지정하기 위해 R 옵션을 입력한 후 Enter를 누르고 ❸ 호의 반지름을 입력한 다음 Enter를 누릅니다.

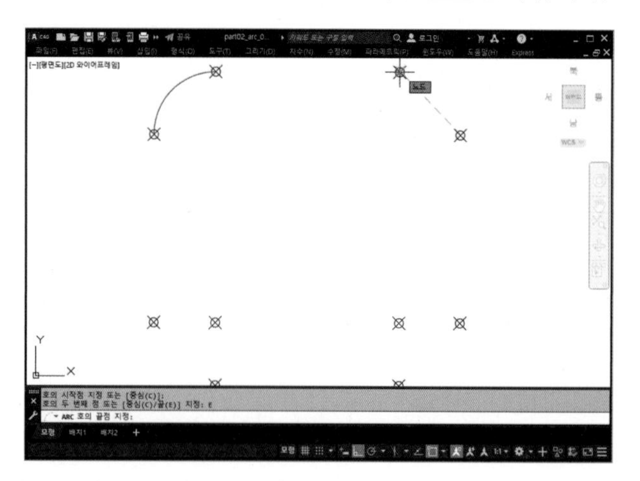

명령

호의 두 번째 점 또는 [중심(C)/끝(E)] 지정: E Enter
호의 끝점 지정: P1 클릭
호의 중심점 지정(Ctrl을 누른 채로 방향 전환) 또는 [각도(A)/방향(D)/반지름(R)]: R Enter
호의 반지름 지정(Ctrl을 누른 채로 방향 전환): 20 Enter

Point

반지름을 사용해 호를 그릴 때 호를 원하는 방향으로 그리기 위해서는 시작점과 끝점을 시계 반대 방향으로 지정해야 합니다.

Section

26 중심점, 시작점, 각도를 사용해 호 그리기(CSA)

호의 중심점과 시작점, 각도를 사용해 호를 그리는 방법에 대해 알아보겠습니다.

Key Word ARC   예제 파일 part02_arc_03.dwg 완성 파일 part02_arc_03c.dwg

01 호의 중심점 지정하기

❶ 도면을 불러오기 위해 명령창에 **OPEN** 명령을 입력한 후 Enter를 누릅니다. [선택 파일] 대화상자가 나타나면 Sample 폴더에 있는 part02_arc_03.dwg를 불러옵니다. 호의 중심점, 끝점, 각도를 사용해 호를 그려 보겠습니다. 호를 그리기 위해 **ARC** 명령을 실행한 후 중심점을 지정하기 위해 ❸ C 옵션을 입력하고 Enter를 누른 다음 호의 중심점을 지정합니다.

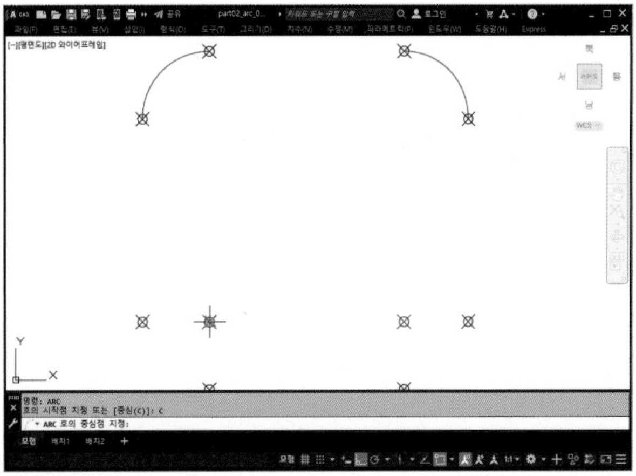

명령

명령: **OPEN** Enter
명령: **ARC** Enter
호의 시작점 지정 또는 [중심(C)]: C Enter
호의 중심점 지정: P1 클릭

02 호의 끝점과 각도 입력하기

❶ 호의 끝점을 지정합니다. ❷ 각도를 지정하기 위해 A 옵션을 입력한 후 Enter를 누르고 호의 내부 각도를 입력한 다음 Enter를 누릅니다.

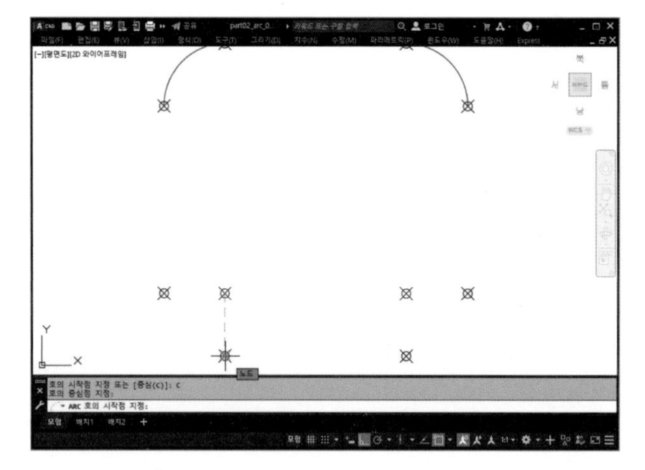

명령

호의 시작점 지정: P1 클릭
호의 끝점 지정(Ctrl을 누른 채로 방향 전환) 또는 [각도(A)/현의 길이(L)]: A Enter
사이 각 지정(Ctrl을 누른 채로 방향 전환): -90 Enter

Section

27 중심점, 시작점, 끝점을 사용해 호 그리기(CSE)

호의 중심점과 시작점, 끝점을 사용해 호를 그리는 방법에 대해 알아보겠습니다.

Key Word ARC

예제 파일 part02_arc_04.dwg 완성 파일 part02_arc_03c.dwg

01 호의 중심점 지정하기

❶ 도면을 불러오기 위해 명령창에 **OPEN** 명령을 입력한 후 Enter를 누릅니다. [선택 파일] 대화상자가 나타나면 Sample 폴더에 있는 part02_arc_04.dwg를 불러옵니다. 호를 그리기 위한 네 번째 방법으로 호의 중심점, 시작점, 끝점을 사용해 호를 그려 보겠습니다. ❷ 호를 그리기 위해 **ARC** 명령을 실행한 후 ❸ 중심점을 지정하기 위해 C 옵션을 입력하고 Enter를 누른 다음 호의 중심점을 지정합니다.

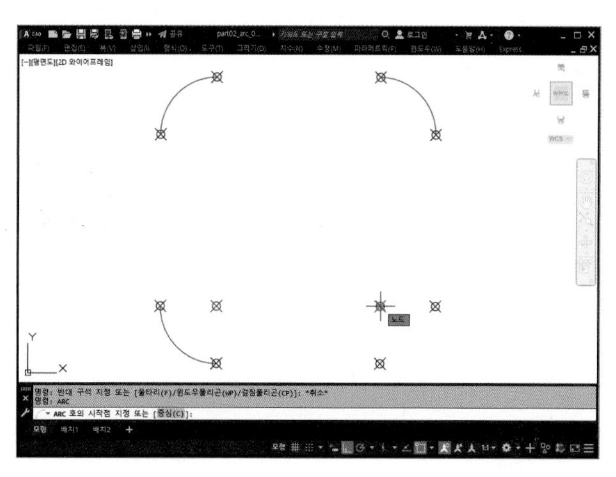

명령

명령: **OPEN** Enter
명령: **ARC** Enter
호 작성 방향: 시계 반대 방향(Ctrl을 누른 채로 방향 전환).
호의 시작점 지정 또는 [중심(C)]: C Enter
호의 중심점 지정: P1 클릭

02 호의 시작점 지정하기

❶ 호의 시작점을 지정합니다. ❷ 거리 값을 알고 있다면 상대좌표로 입력해도 됩니다.

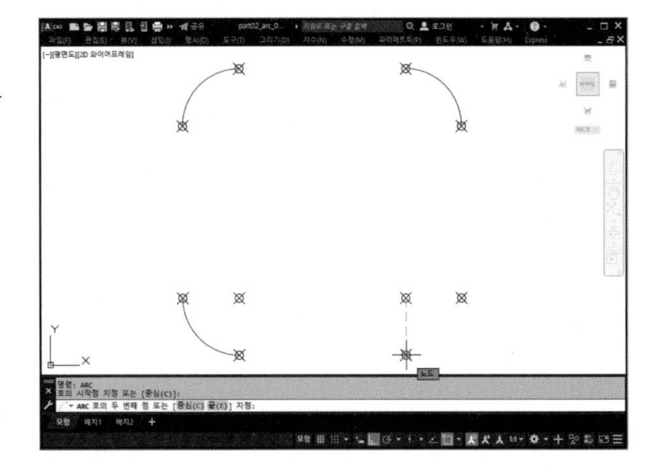

명령

호의 시작점 지정: P2 클릭

03 호의 끝점 지정하기

❶ 호의 끝점을 클릭합니다. ❷ 거리 값을 알고 있다면 상대좌표로 입력해도 됩니다.

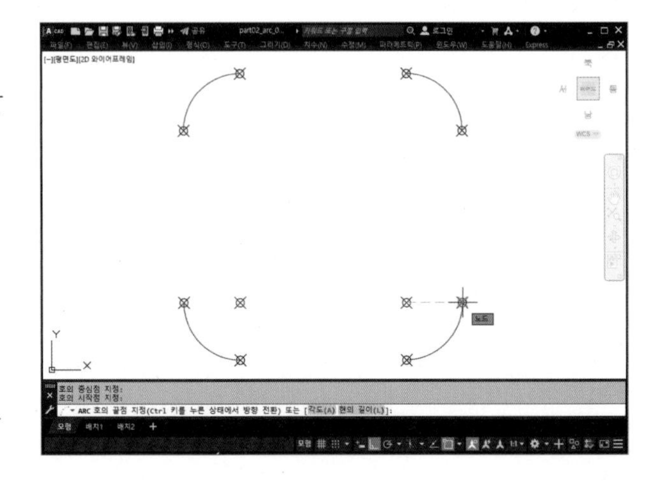

명령

호의 끝점 지정 또는 [각도(A)/현의 길이(L)]: P3 클릭

LevelUP

원이나 호의 해상도 조절 방법을 알려 주세요

원이나 호의 해상도를 조절하려면 **VIEWRES** 명령을 실행한 후 Y 옵션을 입력하고 수치를 조절하면 됩니다. 단, VIEWRES 수치가 낮다고 해서 출력물도 해상도가 낮아지는 것이 아니라 화면상에서 보이는 해상도일 뿐입니다.

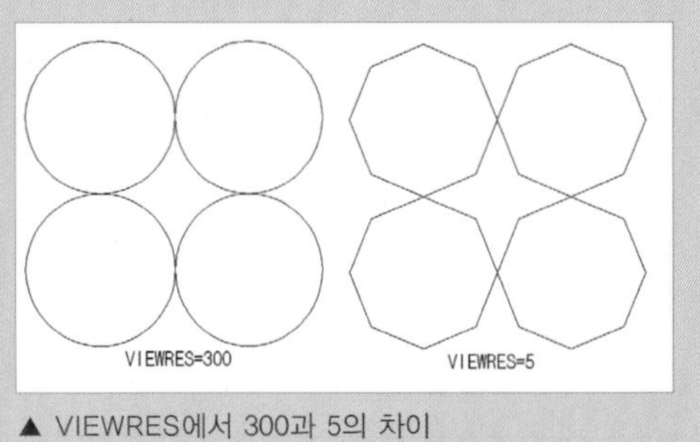

▲ VIEWRES에서 300과 5의 차이

Section

28 시작점, 두 번째 점, 끝점을 사용해 호 그리기(SSE)

호의 시작점과 두 번째 점, 끝점을 사용해 호를 그리는 방법에 대해 알아보겠습니다.

Key Word ARC

예제 파일 part02_arc_05.dwg 완성 파일 part02_arc_05c.dwg

01 호의 시작점 지정하기

❶ 호의 시작점, 두 번째 점, 끝점을 사용해 호를 그려 보겠습니다. ❷ 호를 그리기 위해 **ARC** 명령을 실행한 후 호의 시작점을 지정합니다.

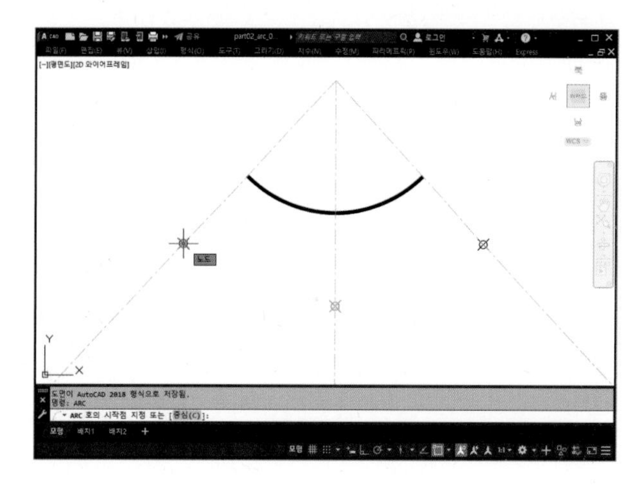

명령

명령: **ARC** Enter
호의 시작점 지정 또는 [중심(C)]: P1 클릭

02 호의 두 번째 점 지정하기

❶ 연속적으로 호의 두 번째 점과 ❷ 끝점을 지정합니다.

명령

호의 두 번째 점 또는 [중심(C)/끝(E)] 지정: P1 클릭

03 끝점 지정하기

❶ 호의 끝점을 지정한 후 ❷ 호 그리기를 마무리합니다.

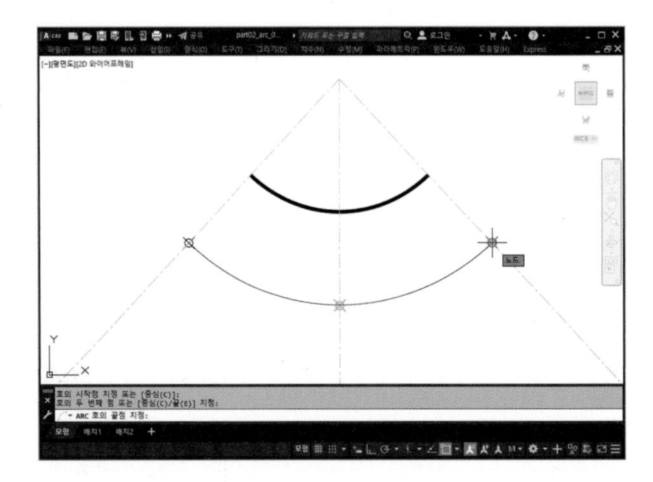

명령

호의 끝점 지정: P1 클릭

Special TIP

호를 그리는 그 밖의 방법 알아보기

AutoCAD의 드로잉 명령 중 호를 그리는 방법이 가장 다양합니다. 앞에서 설명한 호를 그리는 방법 외에 어떤 것이 있는지 알아보겠습니다.

1. 중심점, 시작점, 현의 길이를 사용해 호를 그리는 방법(C, S, L)

ARC 명령을 실행한 후 C 옵션을 입력합니다. 중심점과 시작점을 클릭한 후 L 옵션을 입력한 후 현의 길이를 입력합니다.

2. 시작점, 중심점, 끝점을 사용해 호를 그리는 방법(S, C, E)

ARC 명령을 실행한 후 호의 시작점을 지정합니다. C 옵션을 입력한 후 중심점을 지정하고 끝점을 지정합니다.

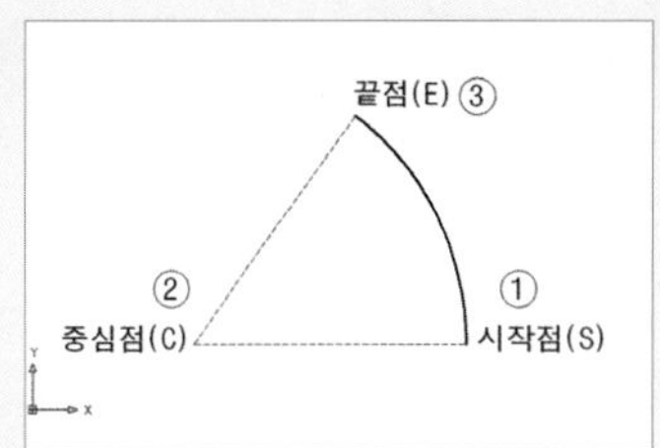

3. 시작점, 중심점, 호의 길이를 사용해 호를 그리는 방법(S, C, L)

ARC 명령을 실행한 후 호의 시작점을 지정합니다. C 옵션을 입력한 후 중심점을 지정하고 L 옵션을 입력한 다음 현의 길이를 입력합니다.

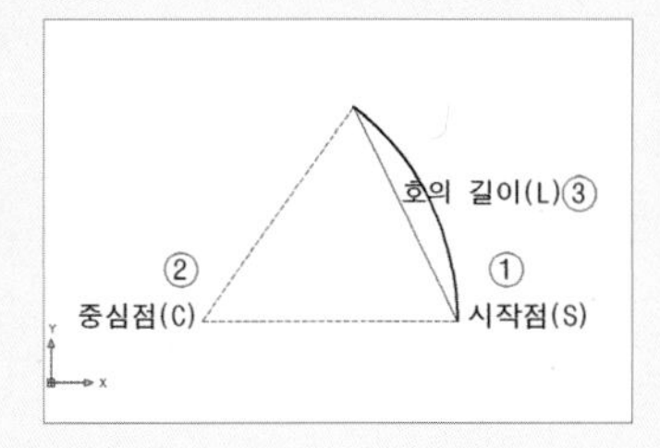

4. 최종점, 시작점을 사용해 호를 그리는 방법(Continue)

ARC 명령을 실행한 후 Enter를 누릅니다.

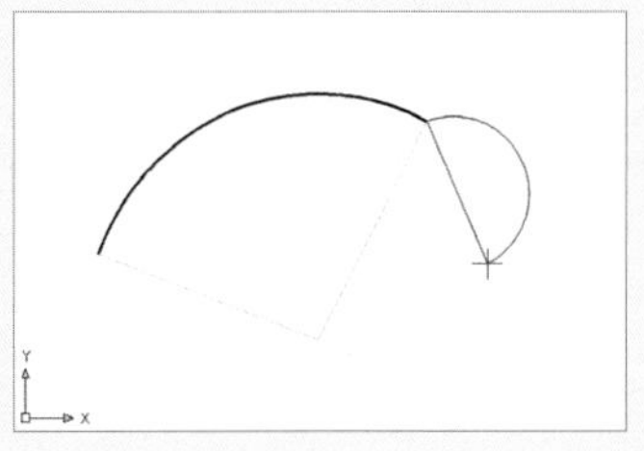

5. 시작점, 끝점, 접선의 방향을 사용해 호를 그리는 방법(Direction)

ARC 명령을 실행한 후 시작점을 지정합니다. E 옵션을 입력한 후 호의 끝점을 지정하고 접선 방향을 지정합니다. 직교(F8)를 해제한 후 접선 방향을 지정하면 편리합니다.

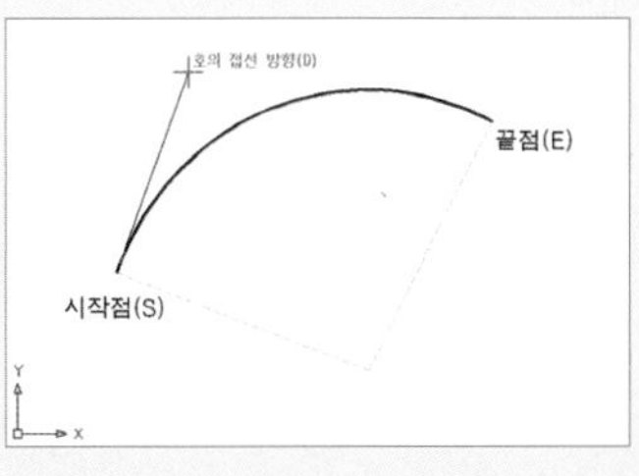

Section

29 원에 내접하는 다각형 만들기

AutoCAD에서 내각이 같고 각 변의 길이가 같은 다각형을 '폴리곤'이라고 합니다. POLYGON 명령을 사용하면 원에 내접하거나 외접하는 다각형을 그릴 수 있습니다. 이번에는 원에 내접하는 다각형을 만들어 보겠습니다.

Key Word POLYGON   예제 파일 part02_polygon.dwg 완성 파일 part02_polygon01c.dwg

01 다각형 중심점 지정하기

❶ 도면을 불러오기 위해 **OPEN** 명령을 입력한 후 Enter를 누릅니다. ❷ [선택 파일] 대화상자가 나타나면 Sample 폴더에 있는 part02_polygon.dwg를 불러옵니다. ❸ 객체에 대한 정확한 포인트를 지정하기 위해 **OSNAP** 명령을 실행한 후 [제도 설정] 대화상자가 나타나면 [객체 스냅] 탭에서 [객체 스냅 켜기]에 체크 표시를 합니다. ❹ [객체 스냅 모드]의 끝점, 중심에 체크 표시를 하고 [확인] 버튼을 클릭합니다. ❺ 다각형을 만들기 위해 **POLYGON** 명령을 실행한 후 면의 수를 지정하고 중심점을 지정합니다. ❻ 원의 중심점이 지정되지 않을 때는 Shift와 마우스 오른쪽 버튼을 누른 후 [중심점]을 선택하고 지정하면 됩니다.

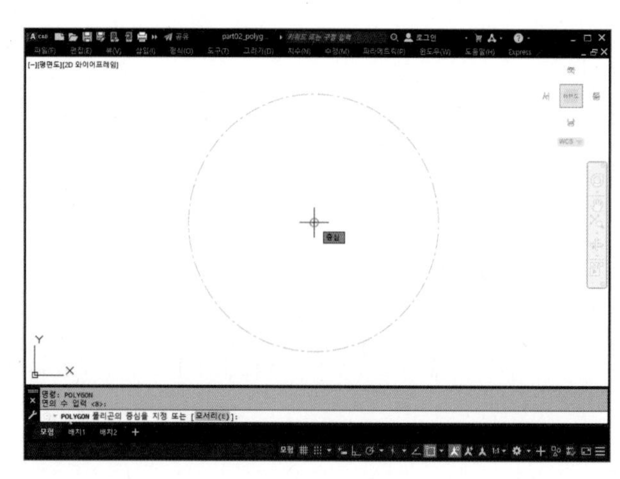

명령

명령: **OSNAP** Enter
명령: **POLYGON** Enter
면의 수 입력 <4>: 8 Enter
폴리곤의 중심을 지정 또는 [모서리(E)]: P1 클릭

02 반지름 지정하기

❶ 원에 내접하는 다각형을 만들기 위해 I 옵션을 입력한 후 Enter를 누르고 원의 반지름을 지정합니다. ❷ 실제로 원이 그려지는 것은 아닙니다.

명령

옵션을 입력 [원에 내접(I)/원에 외접(C)] <C>: I Enter
원의 반지름 지정: 100 Enter

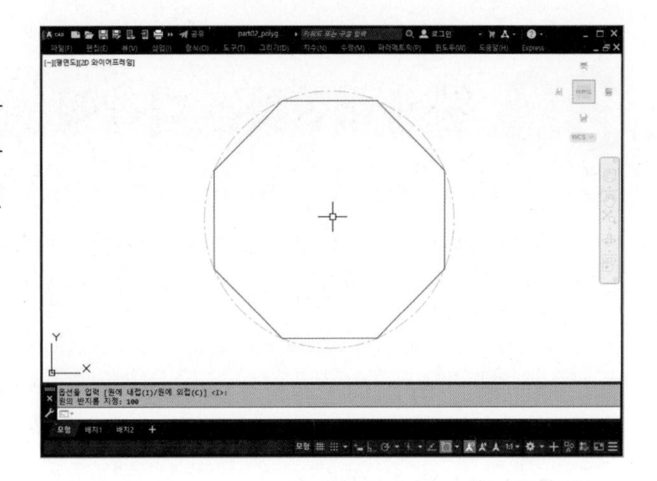

Point

원에 내접(I)한다는 것은 가상의 원이 그려지면서 그 원에 내접하는 다각형을 그린다는 것을 말합니다.

Section

30 원에 외접하는 다각형 만들기

다각형을 그리는 방법 중 원에 외접하는 다각형을 만들어 보겠습니다. 면의 수와 원의 반지름과 외접(C)을 사용하면 가상 원에 외접하는 다각형을 만들 수 있습니다.

Key Word POLYGON

예제 파일 part02_polygon.dwg 완성 파일 part02_polygon02c.dwg

01 다각형 중심점 지정하기

❶ 도면을 불러오기 위해 **OPEN** 명령을 입력한 후 Enter를 누릅니다. ❷ [선택 파일] 대화상자가 나타나면 Sample 폴더에 있는 part02_polygon.dwg를 불러옵니다. ❸ 다각형을 만들기 위해 **POLYGON** 명령을 실행한 후 ❹ 면의 수를 지정하고 중심점을 지정합니다.

명령

명령: **POLYGON** Enter
면의 수 입력 <4>: 8 Enter
폴리곤의 중심을 지정 또는 [모서리(E)]: P1 클릭

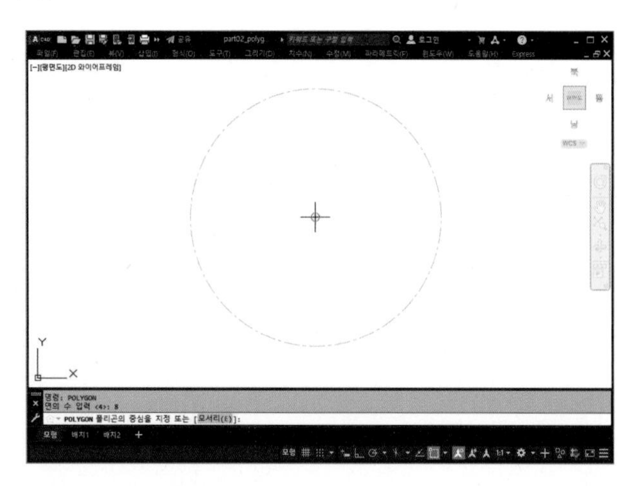

02 반지름 입력하기

❶ 원에 외접하는 다각형을 만들기 위해 C 옵션을 입력한 후 Enter를 누르고 원의 반지름을 지정합니다.
❷ 앞과 마찬가지로 원은 그려지지 않습니다.

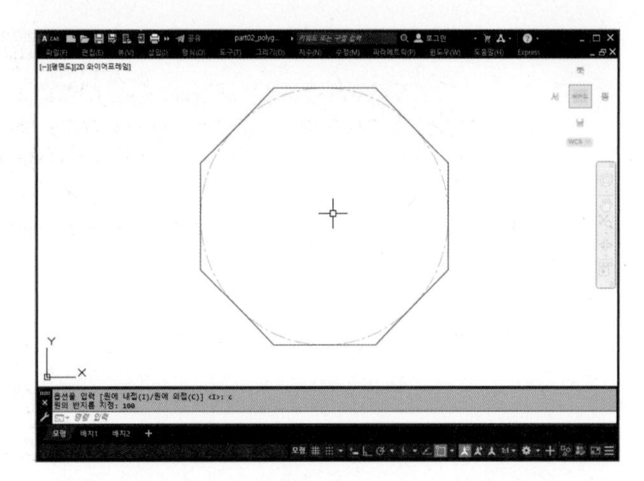

명령

옵션을 입력 [원에 내접(I)/원에 외접(C)] <I>: C Enter
원의 반지름 지정: 100 Enter

Point

원에 외접(C)한다는 것은 가상의 원이 그려지면서 그 원에 외접하는 다각형을 그린다는 것입니다.

Section

31 두 점 사용해 다각형 만들기

폴리곤은 모든 변의 길이가 같고 내각이 같습니다. 이번에는 한 변의 길이와 방향을 사용해 다각형을 만들어 보겠습니다.

Key Word POLYGON 예제 파일 part02_polygone.dwg 완성 파일 part02_polygonec.dwg

01 모서리 첫 번째 끝점 지정하기

❶ 도면을 불러오기 위해 **OPEN** 명령을 입력한 후 Enter를 누릅니다. ❷ [선택 파일] 대화상자가 나타나면 Sample 폴더에 있는 part02_polygon.dwg를 불러옵니다. 삼각형을 만들기 위해 **POLYGON** 명령을 실행한 후 면의 수를 지정합니다. ❸ 두 점을 사용해 다각형을 만들기 위해 E 옵션을 입력한 후 Enter를 누르고 ❹ 모서리의 첫 번째 점을 클릭합니다.

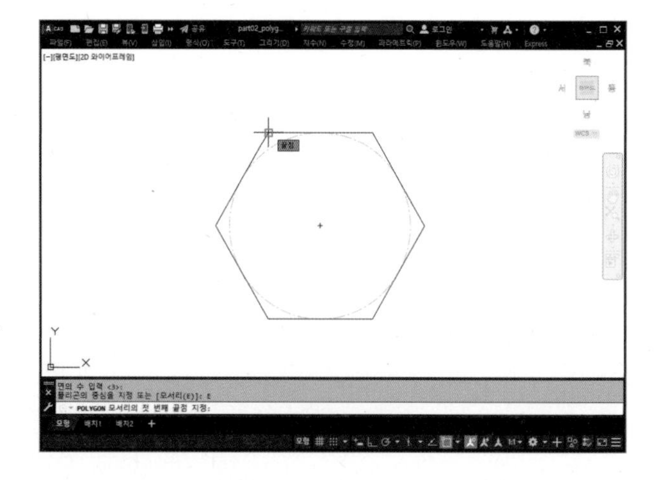

명령

명령: **POLYGON** Enter
면의 수 입력 <4>: 3 Enter
폴리곤의 중심을 지정 또는 [모서리(E)]: E Enter
모서리의 첫 번째 끝점 지정: P1 클릭

02 모서리 두 번째 점 지정하기

❶ 연속적으로 모서리의 두 번째 점을 클릭합니다. ❷ 만약 두 번째 점을 왼쪽 방향으로 이동해 다른 교차점을 지정하면 역삼각형이 만들어집니다.

명령

모서리의 두 번째 끝점 지정: P2 클릭

03 완성하기

❶ 앞과 같은 방법으로 나머지 5개의 삼각형을 만듭니다. ❷ POLYGON의 면 수를 많이 지정하면 원과 같은 모양이 만들어집니다.

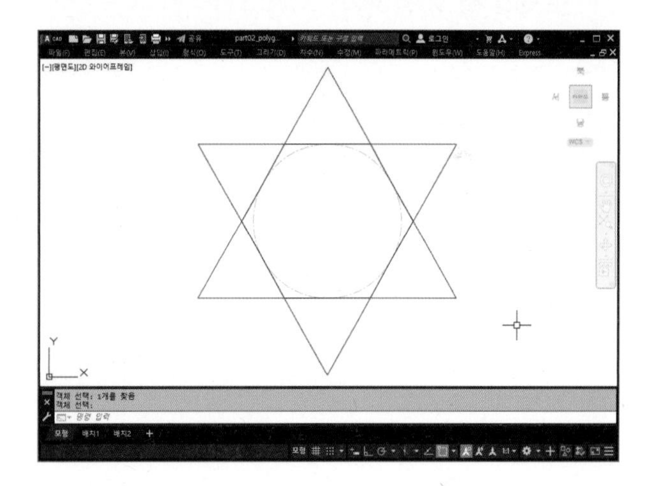

LevelUP

다각형을 낱개의 선으로 분리할 수 없나요?

POLYGON을 사용해 다각형을 만들면 하나의 이어진 폴리선으로 인식됩니다. 이를 낱개의 선으로 인식시키기 위해서는 **EXPLODE** 명령을 실행한 후 다각형을 클릭하면 됩니다.

내접(I)하는 다각형과 외접(C)하는 다각형의 차이는 무엇인가요?

POLYGON의 I 옵션을 사용하면 원에 내접하는 다각형, C 옵션을 사용하면 원에 외접하는 다각형을 만들 수 있습니다.

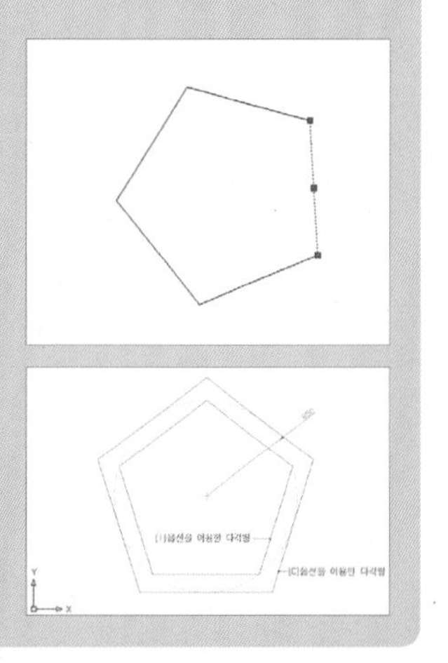

Section

32 도넛으로 세면대 완성하기

하나의 도넛은 끝과 끝이 연결된 2개의 호 폴리선으로 구성돼 원의 모양을 만드는 것입니다. 폴리선(도넛)의 폭은 지정된 내부 및 외부 지름에 의해 결정되며 내부 지름이 외부 지름보다 클 수 없습니다.

Key Word DONUT, FILL, REGEN 예제 파일 part02_donut_01.dwg 완성 파일 part02_donut_01c.dwg

01 도넛 지름 지정하기

❶ 도면을 불러오기 위해 **OPEN** 명령을 입력한 후 Enter를 누릅니다. [선택 파일] 대화상자가 나타나면 Sample 폴더에 있는 part02_donut_01.dwg를 불러옵니다. ❷ 도넛을 만들기 위해 **DONUT** 명령을 실행한 후 도넛의 내부 지름과 외부 지름을 입력하고 도넛의 중심을 지정합니다.

명령

명령: **OPEN** Enter
명령: **DONUT** Enter
도넛의 내부 지름 지정 <0.5000>: 20 Enter
도넛의 외부 지름 지정 <1.0000>: 40 Enter
도넛의 중심 지정 또는 <종료>: P1 클릭

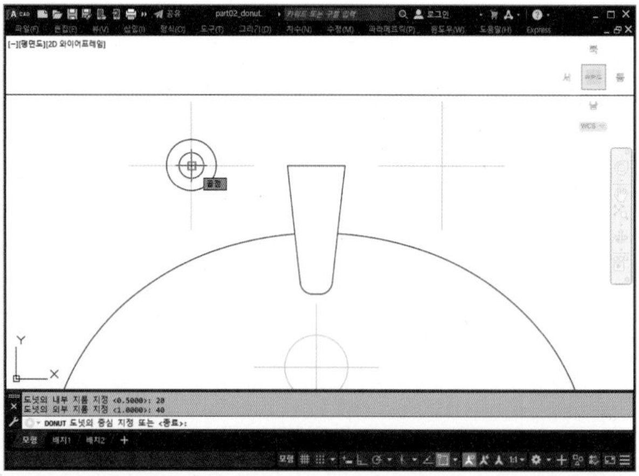

02 도넛 중심 지정하기

❶ 나머지 한 군데에도 도넛의 중심을 지정한 후 ❷ 명령을 종료하기 위해 Enter를 누릅니다.

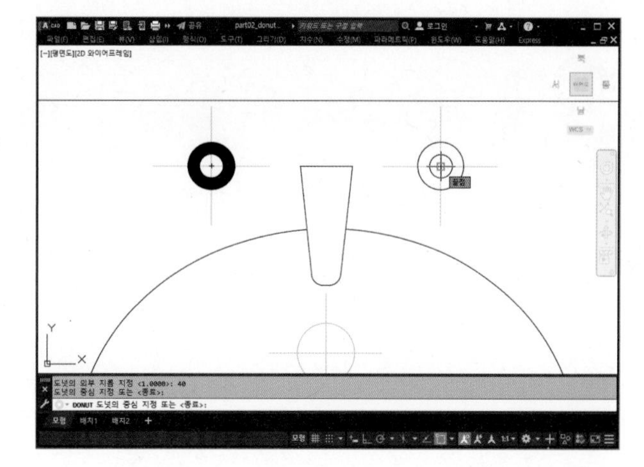

명령

도넛의 중심 지정 또는 <종료>: P1 클릭
도넛의 중심 지정 또는 <종료>: Enter

03 도넛 비우기

❶ 도넛의 내부를 비우기 위해 **FILL** 명령을 실행한 후 OFF 옵션을 입력하고 Enter를 누릅니다. ❷ 도형을 다시 그리기 위해 **REGEN** 명령을 실행합니다.

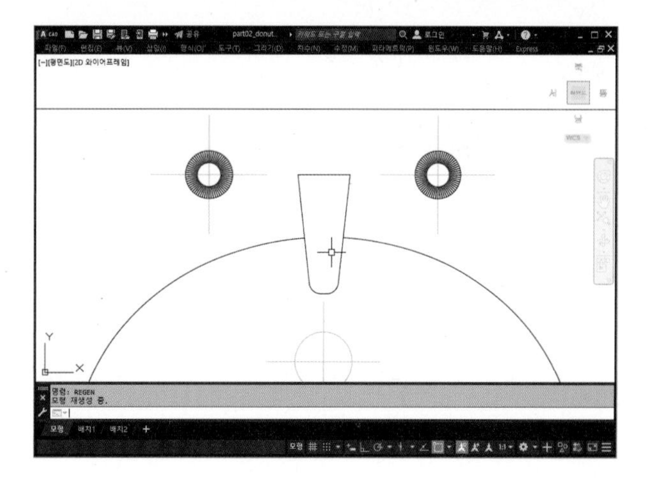

명령

명령: **FILL** Enter
모드 입력 [켜기(ON)/끄기(OFF)] <켜기>: OFF Enter

명령: **REGEN** Enter
모형 재생성 중...

LevelUP

FILL 명령이 궁금해요

FILL은 내부가 채워진 것처럼 보이게 하거나 보이지 않게 할 때 사용하는 명령입니다. FILL 명령을 실행한 후 반드시 REGEN 명령을 실행해야 FILL의 변경 값이 인식됩니다. FILL이 적용될 수 있는 명령은 PLINE, DONUT, SOLID 등입니다.

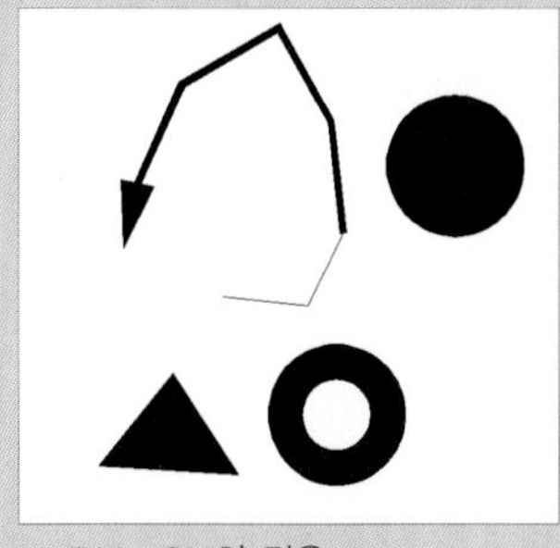

▲ FILL-ON의 경우

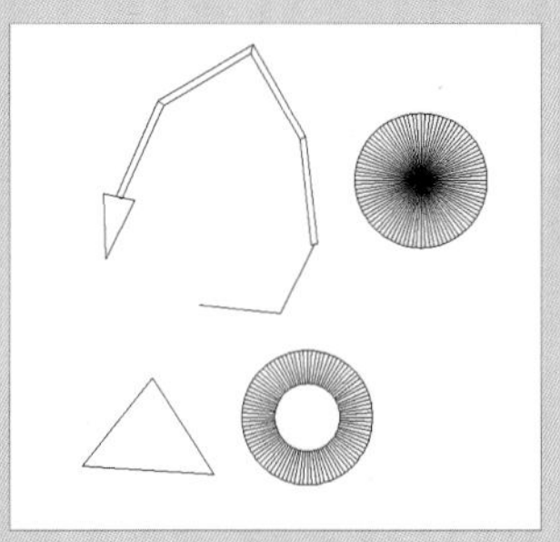

▲ FILL-OFF의 경우

Section

33 도넛으로 원 만들기

도넛의 내부 지름을 0으로 지정해 꽉 채워진 원을 만들어 보겠습니다. 실무 도면 작업에서 가장 많이 사용하는 방법입니다.

Key Word DONUT

예제 파일 part02_donut_02.dwg 완성 파일 part02_donut_02c.dwg

01 꽉 채워진 원 만들기

❶ 도면을 불러오기 위해 **OPEN** 명령을 입력한 후 Enter를 누릅니다. ❷ [선택 파일] 대화상자가 나타나면 Sample 폴더에 있는 part02_donut_02.dwg를 불러옵니다. ❸ 내부가 꽉 채워진 원을 만들기 위해 **DONUT** 명령을 실행한 후 도넛의 내부 지름과 외부 지름을 입력하고 ❹ 도넛의 중심을 지정한 다음 Enter를 누릅니다.

명령

명령: **OPEN** Enter
명령: **DONUT** Enter
도넛의 내부 지름 지정 <0.5000>: 0 Enter
도넛의 외부 지름 지정 <1.0000>: 30 Enter
도넛의 중심 지정 또는 <종료>: P1 클릭
도넛의 중심 지정 또는 <종료>: Enter

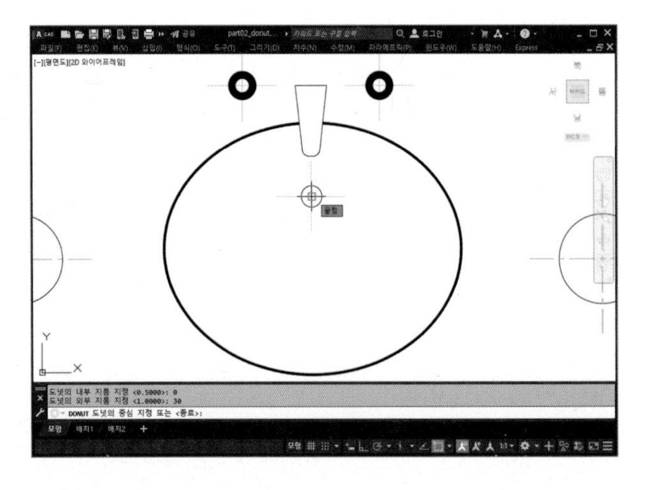

02 원 만들기

❶ 다시 한번 도넛을 만들기 위해 **DONUT** 명령을 실행한 후 ❷ 원을 만들기 위해 도넛의 내부 지름과 외부 지름에 같은 값을 입력하고 도넛의 중심을 지정한 다음 Enter를 누릅니다.

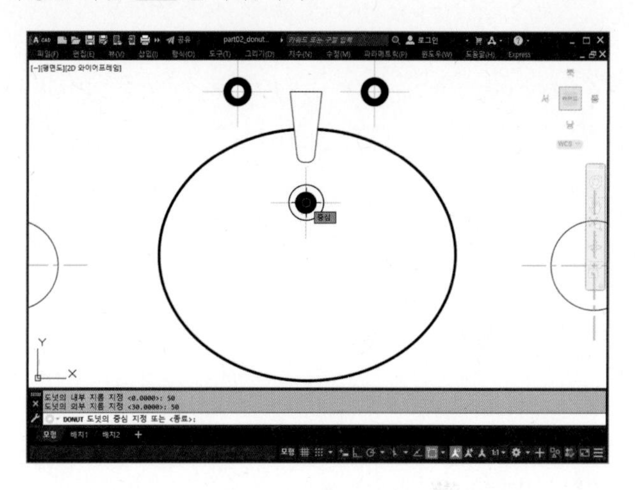

명령

명령: **DONUT** Enter
도넛의 내부 지름 지정 <0.0000>: 50 Enter
도넛의 외부 지름 지정 <30.0000>: 50 Enter
도넛의 중심 지정 또는 <종료>: P1 클릭
도넛의 중심 지정 또는 <종료>: Enter

Section

34 SOLID로 다각형 내부 채우기

삼각형 이상의 다각형 도형 내부를 꽉 채워야 하는 경우에는 SOLID 명령을 사용합니다. 단, 채우는 순서에 따라 채워지는 모양이 달라집니다.

Key Word **SOLID**   예제 파일 part02_solid.dwg 완성 파일 part02_solidc.dwg

01 도형 내부 채우기

❶ 도면을 불러오기 위해 **OPEN** 명령을 입력한 후 Enter를 누릅니다. [선택 파일] 대화상자가 나타나면 Sample 폴더에 있는 part02_solid.dwg를 불러옵니다. ❷ 다각형의 내부를 채우기 위해 **SOLID** 명령을 실행한 후 첫 번째 점, 두 번째 점, 세 번째 점을 지정합니다.

명령

명령: **OPEN** Enter
명령: **SOLID** Enter
첫 번째 점 지정: P1
두 번째 점 지정: P2
세 번째 점 지정: P3
네 번째 점 지정 또는 <종료>: P4

02 완성하기

❶ 네 번째 점과 다섯 번째 점을 지정한 후 ❷ SOLID 명령을 종료하기 위해 Enter를 두 번 누릅니다.

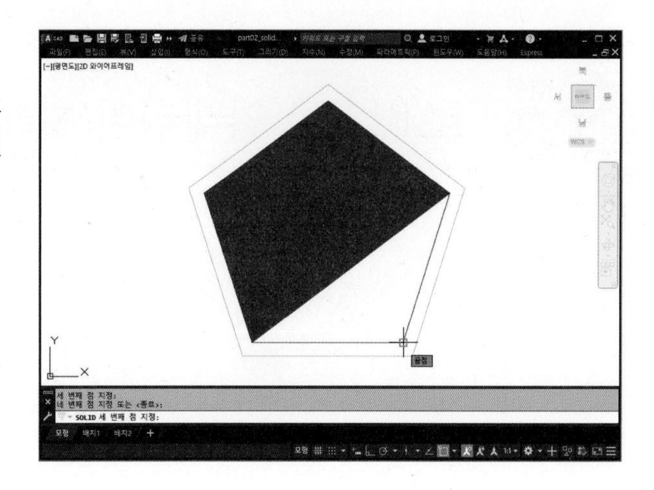

명령

세 번째 점 지정: P1
네 번째 점 지정 또는 <종료>: P2
세 번째 점 지정: Enter

LevelUP

SOLID 명령을 클릭하는 순서는 무엇인가요?

SOLID 명령에 의해 직선 내부를 채울 경우에는 클릭 순서가 매우 중요합니다. 삼각형은 순서대로 클릭하고 사각형은 Z자 모양으로 클릭하며 오각형은 삼각형과 사각형으로 나눠 클릭합니다.

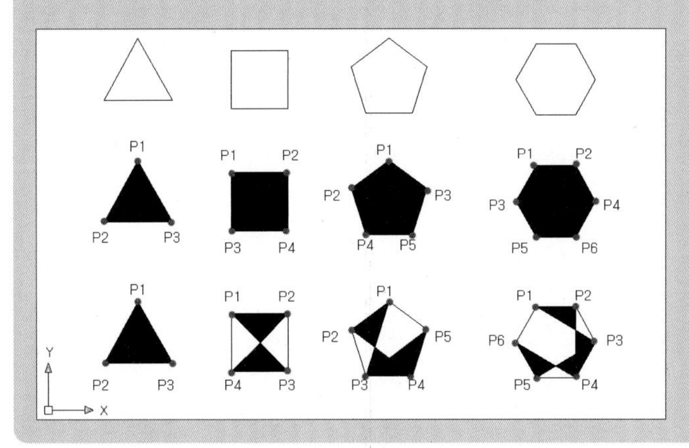

Section

35 TABLE로 인테리어 범례 만들기

도면을 작성한 후 도면에 관련된 내용을 표로 작성해야 하는 경우가 있습니다. 이때 TABLE 명령을 사용하면 행 및 열의 수와 크기를 지정해 표 형식을 만들 수 있고 내용을 입력할 수도 있습니다.

Key Word TABLE, TABLEDIT

예제 파일 part02_table.dwg 완성 파일 part02_tablec.dwg

01 테이블 열, 행 지정하기

❶ 도면을 불러오기 위해 **OPEN** 명령을 입력한 후 Enter를 누릅니다. [선택 파일] 대화상자가 나타나면 Sample 폴더에 있는 part02_table.dwg를 불러옵니다. ❷ 범례를 만들기 위해 **TABLE** 명령을 실행합니다. ❸ [테이블 삽입] 대화상자가 나타나면 [행 및 열 설정]에서 [열]은 **4**, [열 폭]은 **1000**, [데이터 행]은 **2**, [행 높이]는 **100**을 입력하고 [확인] 버튼을 누릅니다.

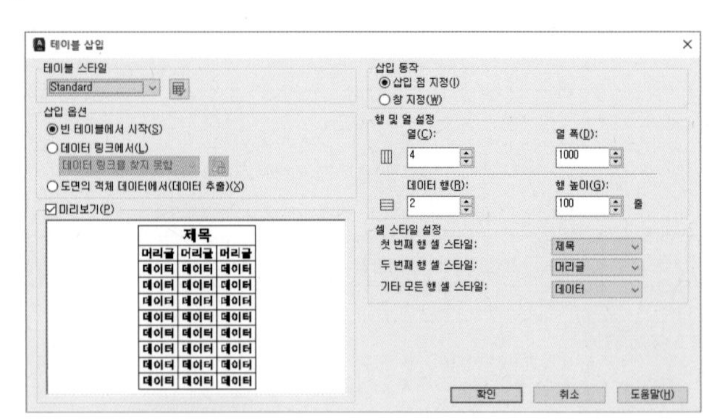

명령

명령: **OPEN** Enter
명령: **TABLE** Enter

02 테이블 삽입하기

❶ 범례의 **삽입점 지정:**에 1, 1을 입력한 후 ❷ Enter를 누릅니다.

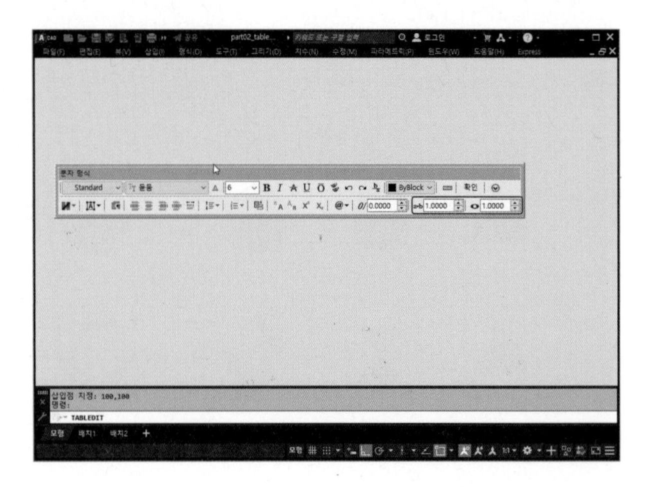

명령

삽입점 지정: 100, 100 Enter

03 제목 입력하기

❶ [문자 형식] 대화상자가 나타나면 [글꼴]을 **돋움**으로 설정한 후 크기에 **300**을 입력합니다. ❷ 문자를 정렬하기 위해 여러 줄 정렬 자리 맞추기 를 **중간 중심**으로 설정한 후 제목 줄의 내용에 범례를 입력하고 [확인] 버튼을 누릅니다.

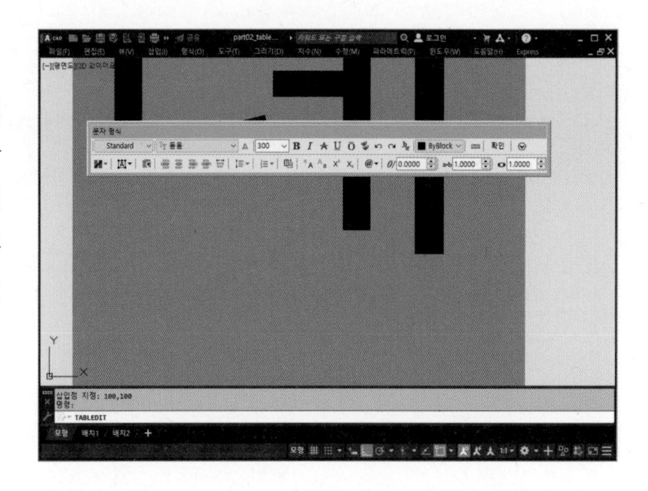

04 머리글 위치 지정하기

머리글을 입력하기 위해 첫 번째 셀을 더블 클릭합니다.

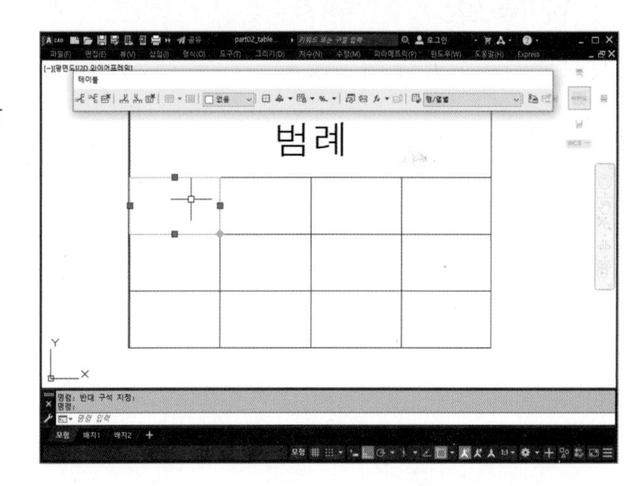

05 문자 입력하기

❶ [문자 형식] 대화상자가 나타나면 [글꼴]을 **돋움**으로 설정한 후 크기에 **200**을 입력합니다. ❷ 문자를 정렬하기 위해 여러 줄 정렬 자리 맞추기 를 **중간 중심**으로 설정한 후 표기를 입력하고 [확인] 버튼을 누릅니다.

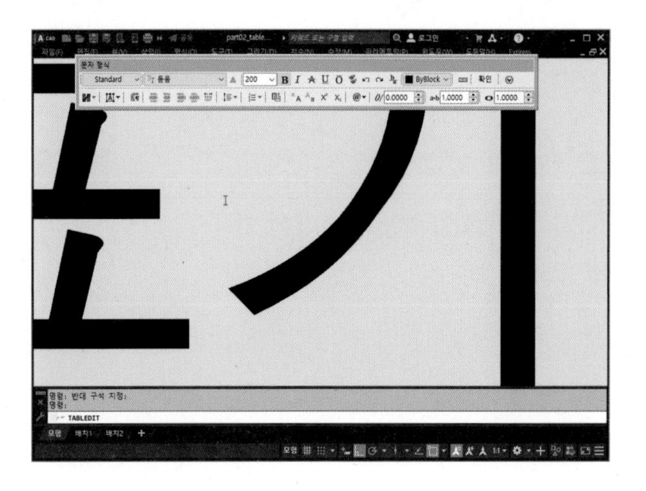

LevelUP

여러 개의 셀을 합치거나, 삭제하거나 병합하는 방법도 있나요?

가장 먼저 1개의 셀을 선택한 후 Shift를 누른 채로 다른 셀을 선택하면 셀이 추가로 선택되는데, 이때 마우스 오른쪽 버튼을 클릭한 후 원하는 항목을 선택합니다.

06 데이터 완성하기

❶ 같은 방법으로 머리글인 위치, 내용, 개수를 입력합니다. ❷ 같은 방법으로 나머지 내용도 입력합니다.

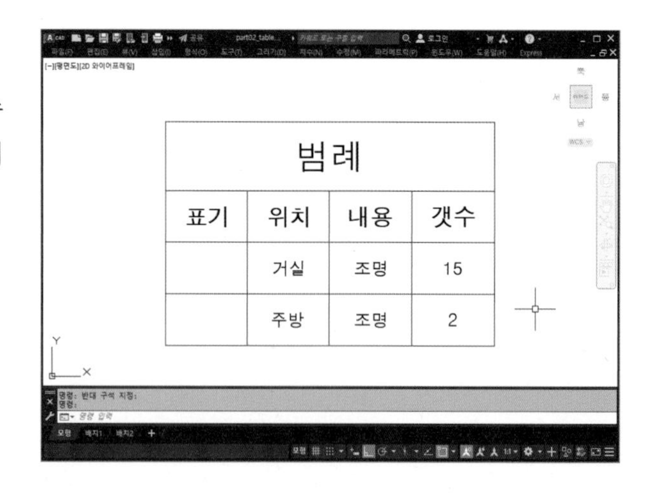

07 숨어 있는 도면층 보이기

❶ 도면층 설정을 하기 위해 명령창에 **-LAYER**를 입력한 후 Enter를 누릅니다. 숨어 있는 레이어를 보여 주기 위해 T 옵션을 입력한 후 도면층의 이름을 입력하고 Enter를 두 번 누릅니다.

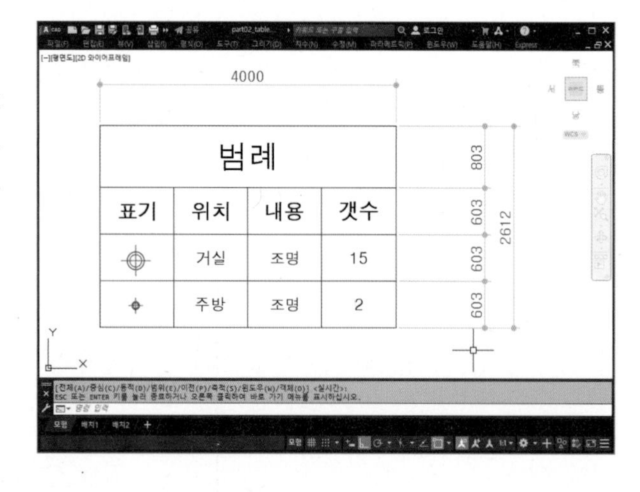

명령

명령: **-LAYER** Enter

현재 도면층: "0"
옵션 입력 [?/만들기(M)/설정(S)/새로 만들기(N)/이름 바꾸기(R)/켜기(ON)/끄기(OFF)/색상(C)/선 종류(L)/선 가중치(LW)/투명도(TR)/재료(MAT)/플롯(P)/동결(F)/동결 해제(T)/잠금(LO)/잠금 해제(U)/상태(A)/설명(D)/조절(E)/외부 참조(X)]: T Enter

동결 해제시킬 도면층의 이름 리스트 입력: 1 Enter
옵션 입력 [?/만들기(M)/설정(S)/새로 만들기(N)/이름 바꾸기(R)/켜기(ON)/끄기(OFF)/색상(C)/선 종류(L)/선 가중치(LW)/투명도(TR)/재료(MAT)/플롯(P)/동결(F)/동결 해제(T)/잠금(LO)/잠금 해제(U)/상태(A)/설명(D)/조절(E)/외부 참조(X)]: Enter

LevelUP

[테이블 삽입] 대화상자의 [삽입 동작] 옵션이 궁금해요

[테이블 삽입] 대화상자의 [삽입 동작]에서는 [삽입 점 지정]과 [창 지정] 항목을 선택할 수 있습니다. 두 항목의 차이점은 다음과 같습니다.

- **삽입 점 지정**: 테이블의 왼쪽 상단 구석 위치를 지정합니다. 좌표 입력 장치를 사용하거나 명령 라인에 좌푯값을 입력할 수 있습니다. 테이블 스타일이 테이블의 방향을 상향식(아래에서 위)으로 읽도록 설정할 경우, 삽입 점은 테이블의 하단 왼쪽 구석입니다.
- **창 지정**: 테이블의 크기와 위치를 지정합니다. 좌표 입력 장치를 사용하거나 명령 라인에 좌푯값을 입력할 수 있습니다. 이 옵션을 선택한 경우, 열과 행 수 및 열 폭과 행 높이는 창의 크기와 열 및 행 설정값에 따라 달라집니다.

테이블 데이터에서 내보내기한 CSV(Comma Separated Values) 파일을 엑셀(Exel)에서 불러올 수 있나요?

명령창에서 TABLEEXPORT 명령을 실행하고 내보내려는 테이블을 선택하면 [데이터 내보내기] 대화상자가 나타납니다. 이 대화상자에서 파일 이름을 지정한 후 파일의 위치를 선택하고 [저장] 버튼을 클릭하면 파일을 CSV로 내보내기할 수 있습니다. 내보내기한 CSV 파일을 엑셀에서 불러오면 됩니다.

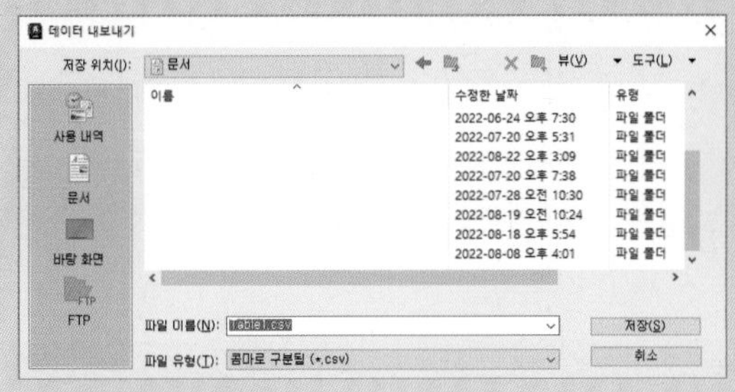

CSV로 저장한 경우

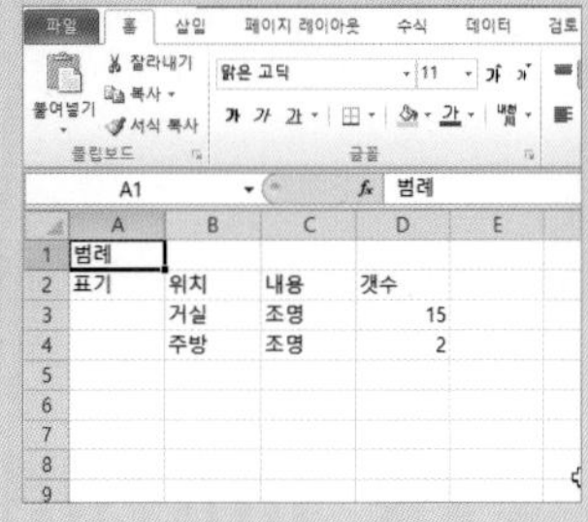

엑셀에서 불러온 경우

LevelUP

문자 크기를 일정하게 지정하려면 어떻게 해야 하나요?

테이블 내의 문자 크기를 일정하게 지정하기 위해서는 [테이블 삽입] 대화상자에서 [테이블 스타일]의 [테이블 스타일 실행] 대화상자 아이콘을 클릭한 후 [테이블 스타일] 대화상자가 나타나면 [수정] 버튼을 누릅니다. [테이블 스타일 수정: Standard] 대화상자에서 수정해도 되고, **TABLESTYLE** 명령을 실행해도 됩니다.

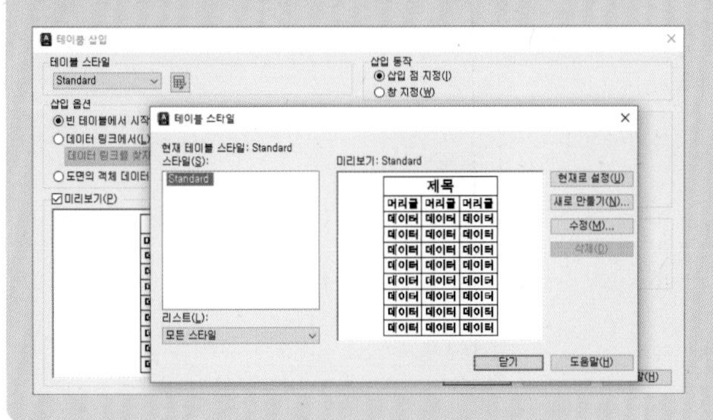

Section

36 포인트로 천장 등 표시하기

객체를 등분하거나 분할할 때 분할된 지점을 표시할 수 있고 이를 포인트로 지정할 수도 있습니다. 또한 객체의 특정 위치에 포인트를 삽입할 수도 있는데, DDPTYPE 명령으로 포인트의 유형과 크기를 지정할 수 있고 POINT 명령으로 점을 지정할 수도 있습니다.

Key Word DDPTYPE, POINT　　예제 파일 part02_point.dwg 완성 파일 part02_pointc.dwg

01 포인트의 유형과 크기 지정하기

❶ 도면을 열기 위해 **OPEN** 명령을 실행한 후 part02_point.dwg를 불러옵니다. ❷ 포인트의 유형과 크기를 지정하기 위해 **DDPTYPE** 명령을 실행합니다. ❸ [점 스타일] 대화상자가 나타나면 두 번째 줄에서 세 번째 유형을 선택한 후 [점 크기]에 **120**을 입력하고 [절대 단위로 크기 설정]을 선택한 다음 [확인] 버튼을 누릅니다.

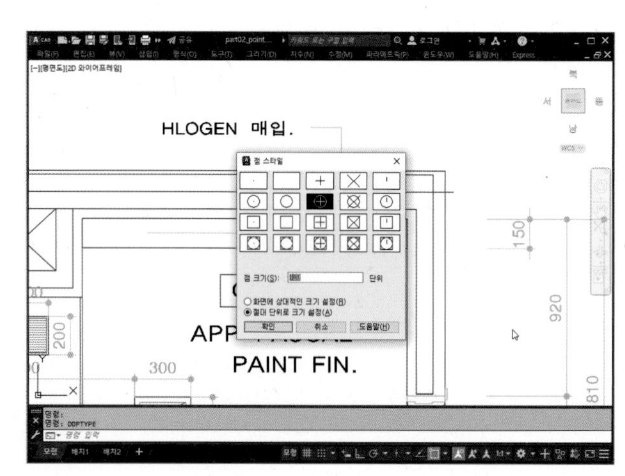

명령

명령: **OPEN** Enter
명령: **DDPTYPE** Enter

02 점 위치 지정하기

❶ 중심점을 삽입하기 위해 POINT 명령을 실행합니다. ❷ 점의 위치를 클릭합니다.

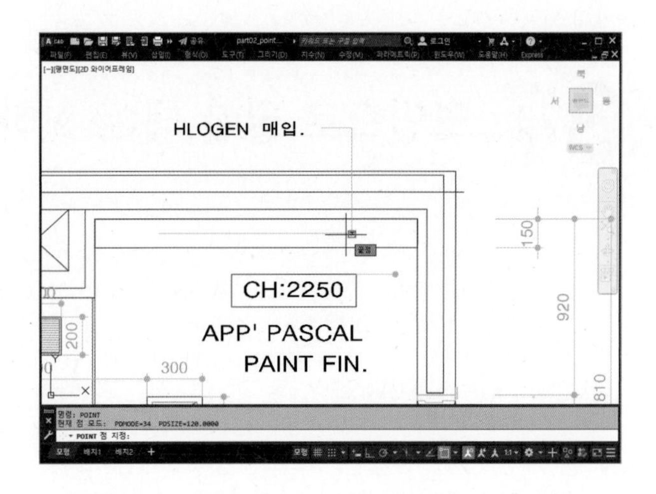

명령

명령: **POINT** Enter

현재 점 모드: PDMODE=34 PDSIZE=120.0000

점 지정: P1 클릭

03 등 완성하기

나머지 세 군데도 POINT 명령을 사용해 등 표시를 마무리합니다.

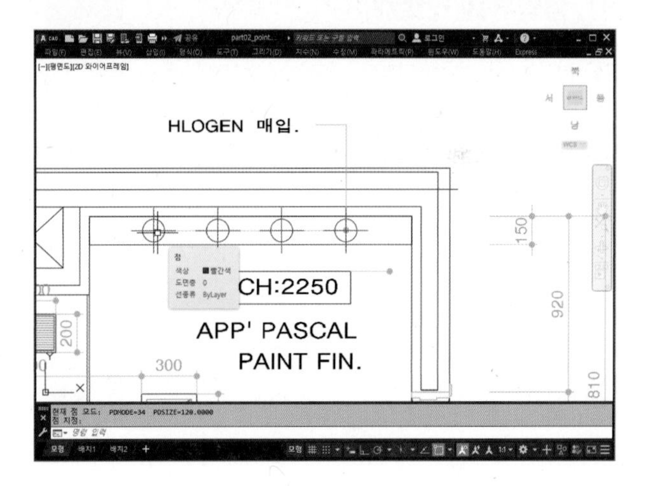

Section

37 영역으로 로봇 테이블 만들기

AutoCAD에서 영역 객체를 만들 수 있습니다. 여기서 영역(REGION) 객체는 선이나 호가 연결돼 있을 때 3D 면을 만드는 것을 말합니다. EXTRUDE 명령을 사용하면 이 3D 면에 높이 값을 쉽게 지정할 수 있습니다. 이번에는 REGION, EXTRUDE 명령을 사용해 로봇 전시장의 테이블을 만들어 보겠습니다.

Key Word REGION, -VPOINT, EXTRUDE   예제 파일 part02_region.dwg 완성 파일 part02_regionc.dwg

01 영역 객체 만들기

❶ 도면을 열기 위해 **OPEN** 명령을 실행한 후 part02_region.dwg를 불러옵니다. ❷ 영역 객체를 만들기 위해 **REGION** 명령을 실행한 후 첫 번째 구석점과 반대 구석점을 지정하고 Enter를 누릅니다.

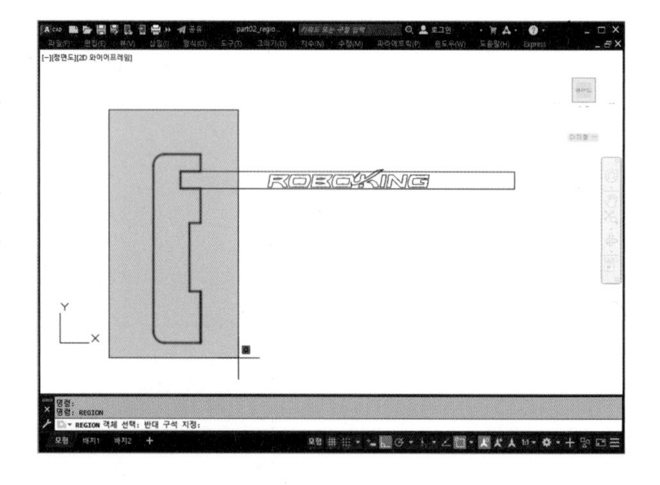

명령

명령: **OPEN** Enter
명령: **REGION** Enter
명령: **REGION**
객체 선택: P1 클릭
반대 구석 지정: P2 클릭
15개를 찾음

객체 선택: Enter
1 루프가(이) 추출됨
1 영역이(가) 작성됨

02 화면 전환하기

❶ 화면을 전환하기 위해 **-VPOPINT** 명령을 실행합니다. ❷ 관측점을 입력한 후 Enter를 누릅니다.

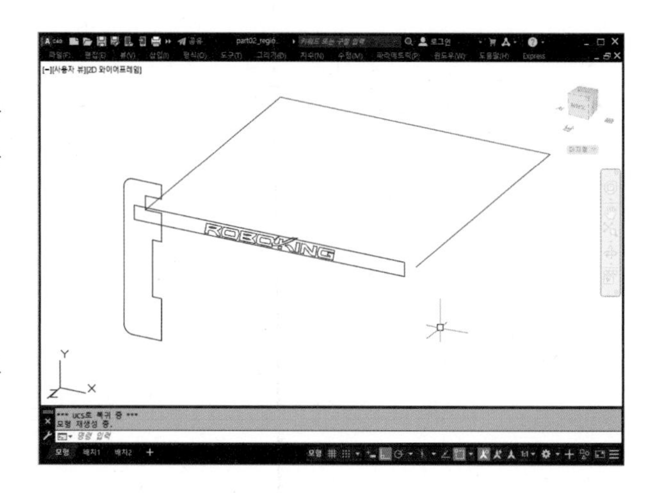

명령

명령: **-VPOINT** Enter
*** WCS로 전환 중 ***
현재 뷰 방향: VIEWDIR=0.0000, -1.0000, 0.0000
관측점 지정 또는 [회전(R)] <나침반과 삼각대 표시>: 1, -2, 1 Enter
*** UCS로 복귀 중 ***
모형 재생성 중...

03 높이 지정하기

❶ 영역 객체에 높이 값을 지정하기 위해 EXTRUDE 명령을 실행합니다. ❷ 돌출 객체를 지정한 후 Enter를 누릅니다.

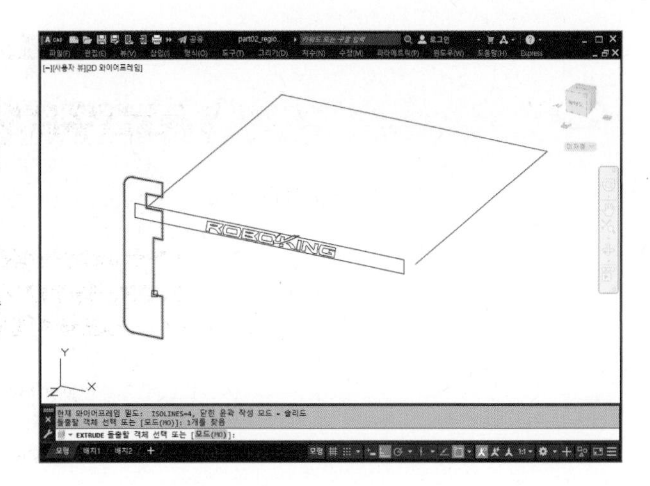

명령

명령: **EXTRUDE** Enter
현재 와이어 프레임 밀도: ISOLINES=4, 닫힌 윤곽 작성 모드=솔리드
돌출할 객체 선택 또는 [모드(MO)]: C1 클릭
1개를 찾음

돌출할 객체 선택 또는 [모드(MO)]: Enter

04 경로 지정하기

❶ 경로를 지정하기 위해 P 옵션을 지정한 후 ❷ 경로를 선택합니다.

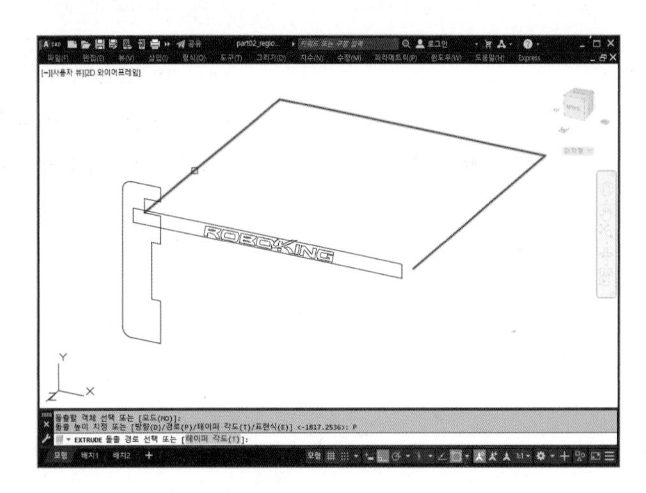

명령

돌출 높이 지정 또는 [방향(D)/경로(P)/테이퍼 각도(T)/표현식(E)] <-1817.2536>: P Enter
돌출 경로 선택 또는 [테이퍼 각도(T)]: C1 클릭

05 상판 만들기

❶ 다시 한번 EXTRUDE 명령을 실행합니다. ❷ 돌출 객체를 선택한 후 Enter를 누릅니다.

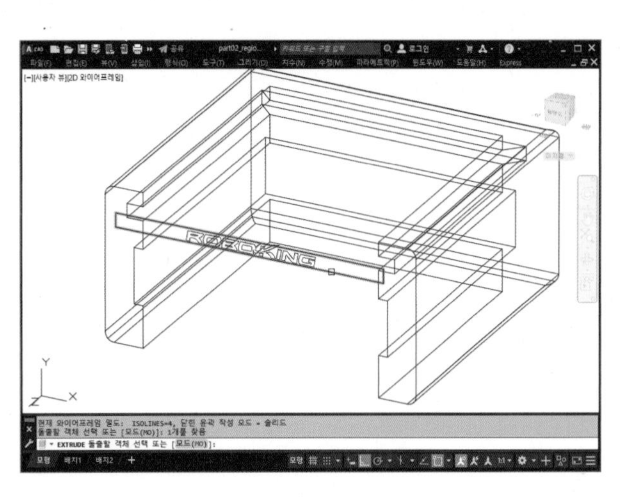

명령

명령: **EXTRUDE** Enter
현재 와이어 프레임 밀도: ISOLINES=4, 닫힌 윤곽 작성 모드=솔리드

돌출할 객체 선택 또는 [모드(MO)]: C1 클릭
1개를 찾음
돌출할 객체 선택 또는 [모드(MO)]: Enter

06 돌출 값 지정하기

돌출 값을 지정한 후 Enter를 누릅니다.

명령

돌출 높이 지정 또는 [방향(D)/경로(P)/테이퍼 각도(T)/표현식(E)] <-2911.0666>: -6500 Enter

07 합치기

❶ 2개의 객체를 합치기 위해 **UNION** 명령을 실행합니다. ❷ 2개의 객체를 클릭한 후 Enter를 누릅니다.

명령

명령: **UNION** Enter
객체 선택: C1 클릭
1개를 찾음
객체 선택: C2 클릭
1개를 찾음, 총 2개

객체 선택: Enter

08 잡선 제거하기

❶ 모델링을 은선 처리했을 때 잡선을 제거하기 위해 **DISPSILH** 명령을 실행합니다. ❷ **DISPSILH**에 대한 새 값을 입력합니다. ❸ 은선을 제거하기 위해 **HIDE** 명령을 실행합니다.

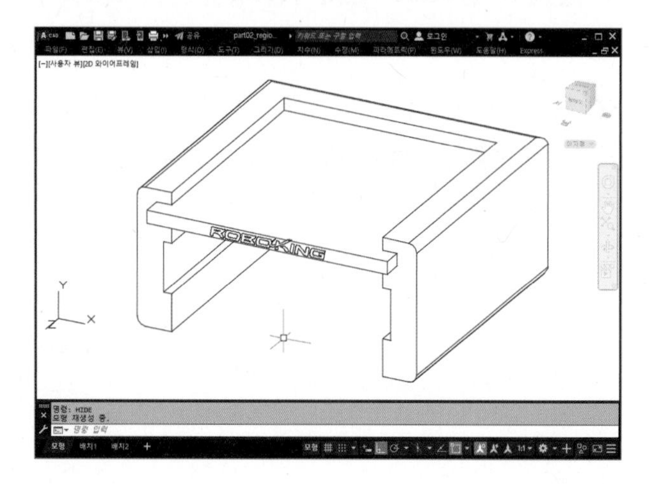

명령

명령: **DISPSILH** Enter
DISPSILH에 대한 새 값 입력 <0>: 1 Enter

명령: **HIDE** Enter
모형 재생성 중...

Section

38 나선 만들기

AutoCAD에서는 나선형 객체를 쉽게 만들 수 있습니다. HELIX 명령을 사용해 밑면, 상단 반지름, 회전수, 높이 값을 지정하면 스프링 모양의 나선형 객체를 쉽게 만들 수 있습니다.

Key Word HELIX

예제 파일 part02_helix.dwg 완성 파일 part02_helixc.dwg

01 나선 만들기

❶ 도면을 열기 위해 **OPEN** 명령을 실행한 후 part02_helix.dwg를 불러옵니다. ❷ 나선을 만들기 위해 **HELIX** 명령을 실행합니다.

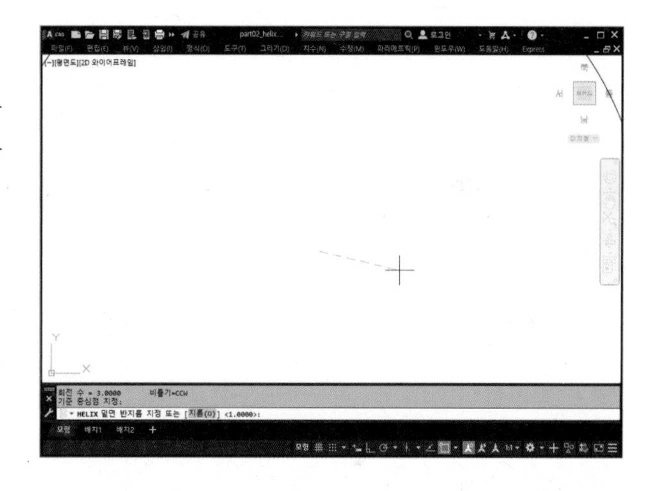

명령

명령: **HELIX** Enter
회전수=3.0000   비틀기=CCW
기준 중심점 지정: P1 클릭

02 반지름, 회전수, 높이 지정하기

❶ 중심점을 지정한 후 밑면 반지름, 상단 반지름을 입력합니다. ❷ 회전수를 지정하기 위해 T 옵션을 입력한 후 Enter를 누르고 나선의 높이를 지정합니다.

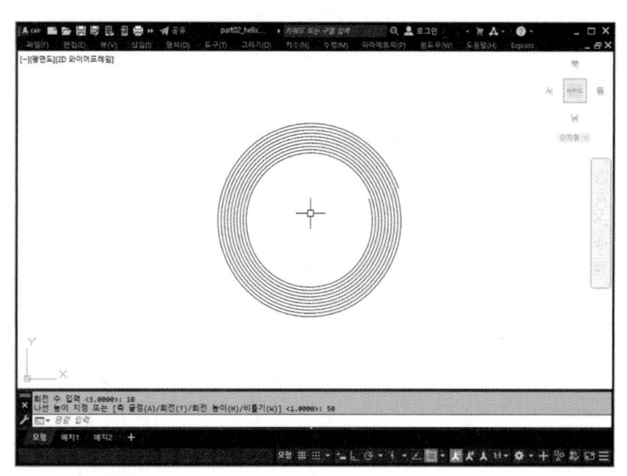

명령

밑면 반지름 지정 또는 [지름(D)] <1.0000>: 30 Enter
상단 반지름 지정 또는 [지름(D)] <30.0000>: 20 Enter
나선 높이 지정 또는 [축 끝점(A)/회전(T)/회전 높이(H)/비틀기(W)] <1.0000>: T Enter
회전수 입력 <3.0000>: 10 Enter
나선 높이 지정 또는 [축 끝점(A)/회전(T)/회전 높이(H)/비틀기(W)] <1.0000>: 50 Enter

03 원 그리기

❶ 사용자 좌표계를 회전하기 위해 **UCS** 명령을 실행합니다. ❷ X축을 회전축으로 지정하기 위해 X 옵션을 입력한 후 Enter를 누르고 회전 각도를 입력한 다음 Enter를 누릅니다. ❸ 원을 그리기 위해 **CIRCLE** 명령을 실행한 후 원의 중심을 지정하고 반지름을 지정합니다.

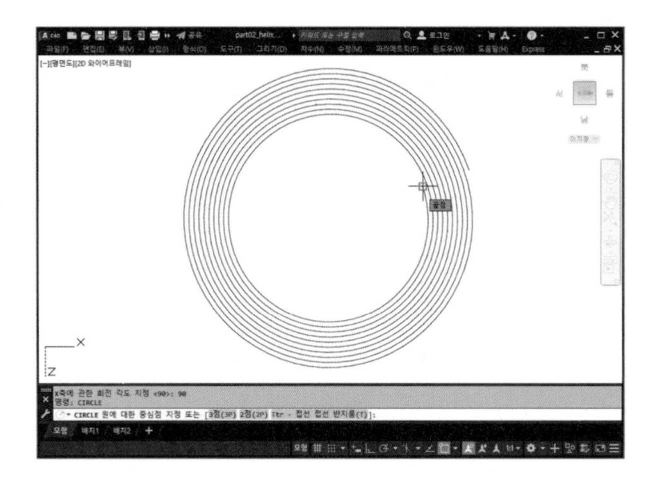

명령

명령: UCS Enter
현재 UCS 이름: *이름 없음*
UCS의 원점 지정 또는 [면(F)/이름(NA)/객체(OB)/이전(P)/뷰(V)/표준(W)/X(X)/Y(Y)/Z(Z)/Z축(ZA)] <표준>: X Enter
X축에 관한 회전 각도 지정 <90>: 90 Enter

명령: **CIRCLE** Enter
원에 대한 중심점 지정 또는 [3점(3P)/2점(2P)/Ttr - 접선 접선 반지름(T)]: P1 클릭
원의 반지름 지정 또는 [지름(D)]: 2 Enter

04 화면 전환하기

❶ 화면을 전환하기 위해 명령창에 **-VPOINT** 명령을 입력한 후 Enter를 누릅니다. ❷ 관측점을 입력한 후 Enter를 누릅니다.

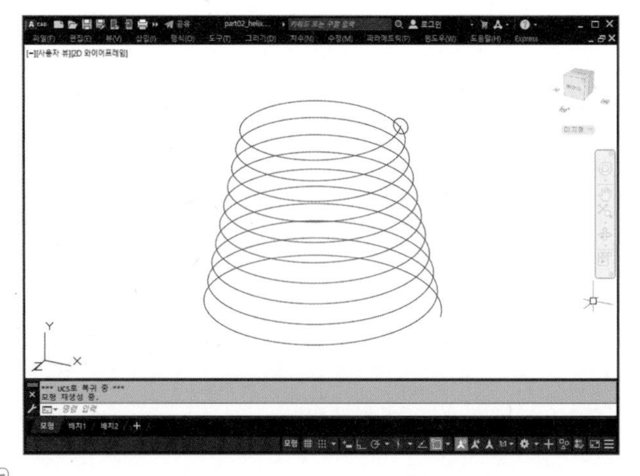

명령

명령: **-VPOINT** Enter
*** WCS로 전환 중 ***
현재 뷰 방향: VIEWDIR=0.0000, 0.0000, 1.0000
관측점 지정 또는 [회전(R)] <나침반과 삼각대 표시>: 1, -2, 1 Enter

*** UCS로 복귀 중 ***
모형 재생성 중...

05 돌출하기

❶ 객체를 돌출하기 위해 명령창에 **EXTRUDE** 명령을 입력한 후 Enter를 누릅니다. ❷ 돌출할 객체인 원을 클릭한 후 Enter를 누릅니다.

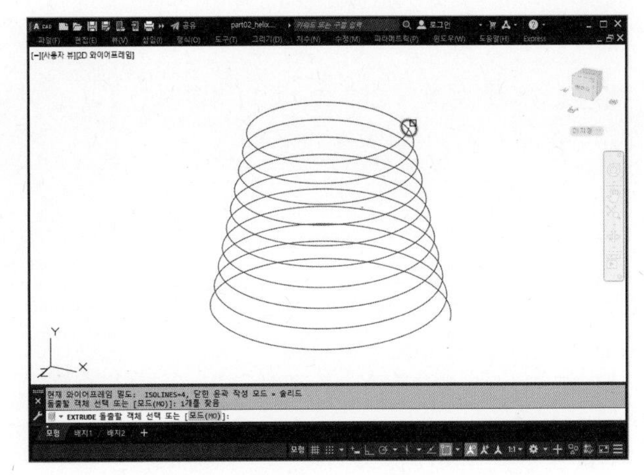

명령

명령: **EXTRUDE** Enter
현재 와이어 프레임 밀도: ISOLINES=4, 닫힌 윤곽 작성 모드=솔리드
돌출할 객체 선택 또는 [모드(MO)]: C1 클릭
1개를 찾음

돌출할 객체 선택 또는 [모드(MO)]: Enter

06 경로 지정하기

❶ 경로를 지정하기 위해 P 옵션을 입력한 후 Enter를 누릅니다. ❷ 돌출 경로인 나선형을 클릭합니다.

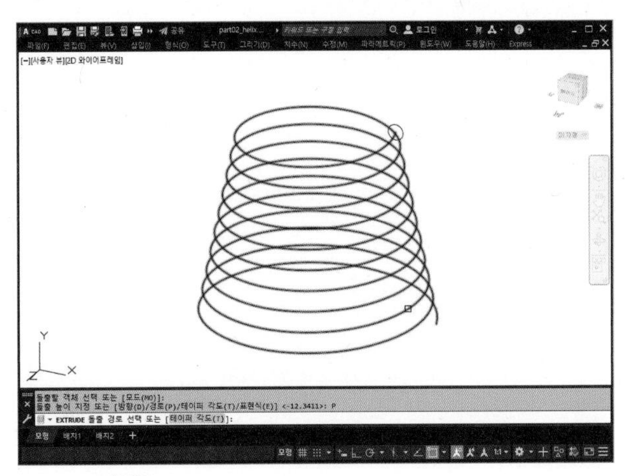

명령

돌출 높이 지정 또는 [방향(D)/경로(P)/테이퍼 각도(T)/표현식(E)] <-12.3411>: P Enter
돌출 경로 선택 또는 [테이퍼 각도(T)]: C1 클릭

07 셰이딩 적용하기

면의 색으로 셰이딩하기 위해 명령창에 SHADE 명령을 입력한 후 Enter를 누릅니다.

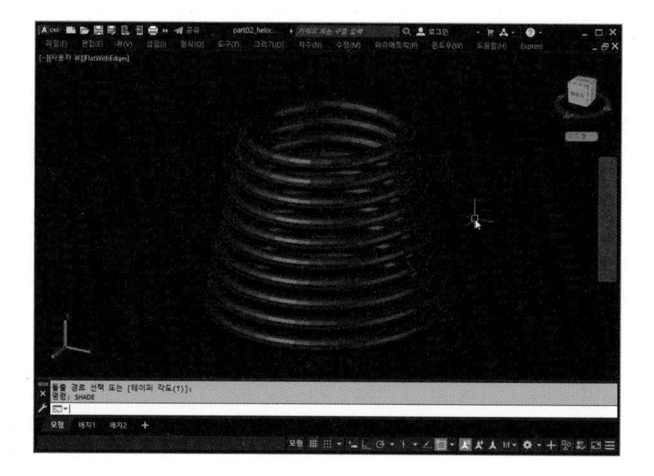

명령

명령: **SHADE**
모형 재생성 중...

LevelUP

볼펜 스프링은 어떻게 만드나요?

볼펜의 스프링을 만들기 위해서는 **HELIX** 명령을 사용해 밑면 반지름과 상단 반지름을 같게 하면 됩니다. 3D 모델링의 곡선을 좀 더 부드럽게 보이기 위해서는 ISOLINES 값을 높이면 됩니다.

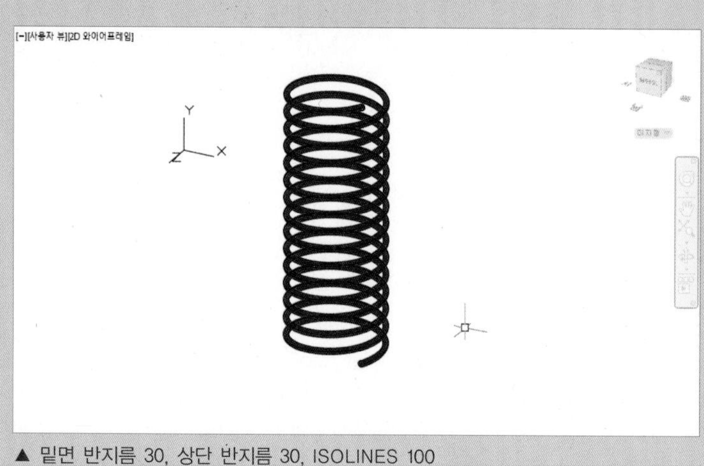

▲ 밑면 반지름 30, 상단 반지름 30, ISOLINES 100

메모하세요

PART

03

2D 도면 편집하고 3D 모델링하기

3부에서는 앞에서 다루지 못했던 편집 명령을 통해 도면을 수정하는 방법에 대해 자세히 알아보겠습니다. 도면은 처음부터 치수에 맞게 제작하는 경우도 있지만, 기존에 그린 도면을 편집하는 경우도 많습니다. 도면 편집은 매우 중요한 부분이므로 명령과 활용법을 정확히 익혀 둬야 합니다. 3차원 드로잉 명령과 편집 명령을 통해 3D 모델링 방법도 익혀 보겠습니다.

AUTOCAD 2023

Section

01 회전, 복사, 대칭해 식탁 만들기

AutoCAD에서는 객체를 편집할 수 있는 명령들이 많습니다. 이번에는 그 대표적인 명령인 ERASE, COPY, MIRROR, ROTATE 등을 사용해 식탁을 완성해 보겠습니다. 도면 편집 시 필수적으로 사용되는 명령이므로 사용법을 확실하게 익혀 두기 바랍니다.

Key Word ROTATE, COPY, MIRROR

예제 파일 part03_crm.dwg

01 객체 스냅 설정하기

❶ 도면을 불러오기 위해 명령창에 **OPEN** 명령을 입력한 후 Enter를 누릅니다. [선택 파일] 대화상자가 나타나면 Sample 폴더에 있는 part03_crm.dwg를 불러옵니다. ❷ 화면을 깨끗하게 정리하기 위해 Ctrl+0를 누릅니다. ❸ 정확한 포인트를 지정하기 위해 **OSNAP** 명령을 실행합니다. [제도 설정] 대화상자가 나타나면 [객체 스냅] 탭에서 [객체 스냅 켜기]에 체크 표시를 한 후 [객체 스냅 모드]의 [끝점], [중간점]에 체크 표시를 하고 [확인] 버튼을 누릅니다.

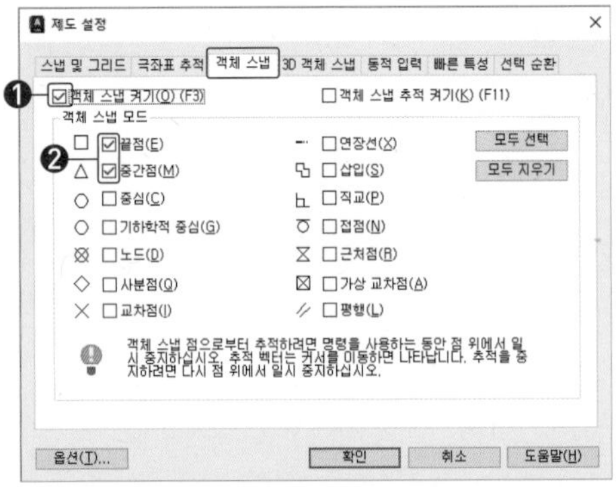

명령

명령: **OPEN** Enter

명령: **OSNAP** Enter

02 회전하기

❶ 객체를 회전하기 위해 명령창에 **ROTATE** 명령을 입력한 후 Enter를 누릅니다. ❷ **객체 선택:**에서 첫 번째 구석점과 반대 구석점을 지정한 후 Enter를 누릅니다.

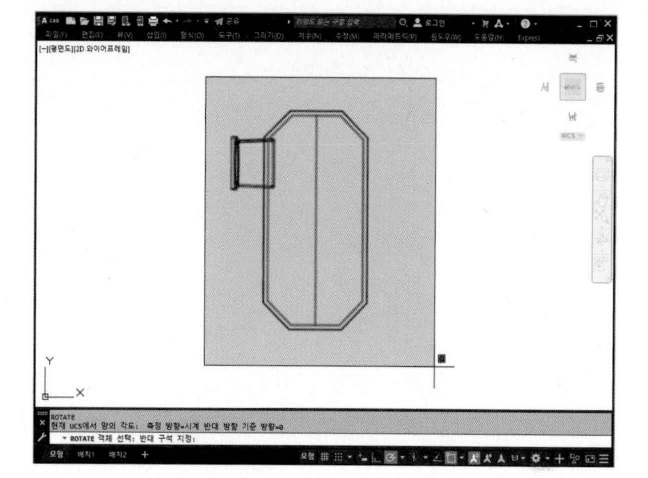

명령

명령: **ROTATE** Enter
현재 UCS에서 양의 각도: 측정 방향=시계 반대 방향 기준 방향=0
객체 선택: P1 클릭
반대 구석 지정: p2 클릭
44개를 찾음, 1개의 그룹
객체 선택: Enter

03 각도 입력하기

❶ 회전의 기준점을 지정한 후 ❷ 회전 각도를 입력합니다.

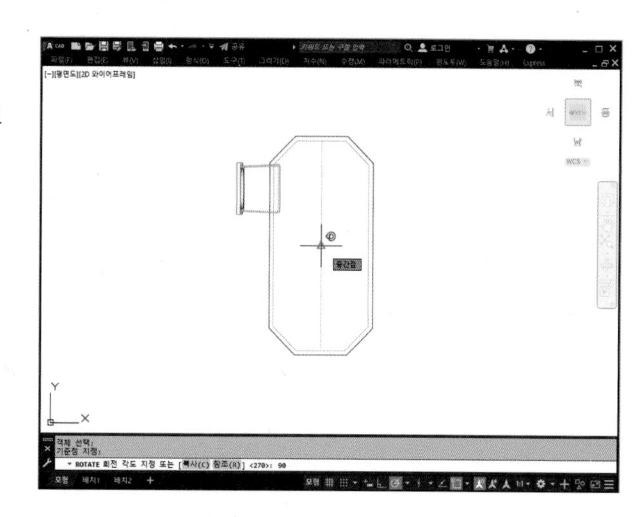

명령

기준점 지정: P1 클릭
회전 각도 지정 또는 [복사(C)/참조(R)] <270>: 90

Point

시계 방향으로 회전하기 위해서는 각도 앞에 –를 입력해야 합니다.

04 소파 복사하기

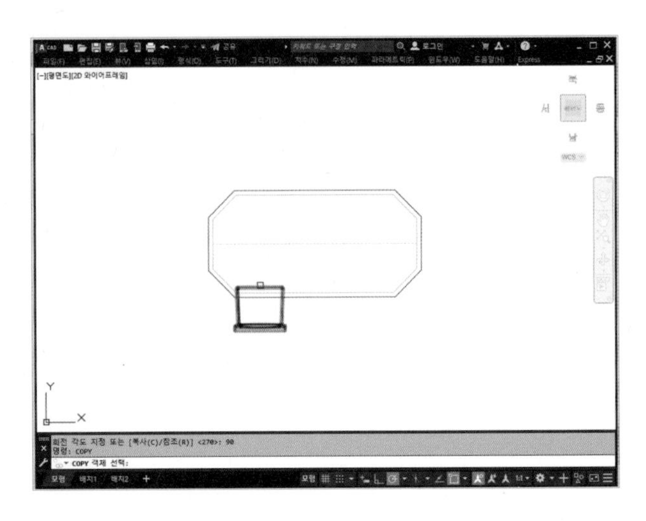

❶ 객체를 복사하기 위해 명령창에 COPY 명령을 입력한 후 Enter를 누릅니다. ❷ **객체 선택:**에서 의자를 클릭한 후 Enter를 누릅니다.

명령

명령: **COPY** Enter
객체 선택: C1 클릭
41개를 찾음, 1개의 그룹
객체 선택: Enter

05 복사 기준점과 거리 지정하기

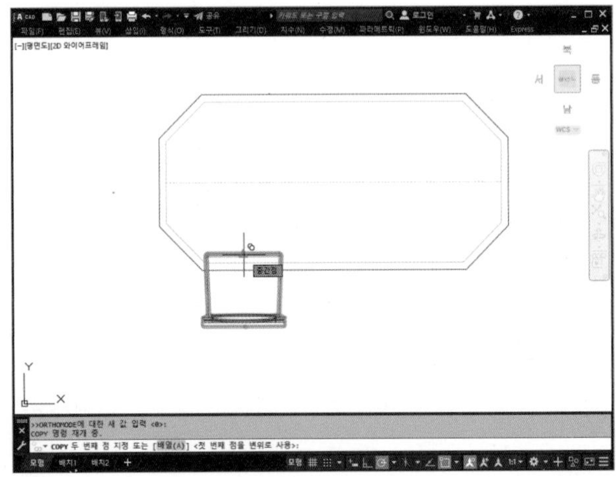

❶ 복사의 기준점을 지정한 후 ❷ 두 번째 점에 이동하고자 하는 거리값을 상대좌표로 입력한 후 Enter를 두 번 누릅니다.

명령

현재 설정: 복사 모드=다중(M)
기본점 지정 또는 [변위(D)/모드(O)] <변위>: P1 클릭
두 번째 점 지정 또는 [배열(A)] <첫 번째 점을 변위로 사용>: @640,0 Enter
두 번째 점 지정 또는 [배열(A)/종료(E)/명령 취소(U)] <종료>:
>>ORTHOMODE에 대한 새 값 입력 <0>:
COPY 명령 재개 중...
두 번째 점 지정 또는 [배열(A)/종료(E)/명령 취소(U)] <종료>: @1280,0 Enter
두 번째 점 지정 또는 [배열(A)/종료(E)/명령 취소(U)] <종료>: Enter

06 의자 대칭하기

❶ 객체를 대칭 복사하기 위해 **MIRROR** 명령을 실행한 후 ❷ 첫 번째 구석점과 반대 구석점을 클릭해 객체를 선택한 후 Enter를 누릅니다.

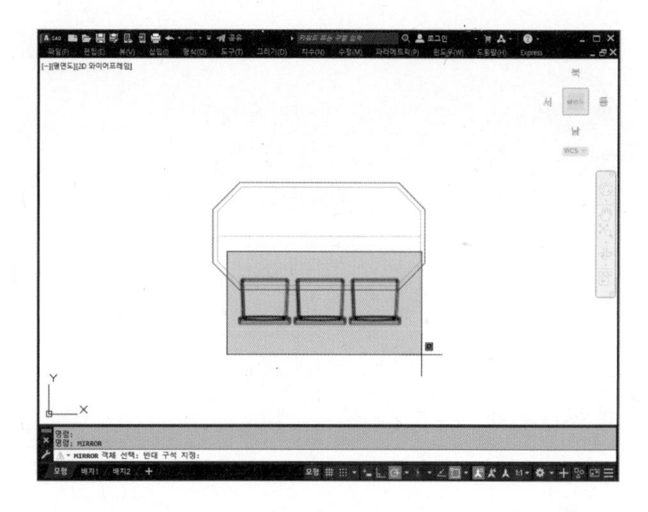

명령

명령: **MIRROR** Enter
객체 선택: P1 클릭
반대 구석 지정: P2 클릭
123개를 찾음, 3개의 그룹
객체 선택: Enter

07 대칭 복사하기

❶ 대칭선의 첫 번째 점과 두 번째 점을 클릭한 후 ❷ 원본 객체를 복사하기 위해 **원본 객체를 지우시겠습니까? [예(Y)/아니요(N)] 〈N〉:** 에서 N을 입력한 후 Enter를 누릅니다.

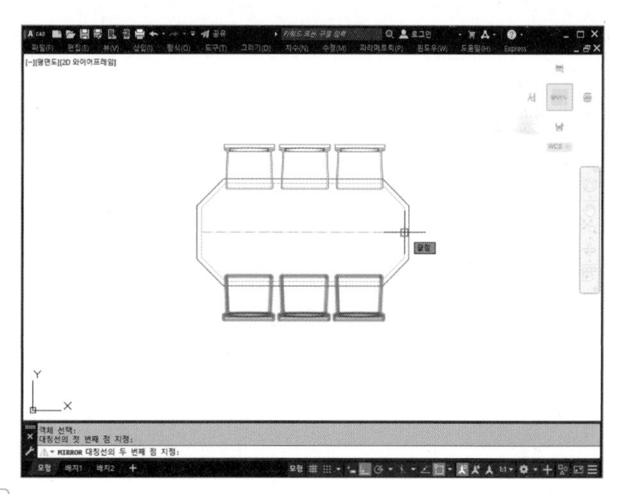

명령

대칭선의 첫 번째 점 지정: P1 클릭
대칭선의 두 번째 점 지정: P2 클릭
원본 객체를 지우시겠습니까? [예(Y)/아니요(N)] <아니요>: N Enter

08 치수선 보여 주기

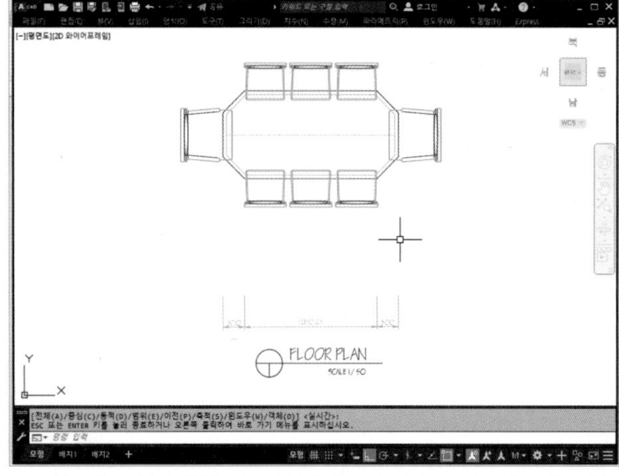

❶ 숨어 있는 도면층을 나타내기 위해 -LAYER 명령을 실행한 후 T 옵션을 입력하고 레이어 이름을 지정한 다음 Enter를 두 번 누릅니다. ❷ 치수선과 문자가 보이는 것을 확인할 수 있습니다.

명령

명령: **-LAYER** Enter

현재 도면층: "0"
옵션 입력 [?/만들기(M)/설정(S)/새로 만들기(N)/이름 바꾸기(R)/켜기(ON)/끄기(OFF)/색상(C)/선 종류(L)/선 가중치(LW)/투명도(TR)/재료(MAT)/플롯(P)/동결(F)/동결 해제(T)/잠금(LO)/잠금 해제(U)/상태(A)/설명(D)/조절(E)/외부 참조(X)]: T Enter

동결 해제시킬 도면층의 이름 리스트 입력: 1 Enter
옵션 입력 [?/만들기(M)/설정(S)/새로 만들기(N)/이름 바꾸기(R)/켜기(ON)/끄기(OFF)/색상(C)/선 종류(L)/선 가중치(LW)/투명도(TR)/재료(MAT)/플롯(P)/동결(F)/동결 해제(T)/잠금(LO)/잠금 해제(U)/상태(A)/설명(D)/조절(E)/외부 참조(X)]: Enter

Level UP

회전하면서 복사하는 방법이 궁금해요

객체를 복사하면서 회전하기 위해서는 ROTATE 명령을 실행한 후 객체를 선택하고 Enter를 누릅니다. 그런 다음 기준 점을 지정한 후 C 옵션을 입력하고 회전 각도를 입력하면 됩니다.

명령

명령: **ROTATE** Enter
현재 UCS에서 양의 각도: 측정 방향=시계 반대 방향 기준 방향=0
객체 선택: 수평선 클릭
1개를 찾음
객체 선택: Enter
기준점 지정: P1 클릭
회전 각도 지정 또는 [복사(C)/참조(R)] <0>: C Enter
선택한 객체의 사본을 회전합니다.
회전 각도 지정 또는 [복사(C)/참조(R)] <0>: 45

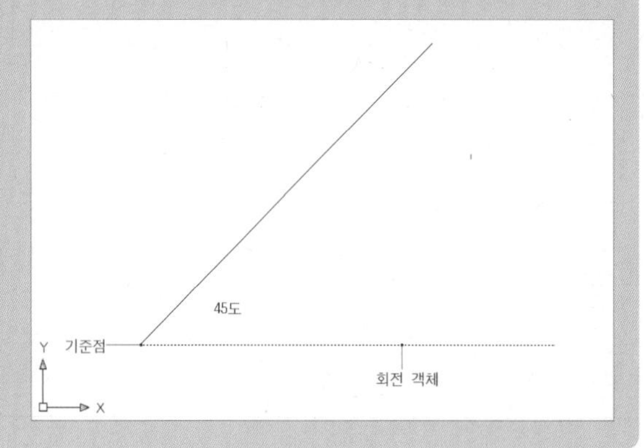

LevelUP

절대좌표를 사용해 객체를 복사하는 방법은 무엇인가요?

COPY 명령을 실행한 후 객체를 선택하고 기준점을 지정에 복사한 거리만큼 절대좌표로 입력한 다음 Enter를 두 번 누릅니다.

명령

명령: **COPY** Enter
객체 선택: 왼쪽 수직선 클릭
1개를 찾음
객체 선택: Enter
현재 설정: 복사 모드=다중(M)
기본점 지정 또는 [변위(D)/모드(O)] <변위>: 120,0 Enter
두 번째 점 지정 또는 [배열(A)] <첫 번째 점을 변위로 사용>: Enter

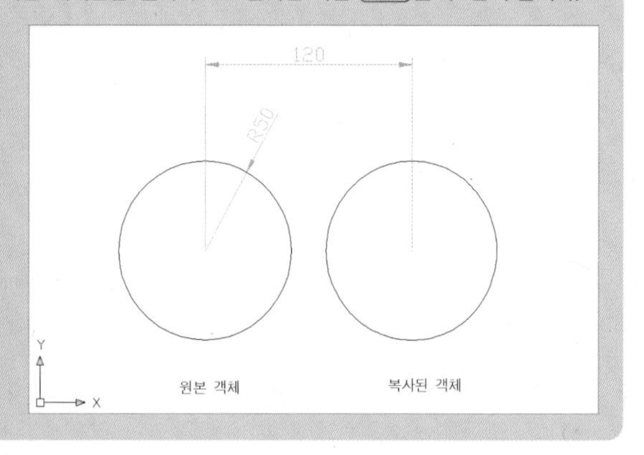

Section

02 홈시어터 똑바로 회전하기

ROTATE 명령의 R 옵션은 참조(Reference)를 의미하는 것으로, 이 옵션을 사용하면 현재 객체의 회전 각도를 측정하고 새로운 각도를 지정할 수 있습니다. 도면을 편집하다 보면 정확하지 않게 회전된 객체를 0도 또는 90도로 회전해야 할 경우가 있는데, 이때 ROTATE의 R 옵션을 사용하면 됩니다. 실무에서 많이 사용하는 기능입니다.

Key Word ROTATE, REFERENCE　　예제 파일 part03_rotater.dwg 완성 파일 part03_rotaterc.dwg

01 객체 스냅 설정하기

❶ 도면을 불러오기 위해 명령창에 **OPEN** 명령을 입력한 후 Enter를 누릅니다. [선택 파일] 대화상자가 나타나면 Sample 폴더에 있는 part03_rotater.dwg를 불러옵니다. ❷ 화면을 깨끗하게 정리하기 위해 Ctrl+0를 누릅니다. ❸ 객체를 회전하기 위해 **ROTATE** 명령을 실행한 후 홈시어터를 클릭하고 Enter를 누릅니다. ❹ 회전의 기준점을 지정합니다.

명령

명령: **OPEN** Enter
명령: **ROTATE** Enter

현재 UCS에서 양의 각도: 측정 방향=시계 반대 방향 기준 방향=0
객체 선택: C1 클릭
객체 선택: 110개를 찾음, 1개의 그룹
객체 선택: Enter
기준점 지정: P1 클릭

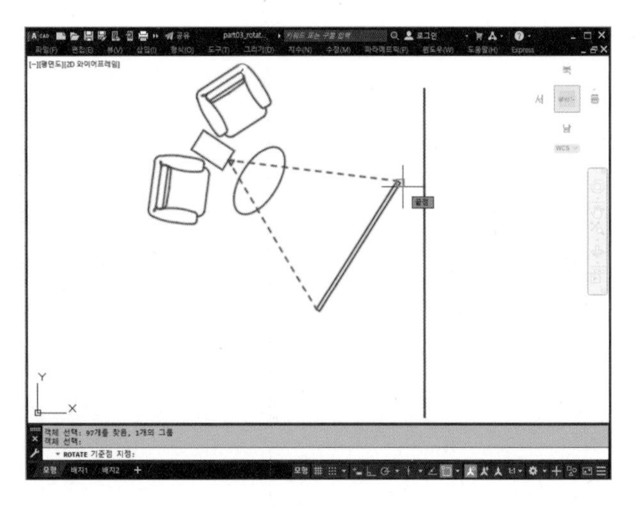

02 현재 각도 측정하기

❶ 현재의 기울어진 각도를 측정하기 위해 R 옵션을 입력한 후 Enter를 누릅니다. ❷ 첫 번째 점과 두 번째 점을 지정해 기울어진 각도를 측정합니다. ❸ 반드시 위 점을 첫 번째 점으로 지정한 후 아래 점을 두 번째 점으로 지정해야 합니다. AutoCAD에서는 반시계 방향을 양의 방향으로 인식하기 때문입니다.

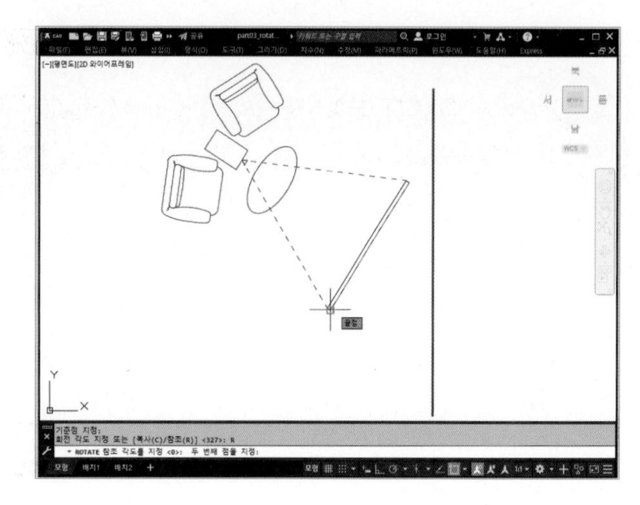

명령

회전 각도 지정 또는 [복사(C)/참조(R)] <0>: R
참조 각도를 지정 <0>: P1 클릭
두 번째 점을 지정: P2클릭

03 새로운 각도 지정하기

❶ 새로운 각도를 입력한 후 Enter를 누릅니다. ❷ 홈시어터가 수직에 맞게 회전된 것을 확인할 수 있습니다. ❸ 숨어 있는 도면층을 나타내기 위해 **-LAYER** 명령을 실행한 후 T 옵션을 입력하고 레이어 이름을 지정한 다음 Enter를 두 번 누릅니다.

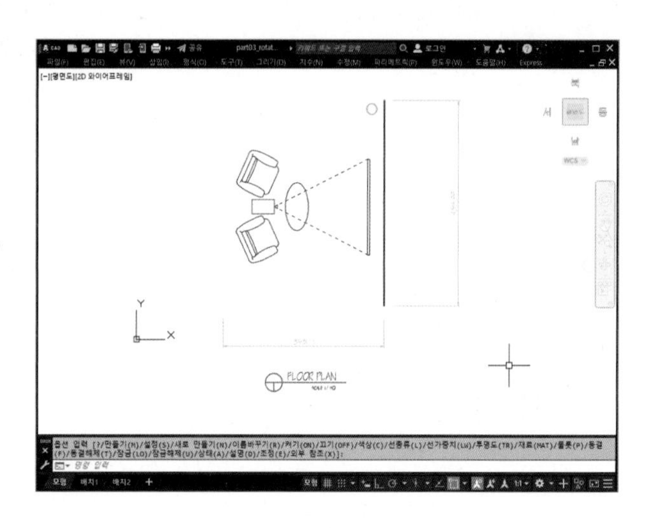

명령

새 각도 지정 또는 [점(P)] <0>: 270 Enter

명령: **-LAYER** Enter
현재 도면층: "0"
옵션 입력 [?/만들기(M)/설정(S)/새로 만들기(N)/이름 바꾸기(R)/켜기(ON)/끄기(OFF)/색상(C)/선 종류(L)/선 가중치(LW)/투명도(TR)/재료(MAT)/플롯(P)/동결(F)/동결 해제(T)/잠금(LO)/잠금 해제(U)/상태(A)/설명(D)/조절(E)/외부 참조(X)]: T Enter

동결 해제시킬 도면층의 이름 리스트 입력: 1 Enter
옵션 입력 [?/만들기(M)/설정(S)/새로 만들기(N)/이름 바꾸기(R)/켜기(ON)/끄기(OFF)/색상(C)/선 종류(L)/선 가중치(LW)/투명도(TR)/재료(MAT)/플롯(P)/동결(F)/동결 해제(T)/잠금(LO)/잠금 해제(U)/상태(A)/설명(D)/조절(E)/외부 참조(X)]: Enter

Section

03 와인 배열하기

객체를 일정한 간격과 각도, 개수에 의해 복사하면서 배열하고자 한다면 ARRAY 명령을 사용하면 됩니다. 사각 배열(RECTANGLE)을 사용하면 가로/세로 방향으로 개수와 거리 값을 지정해 객체를 복사 배열할 수 있습니다.

Key Word ARRAY(RECTANGLE)　　예제 파일 part03_arrayr.dwg 완성 파일 part03_arrayrc.dwg

01 객체 선택하기

❶ 도면을 불러오기 위해 명령창에 **OPEN** 명령을 입력한 후 Enter를 누릅니다. [선택 파일] 대화상자가 나타나면 Sample 폴더에 있는 part03_arrayr.dwg를 불러옵니다. ❷ 객체를 배열하기 위해 **ARRAY** 명령을 실행한 후 와인을 선택하고 Enter를 누릅니다.

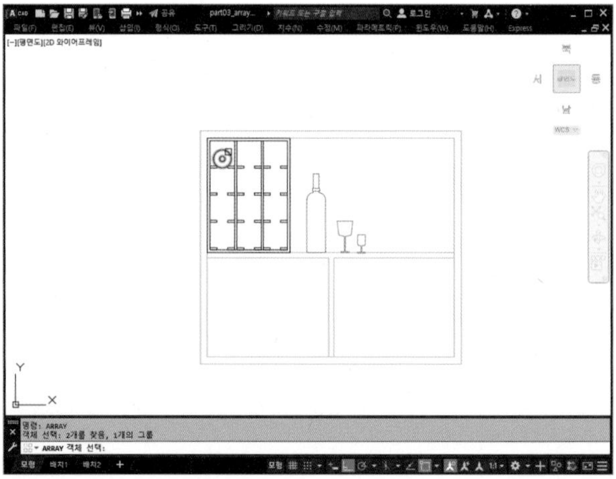

명령

명령: **OPEN** Enter
명령: **ARRAY** Enter
객체 선택: C1 클릭
객체 선택: 2개를 찾음, 1개의 그룹
객체 선택: Enter

02 행 방향 배열하기

❶ 사각 배열을 하기 위해 R 옵션을 실행한 후 행 배열을 하기 위해 R 옵션을 실행합니다. ❷ 행의 수와 거리, 각도를 지정합니다.

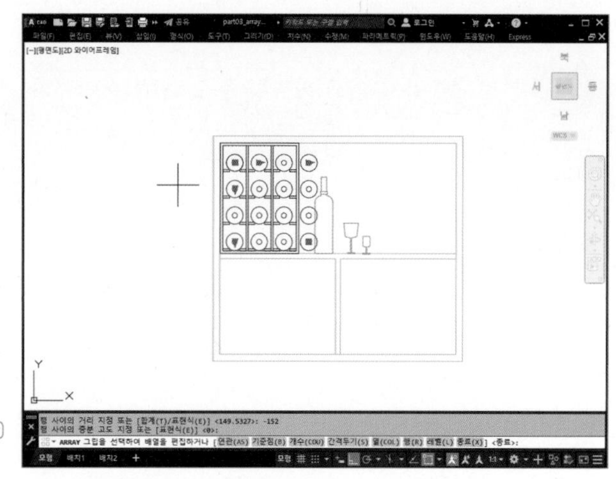

명령

배열 유형 입력 [직사각형(R)/경로(PA)/원형(PO)] <원형>: R Enter
유형=직사각형 연관=예
그립을 선택해 배열을 편집하거나 [연관(AS)/기준점(B)/개수(COU)/간격 두기(S)/열(COL)/행(R)/레벨(L)/종료(X)] <종료>: R Enter
행 수 입력 또는 [표현식(E)] <3>: 4 Enter
행 사이의 거리 지정 또는 [합계(T)/표현식(E)] <149.5327>: -152 Enter
행 사이의 증분 고도 지정 또는 [표현식(E)] <0>: Enter

03 열 방향 배열하기

❶ 열 방향 배열을 하기 위해 COL 옵션을 실행한 후 ❷ 열의 수, 거리를 지정하고 Enter를 누릅니다.

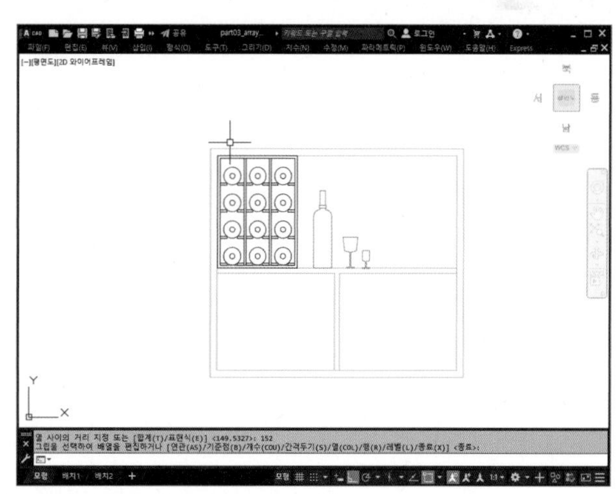

명령

그립을 선택해 배열을 편집하거나 [연관(AS)/기준점(B)/개수(COU)/간격 두기(S)/열(COL)/행(R)/레벨(L)/종료(X)] <종료>: COL Enter
열 수 입력 또는 [표현식(E)] <4>: 3 Enter
열 사이의 거리 지정 또는 [합계(T)/표현식(E)] <149.5327>: 152 Enter
그립을 선택해 배열을 편집하거나 [연관(AS)/기준점(B)/개수(COU)/간격 두기(S)/열(COL)/행(R)/레벨(L)/종료(X)] <종료>: Enter

04 숨어 있는 도면 보여 주기

❶ 도면층을 설정하기 위해 명령창에 **-LAYER**를 입력한 후 Enter를 누릅니다. ❷ 숨어 있는 레이어를 보여 주기 위해 T 옵션을 입력한 후 도면층의 이름을 입력하고 Enter를 두 번 누릅니다.

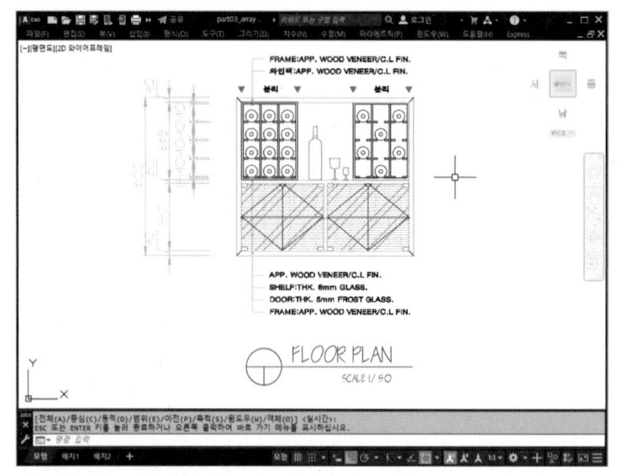

명령

명령: **-LAYER** Enter

현재 도면층: "0"
옵션 입력 [?/만들기(M)/설정(S)/새로 만들기(N)/이름 바꾸기(R)/켜기(ON)/끄기(OFF)/색상(C)/선 종류(L)/선 가중치(LW)/투명도(TR)/재료(MAT)/플롯(P)/동결(F)/동결 해제(T)/잠금(LO)/잠금 해제(U)/상태(A)/설명(D)/조절(E)/외부 참조(X)]: T Enter

동결 해제시킬 도면층의 이름 리스트 입력: 1 Enter
옵션 입력 [?/만들기(M)/설정(S)/새로 만들기(N)/이름 바꾸기(R)/켜기(ON)/끄기(OFF)/색상(C)/선 종류(L)/선 가중치(LW)/투명도(TR)/재료(MAT)/플롯(P)/동결(F)/동결 해제(T)/잠금(LO)/잠금 해제(U)/상태(A)/설명(D)/조절(E)/외부 참조(X)]: Enter

Section

04 벽시계 만들기

객체를 회전 방향으로 원하는 각도와 개수만큼 배열할 수 있습니다. ARRAY 명령의 POLAR 옵션을 사용하면 됩니다. 실무에서 많이 사용합니다.

Key Word ARRAY(POLAR), -LAYER　　예제 파일 part03_arrayp.dwg 완성 파일 part03_arraypc.dwg

01 객체 선택하기

❶ 도면을 불러오기 위해 명령창에 **OPEN** 명령을 입력한 후 Enter를 누릅니다. [선택 파일] 대화상자가 나타나면 Sample 폴더에 있는 part03_arrayp.dwg를 불러옵니다. ❷ 화면을 깨끗하게 정리하기 위해 Ctrl+0를 누릅니다. 객체를 배열하기 위해 **ARRAY** 명령을 실행한 후 배열할 객체를 선택하고 Enter를 누릅니다.

명령

명령: **OPEN** Enter

명령: **ARRAY**
객체 선택: C1 클릭
1개를 찾음
객체 선택: Enter

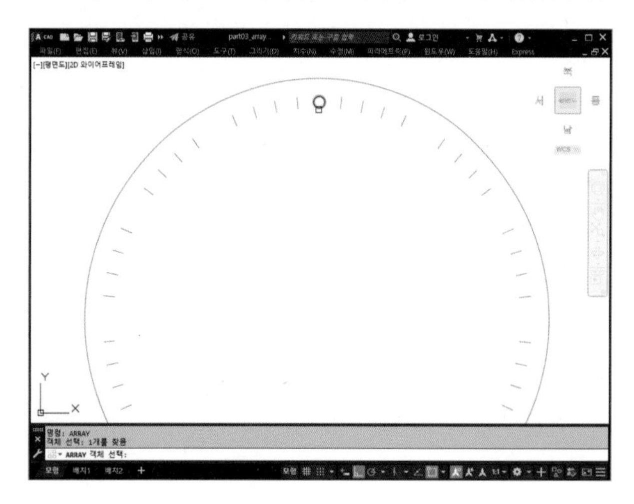

02 중심점 지정하기

원형 배열을 하기 위해 PO 옵션을 입력한 후 Enter를 누릅니다. ❶ 원의 중심점을 정확하게 정하기 위해 Shift를 누른 채로 마우스 오른쪽 버튼을 누른 후 ❷ 중심점을 선택합니다.

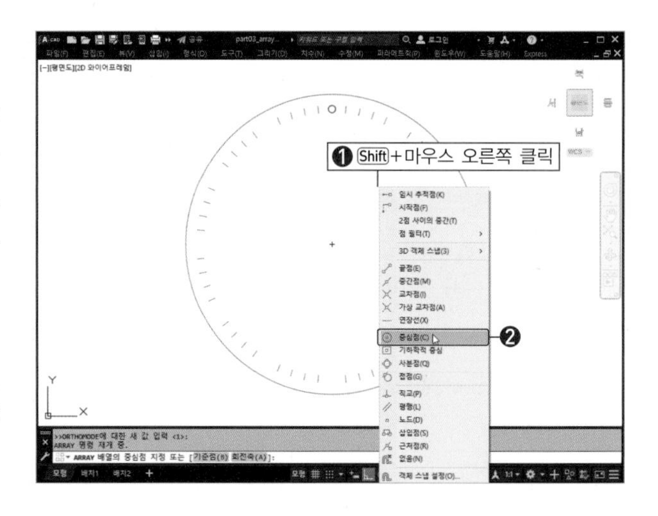

명령

배열 유형 입력 [직사각형(R)/경로(PA)/원형(PO)] <직사각형>: PO Enter
유형=원형 연관=예

03 배열 중심 지정하기

원형 배열의 중심점을 지정하기 위해 원을 클릭합니다.

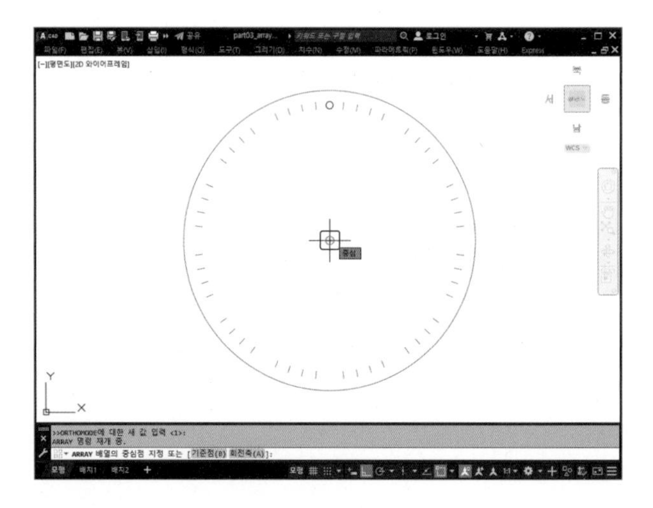

명령

배열의 중심점 지정 또는 [기준점(B)/회전축(A)]: _cen <-

04 회전 각도 입력하기

❶ 회전 각도를 입력하기 위해 F 옵션을 입력한 후 Enter를 누릅니다. ❷ 전체 회전 각도를 입력한 후 Enter를 누릅니다.

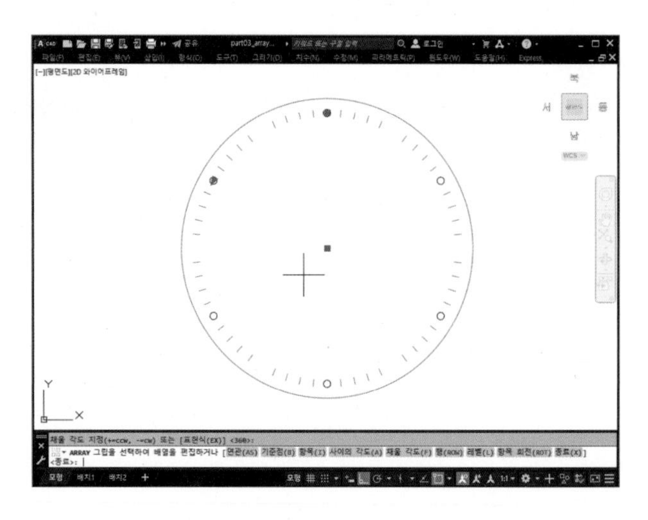

명령

그립을 선택해 배열을 편집하거나 [연관(AS)/기준점(B)/항목(I)/사이의 각도(A)/채울 각도(F)/행(ROW)/레벨(L)/항목 회전(ROT)/종료(X)]<종료>: F Enter
채울 각도 지정(+=ccw, -=cw) 또는 [표현식(EX)] <360>: Enter

05 원형 배열 수 입력하기

❶ 전체 회전 각도 내에 입력되는 수를 입력하기 위해 I 옵션을 입력한 후 Enter를 누릅니다. ❷ 배열 개수를 입력한 후 Enter를 누릅니다. 명령을 종료하기 위해 Enter를 한 번 더 누릅니다.

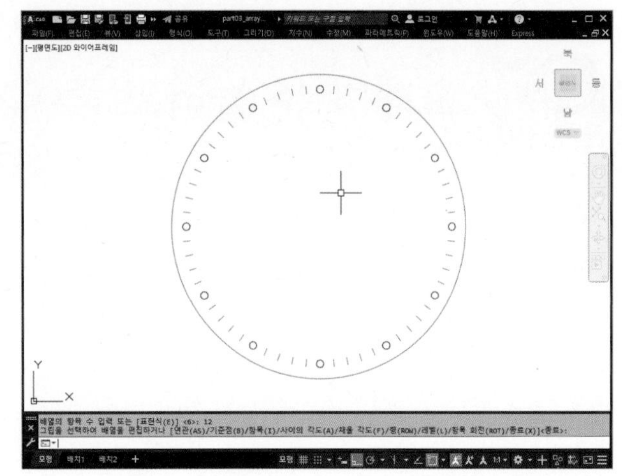

명령

그립을 선택해 배열을 편집하거나 [연관(AS)/기준점(B)/항목(I)/사이의 각도(A)/채울 각도(F)/행(ROW)/레벨(L)/항목 회전(ROT)/종료(X)]<종료>: I Enter

배열의 항목 수 입력 또는 [표현식(E)] <6>: 12 Enter

그립을 선택해 배열을 편집하거나 [연관(AS)/기준점(B)/항목(I)/사이의 각도(A)/채울 각도(F)/행(ROW)/레벨(L)/항목 회전(ROT)/종료(X)]<종료>: Enter

06 숨어 있는 도면 보여 주기

❶ 도면층을 설정하기 위해 명령창에 -LAYER를 입력한 후 Enter를 누릅니다. ❷ 숨어 있는 도면을 보여 주기 위해 T 옵션을 입력한 후 도면층의 이름을 입력하고 Enter를 두 번 누릅니다.

명령

명령: -LAYER Enter

현재 도면층: "0"

옵션 입력 [?/만들기(M)/설정(S)/새로 만들기(N)/이름 바꾸기(R)/켜기(ON)/끄기(OFF)/색상(C)/선 종류(L)/선 가중치(LW)/투명도(TR)/재료(MAT)/플롯(P)/동결(F)/동결 해제(T)/잠금(LO)/잠금 해제(U)/상태(A)/설명(D)/조절(E)]: T Enter

동결 해제시킬 도면층의 이름 리스트 입력: 1 Enter

옵션 입력 [?/만들기(M)/설정(S)/새로 만들기(N)/이름 바꾸기(R)/켜기(ON)/끄기(OFF)/색상(C)/선 종류(L)/선 가중치(LW)/투명도(TR)/재료(MAT)/플롯(P)/동결(F)/동결 해제(T)/잠금(LO)/잠금 해제(U)/상태(A)/설명(D)/조절(E)]: Enter

Section

05 노래방 문 늘리고 줄이기

객체를 다른 곳으로 이동해야 할 때는 MOVE 명령을 사용합니다. STRETCH 명령은 꼭짓점을 이동해 객체를 늘리거나 줄일 수 있게 해 주며 2차원뿐 아니라 3차원 도면을 편집할 때도 많이 사용합니다. 객체를 이동할 수 있는 MOVE 명령과 신축할 수 있는 STRETCH 명령에 대해 알아보겠습니다.

Key Word STRETCH   예제 파일 part03_stretch.dwg 완성 파일 part03_stretchc.dwg

01 왼쪽 벽체 늘리기

❶ 도면을 불러오기 위해 명령창에 **OPEN** 명령을 입력한 후 Enter를 누릅니다. [선택 파일] 대화상자가 나타나면 Sample 폴더에 있는 part03_stretch.dwg를 불러옵니다. ❷ 화면을 깨끗하게 정리하기 위해 Ctrl+0를 누릅니다. ❸ 객체를 신축하기 위해 명령창에 **STRETCH** 명령을 입력한 후 Enter를 누릅니다. ❹ 신축될 객체를 선택하기 위해 **객체 선택:**에 C를 입력하고 Enter를 누른 후 첫 번째 구석점과 반대 구석점을 지정한 다음 Enter를 누릅니다.

명령

명령: **OPEN** Enter
명령: **STRETCH** Enter
걸침 윈도우 또는 걸침 폴리곤만큼 신축할 객체 선택
객체 선택: C Enter
첫 번째 구석 지정: P1
반대 구석 지정: P2
5개를 찾음
객체 선택: Enter

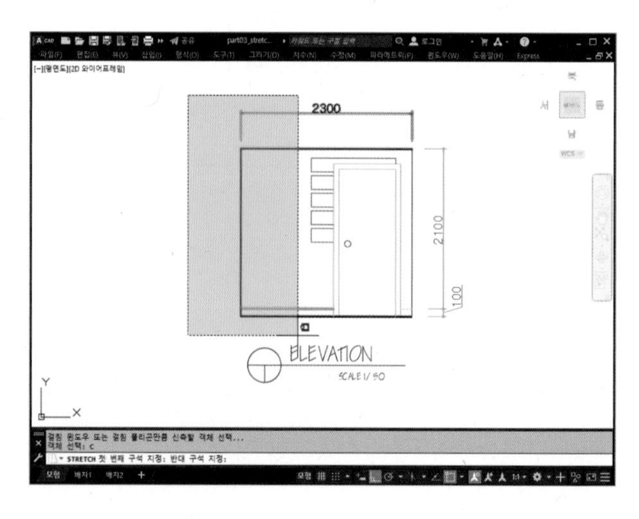

Point

STRETCH 명령에서 객체 선택은 반드시 교차 윈도우(C)나 교차 다각형(CP)으로 선택해야 합니다. CP는 Crossing Polygon으로, 다각형을 그리면 그려진 다각형에 걸친 것과 포함된 것이 모두 선택됩니다.

명령: Enter
명령창이 비어 있는 상태에서 Enter를 누르면 바로 전에 사용한 명령이 반복됩니다.

02 신축하기

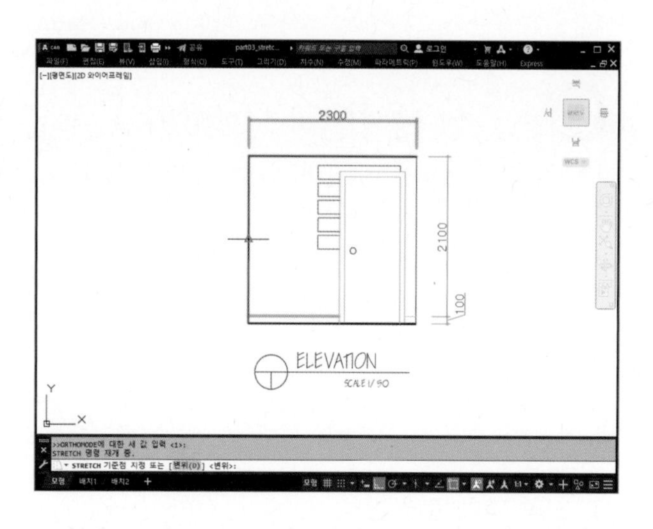

❶ 객체를 연장하기 위한 기준점을 지정한 후 ❷ 연장될 길이를 상대좌표로 입력하고 Enter를 누릅니다.

명령

기준점 지정 또는 [변위(D)] <변위>: P1
두 번째 점 지정 또는 <첫 번째 점을 변위로 사용>: @-700,0

03 오른쪽 벽체 늘리기

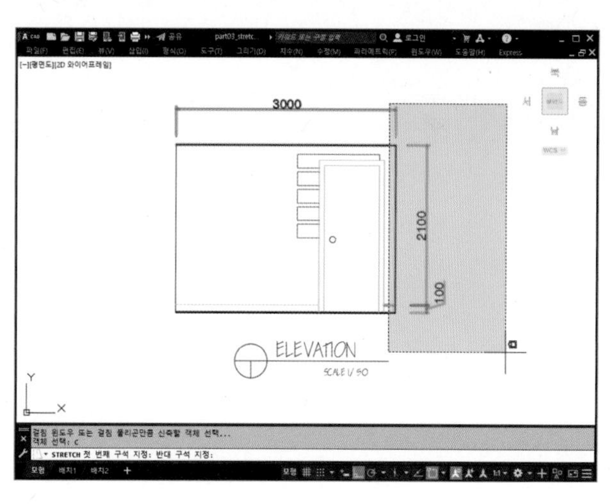

❶ 객체를 신축하기 위해 명령창에 STRETCH 명령을 입력한 후 Enter를 누릅니다. ❷ 신축될 객체를 선택하기 위해 **객체 선택:**에 C를 입력한 후 Enter를 누르고 첫 번째 구석점과 반대 구석점을 지정한 다음 Enter를 누릅니다.

명령

명령: **STRETCH** Enter
걸침 윈도우 또는 걸침 폴리곤만큼 신축할 객체 선택
객체 선택: C Enter
첫 번째 구석을 지정: P1 클릭
반대 구석 지정: P2 클릭
7개를 찾음
객체 선택: Enter

04 신축하기

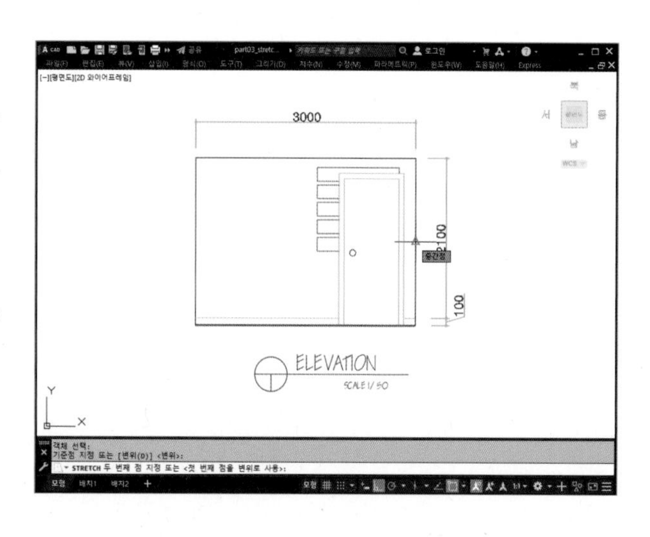

❶ 객체를 연장하기 위한 기준점을 지정한 후 ❷ 연장될 길이를 상대좌표로 입력하고 Enter를 누릅니다.

명령

기준점 지정 또는 [변위(D)] <변위>: P1 클릭
두 번째 점 지정 또는 <첫 번째 점을 변위로 사용>: @300,0 Enter
첫 번째 구석을 지정: P1 클릭
반대 구석 지정: P2 클릭
7개를 찾음
객체 선택: Enter

05 높이 길이 줄이기

❶ 객체를 신축하기 위해 명령창에 **STRETCH** 명령을 입력하고 Enter를 누릅니다. ❷ 신축될 객체를 선택하기 위해 **객체 선택:**에 C를 입력한 후 Enter를 누르고 첫 번째 구석점과 반대 구석점을 지정한 다음 Enter를 누릅니다.

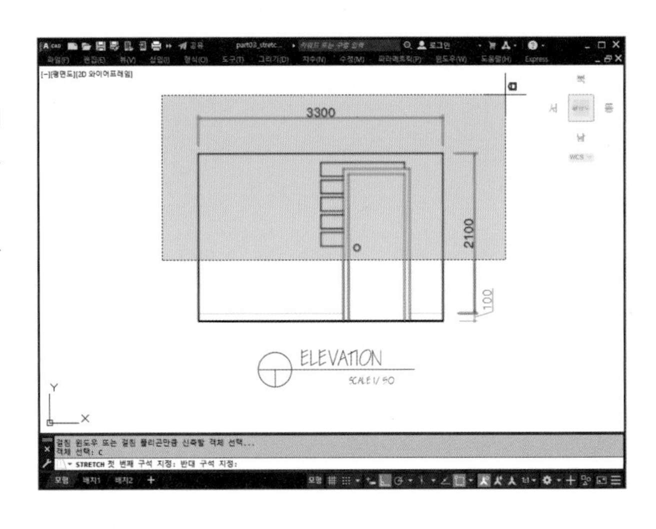

명령

명령: **STRETCH** Enter
걸침 윈도우 또는 걸침 폴리곤만큼 신축할 객체 선택
객체 선택: C Enter
첫 번째 구석을 지정: P1 클릭
반대 구석 지정: P2 클릭
9개를 찾음
객체 선택: Enter

06 신축하기

❶ 객체를 연장하기 위한 기준점을 지정한 후 ❷ 연장될 길이를 상대좌표로 입력하고 Enter를 누릅니다.

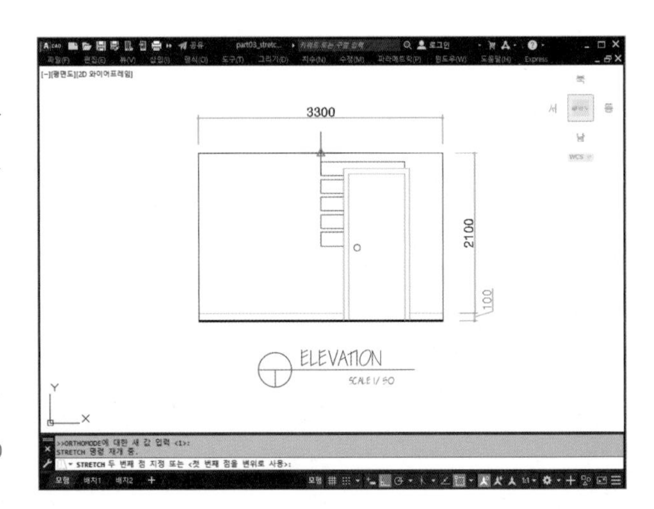

명령

기준점 지정 또는 [변위(D)] <변위>: P1 클릭
두 번째 점 지정 또는 <첫 번째 점을 변위로 사용>: @0,-500 Enter

LevelUP

MREDO 명령은 무엇인가요?

MREDO 명령을 사용하면 UNDO 또는 U 명령의 효과를 원하는 작업 수만큼 되돌리기할 수 있습니다. MREDO 명령의 실행 방법은 다음과 같습니다.

명령: MREDO ← 명령을 실행합니다.
작업의 수 입력 또는 [전체(A)/최종(L)]: ← 옵션을 지정하거나 양의 수를 입력한 후 Enter를 누릅니다.

MREDO 명령의 옵션은 다음과 같습니다.

- **[작업 수 입력]**: 되돌리기를 원하는 작업 수를 입력한 후 Enter를 누릅니다.
- **[전체]**: 이전 작업 모두를 되돌립니다.
- **[/최종(L)]**: 마지막 작업만을 되돌립니다.

Section

06 LENGTHEN으로 길이 조절하기

LENGTHEN은 객체의 길이를 늘리거나 줄이기 위해 사용하는 명령어입니다. 길이를 연장할 수 있는 EXTEND 명령은 경계 모서리가 반드시 있어야 하지만, LENGTHEN 명령은 경계 없이도 길이를 조절할 수 있습니다. 이번에는 객체의 길이를 조절할 수 있는 LENGTHEN 명령에 대해 알아보겠습니다.

Key Word **LENGTHEN** 예제 파일 **part03_lengthen.dwg** 완성 파일 **part03_lengthenc.dwg**

01 전체 길이 지정하기

❶ 도면을 불러오기 위해 명령창에 **OPEN** 명령을 입력한 후 Enter를 누릅니다. [선택 파일] 대화상자가 나타나면 Sample 폴더에 있는 part03_lengthen.dwg를 불러옵니다. ❷ 화면을 깨끗하게 정리하기 위해 Ctrl+0를 누릅니다. ❸ 객체의 길이를 조절하기 위해 명령창에 **LENGTHEN** 명령을 입력한 후 Enter를 누릅니다. 전체 길이를 조절하기 위해 T 옵션을 입력한 후 Enter를 누르고 전체 길이를 입력한 다음 Enter를 누릅니다.

명령

명령: **OPEN** Enter
명령: **LENGTHEN** Enter
측정할 객체 또는 [증분(DE)/퍼센트(P)/합계(T)/동적(DY)] 선택 <합계(T)>: T Enter
전체 길이 또는 [각도(A)] 지정 <500.0000>: 3000 Enter

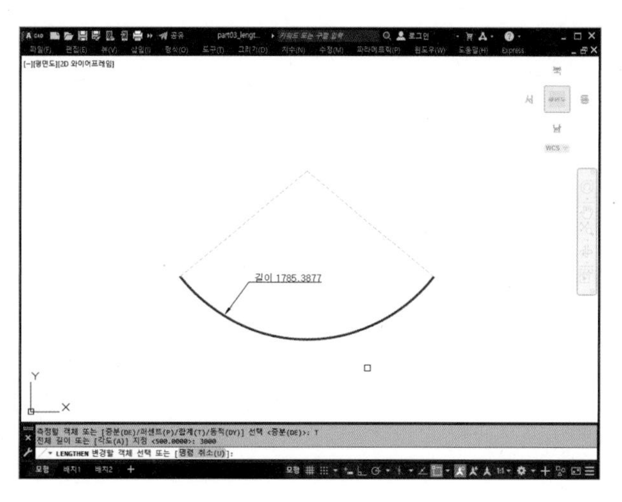

02 객체 선택하기

❶ 변경할 객체를 선택하기 위해 아래 호의 왼쪽 끝 지점을 클릭한 후 ❷ 명령을 종료하기 위해 Enter를 누릅니다.

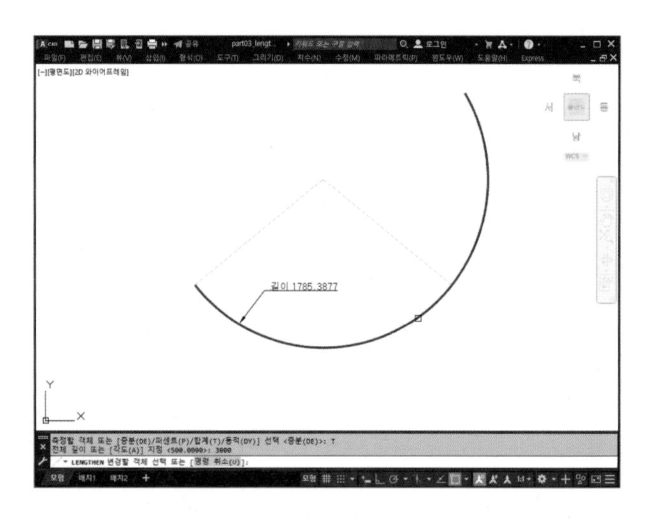

명령

변경할 객체 선택 또는 [명령 취소(U)]: C1 클릭
변경할 객체 선택 또는 [명령 취소(U)]: Enter

03 증분 길이 조절하기

❶ 객체의 길이를 조절하기 위해 명령창에 LENGTHEN 명령을 입력한 후 Enter를 누릅니다. ❷ 증분 길이를 조절하기 위해 DE 옵션을 입력한 후 Enter를 누르고 증분 길이를 입력한 다음 Enter를 누릅니다.

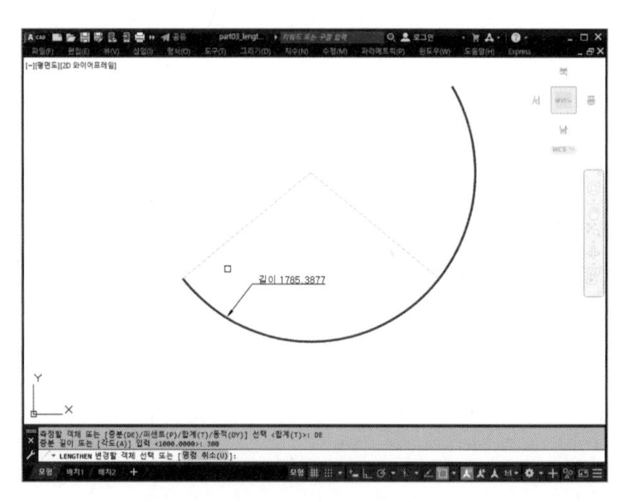

명령

명령: **LENGTHEN** Enter
측정할 객체 또는 [증분(DE)/퍼센트(P)/합계(T)/동적(DY)] 선택 <합계(T)>: DE Enter
증분 길이 또는 [각도(A)] 입력 <1000.0000>: 300Enter

04 객체 선택하기

❶ 변경할 객체를 선택하기 위해 아래 호의 사선 우측 끝 지점을 클릭한 후 ❷ 명령을 종료하기 위해 Enter를 누릅니다. 명령을 종료하지 않고 계속 클릭하면 같은 증분만큼 길이가 늘어납니다.

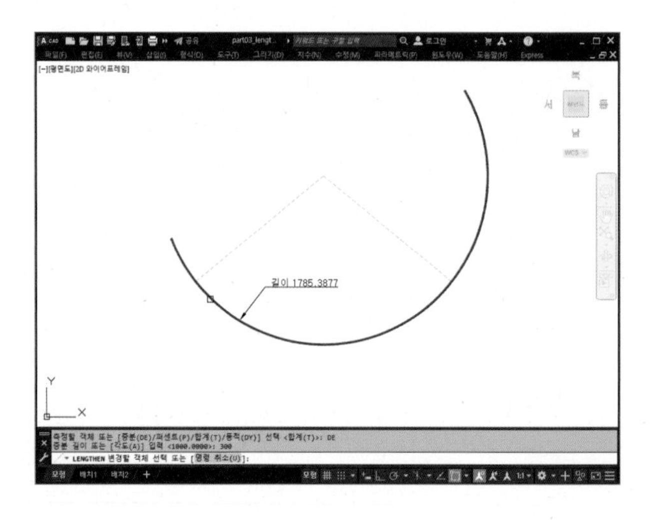

명령

변경할 객체 선택 또는 [명령 취소(U)]: C1 클릭
변경할 객체 선택 또는 [명령 취소(U)]: Enter

Special TIP

곡선, 직선의 길이를 내 맘대로 조절하기

LENGTHEN은 객체의 길이를 늘리거나 줄이기 위해 사용하는 명령어입니다. 길이를 연장할 수 있는 EXTEND 명령은 경계 모서리가 반드시 있어야 하지만, LENGTHEN 명령은 경계 없이도 길이를 조절할 수 있습니다. 객체의 길이를 조절할 수 있는 LENGTHEN 명령에 대해 알아보겠습니다.

1. LENGTHEN 명령의 사용 방법 알아보기

LENGTHEN 명령을 사용하기 위해서는 **LENGTHEN** 명령을 실행한 후 객체를 선택하거나 옵션을 선택해야 합니다. **LENGTHEN** 명령의 실행 방법은 다음과 같습니다. 단, **LENGTHEN** 명령은 닫힌 객체에는 영향을 미치지 않습니다. 또한 선택한 객체의 돌출 방향이 현재 사용자 좌표계의 Z축에 평행일 필요는 없습니다.

명령: **LENGTHEN** Enter ← 명령을 실행합니다.
측정할 객체 또는 [증분(DE)/퍼센트(P)/합계(T)/동적(DY)] 선택 <합계(T)>: ← 객체 선택 또는 옵션을 선택합니다.

2. Dynamic LENGTHEN 명령 알아보기

길이를 조절할 수 있는 **LENGTHEN** 명령에서 Dynamic 옵션은 선이나 호를 클릭해 끝점을 이동할 수 있게 합니다.

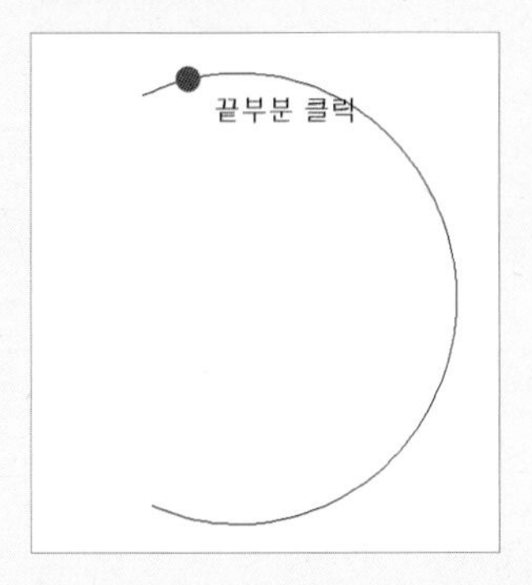

▲ [Dynamic] 옵션을 선택한 후 호의 끝부분을 클릭한 화면

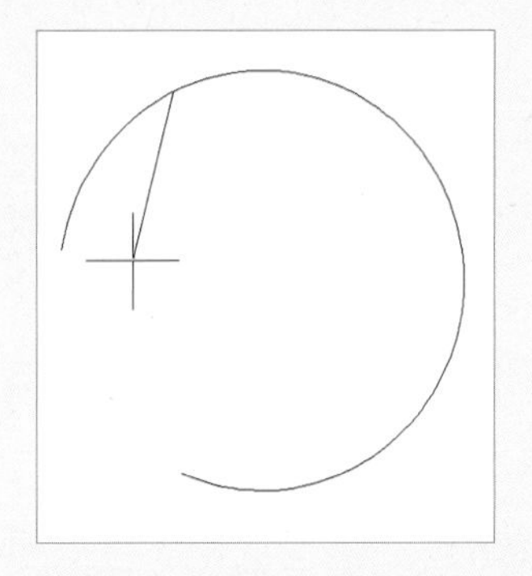

▲ 끝점을 자유롭게 이동해 길이를 조절한 화면

3. LENGTHEN 명령의 옵션 알아보기

객체의 길이와 호의 사이 각을 변경하기 위해 사용하는 **LENGTHEN** 명령에 대해 간단하게 정리하면 다음과 같습니다.

- **객체 선택**: 객체의 길이와 호 사이의 각을 조절하기 위한 객체를 선택합니다.
- **증분**: 선택 점에 가장 가까운 끝점으로부터 지정된 증분값만큼 객체의 길이를 변경합니다. 증분은 선택 점에 가장 가까운 끝점으로부터 지정된 증분값만큼 호의 각도도 변경합니다. 양수값이면 객체가 확대되고, 음수값이면 객체가 잘립니다.

- **증분 길이**: 지정된 증분값만큼 객체의 길이를 변경합니다. 길이를 측정하기 위해서는 **DIST** 명령을 실행하고 두 점을 클릭하면 됩니다.

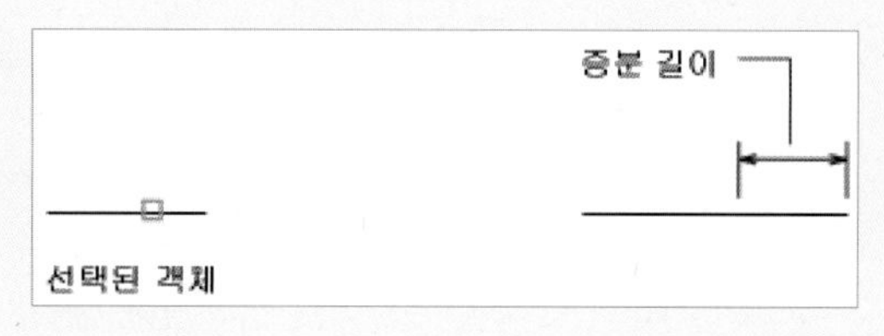

- **각도**: 선택된 호의 사이 각을 지정된 각도만큼 변경합니다.

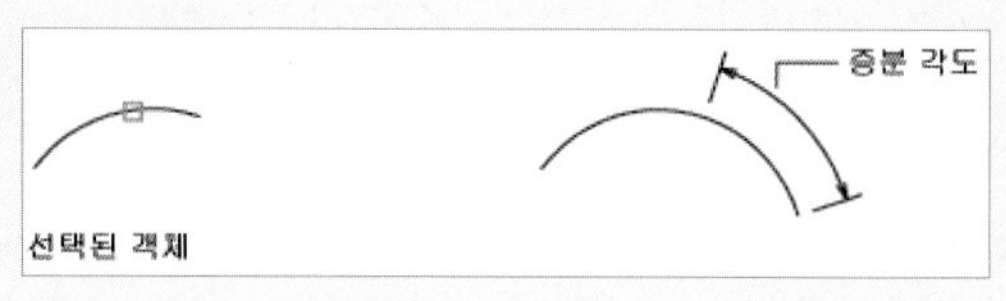

- **퍼센트**: 객체의 길이를 전체 길이에 대해 지정된 퍼센트로 설정합니다. 퍼센트는 호 전체 사이각의 지정된 퍼센트만큼 호의 각도도 변경합니다.
- **합계**: 고정된 끝점으로부터의 전체 절대 길이를 지정해 선택된 객체의 길이를 설정합니다. 합계는 지정된 전체 각도에 의해 호의 사이각도 설정합니다.
  - **전체 길이**: 선택 점에 가장 가까운 끝점으로부터 지정된 값으로, 객체의 길이를 조절합니다.

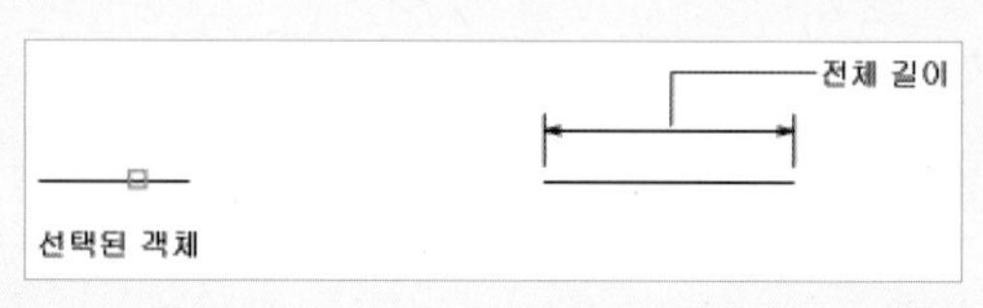

  - **각도**: 선택 점에 가장 가까운 끝점으로부터 지정된 각도로, 객체의 각도를 조절합니다.

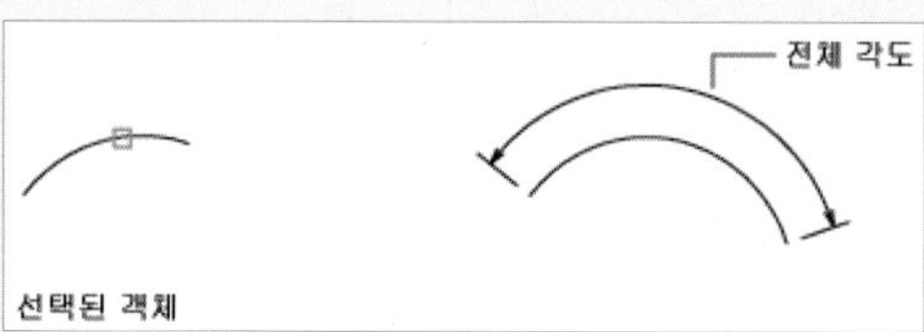

- **동적**: 동적 끌기 모드를 켭니다. 선택된 객체의 끝점 중 하나를 끌어 객체 길이를 변경할 수 있고 다른 끝점은 고정된 채로 유지됩니다.

Section

07 크기 변경하기

SCALE 명령을 사용해 세면대의 크기를 조절해 보겠습니다. 크기는 비율로 설정할 수 있으며 REFERENCE를 사용하면 상대적인 크기를 결정할 수 있습니다. 실무에서 많이 사용하는 기능이므로 확실하게 익혀 두기 바랍니다.

Key Word SCALE

예제 파일 part03_scale.dwg 완성 파일 part03_scalec.dwg

01 객체 선택하기

❶ 도면을 불러오기 위해 명령창에 **OPEN** 명령을 입력한 후 Enter를 누릅니다. [선택 파일] 대화상자가 나타나면 Sample 폴더에 있는 part03_scale.dwg를 불러옵니다. ❷ 화면을 깨끗하게 정리하기 위해 Ctrl+0를 누릅니다. ❸ 객체의 크기를 변경하기 위해 **SCALE** 명령을 실행한 후 객체 선택을 위해 첫 번째 구석점과 반대 구석점을 지정하고 Enter를 누릅니다.

명령

명령: **OPEN** Enter
명령: **SCALE** Enter
객체 선택: P1 클릭
반대 구석 지정: P2 클릭
4개를 찾음

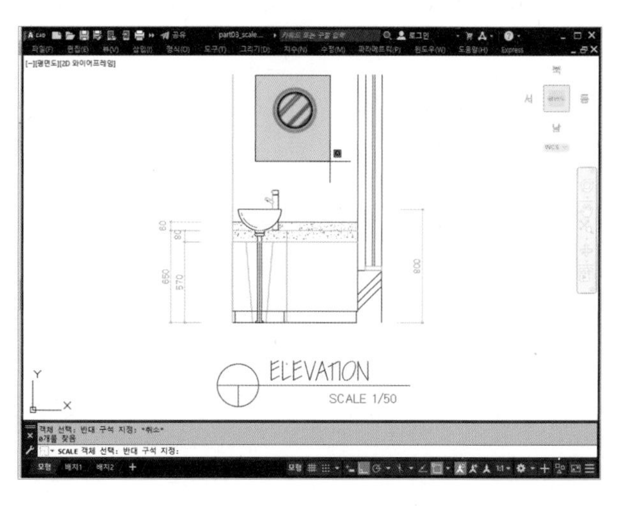

02 크기 비율 지정하기

❶ 크기를 조절하기 위한 기준점을 지정한 후 ❷ 축척 비율을 입력합니다.

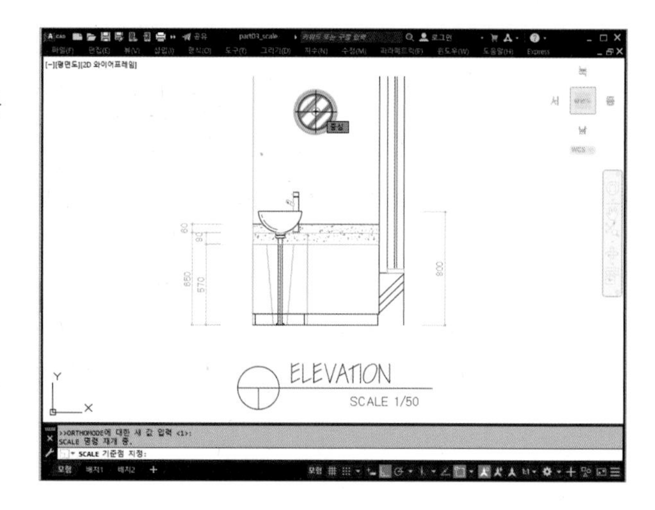

명령

객체 선택: Enter
기준점 지정: P1 클릭
축척 비율 지정 또는 [복사(C)/참조(R)]: 2 Enter

Point

축척 요인(Scale Factor)은 1을 기준으로 합니다. 즉, '0.5'를 입력하면 객체가 1/2배 축소되며 '2'를 입력하면 객체가 2배 커집니다. 다시 말해, 객체의 크기가 1을 기준으로 변경되는 것입니다.

LevelUP

대충 그린 선을 다른 선의 길이와 딱 맞추는 방법은 없나요?

임의로 그린 선의 길이를 다른 선의 길이와 정확히 맞추기 위해서는 **SCALE** 명령의 R 옵션을 사용하면 됩니다. **SCALE** 명령을 실행한 후 크기를 조절할 객체(선)를 선택하고 Enter를 누릅니다. 기준점을 지정한 후 R 옵션을 입력하고 P1과 P2를 지정해 선택한 선의 길이를 추출합니다. P 옵션을 입력한 후 첫 번째 점과 두 번째 점을 지정해 다른 선의 길이를 추출하면 선택한 선의 길이가 새로운 선의 길이로 딱 맞춰진 것을 확인할 수 있습니다.

명령: **SCALE** Enter
객체 선택: 선 클릭
1개를 찾음
객체 선택: Enter
기준점 지정: 기준점 클릭
축척 비율 지정 또는 [복사(C)/참조(R)] <1.0000>: R Enter
참조 길이 지정 <1.0000>: P1 클릭
두 번째 점을 지정: P2 클릭
새 길이 지정 또는 [점(P)] <1.0000>: P Enter
첫 번째 점 지정: P3 클릭
두 번째 점을 지정: P4 클릭

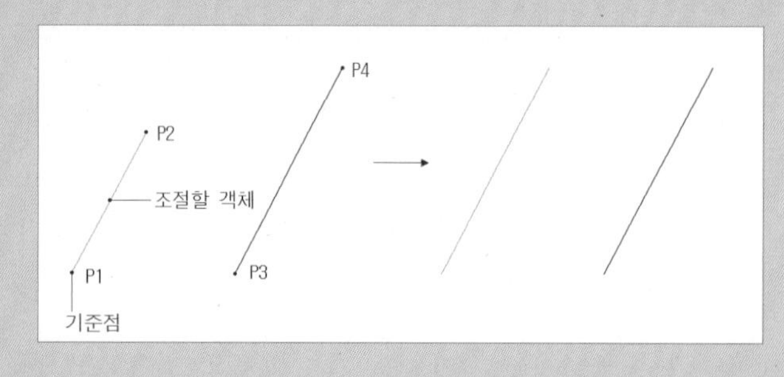

Section

08 복사하고 연장하고 잘라 경비실 정면도 완성하기

AutoCAD의 편집 명령 중 TRIM, EXTEND, OFFSET과 BREAK, EXPLODE, JOIN은 도면을 작성할 때 필수적으로 사용하는 편집 명령어입니다. 이 중 TRIM, EXTEND, OFFSET 명령을 모르면 객체 편집에 많은 어려움이 있으므로 사용법을 확실하게 익히기 바랍니다.

Key Word OFFSET, TRIM, EXTEND, CHPROP

예제 파일 part03_ote.dwg 완성 파일 part03_otec.dwg

01 평행 복사하기

❶ 도면을 불러오기 위해 명령창에 **OPEN** 명령을 입력한 후 Enter를 누릅니다. [선택 파일] 대화상자가 나타나면 Sample 폴더에 있는 part03_ote.dwg를 불러옵니다. ❷ 화면을 깨끗하게 정리하기 위해 Ctrl+0를 누릅니다. ❸ 객체를 평행 복사하기 위해 **OFFSET** 명령을 실행한 후 간격 띄우기 거리를 지정합니다. ❹ 간격 띄우기할 객체를 선택합니다.

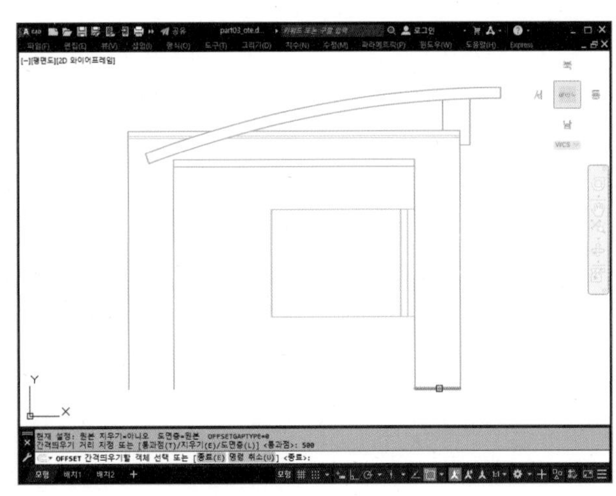

명령

명령: **OPEN** Enter

명령: **OFFSET** Enter

현재 설정: 원본 지우기=아니요 도면층=원본 OFFSETGAPTYPE=0

간격 띄우기 거리 지정 또는 [통과점(T)/지우기(E)/도면층(L)] <통과점>: 500 Enter

간격 띄우기할 객체 선택 또는 [종료(E)/명령 취소(U)] <종료>: C1 클릭

02 방향 지정하기

간격 띄우기할 방향을 지정합니다.

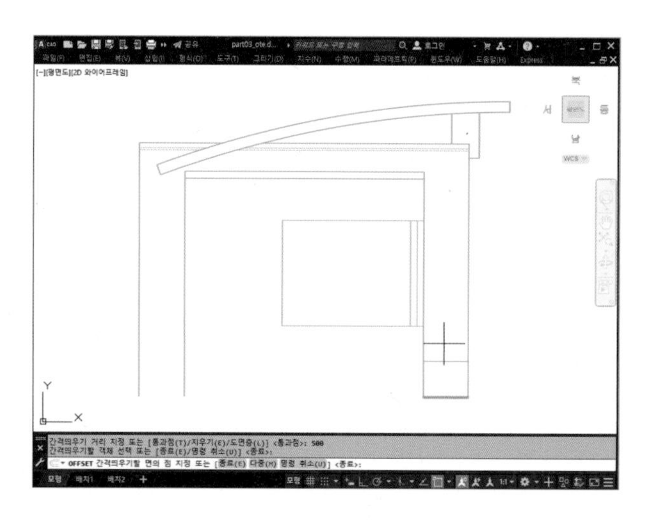

명령

간격 띄우기할 면의 점 지정 또는 [종료(E)/다중(M)/명령 취소(U)] <종료>: P1 클릭

03 다시 평행 복사하기

다시 한 번 간격 띄우기할 객체를 선택합니다.

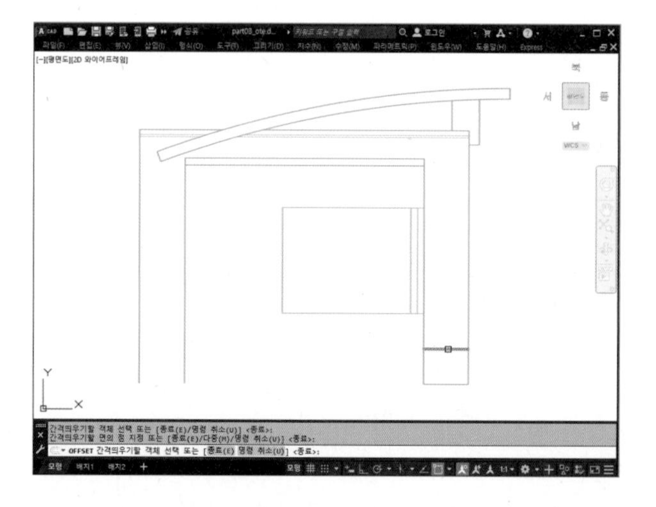

명령

간격 띄우기할 객체 선택 또는 [종료(E)/명령 취소(U)] <종료>: C1 클릭

04 방향 지정하기

간격 띄우기할 방향을 지정합니다.

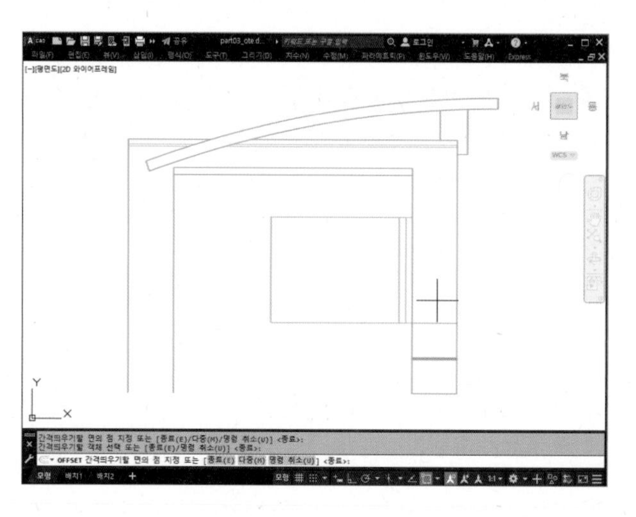

명령

간격 띄우기할 면의 점 지정 또는 [종료(E)/다중(M)/명령 취소(U)] <종료>: P1 클릭

05 반복 실행하기

❶ 앞과 같은 방법으로 평행 복사된 수평선을 4번 아래 방향으로 평행 복사한 후 ❷ 명령을 종료하기 위해 Enter를 누릅니다.

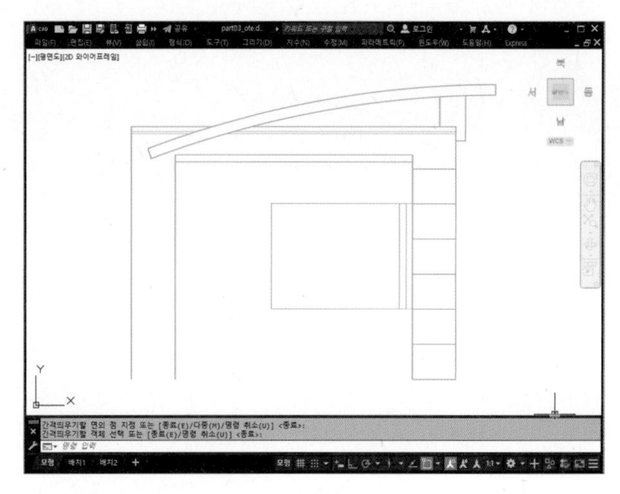

명령

간격 띄우기할 객체 선택 또는 [종료(E)/명령 취소(U)] <종료>: C1
간격 띄우기할 면의 점 지정 또는 [종료(E)/다중(M)/명령 취소(U)] <종료>: P1
간격 띄우기할 객체 선택 또는 [종료(E)/명령 취소(U)] <종료>: C2
간격 띄우기할 면의 점 지정 또는 [종료(E)/다중(M)/명령 취소(U)] <종료>: P2
간격 띄우기할 객체 선택 또는 [종료(E)/명령 취소(U)] <종료>: C3
간격 띄우기할 면의 점 지정 또는 [종료(E)/다중(M)/명령 취소(U)] <종료>: P3
간격 띄우기할 객체 선택 또는 [종료(E)/명령 취소(U)] <종료>: C4
간격 띄우기할 면의 점 지정 또는 [종료(E)/다중(M)/명령 취소(U)] <종료>: P4
간격 띄우기할 객체 선택 또는 [종료(E)/명령 취소(U)] <종료>: Enter

06 색상 변경하기

❶ 평행 복사된 선의 색상을 변경하기 위해 명령창에 CHPROP 명령을 입력한 후 Enter를 누릅니다. ❷ **객체 선택:**에 C를 입력한 후 Enter를 누르고 첫 번째 구석점과 반대 구석점을 지정한 다음 Enter를 누릅니다. ❸ 색상을 변경하기 위해 C 옵션을 입력한 후 Enter를 누르고 새 색상 번호를 입력한 다음 Enter를 두 번 누릅니다.

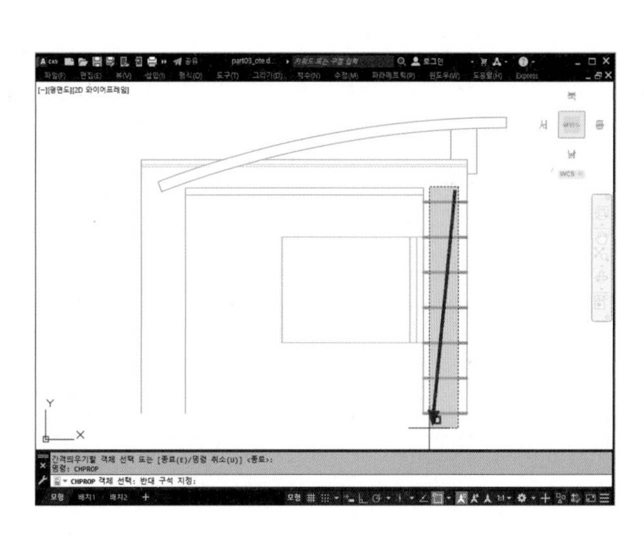

명령

명령: **CHPROP** Enter
객체 선택: P1
반대 구석 지정: P2
7개를 찾음

객체 선택: Enter
변경할 특성 입력 [색상(C)/도면층(LA)/선 종류(LT)/선 종류 축척(S)/선 가중치(LW)/두께(T)/투명도(TR)/재료(M)/주석(A)]: C
새 색상 [트루컬러(T)/색상표(CO)] <3 (초록색)>: 9 Enter
변경할 특성 입력 [색상(C)/도면층(LA)/선 종류(LT)/선 종류 축척(S)/선 가중치(LW)/두께(T)/투명도(TR)/재료(M)/주석(A)]: Enter

LevelUP

OFFSET 명령은 무엇인가요?

선, 호, 폴리선, 다각형, 원, 스플라인 등을 일정한 간격으로 평행 복사할 수 있는 **OFFSET** 명령은 매우 중요하므로 사용 방법과 옵션을 알아보겠습니다.

• OFFSET 명령 사용 방법

객체를 평행 복사하기 위해 **OFFSET** 명령을 실행한 후 객체를 선택하고 간격 띄우기 거리를 지정하거나 옵션을 입력합니다. 그런 다음 평행 복사할 객체를 선택한 후 방향점을 지정하고 Enter를 누릅니다.

명령: **OFFSET** ← 명령을 실행합니다.
현재 설정: 원본 지우기=아니요 도면층=원본 OFFSETGAPTYPE=0
간격 띄우기 거리 지정 또는 [통과점(T)/지우기(E)/도면층(L)] <통과점>: ← 거리를 입력하거나 옵션을 입력합니다.
간격 띄우기할 객체 선택 또는 [종료(E)/명령 취소(U)] <종료>: ← 객체를 선택하거나 옵션을 입력합니다.
간격 띄우기할 면의 점 지정 또는 [종료(E)/다중(M)/명령 취소(U)] <종료>:← 방향점을 지정하거나 옵션을 입력 또는 Enter를 누릅니다.

• OFFSET 명령에 대한 옵션

객체를 평행 복사할 수 있는 **OFFSET** 명령에 대한 옵션은 다음과 같습니다.

- **간격 띄우기 거리**: 간격 띄우기할 거리를 입력합니다.
- **통과 점**: 지정한 점을 통과하는 객체를 작성합니다.

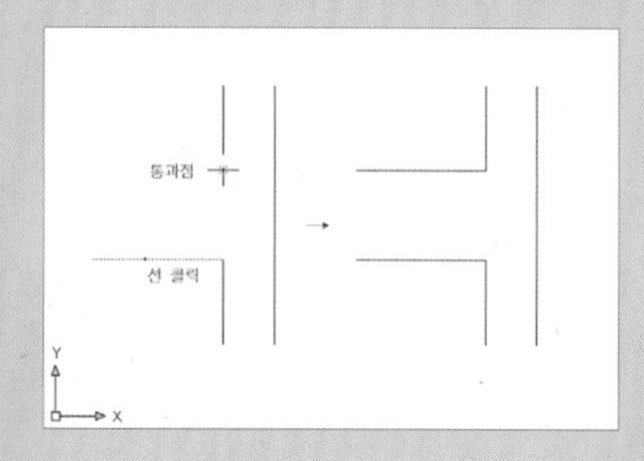

- **지우기**: 원본 객체를 간격 띄우기한 후 지웁니다.
  간격 띄우기 후 원본 객체를 지우시겠습니까? [예(Y)/아니요(N)] <아니요>: **Y** 또는 **N**을 입력합니다.

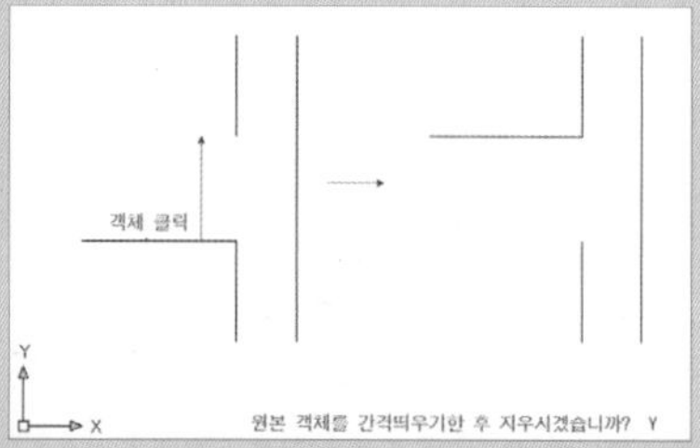

- **도면층**: 간격 띄우기 객체를 현재 도면층에서 생성할 것인지, 원본 객체의 도면층에서 생성할 것인지 여부를 결정합니다.
- **끝내기**: OFFSET 명령을 끝냅니다.
- **다중**: 다중 간격 띄우기 모드를 입력하면 간격 띄우기 작업을 반복하고 추가 통과 점을 승인합니다.
- **명령 취소**: 이전 간격 띄우기를 되돌립니다.

07 연장하기

❶ 객체를 연장하기 위해 명령창에 **EXTEND** 명령을 입력한 후 경계 모서리를 지정하기 위해 B 옵션을 입력하고 Enter를 누릅니다. ❷ **객체 선택:**에서 경계 모서리인 수직선을 클릭한 후 Enter를 누릅니다.

명령

명령: EXTEND Enter
현재 설정: 투영=UCS, 모서리=없음, 모드=빠른 작업
연장할 객체 선택 또는 Shift를 누른 채로 선택해 자르기 또는 [경계 모서리(B)/걸치기(C)/모드(O)/프로젝트(P)]: B Enter

현재 설정: 투영=UCS, 모서리=없음, 모드=빠른 작업
경계 모서리 선택
객체 선택 또는 <모두 선택>: C1 클릭
1개를 찾음
객체 선택: Enter

08 첫 번째 선 연장하기

객체를 연장하기 위해 회색의 첫 번째 선 왼쪽 부분을 클릭합니다.

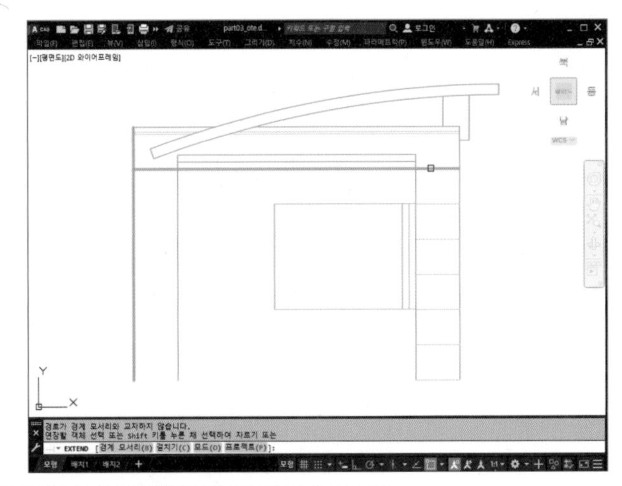

명령

연장할 객체 선택 또는 Shift를 누른 채로 선택해 자르기 또는 [경계 모서리(B)/걸치기(C)/모드(O)/프로젝트(P)]: C1 클릭

09 모두 연장하기

❶ 나머지 선을 모두 연장하기 위해 연장할 객체 선택 또는 Shift를 누른 채로 **선택해 자르기 또는 [경계 모서리(B)/걸치기(C)/모드(O)/프로젝트(P)/명령 취소(U)]:**에 F 옵션을 입력하고 Enter를 누릅니다. ❷ 첫 번째 울타리 점과 다음 울타리 점을 지정한 후 Enter를 두 번 누릅니다.

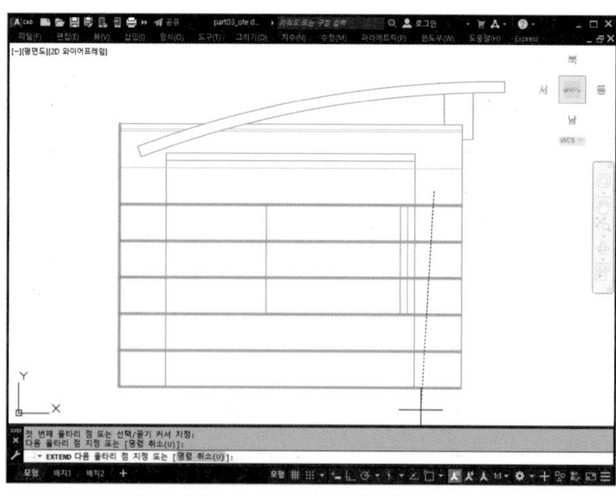

명령

연장할 객체 선택 또는 Shift를 누른 채로 선택해 자르기 또는 [경계 모서리(B)/걸치기(C)/모드(O)/프로젝트(P)/명령 취소(U)]: F Enter
첫 번째 울타리 점 또는 선택/끌기 커서 지정: P1
다음 울타리 점 지정 또는 [명령 취소(U)]: P2
다음 울타리 점 지정 또는 [명령 취소(U)]: Enter
다음 울타리 점 지정 또는 [명령 취소(U)]: Enter

Point

F(Fence) 옵션
객체 선택:에서 F 옵션을 사용하면 선에 닿는 모든 객체가 선택됩니다.

LevelUP

EXTEND 명령의 사용 방법이 궁금해요

EXTEND 명령의 실행 방법은 다음과 같습니다.

명령: **EXTEND** Enter ← 명령을 실행합니다.
현재 설정값: 투영=UCS 모서리=연장
경계 모서리 선택
객체 선택 또는 <모두 선택>: ← 경계 모서리를 선택합니다.
저장할 객체 선택 또는 Shift를 누른 채로 선택해 자르기 또는 [경계 모서리(B)/걸치기(C)/모드(O)/프로젝트(P)/명령 취소(U)]: ← 연장할 객체를 선택합니다.

10 절단하기

❶ 객체를 절단하기 위해 명령창에 TRIM 명령을 실행합니다. ❷ 경계 모서리를 지정하기 위해 T 옵션을 입력한 후 Enter를 누르고 1개의 경계 모서리를 클릭합니다.

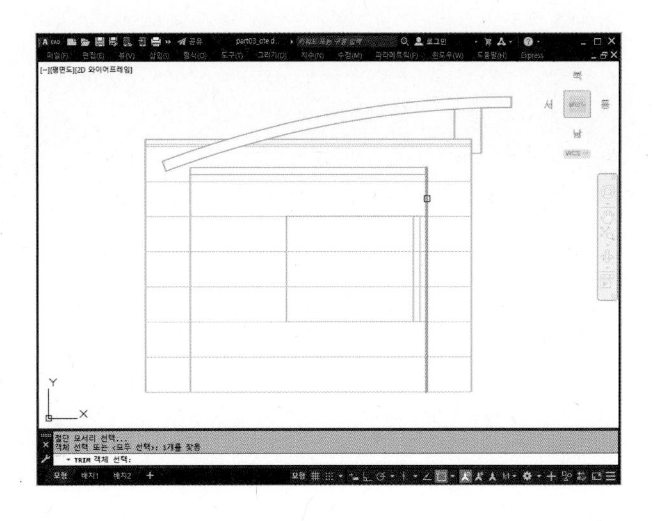

명령

명령: **TRIM** Enter
현재 설정: 투영=UCS, 모서리=없음, 모드=빠른 작업
자를 객체를 선택하거나 Shift를 누른 채로 객체를 선택해 확장 또는 [절단 모서리(T)/걸치기(C)/모드(O)/프로젝트(P)/지우기(R)]: T Enter

현재 설정: 투영=UCS, 모서리=없음, 모드=빠른 작업
절단 모서리 선택
객체 선택 또는 <모두 선택>: C1 클릭
1개를 찾음

11 두 번째 경계선 지정하기

❶ 두 번째 경계 모서리를 지정한 후 ❷ Enter를 누릅니다.

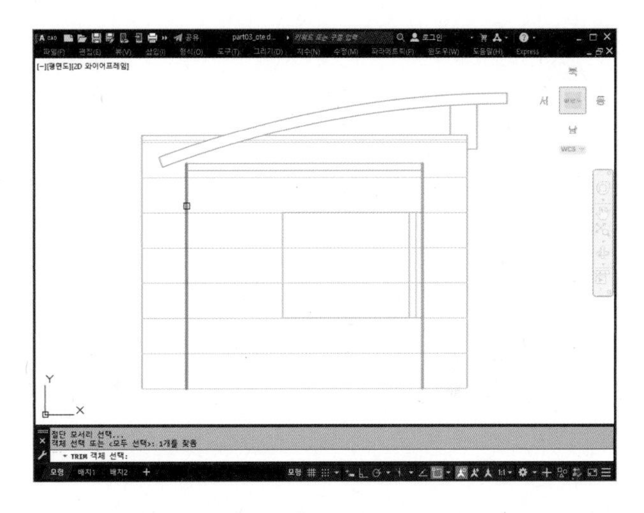

명령

객체 선택: C2 클릭
1개를 찾음, 총 2개
객체 선택: Enter

12 첫 번째 자르기

첫 번째로 자를 객체를 클릭합니다.

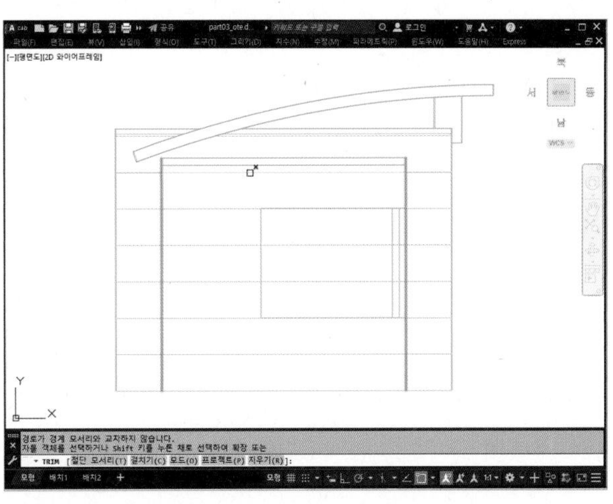

명령

자를 객체를 선택하거나 Shift를 누른 채로 객체를 선택해 확장 또는 [절단 모서리(T)/걸치기(C)/모드(O)/프로젝트(P)/지우기(R)]: C1 클릭

13 두 번째 자르기

객체를 자르기 위해 두 번째 선분을 클릭합니다.

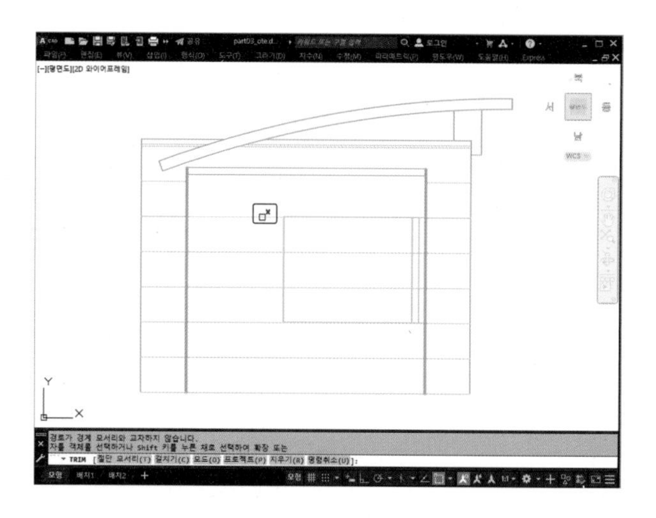

명령

자를 객체를 선택하거나 Shift를 누른 채로 객체를 선택해 확장 또는 [절단 모서리(T)/걸치기(C)/모드(O)/프로젝트(P)/지우기(R)/명령 취소(U)]: C1 클릭

14 한꺼번에 자르기

❶ 선에 닿는 객체를 모두 자르기 위해 F 옵션을 입력한 후 Enter를 누르고 ❷ 첫 번째 울타리 점과 다음 울타리 점을 지정한 다음 Enter를 누릅니다. 명령을 종료하기 위해 Enter를 누릅니다.

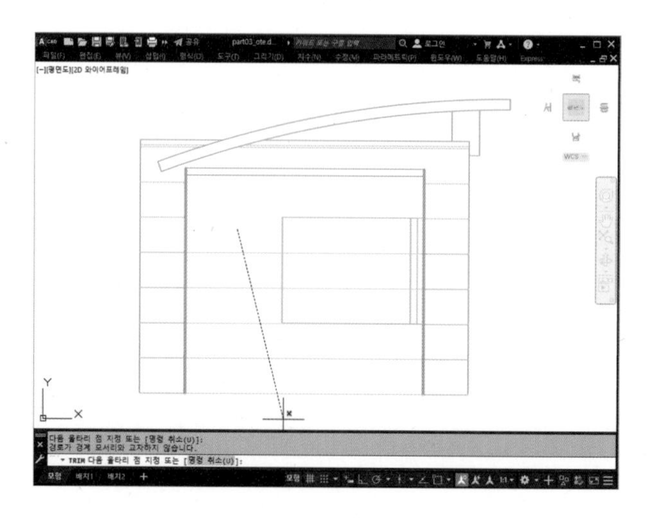

명령

자를 객체를 선택하거나 Shift를 누른 채로 객체를 선택해 확장 또는 [절단 모서리(T)/걸치기(C)/모드(O)/프로젝트(P)/지우기(R)/명령 취소(U)]: F Enter
첫 번째 울타리 점 또는 선택/끌기 커서 지정: P1
다음 울타리 점 지정 또는 [명령 취소(U)]: P2
자를 객체를 선택하거나 Shift를 누른 채로 객체를 선택해 확장 또는 [절단 모서리(T)/걸치기(C)/모드(O)/프로젝트(P)/지우기(R)/명령 취소(U)]: Enter

15 확인하기

절단 모서리를 기준으로 선이 잘린 것을 확인할 수 있습니다.

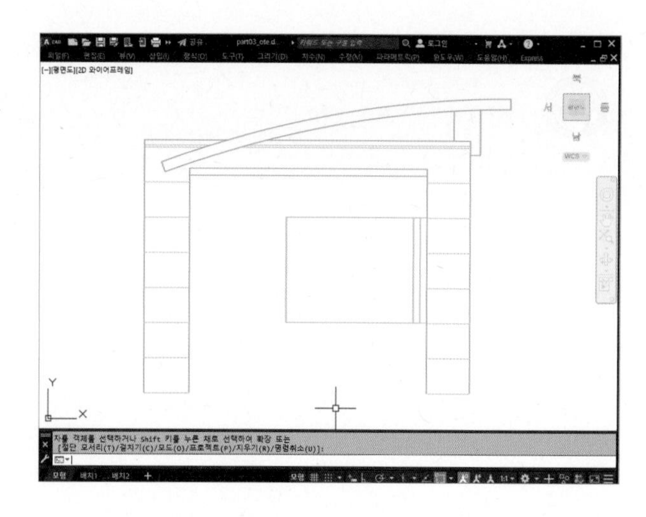

16 평행 복사

오른쪽 벽 부분의 매지 라인을 만들기 위해 OFFSET 명령을 사용해 절단된 선을 아래 방향으로 30만큼 복사합니다.

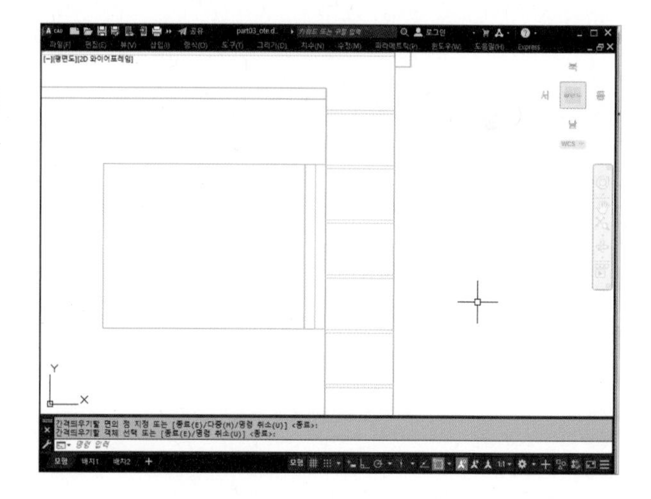

17 평행 복사

왼쪽 벽 매지 라인도 OFFSET 명령을 사용해 절단된 선을 아래 방향으로 30만큼 복사합니다.

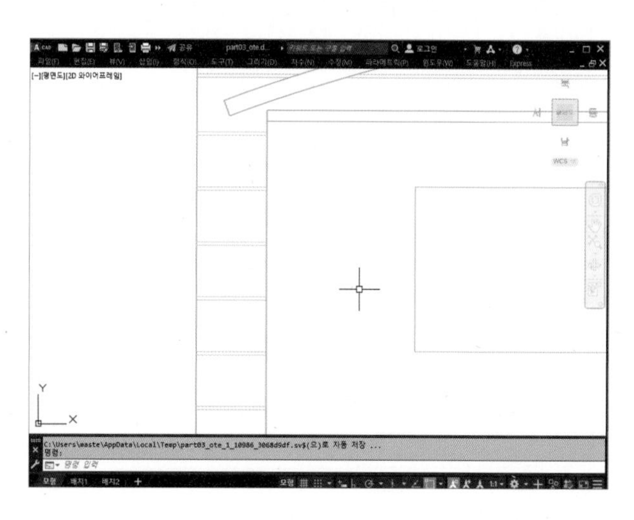

18 바닥 선 만들기

❶ 바닥 선을 만들기 위해 LINE 명령을 실행합니다. ❷ 첫 번째 점과 두 번째 점을 지정한 후 Enter를 누릅니다.

명령

명령: **LINE** Enter
첫 번째 점 지정: P1 클릭
다음 점 지정 또는 [명령 취소(U)]: P2 클릭
다음 점 지정 또는 [명령 취소(U)]: Enter

19 숨어 있는 도면 보여 주기

❶ 도면층을 설정하기 위해 명령창에 **-LAYER**를 입력한 후 Enter를 누릅니다. ❷ 숨어 있는 도면을 보여 주기 위해 T 옵션을 입력한 후 도면층의 이름을 입력하고 Enter를 두 번 누릅니다.

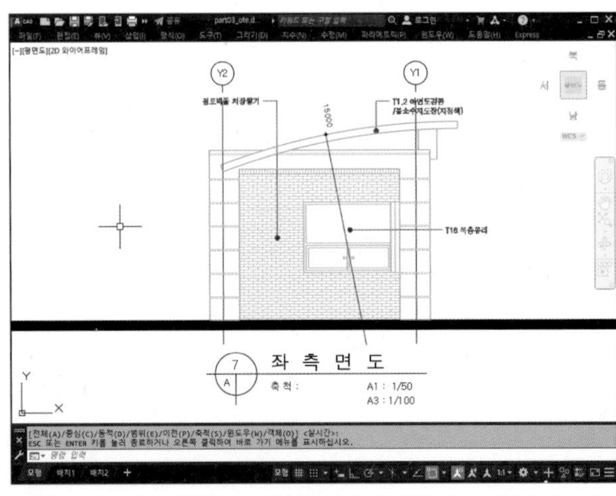

명령

명령: **-LAYER** Enter
현재 도면층: "0"
옵션 입력 [?/만들기(M)/설정(S)/새로 만들기(N)/이름 바꾸기(R)/켜기(ON)/끄기(OFF)/색상(C)/선 종류(L)/선 가중치(LW)/투명도(TR)/재료(MAT)/플롯(P)/동결(F)/동결 해제(T)/잠금(LO)/잠금 해제(U)/상태(A)/설명(D)/조절(E)/외부 참조(X)]: T Enter
동결 해제시킬 도면층의 이름 리스트 입력: 1 Enter
옵션 입력 [?/만들기(M)/설정(S)/새로 만들기(N)/이름 바꾸기(R)/켜기(ON)/끄기(OFF)/색상(C)/선 종류(L)/선 가중치(LW)/투명도(TR)/재료(MAT)/플롯(P)/동결(F)/동결 해제(T)/잠금(LO)/잠금 해제(U)/상태(A)/설명(D)/조절(E)/외부 참조(X)]: Enter

Level UP

BREAK의 실행 방향에 대해 알고 싶어요

BREAK 명령을 사용해 원의 일부분을 끊을 경우, 시계 반대 방향으로 클릭해야 원하는 부분을 끊을 수 있습니다. ❶번 그림은 시계 방향(CW)으로 첫 번째 점과 두 번째 점을 클릭한 경우, ❷ 번 그림은 반시계 방향(CCW)으로 첫 번째 점과 두 번째 점을 클릭한 경우입니다.

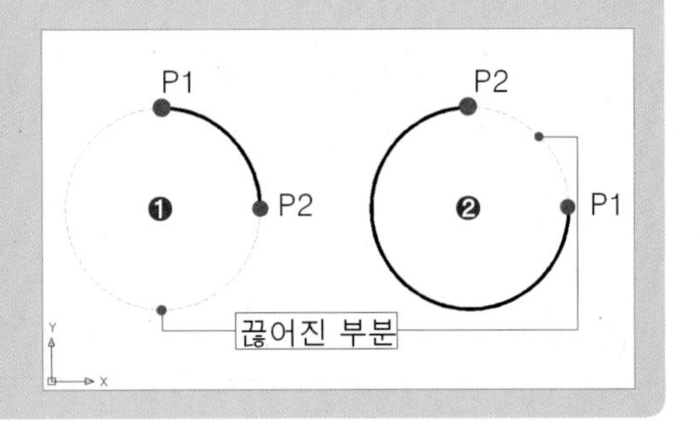

LevelUP

TRIM 명령의 사용 방법에 대해 알고 싶어요

TRIM 명령의 실행 방법은 다음과 같습니다.

명령: TRIM Enter ← 명령을 실행합니다.
현재 설정값: 투영=UCS 모서리=연장
절단 모서리 선택
객체 선택 또는 <모두 선택>: ← 절단 모서리를 선택합니다.

자를 객체를 선택하거나 Shift를 누른 채로 객체를 선택해 확장 또는 [절단 모서리(T)/걸치기(C)/모드(O)/프로젝트(P)/지우기(R)/명령 취소(U)]:
← 자를 객체를 선택합니다.

LevelUP

절단 모서리를 지정하지 않으면 어떻게 되나요?

객체의 일부분을 자를 수 있는 **TRIM** 명령을 실행하면 모든 선분이 경계선이 됩니다. 이는 일시적으로 사용하기에 편리하지만, 잔선이 많이 남을 수 있으므로 필요한 부분만을 남기고 절단하기 위해서는 직접 절단 모서리(T)를 선택하는 것이 좋습니다.

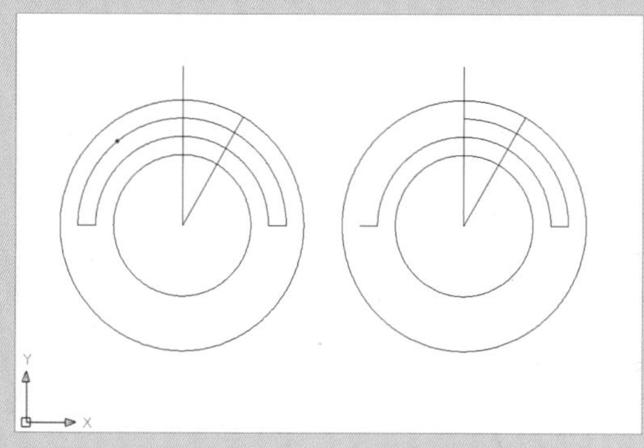

▲ 절단 모서리를 선택하지 않고 객체를 클릭한 경우

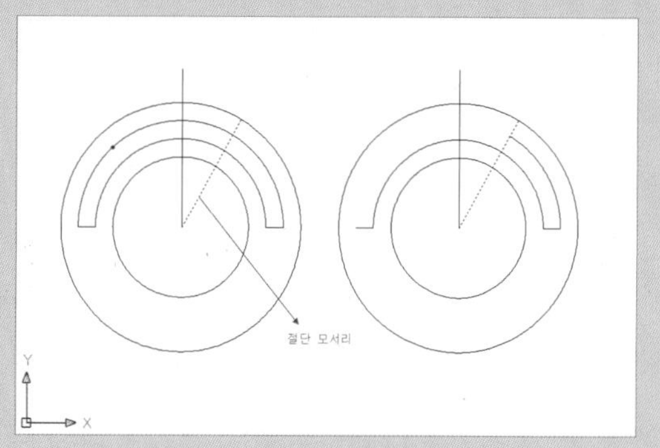

▲ 절단 모서리를 지정하고 객체를 클릭한 경우

LevelUP

EXPLODE가 무엇인가요?

EXPLODE 명령은 하나의 객체로 인식되는 치수, 블록, 해치, 폴리선을 낱개의 객체로 분해하는 것입니다. 예를 들어 두께가 지정돼 있는 폴리선에 **EXPLODE** 명령을 실행하면 두께가 없어지고 치수선을 분해하면 선, 화살표, 치수로 분리됩니다.

EXPLODE(분해)가 안 되는 경우도 있나요?

객체를 분해할 수 있는 **EXPLODE** 명령이 실행되지 않는 경우가 있습니다. **XREF** 명령에 의해 외부 참조된 도면은 **EXPLODE**가 실행되지 않습니다. 또한 블록을 다시 블록으로 설정했을 경우에는 **EXPLODE** 명령을 두 번 실행해야 완전히 분해됩니다.

Section

09 결합하고 특성 바꾸기

이번에는 동일선상에 놓인 선들을 1개의 객체로 결합할 수 있는 JOIN 명령과 객체의 특성을 일치시킬 수 있는 MATCHPROP 명령을 활용해 보겠습니다.

Key Word JOIN, MATCHPROP

예제 파일 part03_jmat.dwg 완성 파일 part03_jmatc.dwg

01 JOIN 실행하기

❶ 도면을 불러오기 위해 명령창에 **OPEN** 명령을 입력한 후 Enter를 누릅니다. [선택 파일] 대화상자가 나타나면 Sample 폴더에 있는 part03_jmat.dwg를 불러옵니다. ❷ 화면을 깨끗하게 정리하기 위해 Ctrl+0를 누릅니다. ❸ 객체를 결합하기 위해 **JOIN** 명령을 실행한 후 결합할 원본 객체인 분홍색 선을 클릭합니다.

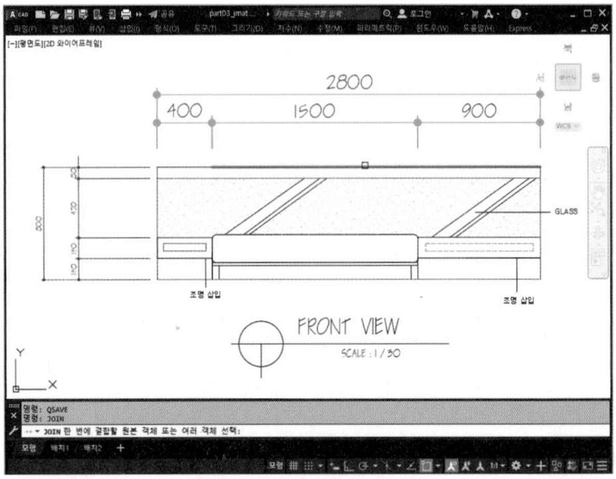

명령

명령: **OPEN** Enter
명령: **JOIN** Enter

한 번에 결합할 원본 객체 또는 여러 객체 선택: C1 클릭
1개를 찾음

02 선 결합하기

❶ 결합할 객체인 검은색 선을 클릭한 후 ❷ Enter를 누릅니다.

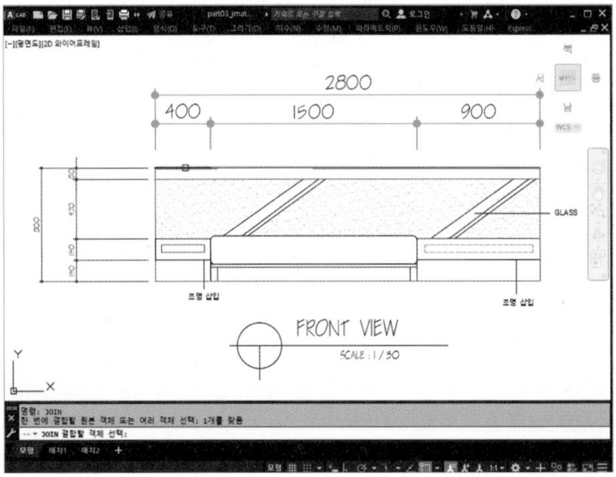

명령

결합할 객체 선택: C1 클릭
1개를 찾음, 총 2개
결합할 객체 선택: Enter
2개 선이 1개 선으로 결합됐습니다.

03 선 특성 변경하기

❶ 객체의 특성을 변경하기 위해 **MATCHPROP** 명령을 실행한 후 원본 객체인 오른쪽 녹색 박스를 클릭합니다. ❷ 원본 객체는 1개만 지정할 수 있습니다.

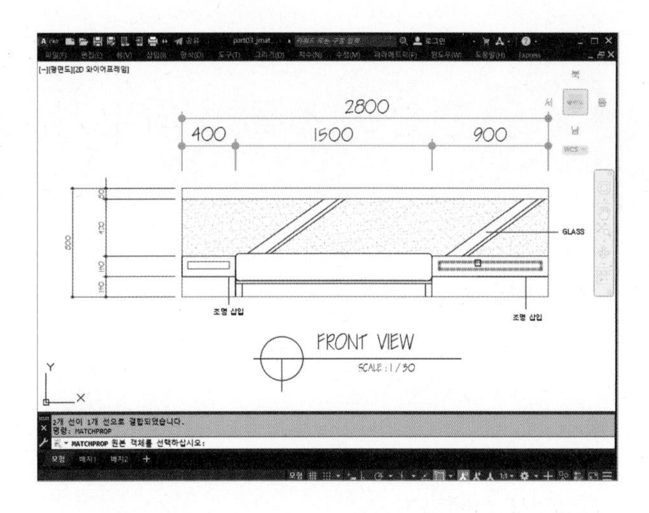

명령

명령: **MATCHPROP** Enter

원본 객체를 선택하십시오: C1 클릭
현재 활성 설정: 색상 도면층 선 종류 선 축척 선 가중치 투명도 두께 플롯 스타일 치수 문자 해치 폴리선 뷰포트 테이블 재료 다중 지시선 중심 객체

04 대상 객체 지정

❶ 대상 객체를 지정하기 위해 왼쪽 빨간색 박스를 클릭합니다. ❷ 명령을 종료하기 위해 Enter를 누릅니다. 녹색 박스의 선 종류, 색상, 레이어 등 모든 속성이 일치됩니다.

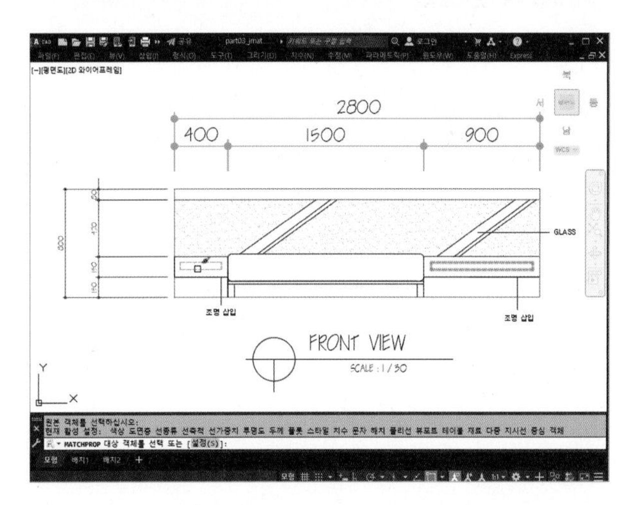

명령

대상 객체를 선택 또는 [설정(S)]: C1 클릭
대상 객체를 선택 또는 [설정(S)]: Enter

05 치수선 특성 변경하기

❶ 객체의 특성을 변경하기 위해 **MATCHPROP** 명령을 실행한 후 ❷ 원본 객체 치수선을 클릭합니다.

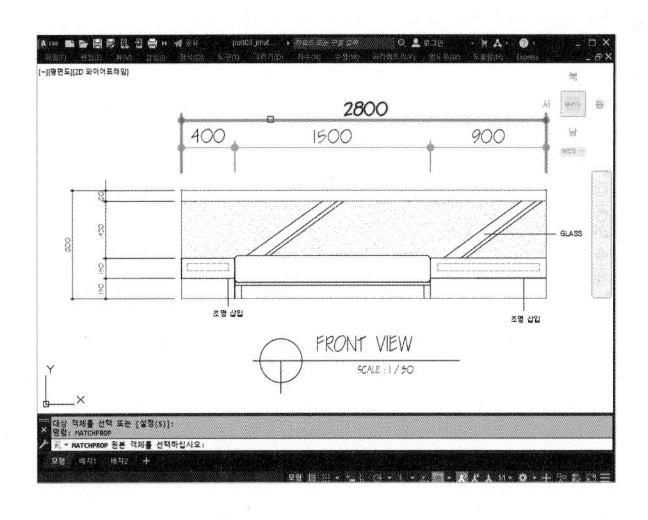

명령

원본 객체를 선택하십시오: C1 클릭
현재 활성 설정: 색상 도면층 선 종류 선 축척 선 가중치 투명도 두께 플롯 스타일 치수 문자 해치 폴리선 뷰포트 테이블 재료 다중 지시선 중심 객체

06 대상 치수선 지정하기

❶ 박스 안에 걸친 객체를 모두 지정하기 위해 대상 객체를 선택 또는 **[설정(S)]:**에 **C**를 입력하고 Enter를 누릅니다. ❷ 첫 번째 구석점과 반대 구석점을 지정한 후 명령을 종료하기 위해 Enter를 누릅니다.

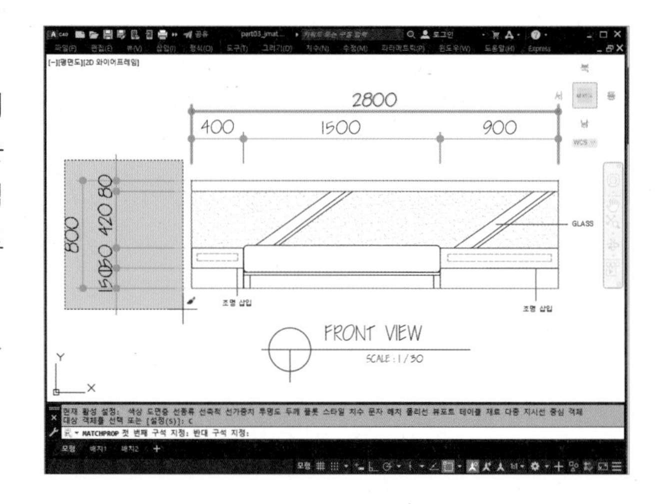

명령

대상 객체를 선택 또는 [설정(S)]: C Enter
첫 번째 구석을 지정: P1 클릭
반대 구석 지정: P2 클릭
대상 객체를 선택 또는 [설정(S)]: Enter

LevelUP

JOIN 명령의 사용 방법이 궁금해요

JOIN 명령의 실행 방법은 다음과 같습니다.

명령: **JOIN** Enter ← 명령을 실행합니다.
한 번에 결합할 원본 객체 또는 여러 객체 선택: ← 선, 폴리선, 호, 타원 호 또는 스플라인을 선택합니다.
결합할 객체 선택: ← 원본에 결합할 객체를 선택합니다.

잘린 원도를 닫을 수 있나요?

JOIN 명령을 실행한 후 잘린 원을 선택하고 닫기 옵션인 L을 입력하면 호가 다시 원으로 변합니다.

명령: **JOIN** Enter
한 번에 결합할 원본 객체 또는 여러 객체 선택: 호 클릭
결합할 객체 선택: Enter
원본으로 결합할 호 선택 또는 [닫기(L)]: L Enter
호가 원으로 변환됐습니다.

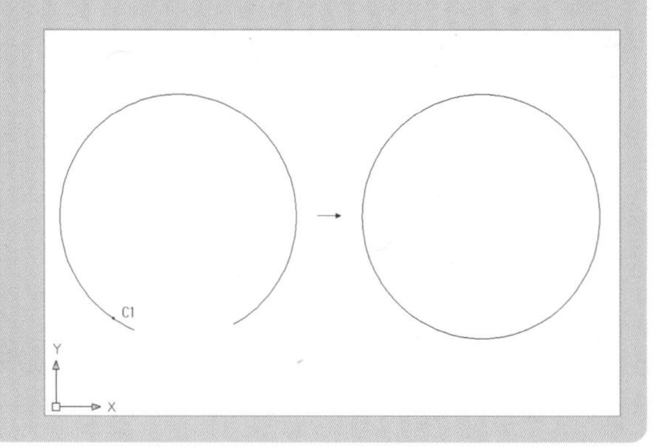

Section

10 모깎기, 모따기해 회전놀이 평면도 만들기

평행하지 않은 두 객체의 모서리를 모깎기하거나 모따기할 때는 FILLET 명령과 CHAMFER 명령을 사용합니다. 반지름, 거리 값을 0으로 지정하면 객체의 모서리를 한 점으로 모이게 할 수 있습니다. 이번에는 FILLET 명령과 CHAMFER 명령을 사용해 객체의 모서리를 편집하는 과정에 대해 알아보겠습니다.

Key Word FILLET, CHAMFER, -LAYER

예제 파일 part03_fc.dwg 완성 파일 part03_fcc.dwg

01 모깎기 반지름 지정하기

❶ 도면을 불러오기 위해 명령창에 **OPEN** 명령을 입력한 후 Enter를 누릅니다. [선택 파일] 대화상자가 나타나면 Sample 폴더에 있는 part03_fc.dwg를 불러옵니다. ❷ 객체의 모서리를 둥그렇게 모깎기하기 위해 **FILLET** 명령을 실행한 후 R 옵션을 입력하고 반지름을 입력합니다. ❸ 모깎기할 2개의 선분 중 첫 번째 선을 클릭합니다.

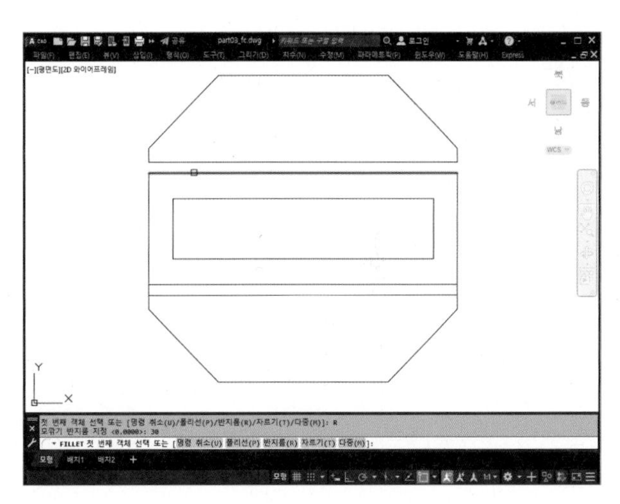

명령

명령: **OPEN** Enter
명령: **FILLET** Enter
현재 설정: 모드=자르기, 반지름=0.0000
첫 번째 객체 선택 또는 [명령 취소(U)/폴리선(P)/반지름(R)/자르기(T)/다중(M)]: R Enter
모깎기 반지름 지정 <0.0000>: 30 Enter

첫 번째 객체 선택 또는 [명령 취소(U)/폴리선(P)/반지름(R)/자르기(T)/다중(M)]: C1 클릭

02 객체 선택하기

모깎기할 두 번째 선을 클릭합니다.

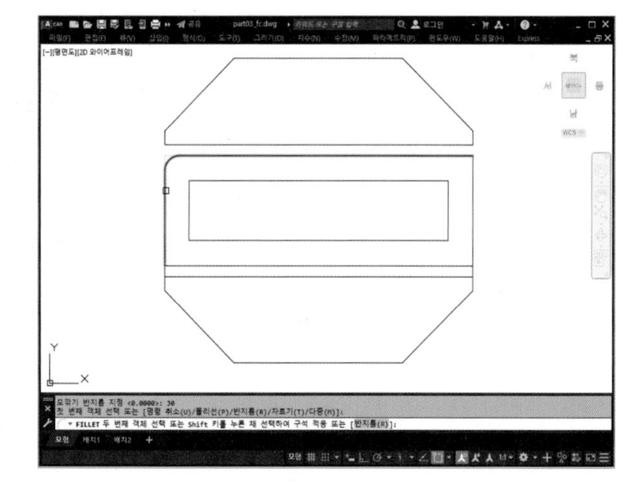

명령

두 번째 객체를 선택하거나 Shift를 누른 채로 선택해 구석 적용 또는 [반지름(R)]: C2 클릭

LevelUP

FILLET 명령의 사용 방법에 대해 자세히 알고 싶어요

FILLET 명령의 실행 방법은 다음과 같습니다.

명령: FILLET Enter ← 명령을 실행합니다.
첫 번째 객체 선택 또는 [명령 취소(U)/폴리선(P)/반지름(R)/자르기(T)/다중(M)]: ← 첫 번째 객체 또는 옵션을 선택합니다.

FILLET 명령의 옵션은 다음과 같습니다.

- **[첫 번째 객체 선택]**: 2D 모깎기를 정의하는 데 필요한 두 객체 중 첫 번째를 선택하거나 모깎기할 3D 솔리드의 모서리를 선택합니다.
- **[명령 취소(U)]**: 바로 전 상태로 돌아갑니다.
- **[폴리선(P)]**: 폴리선을 선택하면 한꺼번에 객체의 모서리를 모깎기할 수 있습니다. PLINE 명령으로 만들어진 폴리선이어야 합니다.
- **[반지름(R)]**: 모깎기 호의 반지름을 정의합니다.
- **[자르기(T)]**: 두 객체의 모서리를 자를 것인지 여부를 결정합니다. 객체의 모서리를 둥그렇게 모깎기하기 위해 FILLET 명령을 실행한 후 자르기(T) 옵션에 N을 입력하면 기존의 객체가 유지되면서 모깎기됩니다.

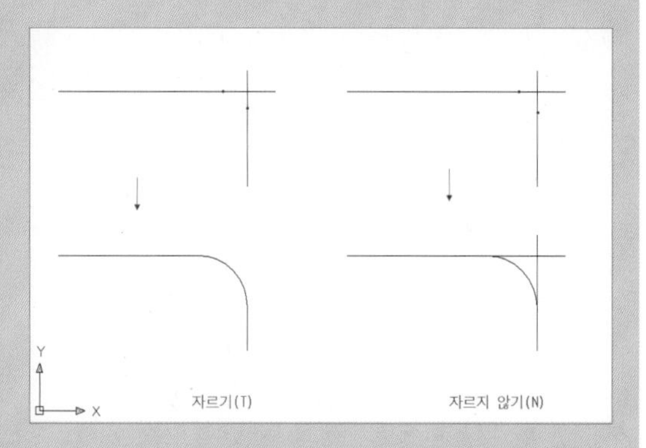

- **[다중(M)]**: 두 번 이상의 객체 모서리를 모깎기합니다. 모깎기할 첫 번째 객체를 선택한 후 명령이 종료할 때까지 두 번째 객체 선택을 반복적으로 표시합니다. 명령을 취소하기 위해서는 Esc를 눌러야 합니다.

03 폴리선 모깎기하기

❶ 하나로 이어진 폴리선을 모깎기하기 위해 **FILLET** 명령을 실행합니다. ❷ 반지름을 다시 지정하기 위해 R 옵션을 입력한 후 Enter를 누르고 모깎기 반지름을 지정합니다. ❸ 폴리선을 선택하기 위해 P 옵션을 지정한 후 2D 폴리선을 선택합니다.

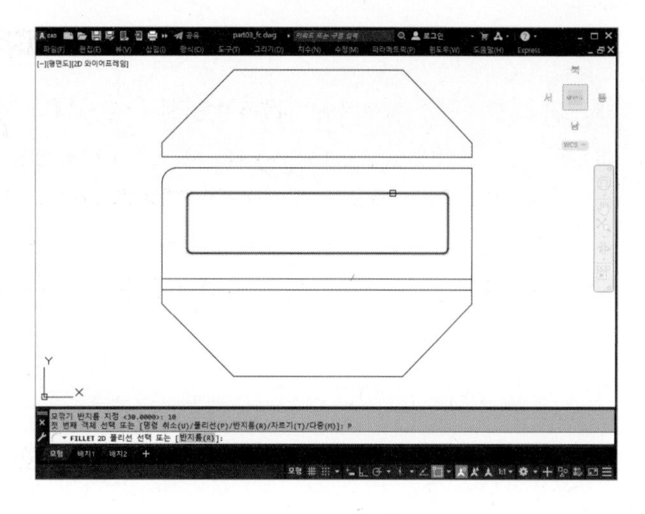

명령

현재 설정: 모드=자르기, 반지름=30.0000
첫 번째 객체 선택 또는 [명령 취소(U)/폴리선(P)/반지름(R)/자르기(T)/다중(M)]: R Enter
모깎기 반지름 지정 <30.0000>: 10 Enter

첫 번째 객체 선택 또는 [명령 취소(U)/폴리선(P)/반지름(R)/자르기(T)/다중(M)]: P Enter
2D 폴리선 선택 또는 [반지름(R)]: C1 클릭
4 선은(는) 모깎기됨

04 모깎기 반복하기

❶ 바로 전에 사용한 명령을 반복하기 위해 **명령:**에서 Enter를 누릅니다. ❷ 폴리선을 선택하기 위해 P 옵션을 지정한 후 왼쪽의 폴리선을 클릭합니다.

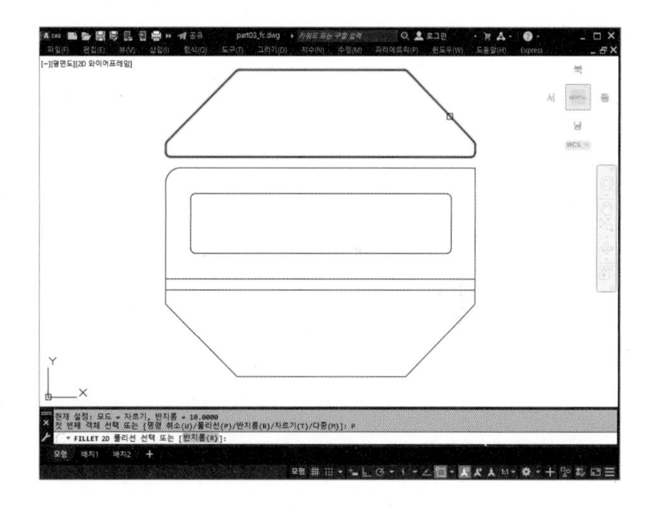

명령

명령: Enter
FILLET
현재 설정: 모드=자르기, 반지름=10.0000
첫 번째 객체 선택 또는 [명령 취소(U)/폴리선(P)/반지름(R)/자르기(T)/다중(M)]: P Enter
2D 폴리선 선택 또는 [반지름(R)]:
6 선은(는) 모깎기됨

LevelUP

FILLET 명령에서 반지름 R 값을 0으로 지정하면 어떻게 되나요?

객체의 모깎기를 할 수 있는 **FILLET** 명령의 R 값을 0으로 설정하면 두 객체의 모서리가 한 점으로 모입니다. 물론, 자르기 옵션에서는 자르기가 설정돼 있어야 합니다. 실무에서 아주 많이 사용하므로 확실하게 익혀 두기 바랍니다.

FILLET의 반지름을 '0'으로 설정한 후 2개의 객체를 클릭한 경우

05 모따기 거리 지정하기

❶ 객체의 모서리를 각지게 모따기하기 위해서는 CHAMFER 명령을 실행합니다. ❷ 모따기 거리를 지정하기 위해 D 옵션을 입력한 후 첫 번째 거리와 두 번째 거리를 지정하고 첫 번째 선을 클릭합니다.

명령

명령: **CHAMFER** Enter

(자르기 모드) 현재 모따기 거리1=0.0000, 거리2=0.0000
첫 번째 선 선택 또는 [명령 취소(U)/폴리선(P)/거리(D)/각도(A)/자르기(T)/메서드(E)/다중(M)]: D Enter
첫 번째 모따기 거리 지정 <0.0000>: 100 Enter
두 번째 모따기 거리 지정 <100.0000>: 50 Enter

첫 번째 선 선택 또는 [명령 취소(U)/폴리선(P)/거리(D)/각도(A)/자르기(T)/메서드(E)/다중(M)]: C1 클릭

06 객체 선택하기

모따기할 두 번째 선을 클릭합니다.

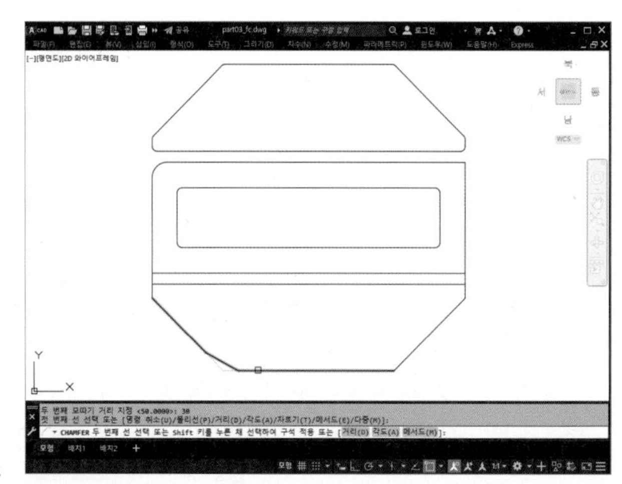

명령

두 번째 선 선택 또는 Shift를 누른 채로 선택해 구석 적용 또는 [거리(D)/각도(A)/메서드(M)]: C1 클릭

07 반복하기

두 군데는 여러분이 직접 모깎기와 모따기해 보기 바랍니다.

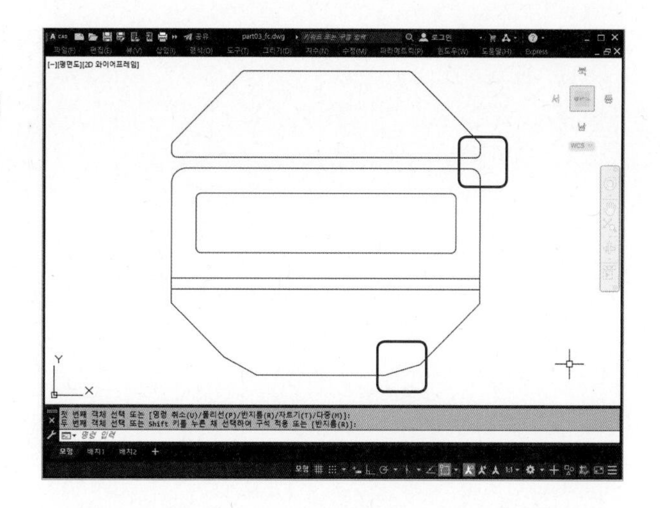

08 숨어 있는 도면 보여 주기

❶ 도면층을 설정하기 위해 명령창에 **-LAYER**를 입력한 후 Enter를 누릅니다. ❷ 숨어 있는 도면을 보여 주기 위해 T 옵션을 입력한 후 도면층의 이름을 입력하고 Enter를 두 번 누릅니다.

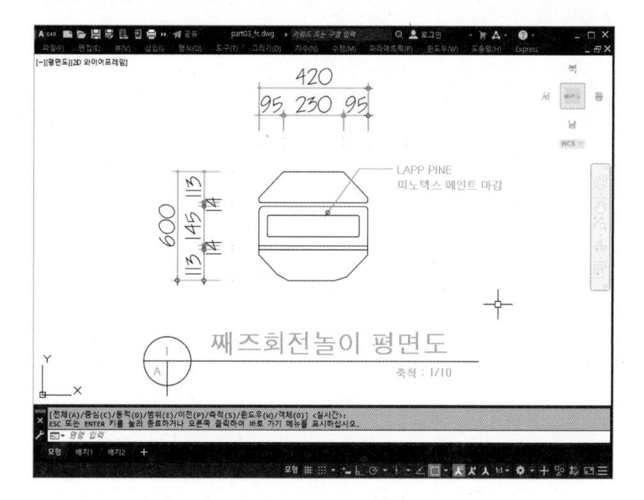

명령

명령: **-LAYER** Enter

현재 도면층: "0"
옵션 입력 [?/만들기(M)/설정(S)/새로 만들기(N)/이름 바꾸기(R)/켜기(ON)/끄기(OFF)/색상(C)/선 종류(L)/선 가중치(LW)/투명도(TR)/재료(MAT)/플롯(P)/동결(F)/동결 해제(T)/잠금(LO)/잠금 해제(U)/상태(A)/설명(D)/조절(E)/외부 참조(X)]: T Enter

동결 해제시킬 도면층의 이름 리스트 입력: 1 Enter
옵션 입력 [?/만들기(M)/설정(S)/새로 만들기(N)/이름 바꾸기(R)/켜기(ON)/끄기(OFF)/색상(C)/선 종류(L)/선 가중치(LW)/투명도(TR)/재료(MAT)/플롯(P)/동결(F)/동결 해제(T)/잠금(LO)/잠금 해제(U)/상태(A)/설명(D)/조절(E)/외부 참조(X)]: Enter

Level UP

CHAMFER 명령의 사용 방법이 궁금해요

CHAMFER 명령의 옵션은 다음과 같습니다.

- **[첫 번째 선 선택]**: 2D 모따기를 정의하는 데 필요한 두 객체 중 첫 번째 객체를 선택하거나 모깎기할 3D 솔리드의 모서리를 선택합니다.
- **[명령 취소(U)]**: 바로 전 상태로 돌아갑니다.
- **[폴리선(P)]**: 폴리선 객체의 정점을 한꺼번에 모따기합니다.
- **[거리(D)]**: 선택한 모서리의 끝점으로부터의 모따기 거리를 설정합니다.

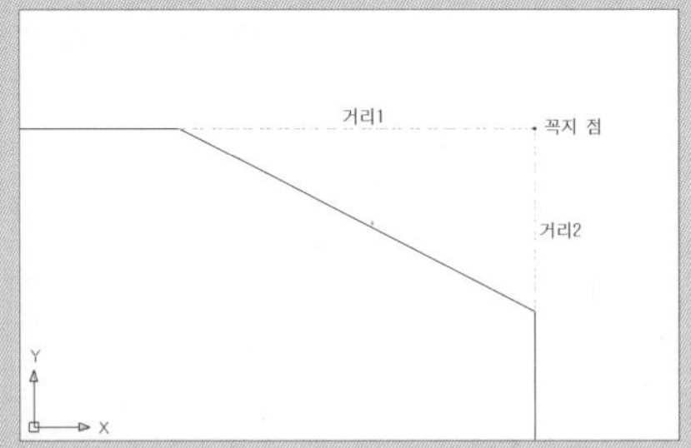

- **[각도(A)]**: 첫 번째 선에 대한 모따기 거리와 두 번째 선에 대한 각도를 사용해 모따기 거리를 설정합니다.
- **[자르기(T)]**: 모따기 선 끝점까지 자르기할 것인지 여부를 결정합니다.
- **[메서드(E)]**: 모따기를 하는 데 있어 두 거리를 사용할 것인지 한 거리와 한 각도를 사용할 것인지 여부를 결정합니다.
- **[다중(M)]**: 두 세트 이상의 객체 모서리를 모따기합니다. 모따기할 첫 번째 객체를 선택한 후 명령이 종료할 때까지 두 번째 객체 선택을 반복적으로 표시합니다. 명령을 취소하기 위해서는 Esc를 눌러야 합니다.

Level UP

모따기가 실행되지 않아요

CHAMFER 명령에 의해 두 객체의 모서리를 모따기할 경우, 모서리 길이보다 거리값을 크게 설정하면 모따기가 실행되지 않습니다.

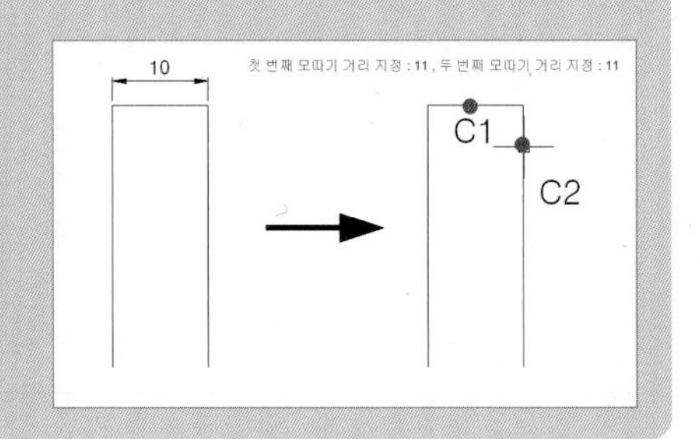

Special TIP

FILLET 명령 추가 옵션

FILLET은 2D 도면을 작성하거나 편집하는 데 매우 중요한 명령어입니다. 기본 옵션 이외의 옵션에 대해 알아보겠습니다.

1. FILLET의 P 옵션

FILLET 명령은 반지름과 P 옵션을 사용해 폴리선의 모든 모서리를 둥그렇게 모깎기할 수 있습니다.

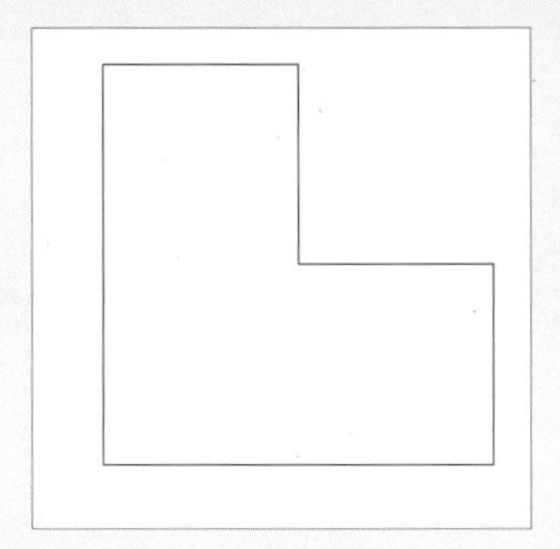

▲ 폴리선으로 그려진 도형

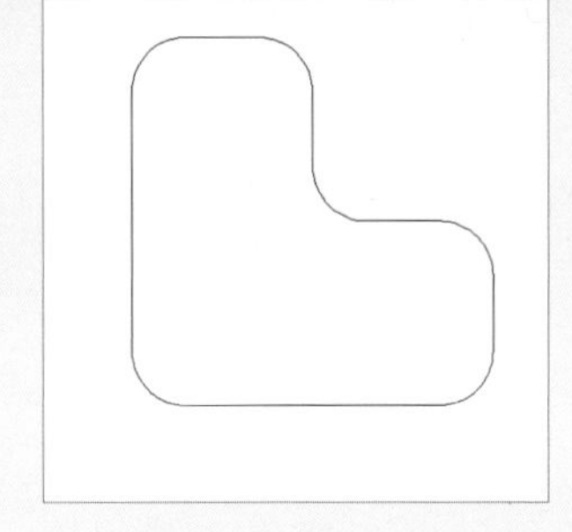

▲ 반지름과 [P] 옵션을 사용해 폴리선을 모깎기한 경우

2. 해치가 적용된 모서리

해치가 적용된 일반 경계선에 **FILLET** 명령을 적용하면 해치 연관성이 제거되고 폴리선으로 그려진 경계선에 해치가 적용돼 있으면 해치 연관성이 유지됩니다. 서로 다른 도면층의 객체에 **FILLET** 명령을 적용하면 현재 도면층에 호가 만들어집니다.

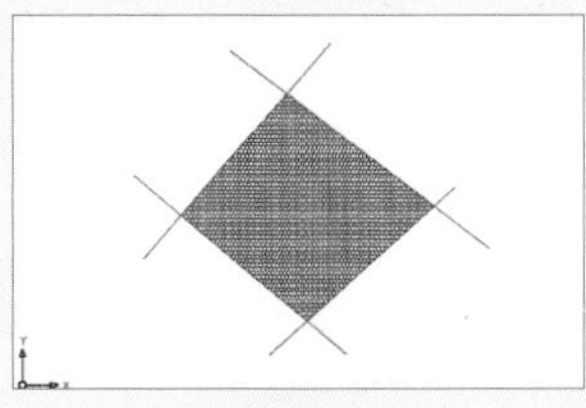

▲ 선으로 둘러싸인 내부에 해치를 적용한 화면

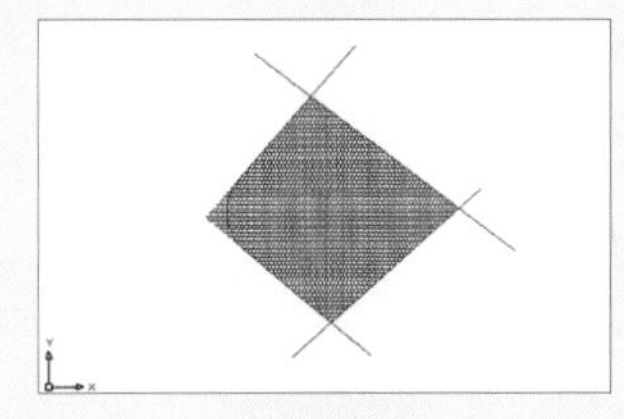

▲ FILLET 명령에 의해 모서리를 모깎기한 경우

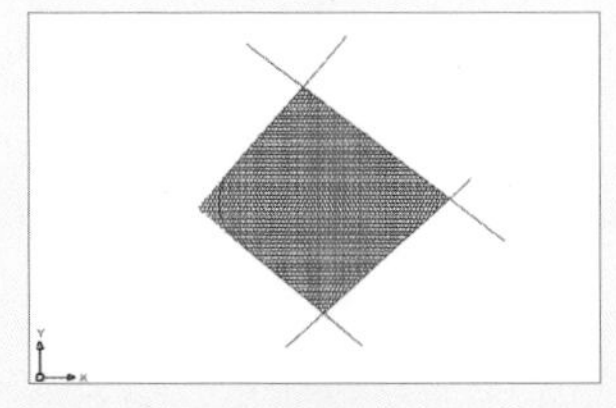

▲ 폴리선으로 둘러싸인 내부에 해치를 적용한 화면

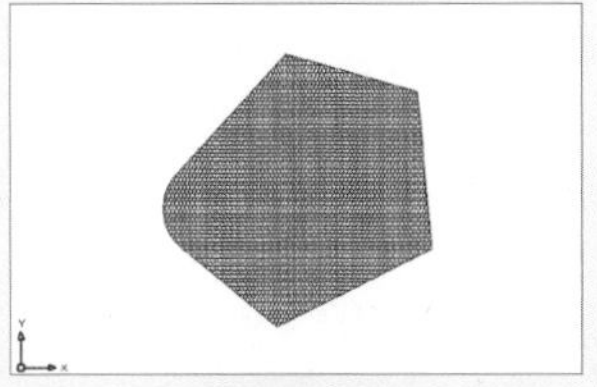

▲ FILLET 명령에 의해 모서리를 모깎기한 경우

3. 도면층이 서로 다른 객체

도면층이 서로 다른 객체의 선분이 있을 때 새로 만든 현재 도면층에 모서리가 만들어집니다.

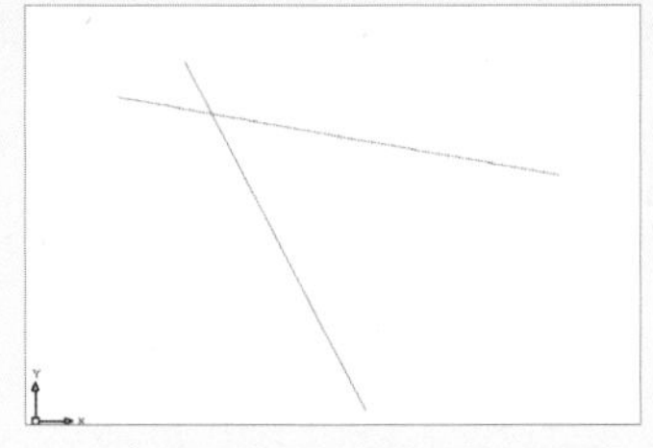

▲ 1번 도면층과 2번 도면층으로 선을 그린 화면

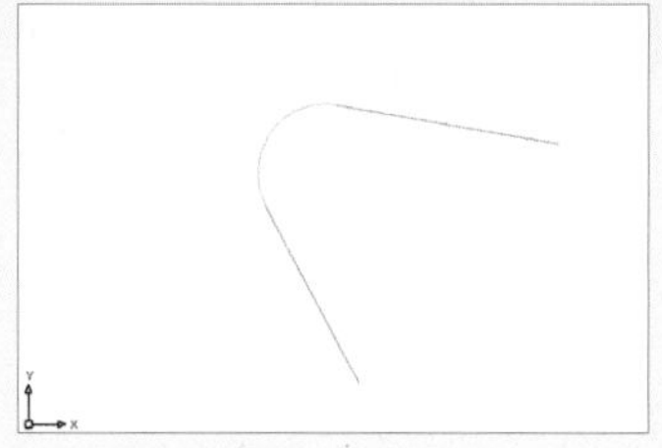

▲ 현재 도면층이 3번일 때 FILLET 명령을 실행한 화면

4. 모깎기 반지름 설정

모깎기 반지름은 모깎기 객체를 연결하는 호의 반지름을 말합니다. 모깎기 반지름을 변경하면 이후 모깎기에도 적용되고 모깎기 반지름을 0으로 설정하면 모깎기된 객체는 서로 교차할 때까지 잘리거나 연장되지만, 호가 만들어지지는 않습니다. Shift를 누른 채로 객체를 선택하면 반지름 값이 0인 모깎기가 실행됩니다.

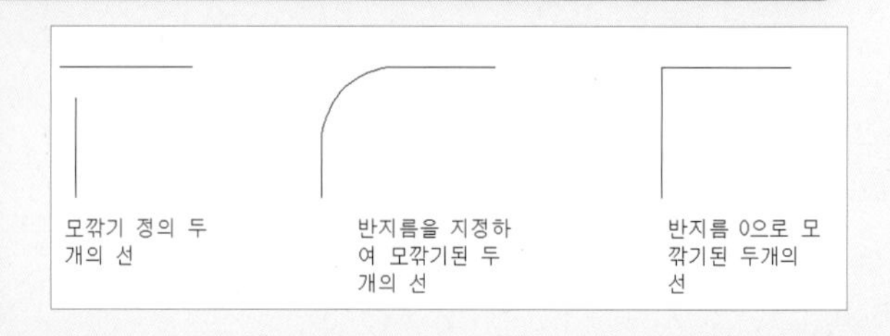

5. 모깎기된 객체 자르기 및 연장

자르기 옵션(Trim)을 사용하면 선택한 객체가 결과 호의 끝점에 맞게 잘리거나 연장되는지, 변경되지 않고 유지되는지를 설정할 수 있습니다.

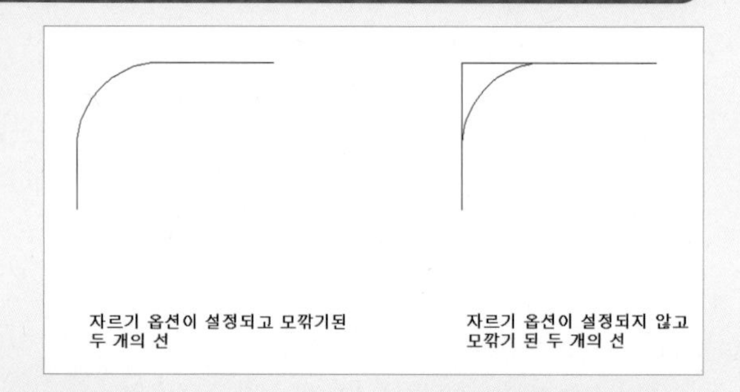

6. 모깎기 위치 조절

지정한 위치에 따라 선택한 여러 객체 사이에 1개 이상의 모깎기가 있을 수 있습니다. 오른쪽 그림을 통해 선택 위치와 결과 모깎기를 비교해 보기 바랍니다.

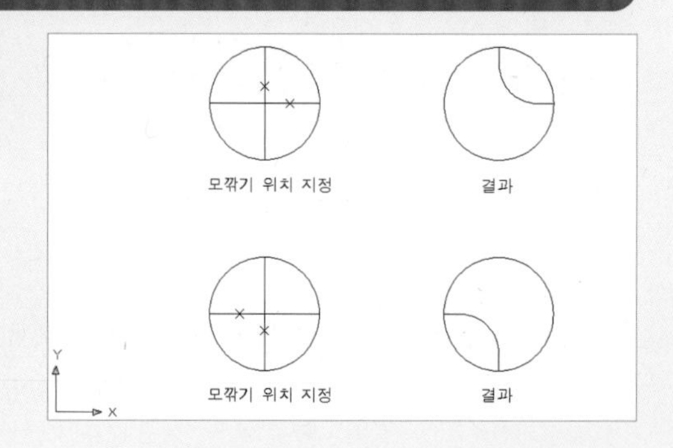

7. 선과 폴리선 조합 모깎기

폴리선으로 선을 모깎기하려면 각 선이나 연장된 선이 폴리선 선 세그먼트 중 하나와 교차해야 합니다. 자르기 옵션이 켜져 있는 경우, 모깎기된 객체와 모깎기 호가 결합돼 새로운 단일 폴리선을 형성합니다.

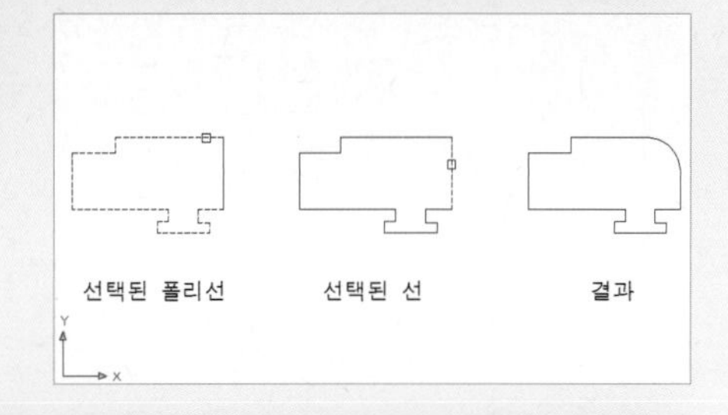

8. 전체 폴리선 모깎기

전체 폴리선을 모깎기하거나 전체 폴리선에서 모깎기를 제거할 수 있습니다. 모깎기 반지름을 0이 아닌 값으로 설정하면, **FILLET**은 모깎기 반지름을 수용할 수 있을 만한 길이의 폴리선 세그먼트 정점에 모깎기 호를 만듭니다.

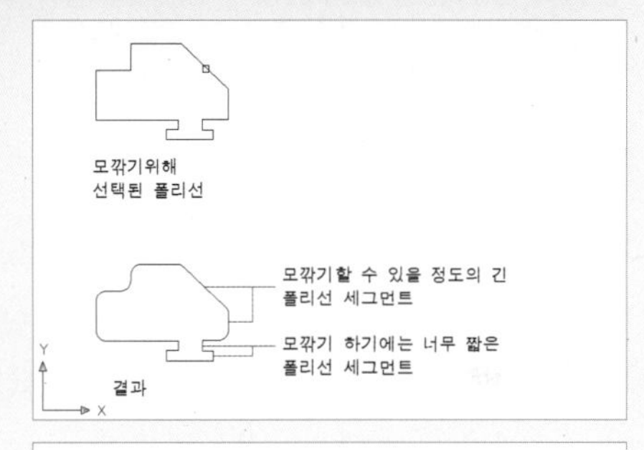

2개의 폴리선 선 세그먼트가 해당 세그먼트를 분리하는 호 세그먼트에 접근하면서 모이는 경우, **FILLET**은 해당 호의 세그먼트를 제거하고 모깎기 호로 대치합니다.

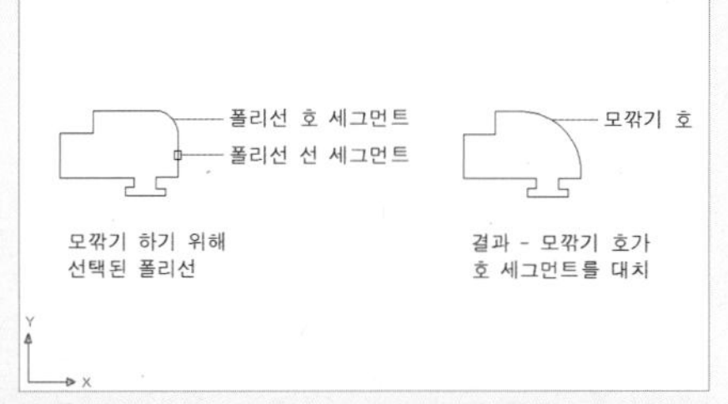

9. 평행선 모깎기

평행선, X선 및 광선을 모깎기할 수 있습니다. 현재 모깎기 반지름은 두 객체에 접하며 해당 객체의 공통 평면에 있는 호를 작성하도록 임시로 조절됩니다. 첫 번째로 선택된 객체는 선 또는 광선이어야 하지만, 두 번째 객체는 선이나 X선 또는 광선일 수 있습니다. 모깎기 호는 그림과 같이 연결됩니다.

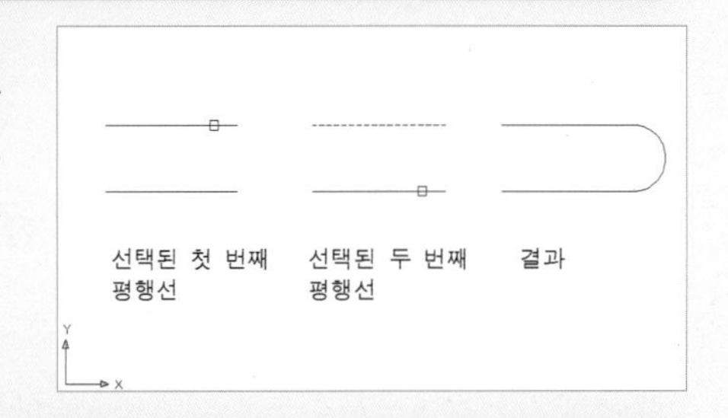

10. 3D의 두께가 0이 아닌 객체의 모깎기

현재 UCS의 Z축에 평행하지 않은 돌출 방향을 가진 동일 평면상의 객체를 모깎기할 수 있습니다. FILLET은 3D 공간에 있는 모깎기 호의 돌출 방향을 현재 UCS의 Z축 방향에 가장 가깝도록 해 줍니다.

11. 모깎기 반지름이 0인 경우

모깎기 반지름을 0으로 설정하면 모깎기 호가 삽입되지 않습니다. 2개의 폴리선 선의 세그먼트가 하나의 호 세그먼트에 의해 분리되는 경우, **FILLET**은 해당 호를 제거하고 서로 교차할 때까지 선을 연장합니다.

Section

11 경계선 만들고 폭 지정하기

선과 선, 선과 호, 호와 호, 원과 선, 원과 원, 원과 호로 둘러싸인 내부 점을 지정해 닫힌 폴리선을 만들어 보겠습니다. 이때 주의해야 할 점은 내부 점 주위의 경계에 뚫려진 곳이 있다면 BOUNDARY 명령을 실행할 수 없다는 것입니다.

Key Word **BOUNDARY, PEDIT, CHPROP** 예제 파일 **part03_bp.dwg** 완성 파일 **part03_bpc.dwg**

01 경계선 지정하기

도면을 불러오기 위해 명령창에 **OPEN** 명령을 입력한 후 Enter를 누릅니다. [선택 파일] 대화상자가 나타나면 Sample 폴더에 있는 part03_bp.dwg를 불러옵니다. 경계선을 만들기 위해 **BOUNDARY** 명령을 실행한 후 [경계 작성] 대화상자가 나타나면 경계선을 지정하기 위해 점 선택 버튼을 클릭합니다. **BOUNDARY** 명령 대신 **BPOLY** 명령을 사용해도 됩니다.

명령

명령: **OPEN** Enter

명령: **BOUNDARY** Enter

02 내부 점 지정하기

❶ 경계선이 지정될 내부 점을 지정한 후 ❷ 명령을 종료하기 위해 Enter를 누릅니다.

명령

내부 점 선택: 모든 것 선택

가시적인 모든 것 선택 중...

선택된 데이터 분석 중...

내부 고립 영역 분석 중...

내부 점 선택: P1 클릭

경계 1 폴리선을(를) 작성함

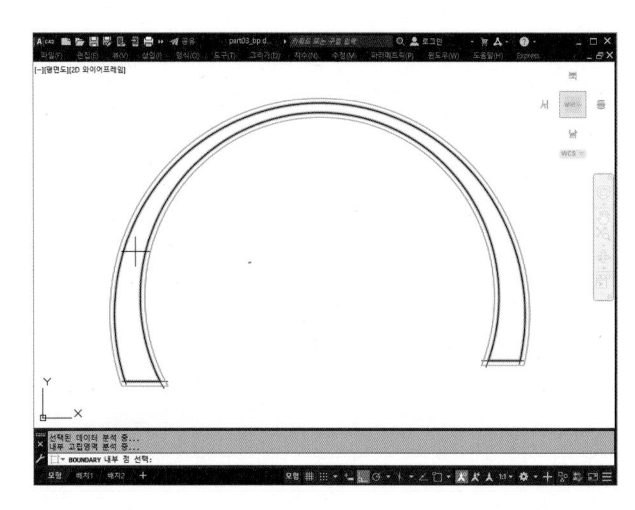

03 선 폭 지정하기

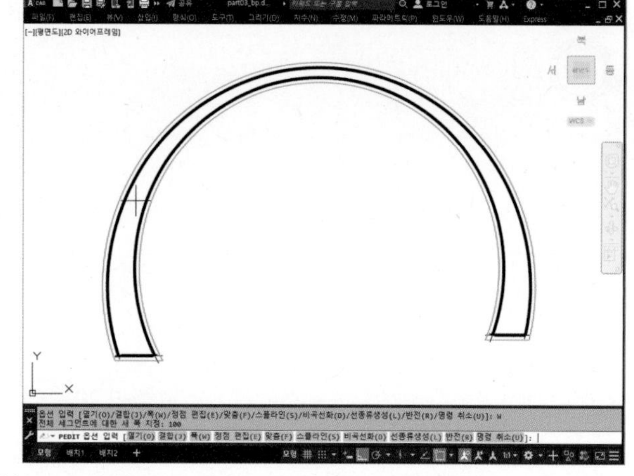

❶ BOUNDARY 명령으로 만든 경계선에 폭을 지정하기 위해 PEDIT 명령을 실행한 후 맨 마지막에 만들어진 객체를 선택하기 위해 **폴리선 선택 또는 [다중(M)]:**에 L을 입력하고 Enter를 누릅니다. ❷ W 옵션을 입력한 후 폭을 지정하고 Enter를 두 번 누릅니다.

명령

명령: **PEDIT** Enter
폴리선 선택 또는 [다중(M)]: L Enter
옵션 입력 [열기(O)/결합(J)/폭(W)/정점 편집(E)/맞춤(F)/스플라인(S)/비곡선화(D)/선 종류 생성(L)/반전(R)/명령 취소(U)]: W Enter
전체 세그먼트에 대한 새 폭 지정: 100 Enter
옵션 입력 [열기(O)/결합(J)/폭(W)/정점 편집(E)/맞춤(F)/스플라인(S)/비곡선화(D)/선 종류 생성(L)/반전(R)/명령 취소(U)]: Enter

Point

객체 선택: L
객체 선택:에서 L을 입력한 후 Enter를 누르면 맨 마지막에 그려진 객체가 선택됩니다.

04 색상 변경하기

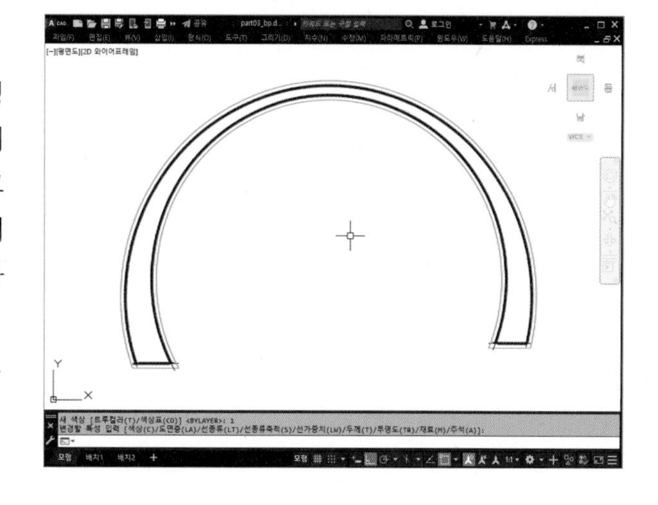

❶ 객체의 색을 변경하기 위해 CHPROP 명령을 실행한 후 ❷ 맨 마지막에 작성된 객체를 선택하기 위해 **객체 선택:**에 L을 입력하고 Enter를 누릅니다. ❸ 색상을 변경하기 위해 C 옵션을 입력한 후 새 색상 번호를 입력하고 Enter를 두 번 누릅니다.

명령

명령: **CHPROP** Enter

객체 선택: L Enter
1개를 찾음
객체 선택: Enter
변경할 특성 입력 [색상(C)/도면층(LA)/선 종류(LT)/선 종류 축척(S)/선 가중치(LW)/두께(T)/투명도(TR)/재료(M)/주석(A)]: C Enter
새 색상 [트루컬러(T)/색상표(CO)] <BYLAYER>: 1 Enter
변경할 특성 입력 [색상(C)/도면층(LA)/선 종류(LT)/선 종류 축척(S)/선 가중치(LW)/두께(T)/투명도(TR)/재료(M)/주석(A)]: Enter

05 숨어 있는 도면 보여 주기

❶ 도면층을 설정하기 위해 명령창에 **-LAYER**를 입력한 후 Enter를 누릅니다. ❷ 숨어 있는 도면을 보여 주기 위해 T 옵션을 입력한 후 도면층의 이름을 입력하고 Enter를 두 번 누릅니다.

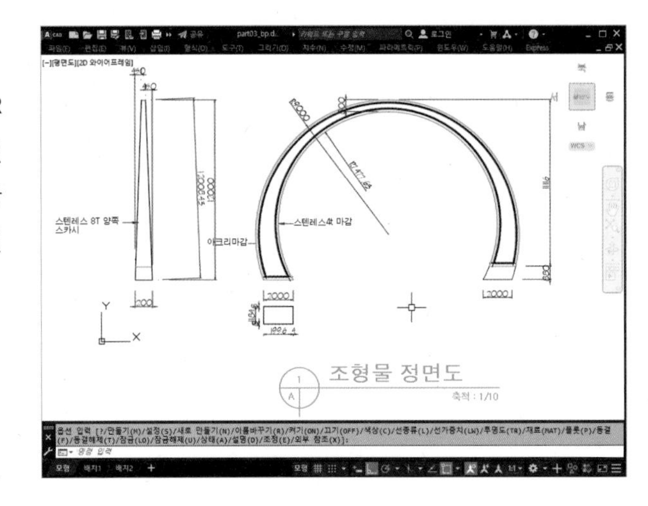

명령

명령: **-LAYER** Enter

현재 도면층: "0"
옵션 입력 [?/만들기(M)/설정(S)/새로 만들기(N)/이름 바꾸기(R)/켜기(ON)/끄기(OFF)/색상(C)/선 종류(L)/선 가중치(LW)/투명도(TR)/재료(MAT)/플롯(P)/동결(F)/동결 해제(T)/잠금(LO)/잠금 해제(U)/상태(A)/설명(D)/조절(E)/외부 참조(X)]: T Enter

동결 해제시킬 도면층의 이름 리스트 입력: 1 Enter
옵션 입력 [?/만들기(M)/설정(S)/새로 만들기(N)/이름 바꾸기(R)/켜기(ON)/끄기(OFF)/색상(C)/선 종류(L)/선 가중치(LW)/투명도(TR)/재료(MAT)/플롯(P)/동결(F)/동결 해제(T)/잠금(LO)/잠금 해제(U)/상태(A)/설명(D)/조절(E)/외부 참조(X)]: Enter

Section

12 등분, 분할로 룸 입면도 완성하기

DIVIDE, MEASURE는 객체를 일정한 간격으로 등분할 수 있는 명령입니다. 또한 POINT는 DIVIDE, MEASURE에 의해 분할된 지점을 표시합니다. DDPTYPE 명령을 사용해 POINT의 모양과 크기를 지정할 수 있으며 BLOCK으로 만든 객체는 INSERT로 삽입할 수 있습니다.

Key Word DIVIDE, MEASURE, POINT, DDPTYPE, NODE, INSERT 예제 파일 part03_dmpd.dwg 완성 파일 part03_dmpdc.dwg

01 POINT 중심 설정하기

도면을 불러오기 위해 명령창에 **OPEN** 명령을 입력한 후 Enter를 누릅니다. [선택 파일] 대화상자가 나타나면 Sample 폴더에 있는 part03_dmpd.dwg를 불러옵니다. 정확한 포인트를 지정하기 위해 **OSNAP** 명령을 실행합니다. [제도 설정] 대화상자가 나타나면 ❶ [객체 스냅] 탭에서 [객체 스냅 켜기]에 체크 표시를 한 후 ❷ [객체 스냅 모드]의 [끝점], [중간점], [중심], [노드], [교차점], [직교]에 체크 표시를 하고 ❸ [확인] 버튼을 누릅니다.

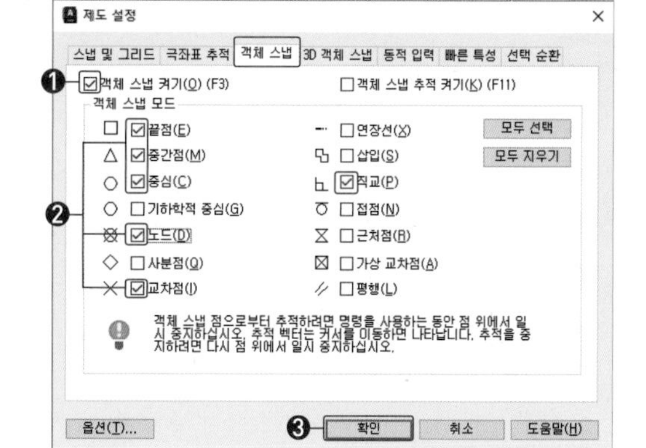

명령

명령: **OPEN** Enter
명령: **OSNAP** Enter

02 점 스타일 지정하기

객체가 분할된 점의 모양과 크기를 지정하기 위해 **DDPTYPE** 명령을 실행합니다. [점 스타일] 대화상자가 나타나면 ❶ 첫 번 째 열의 네 번째 점을 선택한 후 ❷ [확인] 버튼을 클릭합니다.

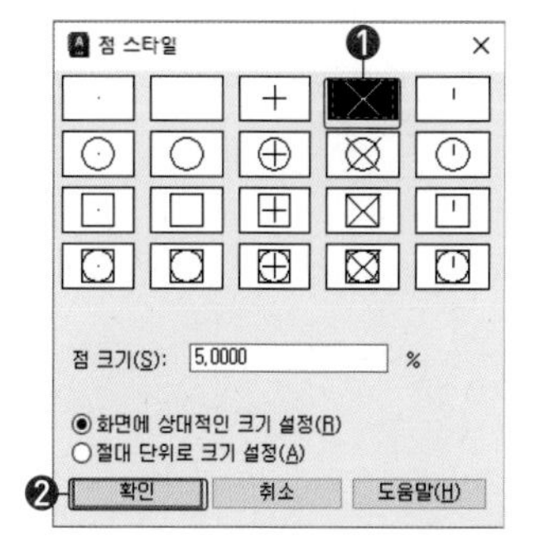

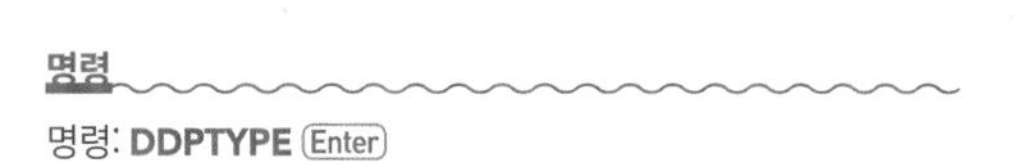
명령

명령: **DDPTYPE** Enter

LevelUP

[점 스타일] 대화상자가 궁금해요

[점 스타일] 대화상자의 옵션은 다음과 같습니다.

- **점 표시 이미지**: 점 객체를 표시하는 데 사용하는 이미지를 지정합니다. 점 스타일은 PDMODE 시스템 변수에 저장됩니다.
- **점 크기**: 점 표시 크기를 설정하며 점 표시 크기는 PDSIZE 시스템 변수에 저장됩니다. 이후에 그리는 점 객체는 새 값을 사용하게 됩니다.
- **화면에 상대적인 크기 설정**: 점 표시 크기를 화면 크기에 대한 백분율로 설정합니다. 줌 확대 또는 줌 축소를 해도 점 표시가 변경되지 않습니다.
- **절대 단위로 크기 설정**: 점 표시 크기를 점 크기에서 지정한 실제 단위로 설정합니다. 점은 줌 확대 또는 줌 축소에 따라 더 크게 또는 작게 표시됩니다.

03 등분 객체 지정하기

❶ 객체를 등분하기 위해 DIVIDE 명령을 실행한 후 ❷ 등분할 객체를 지정합니다.

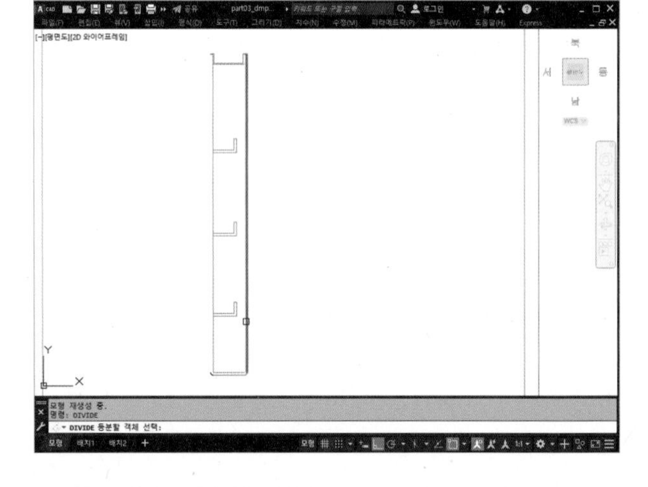

명령

명령: **DIVIDE** Enter

등분할 객체 선택: C1 클릭

04 등분 개수 지정하기

❶ 등분할 개수를 입력한 후 Enter를 누릅니다. ❷ DIVIDE는 객체를 같은 간격으로 등분할 수 있습니다.

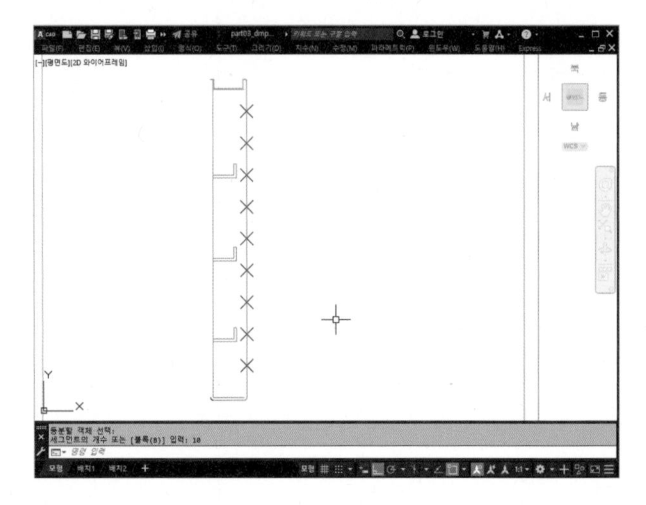

명령

세그먼트의 개수 또는 [블록(B)] 입력: 10 Enter

05 블록 삽입하기

❶ 미리 설정해 놓은 블록을 삽입하기 위해 **INSERT** 명령을 실행합니다.
❷ 블록 팔레트가 나타나면 현재 도면 탭을 클릭한 후 line을 선택합니다.

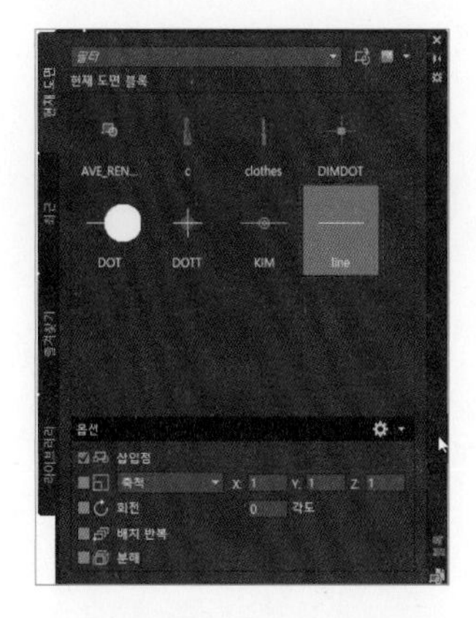

명령

명령: **INSERT** Enter

06 삽입점 지정하기

블록의 삽입점을 POINT의 중심(노드)에 지정합니다.

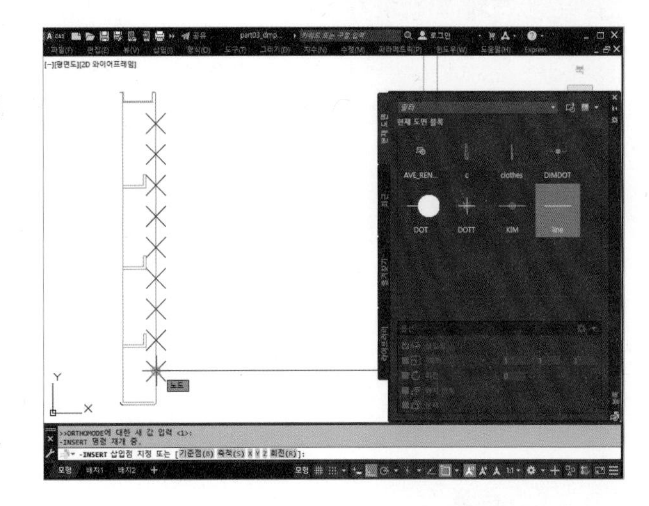

명령

삽입점 지정 또는 [기준점(B)/축척(S)/X/Y/Z/회전(R)]: P1 클릭

07 삽입 반복하기

똑같은 방법으로 블록 팔레트에서 line 블록을 아홉 번 클릭해 9개의 등분할 지점에 블록을 삽입합니다.

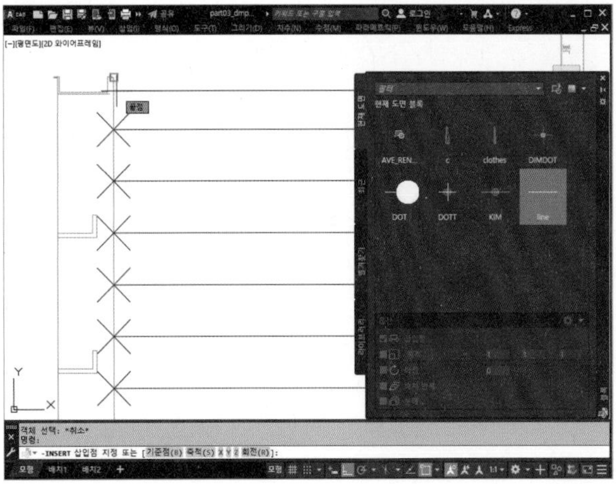

명령

삽입점 지정 또는 [기준점(B)/축척(S)/X/Y/Z/회전(R)]: P1~P9 클릭

08 점 표시 삭제

❶ DIVIDE 명령에 의해 표시된 점 표시를 지우기 위해 ERASE 명령을 실행합니다. ❷ 객체 선택을 위해 첫 번째 구석점과 반대 구석점을 지정한 후 Enter를 누릅니다.

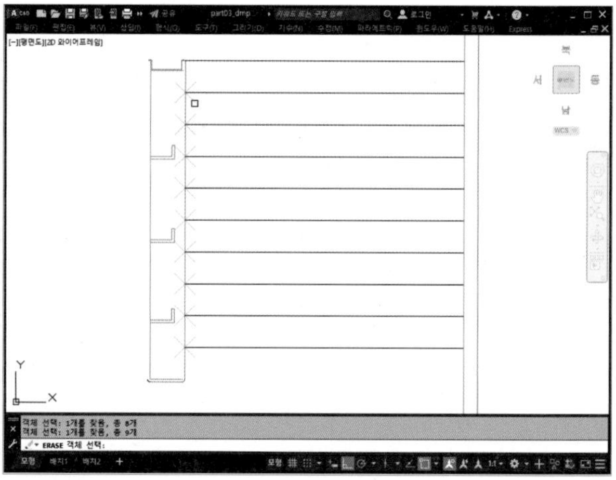

명령

명령: **ERASE**
객체 선택: C1~C9 클릭
1개를 찾음, 총 9개

09 거리값으로 분할하기

❶ 객체를 거리값으로 분할하기 위해 MEASURE 명령을 실행합니다. ❷ 길이 분할 객체를 지정합니다.

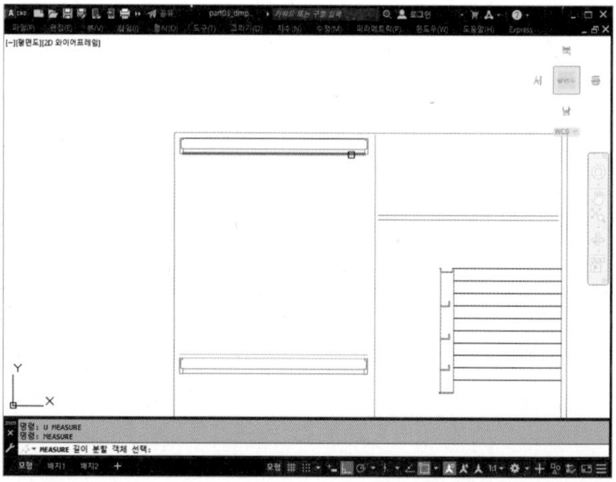

명령

명령: **MEASURE** Enter
길이 분할 객체 선택: C1 클릭

Point

MEASURE 명령을 사용하면 객체를 선택할 때 마우스로 클릭한 부분을 기준으로 분할이 시작됩니다.

10 분할 길이 지정하기

❶ 객체가 분할될 길이를 입력합니다. ❷ 미리 설정해 놓은 블록을 지정하기 위해 **세그먼트의 길이 지정 또는 [블록(B)]:**에서 B 옵션을 입력한 후 Enter를 누릅니다. ❸ 삽입할 블록의 이름을 입력한 후 Enter를 누르고 **객체에 블록을 정렬시키겠습니까?**에서 N을 입력한 다음 Enter를 누릅니다. ❹ **세그먼트의 길이 지정:**에 분할 길이를 입력한 후 Enter를 누릅니다.

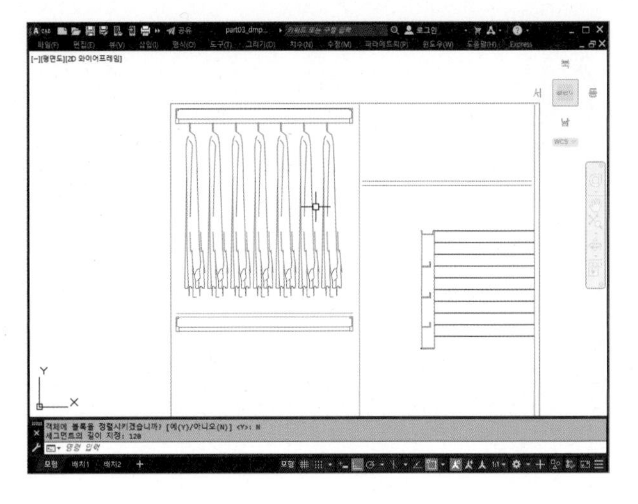

명령

세그먼트의 길이 지정 또는 [블록(B)]: B Enter
삽입할 블록의 이름 입력: clothes Enter
객체에 블록을 정렬시키겠습니까? [예(Y)/아니요(N)] <Y>: N Enter
세그먼트의 길이 지정: 120 Enter

11 숨어 있는 도면 보여 주기

❶ 도면층을 설정하기 위해 명령창에 **-LAYER**를 입력한 후 Enter를 누릅니다. ❷ 숨어 있는 도면을 보여 주기 위해 T 옵션을 입력한 후 도면층의 이름을 입력하고 Enter를 두 번 누릅니다.

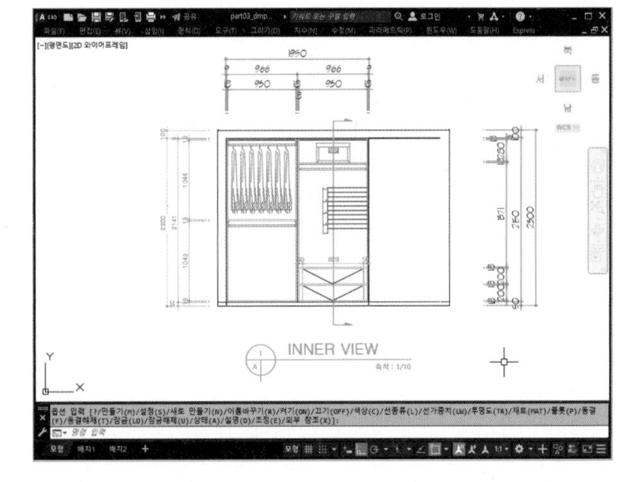

명령

명령: **-LAYER** Enter

현재 도면층: "0"
옵션 입력 [?/만들기(M)/설정(S)/새로 만들기(N)/이름 바꾸기(R)/켜기(ON)/끄기(OFF)/색상(C)/선 종류(L)/선 가중치(LW)/투명도(TR)/재료(MAT)/플롯(P)/동결(F)/동결 해제(T)/잠금(LO)/잠금 해제(U)/상태(A)/설명(D)/조절(E)/외부 참조(X)]: T Enter

동결 해제시킬 도면층의 이름 리스트 입력: 1 Enter
옵션 입력 [?/만들기(M)/설정(S)/새로 만들기(N)/이름 바꾸기(R)/켜기(ON)/끄기(OFF)/색상(C)/선 종류(L)/선 가중치(LW)/투명도(TR)/재료(MAT)/플롯(P)/동결(F)/동결 해제(T)/잠금(LO)/잠금 해제(U)/상태(A)/설명(D)/조절(E)/외부 참조(X)]: Enter

12 대칭하기

❶ 객체를 대칭하기 위해 MIRROR 명령을 실행합니다. ❷ 박스에 걸친 모든 객체를 선택하기 위해 **객체 선택:**에서 C를 입력한 후 Enter를 누르고 첫 번째 구석점과 반대 구석점을 지정한 다음 Enter를 누릅니다.

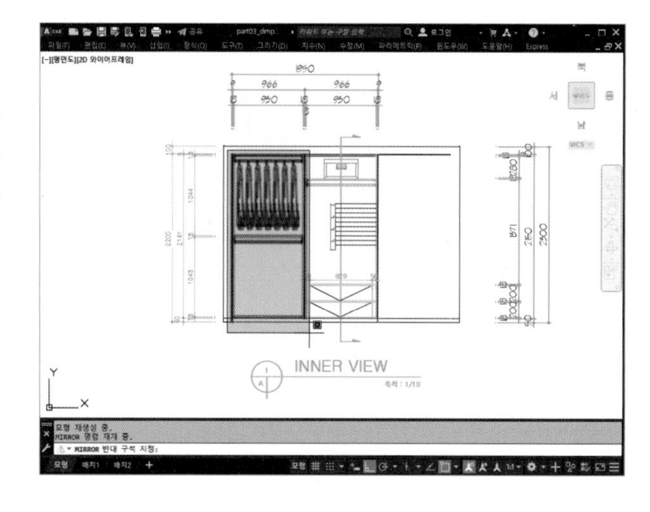

명령

명령: **MIRROR** Enter
객체 선택: W Enter
첫 번째 구석 지정: P1 클릭
반대 구석 지정: P2 클릭
29개를 찾음
객체 선택: Enter

13 대칭 복사하기

❶ 대칭의 기준 선을 지정하기 위해 대칭선의 첫 번째 점과 두 번째 점을 지정합니다. ❷ 원본 객체를 유지하기 위해 **원본 객체를 지우시겠습니까? [예(Y)/아니요(N)] 〈아니요〉:**에서 Enter를 누릅니다.

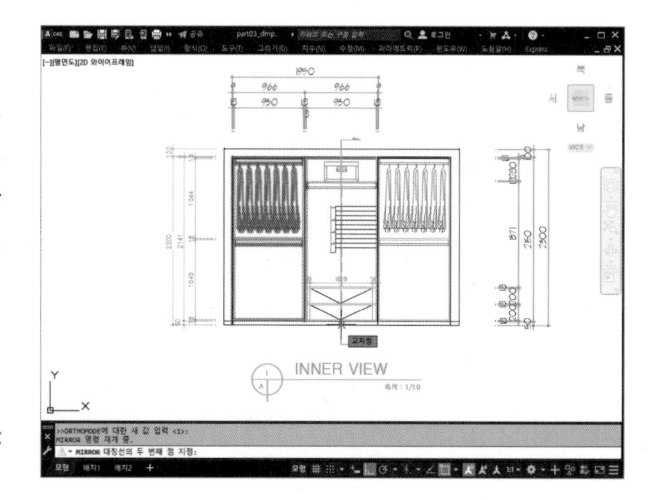

명령

대칭선의 첫 번째 점 지정: P1 클릭
대칭선의 두 번째 점 지정: P2 클릭
원본 객체를 지우시겠습니까? [예(Y)/아니요(N)] <아니요>: Enter

LevelUP

DIVIDE와 MEASURE 명령에서 블록(B)으로 분할하는 방법이 궁금해요

객체를 분할할 수 있는 DIVIDE, MEASURE 명령에서 블록(B)으로 분할 점을 표시하기 위해서는 먼저 블록을 만들어 놓아야 합니다. 그런 다음 세그먼트 분할에서 B 옵션을 입력하고 블록 이름을 입력하면 됩니다. 이때 **블록을 객체에 정렬하시겠습니까?**라는 메시지가 나타나는데 이때 Y를 입력하면 삽입된 블록의 X축이 분할 점에서 분할된 객체와 접하거나 동일선상에 있도록 지정합니다. N을 입력하면 수직 방향에 블록을 정렬합니다.

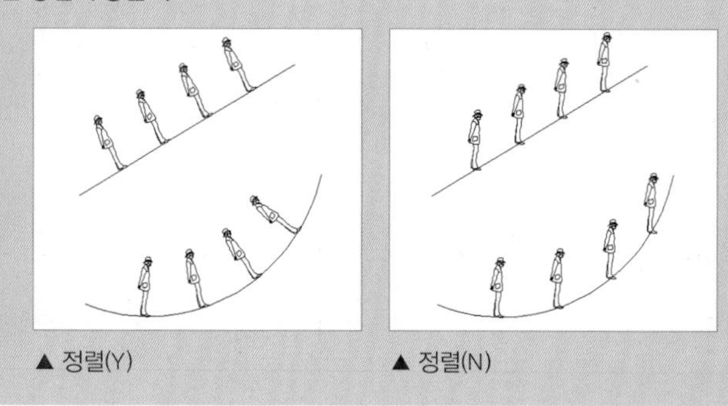

▲ 정렬(Y) ▲ 정렬(N)

Section

13 FILTER를 사용해 치수, 문자만 삭제하기

ERASE, ROTATE, MOVE, COPY 등과 같은 편집 명령을 사용할 경우 객체 선택이 나타납니다. 이때 FILTER를 사용하면 특정 객체만을 선택할 수 있습니다. 복잡한 도면에서 특정 객체만을 수정할 경우에 많이 사용합니다.

Key Word ERASE, FILTER

예제 파일 part03_filter.dwg 완성 파일 part03_filterc.dwg

01 FILTER 실행하기

❶ 도면을 불러오기 위해 명령창에 **OPEN** 명령을 입력한 후 Enter를 누릅니다. [선택 파일] 대화상자가 나타나면 Sample 폴더에 있는 part03_filter.dwg를 불러옵니다. ❷ 객체를 지우기 위해 **ERASE** 명령을 실행한 후 도면에서 치수만을 선택하기 위해 **객체 선택:**에 **FILTER**를 입력한 후 Enter를 누릅니다.

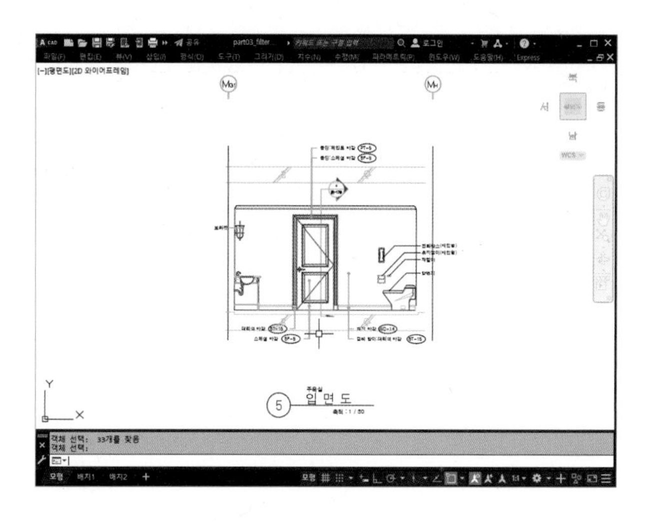

명령

명령: **OPEN** Enter
명령: **ERASE** Enter
객체 선택: 'FILTER Enter

02 필터 선택하기

❶ [객체 선택 필터] 대화상자가 나타나면 [필터 선택]에서 치수를 선택합니다. ❷ 치수를 선택 리스트에 포함시키기 위해 [리스트에 추가] 버튼을 클릭한 후 ❸ [적용] 버튼을 클릭합니다.

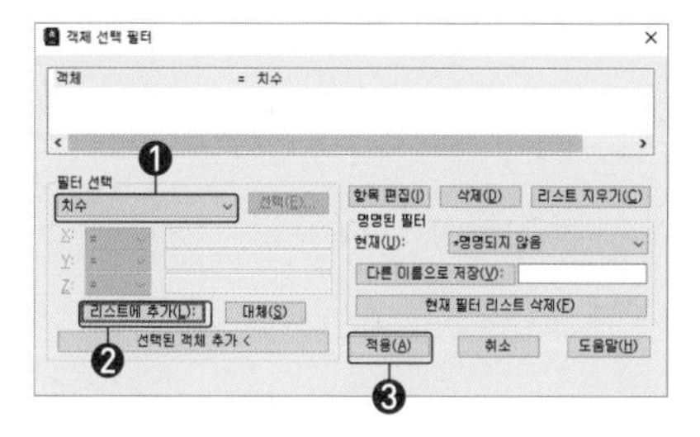

03 객체 선택하기

❶ 전체 객체에서 치수만을 필터링해 선택하기 위해 **>>객체 선택:**에 ALL을 입력하고 Enter를 누릅니다. ❷ 명령을 종료하기 위해 Enter를 세 번 클릭합니다.

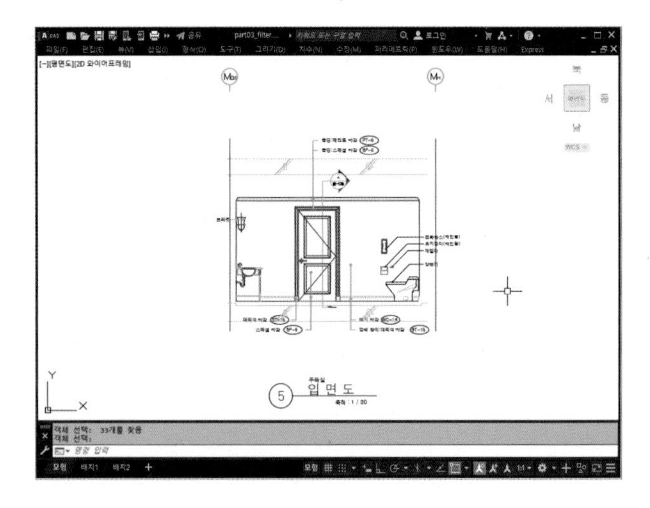

명령

선택 요소에 필터를 적용하는 중입니다.
>>객체 선택: ALL Enter
33개를 찾음
>>객체 선택: Enter
기존의 필터 처리된 선택 요소입니다.
ERASE 명령 재개 중
객체 선택: Enter
33개를 찾음
객체 선택: Enter

04 문자만 지우기

❶ 문자만 선택해 지우기 위해 **ERASE** 명령을 실행한 후 **객체 선택:**에 **FILTER**를 입력하고 Enter를 누릅니다. ❷ [객체 선택 필터] 대화상자의 [필터 선택]에서 [문자 높이]를 선택한 후 문자 높이를 입력하고 ❸ **리스트에 추가**를 클릭한 다음 ❹ [적용] 버튼을 누릅니다. 문자 높이가 75인 문자만을 선택하기 위해서입니다.

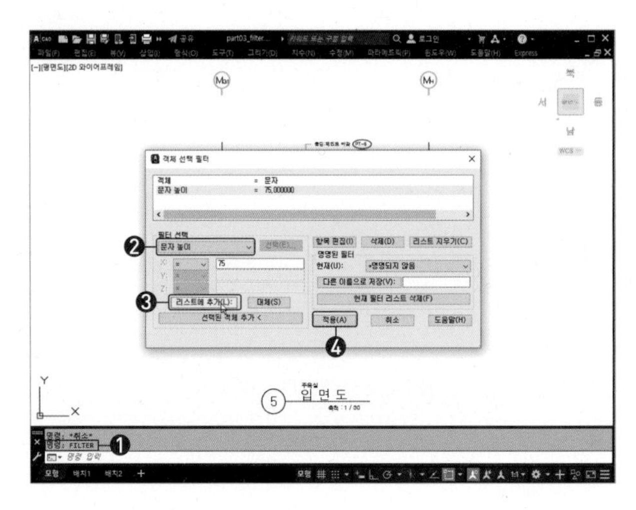

명령

명령: **ERASE** Enter
객체 선택: 'FILTER

05 객체 선택하기

❶ 전체 객체에서 치수만을 필터링해 선택하기 위해 **>>객체 선택:**에 ALL을 입력한 후 Enter를 누릅니다.
❷ 명령을 종료하기 위해 Enter를 세 번 클릭합니다.

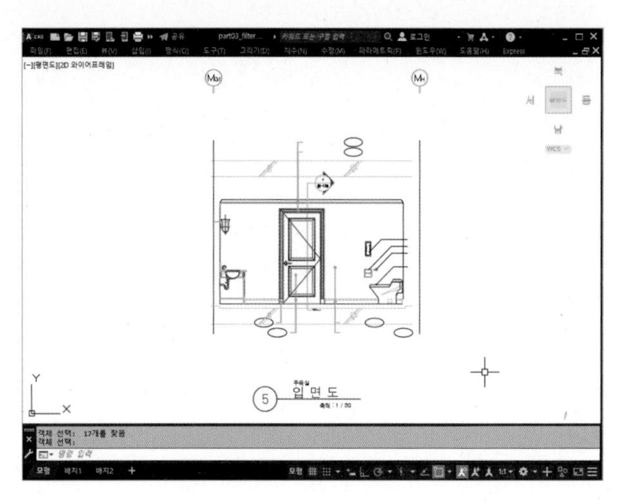

명령

선택 요소에 필터를 적용하는 중...
>>객체 선택: ALL Enter
17개를 찾음
>>객체 선택: Enter
기존의 필터 처리된 선택 요소입니다.
ERASE 명령 재개 중...
객체 선택: Enter
17개를 찾음
객체 선택: Enter

LevelUP

PLINE 명령과 TRACE 명령의 차이점은 뭔가요?

PLINE 명령의 특징은 다음과 같습니다.

- 선분의 끝점이 가운데 1개만 존재합니다.
- 직선과 호를 병행하며 그릴 수 있습니다.
- 1개의 객체로 인식합니다.

TRACE 명령의 특징은 다음과 같습니다.

- 선분의 끝점이 2개 존재하며 가운데 점도 존재합니다.
- 직선만을 그릴 수 있습니다.
- 낱개의 객체로 인식합니다.

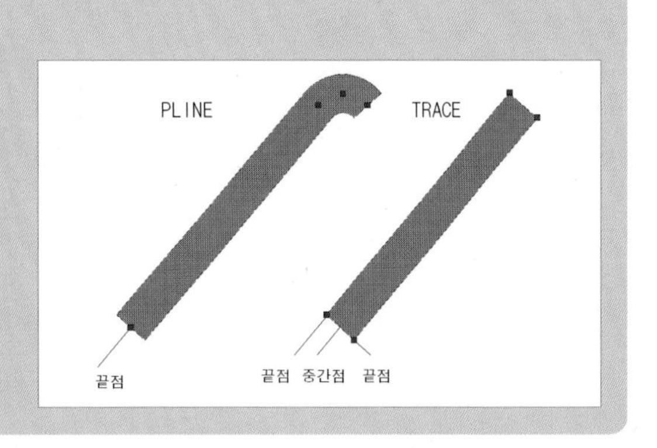

Section

14 크기가 다른 문자 색상, 도면층, 높이 변경하기

이번에는 객체의 색상, 레이어, 선의 두께, 좌표값, 치수, 문자 유형, 내용, 크기 등과 같은 속성을 변경할 수 있는 DDMODIFY 명령에 대해 알아보겠습니다.

Key Word DDMODIFY

예제 파일 part03_ddm.dwg 완성 파일 part03_ddmc.dwg

01 문자 선택하기

❶ 도면을 불러오기 위해 명령창에 **OPEN** 명령을 입력한 후 Enter를 누릅니다. [선택 파일] 대화상자가 나타나면 Sample 폴더에 있는 part03_ddm.dwg를 불러옵니다. ❷ 객체의 특성을 변경하기 위해 **DDMODIFY** 명령을 실행한 후 2개의 문자를 클릭합니다.

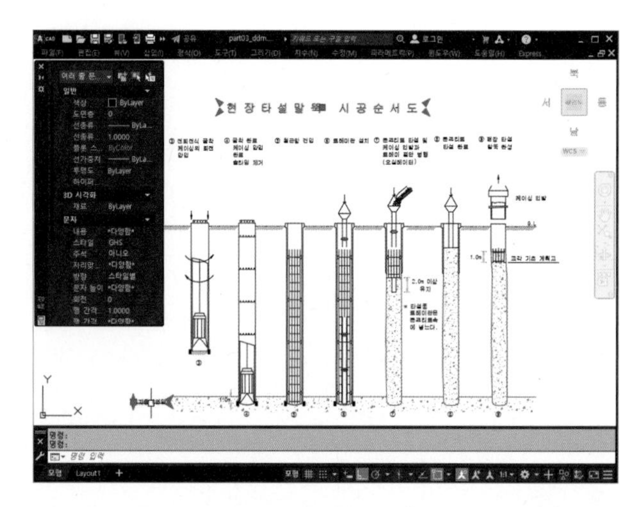

명령

명령: **OPEN** Enter
명령: **DDMODIFY** Enter
PROPERTIES

02 색상, 도면층, 높이 변경하기

❶ [특성] 대화상자가 나타나면 [일반] 탭에서 [색상]을 초록색으로 변경한 후 [도면층]을 1로 변경합니다. ❷ [문자] 탭에서 [높이]를 800으로 설정한 후 대화상자를 닫습니다.

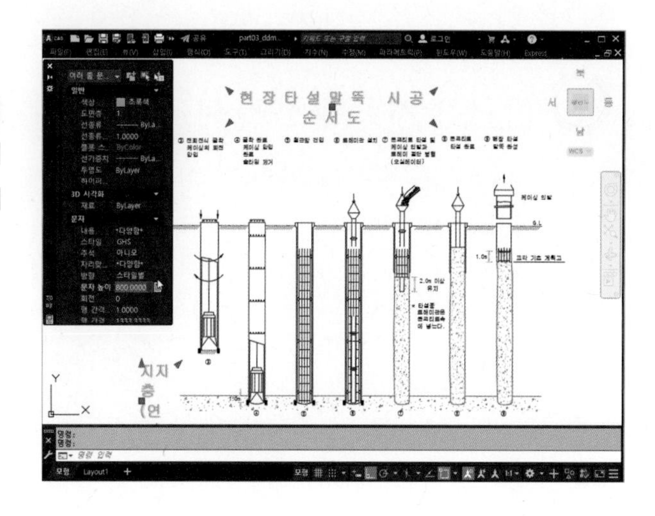

LevelUP

객체의 특성을 바꾸는 또 다른 방법을 알려 주세요!

객체의 특성을 변경하기 위한 방법으로는 DDMODIFY 명령을 사용하는 방법과 명령 라인이 비어 있는 상태에서 객체를 선택한 후 마우스 오른쪽 버튼을 클릭해 [특성]을 선택하는 방법이 있습니다.

예제 파일 **part03_ddm01.dwg**

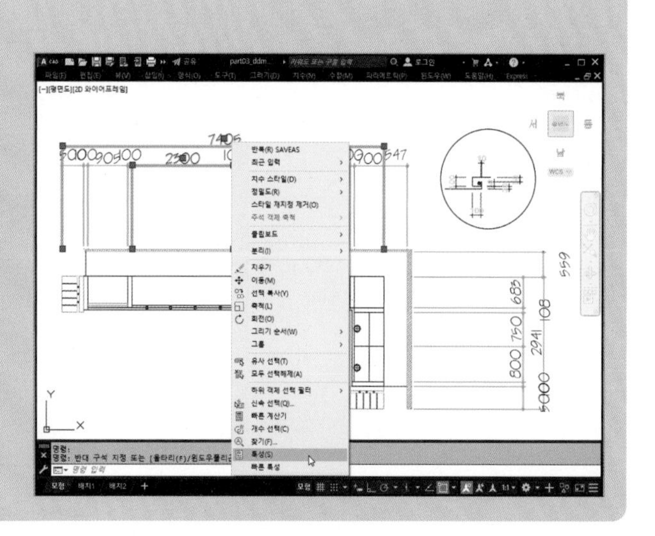

Special TIP

QSELECT 사용해 빨간색 객체만 선택하기

QSELECT 명령은 도면 내에서 속성에 따른 객체를 쉽게 선택하기 위해 사용합니다. QSELECT 명령을 사용하면 같은 색의 객체, 같은 크기의 문자, 같은 속성의 해치, 같은 도면층의 객체를 쉽게 선택할 수 있습니다.

Key Word QSELECT 예제 파일 part03_qs.dwg 완성 파일 part03_qsc.dwg

• QSELECT 명령 사용 방법

❶ [신속 선택]을 하기 위해 **QSELECT** 명령을 실행한 후 [신속 선택] 대화상자가 나타나면 [적용 위치]에서 전체 도면을 선택합니다. ❷ [객체 유형]에 **다중**을 지정한 후 [특성]에서 **색상**을 선택하고 [연산자]를 **=같음**, [값]을 **빨간색**으로 지정한 다음 [확인] 버튼을 누릅니다.

명령

명령: **QSELECT** Enter
52개의 항목이 선택됐습니다.

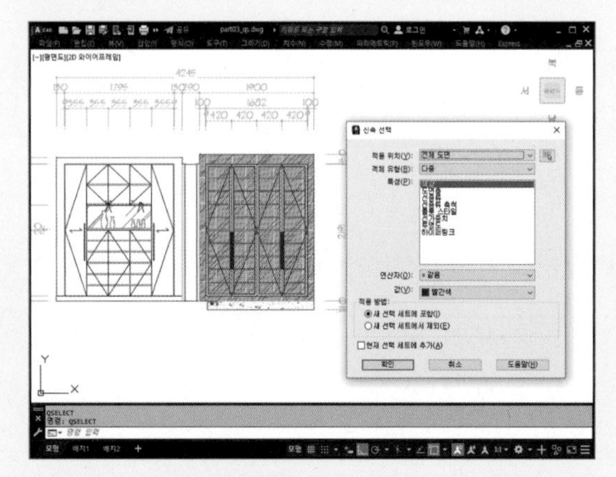

▲ QSELECT 명령으로 '빨간색' 객체만을 선택한 경우

• 색상 변경하기

❶ 객체의 특성을 변경하기 위해 CHPROP 명령을 실행합니다. ❷ 선택된 객체의 색상을 변경하기 위해 **변경할 특성 입력 [색상(C)/도면층(LA)/선 종류(LT)/선 종류 축척(S)/선 가중치(LW)/두께(T)/투명도(TR)/재료(M)/주석(A)]:**에 C를 입력하고 Enter를 누릅니다. ❸ 새로운 색상 번호를 입력한 후 Enter를 두 번 누릅니다.

명령

명령: **CHPROP** Enter
52개를 찾음
변경할 특성 입력 [색상(C)/도면층(LA)/선 종류(LT)/선 종류 축척(S)/선 가중치(LW)/두께(T)/투명도(TR)/재료(M)/주석(A)]: C Enter
새 색상 [트루컬러(T)/색상표(CO)] <1 (빨간색)>: 7 Enter
변경할 특성 입력 [색상(C)/도면층(LA)/선 종류(LT)/선 종류 축척(S)/선 가중치(LW)/두께(T)/투명도(TR)/재료(M)/주석(A)]: Enter

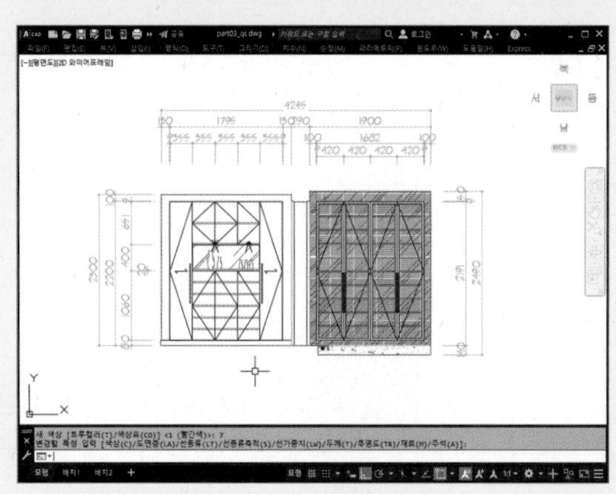

▲ 빨간색 객체를 '파란색'으로 변경한 경우

Section

15 면적과 둘레 길이 쉽게 구하기

도면에서 특정 공간의 면적과 둘레의 길이를 산출하고자 할 때는 AREA 명령을 사용합니다. 특정 공간은 객체를 둘러싼 점들을 연속적으로 클릭할 수도 있고, 객체들을 폴리선으로 만들어 선택할 수도 있습니다. 면적에 나누기 3.3을 하면 평수를 계산할 수 있습니다. 이때는 계산기(QUICKCALC 명령)를 사용하는 것이 편리합니다.

Key Word **AREA, BPOLY, SCALE**　　　　예제 파일 **part03_area.dwg** 완성 파일 **part03_areac.dw**

01 축척 지정하기

❶ 도면을 불러오기 위해 명령창에 **OPEN** 명령을 입력한 후 Enter를 누릅니다. [선택 파일] 대화상자가 나타나면 Sample 폴더에 있는 part03_area.dwg를 불러옵니다. ❷ mm 단위를 m로 변경하기 위해 **SCALE** 명령을 실행한 후 모든 객체를 선택하고 기준점을 지정합니다. ❸ 현재 크기에서 1/1000로 축소하기 위해 축척 비율을 지정한 후 Enter를 누릅니다. ❹ 면적 단위는 m(미터) 단위로 계산해야 하기 때문에 mm(밀리미터) 단위를 m(미터)로 변경한 것입니다.

명령

명령: **OPEN** Enter
명령: **SCALE** Enter
객체 선택: ALL Enter
739개를 찾음
객체 선택: Enter
기준점 지정: P1 클릭
축척 비율 지정 또는 [복사(C)/참조(R)]: 1/1000 Enter

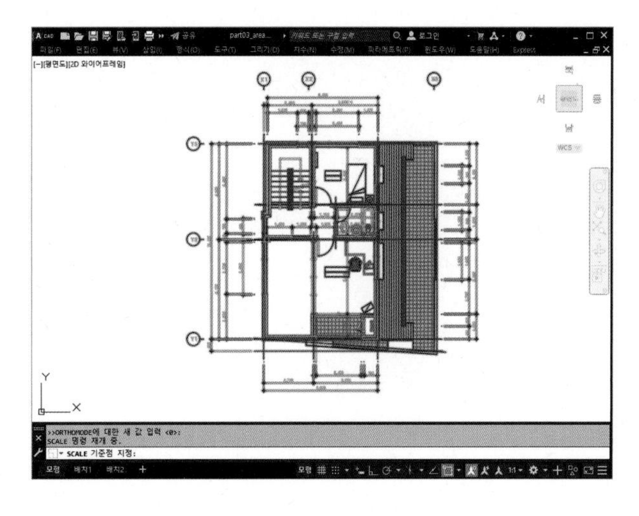

02 전체 화면 보이기

❶ 축소된 객체를 화면에 모두 보이기 위해 ZOOM 명령을 실행한 후 ❷ 화면에 꽉 차게 보여 주기 위해 E 옵션을 입력하고 Enter를 누릅니다.

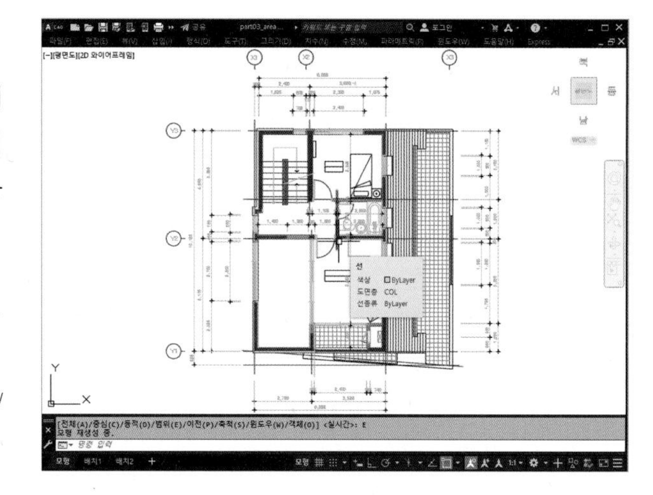

명령

명령: **ZOOM** Enter
윈도우 구석 지정, 축척 비율(nX 또는 nXP) 입력 또는
[전체(A)/중심(C)/동적(D)/범위(E)/이전(P)/축척(S)/윈도우(W)/객체(O)] <실시간>: E Enter
모형 재생성 중...

Point

마우스 가운데 휠 버튼을 위, 아래로 돌리면 화면이 축소/확대됩니다. 또한 휠 버튼을 누른 채로 드래그하면 화면이 이동합니다.

03 경계선 만들기

❶ 경계선을 만들기 위해 BPOLY 명령을 실행한 후 ❷ [경계 작성] 대화상자가 나타나면 점 선택 버튼 bd_p.jpg를 클릭합니다.

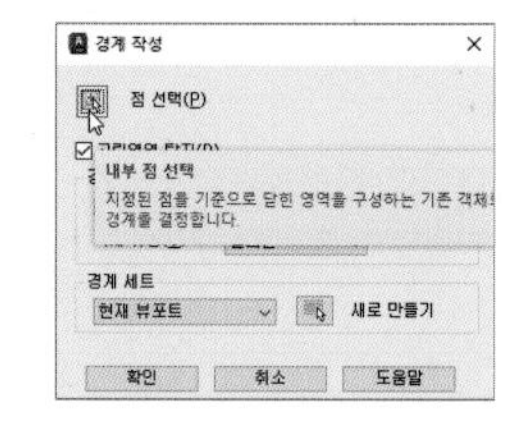

명령

명령: **BPOLY** Enter

04 경계 점 지정하기

❶ 점 주의에 둘러싸인 경계선(폴리선)을 만들기 위해 내부 점을 지정한 후 Enter를 누릅니다. ❷ 점 주위 선들 중에서 점과 점 사이가 떨어진 곳이 있으면 안 됩니다.

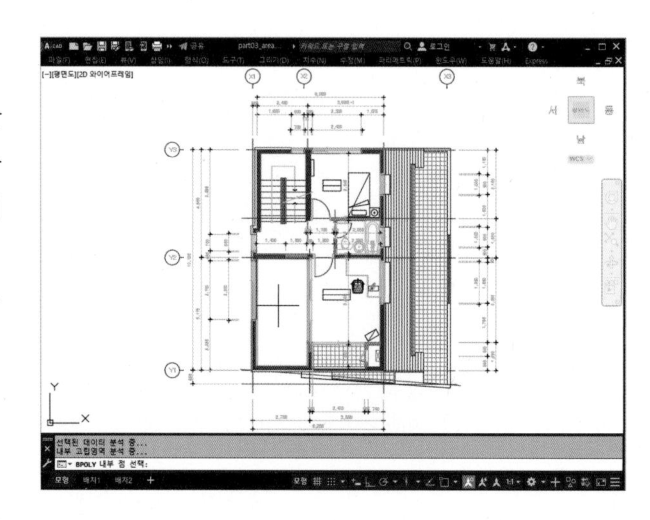

명령

내부 점 선택: P1 클릭
모든 것 선택
가시적인 모든 것 선택 중...
선택된 데이터 분석 중...
내부 고립영역 분석 중...
내부 점 선택: Enter
경계 1 폴리선을(를) 작성함

05 면적, 둘레 길이 측정하기

❶ 앞에서 만든 경계선(폴리선)의 면적과 둘레 길이를 측정하기 위해 **AREA** 명령을 실행합니다. ❷ 객체를 선택하기 위해 **첫 번째 구석점 지정 또는 [객체(O)/면적 추가(A)/면적 빼기(S)] 〈객체(O)〉:**에서 O 옵션을 입력한 후 Enter를 누릅니다. ❸ 맨 마지막에 작성된 객체를 선택하기 위해 **객체 선택:**에 **L**을 입력한 후 Enter를 누릅니다. ❹ F2를 누르면 나타나는 [AutoCAD 문자 윈도우] 대화상자에서 영역(면적)과 둘레 길이를 확인할 수 있습니다.

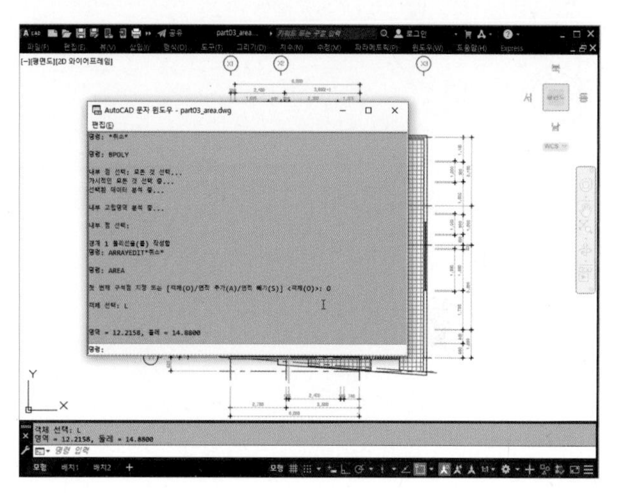

명령

명령: **AREA** Enter
첫 번째 구석점 지정 또는 [객체(O)/면적 추가(A)/면적 빼기(S)]
<객체(O)>: O Enter
객체 선택: L Enter
영역=12.2158, 둘레=14.8800

Section

16 두 점 간의 길이 측정하기

작성된 도면에서 두 점 간의 거리를 측정하기 위해서는 DIST 명령을 사용합니다. DIST 명령을 사용하면 두 점 간의 거리뿐 아니라 X축 증분값과 Y축 증분값을 계산할 수 있습니다.

Key Word DIST

예제 파일 part03_dist.dwg 완성 파일 part03_distc.dwg

01 첫 번째 점 지정하기

❶ 도면을 불러오기 위해 명령창에 **OPEN** 명령을 입력한 후 Enter를 누릅니다. [선택 파일] 대화상자가 나타나면 Sample 폴더에 있는 part03_dist.dwg를 불러옵니다. ❷ 두 점 간의 거리를 측정하기 위해 **DIST** 명령을 실행하고 첫 번째 점을 지정합니다.

명령

명령: **OPEN** Enter
명령: **DIST** Enter
첫 번째 점 지정: P1 클릭

02 두 번째 점 지정한 후 거리 확인하기

❶ 두 번째 점을 지정합니다. ❷ F2를 누른 후 [AutoCAD 문자 윈도우] 대화상자를 보면 거리, 각도, X 증분, Y 증분, Z 증분을 확인할 수 있습니다.

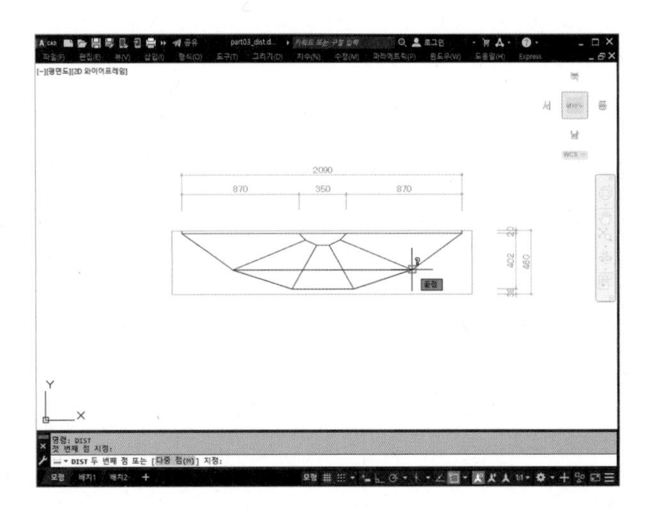

명령

두 번째 점 또는 [다중 점(M)] 지정: P1 클릭
거리=1336.9118, XY 평면에서의 각도=0, XY 평면으로부터의 각도=0
X 증분=1336.9118, Y 증분=0.0000, Z 증분=0.0000

Section

17 좌표점 측정하기

작성된 도면에서 특정 점에 대한 좌표점을 찾기 위해서는 ID 명령을 사용합니다. ID 명령을 사용하면 원점으로부터의 X 좌표, Y 좌표, Z 좌표를 측정할 수 있습니다.

Key Word ID, CIRCLE

예제 파일 part03_id.dwg 완성 파일 part03_idc.dwg

01 첫 번째 점 지정하기

❶ 도면을 불러오기 위해 명령창에 **OPEN** 명령을 입력한 후 Enter를 누릅니다. [선택 파일] 대화상자가 나타나면 Sample 폴더에 있는 part03_id.dwg를 불러옵니다. ❷ 은선을 제거하기 위해 **HIDE** 명령을 실행합니다.

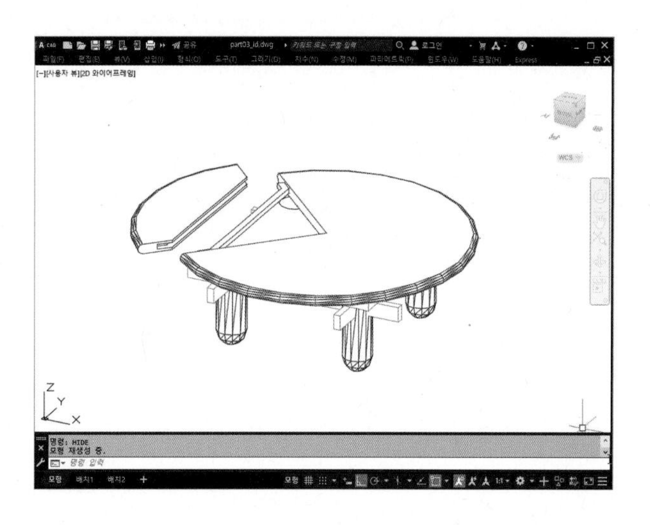

명령

명령: **OPEN** Enter
명령: **HIDE** Enter
모형 재생성 중...

02 좌표점 구하기

❶ 좌표점을 구하기 위해 **ID** 명령을 실행합니다. ❷ 점의 위치를 지정합니다. X, Y, Z 좌표점이 측정된 것을 확인할 수 있습니다.

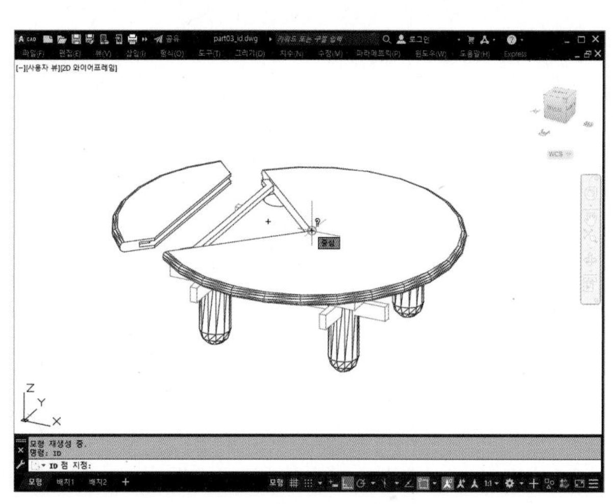

명령

명령: **ID** Enter
점 지정: P1 클릭
X=1070.8167 Y=0.0000 Z=21.9288

03 최종점에서 떨어진 원 그리기

❶ 앞에서 측정한 좌표점을 최종점으로 인식하고 그 최종점으로부터 떨어진 원을 그려 보겠습니다. 원을 그리기 위해 CIRCLE 명령을 실행한 후 Z축 방향으로 50만큼 떨어진 원을 그리기 위해 **원에 대한 중심점 지정 또는 [3점(3P)/2점(2P)/Ttr – 접선 접선 반지름(T)]:**에 **@0,0,50**을 입력하고 Enter를 누릅니다. 그런 다음 원의 반지름을 입력하고 Enter를 누릅니다.

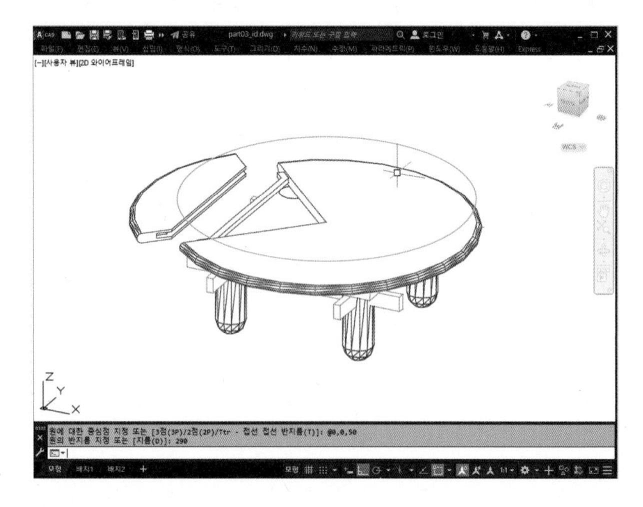

명령

명령: **CIRCLE** Enter
원에 대한 중심점 지정 또는 [3점(3P)/2점(2P)/Ttr - 접선 접선 반지름(T)]: @0,0,50 Enter
원의 반지름 지정 또는 [지름(D)]: 290 Enter

Section

18 객체 정보와 3D 객체 질량 구하기

화면에 보이는 객체에 대한 상세 정보를 확인하기 위해서는 LIST 명령을 사용합니다. 또한 MASSPROP 명령을 사용하면 솔리드 객체에 대한 질량, 체적, 모멘트 등을 측정할 수 있습니다.

Key Word LIST, DBLIST, MASSPROP

예제 파일 part03_listpro.dwg

01 객체 정보 구하기

❶ 도면을 불러오기 위해 명령창에 **OPEN** 명령을 입력한 후 Enter를 누릅니다. [선택 파일] 대화상자가 나타나면 Sample 폴더에 있는 part03_listpro.dwg를 불러옵니다. ❷ 객체에 대한 정보를 구하기 위해 **LIST** 명령을 실행한 후 치수선을 클릭하고 Enter를 누릅니다.

명령

명령: **OPEN** Enter
명령: **LIST** Enter
객체 선택: 치수선 클릭
1개를 찾음

객체 선택: Enter

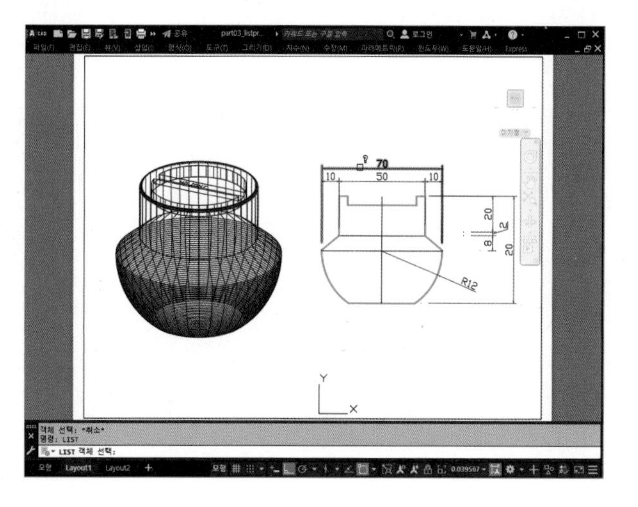

02 정보 결과 보기

선택한 치수선의 도면층, 연관, 문자 위치, 치수 스타일 등과 같은 정보가 나타나는 것을 확인할 수 있습니다.

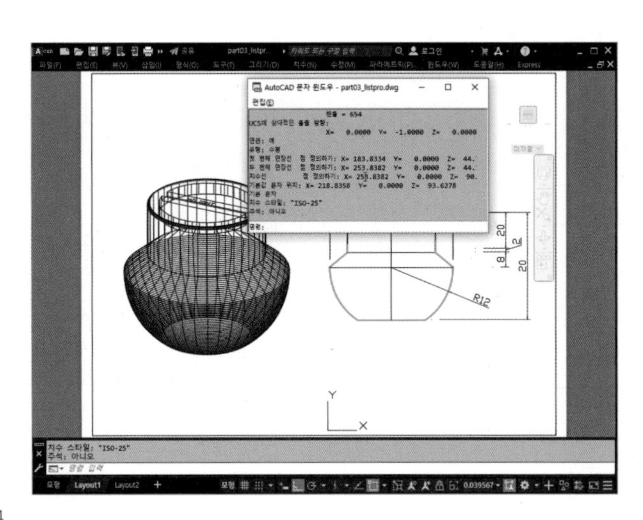

명령

치수 도면층: "0"
공간: 모형 공간
핸들=654
UCS에 상대적인 돌출 방향:
X=0.0000 Y=-1.0000 Z=0.0000
연관: 예
유형: 수평
첫 번째 연장선 점 정의하기: X=183.8334 Y=0.0000 Z=44.7894
두 번째 연장선 점 정의하기: X=253.8382 Y=0.0000 Z=44.7894
치수선 점 정의하기: X=253.8382 Y=0.0000 Z=90.8153
기본값 문자 위치: X=218.8358 Y=0.0000 Z=93.6278
기본 문자
치수 스타일: "ISO-25"
주석: 아니요

Point

DBLIST 명령을 사용하면 화면에 있는 모든 객체에 대한 정보를 찾을 수 있습니다.

03 3D 모델링 질량 및 특성 구하기

❶ 3차원 솔리드 객체의 질량 특성을 산출하기 위해 명령창에 **MASSPROP**를 입력한 후 Enter를 누릅니다. ❷ 3D 모델의 특성을 구하기 위해 객체를 클릭한 후 Enter를 누릅니다.

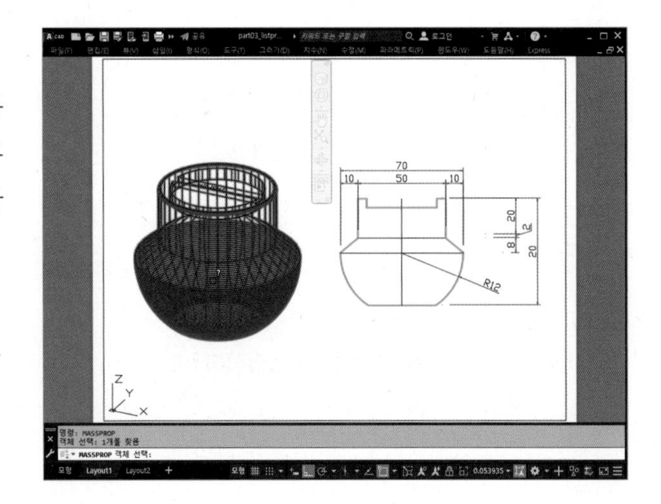

명령

명령: **MASSPROP** Enter
객체 선택: C1 클릭
1개를 찾음
객체 선택: Enter

Point

3D 모델링에 대한 질량, 체적 등을 구하기 위해서는 반드시 솔리드로 만들어진 객체여야만 MASSPROP 명령이 실행됩니다.

04 결과 보기

❶ 3D 모델링에 대한 질량, 체적, 경계 상자, 중심, 관성 모멘트, 관성곱 등이 측정된 것을 확인할 수 있습니다. ❷ 좀 더 많은 정보를 확인하기 위해 **계속하려면 Enter를 누르십시오:**에서 Enter를 누릅니다.

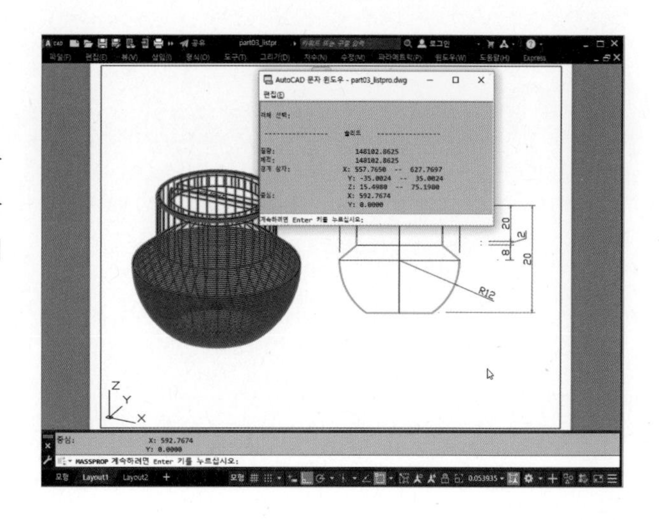

명령

---------------- 솔리드 ----------------

질량: 148102.8625
체적: 148102.8625
경계 상자: X: 557.7650 -- 627.7697
Y: -35.0024 -- 35.0024
Z: 15.4980 -- 75.1980
중심: X: 592.7674
Y: 0.0000
계속하려면 Enter를 누르십시오:
Z: 42.7077
관성 모멘트: X: 335847243.7240
Y: 52375266568.7936
Z: 52106944823.9041
관성곱: XY: 0.0000
YZ: 0.0000
ZX: -3749333531.9618
회전 반경: X: 47.6200
Y: 594.6773
Z: 593.1521
중심에 관해 주 모멘트와 X-Y-Z 방향:
계속하려면 Enter를 누르십시오:
I: 65715174.8633 [1.0000 0.0000 0.0000]
J: 65767263.0922 [0.0000 1.0000 0.0000]
K: 67577587.0635 [0.0000 0.0000 1.0000]

05 저장하기

❶ 측정된 데이터를 하나의 파일로 만들고 저장하기 위해 **파일에 분석을 쓰겠습니까?**에서 **Y**를 입력한 후 Enter를 누릅니다. ❷ [질량 및 영역 특성 파일 작성] 대화상자가 나타나면 파일 이름을 지정한 후 [저장] 버튼을 누릅니다.

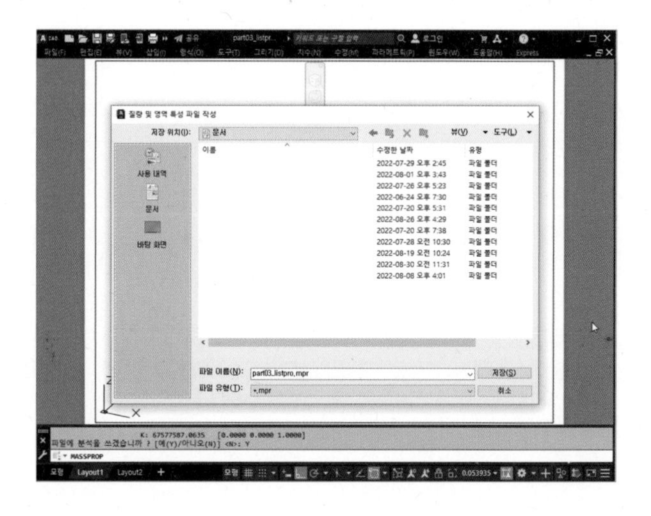

명령

파일에 분석을 쓰겠습니까 ? [예(Y)/아니요(N)] <N>: Y

Section

19 INSERT와 XREF의 차이점 알아보기

블록(BLOCK)을 불러와 삽입할 수 있는 INSERT 명령과 외부 참조할 수 있는 EXTERNALREFERENCES 명령의 차이점을 알아보겠습니다. EXTERNALREFERENCES(외부 참조)는 건축, 토목, 인테리어, 전기, 전자 설계 사무실에서 많이 사용하기 때문에 내용을 잘 파악해 두는 것이 좋습니다.

Key Word INSERT

INSERT(삽입)

❶ INSERT 명령으로 BLOCK, WBLOCK, 도면을 불러들이면 현재 도면에 완전히 삽입됩니다.

❷ 삽입된 블록을 **EXPLODE** 명령으로 분해해 편집할 수 있습니다.

❸ 삽입된 원본을 불러온 후에 편집해도 현재 삽입된 블록은 수정되지 않습니다.

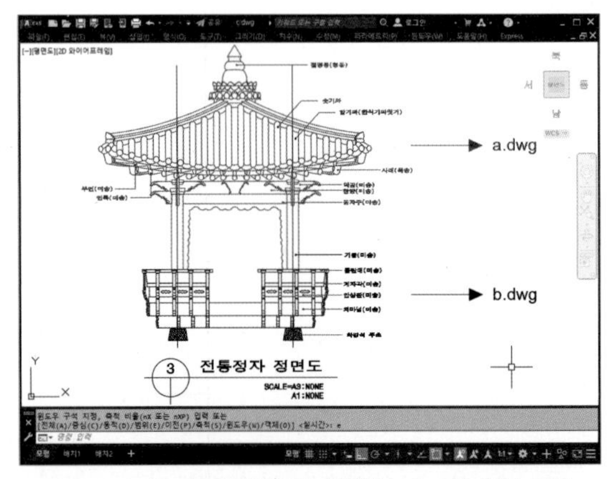

▲ a.dwg, b.dwg를 INSERT로 삽입해 c.dwg를 만든 경우

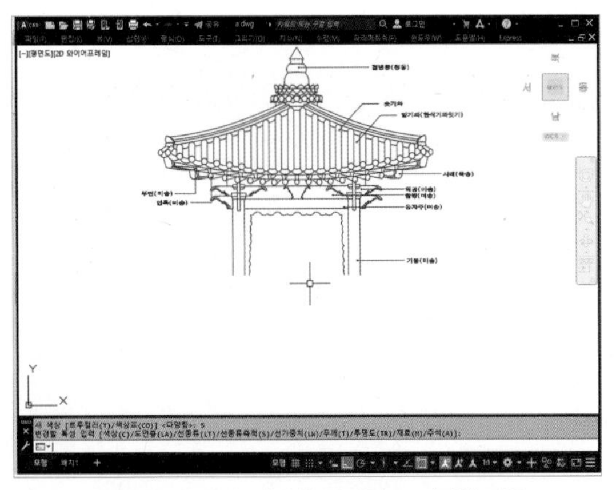

▲ a.dwg를 OPEN해 수정(색상 변경)하고 저장한 경우

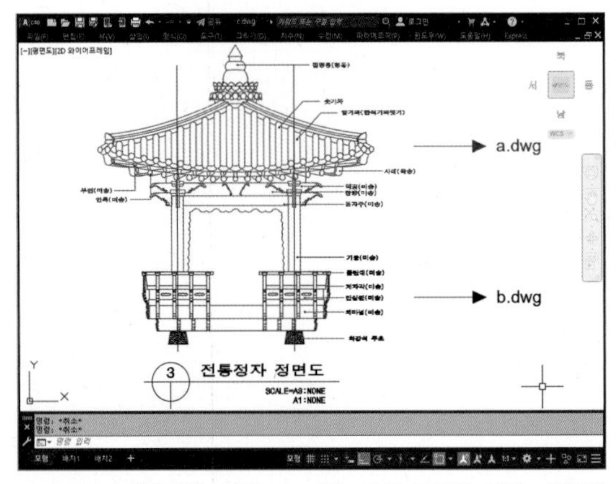

▲ INSERT한 전체 도면(c.dwg)을 다시 불러온 화면→블록의 변화가 없습니다.

XREF 외부 참조(EXTERNALREFERENCES)

❶ 블록이 현재 도면에 삽입되지만, 별도의 파일로도 존재합니다. 그러나 원본 파일을 삭제하면 삽입된 블록도 지워집니다.

❷ 삽입된 블록을 EXPLODE 명령으로 분해할 수 없습니다.

❸ 원본 파일을 편집하면 현재 삽입된 블록도 수정됩니다(플랜트 설계와 아파트 설계에서 적절히 사용 가능).

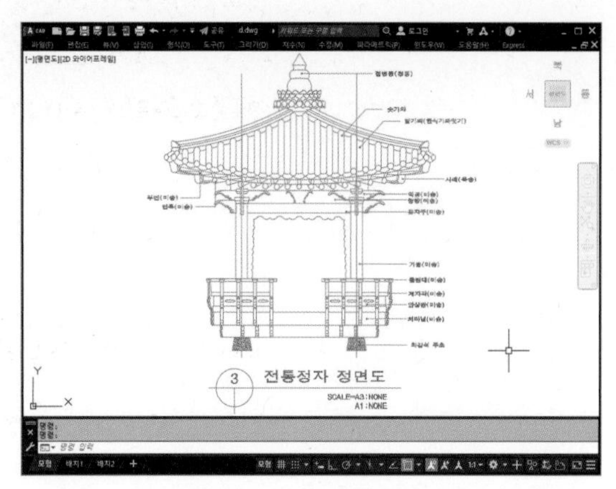

▲ a.dwg, b.dwg를 XREF로 삽입해 d.dwg를 만든 경우

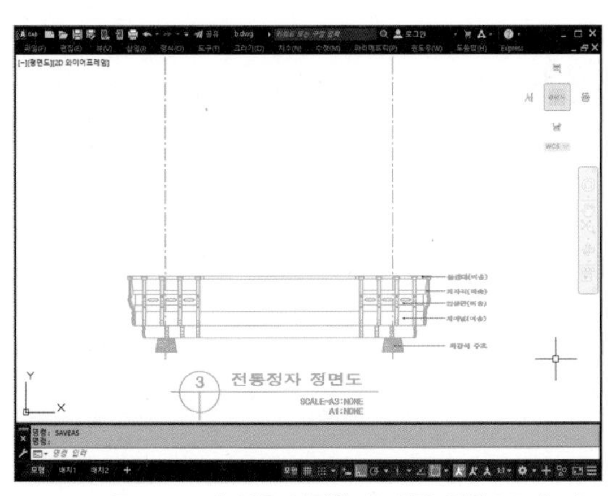

▲ b.dwg를 OPEN해 색을 변경한 후 양쪽 방향으로 늘리고 저장한 경우

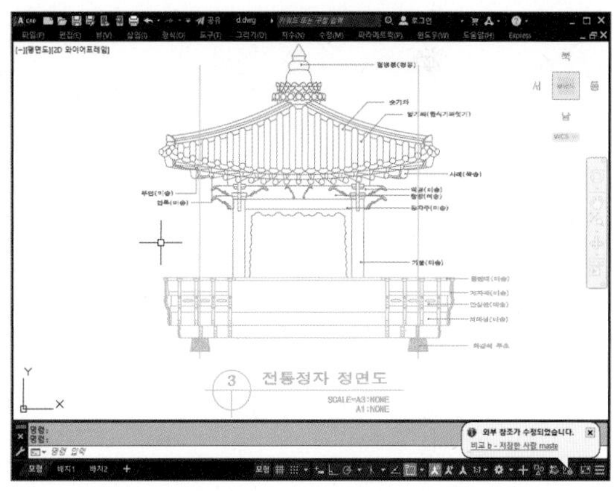

▲ XREF한 전체 도면을 다시 불러온 화면→b.dwg 도면이 수정돼 나타납니다. 우측 하단 화면에 외부 참조가 수정됐습니다. 메시지가 나타납니다.

Point

XATTACH 명령으로 외부 도면을 부착시키면 EXPLODE 명령에 의해 분해되지 않으므로 필요한 부분만을 남기고 싶다면 [수정] 메뉴의 [자르기] - [외부 참조]를 선택합니다. 또는 명령 라인에 XCLIP 명령을 실행한 후 새로운 경계 도형을 그리면 도형 부분만 남고 나머지는 삭제됩니다.

Point

XREF 명령으로 외부 참조한 도면을 INSERT처럼 현 도면에 완전히 삽입하고 싶다면 [외부 참조] 대화상자에서 해당 외부 참조 도면을 클릭한 후 [로드됨]에 마우스 오른쪽 버튼을 누르고 [결합 유형]을 [삽입]으로 변경하면 됩니다.

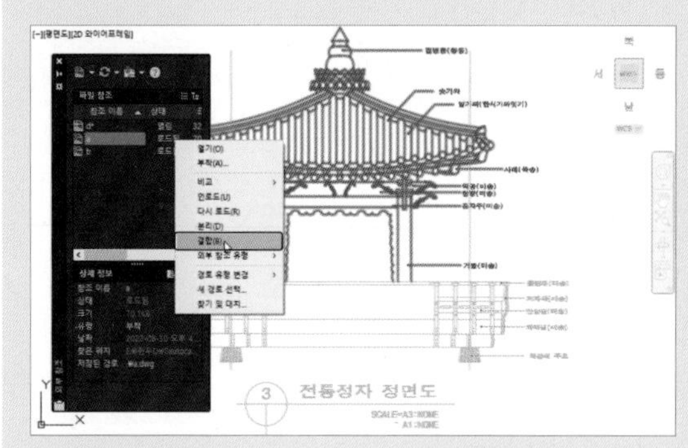

▲ [결합]을 선택한 경우

외부 참조/DGN 언더레이 결합
결합 유형
결합(B)
삽입(I)
확인
취소

▲ [결합 유형]을 [삽입]으로 선택한 경우

Section

20 좌표계 이해하며 3D 시작하기

2차원 좌표계에서는 X, Y, Z축에서 2개의 좌표계만을 보이게 한 후에 사용하지만, 3차원 좌표계에서는 3개의 좌표계를 모두 보이게 한 후에 사용합니다. 이번에는 X, Y, Z축이 직각으로 적용되는 직각 좌표계, 원기둥 형태로 적용되는 원기둥 좌표계, 입체의 구 형태로 적용되는 구 좌표계에 대해 알아보겠습니다.

Key Word 오른손 법칙, 왼손 법칙, 좌표계

01 오른손 법칙

오른손 법칙은 3차원 좌표계에서 X, Y, Z축의 양의 방향(+)을 결정할 수 있습니다. 그림에서 엄지는 Z축 방향, 검지는 X축 방향, 중지는 Y축 방향을 가리킵니다. 3차원 좌표계의 이해가 부족할 경우, 오른손 법칙을 따라 해 보면 쉽게 이해할 수 있습니다.

▲ 플레밍의 오른손 법칙

LevelUP

플레밍의 오른손 법칙과 왼손 법칙에 대해 자세히 알고 싶어요

플레밍의 왼손 법칙과 오른손 법칙은 힘, 자기장, 전류의 관계를 나타내는 법칙입니다. 그러나 이를 캐드의 좌표계에 응용해 엄지는 Z축, 검지는 X축, 중지는 Y축으로 생각하면 사용자 좌표계를 이해하는 데 많은 도움이 됩니다.

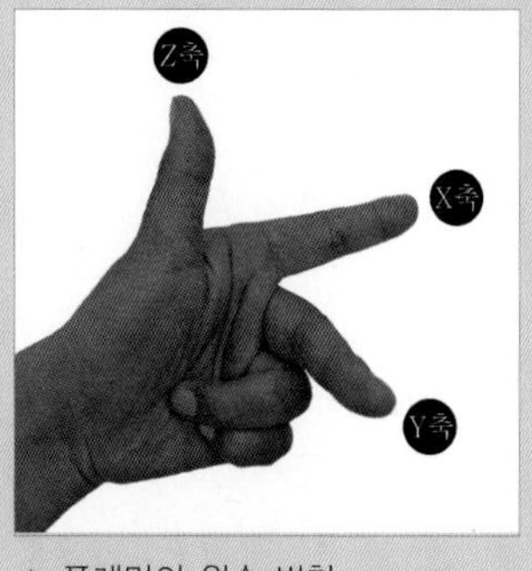

▲ 플레밍의 왼손 법칙

02 직교 좌표계(Cartesian Coordinate)

3차원 직각 좌표계는 그림에서 알 수 있는 바와 같이 서로 직교하는 3개의 축에 의해 정의됩니다. 2차원 좌표계의 경우와 마찬가지로 점 P의 위치를 X, Y 및 Z의 3개의 직각 좌표로 표현할 수 있는데, 원점에서 출발해 X축 방향으로 x만큼, Y축 방향으로 y만큼, Z축 방향으로 z만큼 이동하면 점 P에 이르게 됩니다.

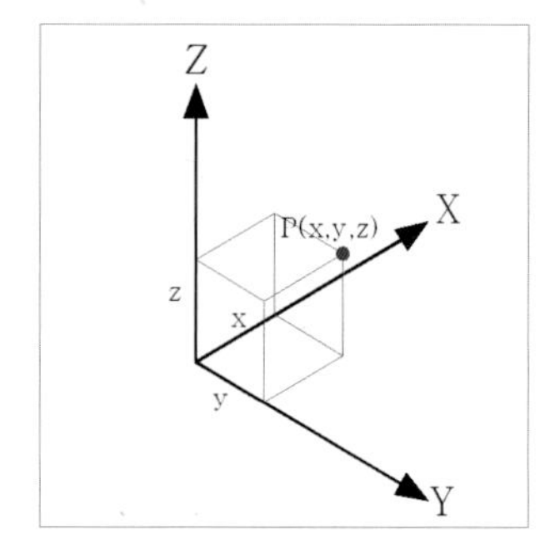

▲ 형식: X 좌표, Y 좌표, Z 좌표

03 원기둥 좌표계(Cylindrical Coordinate)

정의 점이 XY 평면에 투영된 길이와 각도 그리고 XY 평면에서 정의 점까지의 높이로 구성됩니다. 2D에서의 극좌표에 높이(Z축)가 추가된 것으로 보면 됩니다.

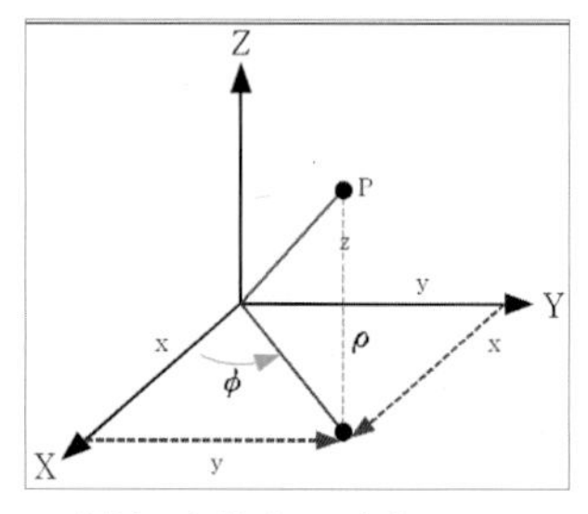

▲ 형식: 거리<각도, 거리

04 구 좌표계(Spherical Coordinate)

좌표계의 원점에서 정의점이 XY 평면에 투영된 거리와 X축으로부터의 각도 그리고 XY 평면과 정의점을 잇는 직선과 이루는 각도로 표현됩니다. 극좌표를 두 번 사용한 것과 같습니다.

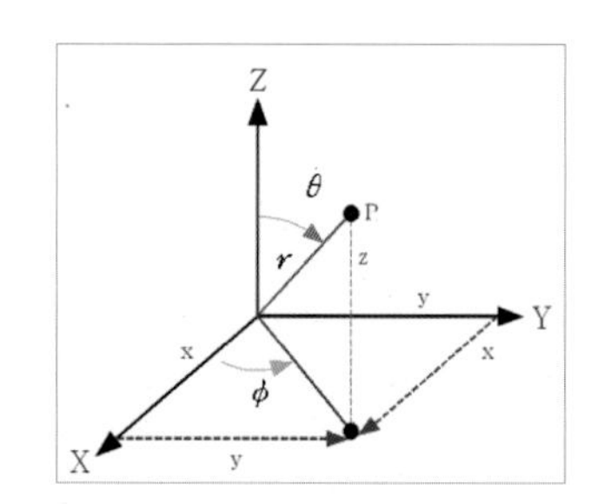

▲ 형식: 거리<각도, 각도

Level UP

3차원에 대해 알고 싶어요!

3차원은 2차원과 달리, 1개의 축(Z축)이 더 사용되기 때문에 2차원 좌표보다 복잡합니다. 우리가 생활하는 공간은 3차원이지만, 화면의 평평한 모니터 안에 3차원을 표현하기 위해서는 무한한 상상력을 발휘해야 합니다. 따라서 좌표계에 대한 개념을 확실히 숙지해야만 현재 자신이 화면상에 그리고 있는 물체가 어떤 모양인지 확실하게 이해할 수 있습니다.

Section

21 3D 모델링 자유롭게 돌려 보기

2차원 도면을 3차원 도면으로 만들거나 3차원 객체를 다양한 각도에서 보기 위해서는 X, Y, Z축을 동시에 보아야 합니다. 이를 제어할 수 있는 명령어가 바로 VPOINT입니다. 여기서는 VPOINT 명령을 사용해 관찰자 시점을 변경하는 방법에 대해 알아보겠습니다.

Key Word VPOINT, 3DORBIT, SHADEMODE

예제 파일 part03_vpoint.dwg
part03_3dorbit.dwg
part03_shademode.dwg

완성 파일 part03_vpointc.dwg
part03_3dorbitc.dwg
part03_shademodec.dwg

01 관찰자 시점 변경하기

도면을 불러오기 위해 명령창에 **OPEN** 명령을 입력한 후 Enter를 누릅니다. [선택 파일] 대화상자가 나타나면 Sample 폴더에 있는 part03_vpoint.dwg를 불러옵니다.

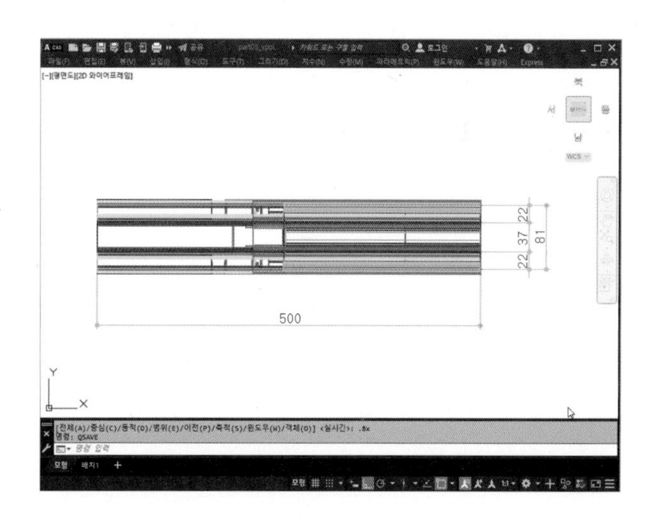

명령

명령: **OPEN** Enter

02 뷰 방향 바꾸기

❶ 화면의 방향을 변경하기 위해 **-VPOINT** 명령을 실행합니다. ❷ 관측점 지정에 **1, -1, 1**을 입력한 후 Enter를 누릅니다.

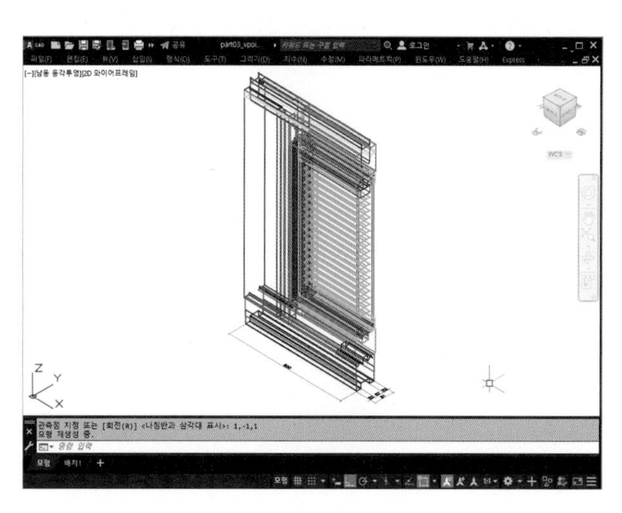

명령

명령: **-VPOINT** Enter
현재 뷰 방향: VIEWDIR=0.000,0.000,1.000
관측점 지정 또는 [회전(R)] <나침반과 삼각대 표시>: 1,-1,1 Enter
모형 재생성 중...

03 회전 각도로 관측점 변경하기

❶ 관측점을 변경하기 위해 **-VPOINT** 명령을 실행한 후 회전 각도를 지정하기 위해 R 옵션을 실행합니다. ❷ XY 평면의 X축으로부터의 각도와 XY 평면으로부터의 각도를 입력한 후 Enter를 누릅니다.

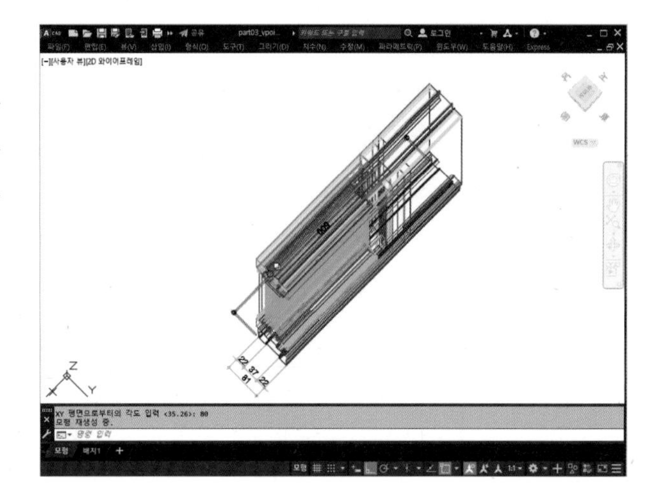

명령

명령: **-VPOINT** Enter
현재 뷰 방향: VIEWDIR=1.000,-1.000,1.000
관측점 지정 또는 [회전(R)] <나침반과 삼각대 표시>: R Enter
XY 평면의 X 축으로부터의 각도 입력 <315.00>: 45 Enter
XY 평면으로부터의 각도 입력 <35.26>: 80 Enter
모형 재생성 중...

Point

VPOINT 명령에서 ROTATE는 X축으로부터 회전하는 각도를 지정해 관찰자 시점을 설정할 수 있게 하고 XY 평면으로부터 얼마만큼의 각도로 회전시켜 관찰자 시점을 설정할 수 있는지를 결정할 수 있게 합니다.

04 정면도 만들기

❶ 관측점을 설정하기 위해 **-VPOINT** 명령을 실행한 후 ❷ 정면도를 만들기 위해 관측점 지정에 **0, -1, 0**을 입력한 후 Enter를 누릅니다.

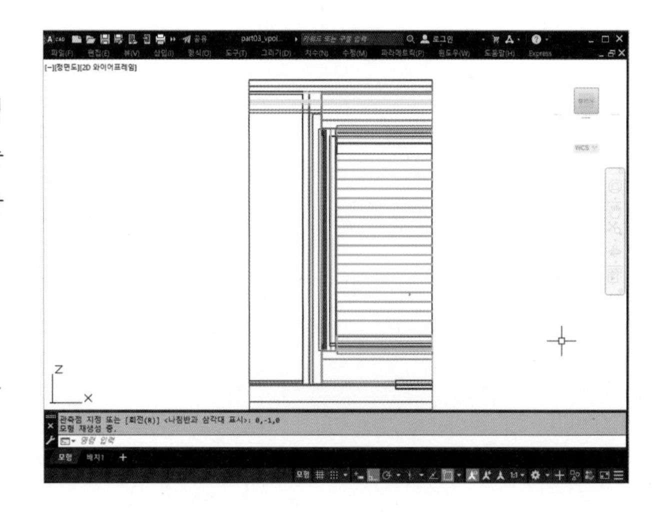

명령

현재 뷰 방향: VIEWDIR=0.213,0.213,1.706
관측점 지정 또는 [회전(R)] <나침반과 삼각대 표시>: 0,-1,0
모형 재생성 중...

Point

3개의 수치 중 2개의 수치에 '0'을 입력하면 평면 뷰를 볼 수 있습니다.

05 나침반과 삼각대 사용하기

❶ 관측점을 변경하기 위해 -VPOINT 명령을 실행합니다. ❷ 나침반(Compass)과 삼각대(Tripod)를 사용하기 위해 **관측점 지정 또는 [회전(R)] 〈나침판과 삼각대 표시〉:**에서 Enter를 누른 후 원 내부에서 위치점(P1)을 클릭합니다.

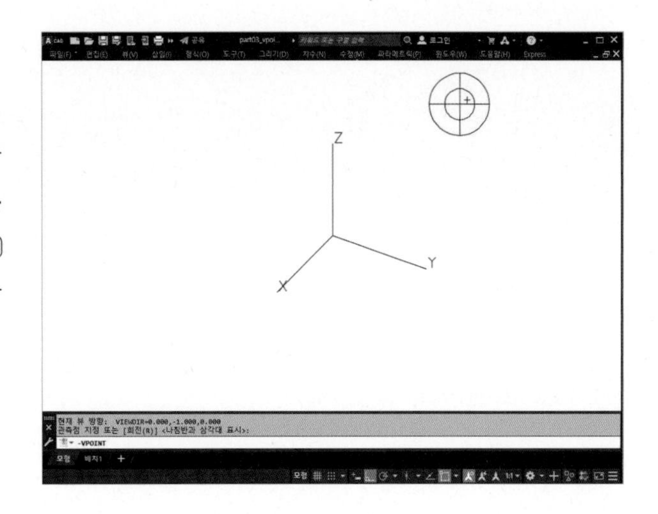

명령

명령: **-VPOINT** Enter
현재 뷰 방향: VIEWDIR=0.0000,-1.0000,0.0000
관측점 지정 또는 [회전(R)] <나침반과 삼각대 표시>: Enter
모형 재생성 중...

06 뷰 확인하기

❶ 그림과 같이 뷰가 설정된 것을 확인할 수 있습니다. ❷ 똑같은 방법으로 나침반과 삼각대를 사용해 화면을 자유롭게 돌려 볼 수 있습니다.

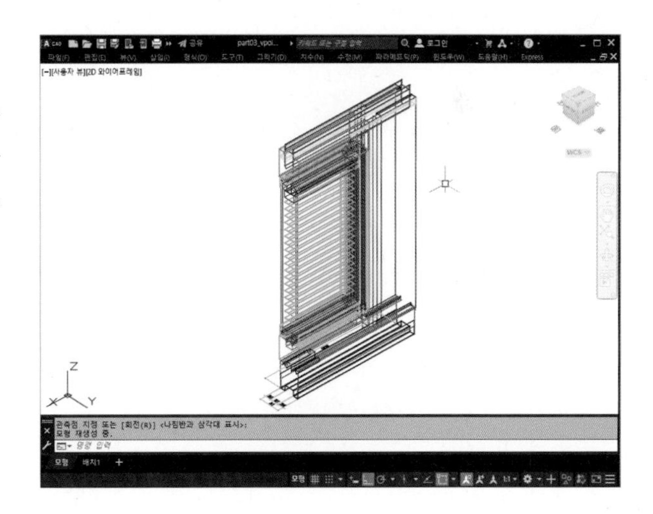

LevelUP

3DORBIT 명령을 사용하면 편리하게 돌려 볼 수 있어요

명령: **3DORBIT** Enter
Esc 또는 Enter를 눌러 종료하거나 오른쪽 클릭해 바로 가기 메뉴를 표시하십시오.

예제 파일 part03_3dorbit.dwg
완성 파일 part03_3dorbitc.dwg

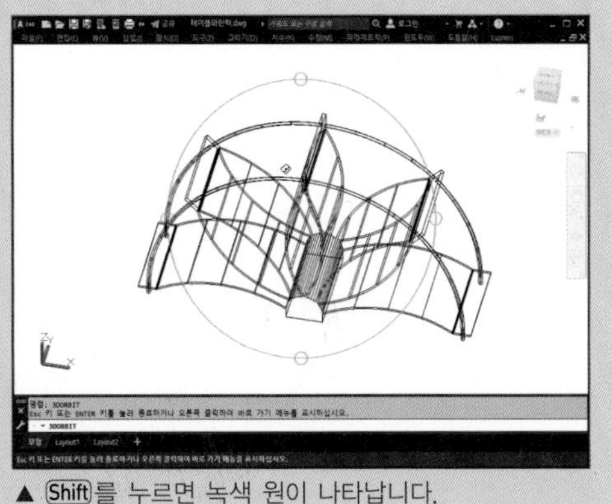

▲ Shift를 누르면 녹색 원이 나타납니다.

LevelUP

SHADEMODE

SHADEMODE 명령을 사용하면 화면 뷰 스타일(VSCURRENT)을 설정할 수 있습니다.

명령: **SHADEMODE** Enter
VSCURRENT
옵션 입력 [2D 와이어 프레임(2)/와이어 프레임(W)/숨김(H)/실제(R)/개념(C)/음영 처리(S)/모서리로 음영 처리됨(E)/회색 음영 처리(G)/스케치(SK)/X레이(X)/기타(O)] <실제>: R Enter

다시 와이어 프레임으로 돌아가려면 **SHADEMODE**에서 **2D**를 입력하면 됩니다.

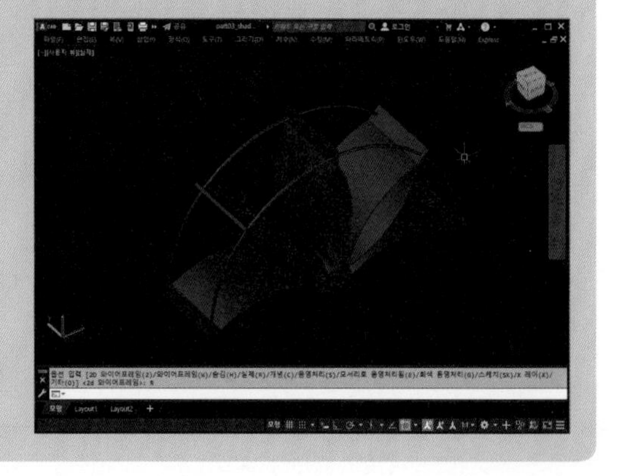

예제 파일 part03_shademode.dwg
완성 파일 part03_shademodec.dwg

Section

22 –VPOINT 제대로 이해하기

2차원 도면을 3차원 도면으로 만들거나 3차원 객체를 다양한 각도에서 보기 위해서는 X, Y, Z축을 동시에 보아야 합니다. 이를 제어할 수 있는 명령어가 바로 VPOINT입니다. 이번에는 VPOINT 명령을 사용해 관찰자 시점을 변경하는 방법에 대해 알아보겠습니다.

Key Word -VPOINT

-VPOINT 정확히 이해하기

–VPOINT는 'View Point'의 약자로, 3차원 객체를 다양한 각도에서 볼 수 있는 관찰자 시점입니다. **–VPOINT** 명령어에서는 3개의 숫자를 입력할 수 있는데, 이는 (X 좌표, Y 좌표, Z 좌표)를 말합니다. 하지만 좌표로 입력하면 좌표 계산을 해야 하므로 혼란스러울 수 있습니다. 따라서 (X 좌표를 오른쪽, 왼쪽), (Y 좌표를 정면, 뒷면), (Z 좌표를 위, 아래) 방향이라고 생각하면 이해하기 쉽습니다. 단, 정면을 보고자 할 때는 Y 좌표의 숫자 앞에 –를 입력해야 합니다. 예를 들어, **VPOINT** 명령을 실행한 후 (1, –2, 1)을 설정했다면 (오른쪽 면, 정면, 윗면)이 보이는 것입니다. 가운데의 숫자 앞에 –를 입력했기 때문에 정면이 보이는 것이고 숫자가 크기 때문에 정면이 더 많이 보이는 것입니다.

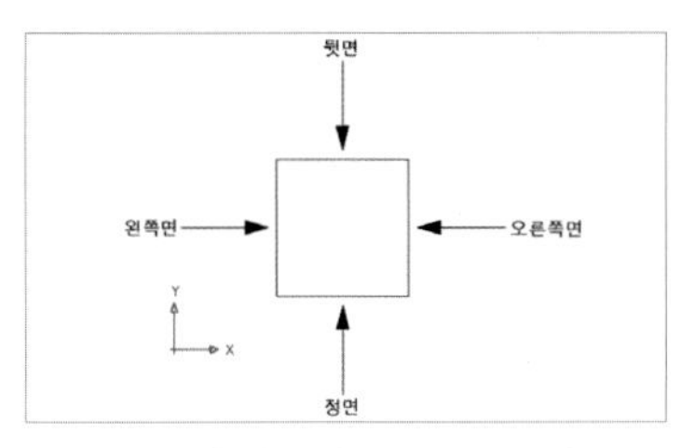

▲ Vpoint의 기본 개념

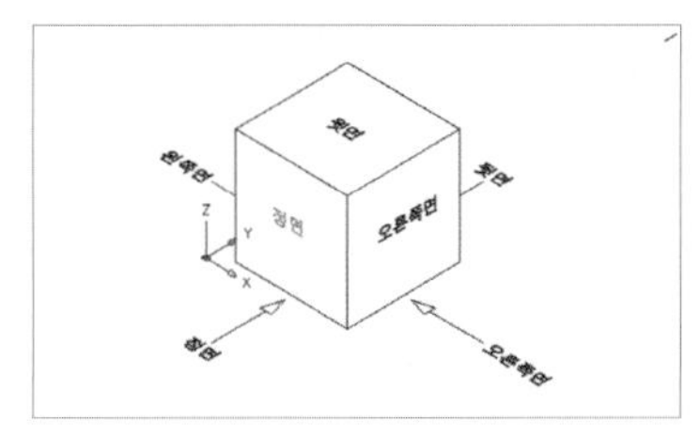

▲ Vpoint를 (1, –1, 1)로 설정하면 (오른쪽 면, 정면, 윗면)이 같은 비율로 보입니다.

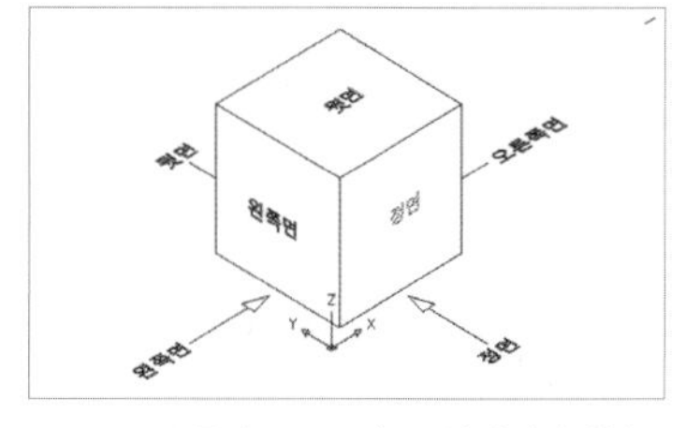

▲ Vpoint를 (–1, –1, 1)로 설정하면 (왼쪽 면, 정면, 윗면)이 같은 비율로 보입니다.

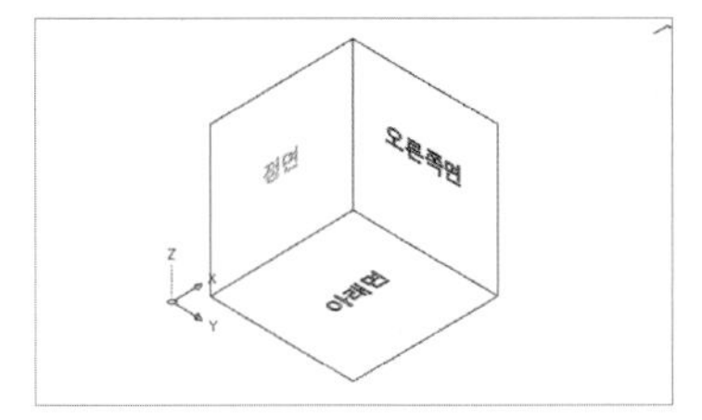

▲ Vpoint를 (1, –1, –1)로 설정하면 (오른쪽 면, 정면, 아랫면)이 같은 비율로 보입니다.

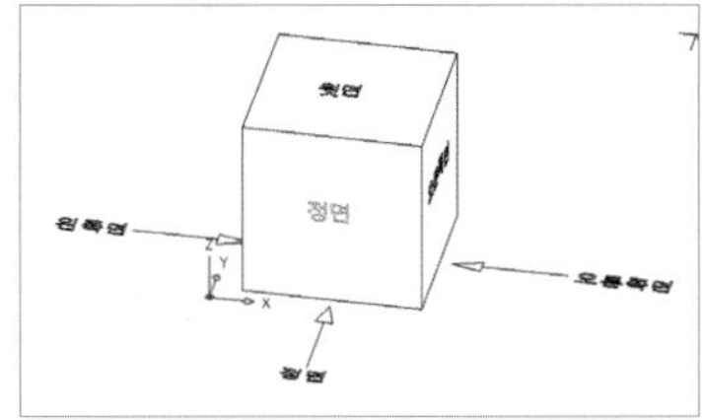

▲ Vpoint를 (1, –5, 2)로 설정하면 (오른쪽 면이 보이고, 정면이 가장 많이 보이고, 윗면이 다음으로 많이 보임)으로 보입니다.

Section

23 3D 모델링의 필수! UCS 이해하기

사용자 좌표계(UCS)는 3차원 객체(3D)를 모델링할 경우 반드시 알고 있어야 할 명령입니다. UCS를 정확히 파악하지 못하면 다양한 3차원 객체를 그릴 수 없습니다. 이번에는 주사위를 만들어 보면서 사용자 좌표계(UCS)를 완전히 마스터해 보겠습니다.

Key Word UCS, UCSIOCN, EXTRUDE, SUBTRACT, CIRCLE, FILLET 예제 파일 part03_ucs.dwg 완성 파일 part03_ucsc.dwg

01 X축을 기준으로 회전하기

❶ 도면을 불러오기 위해 명령창에 **OPEN** 명령을 입력한 후 Enter를 누릅니다. [선택 파일] 대화상자가 나타나면 Sample 폴더에 있는 part03_ucs.dwg를 불러옵니다. ❷ 사용자 좌표계인 UCS를 회전하기 위해 UCS 명령을 실행한 후 X축을 기준으로 회전하기 위해 **UCS의 원점 지정 또는 [면(F)/이름(NA)/객체(OB)/이전(P)/뷰(V)/표준(W)/X(X)/Y(Y)/Z(Z)/Z축(ZA)] 〈표준〉:**에 **X**를 입력한 후 Enter를 누릅니다. ❸ 회전 각도를 지정하기 위해 **X축에 관한 회전 각도 지정 〈90〉:**에 **90**을 입력합니다. ❹ 원을 그리기 위해 **CIRCLE** 명령을 실행한 후 원의 중심점을 지정하고 반지름을 입력합니다.

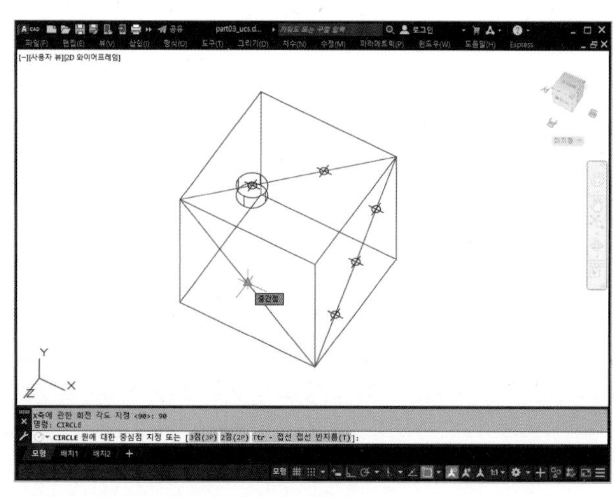

명령

명령: **OPEN** Enter
명령: **UCS** Enter

현재 UCS 이름: *표준*
UCS의 원점 지정 또는 [면(F)/이름(NA)/객체(OB)/이전(P)/뷰(V)/표준(W)/X(X)/Y(Y)/Z(Z)/Z축(ZA)] <표준>: X Enter

X축에 관한 회전 각도 지정 <90>: 90 Enter

명령: **CIRCLE** Enter
원에 대한 중심점 지정 또는 [3점(3P)/2점(2P)/Ttr - 접선 접선 반지름(T)]: P1 클릭
원의 반지름 지정 또는 [지름(D)]: 10 Enter

02 Y축을 기준으로 UCS 회전하기

❶ 사용자 좌표계인 UCS를 회전하기 위해 **UCS** 명령을 실행한 후 Y축을 기준으로 회전하기 위해 **UCS의 원점 지정 또는 [면(F)/이름(NA)/객체(OB)/이전(P)/뷰(V)/표준(W)/X(X)/Y(Y)/Z(Z)/Z축(ZA)] 〈표준〉:**에 Y를 입력하고 Enter를 누릅니다.❷ 회전 각도를 지정하기 위해 **Y축에 관한 회전 각도 지정 〈90〉:**에 90을 입력합니다. ❸ 원을 그리기 위해 **CIRCLE** 명령을 실행한 후 원의 중심점을 지정하고 반지름을 입력합니다.

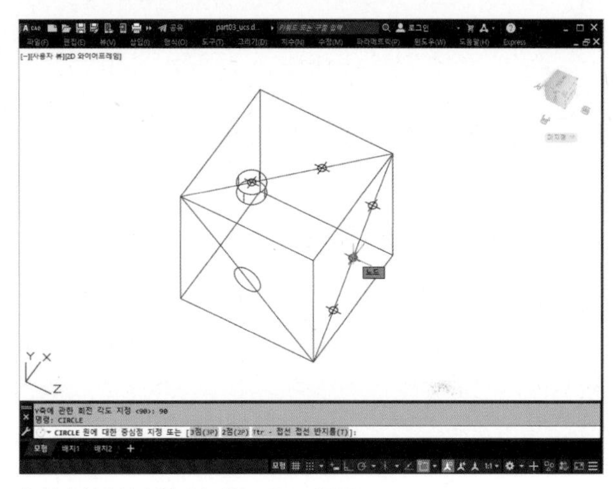

명령

명령: **UCS** Enter

현재 UCS 이름: *이름 없음*
UCS의 원점 지정 또는 [면(F)/이름(NA)/객체(OB)/이전(P)/뷰(V)/표준(W)/X(X)/Y(Y)/Z(Z)/Z축(ZA)] <표준>: Y Enter

Y축에 관한 회전 각도 지정 <90>: 90 Enter

명령: **CIRCLE** Enter

원에 대한 중심점 지정 또는 [3점(3P)/2점(2P)/Ttr - 접선 접선 반지름(T)]: P1 클릭
원의 반지름 지정 또는 [지름(D)] <10.0000>: 10 Enter

03 우측면 원 그리기

❶ 똑같은 방법으로 **CIRCLE** 명령을 사용해 2개의 원을 더 그립니다. ❷ UCS가 원하는 면에 맞지 않으면 객체를 그릴 수 없습니다.

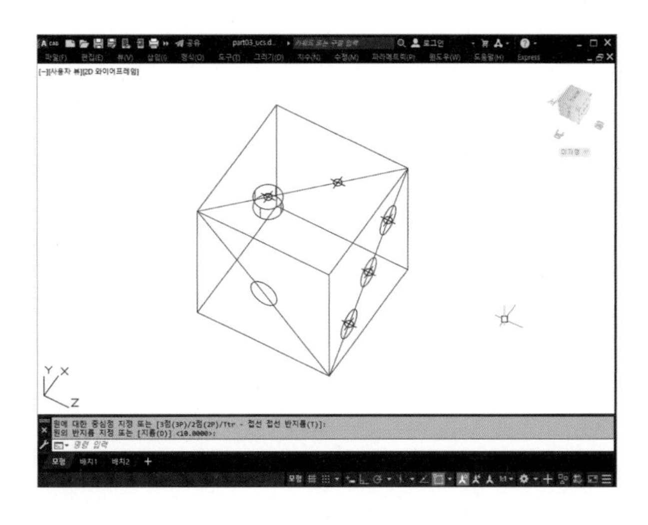

04 새로운 UCS 원점 지정하기

❶ 좌표계 원점(Origin), X축 방향 지점, Y축 방향 지점을 지정해 좌표계를 설정하기 위해 **UCS** 명령을 실행한 후 ❷ 3P 옵션을 입력하고 새 원점을 지정합니다.

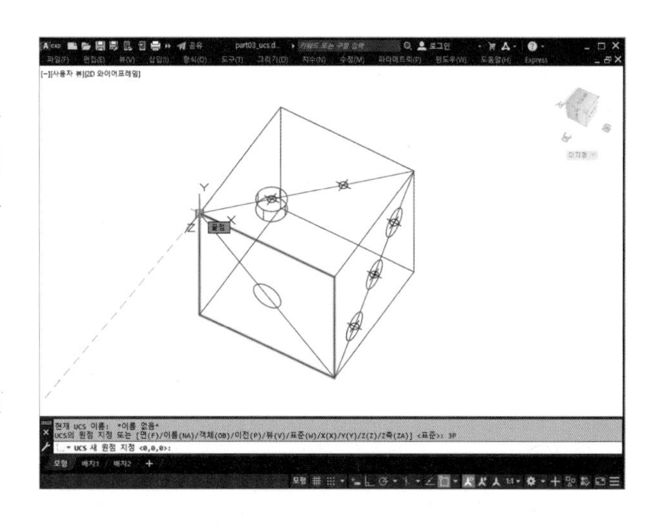

명령

명령: **UCS** Enter

현재 UCS 이름: *이름 없음*
UCS의 원점 지정 또는 [면(F)/이름(NA)/객체(OB)/이전(P)/뷰(V)/표준(W)/X(X)/Y(Y)/Z(Z)/Z축(ZA)] <표준>: 3P Enter

새 원점 지정 <0,0,0>: P1 클릭

05 X축 지정하기

❶ X축에 해당하는 지점을 지정합니다. ❷ 선의 끝점에 지정하는 것입니다.

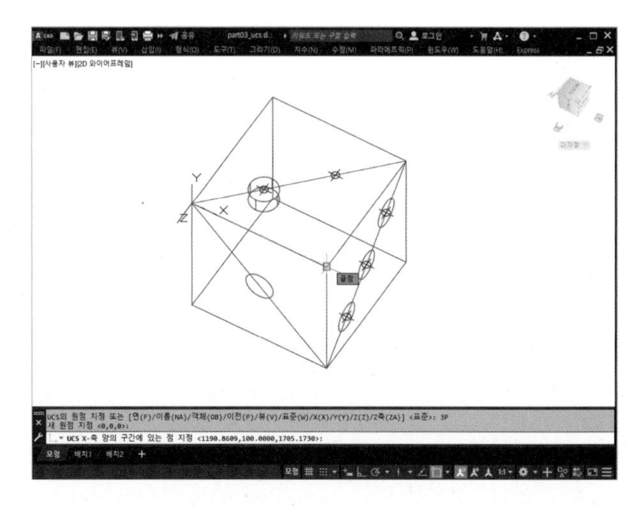

명령

X-축 양의 구간에 있는 점 지정
<1190.8609,100.0000,1705.1730>: P1 클릭

06 Y축 지정하기

❶ Y축에 해당하는 지점을 지정합니다. ❷ 선의 끝점에 지정하면 됩니다.

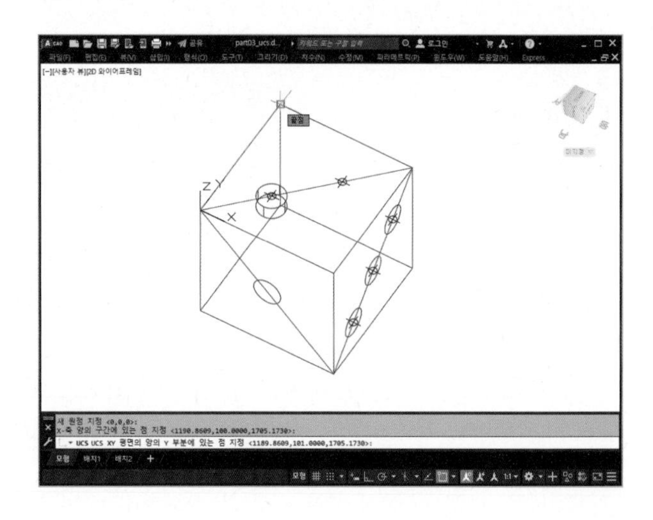

명령

UCS XY 평면의 양의 Y 부분에 있는 점 지정
<1189.8609,101.0000,1705.1730>: P1 클릭

07 윗면에 원 그리기

❶ 원을 그리기 위해 CIRCLE 명령을 실행한 후 ❷ 원의 중심점을 지정하고 반지름을 입력합니다.

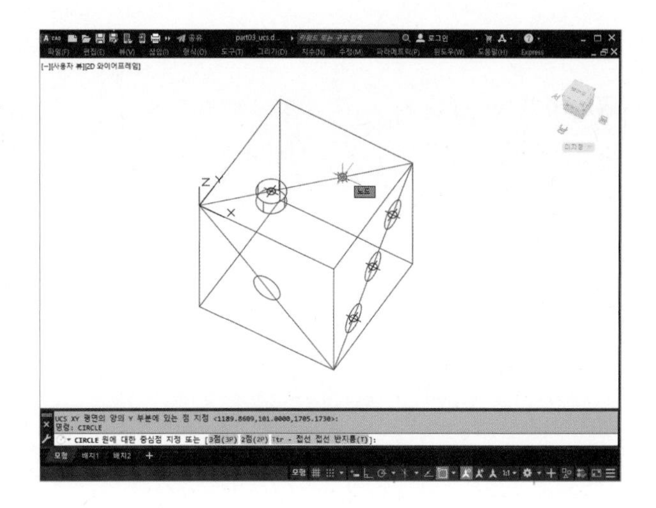

명령

명령: **CIRCLE** Enter
원에 대한 중심점 지정 또는 [3점(3P)/2점(2P)/Ttr - 접선 접선 반지름(T)]: P1 클릭
원의 반지름 지정 또는 [지름(D)] <10.0000>: 10 Enter

LevelUP

UCS의 3P 옵션은 뭔가요?

예제 파일 **part03_ucs3p.dwg** 완성 파일 **part03_ucs3pc.dwg**

좌표계를 변경하기 위해 **UCS** 명령을 실행한 후 3P 옵션을 입력하고 3개의 점을 입력하면 좌표계가 변경되는 것을 확인할 수 있습니다. 이 세 점으로 좌표계를 바꿀 수 있습니다. 즉, 경사진 면에 사용자 좌표계(UCS)를 맞추고자 할 때 매우 유용하게 사용할 수 있습니다.

명령: **UCS** Enter
현재 UCS 이름: *이름 없음*
UCS의 원점 지정 또는 [면(F)/이름(NA)/객체(OB)/이전(P)/뷰(V)/표준(W)/X(X)/Y(Y)/Z(Z)/Z축(ZA)] <표준>: 3P Enter

새 원점 지정 <0,0,0>: P1 클릭
X-축 양의 구간에 있는 점 지정 <-26.7555,0.0000,816.5685>: P2 클릭
UCS XY 평면의 양의 Y 부분에 있는 점 지정 <-27.7555,1.0000,816.5685>: P3 클릭

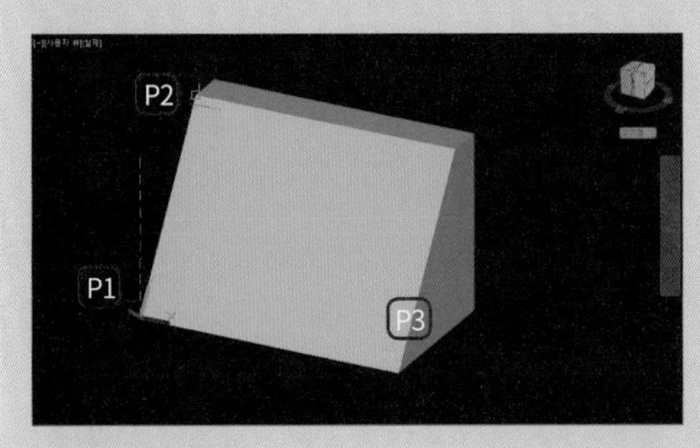

▲ World UCS

▲ 3P로 설정된 UCS

3P 옵션은 다음과 같습니다.

- **새로운 원점 지정 〈0,0,0〉**: 좌표계의 원점(0,0,0)을 설정합니다.
- **X-축 양의 구간에 있는 점 지정**: 좌표계의 X축 방향을 클릭해 X축을 설정합니다.
- **UCS XY 평면의 양의 Y 부분에 있는 점 지정**: 좌표계의 Y축 방향을 클릭해 Y축을 설정합니다.

08 높이 값 지정하기

❶ 원에 높이 값을 지정하기 위해 EXTRUDE 명령을 실행한 후 5개의 원을 선택하고 Enter를 누릅니다. ❷ 돌출 높이를 입력한 후 Enter를 누릅니다.

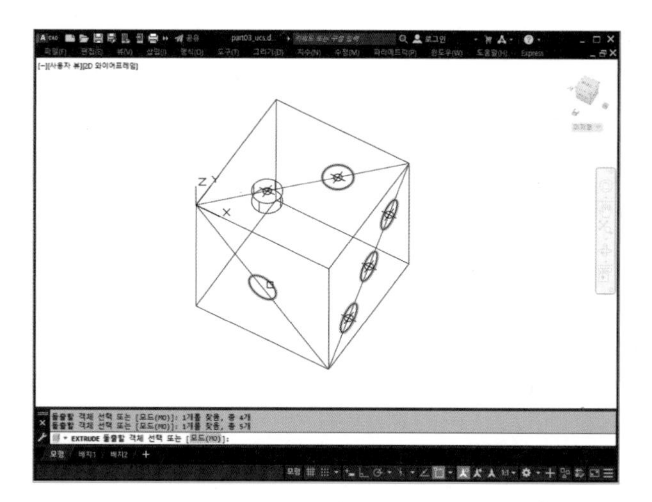

명령

명령: **EXTRUDE** Enter

현재 와이어 프레임 밀도: ISOLINES=4, 닫힌 윤곽 작성 모드=솔리드
돌출할 객체 선택 또는 [모드(MO)]: C1~C5 클릭
1개를 찾음, 총 5개
돌출할 객체 선택 또는 [모드(MO)]: Enter
돌출 높이 지정 또는 [방향(D)/경로(P)/테이퍼 각도(T)/표현식(E)]: -10 Enter

LevelUP

UCS Enter X Enter 90 Enter의 의미와 UCS Enter Y Enter 90의 의미

UCS 명령을 실행한 후 X Enter 90을 실행한다는 것은 사용자 좌표계(UCS)를 X축을 기준으로 해서 Y, Z를 90도 회전한다는 것입니다. X축은 회전의 축이 되는 것일 뿐, 회전되는 것은 절대 아닙니다. AutoCAD에서 평면도 작성은 반드시 X, Y에 정렬돼 작성돼야 하기 때문에 UCS를 회전하는 것입니다.

- **UCS가 X축을 기준으로 회전하는 경우**
UCS Enter X Enter 회전 각도를 입력하면 X축이 회전축이 돼 UCS의 Y, Z축이 회전됩니다.

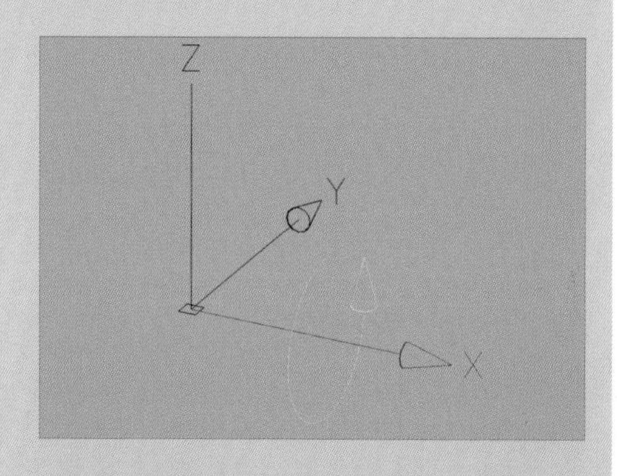

- **UCS가 Y축을 기준으로 회전하는 경우**
UCS Enter Y Enter 회전 각도를 입력하면 Y축이 회전축이 돼 UCS의 X, Z축이 회전됩니다.

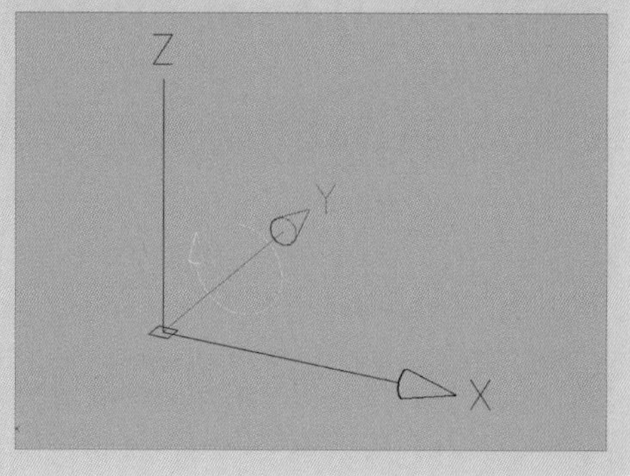

09 원기둥 빼내기

❶ 육면체에서 원기둥을 빼내기 위해 SUBTRACT 명령을 실행한 후 ❷ 육면체를 선택하고 Enter를 누릅니다.

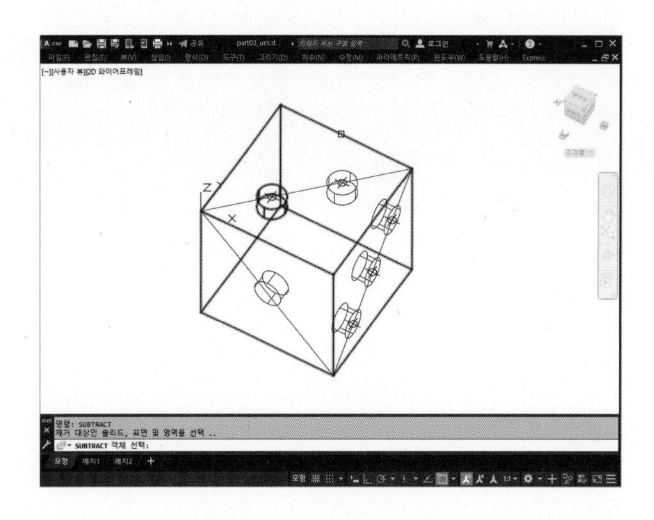

명령

명령: **SUBTRACT** Enter
제거 대상인 솔리드, 표면 및 영역을 선택
객체 선택: 박스 클릭
1개를 찾음

객체 선택: Enter

10 빼내기 완성하기

❶ 5개의 원기둥을 선택한 후 Enter를 누릅니다. ❷ SUBTRACT 명령은 EXTRUDE 명령으로 그려진 솔리드 객체가 겹쳐 있을 경우, A에서 B를 빼낼 때 사용하는 명령입니다.

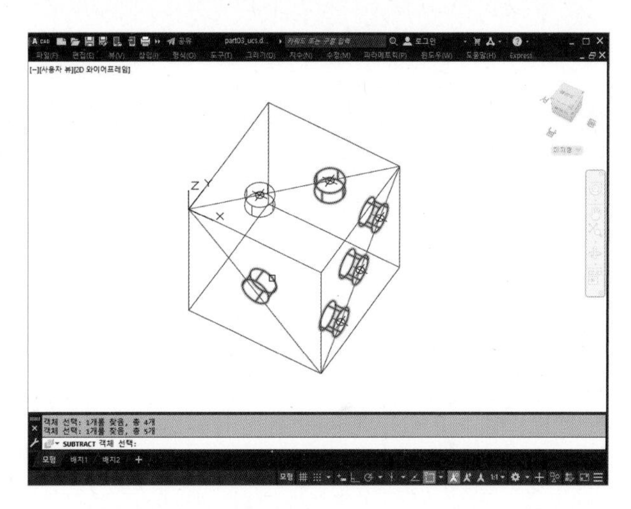

명령

제거할 솔리드, 표면 및 영역을 선택
객체 선택: C1~C5 클릭
1개를 찾음, 총 5개
객체 선택: Enter

11 객체 지우기

❶ 객체를 지우기 위해 ERASE 명령을 실행한 후 ❷ 3개의 선분과 5개의 포인트를 선택하고 Enter를 누릅니다.

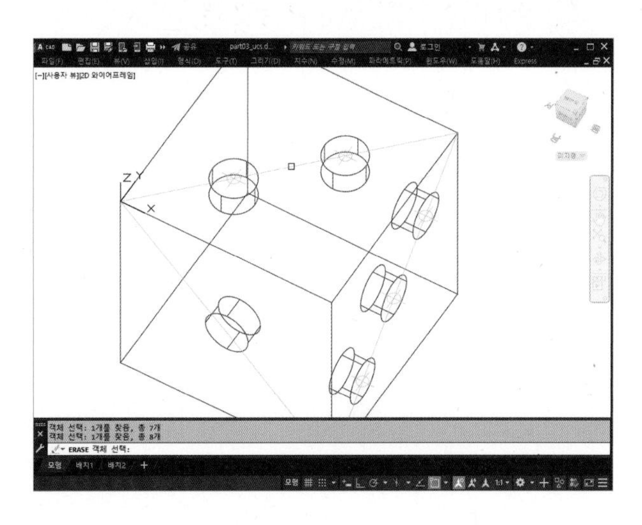

명령

명령: **ERASE** Enter
객체 선택: C1~C8클릭
1개를 찾음, 총 8개
객체 선택: Enter

12 육면체 모서리 모깎기하기

❶ 객체의 모서리를 둥그렇게 모깎기하기 위해 FILLET 명령을 실행한 후 ❷ 육면체의 모서리를 클릭하고 반지름을 입력합니다.

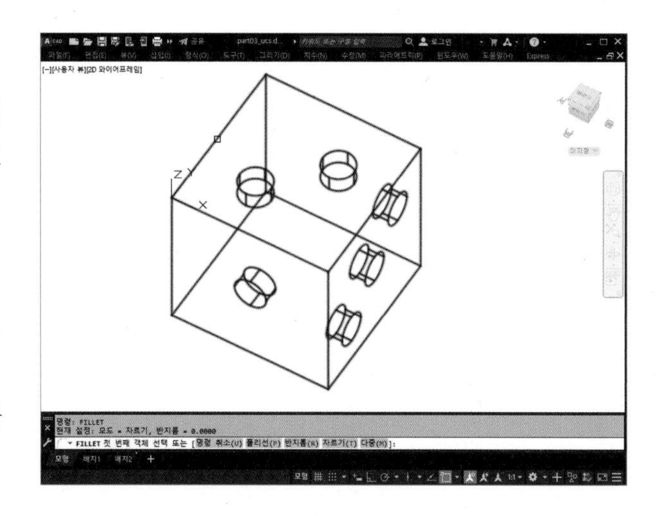

명령

명령: **FILLET** Enter
현재 설정: 모드=자르기, 반지름=0.0000
첫 번째 객체 선택 또는 [명령 취소(U)/폴리선(P)/반지름(R)/자르기(T)/다중(M)]: C1 클릭
모깎기 반지름 입력 또는 [표현식(E)]: 5 Enter

13 모서리 지정하기

❶ 모깎기할 모서리 11군데를 클릭한 후 ❷ 명령을 종료하기 위해 Enter를 누릅니다.

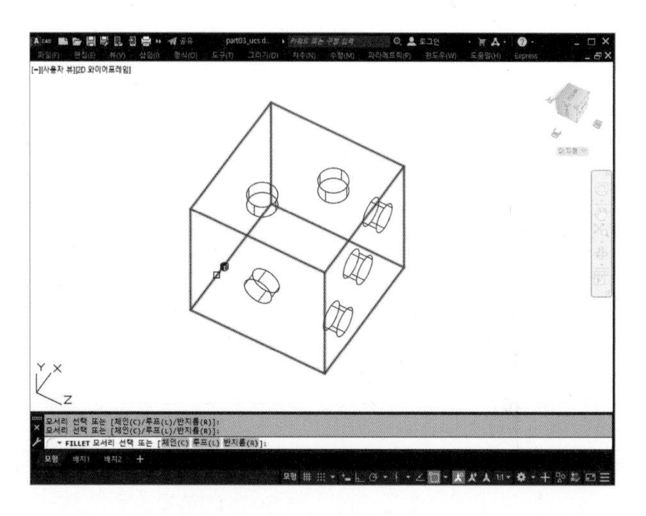

명령

모서리 선택 또는 [체인(C)/루프(L)/반지름(R)]: C1~C11클릭
모서리 선택 또는 [체인(C)/루프(L)/반지름(R)]: Enter
12개의 모서리(들)이(가) 모깎기를 위해 선택됨

14 원 모깎기하기

❶ 객체의 모서리를 둥그렇게 모깎기하기 위해 FILLET 명령을 실행한 후 ❷ 육면체의 모서리를 클릭하고 반지름을 입력합니다.

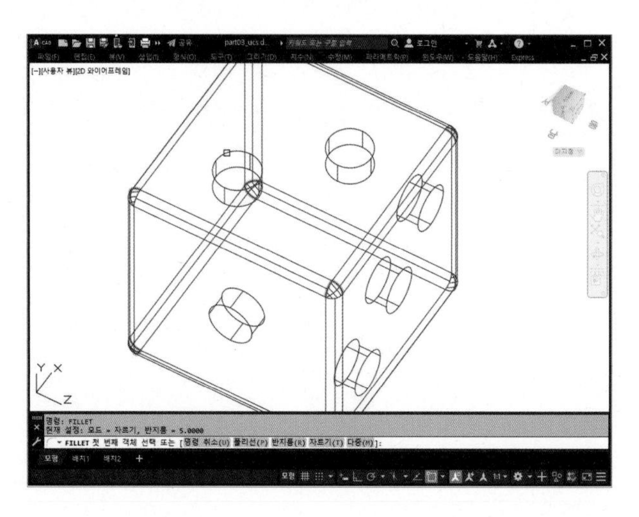

명령

명령: **FILLET** Enter
현재 설정: 모드=자르기, 반지름=5.0000
첫 번째 객체 선택 또는 [명령 취소(U)/폴리선(P)/반지름(R)/자르기(T)/다중(M)]: C1 클릭
모깎기 반지름 입력 또는 [표현식(E)] <5.0000>: 1 Enter

15 모서리 지정하기

❶ 모깎기할 모서리 11군데를 클릭한 후 ❷ 명령을 종료하기 위해 Enter를 누릅니다.

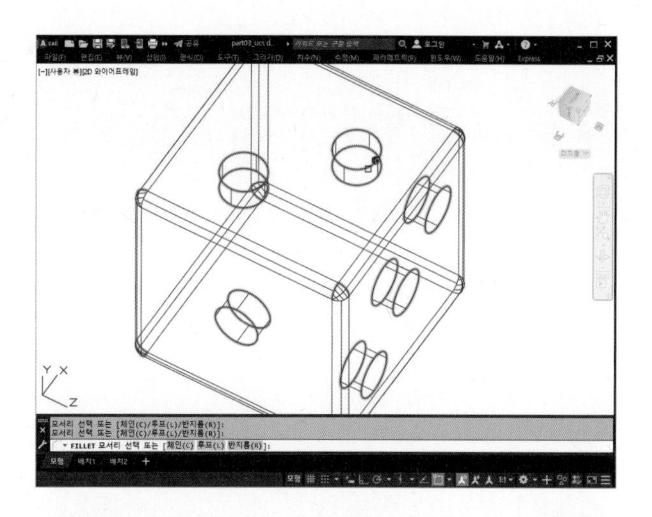

명령

모서리 선택 또는 [체인(C)/루프(L)/반지름(R)]: C1~C11클릭
모서리 선택 또는 [체인(C)/루프(L)/반지름(R)]: Enter
12개의 모서리(들)이(가) 모깎기를 위해 선택됨

16 셰이딩 설정하기

❶ 객체의 모델링을 정확히 확인하기 위해 SHADEMODE 명령을 실행한 후 ❷ C 옵션을 입력합니다.

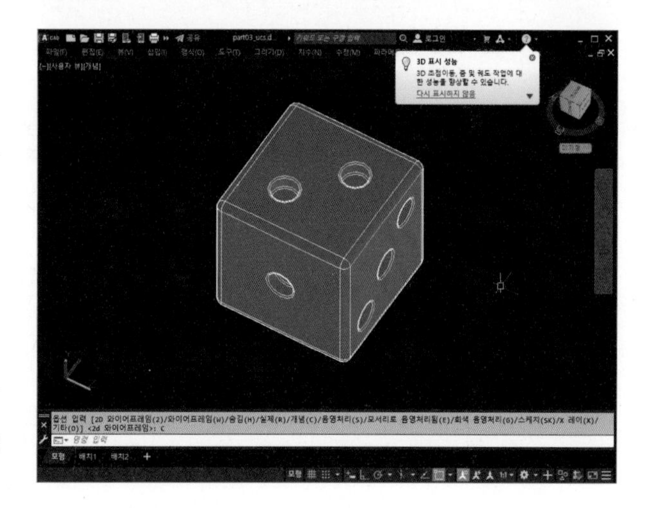

명령

명령: **SHADEMODE** Enter
VSCURRENT
옵션 입력 [2D 와이어 프레임(2)/와이어 프레임(W)/숨김(H)/실제(R)/개념(C)/음영 처리(S)/모서리로 음영 처리됨(E)/회색 음영 처리(G)/스케치(SK)/X 레이(X)/기타(O)] <2d 와이어 프레임>: C Enter

LevelUP

사용자 좌표계(UCS)의 아이콘 크기와 색상을 변경하고 싶어요!

3차원 모델링을 작업하면서 좌표계의 아이콘 유형, 크기, 색상을 변경하고 싶다면 명령 라인에 **UCSICON** 명령을 실행한 후 P 옵션을 선택합니다. [UCS 아이콘] 대화상자가 나타나면 아이콘의 스타일과 크기, 색상을 변경하면 됩니다.

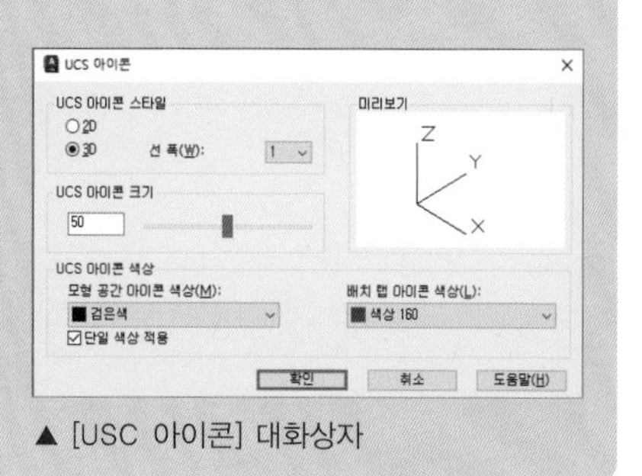

▲ [USC 아이콘] 대화상자

Section

24 평면 뷰 UCS 만들기

현재 모델링돼 있는 3차원 공간 상태를 유지하고 도면 전체의 외곽선을 그리기 위해 UCS 명령을 실행한 후 [V] 옵션을 입력합니다. [V] 옵션은 현재 뷰포트를 평면으로 간주해 원점을 기준으로 무조건 좌우는 X축, 상하는 Y축으로 변경되며 2차원 도형을 쉽게 그릴 수 있게 해 줍니다.

Key Word UCS(VIEW), RECTANGLE, DTEXT   예제 파일 part03_ucsview.dwg 완성 파일 part03_ucsviewc.dwg

01 평면 뷰 UCS 만들기

❶ 도면을 불러오기 위해 명령창에 **OPEN** 명령을 입력한 후 Enter를 누릅니다. [선택 파일] 대화상자가 나타나면 Sample 폴더에 있는 part03_ucsview.dwg를 불러옵니다. ❷ 평면 뷰 좌표계를 지정하기 위해 **UCS** 명령을 실행한 후 V 옵션을 입력합니다.

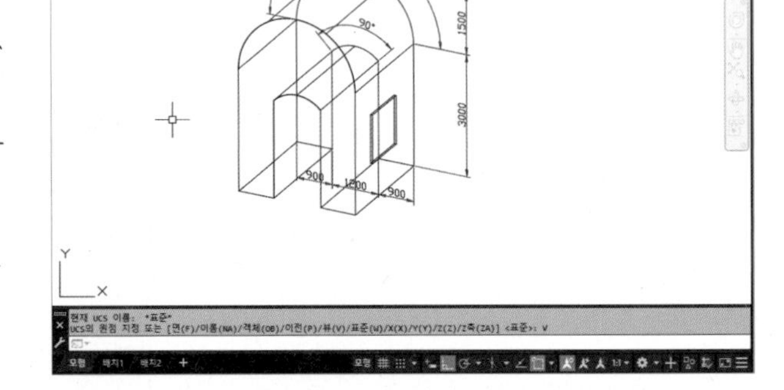

명령

명령: **OPEN** Enter

명령: **UCS** Enter
현재 UCS 이름: *표준*
UCS의 원점 지정 또는 [면(F)/이름(NA)/객체(OB)/이전(P)/뷰(V)/표준(W)/X(X)/Y(Y)/Z(Z)/Z축(ZA)] <표준>: V Enter

02 사각형 그리기

❶ 사각형을 만들기 위해 **RECTANGLE** 명령을 실행한 후 ❷ 첫 번째 구석점과 다른 구석점을 지정합니다.

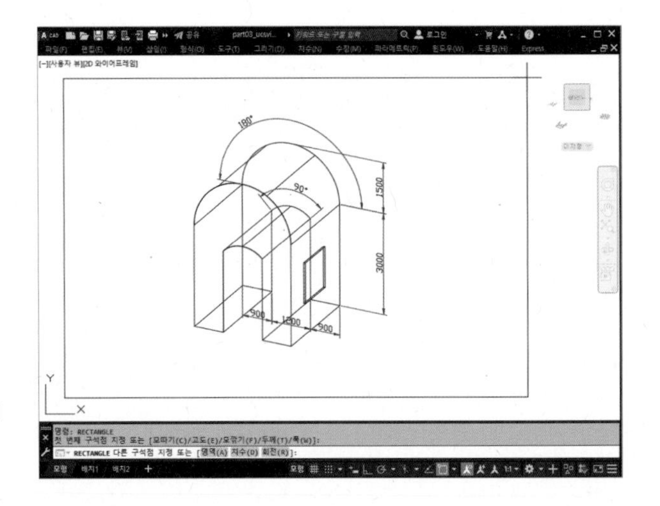

명령: **RECTANGLE** Enter
첫 번째 구석점 지정 또는 [모따기(C)/고도(E)/모깎기(F)/두께(T)/폭(W)]: P1 클릭
다른 구석점 지정 또는 [영역(A)/치수(D)/회전(R)]: P2 클릭

03 문자 입력하기

❶ 문자를 입력하기 위해 **DTEXT** 명령을 실행한 후 ❷ 문자의 시작점을 지정하고 높이, 회전 각도를 설정합니다. ❸ **3D+2D MODELING**을 입력한 후 명령을 종료하기 위해 Enter를 두 번 누릅니다.

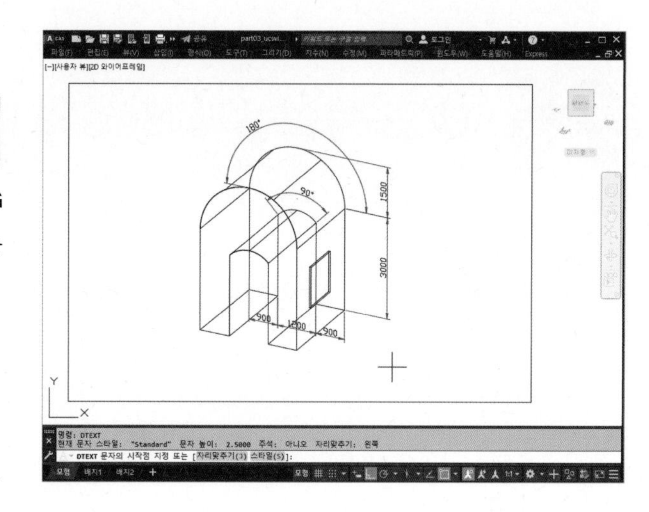

명령

명령: **DTEXT** Enter
현재 문자 스타일: "Standard" 문자 높이: 2.5000 주석: 아니요 자리 맞추기: 왼쪽
문자의 시작점 지정 또는 [자리 맞추기(J)/스타일(S)]: P1 클릭
높이 지정 <2.5000>: 400 Enter
문자의 회전 각도 지정 <0>: Enter

LevelUP

[DUCS]를 사용하면 너무 편리해요!

예제 파일 part03_ducs.dwg 완성 파일 part03_ducsc.dwg

AutoCAD의 우측 하단에 있는 사용자화 아이콘을 누른 후 [동적 UCS]를 누르면 화면의 하단에 있는 활성 솔리드 평면 UCS 스냅 버튼이 나타납니다. 활성 솔리드 평면 UCS 스냅을 한 번 누르면 동적 UCS가 활성화되고 한 번 더 누르면 해제됩니다. 동적 UCS를 켠 후 그리기 명령을 실행하고 3D 모델링 중에서 1개의 면 위에 마우스 커서를 올려놓으면 사용자 좌표계가 자동으로 맞춰집니다.

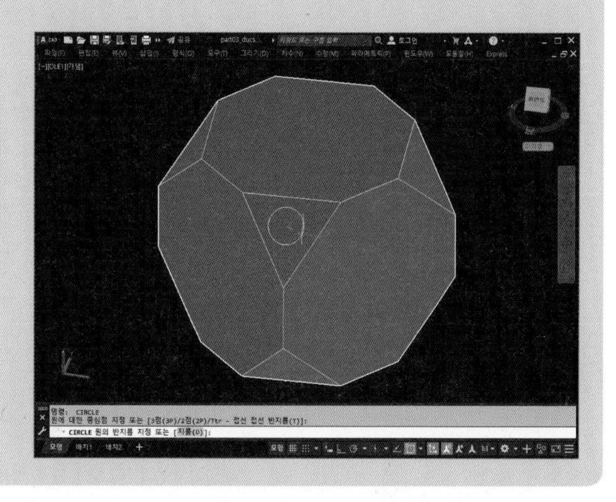

명령

명령: <동적 UCS 켜기>
명령: CIRCLE Enter
원에 대한 중심점 지정 또는 [3점(3P)/2점(2P)/Ttr - 접선 접선 반지름(T)]: 삼각면 클릭
원의 반지름 지정 또는 [지름(D)]: 10 Enter

Section

25 UCS 아이콘과 UCS의 다른 옵션 알아보기

UCSICON 명령을 실행한 후 P 옵션을 입력하면 [UCS 아이콘] 대화상자가 나타나는데, 이때 [UCS 아이콘 스타일]을 2D와 3D로 변경할 수 있습니다. 그 밖의 옵션과 UCS와 관련된 명령을 알아보겠습니다.

Key Word UCSICON

예제 파일 part03_ucsob.dwg, part03_ucsza.dwg 완성 파일 part03_ucsobc.dwg, part03_ucszac.dwg

UCS 아이콘 모양

화면에서 표시하는 몇 가지 UCS 아이콘에 대해 알아보겠습니다.

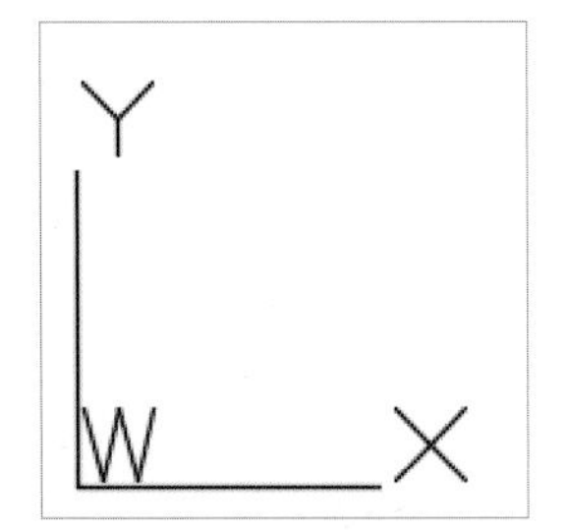

▲ WCS에서의 2D UCS

▲ 2D UCS의 우측면도

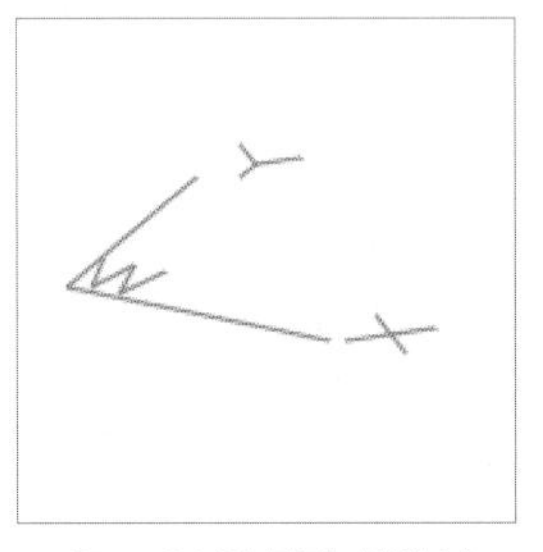
▲ 2D UCS의 등각 투영 뷰

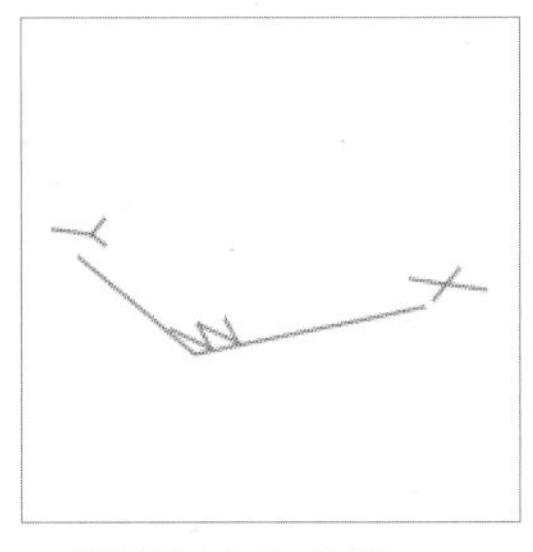
▲ 밑에서 본 2D UCS

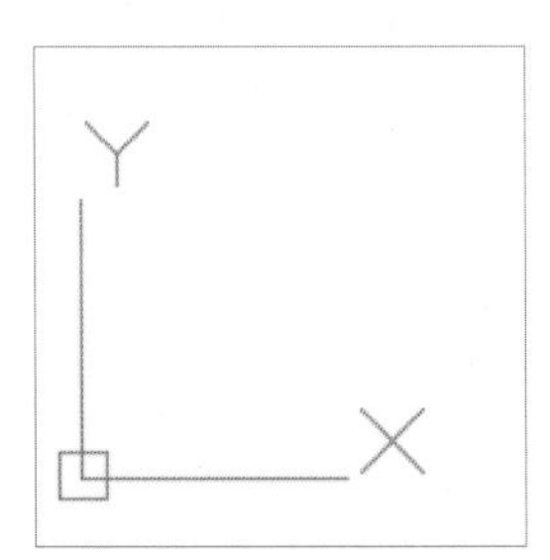

▲ WCS에서의 3D UCS

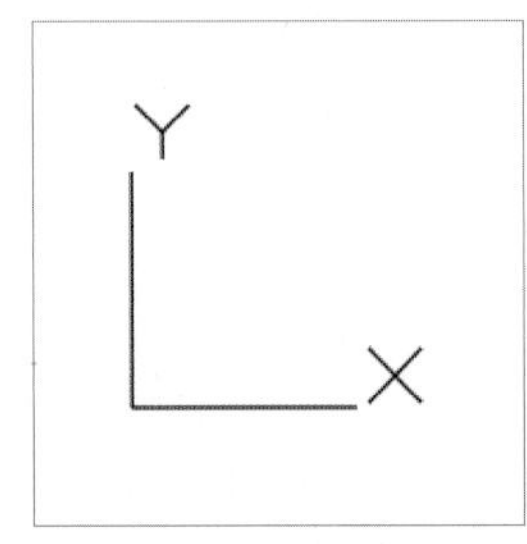

▲ 3D UCS의 우측면도

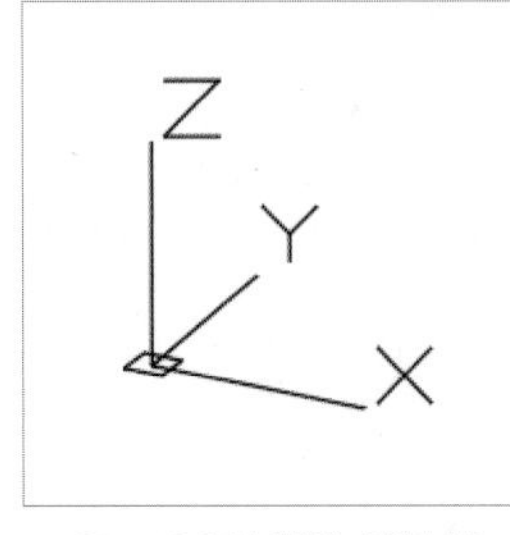

▲ 3D UCS의 등각 투영 뷰

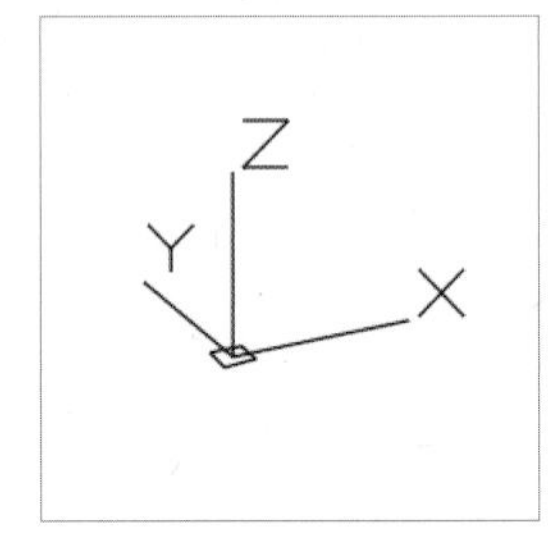

▲ 밑에서 본 3D UCS

기타 UCS의 옵션과 관련된 명령

UCS 옵션에는 10가지 정도가 있으며 앞에서 설명한 옵션만 사용해도 3D 모델링을 만드는 데는 문제가 없습니다. 그 밖의 옵션과 UCS와 관련된 명령을 간단하게 알아보겠습니다.

명령: **UCS** Enter
현재 UCS 이름: *표준*
UCS의 원점 지정 또는 [면(F)/이름(NA)/객체(OB)/이전(P)/뷰(V)/표준(W)/X(X)/Y(Y)/Z(Z)/Z축(ZA)] <표준>: 옵션

• 사용자 좌표계의 원점(0,0,0) 위치 바꾸기: _OR

사용자 좌표계(UCS)의 원점 위치, 즉 0, 0, 0의 위치를 바꾸고자 할 때는 **UCS** 명령을 실행한 후 OR 옵션을 선택하고 원하는 원점의 위치를 클릭하면 됩니다. 그런데 UCSICON의 옵션이 반드시 OR로 설정돼 있어야만 사용자가 지정한 원점의 위치로 UCS 아이콘이 이동합니다. 만약 NO로 설정돼 있을 때는 무조건 화면의 좌측 하단에 위치합니다.

• 사용자 좌표계를 저장하고 불러오기: _SAVE, RESTORE

어렵게 설정한 사용자 좌표계를 나중에 또 사용하기 위해 현재 설정한 좌표계를 저장할 수 있습니다. **UCS** 명령을 실행한 후 SAVE 옵션을 선택하고 이름을 지정하면 현재 좌표계를 저장할 수 있습니다. 저장된 좌표계를 다시 불러오기 위해서는 RESTORE 옵션을 사용하면 됩니다.

Point

여러 개의 사용자 좌표계(UCS)를 저장한 후 이를 다시 불러와 사용하기 위해서는 현재 어떠한 이름의 좌표계가 저장돼 있는지 확인해야 합니다. 이를 위해서는 **UCS** 명령을 실행한 후 ? 옵션을 입력하면 됩니다.

• 직선에 사용자 좌표계 [X]축 맞추기: _OB

예제 파일 part03_ucsob.dwg

기존에 만들어진 직선에 사용자 좌표계를 맞추기 위해서는 OB 옵션을 사용하면 됩니다. 경사진 선을 만들 때 매우 유용하게 사용할 수 있습니다. **UCS** 명령을 실행한 후 OB 옵션을 입력하고 직선을 클릭하면 직선에 UCS의 X축이 정렬됩니다. F9를 눌러 Ortho On을 활성화한 후에 직선을 만들면 경사진 선에 90도 정렬된 선을 매우 쉽게 만들 수 있습니다.

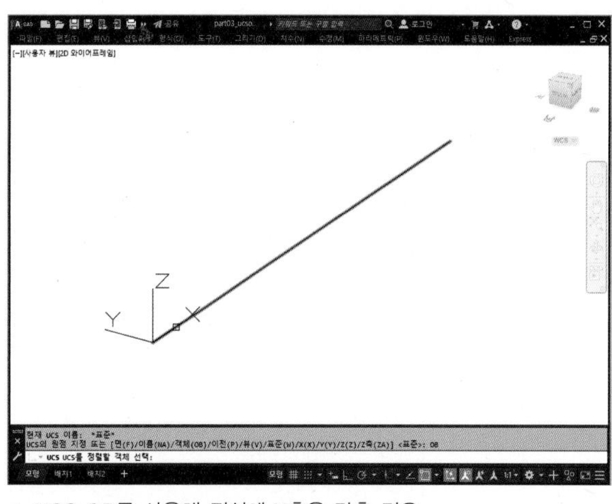

▲ UCS OB를 사용해 직선에 X축을 맞춘 경우

• 두 번 사용해 Z축을 설정하기: _ZA

예제 파일 part03_ucsza.dwg

3차원 객체를 원하는 방향으로 회전하기 위해서는 반드시 Z축을 먼저 설정해야 합니다. Z축을 설정하는 데는 사용자 좌표계의 ZA 옵션을 사용해 두 점을 지정하는 방법이 있습니다. 객체를 회전하기 위해서는 먼저 Z축을 설정해야 하는데, 그 이유는 AutoCAD에서 객체 회전은 Z축을 기준으로 이뤄지기 때문입니다.

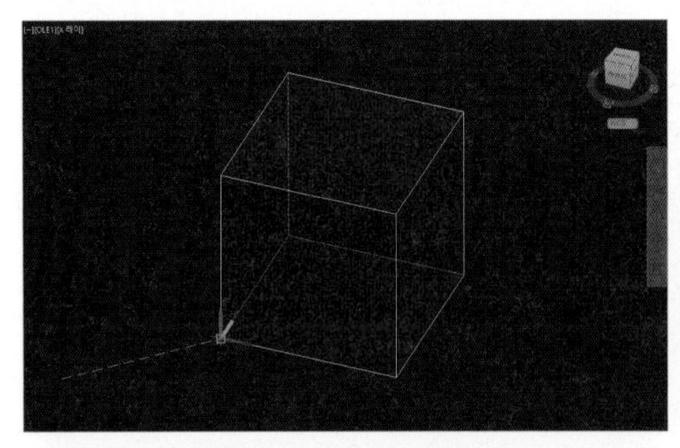

▲ UCS-ZA를 실행한 후 원점을 지정한 경우

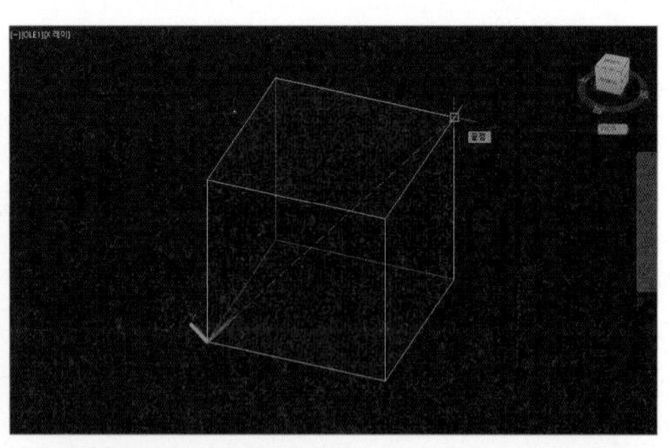

▲ Z축 방향점을 지정한 경우

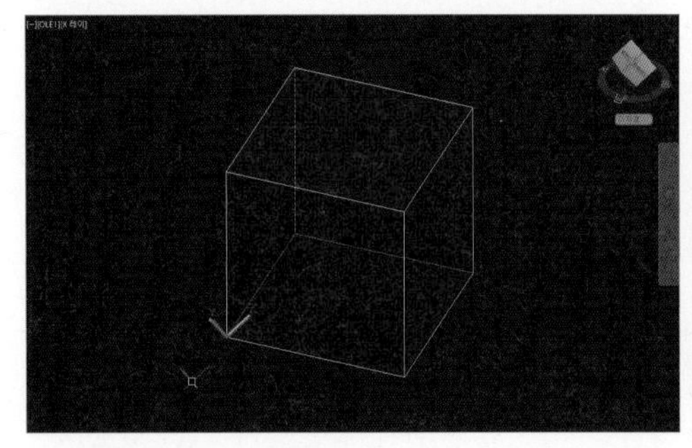

▲ 새로운 Z축이 설정된 경우

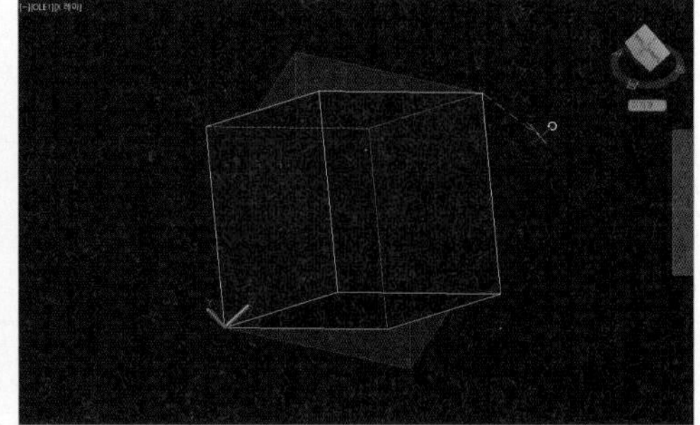

▲ ROTATE 명령으로 객체를 회전한 경우

• 전단계 사용자 좌표계로 되돌아가기: _P

바로 전에 사용했던 사용자 좌표계로 돌아가기 위해서는 **UCS** 명령을 실행한 후 P 옵션을 선택합니다.

• 새로운 사용자 좌표계 만들기: _N

새로운 사용자 좌표계를 만들기 위해서는 **UCS** 명령을 실행한 후 N 옵션을 선택하고 다시 한번 옵션을 지정하면 됩니다.

• 사용자 좌표계 지우기: _D

SAVE 옵션에 의해 저장된 사용자 좌표계 중 필요 없는 사용자 좌표계를 지우기 위해서는 **UCS** 명령을 실행한 후 D 옵션을 선택하고 사용자 좌표계의 이름을 입력하면 됩니다.

Section

26 경로를 따라가는 객체 만들기

EXTRUDE 명령을 사용하면 솔리드(SOLID) 모델링을 만들 수 있습니다. 여기서 경로(PATH)를 사용하면 곡면 솔리드 모델링을 좀 더 쉽게 만들 수 있습니다.

Key Word **EXTRUDE(PATH)**

예제 파일 **part03_extrudep.dwg** 완성 파일 **part03_extrudepc.dwg**

01 돌출하기

❶ 도면을 불러오기 위해 명령창에 **OPEN** 명령을 입력한 후 Enter를 누릅니다. [선택 파일] 대화상자가 나타나면 Sample 폴더에 있는 part03_extrudep.dwg를 불러옵니다. ❷ 곡면 솔리드 모델링을 만들기 위해 **EXTRUDE** 명령을 실행한 후 원을 클릭하고 Enter를 누릅니다. ❸ 돌출 경로를 지정하기 위해 P 옵션을 입력한 후 ❹ 돌출 경로를 지정합니다.

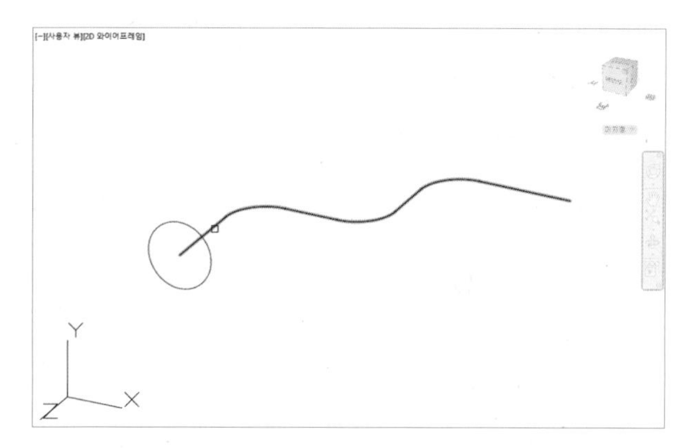

명령

명령: **OPEN** Enter
명령: **EXTRUDE** Enter

현재 와이어 프레임 밀도: ISOLINES=20, 닫힌 윤곽 작성 모드=솔리드
돌출할 객체 선택 또는 [모드(MO)]: 원 클릭
1개를 찾음
돌출할 객체 선택 또는 [모드(MO)]: Enter
돌출 높이 지정 또는 [방향(D)/경로(P)/테이퍼 각도(T)/표현식(E)] <-58.1285>: P Enter
돌출 경로 선택 또는 [테이퍼 각도(T)]: 경로 클릭

02 확인하기

원이 경로를 따라가면서 모델링이 만들어진 것을 확인할 수 있습니다.

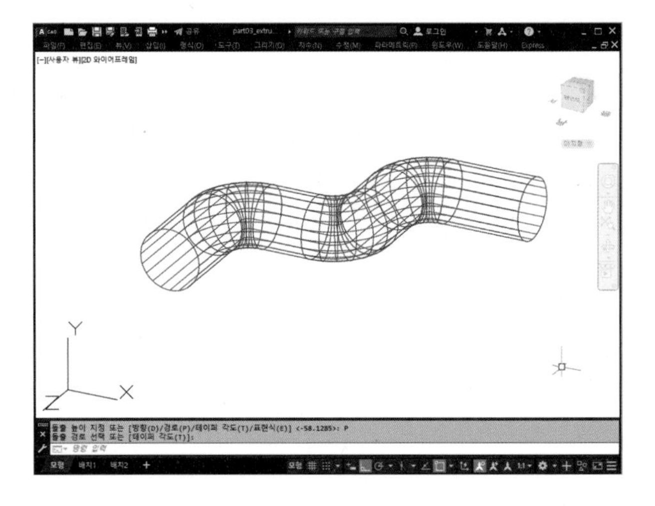

Point

테이퍼(TAPER) 각도는 Z축이 X축, Y축 방향으로 벌어지는 각도를 말합니다. 양의 값은 안쪽, 음의 값은 바깥쪽으로 기울어집니다.

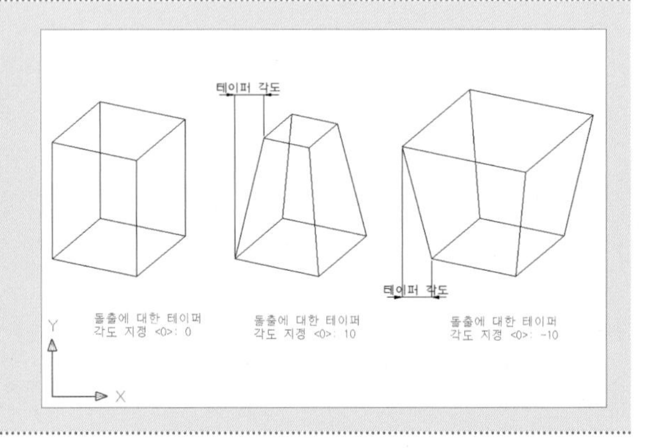

Section

27 다양한 형태의 횡단면과 경로를 따라가는 모델링하기

LOFT 명령을 실행한 후 5개의 원을 클릭하고 Enter를 누릅니다. 그런 다음 P 옵션을 입력하고 호를 클릭하면 5개의 원이 호를 따라가며 로프트 솔리드를 만듭니다.

Key Word LOFT

예제 파일 part03_loft.dwg 완성 파일 part03_loftc.dwg

01 단면 선택하기

❶ 도면을 불러오기 위해 명령창에 **OPEN** 명령을 입력한 후 Enter를 누릅니다. [선택 파일] 대화상자가 나타나면 Sample 폴더에 있는 part03_loft.dwg를 불러옵니다. ❷ 로프트 객체를 만들기 위해 명령창에 **LOFT**를 입력한 후 Enter를 누릅니다. ❸ **올림 순서로 횡단 선택 또는 [점(PO)/다중 모서리 결합(J)/모드(MO)]:**에서 2D 도형의 객체를 왼쪽에서부터 차례대로 9개 클릭한 후 Enter를 누릅니다.

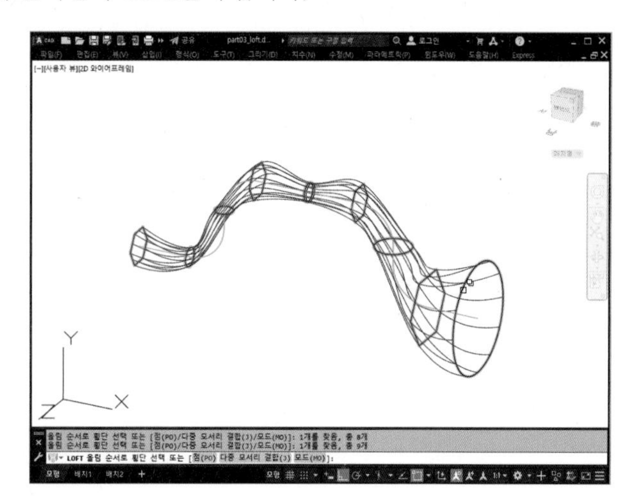

명령

명령: **OPEN** Enter
명령: **LOFT** Enter
현재 와이어 프레임 밀도: ISOLINES=5, 닫힌 윤곽 작성 모드=솔리드
올림 순서로 횡단 선택 또는 [점(PO)/다중 모서리 결합(J)/모드(MO)]: C1~C9 클릭
1개를 찾음, 총 9개
올림 순서로 횡단 선택 또는 [점(PO)/다중 모서리 결합(J)/모드(MO)]: Enter
9개의 횡단이 선택됨

02 경로 지정하기

❶ 경로를 지정하기 위해 P 옵션을 입력한 후 ❷ 경로가 될 객체를 선택합니다.

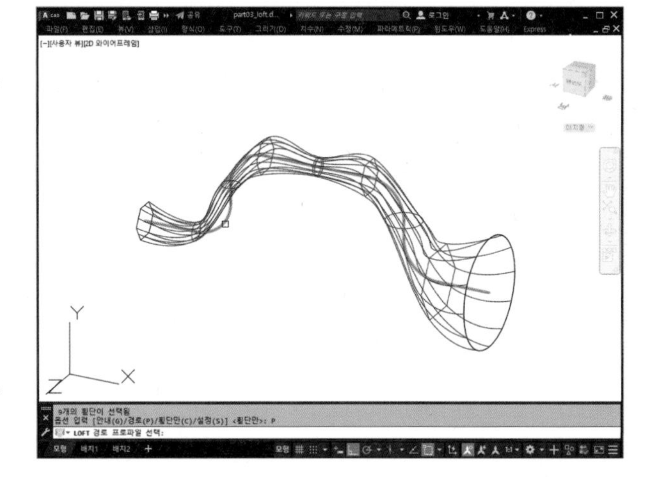

명령

옵션 입력 [안내(G)/경로(P)/횡단만(C)/설정(S)] <횡단만>: P Enter
경로 프로파일 선택: C1 클릭

Point

CYLINDER, CONE 등에 의해 곡면 솔리드 객체를 그리면 세그먼트가 나타나게 되는데, 이 세그먼트의 수를 조절하는 것이 **ISOLINES** 명령입니다. **ISOLINES** 명령을 실행한 후 **REGEN** 명령을 실행해야만 적용된 세그먼트의 수를 확인할 수 있습니다.

Section

28 안내 곡선이 있는 횡단을 사용해 로프트 솔리드 작성

LOFT 명령을 실행한 후 6개의 호를 연속적으로 클릭하고 Enter를 누릅니다. G 옵션을 입력한 후 원과 육각형을 클릭하고 Enter를 누릅니다. 6개의 호가 원과 육각형을 따라가며 로프트 솔리드를 만듭니다.

Key Word **LOFT, -VPOINT, HIDE, REGEN, DISPSILH** 예제 파일 **part03_loftguide.dwg** 완성 파일 **part03_loftguidec.dwg**

01 면의 수 조절하기

❶ 도면을 불러오기 위해 명령창에 **OPEN** 명령을 입력한 후 Enter를 누릅니다. [선택 파일] 대화상자가 나타나면 Sample 폴더에 있는 part03_loftguide.dwg를 불러옵니다. ❷ 3D 솔리드 객체의 면의 수를 조절하기 위해 **ISOLINES** 명령을 실행한 후 면의 수를 설정합니다.

명령

명령: **OPEN** Enter
명령: **ISOLINES** Enter
ISOLINES에 대한 새 값 입력 <4>: 20 Enter

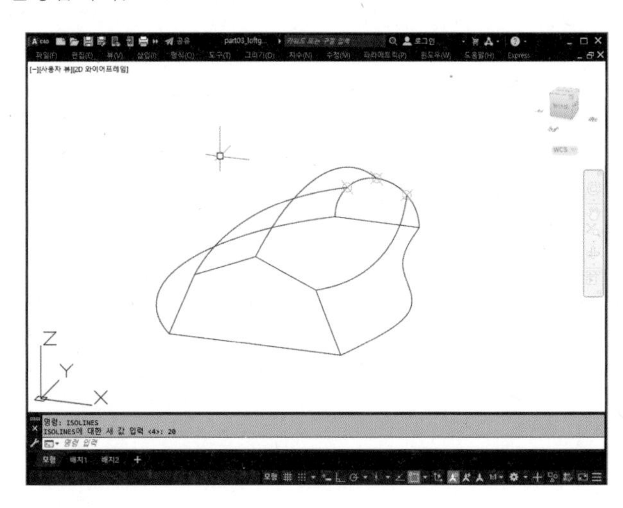

02 횡단 객체 선택하기

❶ 로프트 객체를 만들기 위해 LOFT 명령을 실행한 후 ❷ 다각형과 반원을 클릭하고 Enter를 누릅니다.

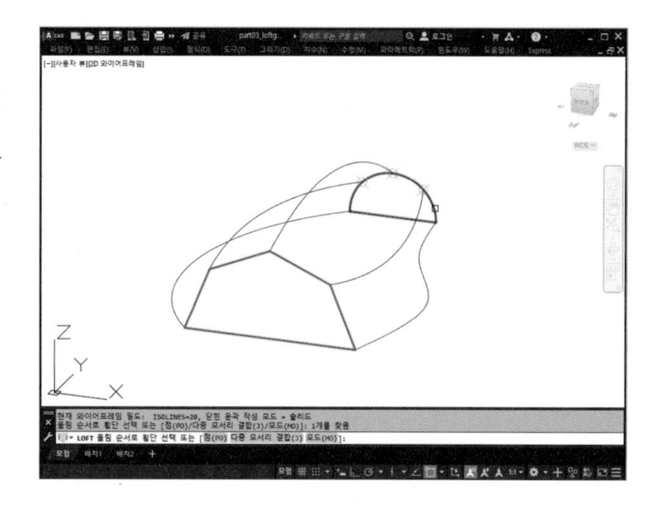

명령

명령: **LOFT** Enter
현재 와이어 프레임 밀도: ISOLINES=20, 닫힌 윤곽 작성 모드=솔리드
올림 순서로 횡단 선택 또는 [점(PO)/다중 모서리 결합(J)/모드(MO)]: C1 클릭
1개를 찾음
올림 순서로 횡단 선택 또는 [점(PO)/다중 모서리 결합(J)/모드(MO)]: C2 클릭
1개를 찾음, 총 2개
올림 순서로 횡단 선택 또는 [점(PO)/다중 모서리 결합(J)/모드(MO)]: Enter
2개의 횡단이 선택됨

03 안내선 지정하기

❶ 안내선을 따라가기 위해 G 옵션을 입력한 후 Enter를 누르고 ❷ 첫 번째 곡선을 클릭합니다.

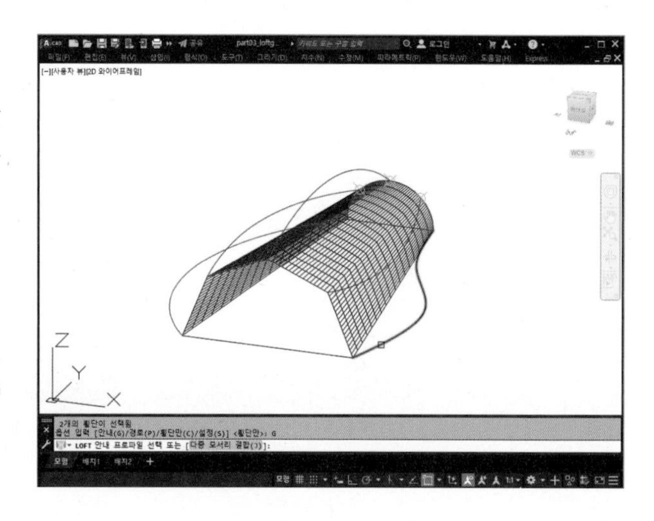

명령

옵션 입력 [안내(G)/경로(P)/횡단만(C)/설정(S)] <횡단만>: G Enter
안내 프로파일 선택 또는 [다중 모서리 결합(J)]: C1 클릭
1개를 찾음

04 종료하기

❶ 위 방향으로 나머지 4개의 호를 클릭한 후 ❷ Enter를 누릅니다.

명령

안내 프로파일 선택 또는 [다중 모서리 결합(J)]: C1 클릭
1개를 찾음, 총 2개
안내 프로파일 선택 또는 [다중 모서리 결합(J)]: C2 클릭
1개를 찾음, 총 3개
안내 프로파일 선택 또는 [다중 모서리 결합(J)]: C3 클릭
1개를 찾음, 총 4개
안내 프로파일 선택 또는 [다중 모서리 결합(J)]: C4 클릭
1개를 찾음, 총 5개
안내 프로파일 선택 또는 [다중 모서리 결합(J)]: Enter

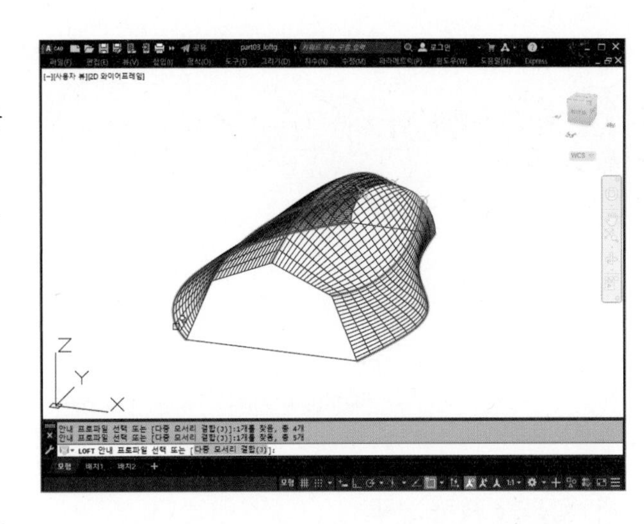

05 은선 제거하기

❶ 은선을 제거하기 위해 **HIDE** 명령을 실행합니다. ❷ 은선을 다시 보여 주기 위해서는 **REGEN** 명령을 실행합니다. 또한 DISPSILH의 옵션을 1로 설정하면 **HIDE** 명령 실행 시 면의 잡선을 제거할 수 있습니다.

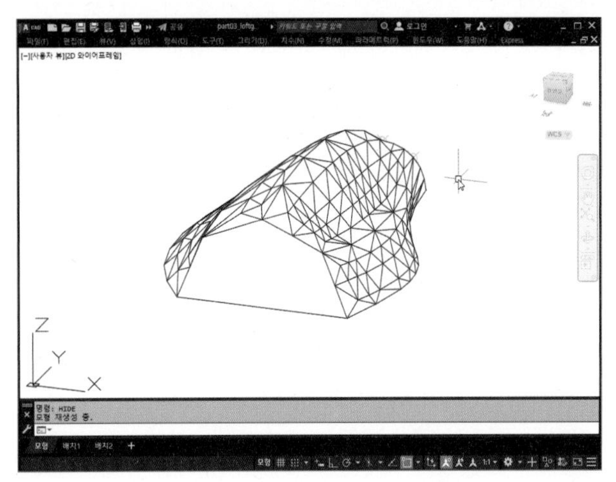

명령

명령: **HIDE** Enter

Level UP

횡단만을 사용해 로프트 솔리드 작성하기

LOFT 명령을 실행한 후 맨 아래에 있는 타원형부터 맨 위 타원형까지 연속으로 선택하고 Enter를 누릅니다. Enter를 누른 후 S 옵션을 입력하고 Enter를 누릅니다. [로프트 설정] 대화상자가 나타나면 [확인] 버튼을 누릅니다. 5개의 타원형이 연결된 3D 솔리드 객체가 만들어진 것을 확인할 수 있습니다. [로프트 설정] 대화상자에서 다양한 옵션을 설정할 수 있습니다.

명령

명령: LOFT Enter

현재 와이어 프레임 밀도: ISOLINES=4, 닫힌 윤곽 작성 모드=솔리드
올림 순서로 횡단 선택 또는 [점(PO)/다중 모서리 결합(J)/모드(MO)]: C1~C5 클릭
1개를 찾음, 총 3개
올림 순서로 횡단 선택 또는 [점(PO)/다중 모서리 결합(J)/모드(MO)]: Enter
3개의 횡단이 선택됨
옵션 입력 [안내(G)/경로(P)/횡단만(C)/설정(S)] <횡단만>: S Enter

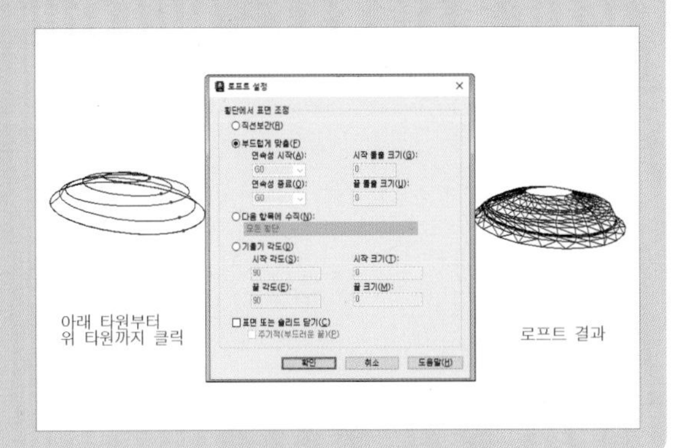

Section

29 회전체 만들기

REVOLVE 명령을 사용하면 회전체를 만들 수 있습니다. 회전체와 회전축, 회전 각도를 입력하면 솔리드 회전 객체를 만들 수 있습니다.

Key Word REVOLVE, DISPSILH, HIDE, REGEN

예제 파일 par03_revolve.dwg 완성 파일 par03_revolvec.dwg

01 회전할 객체 선택

❶ 도면을 불러오기 위해 명령창에 **OPEN** 명령을 입력한 후 Enter를 누릅니다. [선택 파일] 대화상자가 나타나면 Sample 폴더에 있는 par03_revolve.dwg를 불러옵니다. ❷ 회전체 솔리드 객체를 만들기 위해 **REVOLVE** 명령을 실행하고 회전할 객체를 선택하고 Enter를 누릅니다.

명령

명령: **OPEN** Enter

명령: **REVOLVE** Enter

현재 와이어 프레임 밀도: ISOLINES=10, 닫힌 윤곽 작성 모드=솔리드

회전할 객체 선택 또는 [모드(MO)]: C1 클릭

1개를 찾음

회전할 객체 선택 또는 [모드(MO)]: Enter

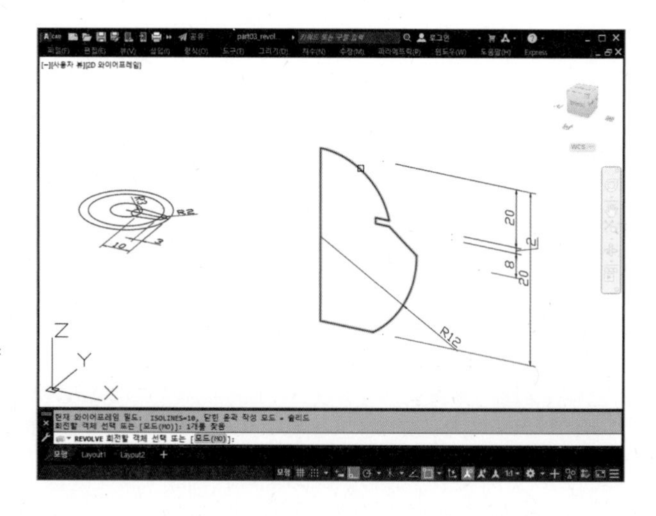

02 회전축 지정하기

회전축을 지정하기 위해 수직선의 아래 끝점과 위 끝점을 클릭합니다.

명령

축 시작점 지정 또는 다음에 의해 축 지정 [객체(O)/X/Y/Z] <객체(O)>: P1 클릭
축 끝점 지정: P2 클릭

03 회전 각도 입력하기

❶ 시계 방향으로 180도 회전하기 위해 **회전 각도 지정 또는 [시작 각도(ST)/반전(R)/표현식(EX)] 〈360〉:**에 **280**을 입력하고 ❷ Enter를 누릅니다.

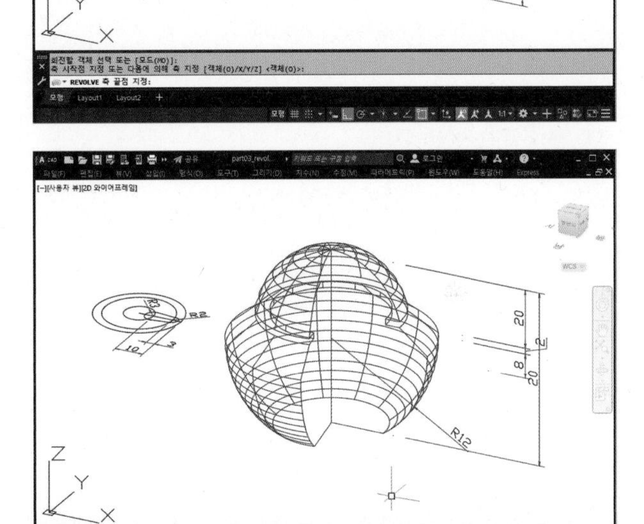

명령

회전 각도 지정 또는 [시작 각도(ST)/반전(R)/표현식(EX)] <360>: 280 Enter

Point

REVOLVE 명령을 사용해 시계 방향으로 회전하기 위해서는 마이너스(-) 각도를 입력해야 합니다.

04 잡선 제거하기

❶ 잡선을 제거하기 위해서는 **DISPSILH** 명령을 실행한 후 1 옵션을 입력합니다. ❷ 은선을 제거하기 위해서는 **HIDE** 명령을 실행해야 합니다.

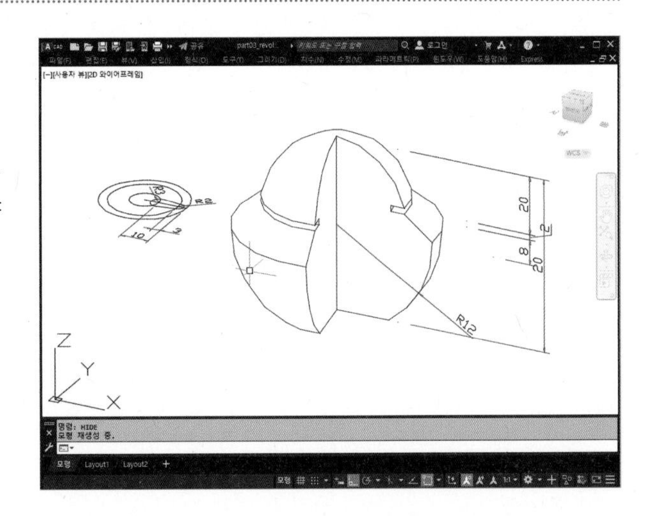

명령

명령: **DISPSILH** Enter
DISPSILH에 대한 새 값 입력 <0>: 1 Enter
명령: **HIDE** Enter
모형 재생성 중...

PART

04

문자, 해치, 치수 만들고 출력하기

4부에서는 앞에서 그린 2D 도면, 3D 도면에 문자를 입력해 보겠습니다. 또한 도형의 내부에 무늬를 채울 수 있는 해치를 만든 후 치수를 입력해 보겠습니다. 마지막으로 내가 그린 도면을 원하는 크기의 종이에 축척을 맞춰 출력해 보겠습니다.

A U T O C A D 2 0 2 3

Section

01 문자 스타일 정하고 문자 입력하기

DTEXT와 MTEXT로 문자를 입력하기 전에 반드시 STYLE 명령으로 문자의 유형과 글꼴을 지정해야 합니다. STYLE 명령으로 문자의 유형을 설정해 보겠습니다.

Key Word STYLE, DTEXT   예제 파일 part04_dext.dwg 완성 파일 part04_dextc.dwg

01 문자 스타일 설정하기

❶ **OPEN** 명령을 이용해 part04_dext.dwg를 불러옵니다. ❷ 문자의 스타일을 지정하기 위해 **STYLE** 명령을 실행합니다. [문자 스타일] 대화상자가 나타나면 새로운 문자 유형을 만들기 위해 [새로 만들기] 버튼을 누릅니다.

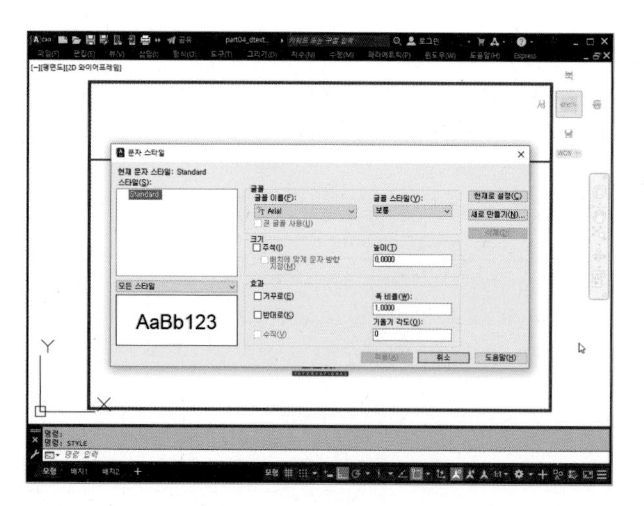

명령

명령: **OPEN** Enter

명령: **STYLE** Enter

02 스타일 이름 지정하기

❶ [새로운 문자 스타일] 대화상자가 나타나면 [스타일 이름]에 **S1**을 입력한 후 [확인] 버튼을 클릭합니다. ❷ S1이라는 새로운 문자 스타일이 만들어집니다.

03 현재로 설정하기

❶ 다시 [문자 스타일] 대화상자가 나타나면 [글꼴]을 **돋움체**로 설정합니다. ❷ 새롭게 만든 문자 스타일을 바로 사용하기 위해 [현재로 설정] 버튼을 누르고 [닫기] 버튼을 누릅니다.

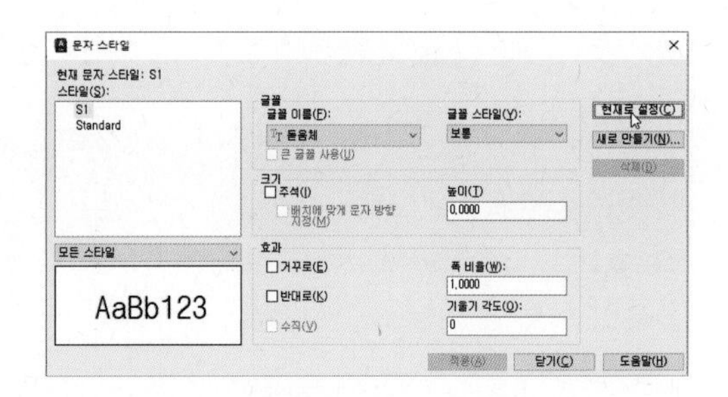

04 행 문자 입력하기

❶ 행 문자를 입력하기 위해 명령창에 **DTEXT** 명령을 입력한 후 Enter를 누릅니다. ❷ 문자의 시작점을 클릭합니다.

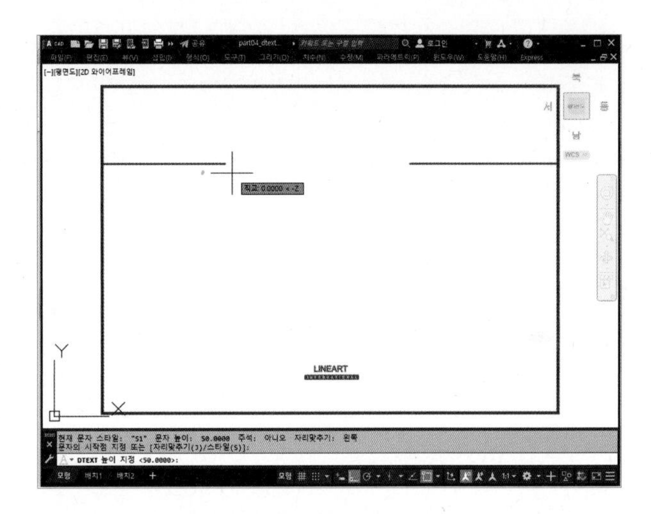

명령

명령: **DTEXT** Enter
현재 문자 스타일: "Standard" 문자 높이: 50.0000 주석: 아니오 자리 맞추기: 왼쪽
문자의 시작점 지정 또는 [자리 맞추기(J)/스타일(S)]: P1 클릭

05 문자 높이, 회전 각도 지정하기

❶ 문자의 높이와 회전 각도를 입력합니다. ❷ 문자의 내용인 **라인아트-펜트하우스**를 입력한 후 줄을 바꾸기 위해 Enter를 누릅니다.

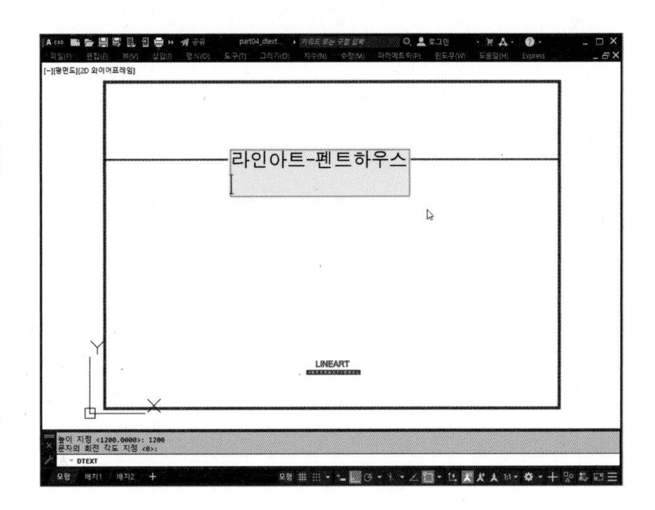

명령

높이 지정 <50.0000>: 1200 Enter
문자의 회전 각도 지정 <0>: 0 Enter

06 행 문자 종료하기

❶ 다시 한번 문자 내용인 (2001,2002호 INTERIOR PLAN)을 입력한 후 Enter를 누르고 23, 9,11을 입력합니다. ❷ DTEXT 명령을 종료하기 위해 Enter를 두 번 누릅니다.

Point

DDEDIT 명령

문자 내용을 수정하기 위해서는 DDEDIT 명령을 사용하면 됩니다.

07 문자 이동하기

❶ 객체를 이동하기 위해 MOVE 명령을 실행합니다. ❷ 문자를 클릭한 후 Enter를 누릅니다.

명령

명령: **MOVE** Enter
객체 선택: C1 클릭
1개를 찾음
객체 선택: Enter

08 위치 지정하기

❶ 기준점을 지정한 후 ❷ 두 번째 점을 지정합니다.

명령

기준점 지정 또는 [변위(D)] <변위>: P1 클릭
두 번째 점 지정 또는 <첫 번째 점을 변위로 사용>: P2 클릭

09 특성 변경하기

❶ 객체의 특성을 변경하기 위해 객체를 선택한 후 마우스 오른쪽 버튼을 클릭합니다. ❷ 쿼드 메뉴가 나타나면 [특성]을 선택합니다.

10 색상, 크기 변경

❶ [특성] 대화상자가 나타나면 [일반] 탭에서 [색상]을 **파란색**으로 변경한 후 ❷ [문자] 탭에서 [높이]에 **850**을 입력하고 대화상자를 닫습니다.

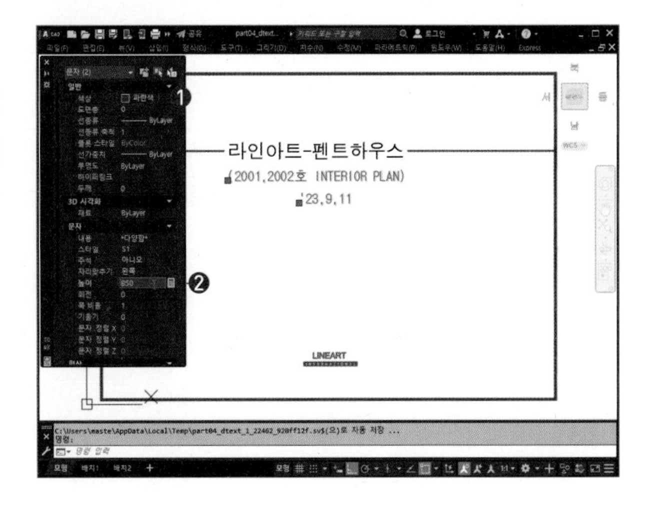

Level UP

AutoCAD로 명함 만들기

10여년 전 건축사 사무소 소장님의 부탁으로 캐드를 이용해 명함을 만들었습니다. **DTEXT, DDEDIT, HATCH, CHPROP, LINE, TRIM, OFFSET, TRIM, DIST, MOVE, COPY** 등의 명령이 사용됐습니다.

▲ 캐드로 만든 명함

Section

02 ALIGN 문자와 FIT 문자 입력하기

도면 작업을 하다 보면 문자를 가로 폭에 꼭 맞게 입력해야 하는 경우가 있습니다. 또한 문자의 세로 길이를 문자 내용의 가로 폭에 맞는 비율로 설정해야 하는 경우도 있고 문자 세로 길이를 고정해야 하는 경우도 있습니다. 이때는 DTEXT 명령의 J–A와 J–F를 사용하면 됩니다.

Key Word DTEXT, [A], [F]   예제 파일 part04_dtextaf.dwg 완성 파일 part04_dtextafc.dwg

01 행 문자 명령 입력하기

❶ **OPEN** 명령을 이용해 part04_dtextaf.dwg를 불러옵니다. ❷ 행 문자를 입력하기 위해 **DTEXT** 명령을 실행한 후 문자의 자리를 맞추기 위해 J 옵션을 실행합니다. ❸ 정렬된 문자를 입력하기 위해 A 옵션을 실행한 후 문자 기준선의 첫 번째 끝점을 지정합니다.

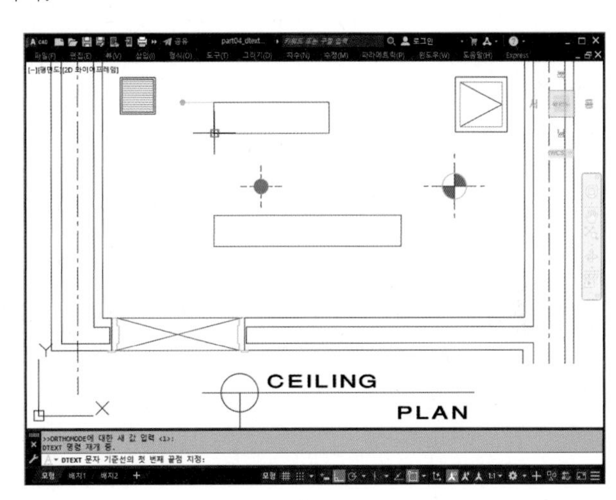

명령

명령: **OPEN** Enter
명령: **DTEXT** Enter
현재 문자 스타일: "스타일1" 문자 높이: 7.0000 주석: 아니오 자리 맞추기: 정렬
문자 기준선의 첫 번째 끝점 지정 또는 [자리 맞추기(J)/스타일(S)]: J Enter
옵션 입력 [왼쪽(L)/중심(C)/오른쪽(R)/정렬(A)/중간(M)/맞춤(F)/**맨 위 왼쪽**(TL)/**맨 위 중심**(TC)/맨 위 오른쪽(TR)/중간 왼쪽(ML)/중간 중심(MC)/중간 오른쪽(MR)/맨 아래 왼쪽(BL)/맨 아래 중심(BC)/맨 아래 오른쪽(BR)]: A Enter

문자 기준선의 첫 번째 끝점 지정: P1 클릭

02 문자 내용 가로 폭 지정하기

❶ 문자 기준선의 첫 번째 끝점을 지정합니다. ❷ 가로 길이에 맞춰 자동으로 문자의 세로 높이가 지정되는 것을 확인할 수 있습니다.

명령

문자 기준선의 두 번째 끝점을 지정: P1 클릭

03 내용 입력하고 명령 종료하기

❶ 그림과 같이 문자 내용인 **CH:2500**을 입력한 후 명령을 종료하기 위해 Enter를 두 번 누릅니다. ❷ DTEXT의 J 옵션의 A 옵션은 문자 입력 가로 길이에 비례해 자동으로 문자의 세로 높이가 설정되는 것입니다.

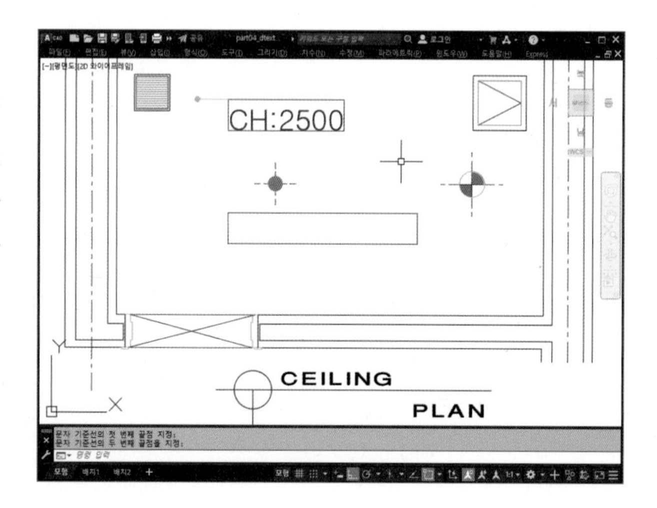

04 행 문자 명령 입력하기

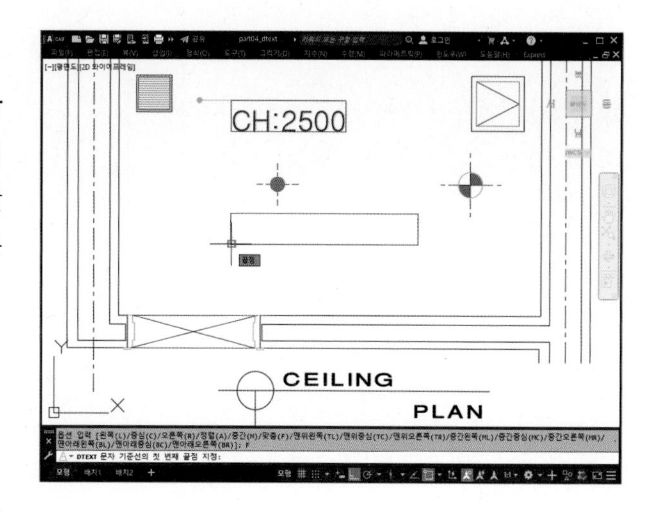

❶ 다시 한번 행 문자를 입력하기 위해 **DTEXT** 명령을 실행한 후 문자의 자리를 맞추기 위해 J 옵션을 입력합니다. ❷ 문자의 높이 값을 고정시키기 위해 F 옵션을 입력한 후 문자 기준선 첫 번째 끝점을 지정합니다.

명령

명령: **DTEXT** Enter
현재 문자 스타일: "스타일1" 문자 높이: 7.0000 주석: 아니오 자리 맞추기: 맞춤
문자 기준선의 첫 번째 끝점 지정 또는 [자리 맞추기(J)/스타일(S)]: J Enter
옵션 입력 [왼쪽(L)/중심(C)/오른쪽(R)/정렬(A)/중간(M)/맞춤(F)/맨 위 왼쪽(TL)/맨 위 중심(TC)/맨 위 오른쪽(TR)/중간 왼쪽(ML)/중간 중심(MC)/중간 오른쪽(MR)/맨 아래 왼쪽(BL)/맨 아래 중심(BC)/맨 아래 오른쪽(BR)]: F Enter

문자 기준선의 첫 번째 끝점 지정: P1 클릭

05 높이 지정하기

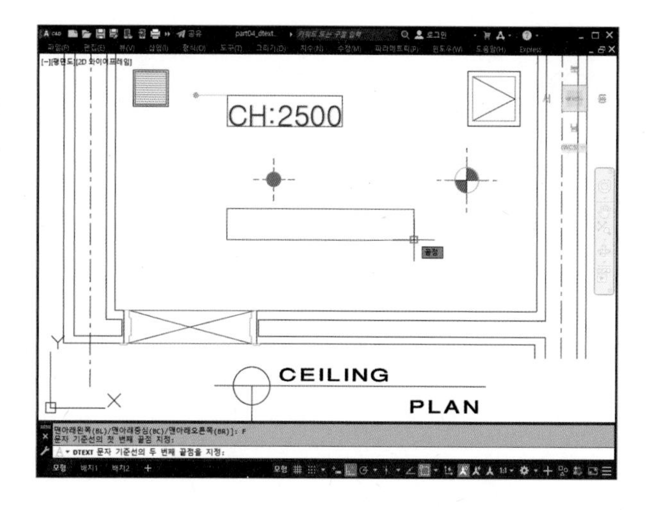

❶ 문자 기준선의 두 번째 끝점을 지정한 후 ❷ 문자의 높이를 입력하고 Enter를 누릅니다.

문자 기준선의 두 번째 끝점을 지정: P1 클릭
높이 지정 <7.0000>: 150 Enter

06 내용 입력하고 명령 종료하기

❶ 그림과 같이 문자 내용인 APP WHITE COLOR PAINT FIN을 입력한 후 ❷ 명령을 종료하기 위해 Enter를 두 번 누릅니다.

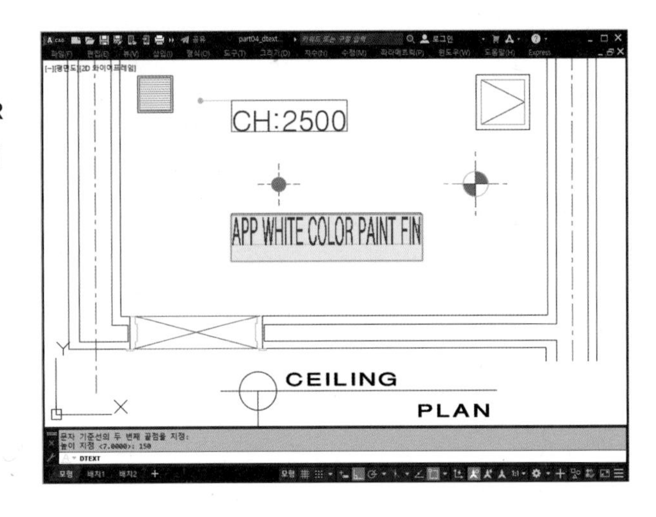

LevelUP

정렬(A)과 맞춤(F)의 차이에 대해

자리 맞추기(J) 옵션에서 [A]는 정렬로, 문자의 총 길이를 두 점으로 지정하면 문자의 높이가 자동으로 설정되는 것입니다. [F] 옵션은 문자의 총 길이를 두 점으로 지정한 후 높이를 별도로 지정하는 것입니다. 자리 맞추기(J) 옵션에서는 일반적으로 A와 F를 제외한 옵션을 많이 사용하지 않습니다.

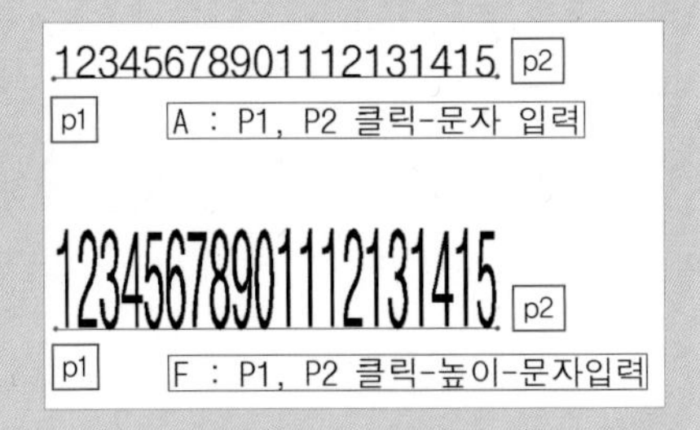

LevelUP

문자를 깰 수 있나요?

TXTEXP 명령을 이용하면 문자를 깰 수 있습니다. 문자가 깨지면 닫힌 폴리선으로 인식되며 HATCH 명령을 이용해 내부 공간에 무늬를 입힐 수 있습니다. 단, TXTEXP가 실행된 문자는 DDEDIT로 문자 내용을 수정할 수 없습니다.

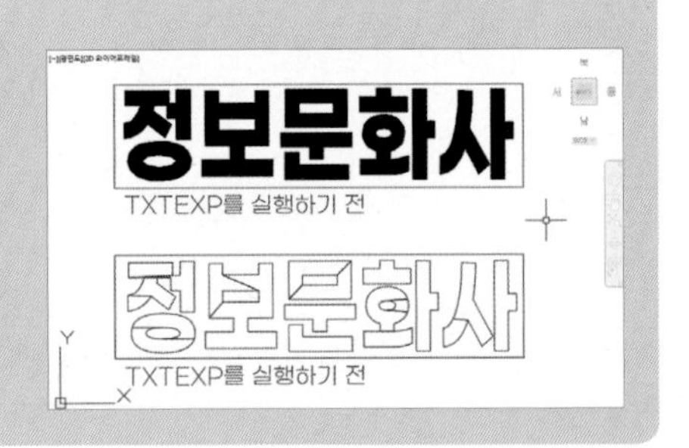

Section

03 [문자 스타일] 대화상자 알아보기

STYLE 명령을 실행하면 새로운 스타일을 만들거나 수정할 수 있는 [문자 스타일] 대화상자가 나타납니다. 기본으로 존재하는 STANDARD 유형 외에 새 유형을 만들 수 있고 삭제할 수 있으며 문자의 글꼴, 굵기, 크기, 효과 등을 설정할 수도 있습니다.

Key Word STYLE

[문자 스타일] 대화상자 알아보기

STYLE 명령을 실행하면 새로운 스타일을 만들거나 수정할 수 있는 [문자 스타일] 대화상자가 나타납니다. 기본으로 존재하는 STANDARD 유형 외에 새 유형을 만들 수도 있고 삭제할 수도 있으며 문자의 글꼴, 굵기, 크기, 효과 등을 설정할 수도 있습니다.

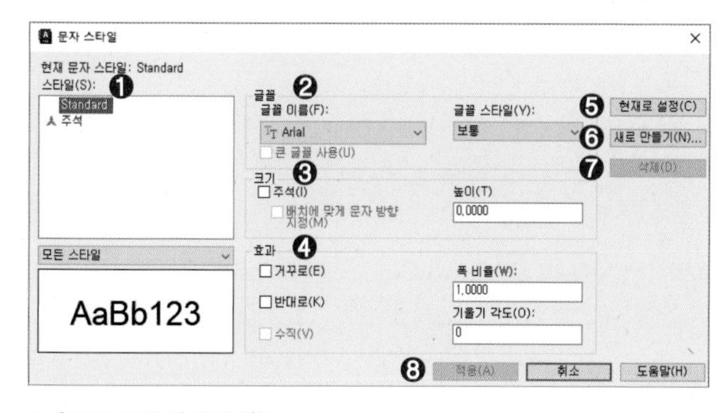

▲ [문자 스타일] 대화상자

❶ **스타일**: 문자 스타일 이름을 표시하거나, 새로운 스타일을 추가하거나, 기존 스타일을 삭제하거나, 이름을 바꿉니다. 스타일 이름을 선택한 후 마우스 오른쪽 버튼을 누르면 [현재로 설정], [새로 만들기], [삭제] 버튼이 나타나며 현재 사용 중인 스타일은 삭제할 수 없습니다. 사용하지 않는 문자 스타일은 **PURGE** 명령으로 삭제합니다.

❷ **글꼴**: 문자 스타일의 글꼴을 지정하거나 변경할 수 있습니다.

- **글꼴 이름**: 등록된 모든 트루타입 글꼴 및 Fonts 폴더에 있는 모든 컴파일된 셰이프(SHX) 글꼴의 글꼴 그룹 이름을 나열합니다. 리스트에서 이름을 선택하면 프로그램은 지정된 글꼴 파일을 읽어옵니다.
- **글꼴 스타일**: 기울임, 굵게 또는 보통과 같은 글꼴 문자 형식을 지정합니다. 글꼴 이름에 따라 글꼴 스타일이 다르게 나타납니다. **큰 글꼴 사용**을 선택한 경우, 이 옵션이 큰 글꼴 이름으로 변경되고 큰 글꼴 파일 이름을 선택할 때 사용됩니다.

- **큰 글꼴 사용**: **큰 글꼴 사용**은 글꼴 이름에서 SHX 파일을 지정한 경우에만 사용할 수 있습니다. SHX 파일만이 큰 글꼴 작성에 적합한 파일 형식입니다.

❸ **크기**: 문자의 크기를 변경합니다.

- **주석**: 문자가 주석이라는 것을 지정합니다.
- **배치에 맞게 문자 방향 지정**: 도면 공간 뷰포트의 문자 방향이 배치의 방향과 일치하도록 지정합니다.
- **높이**: 입력하는 값을 기준으로 문자 높이를 설정합니다. 0을 입력하면, 이 스타일을 사용해 문자를 입력할 때마다 문자 높이를 지정하라는 프롬프트가 표시됩니다. 0보다 큰 값을 높이로 입력하면, 이 스타일에 대한 문자 높이가 설정됩니다. 같은 높이로 설정한 경우, 트루타입 글꼴이 SHX 글꼴보다 작게 표시될 수 있습니다. 주석에 체크 표시를 하면 높이가 도면 문자 높이로 변경됩니다.

❹ **효과**: 높이, 폭 비율, 기울기 각도 및 글꼴이 위, 아래로 뒤집어 표시될지, 거꾸로 표시될지, 수직으로 정렬될지의 글꼴 특성을 수정합니다.

- **거꾸로**: 문자를 위, 아래 방향으로 뒤집어 표현합니다.
- **반대로**: 문자를 좌우 방향으로 뒤집어 표현합니다.
- **수직**: 문자를 수직으로 정렬시켜 표시합니다. 수직은 선택된 글꼴이 양 방향을 지원할 경우에만 사용할 수 있습니다. 단, 수직 방향은 트루타입 글꼴에 사용할 수 없습니다.
- **폭 비율**: 문자 간격을 설정합니다. 1.0보다 작은 값을 입력하면 문자가 축소되고 큰 값을 입력하면 문자가 확장됩니다.
- **기울기 각도**: 문자의 기울기 각도를 설정합니다. −85와 85 사이의 값을 입력하면 문자는 기울임꼴이 됩니다.

❺ **[현재로 설정] 버튼**: 선택한 스타일을 현재로 설정합니다.

❻ **[새로 만들기] 버튼**: [새로운 문자 스타일] 대화상자를 표시하며 현재 설정에 대해 자동으로 '스타일n(n은 제공된 스타일의 번호)'이라는 이름을 지정합니다. 기본값을 사용하거나 이름을 입력한 후 [확인] 버튼을 클릭하면 현재 스타일 설정값이 새 스타일 이름에 적용됩니다.

❼ **[삭제] 버튼**: 문자 스타일을 삭제합니다. 단, 사용하지 않은 스타일에 한해서만 [삭제] 버튼이 나타납니다.

❽ **[적용] 버튼**: 스타일에서 지정한 내용을 적용합니다.

Section

04 MTEXT로 다중 행 문자 입력하기

MTEXT 명령을 사용하면 다중 행 문자 객체를 작성하거나 수정할 수 있으며 다른 프로그램에서 작성한 텍스트 파일을 다중 행 문자에 가져오거나 붙여 넣기할 수도 있습니다.

Key Word MTEXT　　　예제 파일 part04_mtext.dwg 완성 파일 part04_mtextc.dwg

01 문자 영역 지정하기

❶ **OPEN** 명령을 이용해 part04_mtext.dwg를 불러옵니다. ❷ 다중 행 문자를 입력하기 위해 **MTEXT** 명령을 실행한 후 첫 번째 구석점과 반대 구석점을 클릭합니다.

명령

명령: **OPEN** Enter
명령: **MTEXT** Enter
현재 문자 스타일: "Standard" 문자 높이: 2.5 주석: 아니오
첫 번째 구석 지정: P1 클릭
반대 구석 지정 또는 [높이(H)/자리 맞추기(J)/선 간격 두기(L)/회전(R)/스타일(S)/폭(W)/열(C)]: P2 클릭

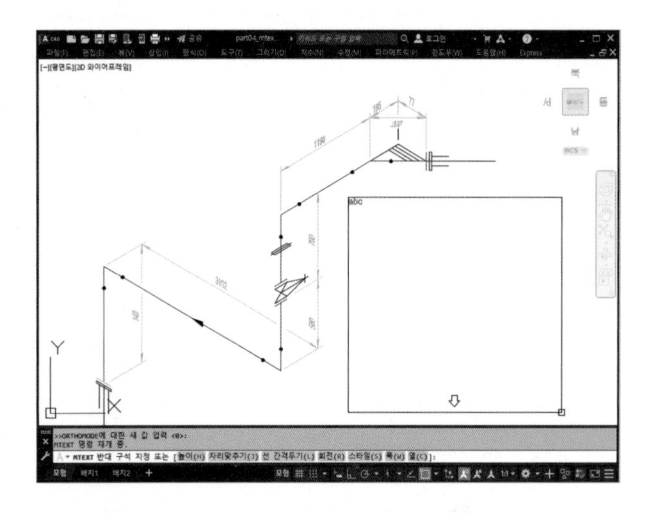

02 문자 높이, 색상 지정하기

❶ [문자 형식] 도구 모음이 나타나면 글꼴은 **돋움체**, 문자 높이는 **5**를 설정합니다. ❷ 색상은 **파란색**으로 지정합니다.

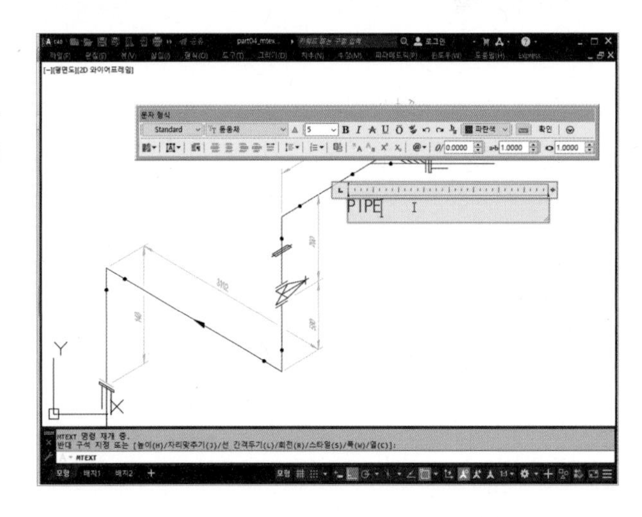

03 내용 입력하기

❶ PIPE를 입력한 후 ❷ 줄 바꿈을 하기 위해 Enter를 누릅니다.

Point

문자 가져오기
흰색 바탕의 텍스트 필드에서 마우스 오른쪽 버튼을 누른 후 [문자 가져오기]를 선택하고 [메모장]이나 [한글 프로그램]에서 작성한 *.txt 파일을 불러올 수 있습니다.

04 한자 이용하기

❶ 원형 문자를 입력하기 위해 ㅇ을 입력한 후 ❷ 한자를 누릅니다.

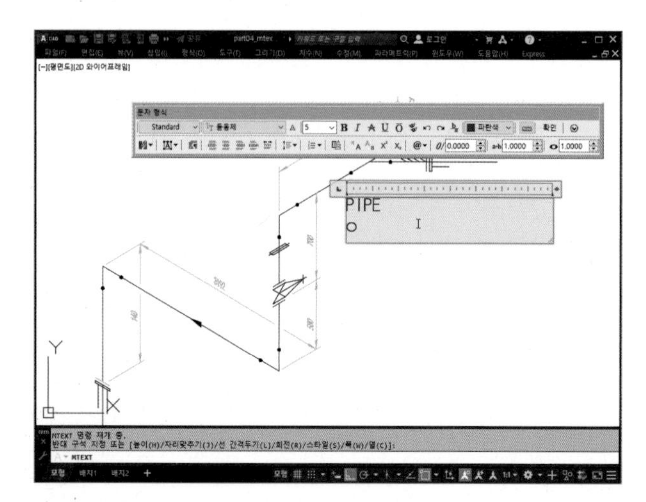

Point

특수 문자 @▾

문자를 입력할 때 Space Bar를 누른 만큼 문자 간격이 띄어지고 [문자 형식] 도구 모음의 @▾ 버튼을 누르면 특수 문자를 입력할 수 있습니다.

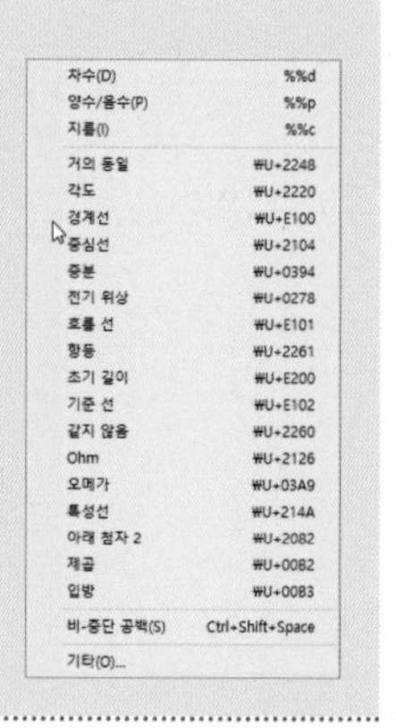

05 원형 문자 입력하기

문자 리스트가 나타나면 원형 문자 1인 ①을 선택합니다.

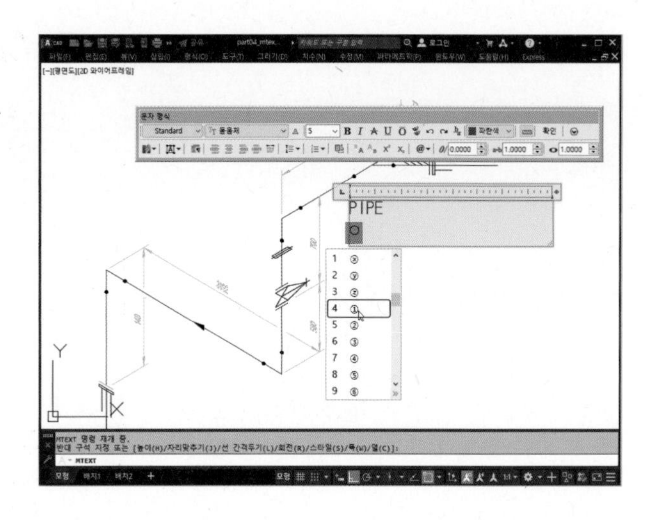

06 각도 표시하기

❶ 이어서 **사용 환경: 0**을 입력한 후 각도를 입력하기 위해 **%%D**를 입력합니다. ❷ ~을 입력한 후 **40**을 입력하고 각도를 다시 입력하기 위해 **%%D**를 입력한 다음 줄 바꿈을 하기 위해 Enter를 누릅니다.

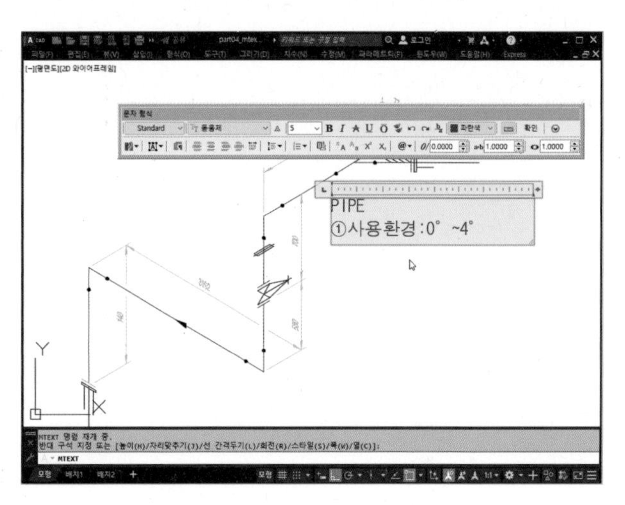

07 지름 표시하기

❶ 같은 방법으로 ❷ **제품 크기:**를 입력한 후 지름 문자를 입력하기 위해 **%%C 5MM**를 입력합니다. ❸ 줄 바꿈을 하기 위해 Enter를 누릅니다.

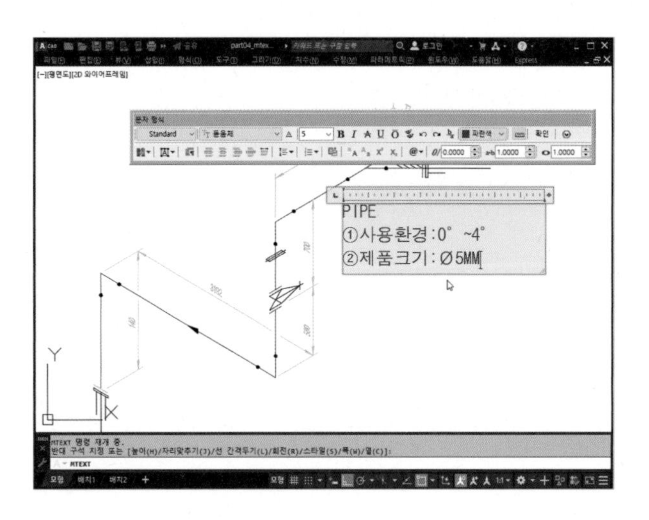

08 오차 표시하기

❶ 같은 방법으로 ❷ **제품 오차:**를 입력한 후 오차 문자를 입력하기 위해 **%%P 5MM**를 입력합니다. ❸ 줄 바꿈을 하기 위해 Enter를 누릅니다.

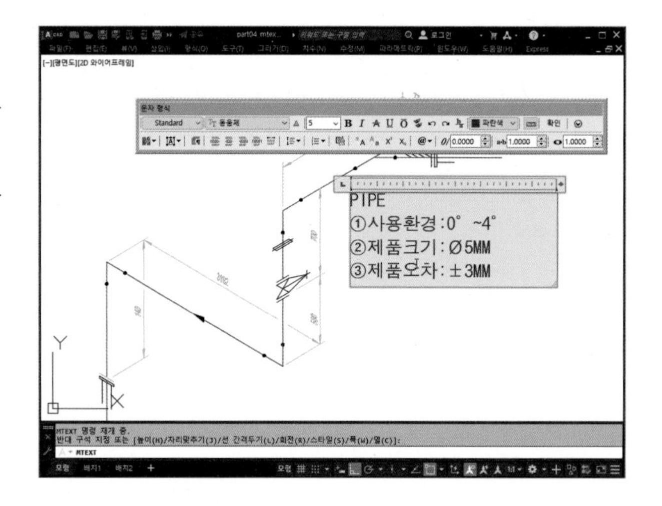

09 종료하기

명령을 종료하기 위해 [문자 형식] 도구 모음에서 [확인] 버튼을 누릅니다.

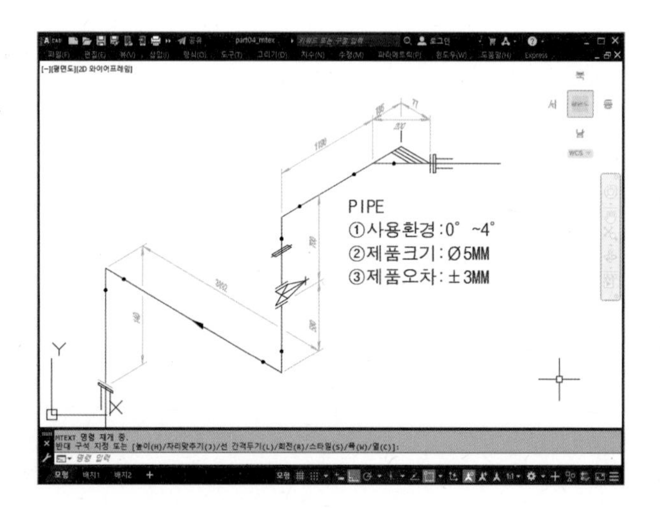

Point

MTEXT를 분해하면

MTEXT 명령으로 입력한 문자는 한 덩어리로 인식되며 **EXPLODE** 명령에 의해 분해하면 행 문자(DTEXT)가 됩니다.

Special TIP

MTEXT 명령에 대해 살펴볼까요?

MTEXT 명령을 사용하면 다중 행 문자 객체를 작성하거나 수정할 수 있으며 다른 프로그램에서 작성한 텍스트 파일을 다중 행 문자에 가져오거나 붙여 넣기할 수 있습니다. [문자 형식] 도구 모음에는 문자 형식 도구 막대 및 옵션 메뉴가 들어 있습니다. 편집을 하기 위해 테이블 셀을 선택하면 [문자 형식] 도구 모음이 열 문자와 행 번호를 표시합니다. 그리고 입력한 문자가 정의한 경계 상자를 오버플로 할 경우, 대시선은 정의한 너비와 높이를 나타냅니다.

1. 옵션 리스트

- **스타일**: 여러 줄 문자 객체에 문자 스타일을 적용합니다. 현재 스타일은 TEXTSTYLE 시스템 변수에 저장됩니다.
- **글꼴**: 새 문자의 글꼴을 지정하거나 선택한 문자의 글꼴을 변경합니다.
- **주석**: 현재 문자 객체에 대한 주석을 켜거나 끕니다.
- **문자 높이**: 새 문자의 문자 높이를 도면 단위로 설정하거나 선택한 문자의 높이를 변경합니다.
- **굵게**: 새 문자 또는 선택한 문자에 대한 굵은 활자체 형식을 켜거나 끕니다. 이 옵션은 트루타입 글꼴을 사용하는 문자에만 사용할 수 있습니다.
- **기울임꼴**: 새 문자 또는 선택한 문자에 대한 기울임꼴 형식을 켜거나 끕니다. 이 옵션은 트루타입 글꼴을 사용하는 문자에만 사용할 수 있습니다.
- **취소선**: 새 문자 또는 선택한 문자에 대한 취소선 형식을 켜거나 끕니다.
- **밑줄**: 새 문자 또는 선택한 문자에 대한 밑줄 표시를 켜거나 끕니다.
- **윗줄**: 새 문자 또는 선택한 문자에 대한 오버라인 표시를 켜거나 끕니다.
- **문자 형식 일치**: 선택한 문자의 형식을 대상 문자에 적용합니다.
- **명령 취소**: 내부 문자 편집기에서 문자 내용이나 문자 형식의 변경 등과 같은 작업을 취소합니다.
- **명령 복구**: 내부 문자 편집기에서 문자 내용이나 문자 형식의 변경 등과 같은 작업을 복구합니다.
- **스택**: 선택한 문자에 스택 문자가 포함된 경우, 스택된 문자(예: 분수)를 작성합니다. 스택 문자인 탈자 기호(^), 슬래시(/), 파운드 기호(#)를 사용하면 스택 문자의 왼쪽에 있는 문자가 오른쪽에 있는 문자 위에 스택됩니다.
- **문자 색상**: 새 문자의 색상을 지정하거나 선택한 문자의 색상을 변경합니다.
- **눈금자**: 편집기의 맨 위에 눈금자를 표시합니다. 눈금자 맨 끝의 화살표를 드래그하면 문자 객체의 폭을 변경할 수 있습니다. 또한 열 모드가 활성일 때 높이 및 열 그립을 표시합니다.
- **확인**: 변경한 내용을 저장한 후 편집기를 닫습니다.
- **옵션**: 추가 문자 옵션 리스트를 표시합니다.
- **열**: 열을 설정한 후 수정하기 위한 옵션을 제공하는 열 메뉴를 표시합니다.
- **문자 자리 맞추기**: 사용 가능한 9개의 정렬 옵션을 포함한 문자 자리 맞추기 메뉴를 표시합니다.
- **단락**: 탭, 들여쓰기 및 간격 관련 작업을 할 수 있는 단락 대화상자를 표시합니다.
- **왼쪽, 중심, 오른쪽, 자리 맞춤 및 분산**: 현재 또는 선택된 단락의 왼쪽, 중심 또는 오른쪽 문자 경계에 대한 자리 맞춤 및 정렬을 설정합니다. 선 끝에 입력된 공백은 포함되고 행의 자리 맞추기에 영향을 미칩니다.
- **행 간격**: 제안된 행 간격 옵션 또는 단락 대화상자를 표시합니다. 행 간격은 여러 줄 단락에서 상위 행의 맨 아래와 문자 아래 행의 맨 위 간 거리입니다. 행 간격은 현재 또는 선택된 단락에서 설정됩니다.

- **번호 매기기**: 리스트를 작성하기 위한 옵션을 표시합니다(테이블 셀에는 사용할 수 없습니다). 리스트는 선택된 첫 번째 단락에 정렬되도록 들여쓰기됩니다.
- **필드 삽입**: 문자에 삽입할 필드를 선택할 수 있는 필드 대화상자를 표시합니다.
- **대문자**: 선택한 문자를 대문자로 변경합니다.
- **소문자**: 선택한 문자를 소문자로 변경합니다.
- **위 첨자**: 선택한 문자를 위 첨자(해당 유형의 줄 위쪽에 설정된 약간 작은 문자)로 바꾸거나 선택한 위 첨자 문자를 일반 문자로 바꿉니다.
- **아래 첨자**: 선택한 문자를 아래 첨자(해당 유형의 줄 아래쪽에 설정된 약간 작은 문자)로 바꾸거나 선택한 아래 첨자 문자를 일반 문자로 바꿉니다.
- **기호**: 기호나 끊겨 있지 않은 빈칸을 커서 위치에 삽입합니다. 기호를 수동으로 삽입할 수도 있습니다.
- **기울기 각도**: 문자가 앞으로 또는 뒤로 기울어진 정도를 결정합니다. 각도는 90도를 기준으로 기울어진 각도를 표현합니다.
- **추적**: 선택한 문자 사이의 간격을 줄이거나 늘립니다.
- **폭 비율**: 선택한 문자의 폭을 늘리거나 줄입니다.

2. 내부 문자 편집기

단일 행 또는 여러 줄 문자 객체를 작성하거나 수정합니다. 작업 중인 문자 객체 유형에 따라 편집기가 다르게 표시될 수 있습니다.

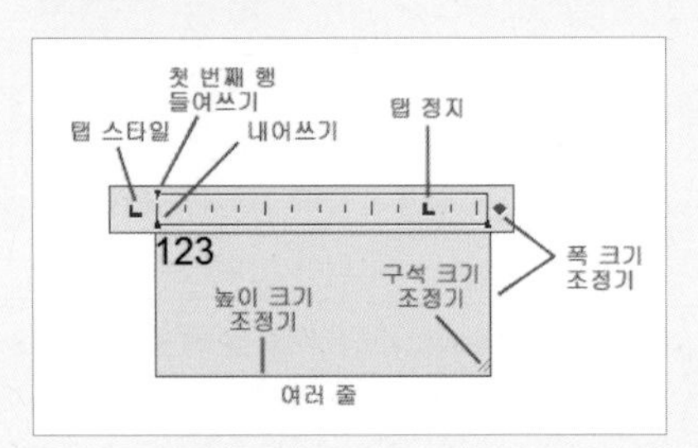

▲ 내부 문자 편집기

Section

05 DDEDIT, DDMODIFY로 문자 속성 변경하기

DDEDIT 명령과 DDMODIFY 명령을 이용해 도면 내의 문자를 수정해 보겠습니다. DDMODIFY 명령을 이용하면 문자의 크기, 글꼴, 색상, 도면층 등과 같은 문자에 관한 모든 속성을 변경할 수 있습니다.

Key Word **DDEDIT, DDMODIFY** 예제 파일 **art04_ddedit.dwg** 완성 파일 **part04_ddeditc.dwg**

01 다중 행 문자 선택하기

❶ **OPEN** 명령을 이용해 part04_ddedit.dwg를 불러옵니다. ❷ 문자를 수정하기 위해 **DDEDIT** 명령을 실행한 후 위쪽에 있는 MTEXT로 입력한 APP' PASCAL FIN을 클릭합니다.

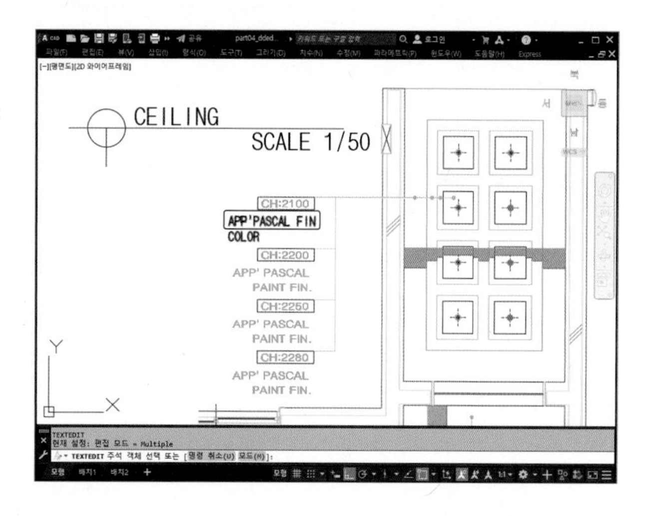

명령

명령: **OPEN** Enter
명령: **DDEDIT**
TEXTEDIT
현재 설정: 편집 모드 = Multiple
주석 객체 선택 또는 [명령 취소(U)/모드(M)]: C1 클릭

02 문자 수정하기

❶ [문자 형식] 대화상자가 나타나면 COLOR를 **PAINT FIN.**으로 수정한 후 ❷ [문자 형식] 대화상자에서 [확인] 버튼을 클릭합니다.

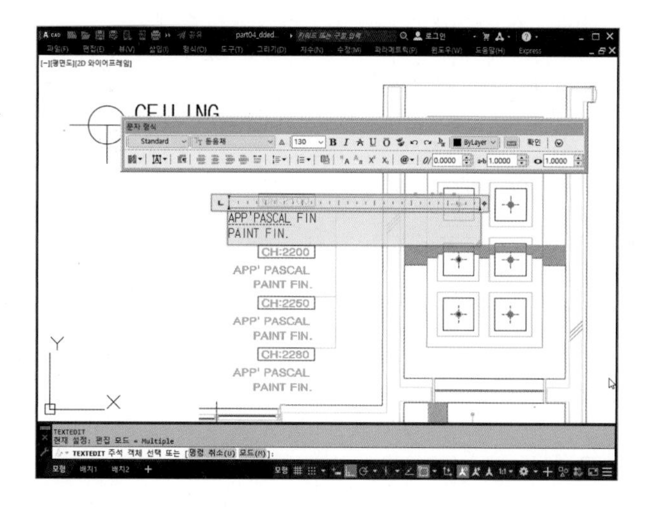

03 행 문자 선택하기

❶ 문자를 다시 한번 수정하기 위해 CEILING을 클릭합니다. ❷ DDEDIT 명령이 종료되지 않았기 때문에 수정해야 할 다른 문자를 클릭하면 됩니다.

명령

주석 객체 선택 또는 [명령 취소(U)/모드(M)]: C1 클릭

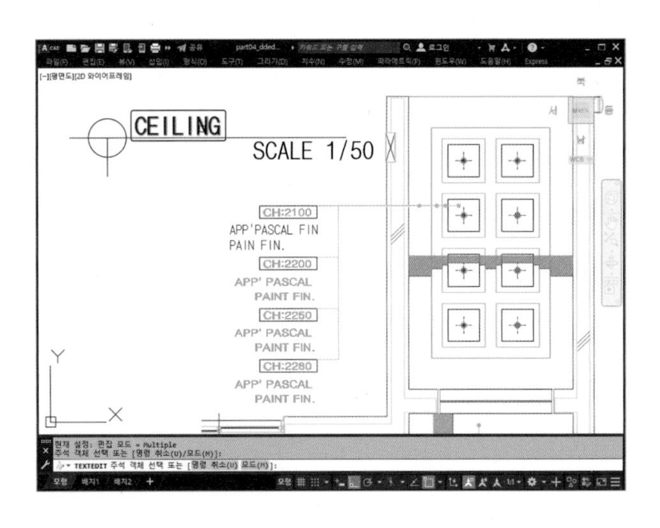

04 문자 수정하기

❶ 그림과 같이 CEILING PLAN(ENT)으로 수정한 후 ❷ 명령을 종료하기 위해 Enter를 두 번 누릅니다.

명령

주석 객체 선택 또는 [명령 취소(U)]: Enter

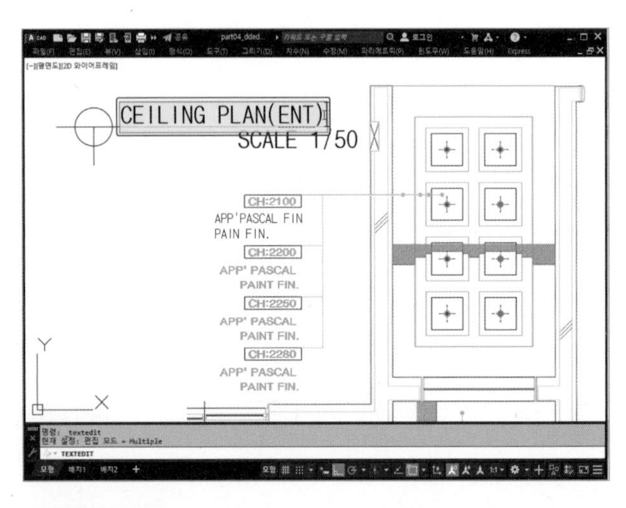

05 문자 선택하기

❶ 문자의 크기와 도면층을 변경하기 위해 **DDMODIFY** 명령을 실행합니다. ❷ SCALE 1/50 문자를 클릭합니다.

명령

명령: **DDMODIFY** Enter
PROPERTIES
명령: C1 클릭

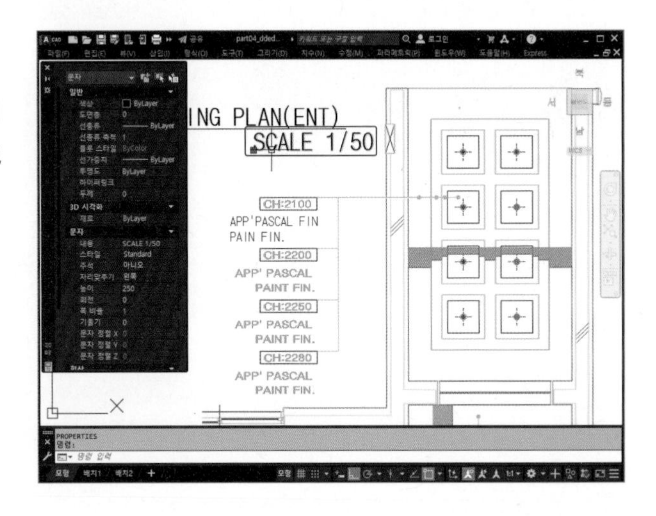

06 특성 변경하기

❶ [특성] 대화상자가 나타나면 도면층을 CEIL로 변경한 후 [문자]의 [높이]를 150으로 수정합니다. ❷ [특성] 대화상자를 닫습니다.

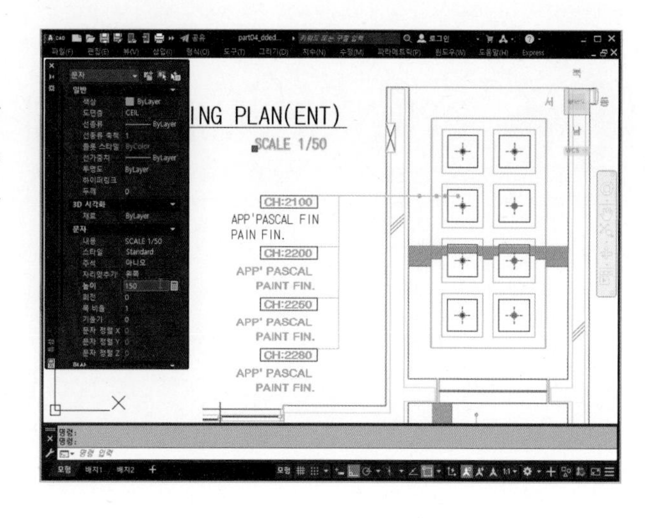

LevelUP

문자 특성을 일치시키는 쉬운 방법을 알려 주세요!

서로 다른 문자의 특성을 가진 문자가 있을 때 **MATCHPROP** 명령을 사용하면 쉽게 그 특성을 일치시킬 수 있습니다.

MATCHPROP 명령을 실행한 후 원본 객체 선택에서 '엄마' 문자를 클릭하고 대상 객체 선택에서 첫 번째 구석점과 반대 구석점을 클릭합니다.

명령

명령: **MATCHPROP** Enter
원본 객체를 선택하십시오: 엄마 클릭
현재 활성 설정: 색상 도면층 선 종류 선 축척 선 가중치 투명도 두께 플롯 스타일 치수 문자 해치 폴리선 뷰포트 테이블 재료 다중 지시선 중심 객체

대상 객체를 선택 또는 [설정(S)]: P1 클릭
반대 구석 지정: P2 클릭
대상 객체를 선택 또는 [설정(S)]: Enter

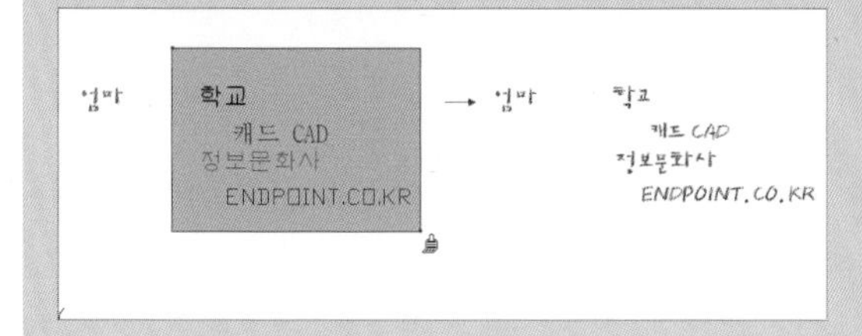

Section

06 BHATCH로 입면도 재질 만들기

닫혀 있는 공간에 다양한 무늬를 넣을 수 있습니다. BHATCH 명령을 이용하면 선, 곡선으로 닫혀진 공간에 여러 형태의 무늬를 채울 수 있습니다.

Key Word BHATCH,CHPROP　　예제 파일 part04_bhatch.dwg 완성 파일 part04_bhatchc.dwg

01 벽돌 무늬 선택하기

❶ 도면을 열기 위해 **OPEN** 명령을 실행한 후 part04_bhatch.dwg 파일을 불러옵니다. ❷ 벽면에 무늬(재질)를 넣기 위해 **BHATCH** 명령을 실행합니다. [해치 및 그라데이션] 대화상자가 나타나면 [고립 영역]의 [고립 영역 표시 스타일]을 [외부]로 선택한 후 미리 정의된 해치 패턴을 불러오기 위해 [해치] 탭의 [유형 및 패턴]의 패턴 버튼[...]을 클릭합니다. ❸ [해치 패턴 팔레트] 대화상자가 나타나면 [기타 미리 정의] 탭을 선택한 후 **DOTS**를 선택하고 [확인] 버튼을 클릭합니다.

명령

명령: **OPEN** Enter
명령: **BHATCH** Enter

Point

많은 옵션 아이콘⊙

고립 영역과 확장된 옵션을 열기 위해서는 해치 및 [그라데이션] 대화상자 우측 하단에 있는 많은 옵션 아이콘 ⊙을 클릭합니다.

02 축척 지정하기

❶ 다시 [해치 및 그라데이션] 대화상자가 나타나면 [각도 및 축척]에서 [각도]를 0으로 설정한 후 [축척]을 10으로 지정하고 ❷ 해치 영역을 지정하기 위해 [경계]의 추가: 점 선택 아이콘을 클릭합니다.

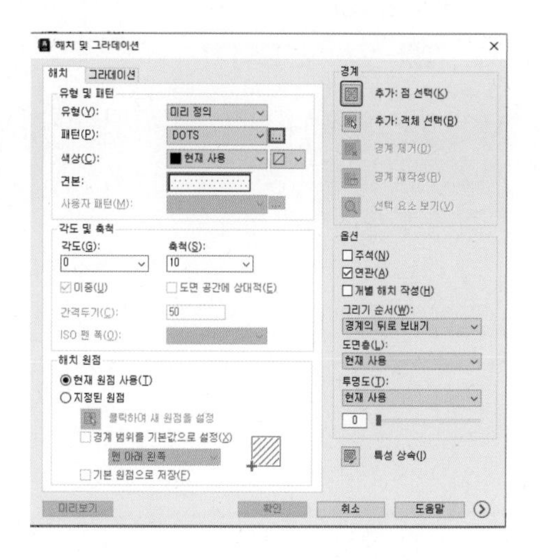

03 해치 영역 지정하기

❶ 파란색 사각형 내부 24곳의 해치 영역을 지정한 후 Enter를 누릅니다. ❷ 내부 점을 클릭할 경우 어딘가에 뚫린 부분이 있다면 해치가 입력되지 않습니다.

명령

내부 점 선택 또는 [객체 선택(S)/경계 제거(B)]: P1~P24 클릭
모든 것 선택
가시적인 모든 것 선택 중...
선택된 데이터 분석 중...

내부 고립 영역 분석 중...

내부 점 선택 또는 [객체 선택(S)/경계 제거(B)]: Enter

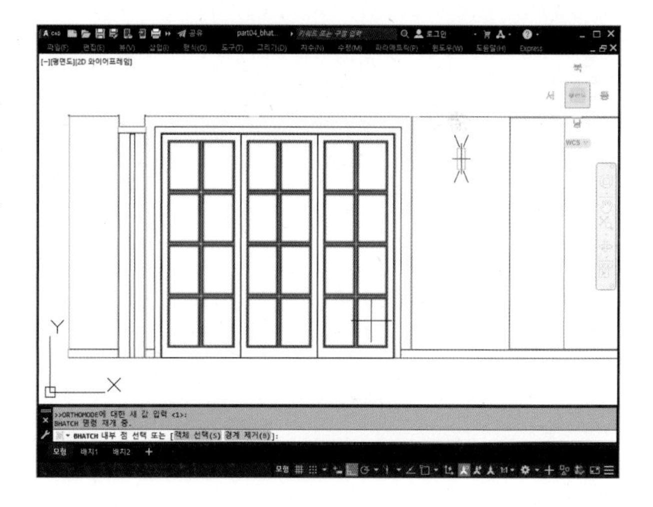

04 벽돌 무늬 완성하기

❶ 다시 [해치 및 그라데이션] 대화상자가 나타나면 [확인] 버튼을 클릭합니다. ❷ 벽돌 무늬가 벽면에 입혀진 것을 확인할 수 있을 것입니다.

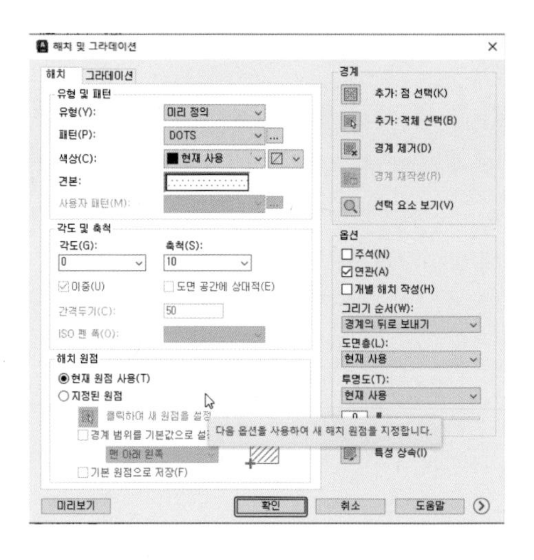

LevelUP

[개별 해치 작성]이 뭐예요?

BHATCH 명령을 실행한 후 해치 영역을 지정하기 위해 [해치 및 그라데이션] 대화상자의 [경계]에서 추가: 점 선택 아이콘을 클릭하고 내부 점을 연속적으로 지정했을 때 해치가 개별적으로 인식할지 여부를 결정합니다. [개별 해치 작성]에 체크 표시를 하면 다른 내부 공간을 연속적으로 지정했을 경우, 각각의 해치로 인식합니다.

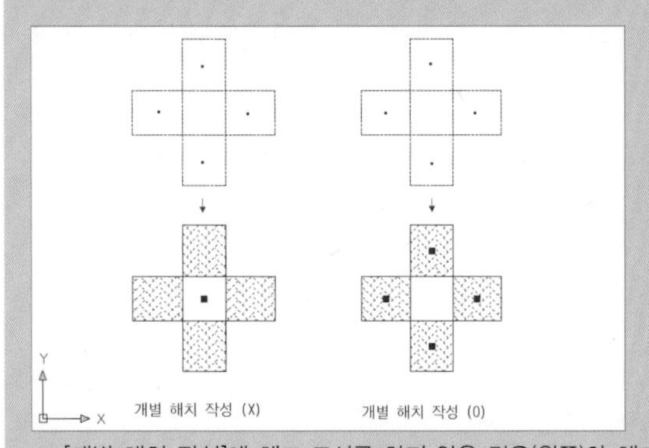

▲ [개별 해치 작성]에 체크 표시를 하지 않은 경우(왼쪽)와 체크 표시를 한 경우(오른쪽)

05 색상 변경하기

❶ 객체의 색을 변경하기 위해 **CHPROP** 명령을 실행합니다. ❷ 맨 마지막에 그려진 객체를 선택하기 위해 **객체 선택:**에서 **L**을 입력한 후 Enter를 누릅니다. ❸ 색상을 변경하기 위해 C 옵션을 입력한 후 색상 번호를 입력하고 Enter를 두 번 누릅니다.

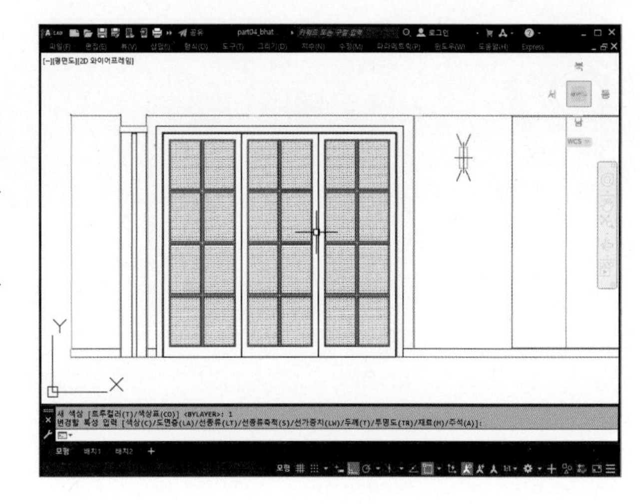

명령

명령: **CHPROP** Enter
객체 선택: L Enter
1개를 찾음

객체 선택: Enter

변경할 특성 입력 [색상(C)/도면층(LA)/선 종류(LT)/선 종류 축척(S)/선 가중치(LW)/두께(T)/투명도(TR)/재료(M)/주석(A)]: C Enter

새 색상 [트루컬러(T)/색상표(CO)] <BYLAYER>: 9 Enter

변경할 특성 입력 [색상(C)/도면층(LA)/선 종류(LT)/선 종류 축척(S)/선 가중치(LW)/두께(T)/투명도(TR)/재료(M)/주석(A)]: Enter

Point

객체 선택: L, COLOR 9
객체 선택:에서 L을 입력한 후 Enter를 누르면 맨 마지막에 그려진 객체를 선택하고 COLOR 넘버 9번은 연한 회색을 의미합니다.

Section

07 솔리드 해치 넣기

닫힌 공간에 내부가 꽉 찬 SOLID 해치를 입력해 보겠습니다. SOLID 해치는 객체의 명암을 표현하거나 내부가 꽉 찬 모양을 만들 때 주로 사용합니다.

Key Word BHATCH, CHPROP

01 솔리드 무늬 선택하기

Section 06 도면에 추가 작업을 하겠습니다. 벽면에 솔리드 해치를 넣기 위해 **BHATCH** 명령을 실행합니다. ❶ [해치 및 그라데이션] 대화상자가 나타나면 [고립 영역]의 [고립 영역 표시 스타일]을 [외부]로 선택한 후 ❷ 미리 정의된 해치 패턴을 불러오기 위해 [해치] 탭을 누르고 ❸ [유형 및 패턴]의 패턴 버튼을 클릭합니다. ❹ [해치 패턴 팔레트] 대화상자가 나타나면 [기타 미리 정의] 탭을 선택한 후 ❺ SOLID를 선택하고 ❻ [확인] 버튼을 클릭합니다. ❼ 다시 [해치 및 그라데이션] 대화상자가 나타나면 해치 영역을 지정하기 위해 [경계]의 추가: 점 선택 아이콘을 클릭합니다.

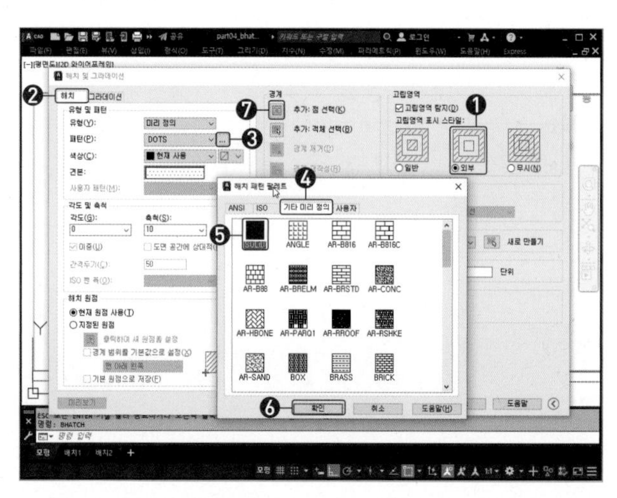

명령

명령: **OPEN** Enter

명령: **BHATCH**

02 영역 지정하기

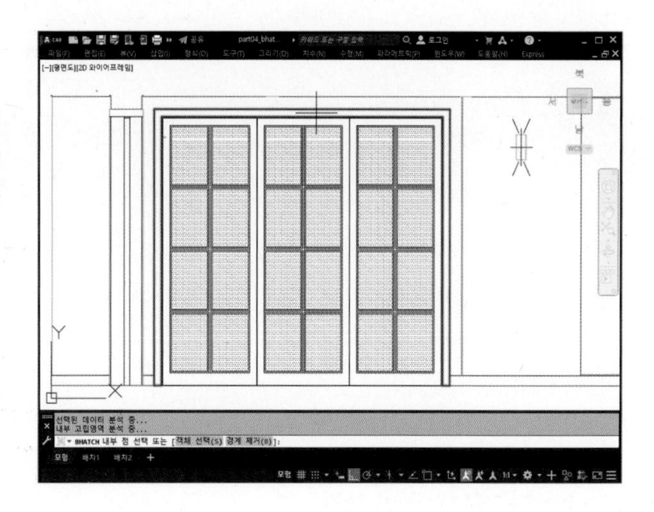

❶ 한 군데의 해치 영역을 지정한 후 Enter를 누릅니다. ❷ 내부 점을 클릭할 경우, 어딘가에 뚫린 부분이 있다면 해치가 입력되지 않습니다.

명령

내부 점 선택 또는 [객체 선택(S)/경계 제거(B)]: P1 클릭
모든 것 선택
가시적인 모든 것 선택 중...
선택된 데이터 분석 중...
내부 고립 영역 분석 중...
내부 점 선택 또는 [객체 선택(S)/경계 제거(B)]: Enter

03 솔리드 해치 완성하기

❶ 다시 [해치 및 그라데이션] 대화상자가 나타나면 [확인] 버튼을 클릭합니다. ❷ 한 군데의 벽면에 솔리드 해치가 적용된 것을 확인할 수 있습니다.

LevelUP

[연관] 해치에 대해 알려 주세요!

폴리선으로 그린 도형 내부에 [해치 및 그라데이션] 대화상자의 [옵션]에 있는 [연관] 체크 박스를 선택한 후 해치를 적용합니다. 그리고 모깎기 명령인 **FILLET** 명령을 실행한 후 반지름을 지정하고 P 옵션을 선택한 다음 해치 경계를 클릭하면 폴리선 모서리와 해치가 동시에 모깎기됩니다. 그러나 [연관] 체크 박스의 선택을 해제하면 폴리선만 모깎기됩니다.

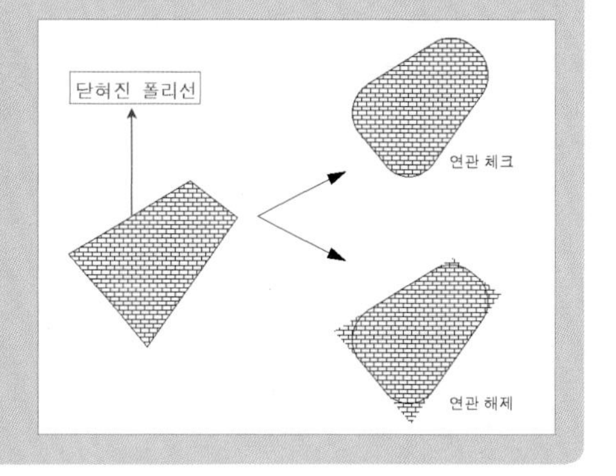

04 색상 변경하기

❶ 객체의 색을 변경하기 위해 **CHPROP** 명령을 실행합니다. ❷ 맨 마지막에 그려진 객체를 선택하기 위해 객체 선택:에서 **L**을 입력한 후 Enter를 누릅니다. ❸ 색상을 변경하기 위해 C 옵션을 입력한 후 하늘색을 지정하기 위해 색상 번호 **4**를 입력하고 Enter를 두 번 누릅니다.

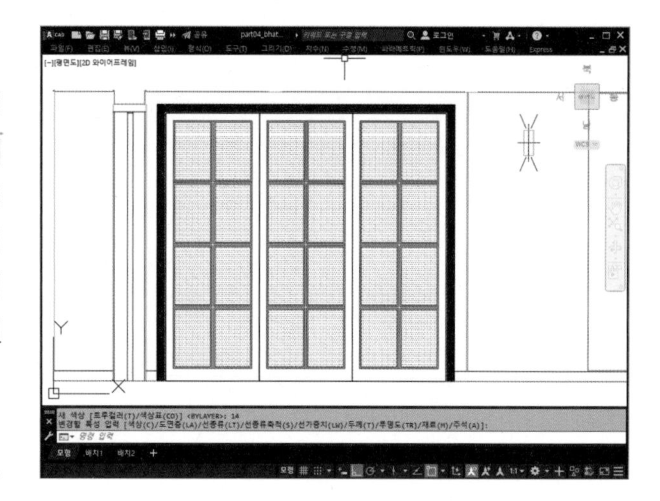

명령

명령: **CHPROP** Enter
객체 선택: L Enter
1개를 찾음
객체 선택: Enter
변경할 특성 입력 [색상(C)/도면층(LA)/선 종류(LT)/선 종류 축척(S)/선 가중치(LW)/두께(T)/투명도(TR)/재료(M)/주석(A)]: C Enter
새 색상 [트루컬러(T)/색상표(CO)] <BYLAYER>: 14 Enter
변경할 특성 입력 [색상(C)/도면층(LA)/선 종류(LT)/선 종류 축척(S)/선 가중치(LW)/두께(T)/투명도(TR)/재료(M)/주석(A)]: Enter

Section

08 해치 패턴 만들기

미리 정의된 패턴을 사용하지 않고 선의 간격, 각도 등을 직접 지정해 패턴을 만들어 보겠습니다. 사용자가 만든 패턴을 벽면에 입힙니다.

Key Word BHATCH

01 해치 패턴 만들기

Section 07 도면에 추가 작업을 하겠습니다. **BHATCH** 명령을 실행합니다. ❶ 해치 패턴을 만들기 위해 [해치] 탭을 누른 후 ❷ [유형 및 패턴]의 [유형]을 [사용자 정의]로 변경합니다. ❸ [각도 및 축척]에서 [각도]를 **45**로 설정한 후 ❹ [간격 두기]에 **50**을 입력하고 ❺ 해치 영역을 지정하기 위해 [경계]의 추가: 객체 선택 버튼을 클릭합니다.

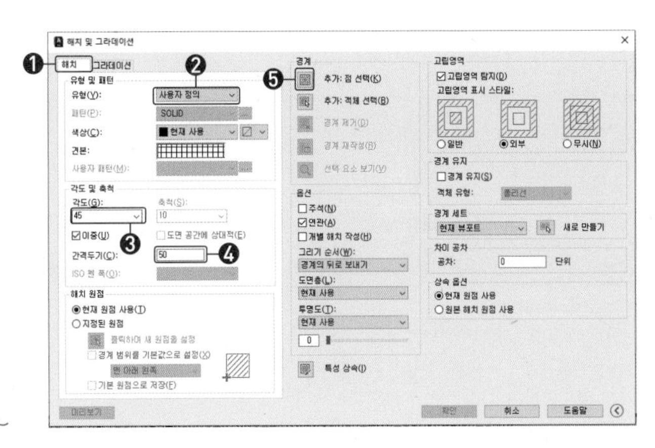

명령

명령: **OPEN** Enter
명령: **BHATCH**

02 영역 지정하기

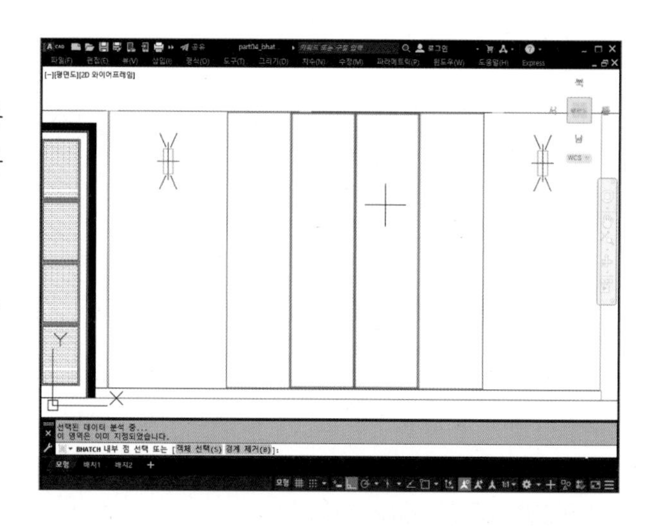

❶ 해치 영역 2곳을 지정한 후 Enter를 누릅니다. ❷ [해치 및 그라데이션] 대화상자가 나타나면 [확인] 버튼을 누릅니다.

명령

내부 점 선택 또는 [객체 선택(S)/경계 제거(B)]: P1, P2 클릭
모든 것 선택
가시적인 모든 것 선택 중...
선택된 데이터 분석 중...
내부 고립 영역 분석 중...
내부 점 선택 또는 [객체 선택(S)/경계 제거(B)]: Enter

03 색상 변경하기

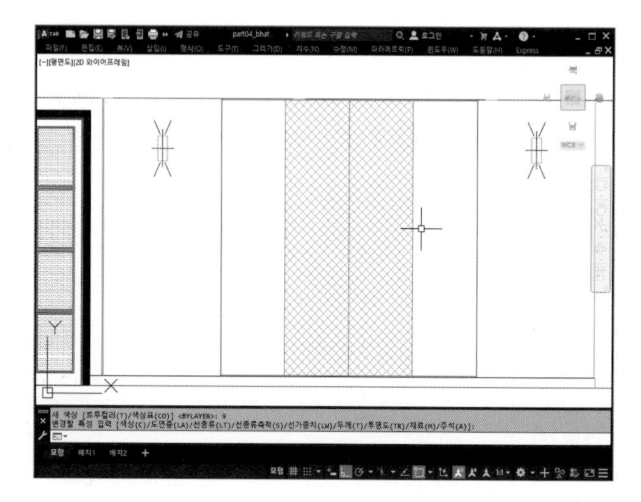

❶ 객체의 색을 변경하기 위해 **CHPROP** 명령을 실행합니다. ❷ 맨 마지막에 그려진 객체를 선택하기 위해 객체 선택:에서 **L**을 입력한 후 Enter를 누릅니다. ❸ 색상을 변경하기 위해 C 옵션을 입력한 후 회색을 지정하기 위해 색상 번호 **8**을 입력하고 Enter를 두 번 누릅니다.

명령

명령: **CHPROP** Enter
객체 선택: L Enter
1개를 찾음
객체 선택: Enter
변경할 특성 입력 [색상(C)/도면층(LA)/선 종류(LT)/선 종류 축척(S)/선 가중치(LW)/두께(T)/투명도(TR)/재료(M)/주석(A)]: C Enter
새 색상 [트루컬러(T)/색상표(CO)] <BYLAYER>: 9 Enter
변경할 특성 입력 [색상(C)/도면층(LA)/선 종류(LT)/선 종류 축척(S)/선 가중치(LW)/두께(T)/투명도(TR)/재료(M)/주석(A)]: Enter

Section

09 그라데이션 해치 만들기

벽면의 라운딩 표현을 극대화하기 위해 색상 그라데이션 해치를 입력해 보겠습니다. 그라데이션 해치를 이용하면 입체감 있는 이미지를 표현할 수 있고 프레젠테이션 판넬을 만들 때도 사용할 수 있습니다.

Key Word **BHATCH**

01 그라데이션 해치 선택하기

Section 08 도면에 추가 작업을 하겠습니다. BHATCH 명령을 실행합니다. ❶ [해치 및 그라데이션] 대화상자가 나타나면 [그라데이션] 탭을 선택한 후 ❷ [색상]에서 [한 색] 항목을 선택한 후 색상 선택 버튼[...]을 클릭합니다. ❸ [색상 선택] 대화상자가 나타나면 [색상 색인] 탭을 선택한 후 ❹ 빨간색을 선택하고 ❺ [확인] 버튼을 클릭합니다.

명령

명령: **OPEN** Enter

명령: **BHATCH** Enter

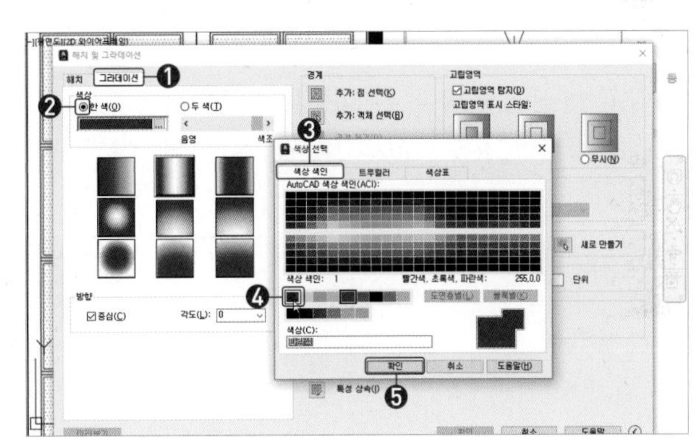

02 벽체 색상 지정하기

다시 [해치 및 그라데이션] 대화상자가 나타나면 색상이 변경된 것을 확인할 수 있습니다. ❶ [색상]에서 [두 색] 항목을 선택한 후 ❷ 색상 선택 버튼을 클릭합니다. ❸ [색상 선택] 대화상자가 나타나면 [트루컬러] 탭을 선택한 후 ❹ 연한 빨간색을 선택하고 ❺ [확인] 버튼을 클릭합니다.

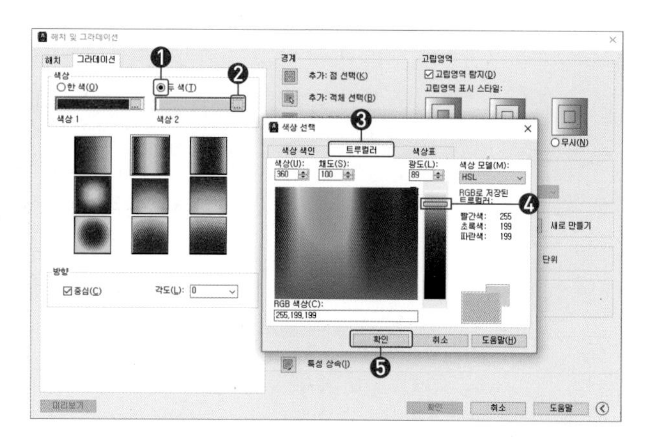

03 라운딩 패턴 지정하기

다시 [해치 및 그라데이션] 대화상자가 나타나면 색상이 변경된 것을 확인할 수 있습니다. ❶ 9개의 패턴 중 세 번째 그라데이션 패턴을 선택한 후 ❷ 해치 영역을 지정하기 위해 [경계]의 추가: 점 선택 버튼을 클릭합니다.

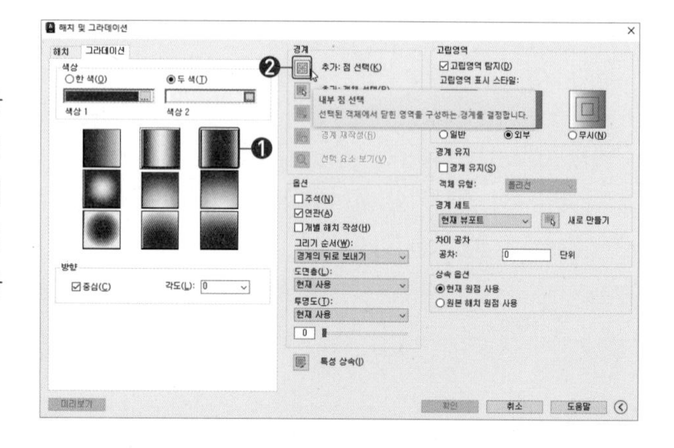

04 해치 영역 지정하기

❶ 해치 영역을 지정한 후 Enter를 누릅니다. ❷ [해치 및 그라데이션] 대화상자가 나타나면 [확인] 버튼을 누릅니다.

명령

내부 점 선택 또는 [객체 선택(S)/경계 제거(B)]: P1 클릭
모든 것 선택
가시적인 모든 것 선택 중...
선택된 데이터 분석 중...

내부 고립 영역 분석 중...

내부 점 선택 또는 [객체 선택(S)/경계 제거(B)]: Enter

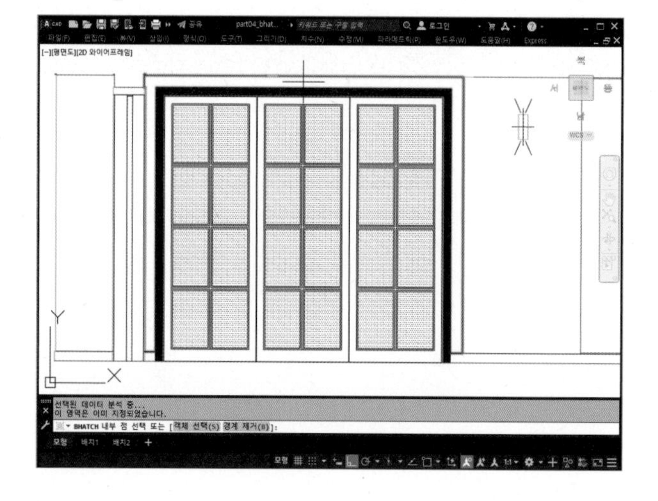

05 해치 완성하기

다시 [해치 및 그라데이션] 대화상자가 나타나면 [확인] 버튼을 누릅니다. 오른쪽 벽면에는 AR-SAND, BRSTONE 해치 패턴을 이용해 여러분이 직접 해치를 넣어 보기 바랍니다.

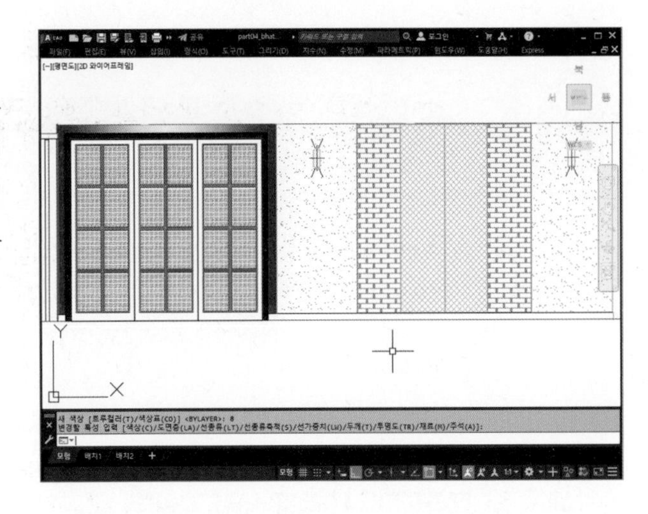

06 숨어 있는 도면 보이기

❶ 도면층을 설정하기 위해 명령창에 -LAYER를 입력한 후 Enter를 누릅니다. ❷ 숨어 있는 도면을 보여 주기 위해 T 옵션을 입력한 후 도면층의 이름을 입력하고 Enter를 두 번 누릅니다.

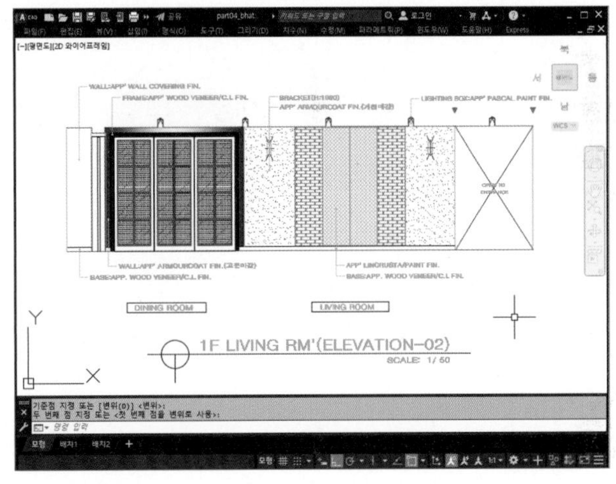

명령

명령: **-LAYER** Enter
현재 도면층: "0"
옵션 입력 [?/만들기(M)/설정(S)/새로 만들기(N)/이름 바꾸기(R)/켜기(ON)/끄기(OFF)/색상(C)/선 종류(L)/선 가중치(LW)/투명도(TR)/재료(MAT)/플롯(P)/동결(F)/동결 해제(T)/잠금(LO)/잠금 해제(U)/상태(A)/설명(D)/조정(E)]: T Enter

동결 해제시킬: 도면층의 이름 리스트 입력 1 Enter
옵션 입력 [?/만들기(M)/설정(S)/새로 만들기(N)/이름 바꾸기(R)/켜기(ON)/끄기(OFF)/색상(C)/선 종류(L)/선 가중치(LW)/투명도(TR)/재료(MAT)/플롯(P)/동결(F)/동결 해제(T)/잠금(LO)/잠금 해제(U)/상태(A)/설명(D)/조정(E)]: Enter

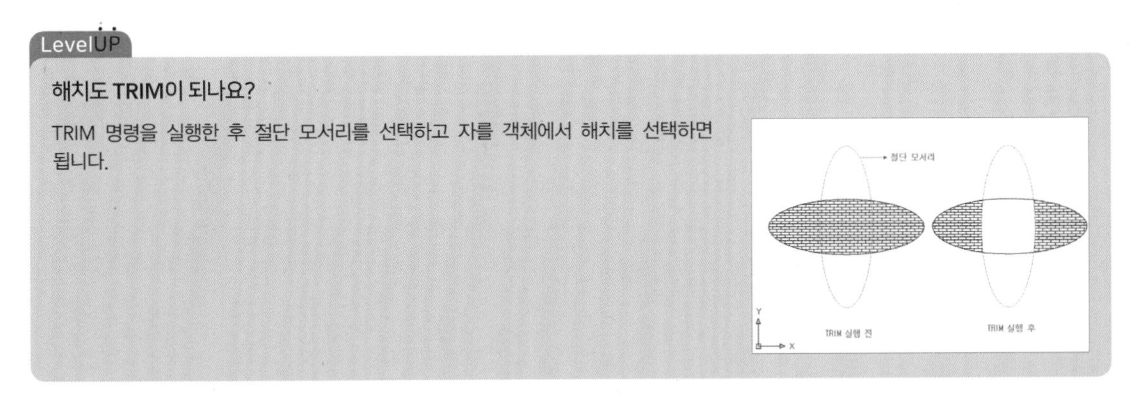

LevelUP

해치도 TRIM이 되나요?

TRIM 명령을 실행한 후 절단 모서리를 선택하고 자를 객체에서 해치를 선택하면 됩니다.

Section

10 [해치 및 그라데이션] 대화상자 자세히 알아보기

경계 해치를 적용하기 위해 BHATCH 명령을 실행하면 [해치 및 그라데이션] 대화상자가 나타납니다. 해치를 입력하기 위해 반드시 숙지하고 있어야 하는 [해치 및 그라데이션] 대화상자에 대해 알아보겠습니다.

[해치 및 그라데이션] 대화상자 자세히 알아보기

해치 및 그라데이션은 도면 내에 재질이나 무늬를 입힐 때 사용합니다. 사용하는 옵션이 많기 때문에 그 내용을 자세하게 파악해야 합니다. HATCHEDIT 명령을 사용하면 기존 해치를 수정할 수 있습니다.

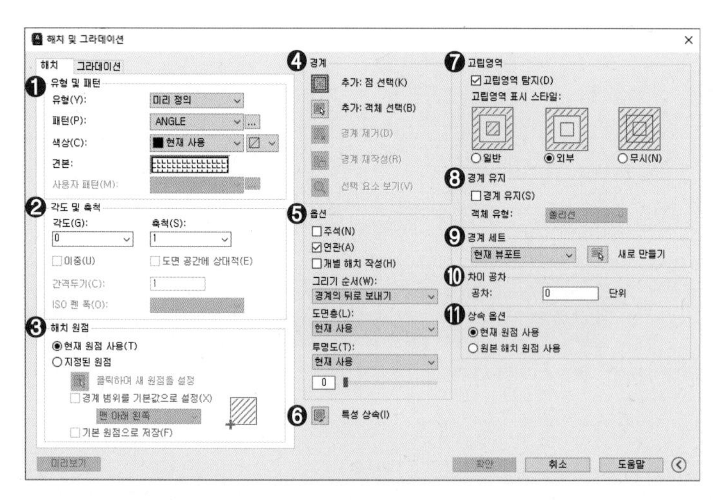

▲ [해치 및 그라데이션] 대화상자의 [해치] 탭

❶ 유형 및 패턴

- **유형**: 패턴 유형을 설정합니다. 사용자 정의로 설정된 패턴은 현재 지정된 선 종류를 기준으로 지정되고 검색 경로에 추가한 사용자 파일(PAT)에 정의된 패턴입니다. 미리 정의된 패턴은 제품과 함께 제공되는 acad.pat 파일 또는 acadiso.pat 파일에 저장됩니다.

  미리 정의: AutoCAD에서 제공하는 패턴을 사용하며 acad.pat 파일에 정의된 패턴을 선택할 수 있습니다.

  사용자 정의: 사용자가 직선의 간격을 설정해 패턴을 만들 수 있으며 [이중] 체크 박스를 선택해 사용할 수 있습니다.

사용자: acad.pat 이외에 사용자가 제작한 패턴을 사용합니다.

- **패턴**: [유형]을 '미리 정의'로 지정한 후 패턴을 설정한 경우, 패턴의 이름을 표시합니다. 패턴 버튼을 클릭하면 다양한 패턴을 선택할 수 있습니다.
- **견본**: 선택된 패턴의 형태를 보여 줍니다. 해치 이름만으로는 패턴을 선택하기 어려울 경우, 패턴의 모양을 미리 볼 수 있기 때문에 편리합니다.
- **사용자 패턴**: 사용자가 제작한 패턴을 보여 줍니다. [유형]을 사용자로 지정해야 사용할 수 있습니다.

❷ 각도 및 축척

- **각도**: 해치는 선택한 영역 내부에 패턴을 반복해 나타나게 하는데, 이러한 해치의 각도를 지정할 수 있습니다.
- **축척**: 유형에서 선택한 해치 패턴의 크기를 비율로 조절할 수 있습니다.
- **이중**: 유형을 '사용자 정의'로 선택했을 경우에 사용할 수 있으며 직선의 형태를 격자 무늬로 표시합니다.

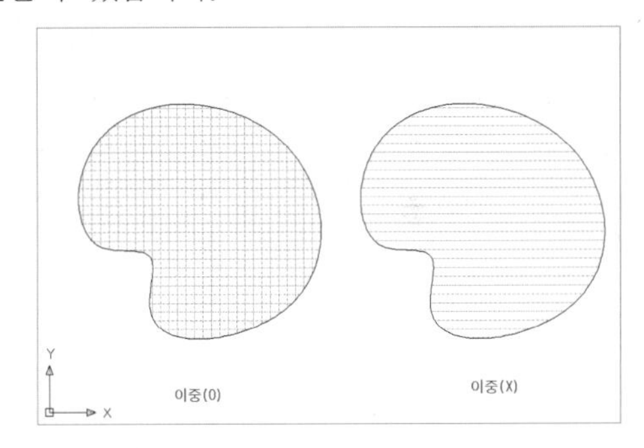

- **도면 공간에 상대적**: TILEMODE를 0으로 설정했을 경우, 종이 영역의 상대적 비율을 설정합니다.
- **ISO 펜 폭**: 해치 패턴에서 ISO Hatch 패턴을 선택했을 경우, 선의 두께를 지정합니다.

❸ 해치 원점

- **해치 원점 사용**: 선택한 패턴에 지정된 해치 원점을 사용합니다.
- **지정된 원점**

  클릭하여 새 원점을 설정: 해치의 원점을 사용자가 지정해 변경합니다.

  경계 범위를 기본값으로 설정: 해치의 원점을 해치 경계의 맨 아래 왼쪽, 맨 아래 오른쪽, 맨 위 오른쪽, 맨 위 왼쪽, 중심 중에서 선택할 수 있습니다.

  기본 원점으로 저장: 클릭한 원점을 기본 원점으로 저장합니다.

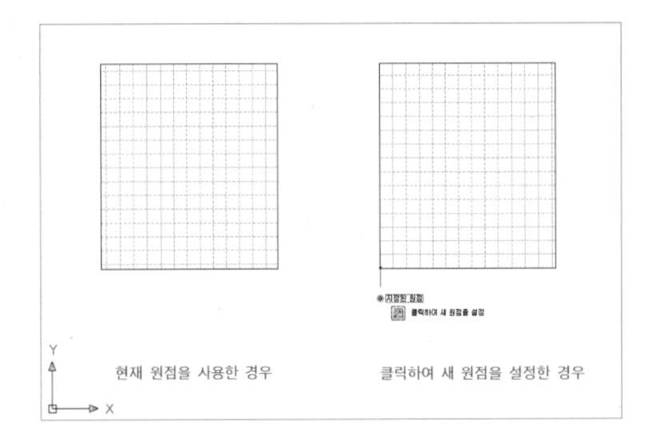

❹ 경계

- **추가: 점 선택**: 선, 호, 폴리선 등으로 둘러싸인 내부(폐곡선)를 클릭합니다. 만약 뚫린 곳을 클릭하면 error 메시지가 나타납니다.
- **추가: 객체 선택**: 선, 호, 폴리선 등으로 둘러싸인 객체를 직접 선택합니다.
- **경계 제거**: 지정된 해치 경계를 제거합니다.
- **경계 재작성**: 지정된 해치 경계를 제거한 후 새로운 경계를 설정합니다.
- **선택 요소 보기**: 현재 선택된 해치 경계를 점선으로 나타냅니다.

❺ 옵션

- **주석**: 해치를 Annotative로 지정합니다. 주석 객체에 대한 자세한 정보를 보려면 정보 아이콘을 클릭합니다.
- **연관**: 지정된 해치들이 서로 연관성을 가집니다.
- **개별 해치 작성**: 여러 군데의 내부 공간을 연속적으로 클릭할 경우, 해치가 개별적으로 인식됩니다.
- **그리기 순서**: 해치가 그려지는 순서를 정의합니다. 변경안 함, 맨 뒤로 보내기, 맨 앞으로 가져오기, 경계의 뒤로 보내기, 경계의 앞으로 가져오기 중에서 선택할 수 있습니다. 두께가 지정된 폴리선 내부에 해치를 적용한 후 그리기 순서를 검토하면 쉽게 이해할 수 있습니다.
- **도면층**: 지정한 도면층에 새 해치 객체를 지정해 현재 도면층을 재지정합니다. 현재 도면층을 사용하려면 현재 사용을 선택합니다.
- **투명도**: 새 해치 또는 채우기에 대한 투명도 레벨을 설정해 현재 객체 투명도를 재지정합니다. 현재 객체 투명도 설정을 사용하려면 현재 사용을 선택합니다.

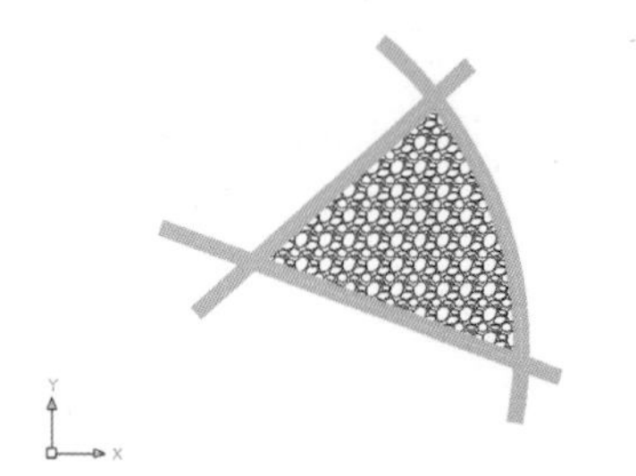
'경계의 뒤로 보내기'를 설정한 화면

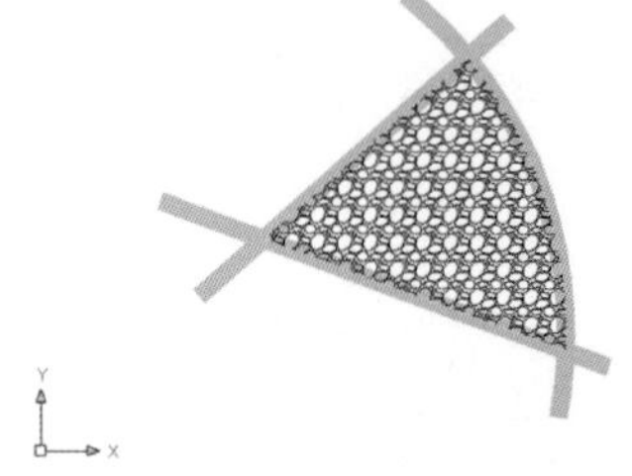
'경계의 앞으로 가져오기'를 설정한 화면

❻ 특성 상속

기존에 설정했던 해치의 속성을 현재 해치의 속성에 적용합니다.

❼ 고립 영역

- **고립 영역 탐지**: 선택하면, 고립된 영역을 탐지합니다.
- **고립 영역 표시 스타일**: 해치를 적용하고자 하는 내부 영역 안에 또 다른 내부 영역이 존재할 경우, 고립 탐지 유형을 선택합니다.

  일반: 객체와 객체 사이의 경계 영역만을 해치합니다.

외부: 가장 밖에 있는 객체와 바로 안쪽에 있는 객체의 경계 영역에만 해치를 적용합니다.

무시: 모든 내부 객체를 무시하고 전체 영역에 해치를 적용합니다.

❽ 경계 유지

- **경계 유지**: 선택하면, 해치의 경계선을 영역으로 만들 것인지, 폴리선으로 만들 것인지를 설정합니다.

❾ 경계 세트

[신규] 버튼을 이용해 입력된 해치를 클릭했을 경우, 자체 연산 방식을 의미합니다.

현재 뷰포트: 현재 화면에 보이는 영역만을 계산해 경계를 만듭니다.

신규: 경계 세트의 대상 객체를 선택합니다.

기존의 세트: 신규를 사용하면 나타나며 이미 존재하는 경계 세트를 선택해 경계를 만듭니다.

- **새로 만들기**: 경계 세트를 새로 만들 수 있습니다.

❿ 차이 공차

객체가 해치 경계로 사용될 때 무시할 수 있는 차이값의 최대 크기를 설정합니다. 기본값 0은 객체의 차이 없이 영역을 닫아야 할 때 지정합니다.

⓫ 상속 옵션

기존에 입력된 해치를 클릭했을 경우, 현재 원점을 사용할 것인지, 원본 해치 원점을 사용할 것인지 선택합니다.

[그라데이션] 탭

[해치 및 그라데이션] 대화상자의 [그라데이션] 탭에서는 포토샵, 일러스트레이터, 기타 그래픽 프로그램에서 지원하는 색상 단계를 표시합니다. 선택할 수 있는 종류에는 [한 색] 항목과 [두 색] 항목이 있습니다.

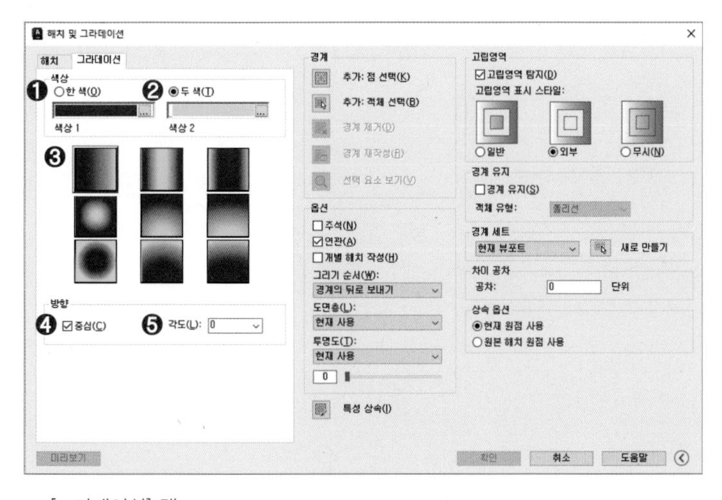

▲ [그라데이션] 탭

❶ 한 색

검은색 또는 흰색과 혼합될 하나의 색을 설정합니다. 색상 부분을 더블클릭하면 [색상 선택] 대화상자가 나타나는데, 이 대화상자에서 1가지 색상을 선택하면 검은색 또는 흰색과 조합해 그라데이션 색상을 만들 수 있습니다.

❷ 두 색

2개의 색을 선택해 그라데이션 색상을 만들 수 있습니다.

❸ 음영/색조

[한 색]을 이용해 그라데이션 색상을 만들었을 경우, 검은색과 흰색이 혼합되는 양을 설정할 수 있습니다.

❹ 중심

선택하면, 그라데이션 중심을 선택한 영역의 중심과 일치합니다.

❺ 각도

그라데이션의 각도를 설정합니다.

미리 보기

[해치 및 그라데이션] 대화상자에서 설정한 해치 설정값을 화면에 나타내기 전에 미리 보기할 수 있습니다. 수정 작업이 많은 해치라면 [미리 보기] 버튼을 클릭해 미리 보기한 후 해치를 적용하는 것이 안전합니다. 미리 보기 해치가 적용된 경계선은 점선으로 나타납니다. 다시 [해치 및 그라데이션] 대화상자로 복귀하기 위해서는 Esc를 누르면 됩니다. 한편, 미리 보기 해치가 적용된 상태에서 마우스 오른쪽 버튼을 클릭하면 해치가 내부 공간에 완전히 적용됩니다.

Section

11 치수선 스타일 만들기

치수를 입력하기 위해서는 가장 먼저 치수의 유형을 만들어야 합니다. 치수 유형을 만들기 위해서는 DDIM 명령을 사용해야 하는데, 치수선, 보조선, 문자, 화살표, 간격 띄우기 등을 설정해야 합니다.

Key Word DDIM

예제 파일 part04_dim.dwg 완성 파일 part04_dimc.dwg

01 스냅 설정하기

도면을 열기 위해 OPEN 명령을 실행한 후 part04_dim.dwg 파일을 불러옵니다. 정확한 포인트를 지정하기 위해 OSNAP 명령을 실행합니다. ❶ [제도 설정값] 대화상자가 나타나면 [객체 스냅] 탭에서 ❷ [객체 스냅 켜기]에 체크 표시를 한 후 ❸ [객체 스냅 모드]의 [끝점]에 체크 표시를 하고 ❹ [확인] 버튼을 누릅니다.

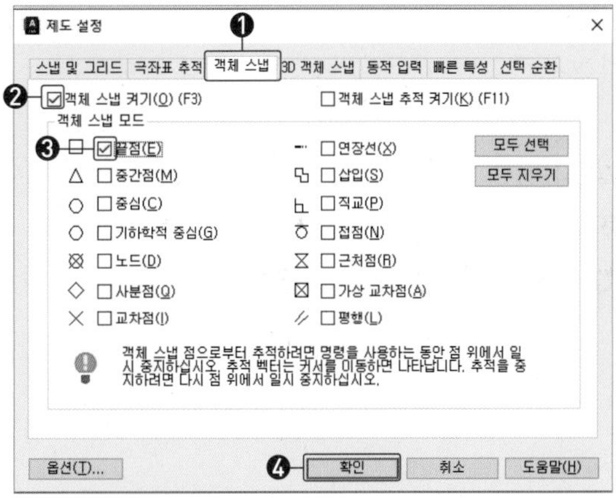

명령

명령: **OPEN** Enter

명령: **OSNAP** Enter

02 새로운 스타일 만들기

치수 스타일을 만들기 위해 DDIM 명령을 실행한 후 ❶ [치수 스타일 관리자] 대화상자가 나타나면 새로운 유형을 만들기 위해 [새로 만들기] 버튼을 클릭합니다. ❷ [새 치수 스타일 작성] 대화상자가 나타나면 [새 스타일 이름]에 A를 입력한 후 ❸ [계속] 버튼을 클릭합니다.

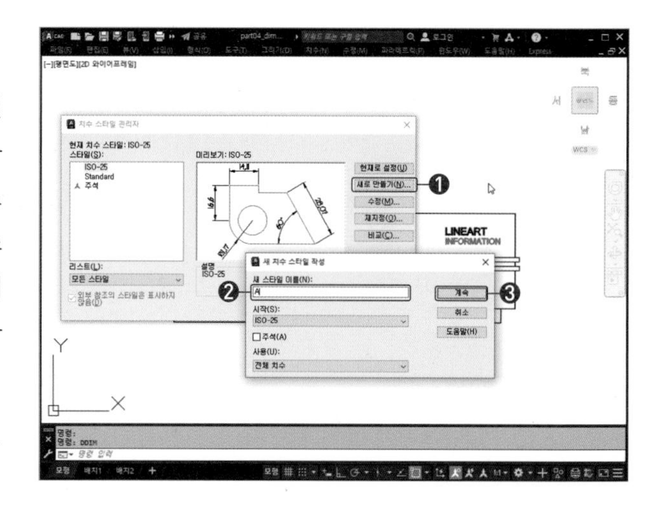

명령

명령: **DDIM** Enter

LevelUP

치수를 입력하는 방법에는 3가지가 있어요!

도면에 치수를 입력하는 방법에는 3가지가 있습니다. 첫 번째 방법은 명령 라인에 DIMHORIZONTAL, DIMVERTICAL, DIMCONTINUE 등의 치수 명령을 직접 입력하는 것이고 두 번째 방법은 명령 라인에 DIM 명령을 실행한 후 치수 라인에 HOR, VER, DIA, RAD, CON, LEA, CEN, SCALE, DDIM, UPDATE, ALI 등과 같은 치수 관련 명령을 실행해 치수를 기입하는 것입니다. 세 번째 방법은 [치수] 도구 상자를 이용해 치수를 입력하는 것입니다. 이 책에서는 실무에서 가장 많이 사용하는 두 번째 방법을 주로 사용했습니다.

1. 치수 입력의 첫 번째 방법

명령: **DIMHORIZONTAL** Enter ← 치수 명령을 직접 실행합니다.

2. 치수 입력의 두 번째 방법

명령: **DIM** Enter ← DIM 명령을 실행합니다.
치수 보조선 첫 번째 점 클릭
치수 보조선 두 번째 점 클릭

3. 치수 입력의 세 번째 방법

[치수] 도구 상자를 이용해 치수를 입력합니다.

ISO-25

03 [선] 옵션 지정하기

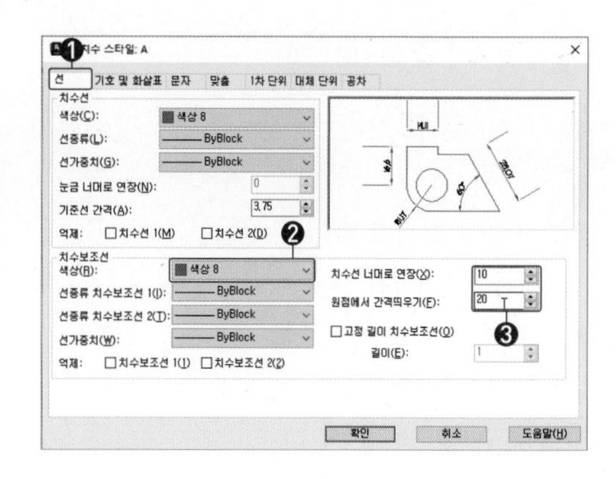

❶ [치수 스타일 수정: A] 대화상자가 나타나면 [선] 탭을 선택합니다. ❷ 치수선, 치수 보조선의 색상을 **색상 8**로 지정한 후 ❸ [치수선 너머로 연장]에 10, [원점에서 간격 띄우기]에 20을 입력합니다.

04 [기호 및 화살표] 옵션 설정하기

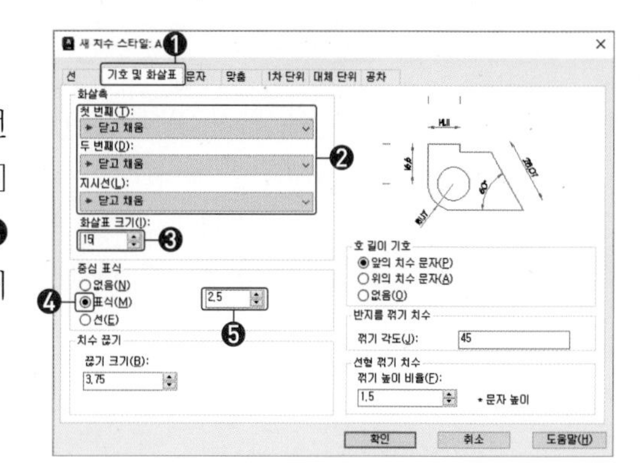

❶ [기호 및 화살표] 탭으로 이동해 ❷ 화살촉의 [첫 번째], [두 번째]에서 [**닫고 채움**], [지시선]에서 [**닫고 채움**]을 선택하고 ❸ [화살표 크기]에는 15를 입력합니다. ❹ [중심 표식]에서 [표식] 항목을 선택한 후 ❺ [크기]에 2.5를 입력합니다.

Point

중심 표식

중심 표식은 DIMCENTER, DIMRADIUS 명령을 실행하면 나타납니다.

LevelUP

치수의 기본 구성에 대해 살펴볼까요?

치수는 기본적으로 문자, 치수선, 치수 보조선, 화살표로 구성돼 있습니다. 그림을 참조해 치수의 기본 구성 요소에 대해 확실히 익히 두기 바랍니다.

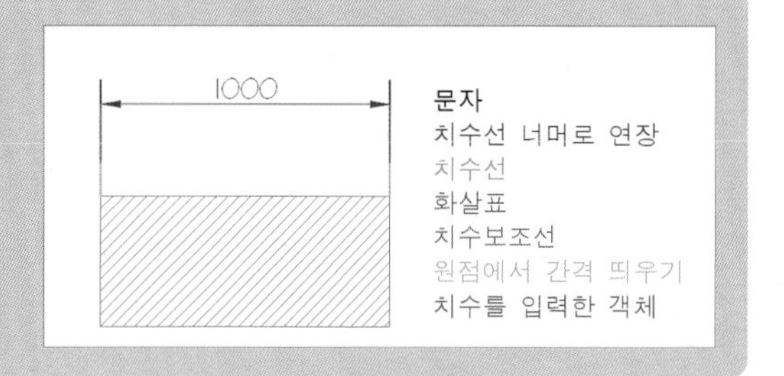

05 [문자] 옵션 설정하기

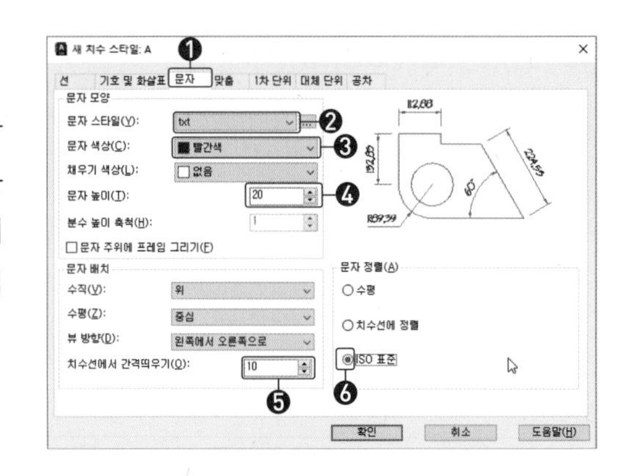

❶ [문자] 탭으로 이동해 ❷ [문자 모양]의 [문자 스타일]을 txt로 지정한 후 ❸ [문자 색상]을 빨간색, ❹ [문자 높이]에 20을 입력한 후 ❺ [문자 배치]의 [치수선에서 간격 띄우기]에 10을 입력한 다음 ❻ [문자 정렬]의 ISO 표준에 체크 표시를 합니다.

06 [맞춤] 옵션 설정하기

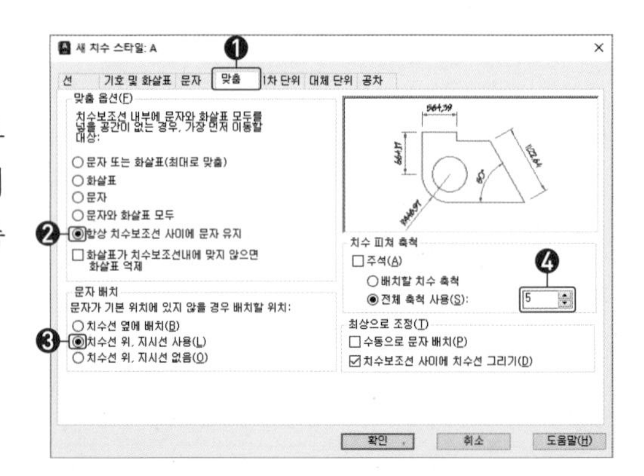

❶ [맞춤] 탭으로 이동해 ❷ [맞춤 옵션]의 항상 치수 보조선 사이에 문자 유지, ❸ [문자 배치]의 치수선 위, 지시선 사용을 선택합니다. ❹ 그런 다음 [치수 피처 축척]의 전체 축척 사용에 5를 입력합니다.

LevelUP

ISO 표준에 대해 살펴볼까요?

문자가 치수 보조선 안에 있을 때는 치수선을 따라 문자를 정렬하고 문자가 치수 보조선 밖에 있을 때는 문자를 수평으로 정렬합니다. 이는 치수와 화살표가 너무 커서 치수선 내에 입력되지 못할 때 그 차이를 확인할 수 있습니다.

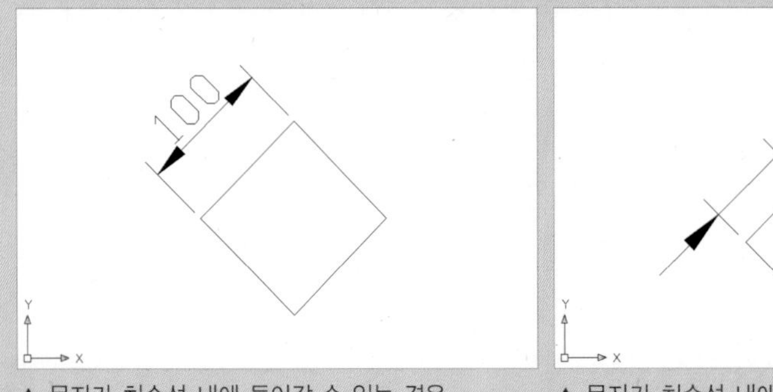

▲ 문자가 치수선 내에 들어갈 수 있는 경우

▲ 문자가 치수선 내에 못 들어가 치수 보조선 밖으로 나가는 경우

07 [1차 단위]옵션 설정하기

❶ [1차 단위] 탭으로 이동해 ❷ [선형 치수]의 [단위 형식]을 **십진**으로 선택한 후 ❸ [정밀도]를 **0**으로 입력하고 ❹ [확인] 버튼을 클릭합니다.

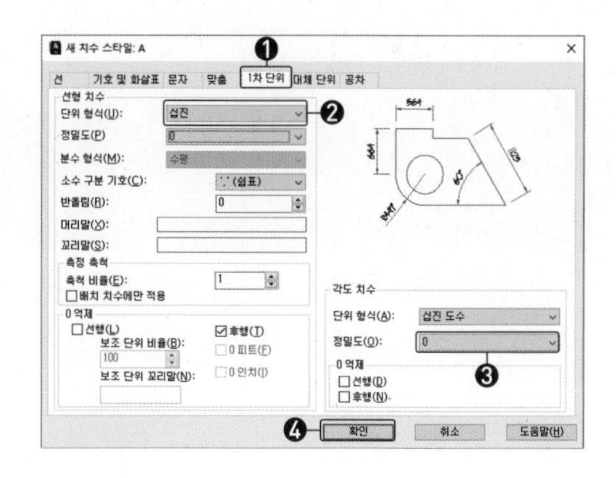

08 [현재로 설정] 지정하기

❶ 다시 [치수 스타일 관리자] 대화상자가 나타나면 [현재로 설정] 버튼을 클릭한 후 ❷ [닫기] 버튼을 클릭해 치수 유형의 설정을 마무리합니다. [수정] 버튼을 클릭하면 치수를 입력한 후 치수선의 내용을 편집할 수 있으며 변경된 내용은 곧바로 치수선에 나타납니다.

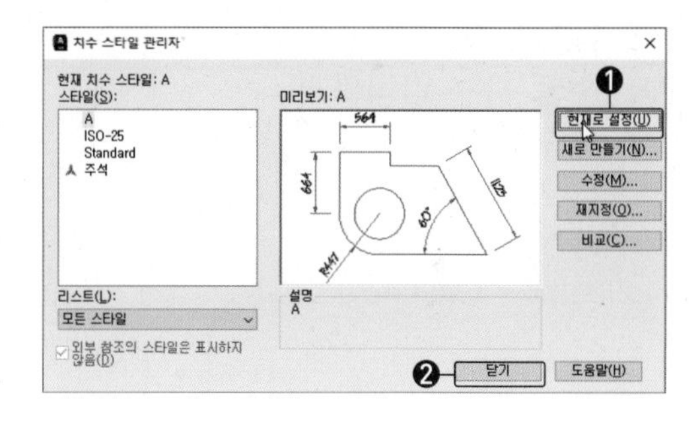

Section

12 선형 치수(수평 방향) 치수 입력하기

명령창에 HOR 명령을 실행해 수평 방향의 치수와 VER 명령을 실행해 수직 치수를 입력합니다. 또한 연속 치수를 입력하기 위해 CON 명령을 사용합니다.

01 수평 치수 입력하기

❶ Section 11 도면에 추가 작업을 하겠습니다. ❷ 치수를 입력하기 위해 **DIMHORIZONTAL** 명령을 입력한 후 Enter를 누릅니다. 첫 번째 치수 보조선, 두 번째 치수 보조선의 위치를 지정한 후 치수선의 위치를 지정하고 Enter를 누릅니다.

명령

명령: **DIMHORIZONTAL** Enter
첫 번째 치수 보조선 원점 지정 또는 <객체 선택>: P1 클릭
두 번째 치수 보조선 원점 지정: P2 클릭
치수선의 위치 지정 또는 [여러 줄 문자(M)/문자(T)/각도(A)]: P3 클릭
치수선의 위치 지정 또는 [여러 줄 문자(M)/문자(T)/각도(A)]: Enter
치수 문자 = 900

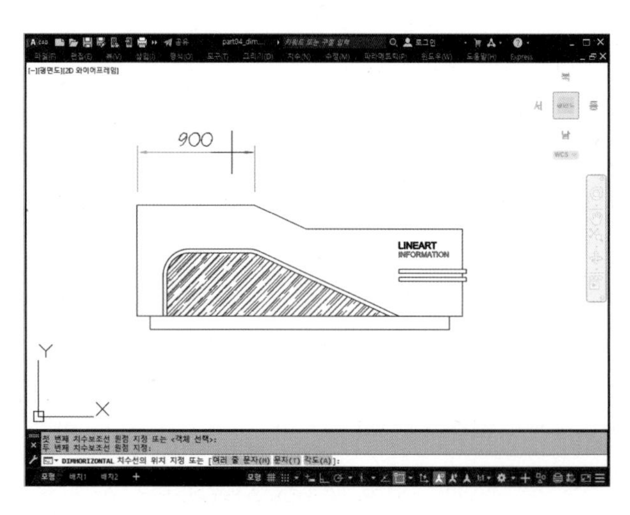

02 연속 치수 입력하기

❶ 연속 치수를 입력하기 위해 DIMCONT 명령을 실행한 후 ❷ 두 번째 치수 보조선의 위치를 지정하고 Enter를 누릅니다.

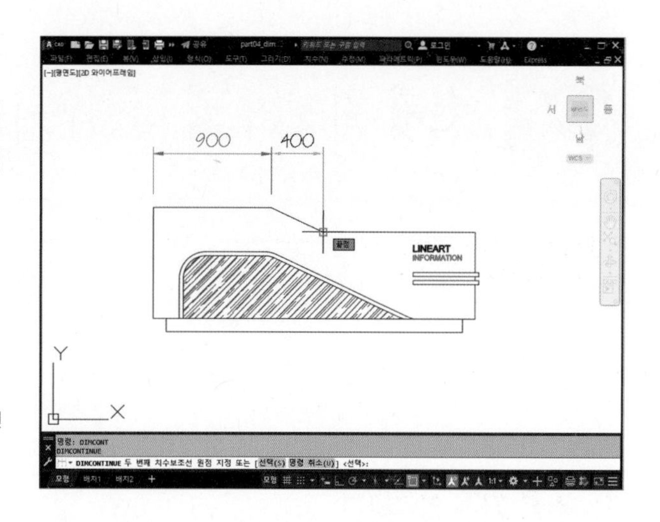

명령

명령: **DIMCONT** Enter
DIMCONTINUE
두 번째 치수 보조선 원점 지정 또는 [선택(S)/명령 취소(U)] <선택>: P1 클릭
치수 문자 = 400

03 연속 치수 다시 입력하기

❶ 세 번째 치수 보조선의 위치를 지정한 후 Enter를 누릅니다. ❷ 명령을 종료하기 위해 한 번 더 Enter를 누릅니다.

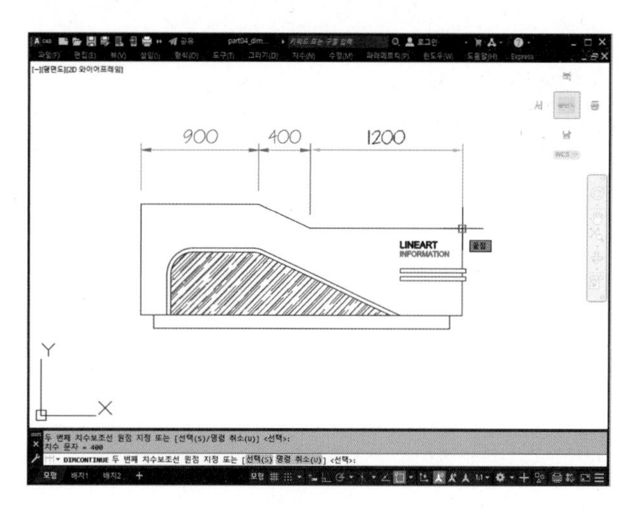

명령

두 번째 치수 보조선 원점 지정 또는 [선택(S)/명령 취소(U)] <선택>: P1 클릭
치수 문자 = 1200
두 번째 치수 보조선 원점 지정 또는 [선택(S)/명령 취소(U)] <선택>: Enter
연속된 치수 선택: Enter

04 전체 치수 입력하기

❶ 치수를 입력하기 위해 DIMHORIZONTAL 명령을 입력한 후 Enter를 누릅니다. 첫 번째 치수 보조선, 두 번째 치수 보조선의 위치를 지정한 후 치수선의 위치를 지정하고 Enter를 누릅니다.

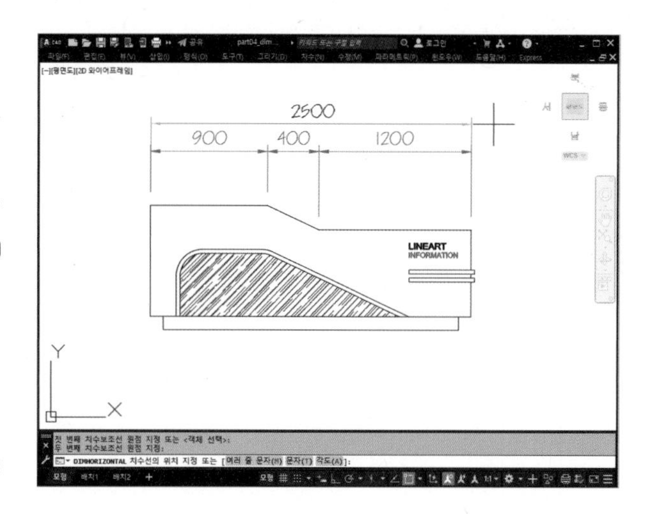

명령

명령: **DIMHORIZONTAL** Enter
첫 번째 치수 보조선 원점 지정 또는 <객체 선택>: P1 클릭
두 번째 치수 보조선 원점 지정: P2 클릭
치수선의 위치 지정 또는 [여러 줄 문자(M)/문자(T)/각도(A)]: P3 클릭
치수 문자 = 2500

Section

13 선형 치수(수직 방향) 치수 입력하기

치수 라인에 VER 명령을 실행한 후 수직 방향의 치수를 입력합니다.

01 수직 치수 입력하기

❶ Section 12 도면에 추가 작업을 하겠습니다. ❷ 치수를 입력하기 위해 **DIMVERTICAL** 명령을 실행합니다. ❸ 첫 번째 치수 보조선, 두 번째 치수 보조선의 위치를 지정한 후 치수선의 위치를 지정하고 Enter를 누릅니다.

명령

명령: **DIMVERTICAL** Enter
첫 번째 치수 보조선 원점 지정 또는 <객체 선택>: P1 클릭
두 번째 치수 보조선 원점 지정: P2 클릭
치수선의 위치 지정 또는 [여러 줄 문자(M)/문자(T)/각도(A)]: P3 Enter
치수 문자 = 830

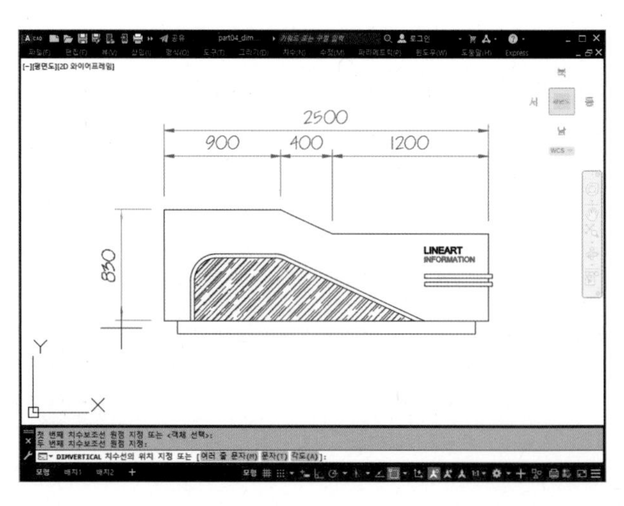

02 연속 치수 입력하기

❶ 연속 치수를 입력하기 위해 **DIMCONT** 명령을 실행한 후 ❷ 두 번째 치수 보조선의 위치를 지정하고 명령을 종료하기 위해 Enter 를 두 번 누릅니다.

명령

명령: **DIMCONT**
DIMCONTINUE
두 번째 치수 보조선 원점 지정 또는 [선택(S)/명령 취소(U)] <선택>: P1 클릭
치수 문자 = 100
두 번째 치수 보조선 원점 지정 또는 [선택(S)/명령 취소(U)] <선택>: Enter
연속된 치수 선택: Enter

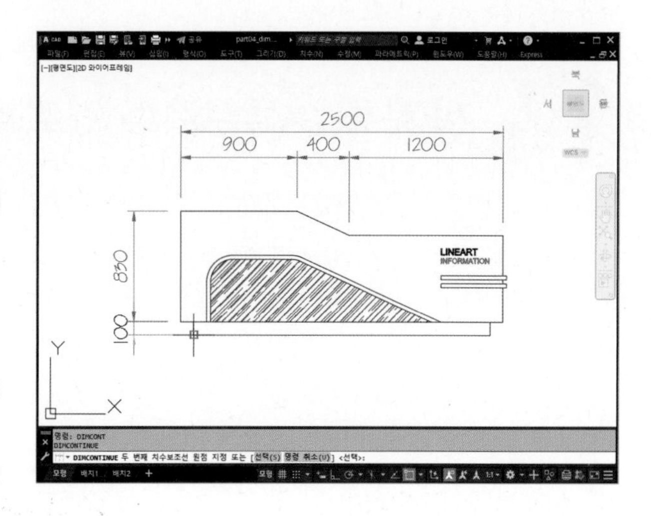

03 전체 치수 입력하기

❶ 치수를 입력하기 위해 **DIMVERTICAL** 명령을 실행합니다. ❷ 첫 번째 치수 보조선, 두 번째 치수 보조선의 위치를 지정한 후 치수선의 위치를 지정하고 Enter 를 누릅니다.

명령

명령: **DIMVERTICAL** Enter
첫 번째 치수 보조선 원점 지정 또는 <객체 선택>: P1 클릭
두 번째 치수 보조선 원점 지정: P2 클릭
치수선의 위치 지정 또는 [여러 줄 문자(M)/문자(T)/각도(A)]: Enter
치수 문자 = 930

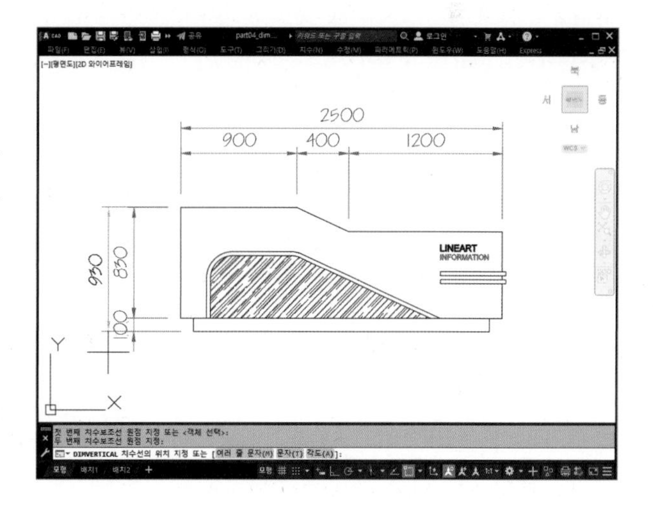

Section

14 반지름, 지름 치수 입력하기

도면의 치수를 입력할 때 호나 원의 반지름과 지름을 입력하기 위해서는 RAD와 DIA 명령을 사용하면 됩니다.

01 반지름 치수 입력하기

❶ Section 13 도면에 추가 작업을 하겠습니다. ❷ 치수를 입력하기 위해 **DIMRAD** 명령을 실행합니다. ❸ 원의 반지름을 표기하기 위해 왼쪽 원을 클릭합니다.

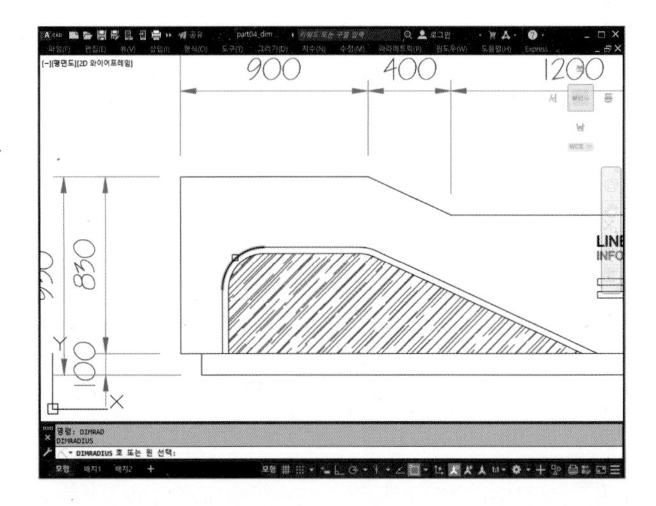

명령

명령: **DIMRAD**
DIMRADIUS
호 또는 원 선택: C1 클릭

02 치수 입력 완료하기

원 반지름 치수의 위치를 지정합니다.

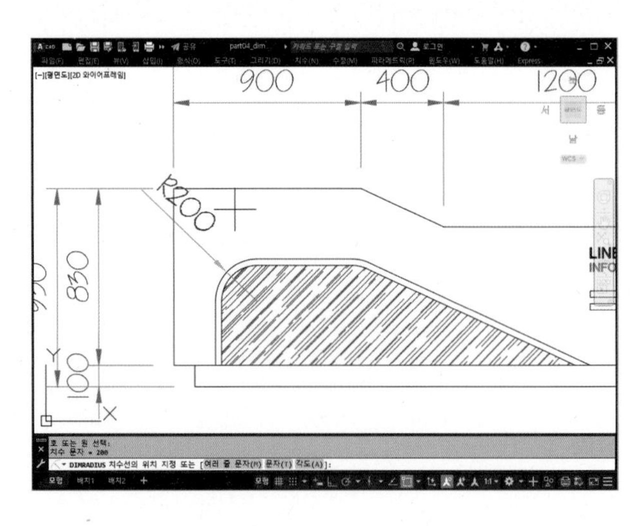

명령

치수 문자 = 200
치수선의 위치 지정 또는 [여러 줄 문자(M)/문자(T)/각도(A)]: P1 클릭

03 치수 입력 완료하기

❶ 원의 지름을 표기하기 위해 DIMDIA 명령을 실행합니다. ❷ 지름을 입력하기 위해 오른쪽 원을 클릭합니다.

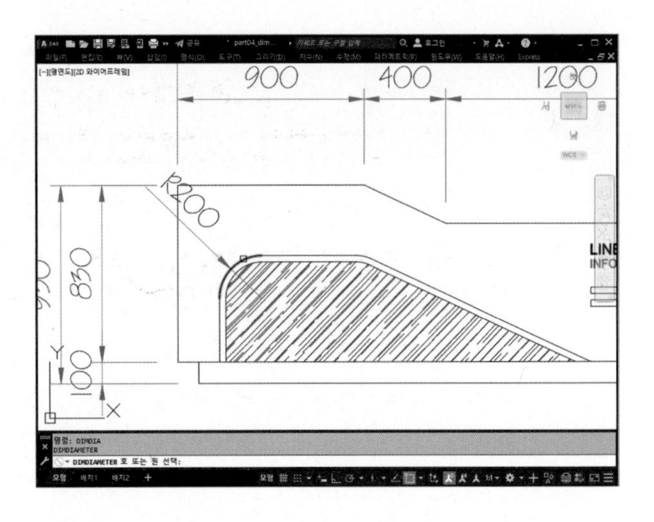

명령

명령: **DIMDIA**
DIMDIAMETER
호 또는 원 선택: C1 클릭

04 치수 위치 지정하기

원 지름 치수의 위치를 지정합니다.

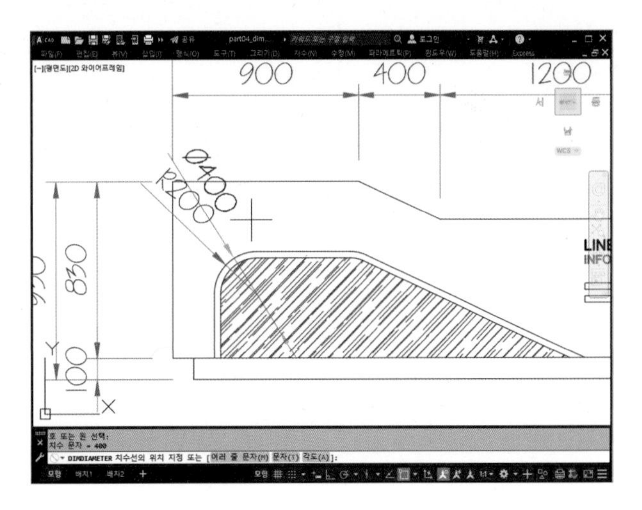

명령

치수 문자 = 400
치수선의 위치 지정 또는 [여러 줄 문자(M)/문자(T)/각도(A)]: P1 클릭

05 [문자] 옵션 변경하기

치수선과 문자의 높이를 조정하기 위해 DDIM 명령을 실행합니다. ❶ [문자] 탭으로 이동해 ❷ [치수선에서 간격 띄우기]를 3으로 변경한 후 ❸ [확인] 버튼을 누릅니다.

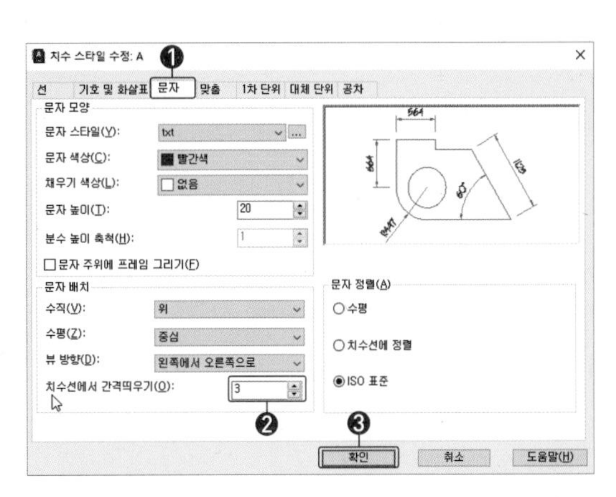

명령

명령: **DDIM** Enter

06 [현재로 설정] 지정하기

❶ 다시 [치수 스타일 관리자] 대화상자가 나타나면 [현재로 설정] 버튼을 클릭한 후 ❷ [닫기] 버튼을 클릭해 치수 유형의 설정을 마무리합니다.

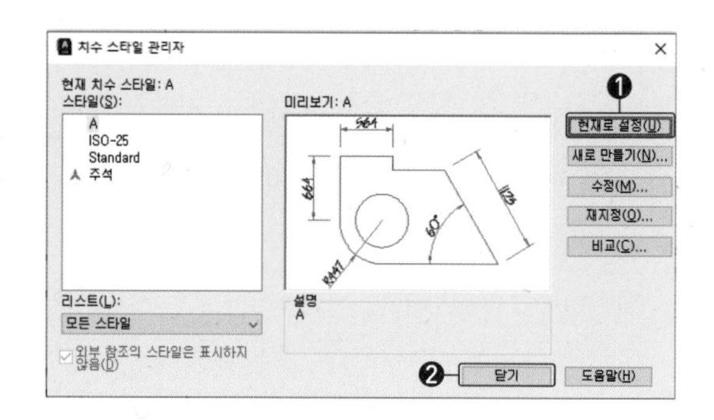

Section

15 기울기 치수, 각도 치수, 지시선 만들기

도면의 치수를 입력할 때 수평 방향, 수직 방향이 아닌 사선 방향의 치수를 입력해야 할 경우가 있습니다. 이때는 ALI 명령을 사용하면 됩니다. 또한 지시선을 만들기 위해서는 LEA 명령, 각도 치수를 입력하기 위해서는 ANG 명령을 사용하면 됩니다.

Key Word **DIMALI, DIMANG, LEADER**

01 기울기 치수 입력하기

❶ Section 14 도면에 추가 작업을 하겠습니다. ❷ 기울어진 선 형태의 치수를 입력하기 위해 **DIMALI** 명령을 실행한 후 첫 번째 치수 보조선, 두 번째 치수 보조선의 위치를 지정하고 치수선의 위치를 지정한 다음 Enter를 누릅니다.

명령

명령: **DIMALI** Enter
DIMALIGNED
첫 번째 치수 보조선 원점 지정 또는 <객체 선택>: P1 클릭
두 번째 치수 보조선 원점 지정: P2 클릭
치수선의 위치 지정 또는
[여러 줄 문자(M)/문자(T)/각도(A)]: P3 클릭
치수 문자 = 439

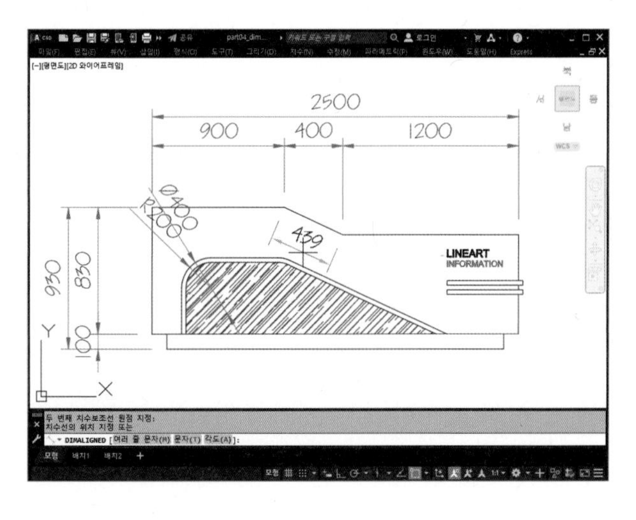

02 각도 치수 입력하기

❶ 각도를 입력하기 위해 DIMANG 명령을 실행한 후 ❷ 수직선과 수평선을 선택하고 치수선의 위치를 지정한 다음 Enter를 누릅니다.

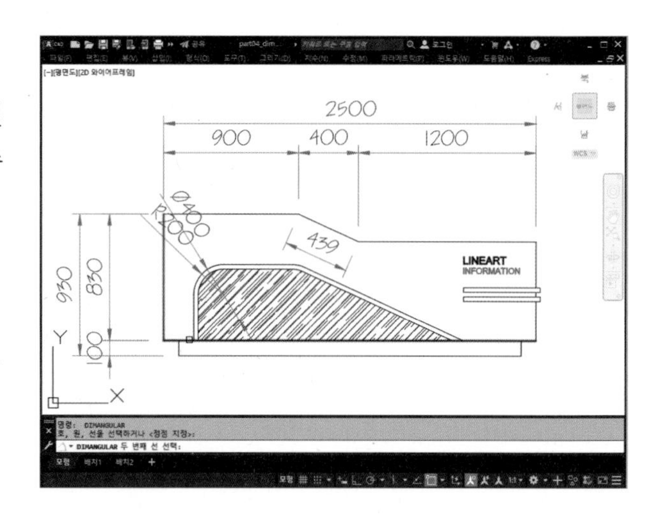

명령

명령: **DIMANG**
DIMANGULAR
호, 원, 선을 선택하거나 <정점 지정>: C1 클릭
두 번째 선 선택: C2 클릭

03 문자 위치 지정하기

❶ 각도가 입력될 문자의 위치를 지정합니다. ❷ 문자의 위치는 치수선의 위치와 너무 벗어나지 않는 것이 좋습니다.

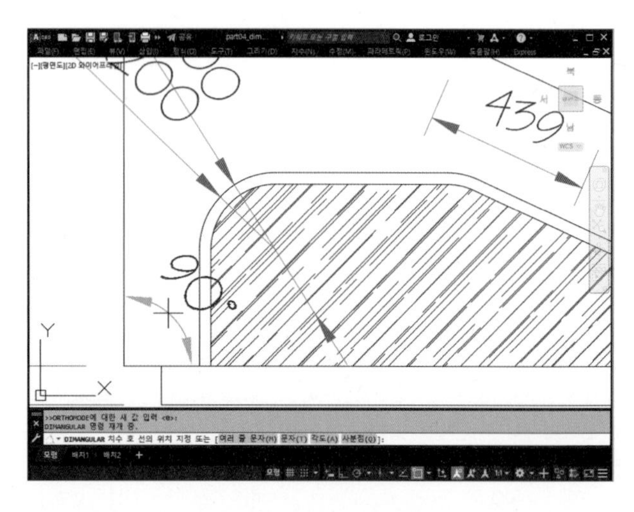

명령

치수 호 선의 위치 지정 또는 [여러 줄 문자(M)/문자(T)/각도(A)/사분점(Q)]: P1 클릭
치수 문자 = 90

04 지시선 입력하기

❶ 지시선을 입력하기 위해 LEADER 명령을 실행합니다. ❷ 지시선의 시작점을 지정합니다.

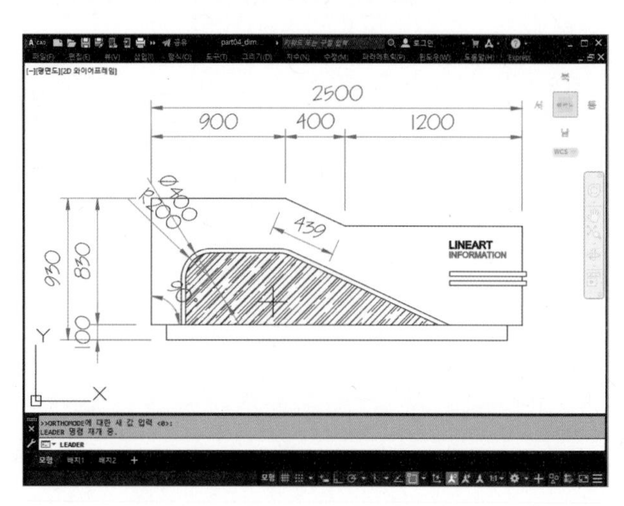

명령

명령: **LEADER** Enter

지시선 시작점 지정: P1 클릭

05 전체 치수 입력하기

지시선의 다음 점을 두 번 지정합니다.

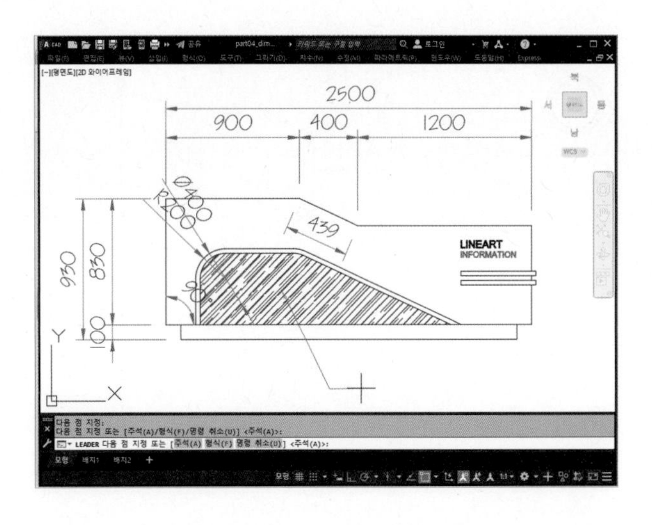

명령

다음 점 지정: P1 클릭
다음 점 지정 또는 [주석(A)/형식(F)/명령 취소(U)] <주석(A)>: P2 클릭

06 문자 입력하기

❶ 다음 점 지정을 종료하기 위해 Enter를 누른 후 ❷ APP COLOR PAINT FIN이라는 문자를 입력하고 Enter를 두 번 누릅니다.

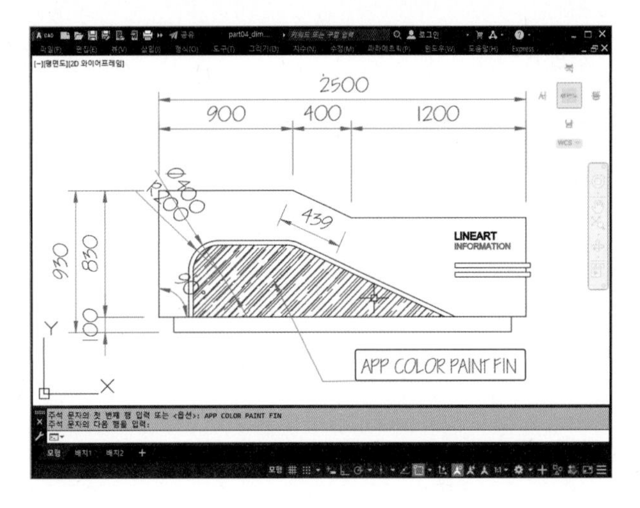

명령

다음 점 지정 또는 [주석(A)/형식(F)/명령 취소(U)] <주석(A)>: Enter
주석 문자의 첫 번째 행 입력 또는 <옵션>: APP COLOR PAINT FIN Enter
주석 문자의 다음 행을 입력: Enter

07 모든 도면층 보여 주기

❶ 숨겨진 도면층을 나타내기 위해 **-LAYER** 명령을 실행한 후 T 옵션을 입력하고 도면층의 이름을 지정한 다음 Enter를 두 번 누릅니다. ❷ 도면을 화면에 꽉 차게 보여 주기 위해 **ZOOM** 명령을 실행한 후 E 옵션을 지정합니다.

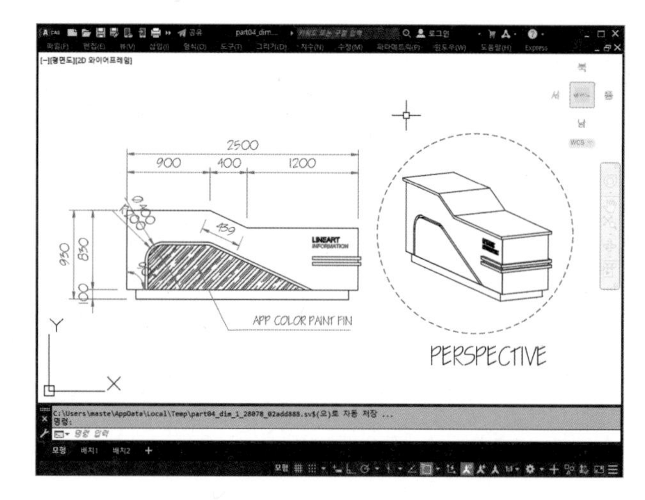

명령

명령: **-LAYER** Enter
현재 도면층: "0"
옵션 입력 [?/만들기(M)/설정(S)/새로 만들기(N)/이름 바꾸기(R)/켜기(ON)/끄기(OFF)/색상(C)/선 종류(L)/선 가중치(LW)/투명도(TR)/재료(MAT)/플롯(P)/동결(F)/동결 해제(T)/잠금(LO)/잠금 해제(U)/상태(A)/설명(D)/조정(E)]: T Enter

동결 해제시킬: 도면층의 이름 리스트 입력 1 Enter
옵션 입력 [?/만들기(M)/설정(S)/새로 만들기(N)/이름 바꾸기(R)/켜기(ON)/끄기(OFF)/색상(C)/선 종류(L)/선 가중치(LW)/투명도(TR)/재료(MAT)/플롯(P)/동결(F)/동결 해제(T)/잠금(LO)/잠금 해제(U)/상태(A)/설명(D)/조정(E)]: Enter

명령: **ZOOM** Enter
윈도우 구석 지정, 축척 비율(nX 또는 nXP) 입력 또는
[전체(A)/중심(C)/동적(D)/범위(E)/이전(P)/축척(S)/윈도우(W)/객체(O)] <실시간>: E Enter

LevelUP

LEADER(지시선), DIMSTYLE 명령

DIMSTYLE 명령으로 문자의 색을 변경해도 LEADER(지시선) 명령으로 입력한 문자의 색은 변경되지 않았습니다. 그 이유는 LEADER 명령으로 입력한 지시선은 입력되는 즉시 문자, 점, 선으로 분해되기 때문입니다. 변경된 색상의 문자를 입력하기 위해서는 기존 지시선을 삭제한 후에 다시 입력해야 합니다. 치수선 스타일을 변경하기 위해서는 명령창에서 **DIMSTYLE** 명령을 사용하면 됩니다.

Section

16 중심 표시, 꺾임 표시, 좌표점 입력, 연속 치수, 신속 치수를 입력하는 방법

원의 중심을 표시하기 위해서는 CEN 명령, 원이나 호의 꺾임 표시를 하기 위해서는 JOG 명령을 사용합니다. 좌표점을 표시하는 ORD 명령, 치수를 더해 가는 BASE 명령, 신속 지시 선을 표시할 수 있는 QLEADER 명령에 대해 알아보겠습니다.

Key Word DIMCENTER, DIMJOGGED, DIMORD, DIMBASE, QLEADER
예제 파일 part04_dimcenter.dwg, part04_dimjog.dwg, part04_dimord.dwg, part04_dimbase.dwg, part04_qleader.dwg
완성 파일 part04_dimcenterc.dwg, part04_dimjogc.dwg, part04_dimordc.dwg, part04_dimbasec.dwg, part04_qleaderc.dwg

원이나 호의 중심을 표시하는 방법, DIMCENTER

치수 라인에 CEN 명령을 실행한 후 원이나 호를 클릭하면 중심에 십자가 선이 만들어집니다. 중심을 표시하기 위해서는 먼저 **DIMSTYLE** 명령을 실행한 후 [치수 스타일 관리자] 대화상자의 [기호 및 화살표] 탭에 있는 [중심 표식]의 [표식]이나 [선]에 체크 표시가 돼 있어야 합니다.

명령

명령: **DIMCENTER** Enter
호 또는 원 선택: 호 또는 원 클릭

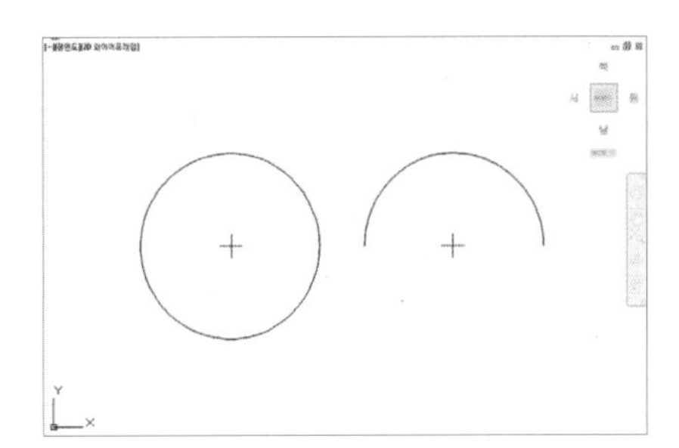

꺾임 표시하기, DIMJOGGED

선형 또는 정렬 치수에 꺾기 선을 추가하거나 제거하기 위해 치수 라인에 **JOG** 명령을 실행합니다. 호나 원을 선택한 후 중심 위치를 지정하고 문자를 입력한 다음 치수선의 위치와 꺾기 위치를 지정합니다.

명령

령: **DIMJOGGED** Enter
호 또는 원 선택: 호또는 원 클릭
중심 위치 재지정 지정: 중심 위치 지정
치수 문자 = 1000
치수선의 위치 지정 또는 [여러 줄 문자(M)/문자(T)/각도(A)]: 치수선 위치 지정
꺾기 위치 지정: 꺾기 위치 지정

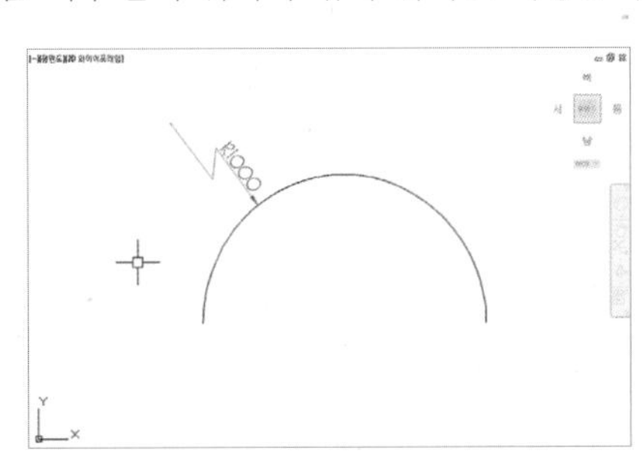

좌표점 값 입력, DIMORD

X, Y 점의 좌푯값을 입력하기 위해서는 명령창에 **DIMORD** 명령을 실행합니다. 좌푯값을 입력하고자 하는 점의 위치를 지정한 후 지시선의 끝점을 지정하고 문자를 입력하거나 Enter를 누릅니다.

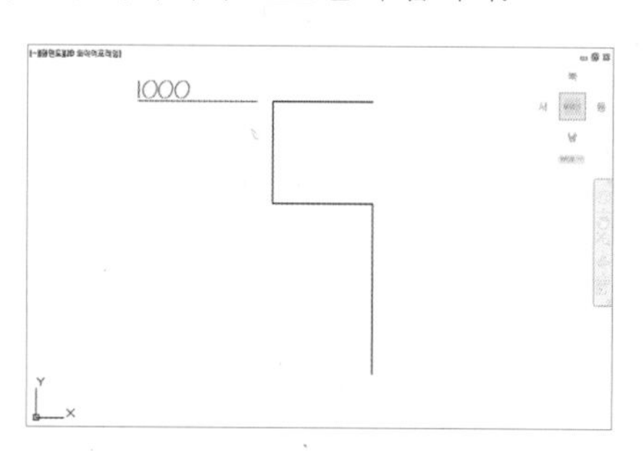

명령

명령: **DIMORD** Enter
DIMORDINATE
피처 위치를 지정: 좌푯값을 입력하고자 하는 위치 지정
지시선 끝점을 지정 또는 [X 데이텀(X)/Y 데이텀(Y)/여러 줄 문자(M)/문자(T)/각도(A)]: 마우스를 좌, 우, 위, 아래로 이동해 지시선의 끝점 지정
치수 문자 = 1000 Enter

연속으로 치수 더하기, DIMBASE

이전 치수 또는 선택된 치수의 기준선으로부터 선형 치수, 각도 치수 또는 세로 좌표 치수를 작성합니다. **DIMHORIZONTAL** 또는 **DIMVERTICAL** 명령을 이용해 1개의 치수를 입력합니다. **DIMBASE** 명령을 실행한 후 두 번째 치수 보조선 원점을 지정하고 Enter를 누르면 됩니다. **DIMBASE** 명령을 사용하기 위해서는 먼저 **DDIM** 명령을 이용해 [치수선 스타일] – [선] – [치수선] – [기준선 간격]을 지정해야 합니다.

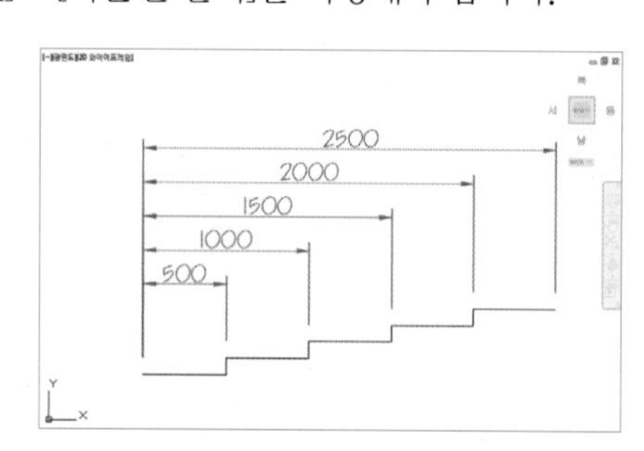

명령

명령: **DIMBASE** Enter
DIMBASELINE
기준 치수 선택: 치수선 클릭
두 번째 치수 보조선 원점 지정 또는 [선택(S)/명령 취소(U)] <선택>: P1 클릭
치수 문자 = 1000
두 번째 치수 보조선 원점 지정 또는 [선택(S)/명령 취소(U)] <선택>: P2 클릭
치수 문자 = 1500
두 번째 치수 보조선 원점 지정 또는 [선택(S)/명령 취소(U)] <선택>: P3 클릭
치수 문자 = 2000
두 번째 치수 보조선 원점 지정 또는 [선택(S)/명령 취소(U)] <선택>: P4 클릭
치수 문자 = 2500
두 번째 치수 보조선 원점 지정 또는 [선택(S)/명령 취소(U)] <선택>: Enter
기준 치수 선택: Enter

신속 치수 입력하기, QLEADER

신속 치수는 지시선을 만들 수 있습니다. 이는 반드시 명령 창에서 QLEADER 명령을 실행해야 하며 S 옵션을 이용하여 지시선의 유형을 설정할 수 있습니다.

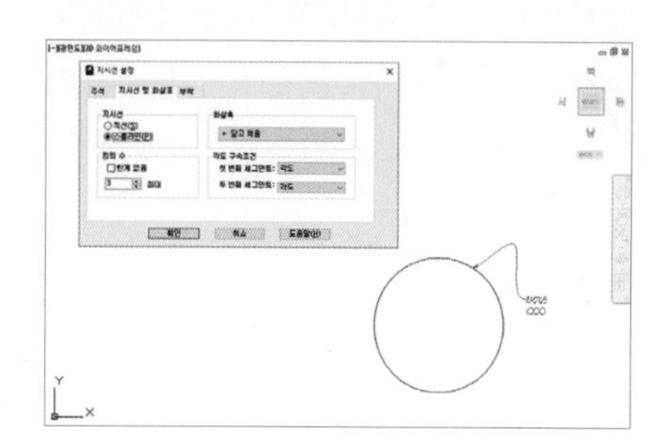

명령

명령: **QLEADER** Enter

첫 번째 지시선 지정, 또는 [설정(S)]<설정>: S 옵션 또는 지시선의 첫 번째 점을 지정합니다.
다음 점 지정: 다음 점을 지정합니다.
다음 점 지정: 다음 점을 지정합니다.
문자 폭 지정 <649.7612>: Enter
주석 문자의 첫 번째 행 입력 또는 <여러 줄 문자>: 문자 입력
주석 문자의 다음 행을 입력: Enter

Section

17 내가 그린 도면 출력하기

이번에는 직접 그린 도면을 출력해 보겠습니다. 실무에서는 모든 도면을 출력해 현장에서 사용하기 때문에 도면을 인쇄하는 부분이 매우 중요합니다. 선의 두께, 색상, 종류를 지정해 출력하는 방법에 대해 알아보겠습니다.

Key Word PLOT 예제 파일 part04_plot.dwg 완성 파일 part04_plotc.dwg

01 출력기, 용지 크기, 플롯의 중심, 영역 지정하기

오토캐드를 실행한 후 도면을 불러오기 위해 **OPEN** 명령을 입력한 후 Enter를 누릅니다. [선택 파일] 대화상자가 나타나면 sample 폴더에 있는 part04_plot.dwg를 불러옵니다. 플롯의 옵션을 설정하기 위해 **PLOT** 명령을 실행합니다. ❶ [플롯–모형] 대화상자가 나타나면 [프린터/플로터]의 이름에 **HP Officejet Pro 8610**을 선택합니다. ❷ 필자는 A3 프린터와 A4 프린터를 사용하고 있습니다. 여러분이 가지고 있는 프린터를 선택하면 됩니다. [용지 크기]를 **A4**로 선택한 후 ❸ [플롯 간격 띄우기]의 **플롯의 중심**에 체크 표시를 합니다. ❹ 출력 영역을 지정하기 위해 [플롯 영역]의 [플롯 대상]의 **윈도우**를 선택합니다.

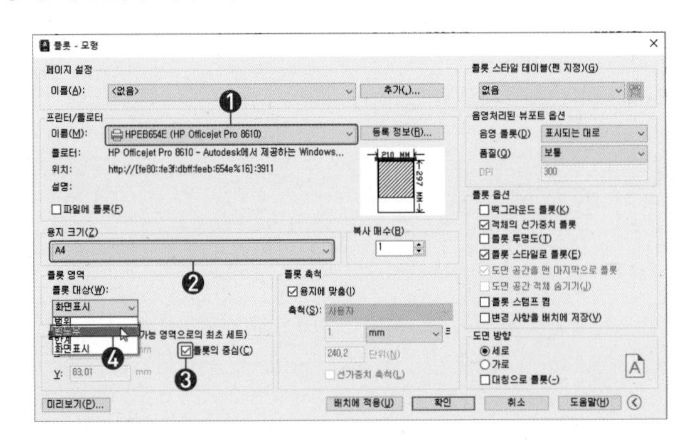

명령

명령: **OPEN** Enter

명령: **PLOT** Enter

02 출력 영역 지정

❶ 출력 영역의 첫 번째 점과 반대 구석점을 지정합니다. ❷ 도면 틀을 모두 출력하기 위해 도면 틀보다 조금 크게 외곽선을 만들어 놓는 것이 좋습니다.

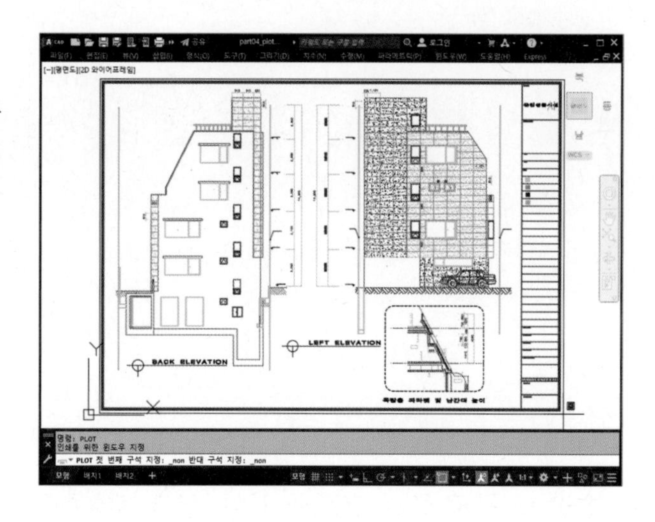

명령

첫 번째 구석을 지정: P1 클릭
반대 구석 지정: P2 클릭

03 축척 지정하기

❶ 출력 축척을 지정하기 위해 [용지에 맞춤]을 해제한 후 ❷ [축척]에 1mm=200을 입력합니다. ❸ 출력 선의 컬러와 두께를 지정하기 위해 [플롯 스타일 테이블(펜 지정)] 버튼을 클릭한 후 ❹ acad.ctb를 선택합니다. [질문] 대화상자가 나타나면 [예(Y)] 버튼을 누릅니다. 편집 버튼을 클릭합니다.

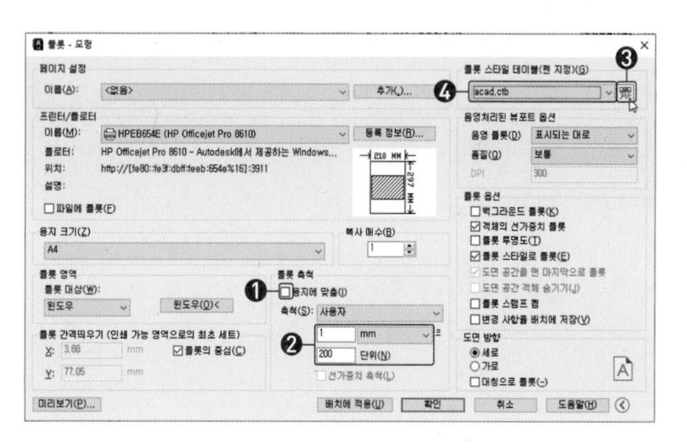

04 선 컬러 지정하기

❶ [플롯 스타이 테이블 편집기] 대화상자가 나타나면 [형식 보기]의 [플롯 스타일]의 모든 컬러를 선택합니다. ❷ 출력할 때 선의 컬러를 설정하기 위해 [특성]의 [색상]을 검은색으로 지정합니다.

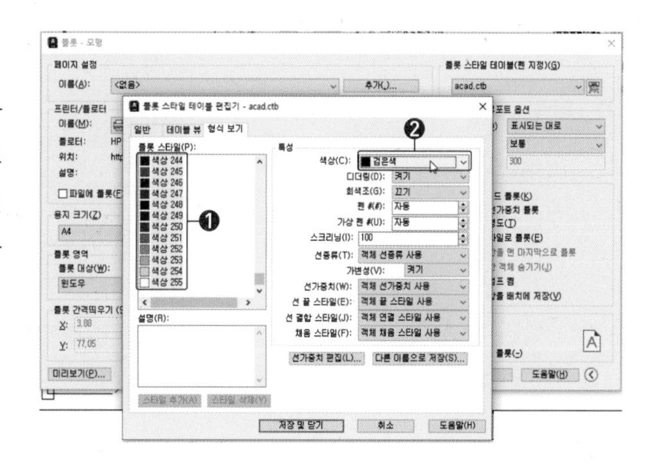

05 선 두께 지정하기

❶ 가장 굵게 출력해야 할 선의 두께를 지정하기 위해 [플롯 스타일]의 [색상 2], [색상 3], [색상 4]를 선택합니다. ❷ [특성]의 [선 가중치]를 0.3000밀리미터로 선택합니다. 출력기의 기본 선 두께는 0.254mm입니다.

06 선 두께 지정하기

❶ 다시 [플롯 스타일]의 [색상 1]과 [색상 8], [색상 9]를 선택합니다. ❷ [특성]의 [선 가중치]를 0.1500밀리미터로 선택합니다. ❸ [저장 및 닫기] 버튼을 눌러 대화상자를 닫습니다.

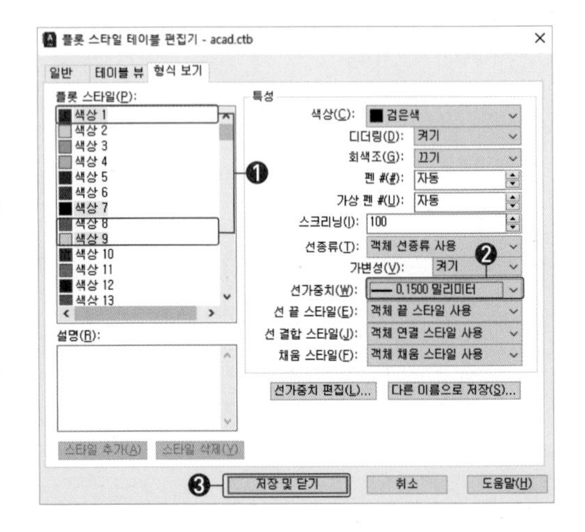

07 마무리

❶ 출력 방향을 지정하기 위해 [도면 방향]의 [가로]를 지정하고 ❷ [확인] 버튼을 누릅니다.

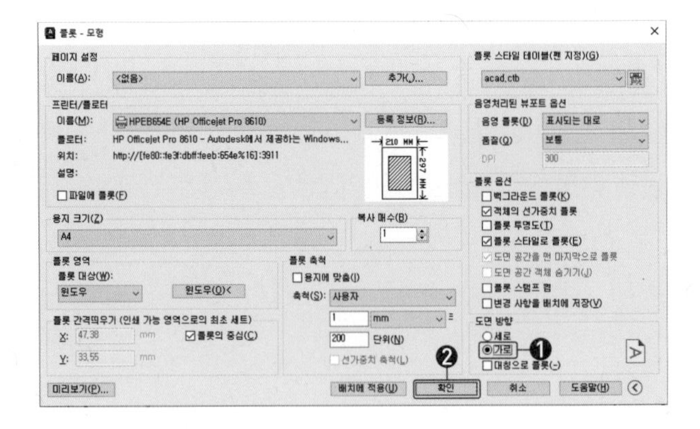

08 출력(인쇄)하기

프린터에 출력되는 것을 확인할 수 있습니다. 화면상에는 컬러 색을 사용하지만, 출력할 경우에는 검은색과 선의 두께를 구분해 출력합니다.

PART

05

실무 예제로 AutoCAD 2023 달인되기

5부에서는 필자의 18여년의 노하우를 바탕으로 실전 실무 예제 도면을 그려 보면서 오토캐드를 좀 더 깊이 있게 공부해 보겠습니다. 같은 도면이라도 정확하고 빠르게 그리는 것이 매우 중요합니다. 충분히 습득하면 여러분도 오토캐드의 달인이 될 수 있습니다.

A U T O C A D 2 0 2 3

Section

01 아파트 방 평면도 만들기 첫 번째 외부 벽체 만들기

여기서는 무한 직선, 평행 복사, 도면층, 자르기를 이용해 건축, 인테리어 평면도의 외부 벽체를 만들어 보겠습니다. 오토캐드의 핵심 명령어가 사용되므로 전 과정을 천천히 따라해 보기 바랍니다.

Key Word OPEN, OSNAP, XLINE, OFFSET, FILLET, LAYER, TRIM　예제 파일 part05_01.dwg　완성 파일 part05_01c.dwg

01 객체 스냅 설정하기

❶ 오토캐드를 실행한 후 도면을 불러오기 위해 **OPEN** 명령을 입력하고 Enter를 누릅니다. [선택 파일] 대화상자가 나타나면 sample 폴더에 있는 part05_01.dwg를 불러옵니다. ❷ 정확한 포인트를 지정하기 위해 **OSNAP** 명령을 실행합니다. [제도 설정] 대화상자가 나타나면 [객체 스냅] 탭에서 [객체 스냅 켜기]에 체크 표시를 하고 [객체 스냅 모드]의 끝점, 중간점, 중심, 노드, 교차점, 직교에 체크 표시를 한 후 [확인] 버튼을 누릅니다.

명령

명령: **OPEN** Enter
명령: **OSNAP** Enter

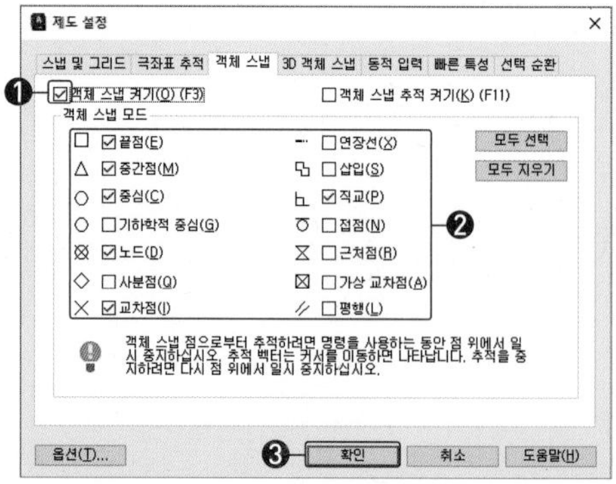

02 수평선 그리기

❶ 무한 직선을 그리기 위해 XLINE 명령을 실행합니다. ❷ 수평선을 그리기 위해 H를 입력한 후 Enter를 누르고 포인트의 중심을 클릭한 다음 Enter를 누릅니다.

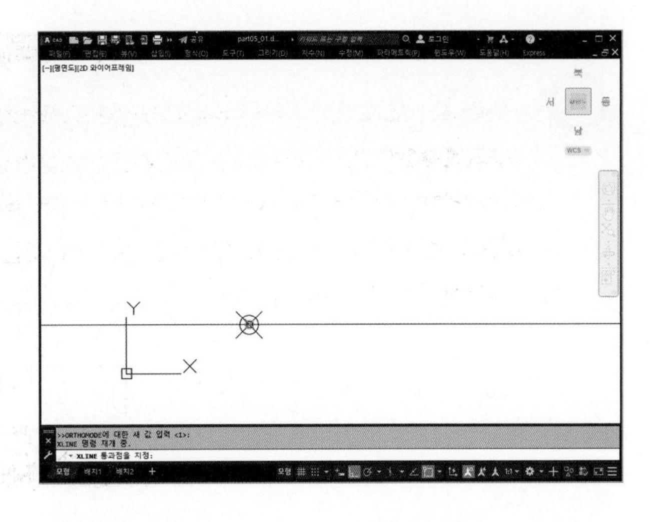

명령

명령: **XLINE**
점 지정 또는 [수평(H)/수직(V)/각도(A)/이등분(B)/간격 띄우기(O)]: H
통과점을 지정: P1 클릭
통과점을 지정: Enter

03 수직선 그리기

❶ 무한 직선을 그리기 위해 다시 한번 XLINE 명령을 실행합니다. ❷ 수직선을 그리기 위해 V를 입력한 후 Enter를 누르고 포인트의 중심을 클릭한 다음 Enter를 누릅니다.

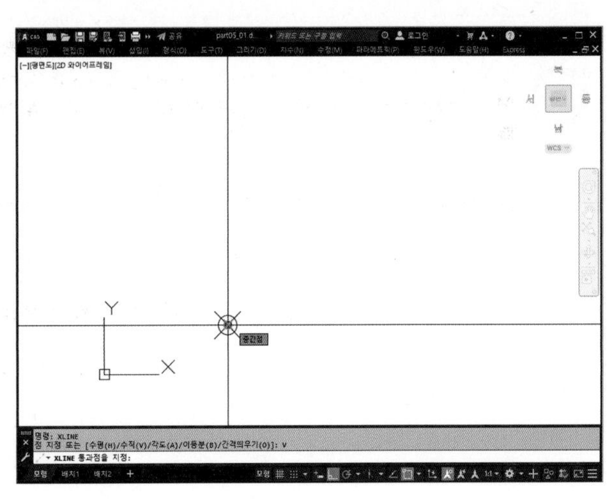

명령

명령: **XLINE**
점 지정 또는 [수평(H)/수직(V)/각도(A)/이등분(B)/간격 띄우기(O)]: V
통과점을 지정: P1 클릭
통과점을 지정: Enter

04 평행 복사하기

❶ 객체를 평행 복사하기 위해 **OFFSET** 명령을 실행합니다. ❷ 간격 띄우기 거리를 지정한 후 왼쪽 수직선을 클릭하고 오른쪽 지점을 클릭한 다음 Enter를 누릅니다.

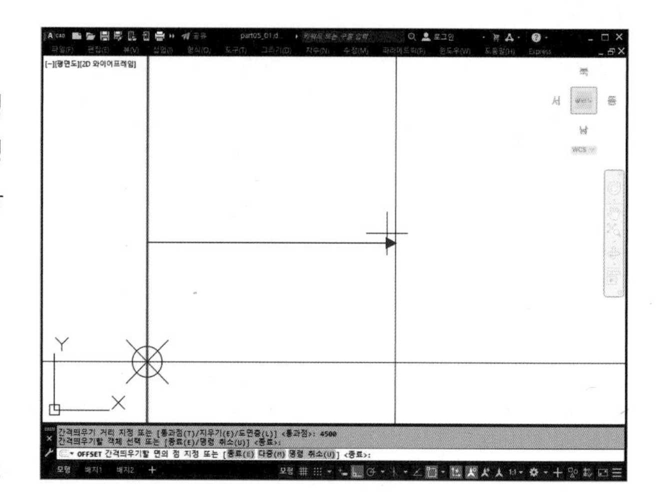

명령

명령: **OFFSET** Enter
현재 설정: 원본 지우기=아니오 도면층=원본 OFFSETGAPTYPE=0
간격 띄우기 거리 지정 또는 [통과점(T)/지우기(E)/도면층(L)] <통과점>: 4500 Enter
간격 띄우기할 객체 선택 또는 [종료(E)/명령 취소(U)] <종료>: C1 클릭
간격 띄우기할 면의 점 지정 또는 [종료(E)/다중(M)/명령 취소(U)] <종료>: P1 클릭

05 평행 복사하기

❶ 다시 한번 수평선을 클릭한 후 위 방향 쪽 지점을 지정합니다. ❷ 명령을 종료하기 위해 Enter를 누릅니다.

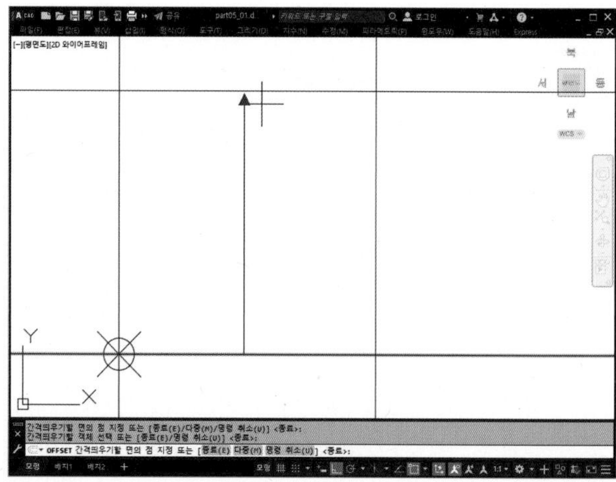

명령

간격 띄우기할 객체 선택 또는 [종료(E)/명령 취소(U)] <종료>: C1 클릭
간격 띄우기할 면의 점 지정 또는 [종료(E)/다중(M)/명령 취소(U)] <종료>: P1 클릭
간격 띄우기할 객체 선택 또는 [종료(E)/명령 취소(U)] <종료>: Enter

06 벽체 만들기

❶ 벽체를 만들기 위해 **OFFSET** 명령을 다시 한번 실행합니다. ❷ 간격 띄우기 거리를 지정한 후 수평선을 클릭하고 아래 방향 쪽 지점을 클릭합니다.

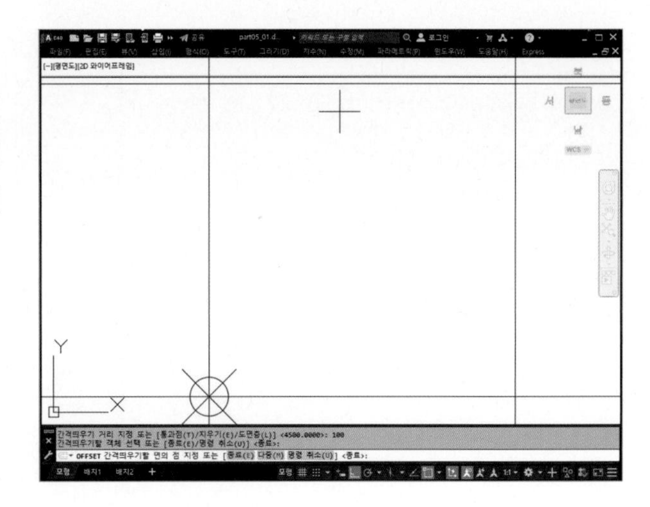

명령

명령: **OFFSET** Enter
현재 설정: 원본 지우기=아니오 도면층=원본 OFFSETGAPTYPE=0
간격 띄우기 거리 지정 또는 [통과점(T)/지우기(E)/도면층(L)] <4500.0000>: 100 Enter
간격 띄우기할 객체 선택 또는 [종료(E)/명령 취소(U)] <종료>: C1 클릭
간격 띄우기할 면의 점 지정 또는 [종료(E)/다중(M)/명령 취소(U)] <종료>: P1 클릭

07 평행 복사하기

❶ 다시 한번 수평선을 클릭한 후 위 방향 지점을 지정합니다. ❷ 명령을 종료하기 위해 Enter를 누릅니다.

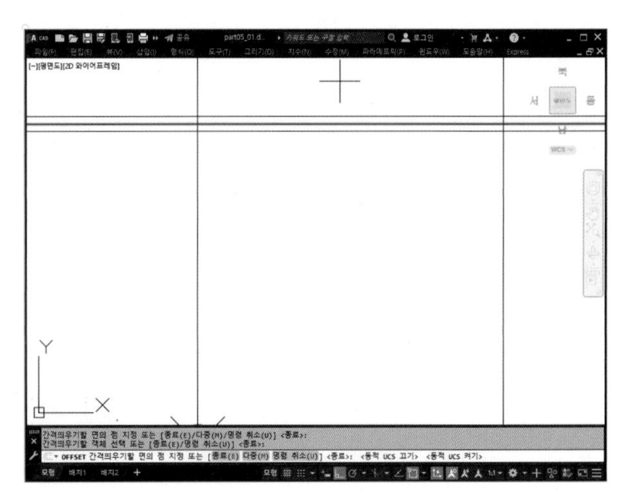

명령

간격 띄우기할 객체 선택 또는 [종료(E)/명령 취소(U)] <종료>: C1 클릭
간격 띄우기할 면의 점 지정 또는 [종료(E)/다중(M)/명령 취소(U)] <종료>: P1 클릭
간격 띄우기할 객체 선택 또는 [종료(E)/명령 취소(U)] <종료>: Enter

08 반복하기

같은 방법으로 OFFSET 명령을 이용해 나머지 벽체를 만듭니다.

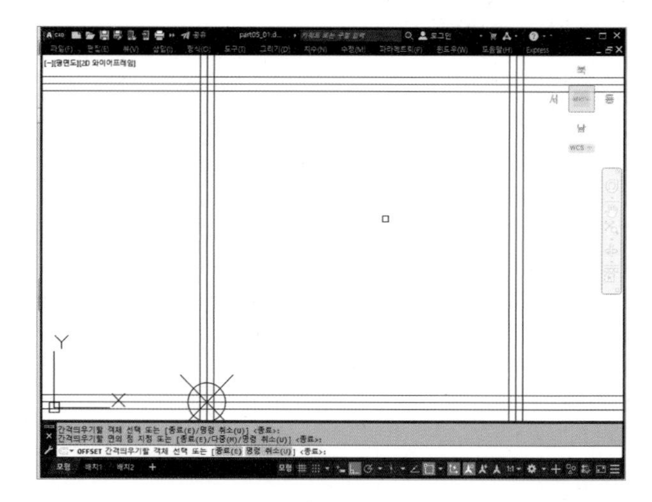

09 단열재 공간 만들기

같은 방법으로 OFFSET을 이용해 단열재 공간과 외벽 선을 마무리합니다.

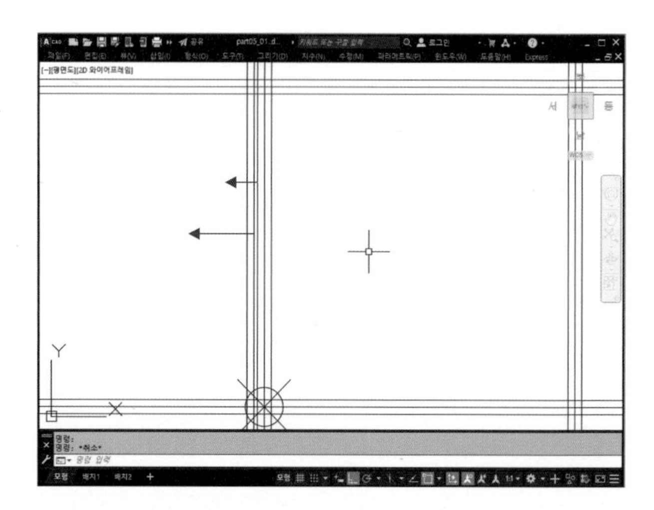

10 벽체 모서리 정리하기

❶ 벽체 모서리를 정리하기 위해 FILLET 명령을 실행합니다. 모깎기를 연속적으로 하기 위해 M을 입력한 후 Enter를 누르고 첫 번째 선과 두 번째 선을 클릭합니다.

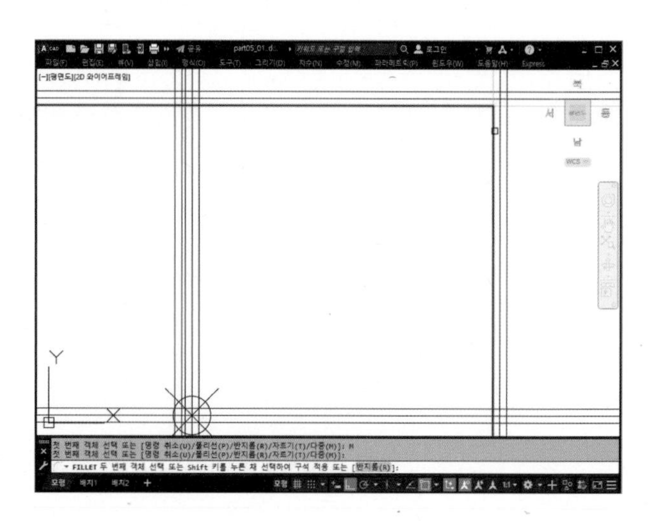

명령

명령: **FILLET** Enter
현재 설정: 모드 = 자르기, 반지름 = 0.0000
첫 번째 객체 선택 또는 [명령 취소(U)/폴리선(P)/반지름(R)/자르기(T)/다중(M)]: M Enter
첫 번째 객체 선택 또는 [명령 취소(U)/폴리선(P)/반지름(R)/자르기(T)/다중(M)]: C1 클릭
두 번째 객체 선택 또는 Shift를 누른 채 선택해 구석 적용 또는 [반지름(R)]: C2 클릭

11 연속 지정하기

❶ 연속으로 모서리를 여섯 번 클릭합니다.
❷ 명령을 종료하기 위해 Enter를 누릅니다.

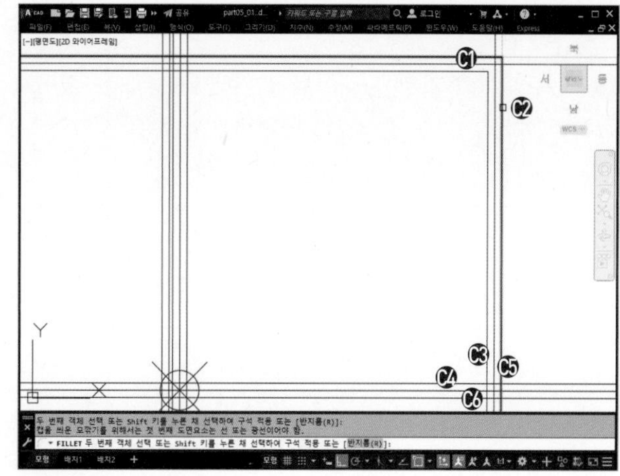

명령

첫 번째 객체 선택 또는 [명령 취소(U)/폴리선(P)/반지름(R)/자르기(T)/다중(M)]: C1
두 번째 객체 선택 또는 Shift를 누른 채 선택해 구석 적용 또는 [반지름(R)]: C2
첫 번째 객체 선택 또는 [명령 취소(U)/폴리선(P)/반지름(R)/자르기(T)/다중(M)]: C3
두 번째 객체 선택 또는 Shift를 누른 채 선택해 구석 적용 또는 [반지름(R)]: C4
첫 번째 객체 선택 또는 [명령 취소(U)/폴리선(P)/반지름(R)/자르기(T)/다중(M)]: C5
두 번째 객체 선택 또는 Shift를 누른 채 선택해 구석 적용 또는 [반지름(R)]: C6
첫 번째 객체 선택 또는 [명령 취소(U)/폴리선(P)/반지름(R)/자르기(T)/다중(M)]: Enter

12 평행 복사하기

❶ 선을 평행 복사하기 위해 **OFFSET** 명령을 실행한 후 간격 띄우기 거리 값을 입력하고 Enter를 누릅니다. ❷ 벽체 선을 클릭한 후 위 방향점을 지정하고 Enter를 누릅니다.

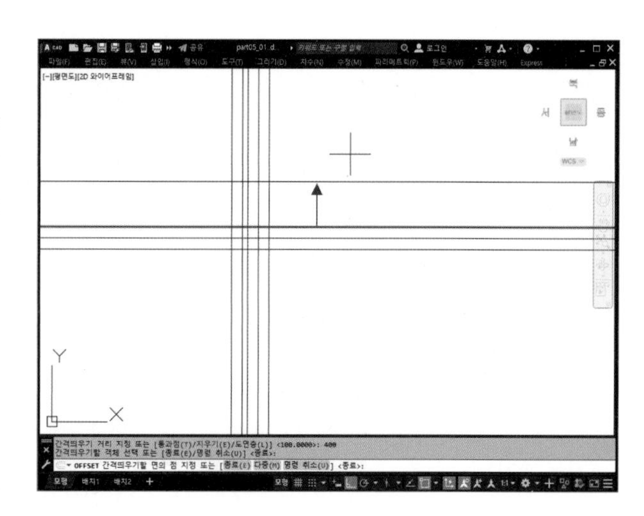

명령

명령: **OFFSET** Enter
현재 설정: 원본 지우기=아니오 도면층=원본 OFFSETGAPTYPE=0
간격 띄우기 거리 지정 또는 [통과점(T)/지우기(E)/도면층(L)] <100.0000>: 400 Enter
간격 띄우기할 객체 선택 또는 [종료(E)/명령 취소(U)] <종료>: C1
간격 띄우기할 면의 점 지정 또는 [종료(E)/다중(M)/명령 취소(U)] <종료>: P1

13 모서리 자르기

❶ 겹쳐진 선의 일부분을 자르기 위해 TRIM 명령을 실행합니다. ❷ 경계 모서리를 지정하기 위해 T를 입력한 후 Enter를 누르고 5개의 선을 클릭한 다음 Enter를 누릅니다.

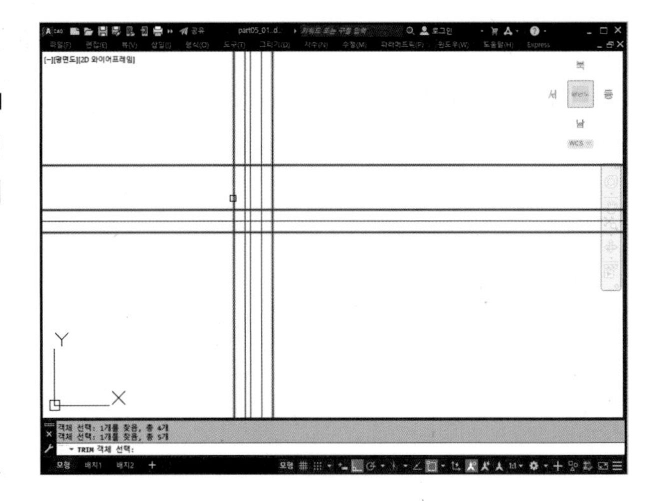

명령

명령: TRIM Enter
현재 설정: 투영=UCS, 모서리=없음, 모드=빠른 작업
자를 객체를 선택하거나 Shift를 누른 채로 선택해 확장 또는
[절단 모서리(T)/걸치기(C)/모드(O)/프로젝트(P)/지우기(R)]: T Enter
현재 설정: 투영=UCS, 모서리=없음, 모드=빠른 작업
절단 모서리 선택
객체 선택 또는 <모두 선택>: C1~C5 클릭
객체 선택: Enter

14 자를 객체 지정

❶ 선에 닿는 객체를 자르기 위해 F를 입력한 후 Enter 누릅니다. ❷ 첫 번째 점과 두 번째 점을 지정한 후 Enter를 누릅니다.

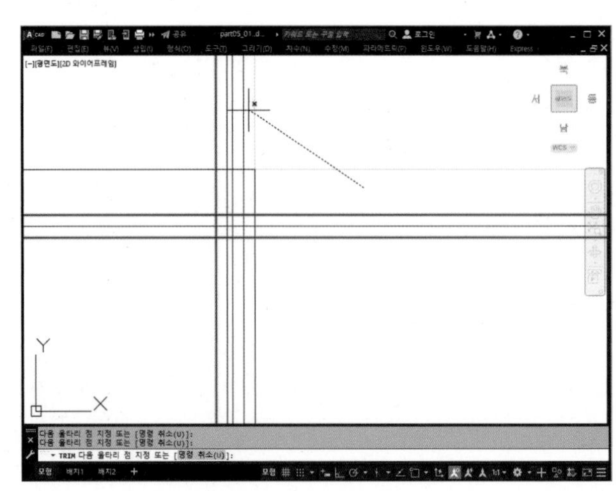

명령

자를 객체를 선택하거나 Shift를 누른 채로 선택해 확장 또는
[절단 모서리(T)/걸치기(C)/모드(O)/프로젝트(P)/지우기(R)]: F Enter
첫 번째 울타리 점 또는 선택/끌기 커서 지정: P1
다음 울타리 점 지정 또는 [명령 취소(U)]: P2
다음 울타리 점 지정 또는 [명령 취소(U)]: Enter

15 다른 곳 지정

❶ 다시 한번 F 옵션을 입력한 후 Enter를 누릅니다. ❷ 첫 번째 점과 두 번째 점을 지정한 후 Enter를 누릅니다.

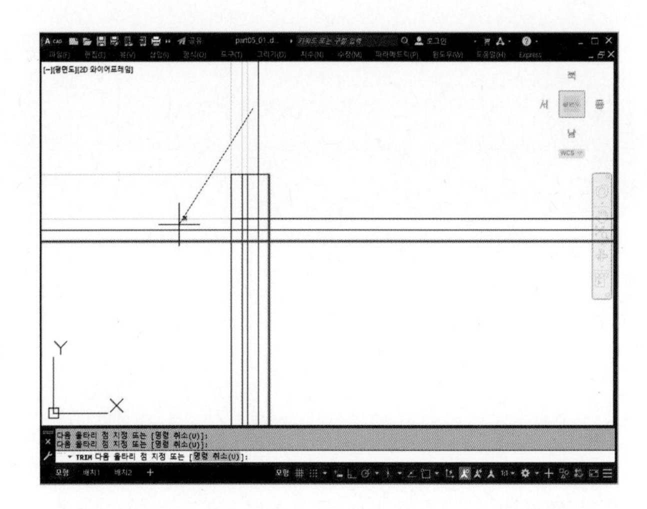

명령

자를 객체를 선택하거나 를 누른 채로 선택해 확장 또는
자를 객체를 선택하거나 Shift를 누른 채로 선택해 확장 또는
[절단 모서리(T)/걸치기(C)/모드(O)/프로젝트(P)/지우기(R)/명령 취소(U)]: F Enter
첫 번째 울타리 점 또는 선택/끌기 커서 지정: P1
다음 울타리 점 지정 또는 [명령 취소(U)]: P2
다음 울타리 점 지정 또는 [명령 취소(U)]: Enter

16 선분 지정

또 하나의 자를 선분을 지정합니다.

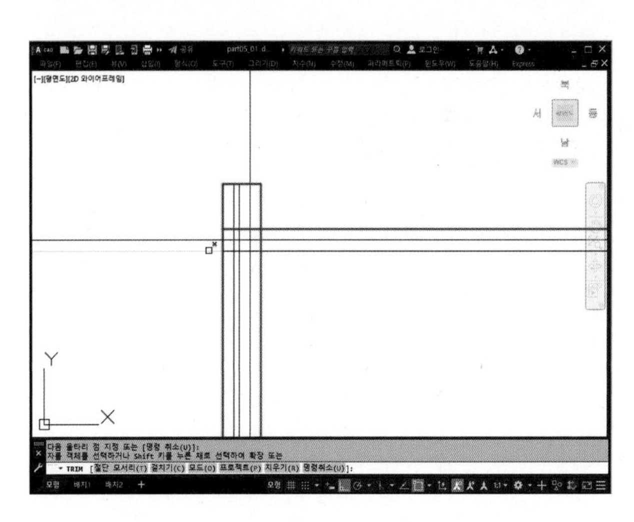

명령

자를 객체를 선택하거나 Shift를 누른 채로 선택해 확장 또는
[절단 모서리(T)/걸치기(C)/모드(O)/프로젝트(P)/지우기(R)/명령 취소(U)]: C1 클릭

17 마무리하기

❶ 3군데의 자를 부분을 더 클릭합니다. ❷ 명령을 종료하기 위해 Enter를 누릅니다.

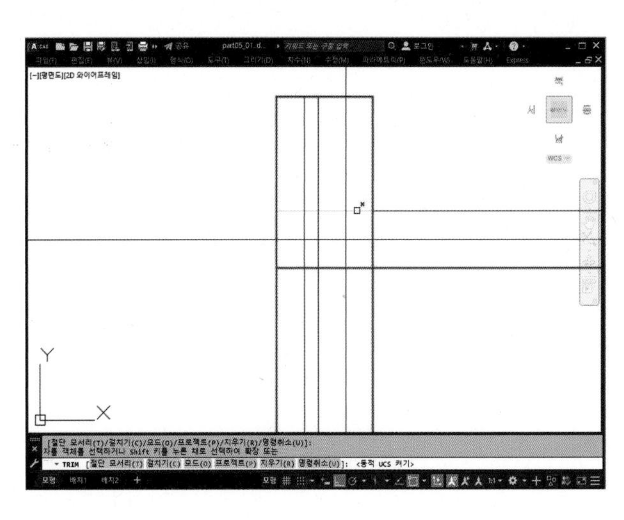

명령

자를 객체를 선택하거나 Shift를 누른 채로 선택해 확장 또는
[절단 모서리(T)/걸치기(C)/모드(O)/프로젝트(P)/지우기(R)/명령 취소(U)]: C1~C3 클릭
자를 객체를 선택하거나 Shift를 누른 채로 선택해 확장 또는
[절단 모서리(T)/걸치기(C)/모드(O)/프로젝트(P)/지우기(R)/명령 취소(U)]: Enter

18 평행 복사하기

❶ 선을 평행 복사하기 위해 **OFFSET** 명령을 실행한 후 간격 띄우기 거리를 입력하고 Enter를 누릅니다. ❷ 외벽 선을 클릭한 후 아래 방향점을 지정하고 Enter를 누릅니다.

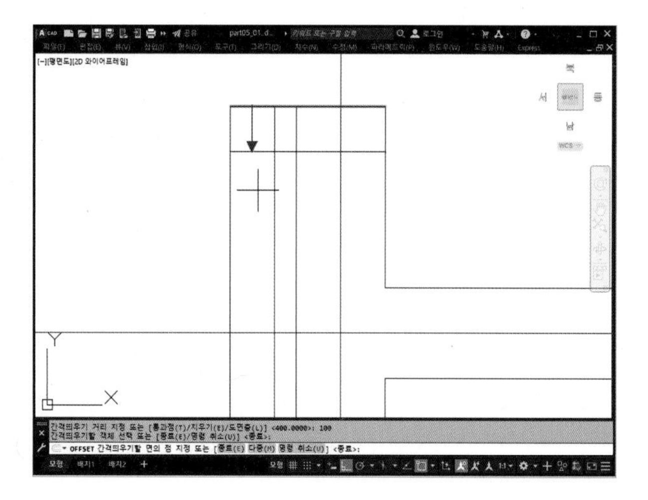

명령

명령: **OFFSET** Enter
현재 설정: 원본 지우기=아니오 도면층=원본 OFFSETGAPTYPE=0
간격 띄우기 거리 지정 또는 [통과점(T)/지우기(E)/도면층(L)] <400.0000>: 100 Enter
간격 띄우기할 객체 선택 또는 [종료(E)/명령 취소(U)] <종료>: C1
간격 띄우기할 면의 점 지정 또는 [종료(E)/다중(M)/명령 취소(U)] <종료>: P1
간격 띄우기할 객체 선택 또는 [종료(E)/명령 취소(U)] <종료>: Enter

19 모서리 정리하기

❶ 모서리를 정리하기 위해 **FILLET** 명령을 실행한 후 모깎기를 연속적으로 하기 위해 **M** 옵션을 입력하고 Enter를 누릅니다.

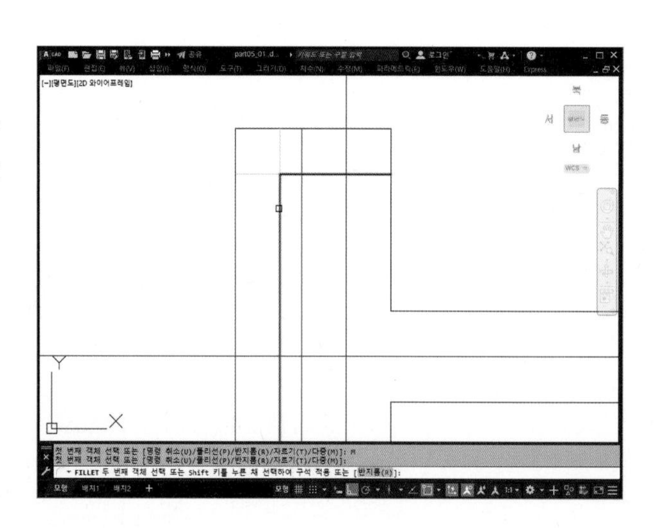

명령

명령: **FILLET** Enter
현재 설정: 모드 = 자르기, 반지름 = 0.0000
첫 번째 객체 선택 또는 [명령 취소(U)/폴리선(P)/반지름(R)/자르기(T)/다중(M)]: M Enter
첫 번째 객체 선택 또는 [명령 취소(U)/폴리선(P)/반지름(R)/자르기(T)/다중(M)]: C1
두 번째 객체 선택 또는 Shift를 누른 채 선택해 구석 적용 또는 [반지름(R)]: C2

20 마무리하기

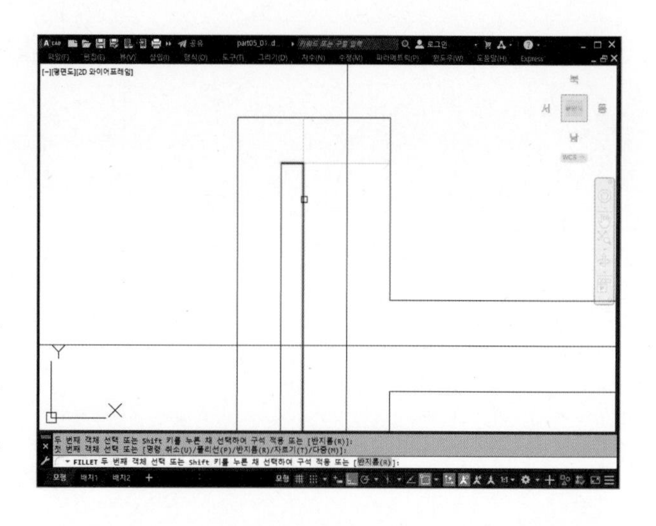

❶ 다시 한번 수평선과 수직선을 클릭합니다. ❷ 명령을 종료하기 위해 Enter를 누릅니다.

명령

첫 번째 객체 선택 또는 [명령 취소(U)/폴리선(P)/반지름(R)/자르기(T)/다중(M)]: C1
두 번째 객체 선택 또는 Shift를 누른 채 선택해 구석 적용 또는 [반지름(R)]: C2
첫 번째 객체 선택 또는 [명령 취소(U)/폴리선(P)/반지름(R)/자르기(T)/다중(M)]: Enter

21 반복하기

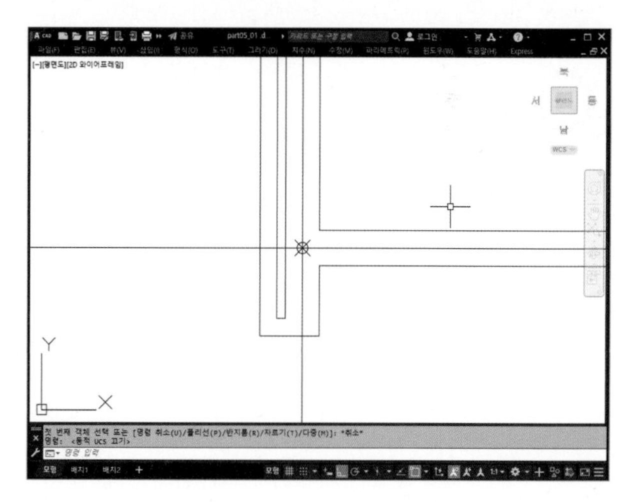

아래 벽체 모서리도 같은 방법으로 정리합니다.

22 사각형 만들기

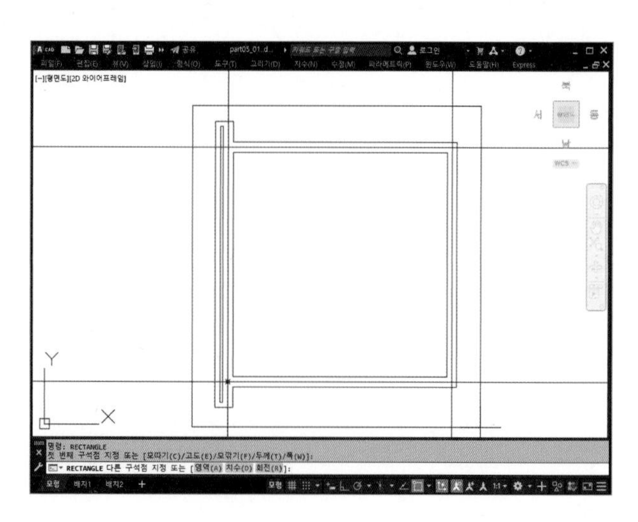

❶ 무한 직선으로 만들어진 중심선을 자르기 위해 **RECTANGLE** 명령을 실행합니다. ❷ 첫 번째 구석점과 반대 구석점을 지정합니다.

명령

명령: **RECTANGLE** Enter
첫 번째 구석점 지정 또는 [모따기(C)/고도(E)/모깎기(F)/두께(T)/폭(W)]: P1
다른 구석점 지정 또는 [영역(A)/치수(D)/회전(R)]: P2

23 중심선 자르기

❶ 무한 직선으로 만들어진 중심선을 자르기 위해 **TRIM** 명령을 실행한 후 절단 경계선을 자르기 위해 **T**를 입력하고 Enter를 누릅니다. ❷ 절단 경계선인 사각형을 클릭한 후 Enter를 누릅니다.

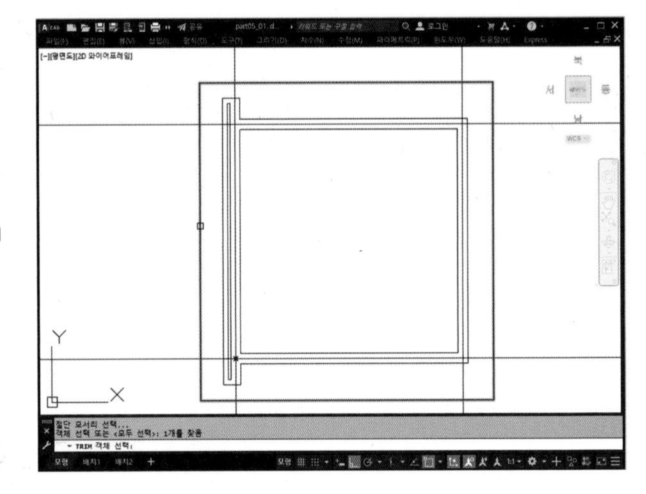

명령

명령: **TRIM**
현재 설정: 투영=UCS, 모서리=없음, 모드=빠른 작업
자를 객체를 선택하거나 Shift를 누른 채로 선택해 확장 또는
[절단 모서리(T)/걸치기(C)/모드(O)/프로젝트(P)/지우기(R)]: T

현재 설정: 투영=UCS, 모서리=없음, 모드=빠른 작업
절단 모서리 선택
객체 선택 또는 <모두 선택>: C1 클릭
1개를 찾음
객체 선택: Enter

24 마무리하기

❶ 선에 걸친 부분을 자르기 위해 F 옵션을 입력한 후 Enter를 누르고 4군데 지점을 클릭합니다. ❷ 명령을 종료하기 위해 Enter를 누릅니다.

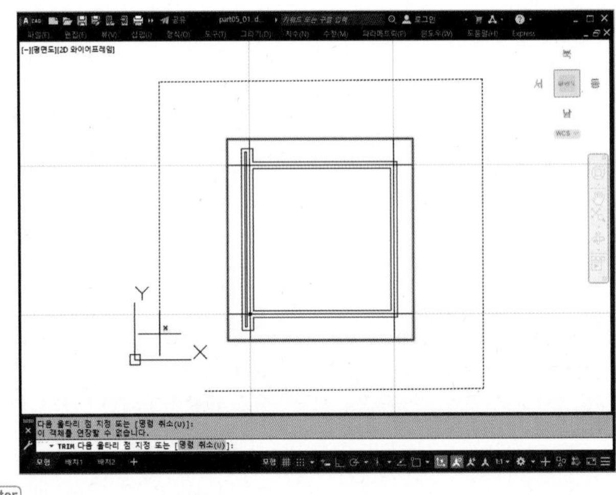

명령

자를 객체를 선택하거나 Shift를 누른 채로 선택해 확장 또는
[절단 모서리(T)/걸치기(C)/모드(O)/프로젝트(P)/지우기(R)]: F Enter
첫 번째 울타리 점 또는 선택/끌기 커서 지정: P1
다음 울타리 점 지정 또는 [명령 취소(U)]: P2
다음 울타리 점 지정 또는 [명령 취소(U)]: P3
다음 울타리 점 지정 또는 [명령 취소(U)]: P4
다음 울타리 점 지정 또는 [명령 취소(U)]: P5
다음 울타리 점 지정 또는 [명령 취소(U)]: Enter
자를 객체를 선택하거나 Shift를 누른 채로 선택해 확장 또는
[절단 모서리(T)/걸치기(C)/모드(O)/프로젝트(P)/지우기(R)/명령 취소(U)]: Enter

25 지우기

객체를 지우기 위해 사각형을 클릭한 후 Delete를 누릅니다.

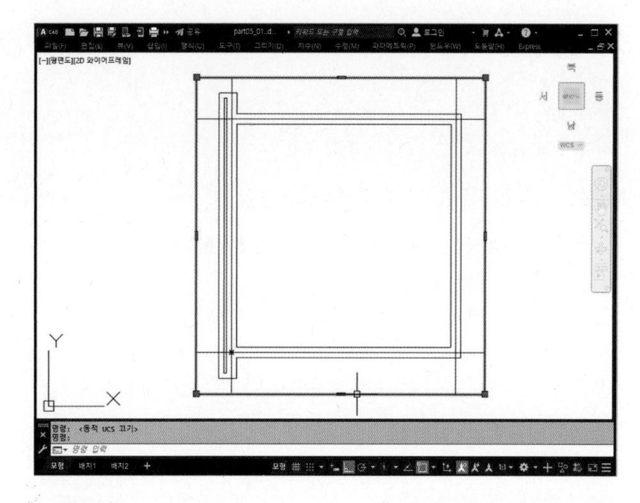

26 레이어 변경하기

❶ 객체의 레이어를 변경하기 위해 4개의 중심선을 클릭한 후 Enter를 누릅니다. ❷ 레이어를 변경하기 위해 **LA**를 입력한 후 Enter를 누르고 레이어 이름을 입력한 다음 명령을 종료하기 위해 Enter를 두 번 누릅니다.

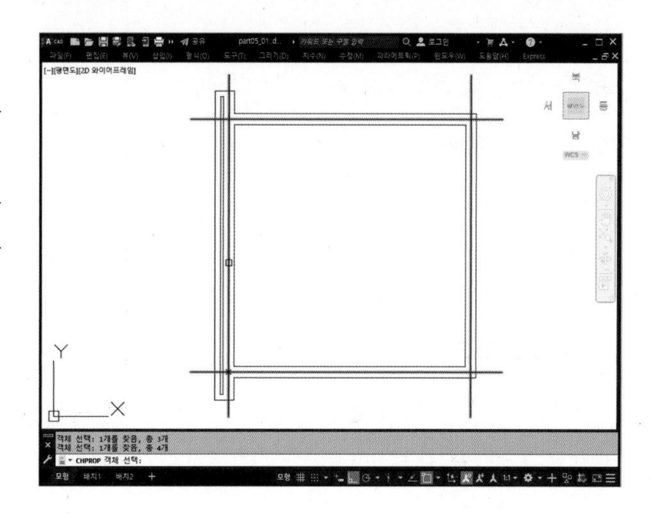

명령

명령: **CHPROP** Enter
객체 선택: 4개 중심선 클릭
총 4개
객체 선택: Enter

변경할 특성 입력 [색상(C)/도면층(LA)/선 종류(LT)/선 종류 축척(S)/선 가중치(LW)/두께(T)/투명도(TR)/재료(M)/주석(A)]: LA
새 도면층 이름 입력 <0>: CEN Enter
변경할 특성 입력 [색상(C)/도면층(LA)/선 종류(LT)/선 종류 축척(S)/선 가중치(LW)/두께(T)/투명도(TR)/재료(M)/주석(A)]: Enter

Section

02 아파트 방 평면도 만들기 두 번째 창문 만들기

중심선을 평행 복사한 후 교차되는 선을 자르기합니다. 창문의 위치를 만든 후 블록을 삽입하고 단열재가 들어갈 공간을 만듭니다.

Key Word OFFSET, TRIM, INSERT, FILLET, MATCHPROP 예제 파일 part05_02.dwg 완성 파일 part05_02c.dwg

01 평행 복사하기

OFFSET 명령을 이용해 중심선을 아래 방향으로 두 번 평행 복사합니다.

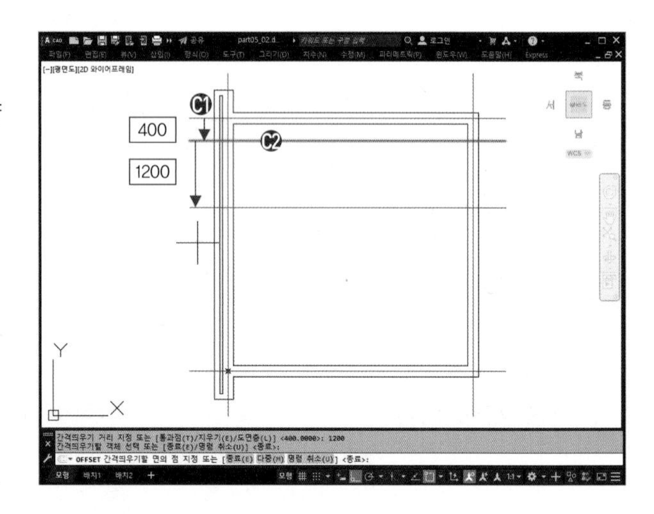

명령

명령: **OFFSET** Enter
현재 설정: 원본 지우기=아니오 도면층=원본 OFFSETGAPTYPE=0
간격 띄우기 거리 지정 또는 [통과점(T)/지우기(E)/도면층(L)] <100.0000>: 400 Enter
간격 띄우기할 객체 선택 또는 [종료(E)/명령 취소(U)] <종료>: C1
간격 띄우기할 면의 점 지정 또는 [종료(E)/다중(M)/명령 취소(U)] <종료>: P1
간격 띄우기할 객체 선택 또는 [종료(E)/명령 취소(U)] <종료>: Enter

명령:OFFSET Enter
현재 설정: 원본 지우기=아니오 도면층=원본 OFFSETGAPTYPE=0
간격 띄우기 거리 지정 또는 [통과점(T)/지우기(E)/도면층(L)] <400.0000>: 1200 Enter
간격 띄우기할 객체 선택 또는 [종료(E)/명령 취소(U)] <종료>: C1
간격 띄우기할 면의 점 지정 또는 [종료(E)/다중(M)/명령 취소(U)] <종료>: P1
간격 띄우기할 객체 선택 또는 [종료(E)/명령 취소(U)] <종료>: Enter

02 자르기 경계선 지정

❶ 선을 자르기 위해 **TRIM** 명령을 실행합니다. ❷ 경계선을 지정하기 위해 T 옵션을 입력한 후 Enter를 누르고 4개의 선을 클릭한 다음 Enter를 누릅니다.

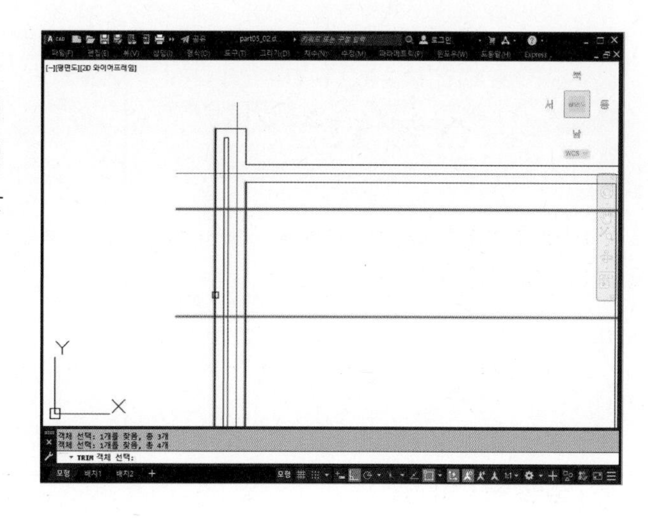

명령

명령: **TRIM** Enter
현재 설정: 투영=UCS, 모서리=없음, 모드=빠른 작업
자를 객체를 선택하거나 Shift를 누른 채로 선택해 확장 또는
[절단 모서리(T)/걸치기(C)/모드(O)/프로젝트(P)/지우기(R)]: T Enter

현재 설정: 투영=UCS, 모서리=없음, 모드=빠른 작업
절단 모서리 선택
객체 선택 또는 <모두 선택>: C1, C2 ,C3, C4 클릭
1개를 찾음, 총 4개
객체 선택: Enter

03 자를 객체 지정

❶ 8군데의 자를 부분을 클릭합니다. ❷ 명령을 종료하기 위해 Enter를 누릅니다.

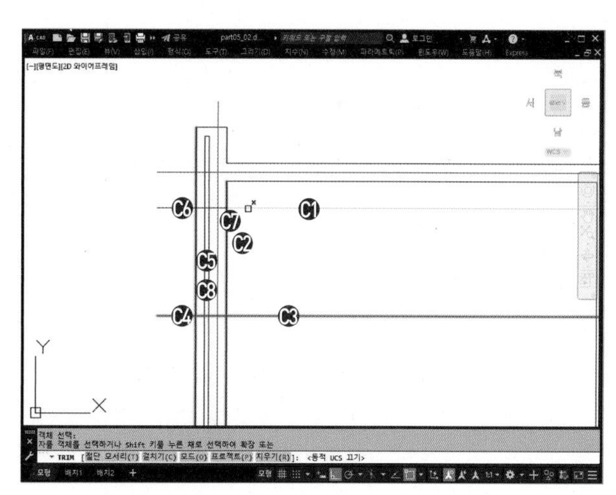

명령

자를 객체를 선택하거나 Shift를 누른 채로 선택해 확장 또는
[절단 모서리(T)/걸치기(C)/모드(O)/프로젝트(P)/지우기(R)]: C1 ~ C8 클릭

자를 객체를 선택하거나 Shift를 누른 채로 선택해 확장 또는
[절단 모서리(T)/걸치기(C)/모드(O)/프로젝트(P)/지우기(R)/명령 취소(U)]: Enter

04 속성 변경하기

❶ 선의 특성을 변경하기 위해 MATCHPROP 명령을 실행한 후 ❷ 원본 객체를 클릭합니다.

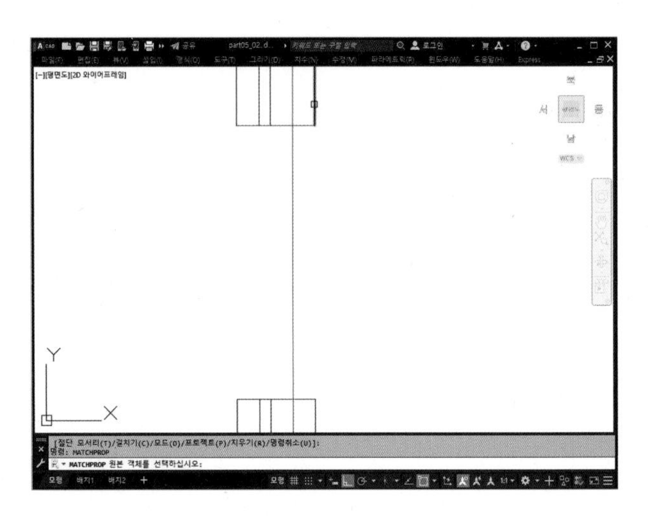

명령

명령: **MATCHPROP** Enter

원본 객체를 선택하십시오: 벽체 선 클릭
현재 활성 설정: 색상 도면층 선 종류 선축척 선 가중치 투명도 두께 플롯 스타일 치수 문자 해치 폴리선 뷰포트 테이블 재료 다중 지시선 중심 객체

05 대상 객체 지정

❶ 빨간색의 중심선 2개를 클릭합니다. ❷ 명령을 종료하기 위해 Enter를 누릅니다.

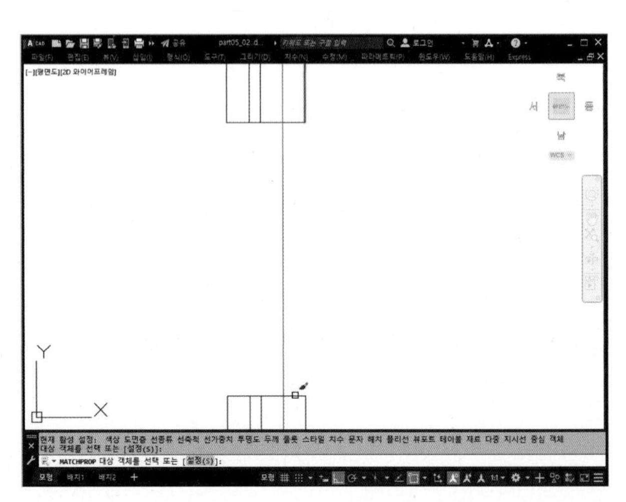

명령

대상 객체를 선택 또는 [설정(S)]: C1 클릭
대상 객체를 선택 또는 [설정(S)]: C2 클릭
대상 객체를 선택 또는 [설정(S)]: Enter

06 블록 삽입

❶ 블록을 삽입하기 위해 INSERT 명령을 실행한 후 현재 도면 탭을 클릭합니다. ❷ 현재 도면 블록에서 창문을 더블클릭합니다.

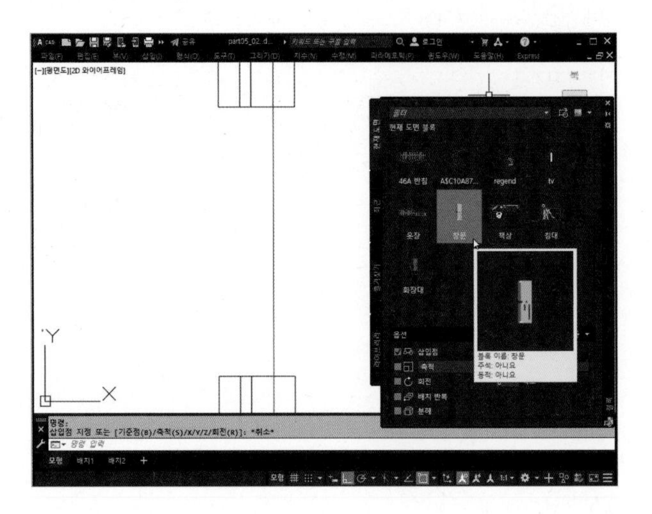

명령

명령: **INSERT** Enter

07 위치 지정

창문의 위치를 지정합니다.

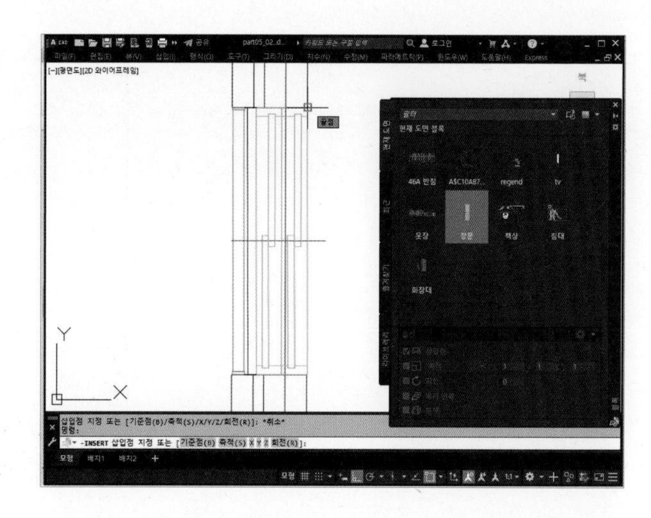

명령

삽입점 지정 또는 [기준점(B)/축척(S)/X/Y/Z/회전(R)]: P1 클릭

08 벽체 선 만들기

❶ 단열재가 들어갈 벽체 선을 만들기 위해 OFFSET 명령을 실행합니다. ❷ 간격 띄우기 거리를 입력한 후 선을 클릭하고 위 방향점을 지정한 다음 Enter를 누릅니다. 창문 블록 때문에 선이 클릭되지 않는다면 창문 블록을 옆으로 이동하고 평행 복사한 후 다시 블록을 원래 위치로 옮겨도 됩니다.

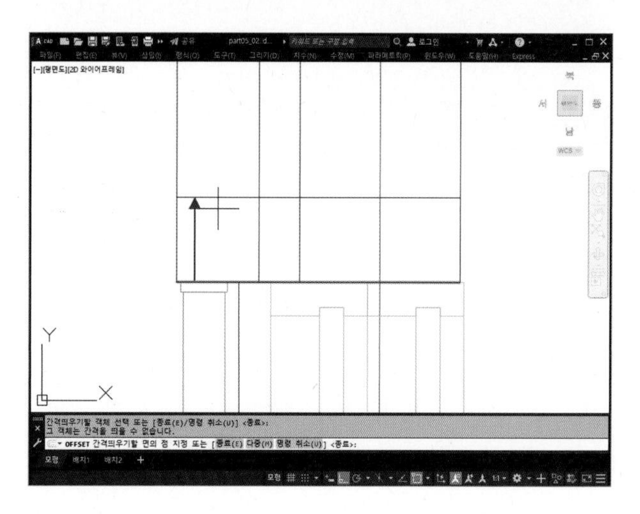

명령

명령: **OFFSET**
현재 설정: 원본 지우기=아니오 도면층=원본 OFFSETGAPTYPE=0
간격 띄우기 거리 지정 또는 [통과점(T)/지우기(E)/도면층(L)] <통과점>: 100 Enter
간격 띄우기할 객체 선택 또는 [종료(E)/명령 취소(U)] <종료>: C1 클릭
간격 띄우기할 면의 점 지정 또는 [종료(E)/다중(M)/명령 취소(U)] <종료>: P1클릭
간격 띄우기할 객체 선택 또는 [종료(E)/명령 취소(U)] <종료>: Enter

09 모깎기

❶ 교차되는 선의 모서리를 정리하기 위해 FILLET 명령을 실행합니다. ❷ 연속으로 모서리를 정리하기 위해 M 옵션을 입력한 후 Enter를 누릅니다. ❸ 첫 번째 객체와 두 번째 객체를 클릭합니다.

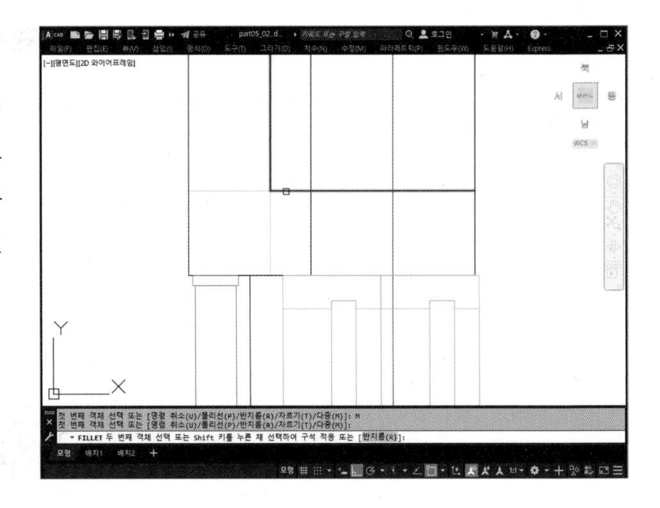

명령

명령: **FILLET** Enter
현재 설정: 모드 = 자르기, 반지름 = 0.0000
첫 번째 객체 선택 또는 [명령 취소(U)/폴리선(P)/반지름(R)/자르기(T)/다중(M)]: M Enter
첫 번째 객체 선택 또는 [명령 취소(U)/폴리선(P)/반지름(R)/자르기(T)/다중(M)]: C1
두 번째 객체 선택 또는 Shift를 누른 채 선택해 구석 적용 또는 [반지름(R)]: C2

10 모서리 정리

❶ 다시 한번 첫 번째 객체와 두 번째 객체를 클릭한 후 ❷ 명령을 종료하기 위해 Enter를 누릅니다.

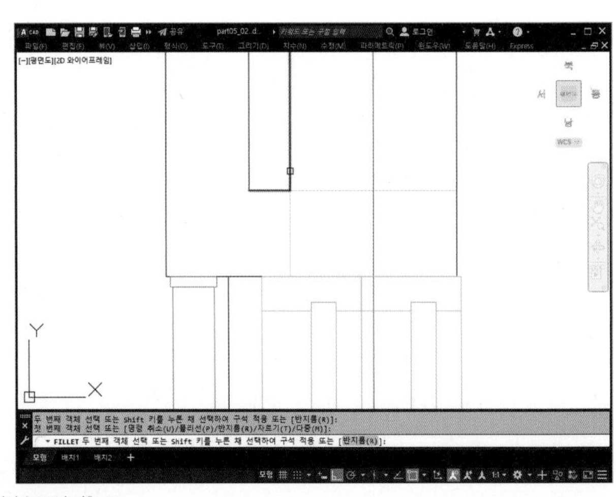

명령

첫 번째 객체 선택 또는 [명령 취소(U)/폴리선(P)/반지름(R)/자르기(T)/다중(M)]: C1
두 번째 객체 선택 또는 Shift를 누른 채 선택해 구석 적용 또는 [반지름(R)]: C2
첫 번째 객체 선택 또는 [명령 취소(U)/폴리선(P)/반지름(R)/자르기(T)/다중(M)]: Enter

11 선 정리

창문 아래 부분도 같은 방법으로 선을 정리합니다.

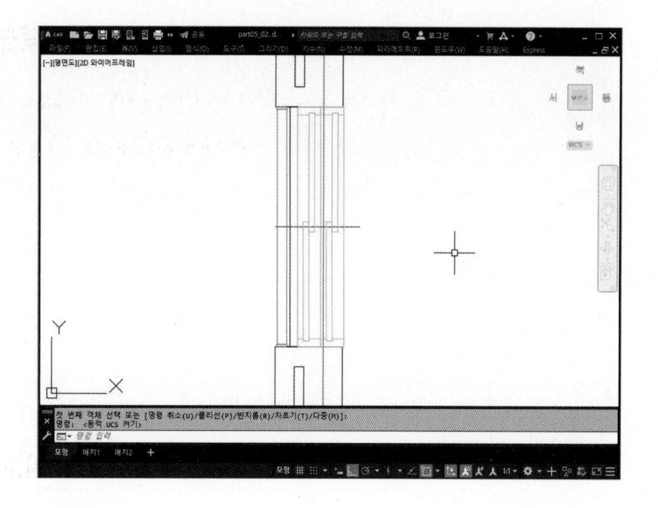

Section

03 아파트 방 평면도 만들기 세 번째 문 만들기

아파트 평면도에 방문이 들어갈 공간을 만들어 보겠습니다. 중심선을 평행 복사한 후 모서리를 정리하고 레이어를 변경하면 됩니다.

Key Word OFFSET, TRIM, CHPRROP

예제 파일 part05_03.dwg 완성 파일 part05_03c.dwg

01 평행 복사하기

OFFSET 명령을 이용해 중심선을 위 방향으로 두 번 평행 복사합니다.

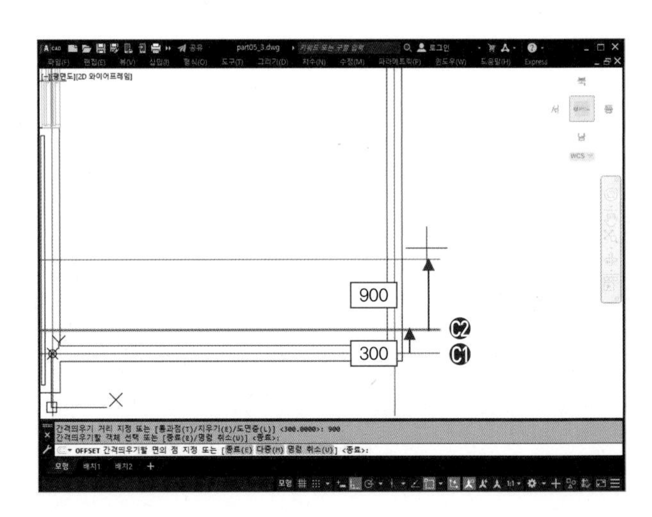

명령

명령: **OFFSET**
현재 설정: 원본 지우기=아니오 도면층=원본 OFFSETGAPTYPE=0
간격 띄우기 거리 지정 또는 [통과점(T)/지우기(E)/도면층(L)] <100.0000>: 300 Enter
간격 띄우기할 객체 선택 또는 [종료(E)/명령 취소(U)] <종료>: C1 클릭
간격 띄우기할 면의 점 지정 또는 [종료(E)/다중(M)/명령 취소(U)] <종료>: P1 클릭
간격 띄우기할 객체 선택 또는 [종료(E)/명령 취소(U)] <종료>: Enter

명령: **OFFSET**
현재 설정: 원본 지우기=아니오 도면층=원본 OFFSETGAPTYPE=0
간격 띄우기 거리 지정 또는 [통과점(T)/지우기(E)/도면층(L)] <300.0000>: 900 Enter
간격 띄우기할 객체 선택 또는 [종료(E)/명령 취소(U)] <종료>: C1 클릭
간격 띄우기할 면의 점 지정 또는 [종료(E)/다중(M)/명령 취소(U)] <종료>: P1 클릭

02 경계선 지정

❶ 선을 자르기 위해 **TRIM** 명령을 실행합니다. ❷ 경계선을 지정하기 위해 T 옵션을 입력한 후 Enter를 누르고 4개의 선을 클릭한 다음 Enter를 누릅니다.

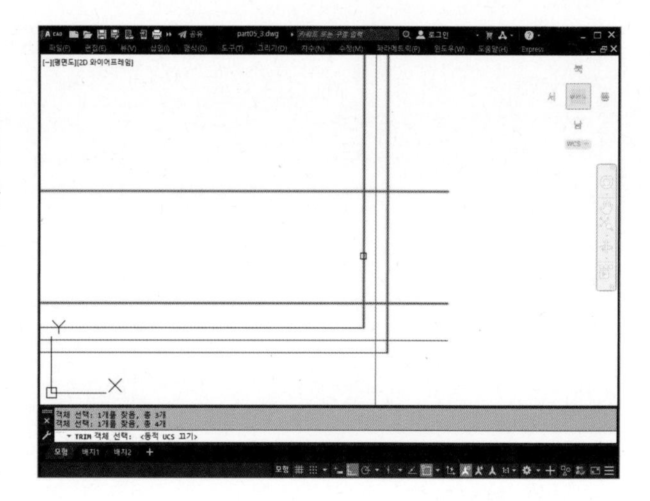

명령

명령: **TRIM** Enter
현재 설정: 투영=UCS, 모서리=없음, 모드=빠른 작업
자를 객체를 선택하거나 Shift를 누른 채로 선택해 확장 또는
[절단 모서리(T)/걸치기(C)/모드(O)/프로젝트(P)/지우기(R)]: T Enter
객체 선택: 1개를 찾음, 총 4개
객체 선택: Enter

03 자르기

❶ 여섯 군데의 자를 객체를 클릭한 후 ❷ 명령을 종료하기 위해 Enter를 누릅니다.

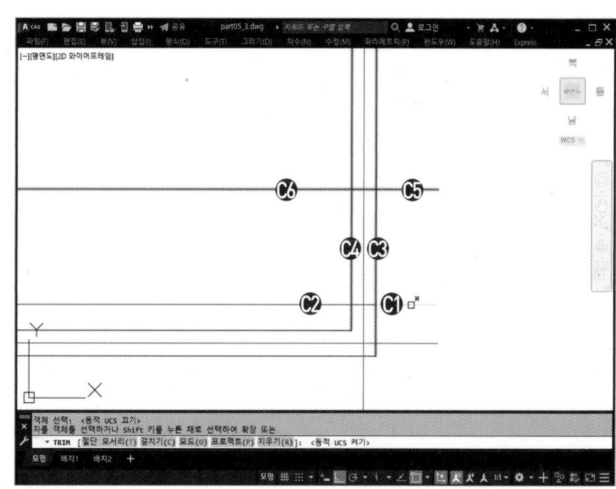

명령

자를 객체를 선택하거나 Shift를 누른 채로 선택해 확장 또는
[절단 모서리(T)/걸치기(C)/모드(O)/프로젝트(P)/지우기(R)/명령 취소(U)]: C1~C6클릭
자를 객체를 선택하거나 Shift를 누른 채로 선택해 확장 또는
[절단 모서리(T)/걸치기(C)/모드(O)/프로젝트(P)/지우기(R)/명령 취소(U)]: Enter

04 레이어 변경하기

❶ 레이어를 변경하기 위해 **CHPROP** 명령을 실행합니다. ❷ LA 옵션을 입력한 후 Enter를 누르고 새 도면층 이름을 입력한 다음 Enter를 두 번 누릅니다.

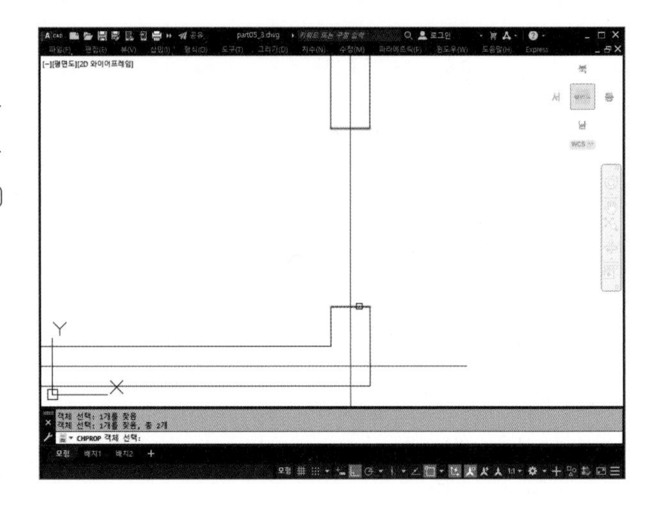

명령

명령: **CHPROP** Enter
객체 선택: C1 클릭
1개를 찾음
객체 선택: C2 클릭
1개를 찾음, 총 2개
객체 선택: Enter
변경할 특성 입력 [색상(C)/도면층(LA)/선 종류(LT)/선 종류 축척(S)/선 가중치(LW)/두께(T)/투명도(TR)/재료(M)/주석(A)]: LA Enter
새 도면층 이름 입력 <CEN>: 0 Enter
변경할 특성 입력 [색상(C)/도면층(LA)/선 종류(LT)/선 종류 축척(S)/선 가중치(LW)/두께(T)/투명도(TR)/재료(M)/주석(A)]: Enter

Section

04 아파트 방 평면도 만들기 네 번째
단열재 및 벽, 바닥 해치 넣기

특성의 선종류를 이용하여 단열재를 만들고, BHATCH를 이용하여 바닥 무늬를 만들어 보겠습니다.

Key Word OFFSET, 특성, 선종류, 선종류 축척, BHATCH

예제 파일 part05_04.dwg 완성 파일 part05_04c.dwg

01 단열재 만들기

❶ OFFSET 명령을 실행한 후 간격 띄우기 거리를 지정하고 ❷ 벽체 선을 클릭한 다음 왼쪽 방향점을 지정합니다. 명령을 종료하기 위해 Enter를 누릅니다.

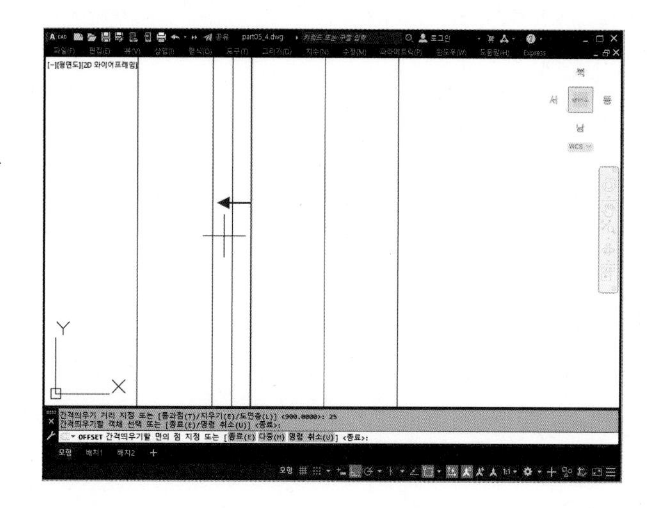

명령

명령: **OFFSET** Enter
현재 설정: 원본 지우기=아니오 도면층=원본 OFFSETGAPTYPE=0
간격 띄우기 거리 지정 또는 [통과점(T)/지우기(E)/도면층(L)] <900.0000>: 25 Enter
간격 띄우기할 객체 선택 또는 [종료(E)/명령 취소(U)] <종료>: C1 클릭
간격 띄우기할 면의 점 지정 또는 [종료(E)/다중(M)/명령 취소(U)] <종료>: P1 클릭
간격 띄우기할 객체 선택 또는 [종료(E)/명령 취소(U)] <종료>: Enter

02 특성 지정하기

❶ 평행 복사된 선을 클릭한 후 선의 속성을 변경하기 위해 마우스 오른쪽 버튼을 누르고 ❷ [특성]을 선택합니다.

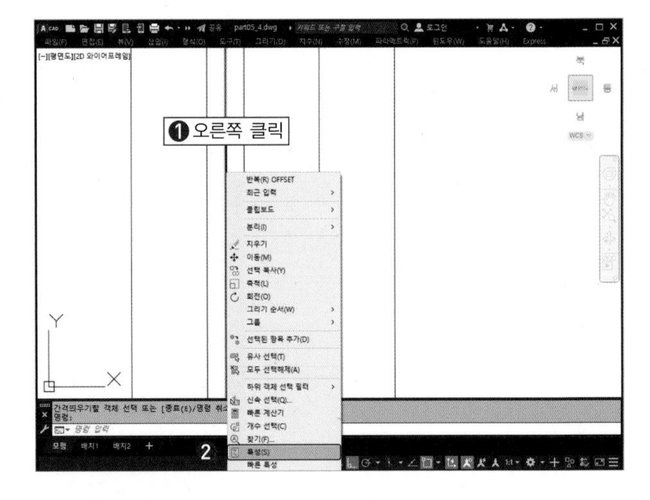

03 선 종류 변경하기

❶ [특성] 대화상자가 나타나면 [일반] 탭에 있는 선 종류를 BATTING으로 변경합니다. ❷ 그 아래 선 종류 축척에 2.3을 입력한 후 [특성] 대화상자를 닫습니다.

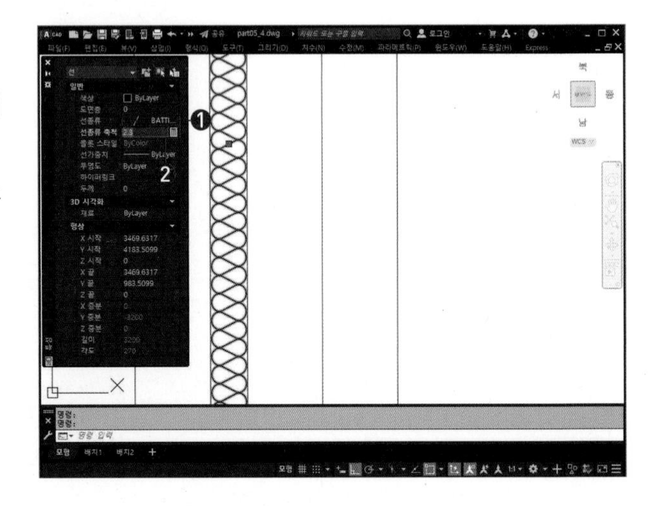

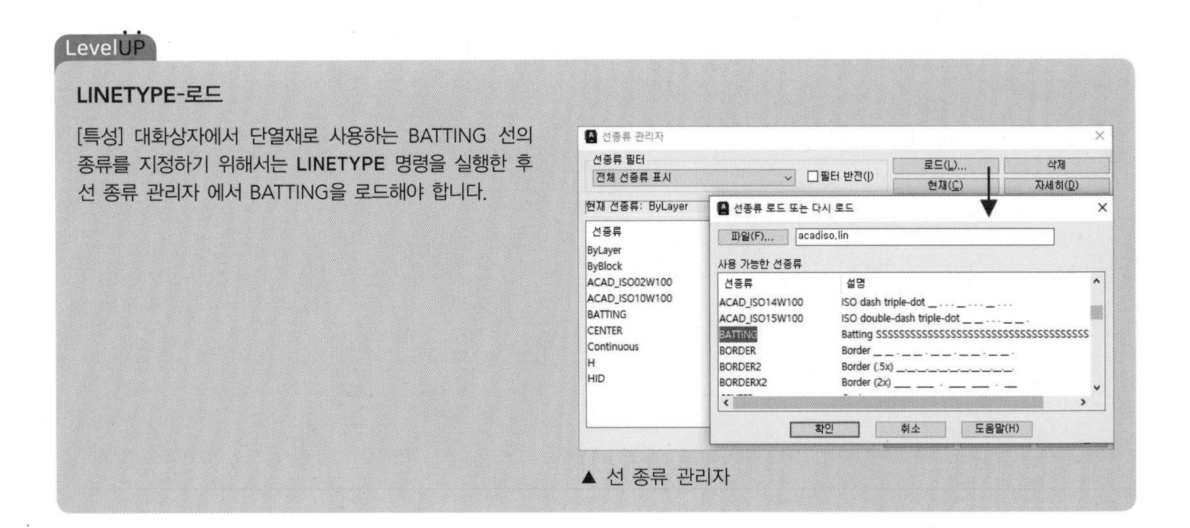

LevelUP

LINETYPE-로드

[특성] 대화상자에서 단열재로 사용하는 BATTING 선의 종류를 지정하기 위해서는 **LINETYPE** 명령을 실행한 후 선 종류 관리자 에서 BATTING을 로드해야 합니다.

▲ 선 종류 관리자

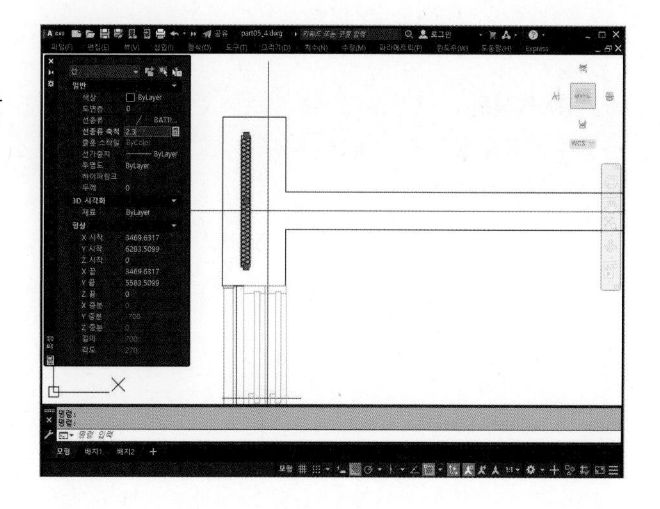

04 단열재 만들기

같은 방법으로 위에 있는 벽체 공간에도 단열재를 만듭니다.

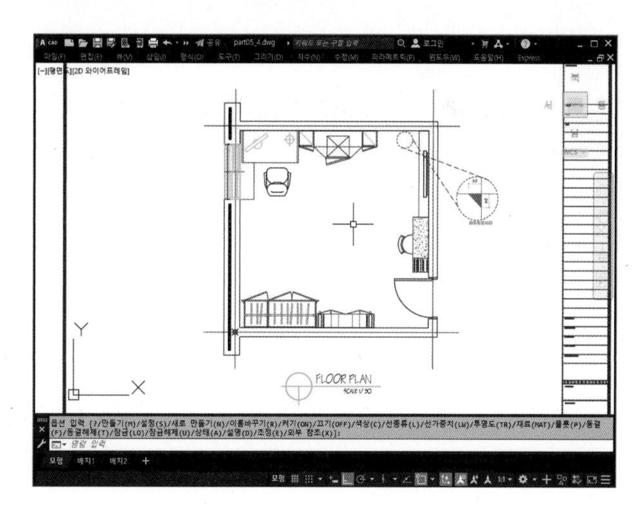

05 숨겨진 도면 보이기

❶ 도면층을 설정하기 위해 명령창에 **-LAYER**를 입력한 후 Enter를 누릅니다. ❷ 숨어 있는 도면을 보여 주기 위해 T 옵션을 입력한 후 도면층의 이름을 입력하고 Enter를 두 번 누릅니다.

명령

명령: **-LAYER** Enter

현재 도면층: "0"
옵션 입력 [?/만들기(M)/설정(S)/새로 만들기(N)/이름 바꾸기(R)/켜기(ON)/끄기(OFF)/색상(C)/선 종류(L)/선 가중치(LW)/투명도(TR)/재료(MAT)/플롯(P)/동결(F)/동결 해제(T)/잠금(LO)/잠금 해제(U)/상태(A)/설명(D)/조정(E)/외부 참조(X)]: T Enter

동결 해제시킬: 도면층의 이름 리스트 입력 1 Enter
옵션 입력 [?/만들기(M)/설정(S)/새로 만들기(N)/이름 바꾸기(R)/켜기(ON)/끄기(OFF)/색상(C)/선 종류(L)/선 가중치(LW)/투명도(TR)/재료(MAT)/플롯(P)/동결(F)/동결 해제(T)/잠금(LO)/잠금 해제(U)/상태(A)/설명(D)/조정(E)/외부 참조(X)]: Enter

06 해치 만들기

BHATCH 명령을 실행합니다. ❶ 해치 패턴을 만들기 위해 [해치] 탭을 누른 후 ❷ [유형 및 패턴]의 [유형]을 [사용자 정의]로 변경합니다. ❸ [각도 및 축척]에서 [각도]를 45로 설정하고 ❹ [간격 두기]에 30을 입력한 후 해치 영역을 지정하기 위해 [경계]의 추가: 점 선택 버튼을 클릭합니다.

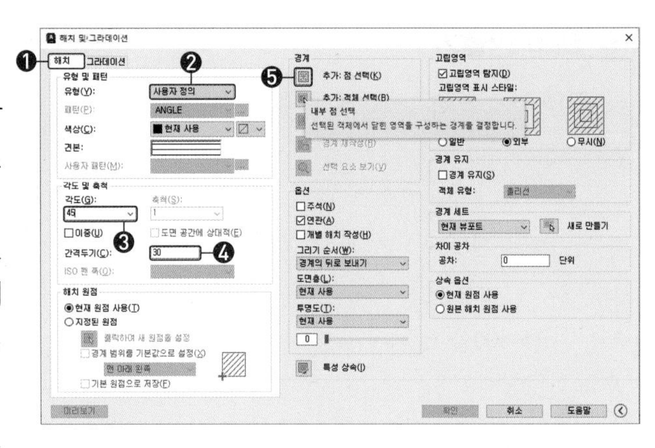

명령

명령: BHATCH Enter

07 해치 넣기

❶ 해치 영역을 지정한 후 Enter를 누릅니다. ❷ [해치 및 그라데이션] 대화상자가 나타나면 [확인] 버튼을 누릅니다.

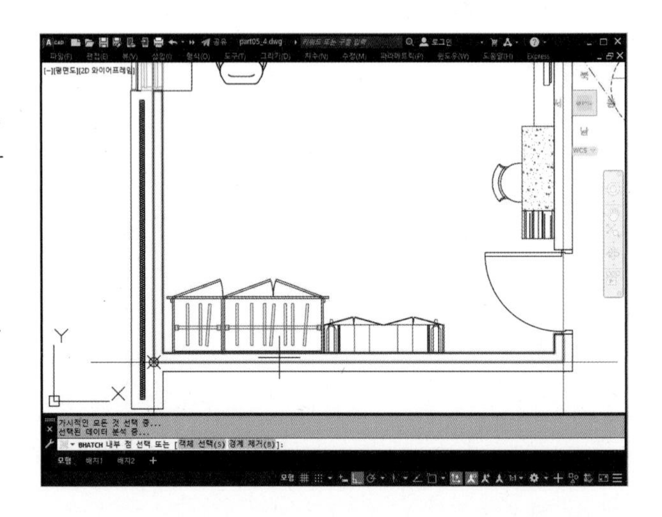

명령

내부 점 선택 또는 [객체 선택(S)/경계 제거(B)]: P1 클릭
모든 것 선택
가시적인 모든 것 선택 중...
선택된 데이터 분석 중...
내부 점 선택 또는 [객체 선택(S)/경계 제거(B)]: Enter

08 벽돌 해치 완성하기

같은 방법으로 나머지 벽체에도 해치를 넣어 줍니다.

09 해치 만들기

BHATCH 명령을 실행합니다. ❶ 해치 패턴을 만들기 위해 [해치] 탭을 누른 후 ❷ [유형 및 패턴]의 [유형]을 [사용자 정의]로 변경합니다. ❸ [각도 및 축척]에서 [각도]를 0으로 설정한 후 ❹ [이중]에 체크 표시를 하고 ❺ [간격 두기]에 500을 입력한 후 해치 영역을 지정하기 위해 ❻ [경계]의 추가: 점 선택 버튼 ⊞을 클릭합니다.

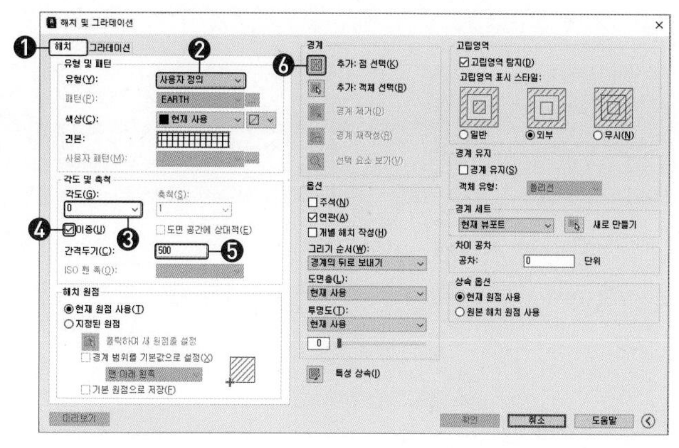

10 해치 넣기

❶ 해치 영역을 지정한 후 Enter를 누릅니다. ❷ [해치 및 그라데이션] 대화상자가 나타나면 [확인] 버튼을 누릅니다.

명령

내부 점 선택 또는 [객체 선택(S)/경계 제거(B)]: P1 클릭
모든 것 선택
가시적인 모든 것 선택 중...
선택된 데이터 분석 중...
내부 점 선택 또는 [객체 선택(S)/경계 제거(B)]: Enter

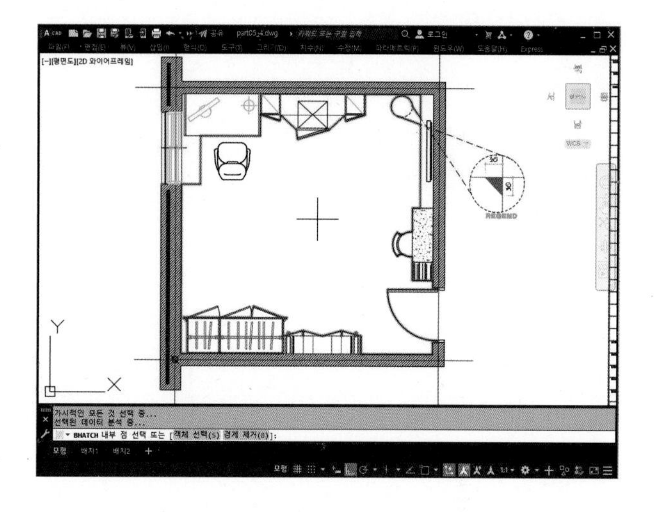

Section

05 아파트 방 평면도 만들기 다섯 번째
치수선 입력하고 높이 지정하기

아파트 평면도에 치수선을 입력한 후 도면을 완성하겠습니다. 치수선은 시공에 중요한 역할을 하기 때문에 정확하게 입력해야 합니다. 공간 개념을 확인하기 위해 높이도 지정해 보겠습니다.

Key Word DIM, DIM(C), CHPROP, HIDE, REGEN

예제 파일 part05_05.dwg 완성 파일 part05_05c.dwg

01 치수선 입력

❶ 치수선을 입력하기 위해 **DIM** 명령을 실행합니다. ❷ 치수 보조선의 첫 번째, 두 번째 점을 지정한 후 치수선의 위치를 지정합니다.

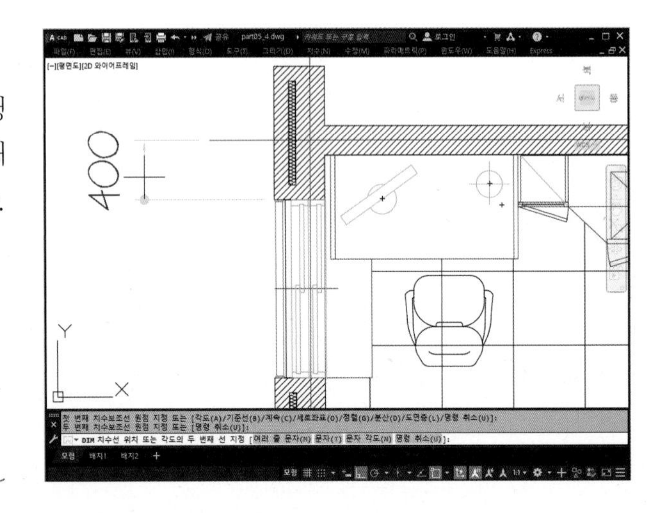

명령

명령: **DIM** (Enter)
객체 선택 또는 첫 번째 치수 보조선 원점 지정 또는 [각도(A)/기준선(B)/계속(C)/세로 좌표(O)/정렬(G)/분산(D)/도면층(L)/명령 취소(U)]:
첫 번째 치수 보조선 원점 지정 또는 [각도(A)/기준선(B)/계속(C)/세로 좌표(O)/정렬(G)/분산(D)/도면층(L)/명령 취소(U)]: P1 클릭
두 번째 치수 보조선 원점 지정 또는 [명령 취소(U)]: P2 클릭
치수선 위치 또는 각도의 두 번째 선 지정 [여러 줄 문자(M)/문자(T)/문자 각도(N)/명령 취소(U)]: P3 클릭
객체 선택 또는 첫 번째 치수 보조선 원점 지정 또는 [각도(A)/기준선(B)/계속(C)/세로 좌표(O)/정렬(G)/분산(D)/도면층(L)/명령 취소(U)]:

02 연속 치수

❶ 연속 치수를 입력하기 위해 C 옵션을 입력한 후 치수선을 클릭합니다. ❷ 치수 보조선의 위치를 두 번 클릭한 후 명령을 해제하기 위해 Esc를 두 번 누릅니다.

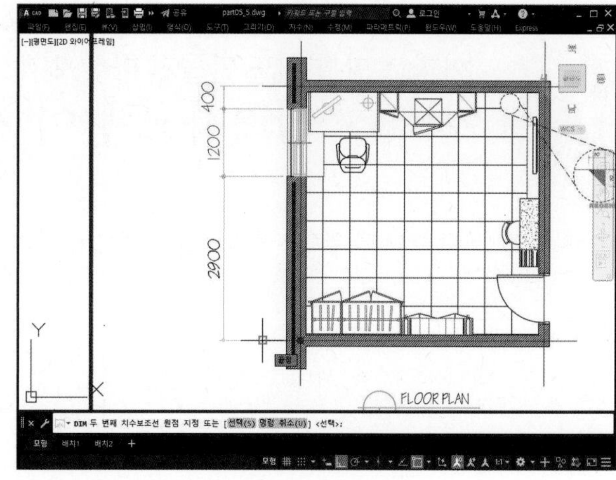

명령

첫 번째 치수 보조선 원점 지정 또는 [각도(A)/기준선(B)/계속(C)/세로 좌표(O)/정렬(G)/분산(D)/도면층(L)/명령 취소(U)]:C
첫 번째 치수 보조선 원점을 지정해 계속: 치수선 클릭
두 번째 치수 보조선 원점 지정 또는 [선택(S)/명령 취소(U)] <선택>: P1 클릭
치수 문자 = 1200
두 번째 치수 보조선 원점 지정 또는 [선택(S)/명령 취소(U)] <선택>: P2 클릭
치수 문자 = 2900
두 번째 치수 보조선 원점 지정 또는 [선택(S)/명령 취소(U)] <선택>: Esc

객체 선택 또는 첫 번째 치수 보조선 원점 지정 또는 [각도(A)/기준선(B)/계속(C)/세로 좌표(O)/정렬(G)/분산(D)/도면층(L)/명령 취소(U)]: Esc

03 완성하기

같은 방법으로 나머지 치수를 입력한 후 해치, 단열재를 원하는 색으로 변경합니다. 중심선의 선 종류 축적도 여러분이 직접 변경해 보기 바랍니다.

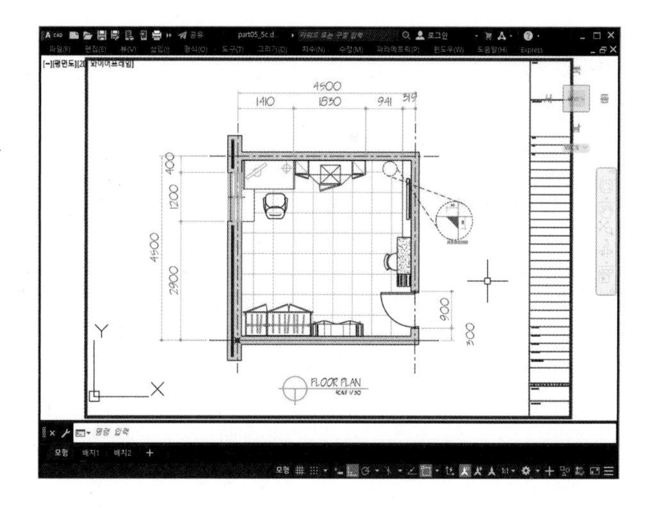

04 3차원 뷰 전환

❶ 공간의 입체감을 확인하기 위해 -VPOINT 명령을 실행합니다. ❷ 관측점을 입력한 후 Enter를 누릅니다.

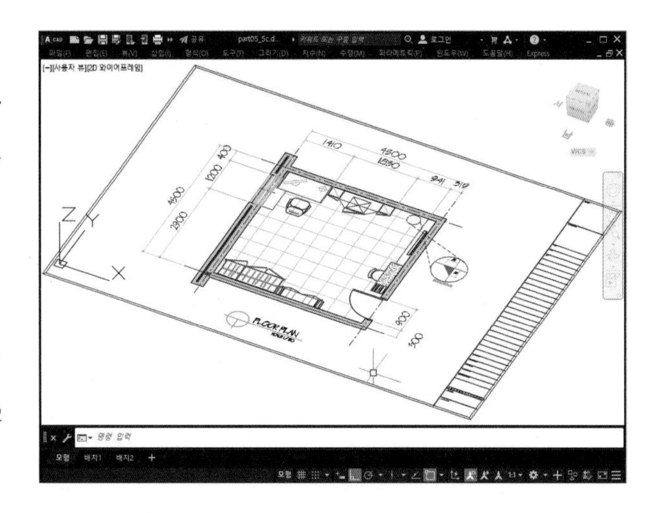

명령

현재 뷰 방향: VIEWDIR=0.0000,0.0000,7392.7825
관측점 지정 또는 [회전(R)] <나침반과 삼각대 표시>: 1,-2,2 Enter
모형 재생성 중...

05 선택하기

❶ 객체의 특성을 변경하기 위해 CHPROP 명령을 실행한 후 ❷ 객체 선택을 위해 좌측 상단에서 우측 하단으로 드래그합니다.

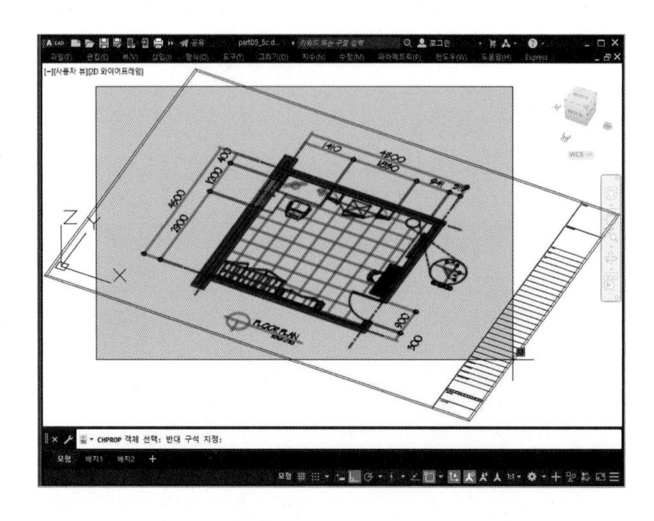

명령

명령: **CHPROP** Enter
객체 선택: P1 클릭
반대 구석 지정: P2 클릭
77개를 찾음

06 선택 제거

❶ 선택된 객체를 선택 해제하기 위해 R 옵션을 입력한 후 Enter를 누릅니다. ❷ 좌측 상단에서 우측 하단으로 드래그해 객체를 선택한 후 Enter를 누릅니다.

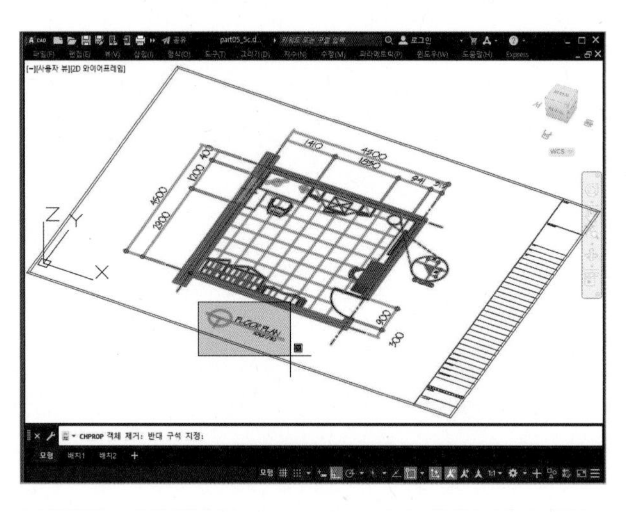

명령

객체 선택: **R** Enter
객체 제거: P1 클릭
반대 구석 지정: P2 클릭
5개 찾음, 5개 제거됨, 총 72개

객체 제거: Enter

07 높이 지정하기

❶ 높이를 지정하기 위해 T 옵션을 입력한 후 Enter를 누르고 두께 값을 입력한 다음 Enter를 두 번 누릅니다. ❷ 은선을 제거하기 위해 **HIDE** 명령을 실행합니다. **HIDE** 명령을 해제하려면 **REGEN** 명령을 실행하면 됩니다.

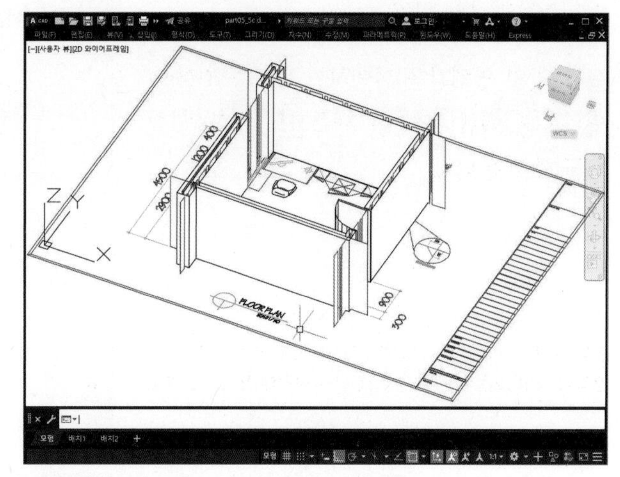

명령

변경할 특성 입력 [색상(C)/도면층(LA)/선 종류(LT)/선 종류 축척(S)/선 가중치(LW)/두께(T)/투명도(TR)/재료(M)/주석(A)]: T
새 두께을(를) 지정 <0.0000>: 2400 Enter
변경할 특성 입력 [색상(C)/도면층(LA)/선 종류(LT)/선 종류 축척(S)/선 가중치(LW)/두께(T)/투명도(TR)/재료(M)/주석(A)]: Enter

DIMENSION의 두께를 변경할 수 없습니다.
BLOCKs의 두께를 변경할 수 없습니다.
HATCH의 두께를 변경할 수 없습니다.
명령: **HIDE**
모형 재생성 중...

Section

06 주택 입면도 첫 번째 지붕 만들기

주택 입면도의 지붕을 만들어 보겠습니다. 단, 방향 무한 직선을 이용해 지붕 선을 만들고 이를 복사, 모깎기, 자르기를 이용해 지붕을 만들겠습니다.

Key Word **RAY, FILLET, TRIM**

예제 파일 **part05_06.dwg** 완성 파일 **part05_06c.dwg**

01 무한 직선 만들기

❶ 단방향 무한 직선을 만들기 위해 **RAY** 명령을 실행한 후 ❷ 시작점을 클릭합니다.

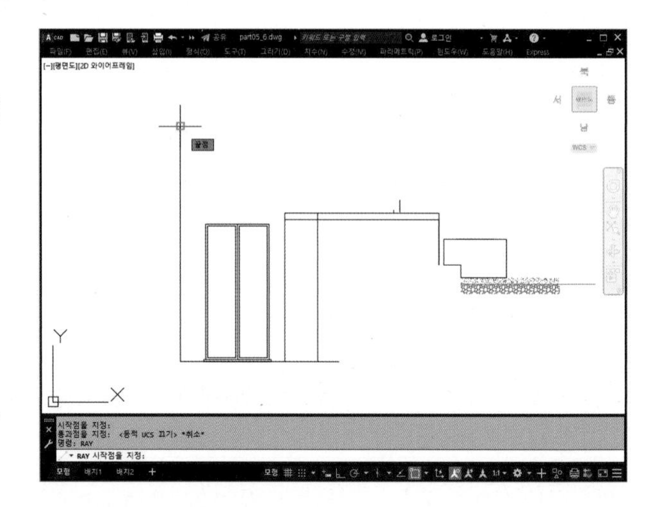

명령

명령: **RAY** Enter
시작점을 지정: P1 클릭

02 두 번째 점 지정

두 번째 점을 지정합니다.

명령

통과점을 지정한 후 Enter를 누릅니다.
통과점을 지정: P1 클릭
통과점을 지정: Enter

03 평행 복사

❶ 지붕선을 평행 복사하기 위해 **OFFSET** 명령을 실행한 후 간격 띄우기 거리를 입력하고 Enter를 누릅니다. ❷ 객체를 선택한 후 방향점을 지정하고 Enter를 누릅니다.

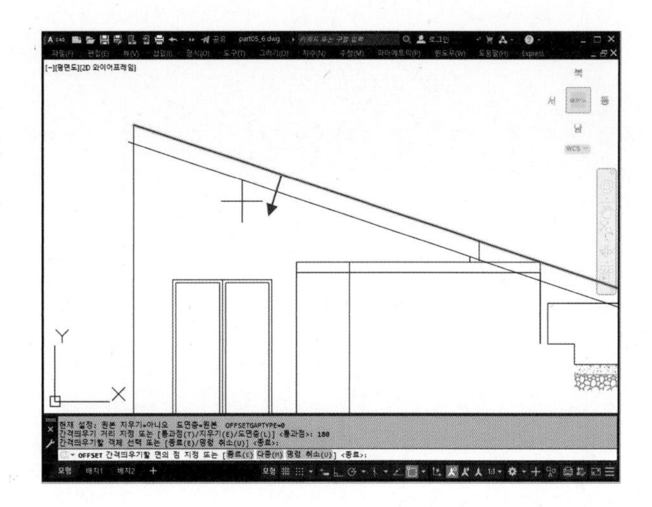

명령

명령: **OFFSET** Enter
현재 설정: 원본 지우기=아니오 도면층=원본 OFFSETGAPTYPE=0
간격 띄우기 거리 지정 또는 [통과점(T)/지우기(E)/도면층(L)] <통과점>: 180 Enter
간격 띄우기할 객체 선택 또는 [종료(E)/명령 취소(U)] <종료>: C1 클릭
간격 띄우기할 면의 점 지정 또는 [종료(E)/다중(M)/명령 취소(U)] <종료>: P1 클릭
간격 띄우기할 객체 선택 또는 [종료(E)/명령 취소(U)] <종료>: Enter

04 모깎기

❶ 모서리를 정리하기 위해 **FILLET** 명령을 실행한 후 연속으로 모깎기를 하기 위해 M 옵션을 입력하고 Enter를 누릅니다. ❷ 네 군데의 모서리를 클릭한 후 Enter를 누릅니다.

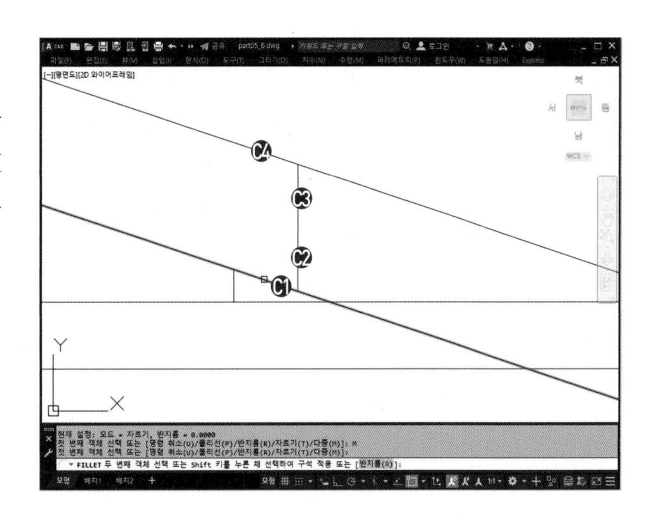

명령

명령: **FILLET** Enter
현재 설정: 모드 = 자르기, 반지름 = 0.0000
첫 번째 객체 선택 또는 [명령 취소(U)/폴리선(P)/반지름(R)/자르기(T)/다중(M)]: M Enter
첫 번째 객체 선택 또는 [명령 취소(U)/폴리선(P)/반지름(R)/자르기(T)/다중(M)]: C1
두 번째 객체 선택 또는 Shift를 누른 채 선택해 구석 적용 또는 [반지름(R)]: C2
첫 번째 객체 선택 또는 [명령 취소(U)/폴리선(P)/반지름(R)/자르기(T)/다중(M)]: C3
두 번째 객체 선택 또는 Shift를 누른 채 선택해 구석 적용 또는 [반지름(R)]: C4
첫 번째 객체 선택 또는 [명령 취소(U)/폴리선(P)/반지름(R)/자르기(T)/다중(M)]: Enter

05 자르기

❶ 선을 자르기 위해 TRIM 명령을 실행한 후 ❷ 자를 객체를 클릭하고 Enter를 누릅니다.

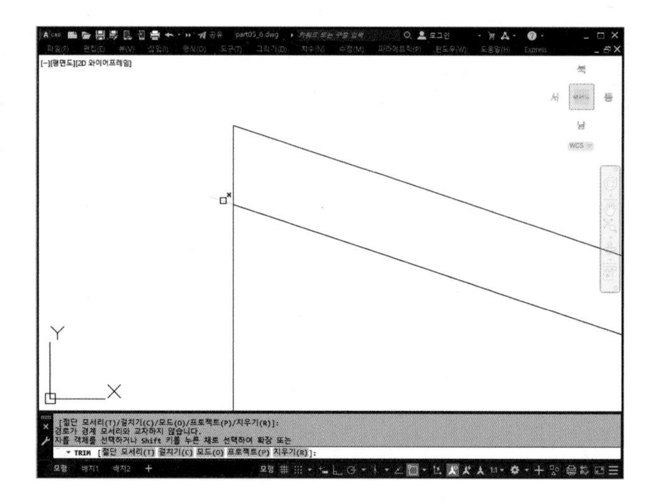

명령

명령: **TRIM** Enter
현재 설정: 투영=UCS, 모서리=없음, 모드=빠른 작업
자를 객체를 선택하거나 Shift를 누른 채로 선택해 확장 또는
[절단 모서리(T)/걸치기(C)/모드(O)/프로젝트(P)/지우기(R)]: C1 클릭
자를 객체를 선택하거나 Shift를 누른 채로 선택해 확장 또는
[절단 모서리(T)/걸치기(C)/모드(O)/프로젝트(P)/지우기(R)/명령 취소(U)]: Enter

Section

07 주택 입면도 두 번째 창문 만들기

창문은 주택 입면도에서 반드시 들어가야 하는 요소입니다. 사각형을 만든 후 이를 평행 복사하고 각 모서리를 잘라 창문 입면도를 만들어 보겠습니다.

Key Word RECTANGLE, OFFSET, EXPLODE, TRIM, ARRAY　　예제 파일 part05_07.dwg　완성 파일 part05_07c.dwg

01 창틀 만들기

❶ 사각형을 만들기 위해 **RECTANGLE** 명령을 실행한 후 첫 번째 구석점을 지정하고 ❷ 크기를 좌표로 입력한 다음 Enter를 누릅니다.

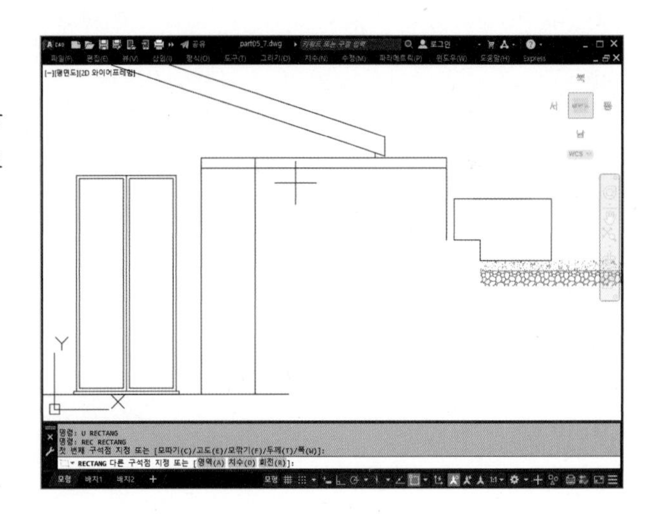

명령

명령: **RECTANGLE** Enter
첫 번째 구석점 지정 또는 [모따기(C)/고도(E)/모깎기(F)/두께(T)/폭(W)]: P1 클릭
다른 구석점 지정 또는 [영역(A)/치수(D)/회전(R)]: @1200,-500 Enter

02 평행 복사

❶ 객체를 평행 복사하기 위해 **OFFSET** 명령을 실행한 후 간격 띄우기 거리를 입력하고 Enter를 누릅니다. ❷ 사각형을 클릭한 후 안쪽 방향점을 클릭합니다. 다시 한번 복사된 사각형을 클릭한 후 안쪽 방향점을 지정하고 Enter를 누릅니다.

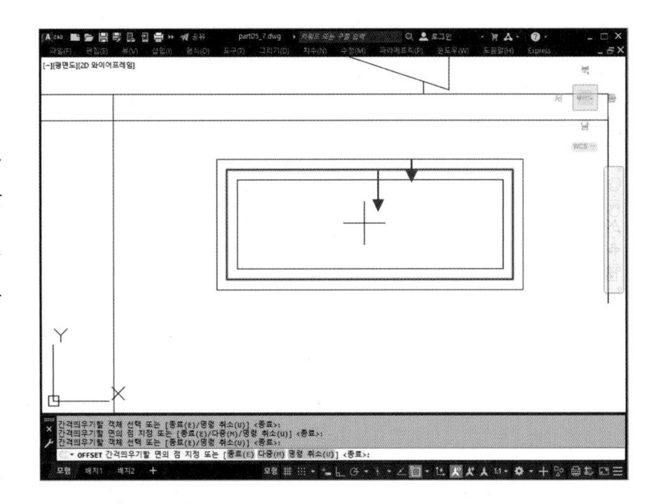

명령

명령: **OFFSET** Enter
현재 설정: 원본 지우기=아니오 도면층=원본 OFFSETGAPTYPE=0
간격 띄우기 거리 지정 또는 [통과점(T)/지우기(E)/도면층(L)] <180.0000>: 40 Enter
간격 띄우기할 객체 선택 또는 [종료(E)/명령 취소(U)] <종료>: C1
간격 띄우기할 면의 점 지정 또는 [종료(E)/다중(M)/명령 취소(U)] <종료>: P1
간격 띄우기할 객체 선택 또는 [종료(E)/명령 취소(U)] <종료>: C2
간격 띄우기할 면의 점 지정 또는 [종료(E)/다중(M)/명령 취소(U)] <종료>: P2
간격 띄우기할 객체 선택 또는 [종료(E)/명령 취소(U)] <종료>: Enter

03 분해하기

객체를 분해하기 위해 EXPLODE 명령을 실행하고 사각형을 클릭한 후 Enter 누릅니다.

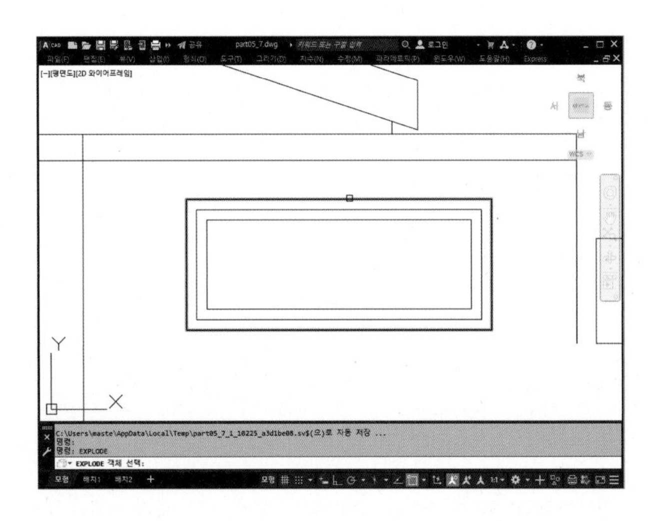

명령

명령: **EXPLODE** Enter
객체 선택: 사각형 클릭
1개를 찾음
객체 선택: Enter

04 평행 복사

❶ 객체를 평행 복사하기 위해 **OFFSET** 명령을 실행한 후 간격 띄우기 거리를 입력하고 Enter를 누릅니다. ❷ 수직선을 클릭한 후 안쪽 방향점을 클릭하고 Enter를 누릅니다.

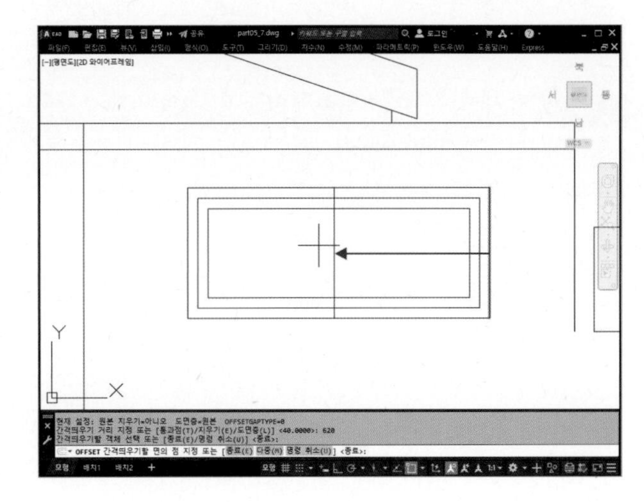

명령

명령: **OFFSET**
현재 설정: 원본 지우기=아니오 도면층=원본 OFFSETGAPTYPE=0
간격 띄우기 거리 지정 또는 [통과점(T)/지우기(E)/도면층(L)] <40.0000>: 620 Enter
간격 띄우기할 객체 선택 또는 [종료(E)/명령 취소(U)] <종료>: C1 클릭
간격 띄우기할 면의 점 지정 또는 [종료(E)/다중(M)/명령 취소(U)] <종료>: P1 클릭

05 평행 복사

❶ 객체를 평행 복사하기 위해 **OFFSET** 명령을 실행한 후 간격 띄우기 거리를 입력하고 Enter를 누릅니다. ❷ 수직선을 클릭한 후 안쪽 방향점을 클릭하고 Enter를 누릅니다.

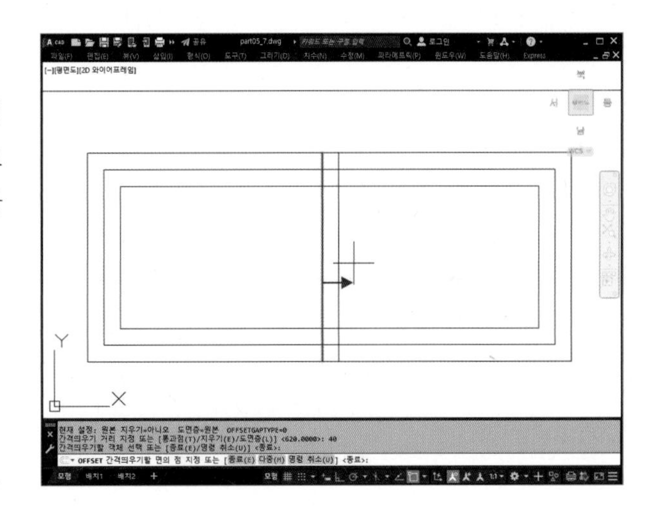

명령

명령: **OFFSET**
현재 설정: 원본 지우기=아니오 도면층=원본 OFFSETGAPTYPE=0
간격 띄우기 거리 지정 또는 [통과점(T)/지우기(E)/도면층(L)] <620.0000>: 40 Enter
간격 띄우기할 객체 선택 또는 [종료(E)/명령 취소(U)] <종료>: C1 클릭
간격 띄우기할 면의 점 지정 또는 [종료(E)/다중(M)/명령 취소(U)] <종료>: P1 클릭

06 자르기

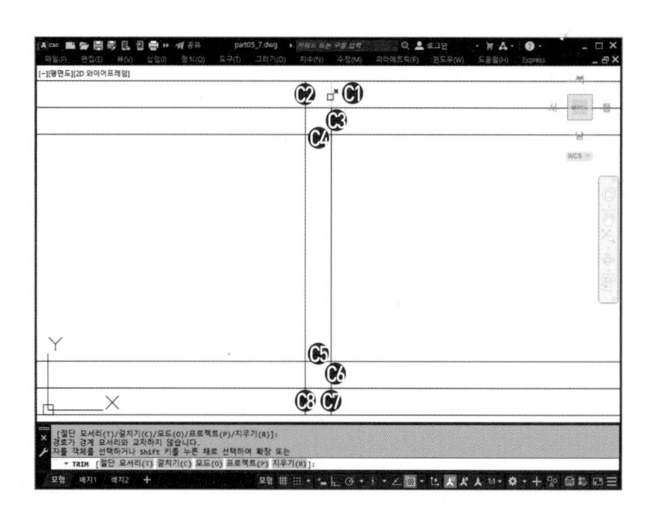

❶ 객체를 자르기 위해 TRIM 명령을 실행한 후 여덟 군데를 위에서부터 클릭합니다. ❷ 명령을 종료하기 위해 Enter를 누릅니다.

명령

명령: **TRIM** Enter
현재 설정: 투영=UCS, 모서리=없음, 모드=빠른 작업
자를 객체를 선택하거나 Shift를 누른 채로 선택해 확장 또는
[절단 모서리(T)/걸치기(C)/모드(O)/프로젝트(P)/지우기(R)]:
C1~C8 클릭
경로가 경계 모서리와 교차하지 않습니다.
자를 객체를 선택하거나 Shift를 누른 채로 선택해 확장 또는
[절단 모서리(T)/걸치기(C)/모드(O)/프로젝트(P)/지우기(R)]:
Enter

07 배열하기

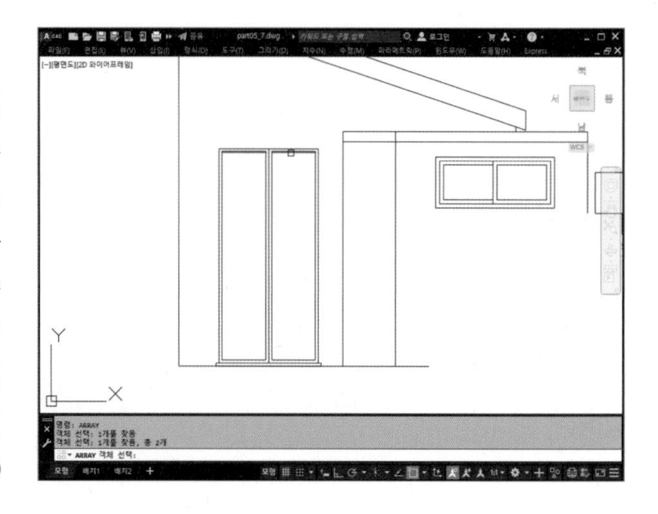

❶ 객체를 배열하기 위해 ARRAY 명령을 실행한 후 2개의 객체를 클릭하고 Enter를 누릅니다. ❷ 사각 배열을 위해 R 옵션을 입력한 후 Enter를 누릅니다. ❸ 개수를 지정하기 위해 COU 옵션을 입력한 후 Enter를 누르고 열, 행수를 입력한 다음 Enter를 누릅니다. ❹ 간격을 지정하기 위해 S 옵션을 입력한 후 Enter를 누르고 행 사이의 열, 행 사이의 간격을 입력한 다음 Enter를 누릅니다. ❺ 명령을 종료하기 위해 Enter를 누릅니다.

명령

명령: **ARRAY**
객체 선택: C1 클릭
1개를 찾음
객체 선택: C2 클릭
1개를 찾음, 총 2개
객체 선택: Enter
배열 유형 입력 [직사각형(R)/경로(PA)/원형(PO)] <원형>: R Enter
유형 = 직사각형 연관 = 예
그립을 선택해 배열을 편집하거나 [연관(AS)/기준점(B)/개수(COU)/간격 두기(S)/열(COL)/행(R)/레벨(L)/종료(X)] <종료>: COU Enter
열 수 입력 또는 [표현식(E)] <4>: 1 Enter
행 수 입력 또는 [표현식(E)] <3>: 26 Enter
그립을 선택해 배열을 편집하거나 [연관(AS)/기준점(B)/개수(COU)/간격 두기(S)/열(COL)/행(R)/레벨(L)/종료(X)] <종료>: S Enter
열 사이의 거리 지정 또는 [단위 셀(U)] <1410>: 1 Enter
행 사이의 거리 지정 <1>: -80 Enter
그립을 선택해 배열을 편집하거나 [연관(AS)/기준점(B)/개수(COU)/간격 두기(S)/열(COL)/행(R)/레벨(L)/종료(X)] <종료>: Enter

Section

08 주택 입면도 여덟 번째 해치 넣기

내부가 채워진 벽면 공간에 솔리드 해치를 넣어 보겠습니다. 해치를 넣기 위해서는 내부 공간에 뚫린 부분이 있으면 안 됩니다.

Key Word BHATCH, -LAYER, CHPROP   예제 파일 part05_08.dwg 완성 파일 part05_08c.dwg

01 솔리드 해치 넣기

벽면에 솔리드 해치를 넣기 위해 BHATCH 명령을 실행합니다. ❶ [해치 및 그라데이션] 대화상자가 나타나면 [고립 영역]의 [고립 영역 표시 스타일]을 [외부]로 선택하고 ❷ 미리 정의된 해치 패턴을 불러오기 위해 [해치] 탭을 누른 후 ❸ [유형 및 패턴]의 패턴 버튼을 클릭합니다. ❹ [해치 패턴 팔레트] 대화상자가 나타나면 ❺ [기타 미리 정의] 탭을 선택한 후 SOLID를 선택하고 ❻ [확인] 버튼을 클릭합니다. ❼ 다시 [해치 및 그라데이션] 대화상자가 나타나면 해치 영역을 지정하기 위해 [경계]의 추가: 점 선택 아이콘을 클릭합니다.

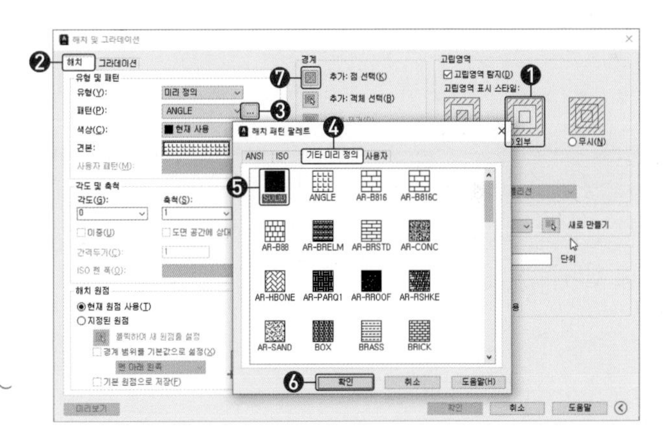

명령

명령: BHATCH

02 영역 지정하기

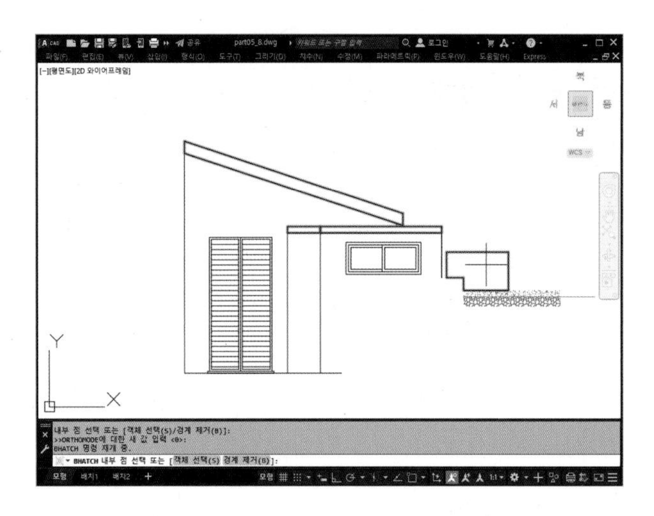

❶ 네 군데의 해치 영역을 지정한 후 Enter를 누릅니다. ❷ 내부 점을 클릭할 경우, 어딘가 뚫린 부분이 있다면 해치가 입력되지 않습니다. ❸ 다시 [해치 및 그라데이션] 대화상자가 나타나면 [확인] 버튼을 클릭합니다. ❹ 네 군데의 벽면에 솔리드 해치가 적용된 것을 확인할 수 있습니다.

명령

내부 점 선택 또는 [객체 선택(S)/경계 제거(B)]: P1~P4 클릭
모든 것 선택
가시적인 모든 것 선택 중...
선택된 데이터 분석 중...
내부 고립 영역 분석 중...
내부 점 선택 또는 [객체 선택(S)/경계 제거(B)]: Enter

03 숨겨진 도면 보이기

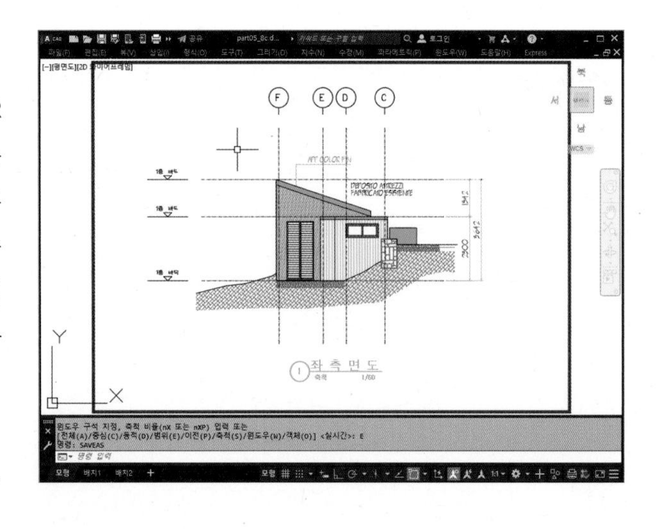

❶ 도면층 설정을 하기 위해 명령창에 **-LAYER**를 입력한 후 Enter를 누릅니다. ❷ 숨어 있는 도면을 보여 주기 위해 T 옵션을 입력한 후 도면층의 이름을 입력하고 Enter를 두 번 누릅니다. 다른 벽체에도 여러분이 직접 해치를 만들어 보고 색상은 **CHPROP** 명령을 사용해 원하는 색상으로 변경합니다.

명령

명령: **-LAYER** Enter
현재 도면층: "0"
옵션 입력 [?/만들기(M)/설정(S)/새로 만들기(N)/이름 바꾸기(R)/켜기(ON)/끄기(OFF)/색상(C)/선 종류(L)/선 가중치(LW)/투명도(TR)/재료(MAT)/플롯(P)/동결(F)/동결 해제(T)/잠금(LO)/잠금 해제(U)/상태(A)/설명(D)/조정(E)]: T Enter

동결 해제시킬: 도면층의 이름 리스트 입력 1 Enter
옵션 입력 [?/만들기(M)/설정(S)/새로 만들기(N)/이름 바꾸기(R)/켜기(ON)/끄기(OFF)/색상(C)/선 종류(L)/선 가중치(LW)/투명도(TR)/재료(MAT)/플롯(P)/동결(F)/동결 해제(T)/잠금(LO)/잠금 해제(U)/상태(A)/설명(D)/조정(E)]: Enter

Section

09 설계 실무도 익히고 캐드 자격증 따기! 첫 번째 평면도 만들기

여기서는 설계 사무소에서 실제로 사용하는 캐드 실무에 대해 다뤄 보겠습니다. 건축, 인테리어, 전기, 전자, 기계, 산업 디자인 등 각종 설계 사무소에서 다루는 기법입니다. 또한 실무 방법을 익히면서 오토캐드 자격증(ATC 2급, 1급)을 취득할 수 있는 방법도 익힐 수 있습니다. 그 첫 번째 단계로 평면도를 그려 보겠습니다.

Key Word **LINE, TAN, TRIM, REGION**　　예제 파일 **part05_09.dwg** 완성 파일 **part05_09c.dwg**

01 접선 그리기

❶ 선을 그리기 위해 **LINE** 명령을 실행합니다. ❷ 접점을 지정하기 위해 첫 번째 점 지정에 **TAN**을 입력한 후 Enter를 누르고 작은 원의 왼쪽 부분을 클릭합니다.

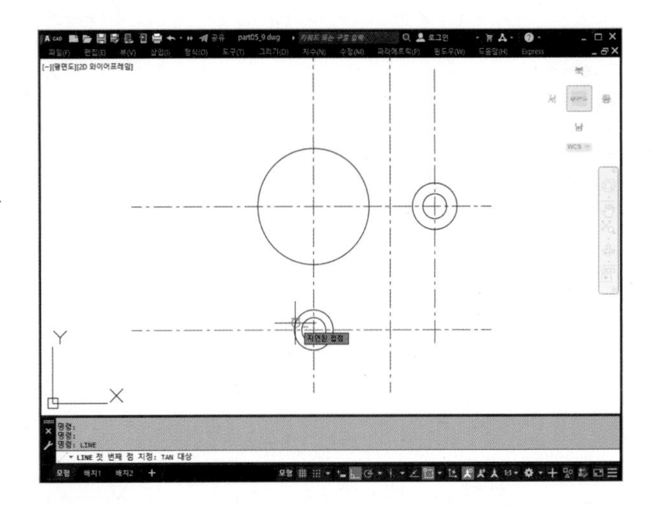

명령

명령: **LINE** Enter

첫 번째 점 지정: TAN Enter
대상 C1 클릭

Point

접점
접점은 선과 선이 접하는 점(Tangent)을 의미합니다.

02 접점 지정

❶ 다시 한번 다음 점 지정에 TAN을 입력한 후 Enter 누르고 큰 원의 왼쪽 부분을 클릭합니다. ❷ 명령을 종료하기 위해 Enter를 누릅니다.

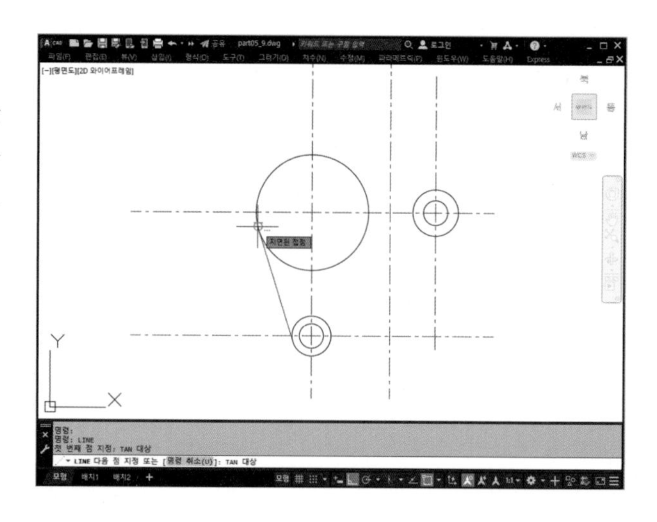

명령

다음 점 지정 또는 [명령 취소(U)]: TAN Enter
대상 C1 클릭
다음 점 지정 또는 [명령 취소(U)]: Enter

03 다른 접선 그리기

❶ 선을 그리기 위해 LINE 명령을 실행합니다. ❷ 접점을 지정하기 위해 첫 번째 점 지정에 TAN을 입력한 후 Enter를 누르고 작은 원의 왼쪽 부분을 클릭합니다.

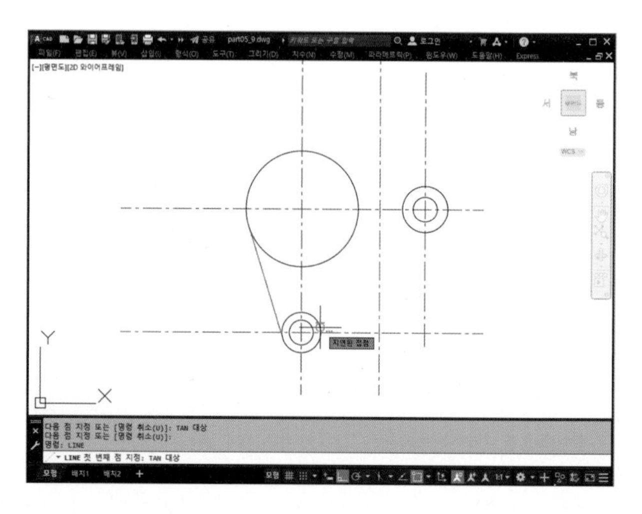

명령

명령: **LINE** Enter

첫 번째 점 지정: TAN Enter
대상 C1 클릭

04 접점 지정

❶ 다시 한번 다음 점 지정에 TAN을 입력한 후 Enter를 누르고 큰 원의 왼쪽 부분을 클릭합니다. ❷ 명령을 종료하기 위해 Enter를 누릅니다.

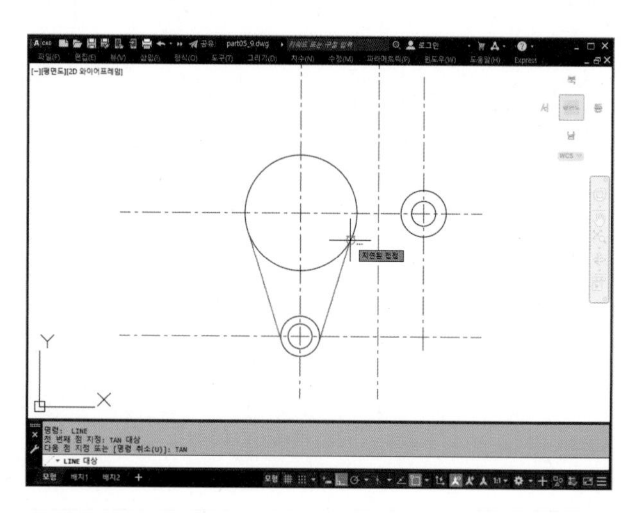

명령

다음 점 지정 또는 [명령 취소(U)]: TAN Enter
대상 C1 클릭
다음 점 지정 또는 [명령 취소(U)]: Enter

05 모서리 자르기

❶ 겹친 선의 일부분을 자르기 위해 TRIM 명령을 실행합니다. ❷ 경계 모서리를 지정하기 위해 T를 입력한 후 Enter를 누르고 2개의 접선을 클릭한 다음 Enter를 누릅니다.

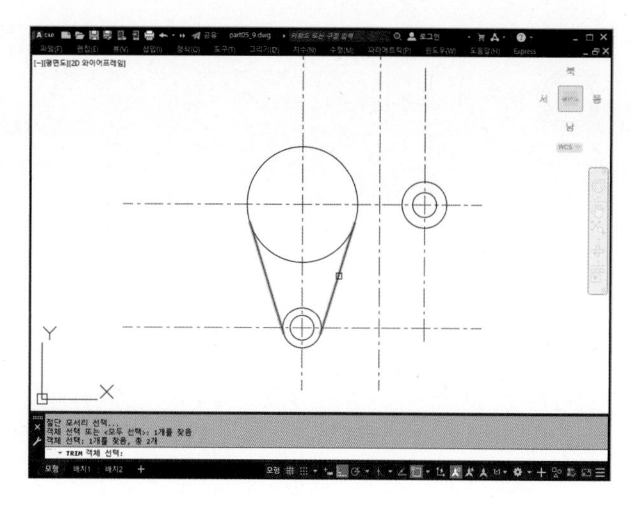

명령

명령: **TRIM** Enter
현재 설정: 투영=UCS, 모서리=없음, 모드=빠른 작업
자를 객체를 선택하거나 Shift를 누른 채로 선택해 확장 또는
[절단 모서리(T)/걸치기(C)/모드(O)/프로젝트(P)/지우기(R)]: T Enter
현재 설정: 투영=UCS, 모서리=없음, 모드=빠른 작업
절단 모서리 선택
객체 선택 또는 <모두 선택>: C1, C2 클릭
객체 선택: Enter

06 자를 객체 지정

❶ 객체를 자르기 위해 큰 원의 아래 부분과 작은 원의 위 부분을 클릭합니다. ❷ 명령을 종료하기 위해 Enter를 누릅니다.

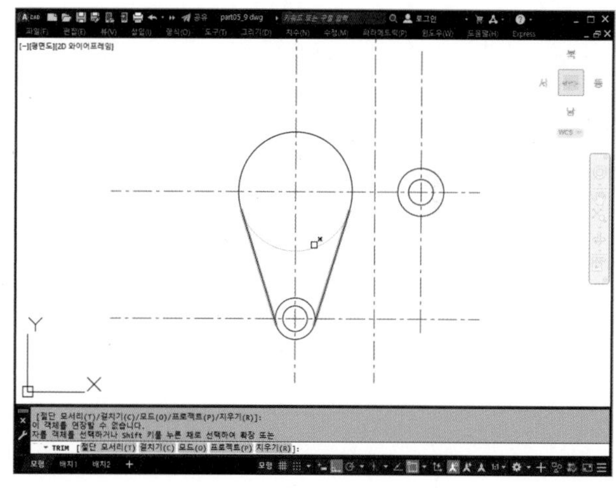

명령

자를 객체를 선택하거나 Shift를 누른 채로 선택해 확장 또는
[절단 모서리(T)/걸치기(C)/모드(O)/프로젝트(P)/지우기(R)]: C1 클릭
자를 객체를 선택하거나 Shift를 누른 채로 선택해 확장 또는
[절단 모서리(T)/걸치기(C)/모드(O)/프로젝트(P)/지우기(R)/명령 취소(U)]: C2 클릭

07 면 만들기

❶ 면을 만들기 위해 REGION 명령을 실행한 후 좌측 상단에서 우측 하단으로 드래그해 객체를 선택하고 ❷ Enter를 누릅니다.

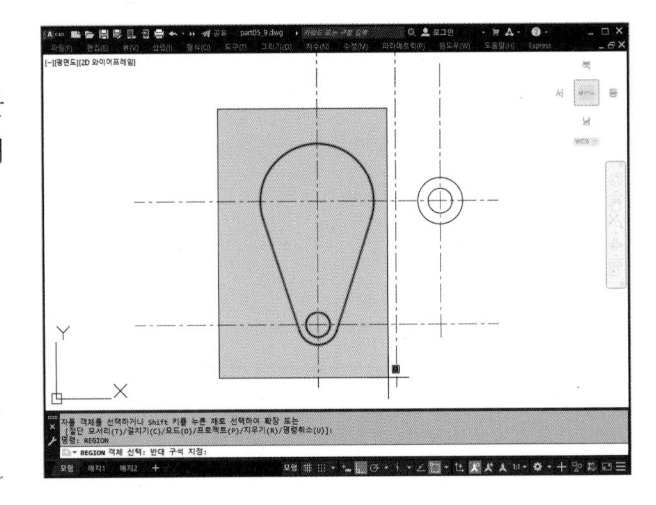

명령

명령: **REGION** Enter
객체 선택: P1 클릭
반대 구석 지정: P2 클릭
5개를 찾음

객체 선택:
2 루프들이(가) 추출됨
2 영역들이(가) 작성됨

08 원을 그리기

❶ 원을 그리기 위해 CIRCLE 명령을 실행한 후 중심점을 지정합니다. ❷ 지름을 지정하기 위해 D 옵션을 입력한 후 원의 지름을 입력하고 Enter를 누릅니다.

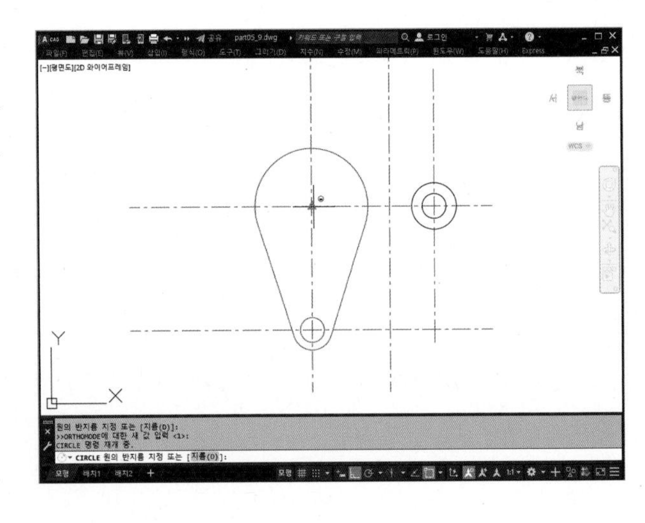

명령

명령: **CIRCLE**
원에 대한 중심점 지정 또는 [3점(3P)/2점(2P)/Ttr - 접선 접선 반지름(T)]: 호의 중심 클릭
원의 반지름 지정 또는 [지름(D)]: D Enter
원의 지름을 지정함: 75 Enter

09 면 만들기

위와 같은 방법으로 원과의 접점을 이용해 2개의 선을 만들어 준 후 **TRIM** 명령을 이용해 접선 사이의 원 내부를 잘라 주고 **REGION** 명령으로 면을 만듭니다.

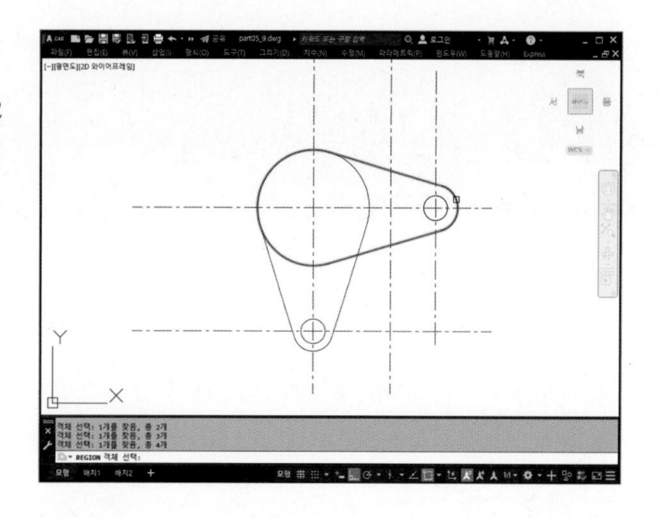

10 원 그리기

❶ 원을 그리기 위해 **CIRCLE** 명령을 실행한 후 중심점을 지정합니다. ❷ 지름을 지정하기 위해 D 옵션을 입력한 후 원의 지름을 입력하고 Enter를 누릅니다.

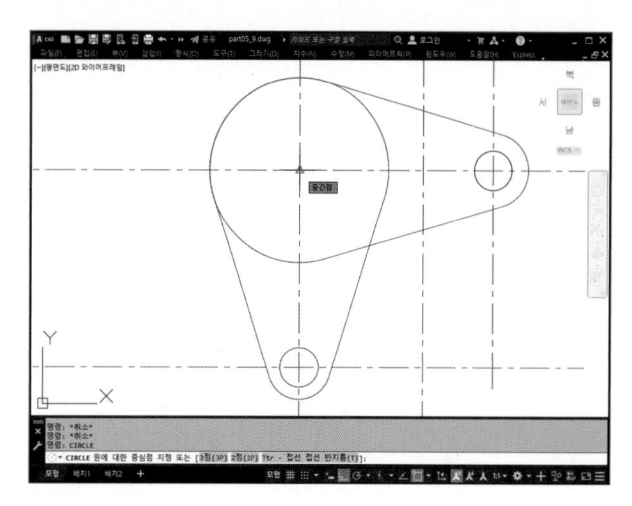

명령

명령: **CIRCLE**
원에 대한 중심점 지정 또는 [3점(3P)/2점(2P)/Ttr - 접선 접선 반지름(T)]: 호의 중심 클릭
원의 반지름 지정 또는 [지름(D)]: D Enter
원의 지름을 지정함: 75 Enter

Section

10 설계 실무도 익히고 캐드 자격증 따기! 두 번째 3D 모델링하기

평면도를 이용해 3D 모델링을 만들어 보겠습니다. 화면을 전환한 후 객체에 높이값을 지정하고 교차된 부분을 빼낸 다음 합쳐서 모델링합니다.

Key Word VPORTS, -VPOINT, SHADEMODE, CONE, EXTRUDE, SUBTRACT, MOVE, UNION
예제 파일 part05_10.dwg 완성 파일 part05_10c.dwg

01 화면 분할

화면을 분할하기 위해 **VPORTS** 명령을 실행합니다. ❶ [뷰포트] 대화상자가 나타나면 [표준 뷰포트]에서 **둘: 수직**을 선택한 후 ❷ [확인] 버튼을 누릅니다.

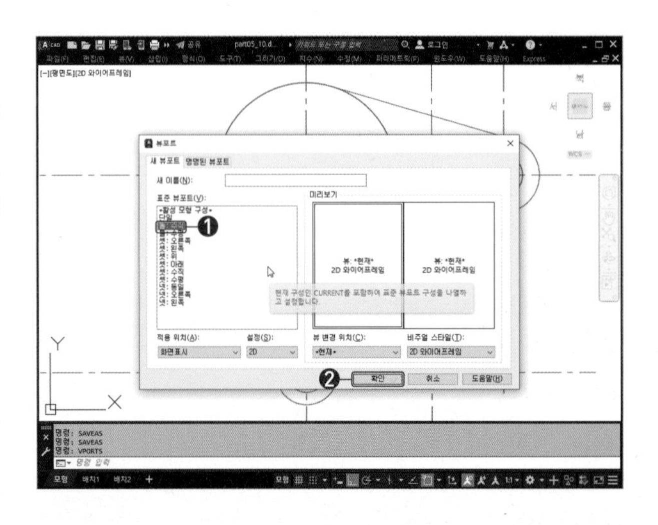

명령

명령: **VPORTS** Enter
모형 재생성 중...

02 화면 전환

❶ 화면을 전환하기 위해 **-VPOINT** 명령을 실행한 후 ❷ 관측점을 입력하고 Enter를 누릅니다.

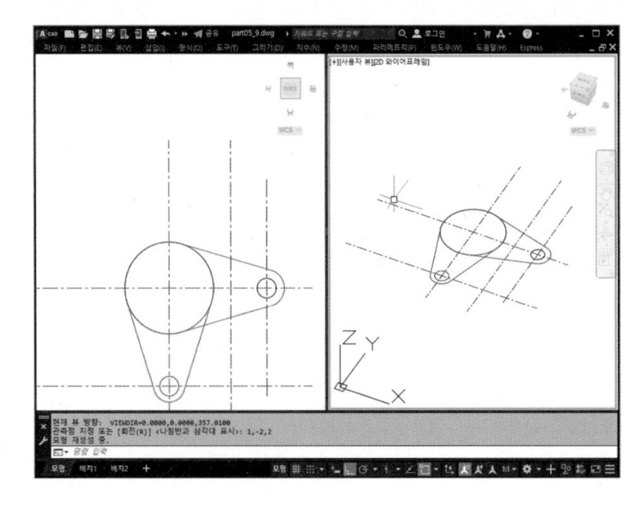

명령

명령: **-VPOINT**
현재 뷰 방향: VIEWDIR=0.0000,0.0000,357.0100
관측점 지정 또는 [회전(R)] <나침반과 삼각대 표시>: 1, -2, 2 Enter
모형 재생성 중...

03 음영 처리

❶ 음영 처리를 하기 위해 **SHADEMODE** 명령을 실행한 후 ❷ E 옵션을 입력하고 Enter를 누릅니다.

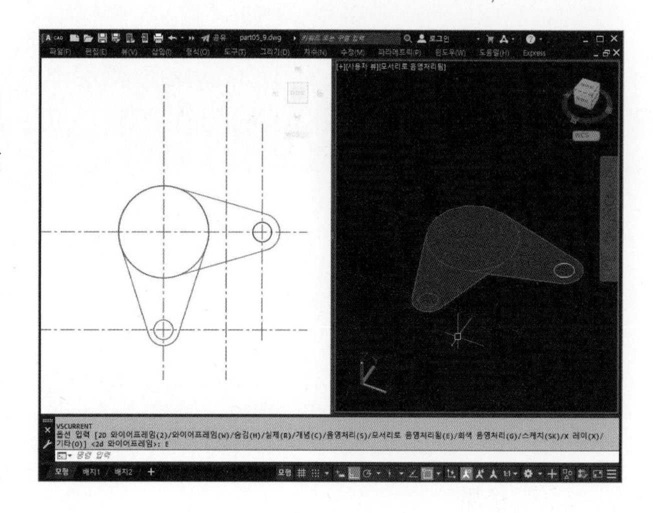

명령

명령: **SHADEMODE**
VSCURRENT
옵션 입력 [2D 와이어프레임(2)/와이어프레임(W)/숨김(H)/실제(R)/개념(C)/음영 처리(S)/모서리로 음영 처리됨(E)/회색 음영 처리(G)/스케치(SK)/X레이(X)/기타(O)] <2d 와이어프레임>: E Enter

04 콘 만들기

❶ **CONE** 명령을 실행한 후 콘의 중심점을 지정하고 밑면의 반지름을 입력한 다음 Enter를 누릅니다. ❷ 상단 반지름을 지정하기 위해 T 옵션을 입력한 후 상단 면의 반지름을 입력하고 Enter를 누릅니다. 콘의 높이를 입력한 후 Enter를 누릅니다.

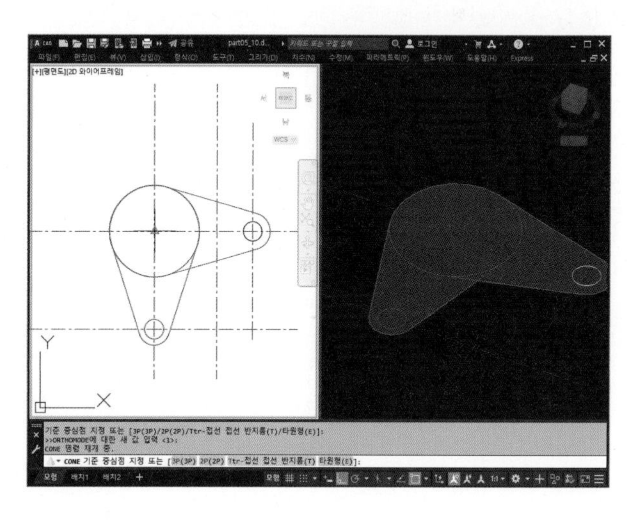

명령

명령: **CONE**
기준 중심점 지정 또는 [3P(3P)/2P(2P)/Ttr-접선 접선 반지름(T)/타원형(E)]:
밑면 반지름 지정 또는 [지름(D)] <20.0000>: 20 Enter
높이 지정 또는 [2점(2P)/축 끝점(A)/상단 반지름(T)] <90.0000>: T Enter
상단 반지름 지정 <30.0000>: 30 Enter
높이 지정 또는 [2점(2P)/축 끝점(A)] <90.0000>: 90 Enter

05 원기둥 만들기

❶ 원을 돌출하기 위해 EXTRUDE 명령을 실행한 후 원을 클릭하고 Enter를 누릅니다. ❷ 돌출 높이를 입력한 후 Enter를 누릅니다.

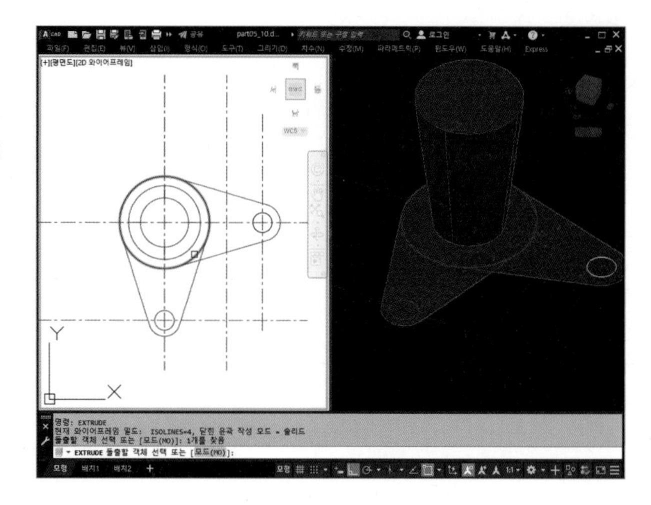

명령

명령: **EXTRUDE**
현재 와이어프레임 밀도: ISOLINES=4, 닫힌 윤곽 작성 모드 = 솔리드
돌출할 객체 선택 또는 [모드(MO)]: 원 클릭
1개를 찾음
돌출할 객체 선택 또는 [모드(MO)]: Enter
돌출 높이 지정 또는 [방향(D)/경로(P)/테이퍼 각도(T)/표현식(E)] <90.0000>: 90 Enter

06 돌출하기

❶ 면을 돌출하기 위해 EXTRUDE 명령을 실행한 후 4개의 객체를 클릭하고 Enter를 누릅니다. ❷ 돌출 높이를 입력한 후 Enter를 누릅니다.

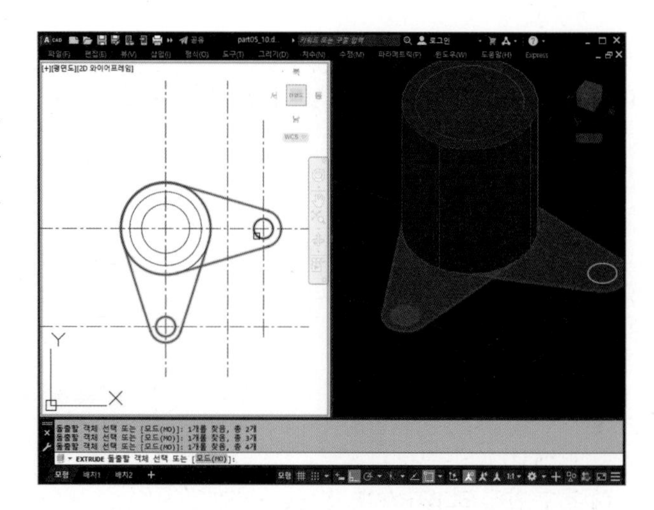

명령

명령: **EXTRUDE**
현재 와이어프레임 밀도: ISOLINES=4, 닫힌 윤곽 작성 모드 = 솔리드
돌출할 객체 선택 또는 [모드(MO)]: C1, C2, C3, C4클릭
1개를 찾음, 총 4개
돌출할 객체 선택 또는 [모드(MO)]: Enter
돌출 높이 지정 또는 [방향(D)/경로(P)/테이퍼 각도(T)/표현식(E)] <90.0000>: 90 Enter

07 원기둥 빼내기

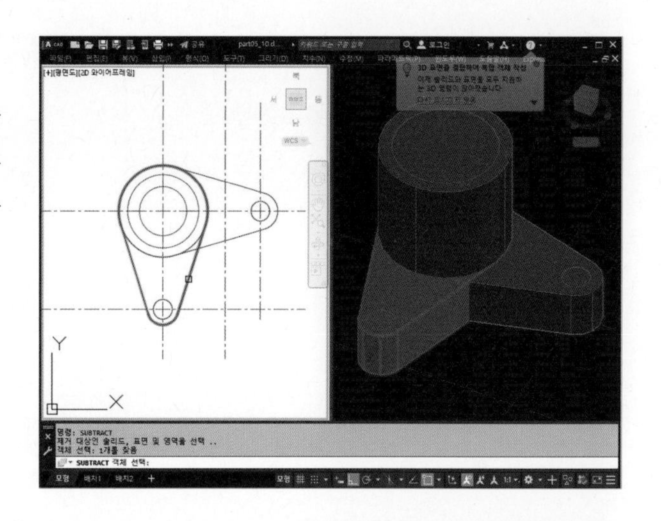

❶ 교체된 솔리드 모델링에서 1개의 객체를 빼내기 위해 SUBTRACT 명령을 실행한 후 제거 대상 객체를 클릭하고 ❷ Enter를 누릅니다.

명령

명령: **SUBTRACT**
제거 대상인 솔리드, 표면 및 영역을 선택
객체 선택: C1 클릭
1개를 찾음
객체 선택: Enter

08 제거 객체 선택

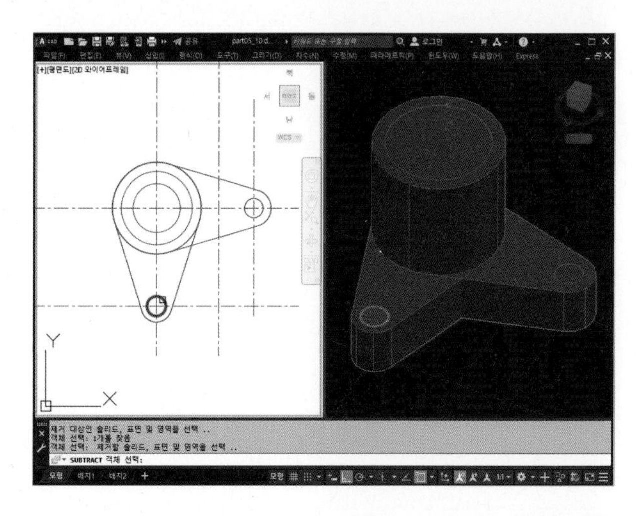

제거할 솔리드 객체를 클릭한 후 Enter를 누릅니다.

명령

제거할 솔리드, 표면 및 영역을 선택
객체 선택: C1 클릭
1개를 찾음
객체 선택: Enter

09 빼내기

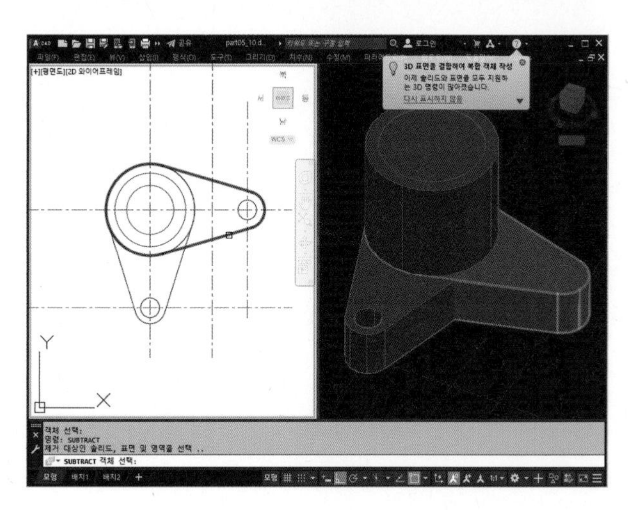

❶ 교체된 솔리드 모델링에서 1개의 객체를 빼내기 위해 SUBTRACT 명령을 실행한 후 제거 대상 객체를 클릭하고 ❷ Enter를 누릅니다.

명령

명령: **SUBTRACT**
제거 대상인 솔리드, 표면 및 영역을 선택
객체 선택: C1 클릭
1개를 찾음
객체 선택: Enter

10 제거 객체 선택

제거할 솔리드 객체를 클릭한 후 Enter를 누릅니다.

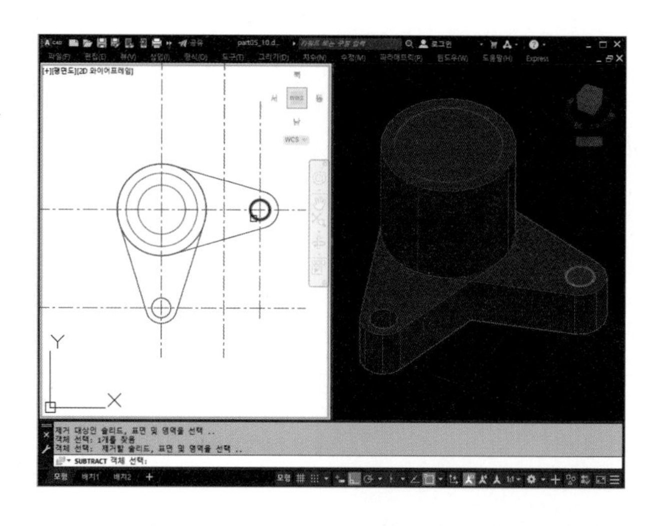

명령

제거할 솔리드, 표면 및 영역을 선택
객체 선택: C1 클릭
1개를 찾음
객체 선택: Enter

11 이동하기

❶ 객체를 이동하기 위해 MOVE 명령을 실행한 후 객체를 클릭하고 Enter를 누릅니다. ❷ 이동 거리를 절대좌표로 입력한 후 Enter를 두 번 누릅니다.

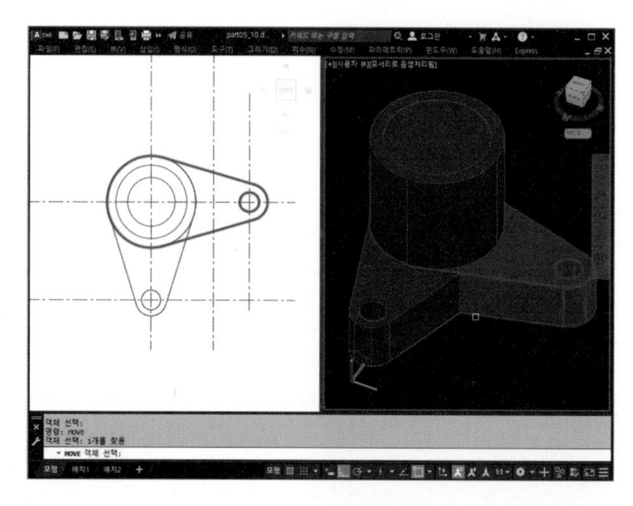

명령

명령: **MOVE**
객체 선택: C1 클릭
1개를 찾음
객체 선택: Enter
기준점 지정 또는 [변위(D)] <변위>: 0,0,45 Enter
두 번째 점 지정 또는 <첫 번째 점을 변위로 사용>: Enter

12 합치기

❶ 겹친 솔리드 객체를 합치기 위해 UNION 명령을 실행한 후 ❷ Enter를 누릅니다.

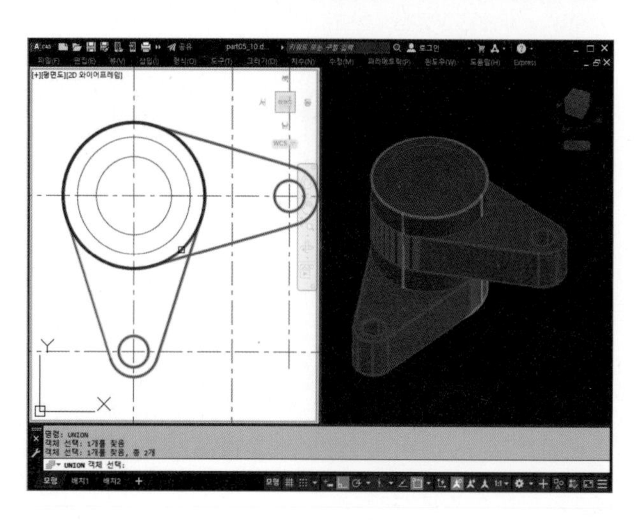

명령

명령: **UNION** Enter
객체 선택: C1,C2,C3클릭
1개를 찾음, 총 3개
객체 선택: Enter

13 CONE 빼내기

❶ 교체된 솔리드 모델링에서 1개의 객체를 빼내기 위해 **SUBTRACT** 명령을 실행한 후 제거 대상 객체인 **CONE**을 클릭하고 ❷ Enter를 누릅니다.

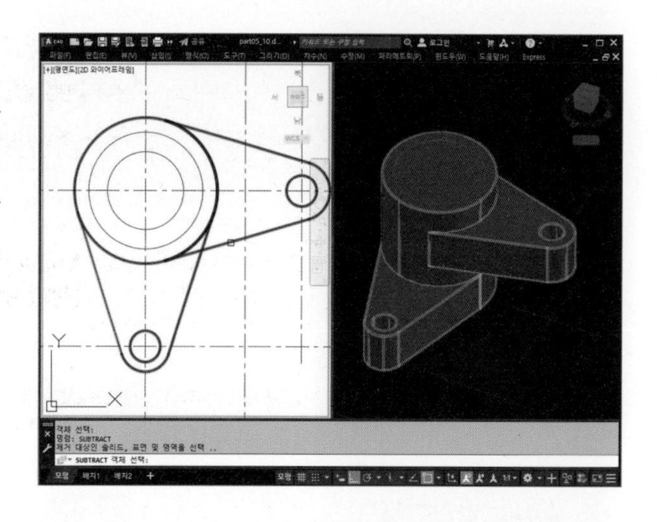

명령

명령: **SUBTRACT**
제거 대상인 솔리드, 표면 및 영역을 선택
객체 선택: C1 클릭
1개를 찾음
객체 선택: Enter

14 제거 객체 선택

제거할 솔리드 객체를 클릭한 후 Enter를 누릅니다.

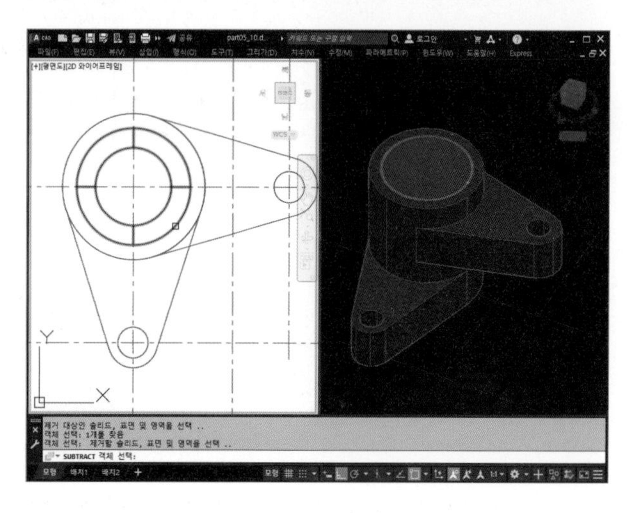

명령

제거할 솔리드, 표면 및 영역을 선택
객체 선택: C1 클릭
1개를 찾음
객체 선택: Enter

Section

11 설계 실무도 익히고 캐드 자격증 따기! 세 번째 정면도 만들기

선을 만들고 회전해 사각형을 만들고 면을 만듭니다. 면을 돌출해 3D 모델링을 만들고 전체 모델링에서 빼내기 합니다.

Key Word UCS, LINE, ROTATE, FILLET, REGION, EXTRUDE, SUBTRACT
예제 파일 part05_11.dwg 완성 파일 part05_11c.dwg

01 좌표계 변경하기

❶ 좌표계를 회전하기 위해 **UCS** 명령을 실행합니다. ❷ X축을 기준으로 좌표계를 회전하기 위해 X 옵션을 입력한 후 회전 각도를 입력하고 Enter를 누릅니다.

명령

명령: **UCS**
현재 UCS 이름: *표준*
UCS의 원점 지정 또는 [면(F)/이름(NA)/객체(OB)/이전(P)/뷰(V)/표준(W)/X(X)/Y(Y)/Z(Z)/Z축(ZA)] <표준>: X Enter
X축에 관한 회전 각도 지정 <90>: 90 Enter

02 선 그리기

선을 만들기 위해 **LINE** 명령을 실행한 후 첫 번째 점과 두 번째 점을 지정하고 Enter를 누릅니다.

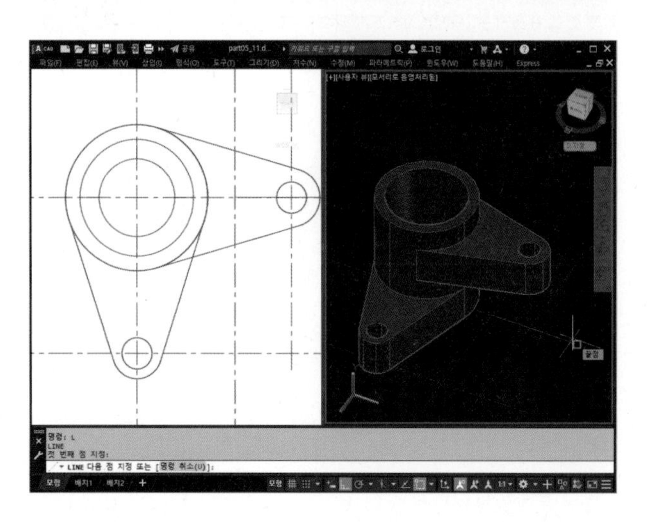

명령

명령: **LINE**
첫 번째 점 지정: P1 클릭
다음 점 지정 또는 [명령 취소(U)]: P2 클릭
다음 점 지정 또는 [명령 취소(U)]: Enter

03 회전하기

객체를 회전하기 위해 **ROTATE** 명령을 실행한 후 선을 클릭합니다. 객체가 겹쳐 있을 때 [선택] 대화상자가 나타나면 분홍색 선을 클릭한 후 Enter를 누릅니다.

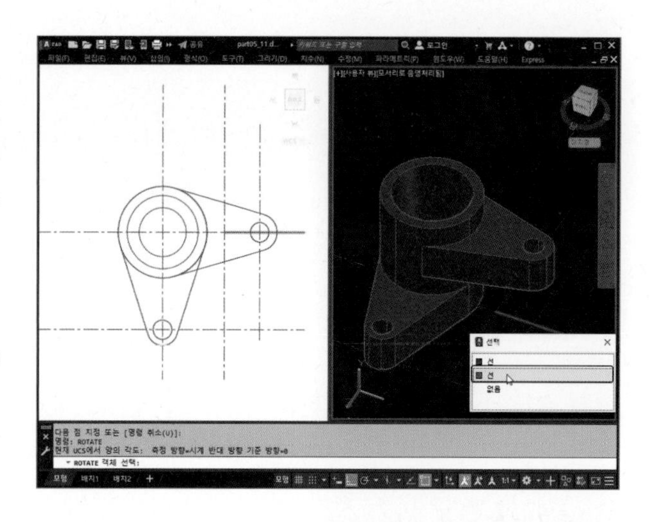

명령

명령: **ROTATE**
현재 UCS에서 양의 각도: 측정 방향=시계 반대 방향 기준 방향=0
객체 선택: 분홍색 선택
1개를 찾음
객체 선택: Enter

04 각도 입력

❶ 회전의 기준점을 지정한 후 ❷ 회전 각도를 입력하고 Enter를 누릅니다.

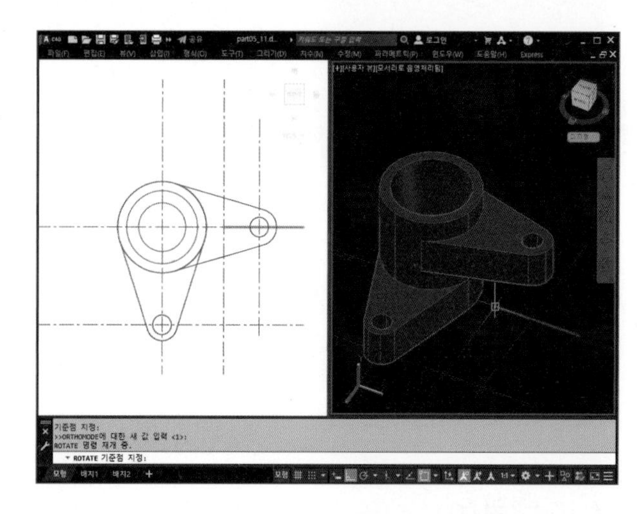

명령

기준점 지정: P1 클릭
회전 각도 지정 또는 [복사(C)/참조(R)] <0>: -10 Enter

05 선 그리기

LINE 명령을 이용해 그림과 같이 선을 만듭니다. 직교 방향이 안 될 경우, F8을 누르면 됩니다.

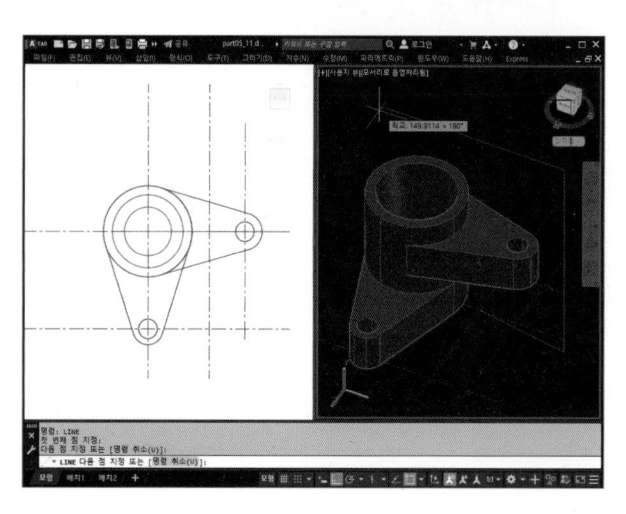

명령

명령: **LINE**

06 선 그리기

다시 한번 수직선을 그림과 같이 만듭니다.

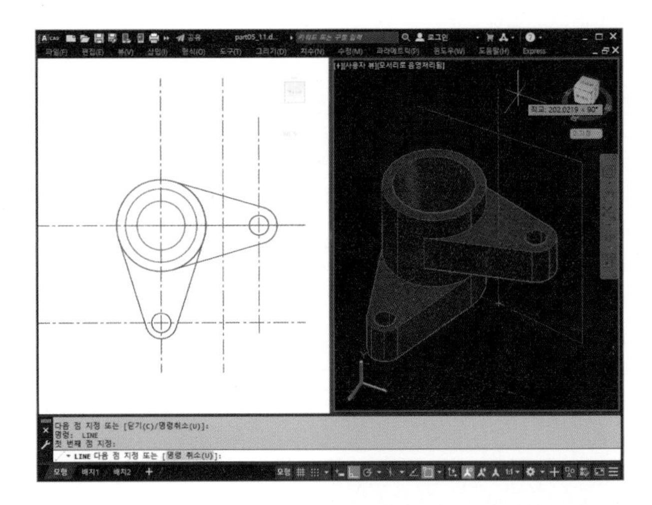

명령

명령: **LINE**

07 모서리 정리하기

모서리를 정리하기 위해 **FILLET** 명령을 실행한 후 첫 번째 객체와 두 번째 객체를 클릭합니다.

명령

명령: **FILLET**
현재 설정: 모드 = 자르기, 반지름 = 0.0000
첫 번째 객체 선택 또는 [명령 취소(U)/폴리선(P)/반지름(R)/자르기(T)/다중(M)]: C1
두 번째 객체 선택 또는 Shift를 누른 채 선택해 구석 적용 또는 [반지름(R)]: C2

08 면 만들기

솔리드 면을 만들기 위해 **REGION** 명령을 실행한 후 4개의 선분을 클릭하고 Enter를 누릅니다.

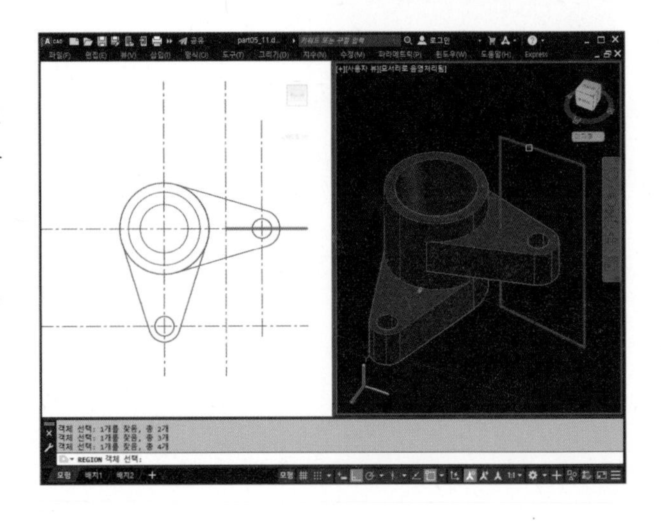

명령

명령: **REGION**
객체 선택: C1, C2, C3, C4 클릭
1개를 찾음, 총 4개
객체 선택: Enter
1 루프이(가) 추출됨
1 영역이(가) 작성됨

09 이동하기

❶ 객체를 이동하기 위해 **MOVE** 명령을 실행합니다. 마지막 객체를 선택하기 위해 L 옵션을 입력한 후 Enter를 두 번 누릅니다. ❷ 이동할 거리를 절대좌표로 입력한 후 Enter를 두 번 누릅니다.

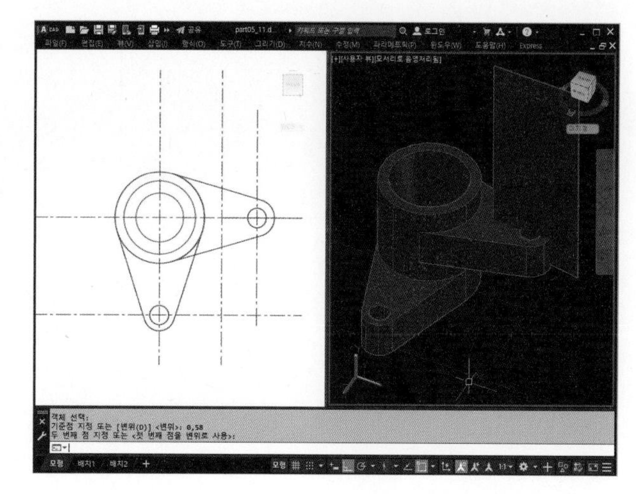

명령

명령: **MOVE**
객체 선택: L Enter
1개를 찾음
객체 선택: Enter
기준점 지정 또는 [변위(D)] <변위>: 0,58 Enter
두 번째 점 지정 또는 <첫 번째 점을 변위로 사용>: Enter

10 돌출하기

❶ 면을 돌출하기 위해 **EXTRUDE** 명령을 실행합니다. ❷ 마지막 객체를 선택하기 위해 L 옵션을 입력한 후 Enter를 두 번 누릅니다. 돌출 높이를 입력한 후 Enter를 누릅니다.

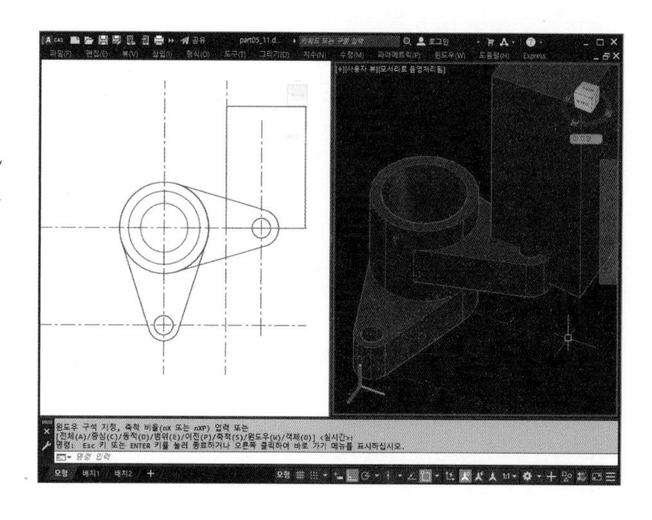

명령

명령: **EXTRUDE**
현재 와이어프레임 밀도: ISOLINES=4, 닫힌 윤곽 작성 모드 = 솔리드
돌출할 객체 선택 또는 [모드(MO)]: L Enter
1개를 찾음
돌출할 객체 선택 또는 [모드(MO)]: Enter
돌출 높이 지정 또는 [방향(D)/경로(P)/테이퍼 각도(T)/표현식(E)] <28.0000>: -100

11 빼내기

❶ 교체된 솔리드 모델링에서 1개의 객체를 빼내기 위해 SUBTRACT 명령을 실행한 후 제거 대상 객체를 클릭하고 ❷ Enter를 누릅니다.

명령

명령: **SUBTRACT**
제거 대상인 솔리드, 표면 및 영역을 선택
객체 선택: C1 클릭
1개를 찾음
객체 선택: Enter

12 제거 객체 선택

❶ 제거할 솔리드 객체를 클릭한 후 Enter를 누릅니다. ❷ 좌표계를 표준 좌표계로 지정하기 위해 UCS 명령을 실행한 후 W 옵션을 입력하고 Enter를 누릅니다.

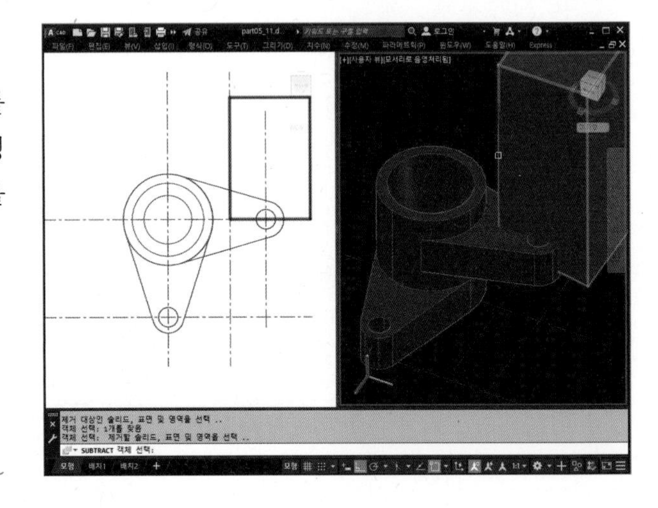

명령

제거할 솔리드, 표면 및 영역을 선택
객체 선택: C1 클릭
1개를 찾음
객체 선택: Enter

명령: **UCS**
현재 UCS 이름: *이름 없음*
UCS의 원점 지정 또는 [면(F)/이름(NA)/객체(OB)/이전(P)/뷰(V)/표준(W)/X(X)/Y(Y)/Z(Z)/Z축(ZA)] <표준>: W Enter

Section

12 설계 실무도 익히고 캐드 자격증 따기! 네 번째 레이아웃 만들기

이번에는 3차원 모델링과 2차원 모델링이 동시에 존재하는 레이아웃을 만들어 보겠습니다. 또한 3차원 솔리드 모델링에서 바로 2D 도면을 추출할 수 있는 SOLVIEW 명령, SOLDRAW 명령을 사용해 도면을 만들어 보고 MVSETUP 명령을 이용해 레이아웃을 정렬해 보겠습니다.

Key Word UNION, ERASE, TILEMODE, PAGESETUP, MVIEW, MSPACE, SOLVIEW, UCS, PSPACE, SOLDRAW, MVSETUP
예제 파일 part05_12.dwg 완성 파일 part05_12c.dwg

01 레이아웃 설정하기

레이아웃을 설정하기 위해 **TILEMODE** 명령을 실행한 후 0 옵션을 입력하고 Enter를 누릅니다.

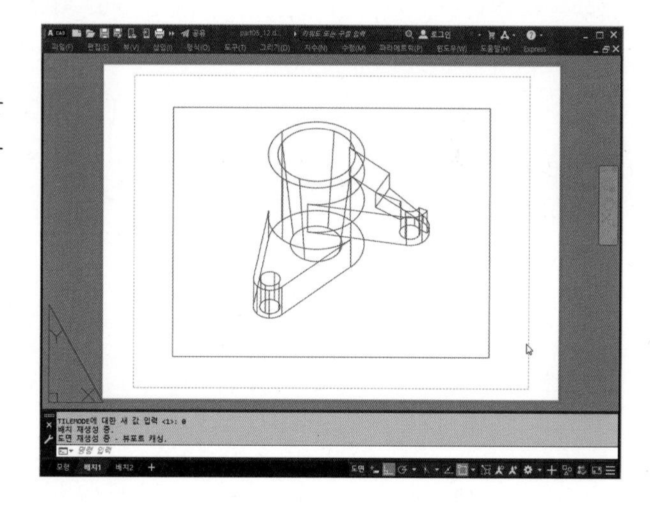

명령

명령: **TILEMODE** Enter
TILEMODE에 대한 새 값 입력 <1>: 0
배치 재생성 중...
도면 재생성 중 - 뷰포트 캐싱

Point

TILEMODE가 **0**이어야만 3D 도형과 2D 도형을 동시에 출력할 수 있습니다.

02 용지 크기 설정하기

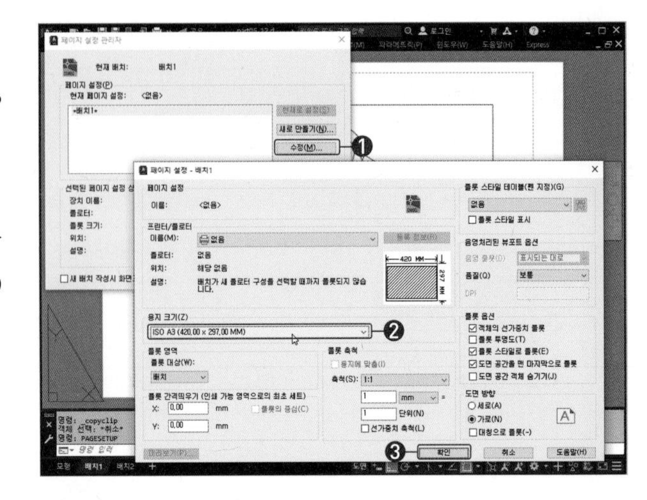

출력 용지의 크기를 지정하기 위해 PAGESETUP 명령을 실행합니다. ❶ [페이지 설정 관리자] 대화상자가 나타나면 [수정] 버튼을 누릅니다. ❷ [페이지 설정 – 배치 1] 대화상자가 나타나면 [용지 크기]를 ISO A3(420.00×297.00 MM)으로 선택한 후 ❸ [확인] 버튼을 누릅니다.

명령

명령: **PAGESETUP** Enter

03 지우기

❶ 필요 없는 객체를 지우기 위해 ERASE 명령을 실행합니다. ❷ 모든 객체를 선택하기 위해 객체 선택:에 ALL을 입력한 후 Enter를 누릅니다.

명령

명령: **ERASE** Enter
객체 선택: **ALL** Enter
3개를 찾음
1개는 현재 공간에 없습니다.
1개는 도면 공간 뷰포트입니다.
객체 선택: Enter

04 3D 뷰 보이기

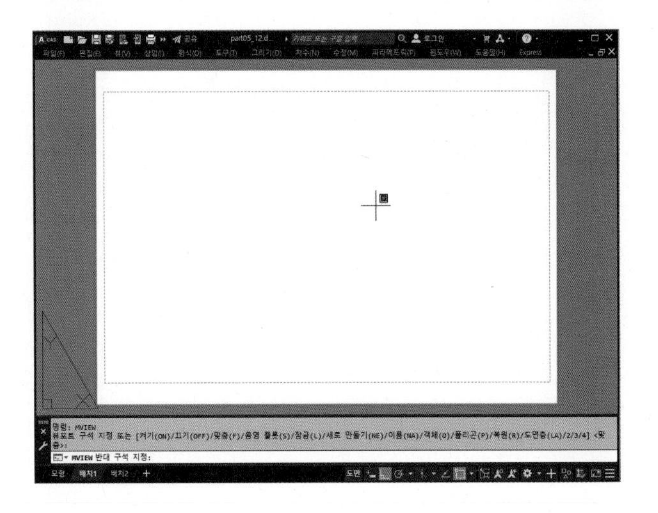

❶ 3D를 보여 주기 위해 MVIEW 명령을 실행합니다. ❷ 뷰포트 구석점을 지정한 후 반대 구석점을 상대좌표로 입력한 후 Enter를 누릅니다.

명령

명령: **MVIEW** Enter
뷰포트 구석 지정 또는 [켜기(ON)/끄기(OFF)/맞춤(F)/음영 플롯(S)/잠금(L)/새로 만들기(NE)/이름(NA)/객체(O)/폴리곤(P)/복원(R)/도면층(LA)/2/3/4] <맞춤>: P1 클릭
반대 구석 지정: @138.5,95 Enter
모형 재생성 중...

05 모형 공간 만들기

모형 공간을 지정하기 위해 **MSPACE** 명령을 실행합니다.

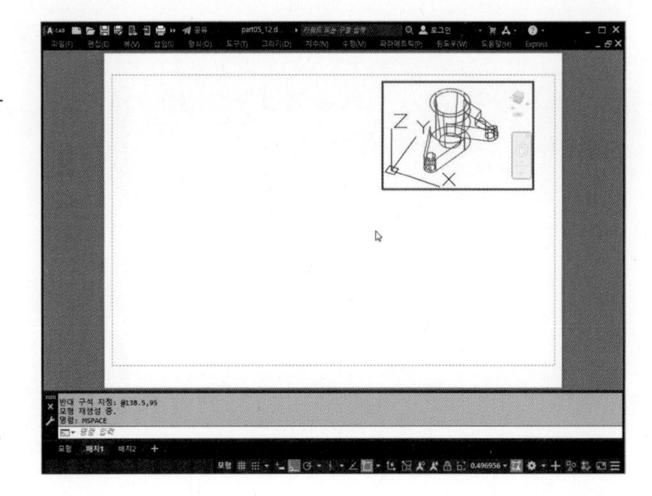

명령

명령: **MSPACE** Enter

06 평면 뷰 만들기

❶ 평면 뷰를 만들기 위해 **SOLVIEW** 명령을 실행합니다. ❷ 사용자 좌표계를 지정하기 위해 **옵션 입력 [UCS(U)/직교(O)/보조(A)/단면(S)]:**에 U를 입력한 후 Enter를 누릅니다. ❸ 현재 사용 중인 사용자 좌표계를 입력하기 위해 **옵션 입력 [명명됨(N)/표준(W)/?/현재(C)] 〈현재〉:**에서 Enter를 누릅니다. ❹ 뷰 축척을 입력한 후 Enter를 누르고 뷰 중심을 지정한 다음 Enter를 누릅니다.

명령

명령: **SOLVIEW** Enter

옵션 입력 [UCS(U)/직교(O)/보조(A)/단면(S)]: U Enter

옵션 입력 [명명됨(N)/표준(W)/?/현재(C)] <현재>: Enter

뷰 축척 입력 <1>: 1/2 Enter

뷰 중심 지정: P1 클릭

07 평면 뷰 크기 지정하기

❶ 뷰포트를 지정하기 위해 **뷰 중심 지정 〈뷰포트 지정〉:**에서 Enter를 누릅니다. ❷ 뷰포트의 첫 번째 구석점을 지정한 후 반대 구석점을 상대좌표로 입력하고 Enter를 누릅니다. ❸ 뷰 이름을 입력한 후 Enter를 누르고 명령을 종료하기 위해 한 번 더 Enter를 누릅니다.

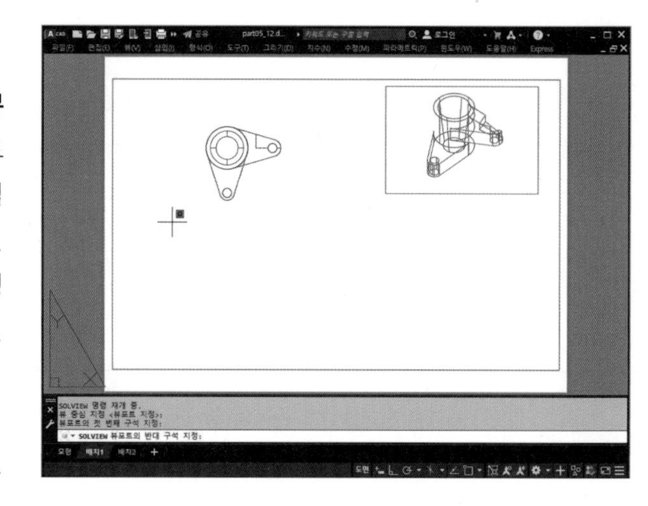

명령

뷰 중심 지정 <뷰포트 지정>: Enter
뷰포트의 첫 번째 구석 지정: P1 클릭
뷰포트의 반대 구석 지정: @138.5,95 Enter
뷰 이름 입력: TOP Enter
옵션 입력 [UCS(U)/직교(O)/보조(A)/단면(S)]: Enter

08 좌표계 변경하고 정면 뷰 만들기

❶ 모델 공간을 지정하기 위해 MSPACE 명령을 실행한 후 우측 상단의 뷰포트를 클릭합니다. 좌표계를 변경하기 위해 UCS 명령을 실행한 후 X축을 기준으로 좌표계를 회전하기 위해 X 옵션을 입력하고 Enter를 누릅니다. ❷ X축에 관한 회전 각도를 입력한 후 Enter를 누릅니다. ❸ 정면 뷰를 만들기 위해 SOLVIEW 명령을 실행합니다. ❹ 사용자 좌표계를 지정하기 위해 **옵션 입력 [UCS(U)/직교(O)/보조(A)/단면(S)]:**에 U를 입력한 후 Enter를 누릅니다. ❺ 현재 사용 중인 사용자 좌표계를 입력하기 위해 **옵션 입력 [명명됨(N)/표준(W)/?/현재(C)] 〈현재〉:**에서 Enter를 누릅니다. ❻ 뷰 축척을 입력한 후 Enter를 누르고 뷰 중심을 지정합니다.

명령

명령: **MSPACE**
명령: **UCS** Enter
현재 UCS 이름: *표준*
UCS의 원점 지정 또는 [면(F)/이름(NA)/객체(OB)/이전(P)/뷰(V)/표준(W)/X(X)/Y(Y)/Z(Z)/Z축(ZA)] <표준>: X Enter
X축에 관한 회전 각도 지정 <90>: 90 Enter

명령: **SOLVIEW** Enter
옵션 입력 [UCS(U)/직교(O)/보조(A)/단면(S)]: U Enter
옵션 입력 [명명됨(N)/표준(W)/?/현재(C)] <현재>: Enter
뷰 축척 입력 <1>: 1/2 Enter
뷰 중심 지정: P1 클릭

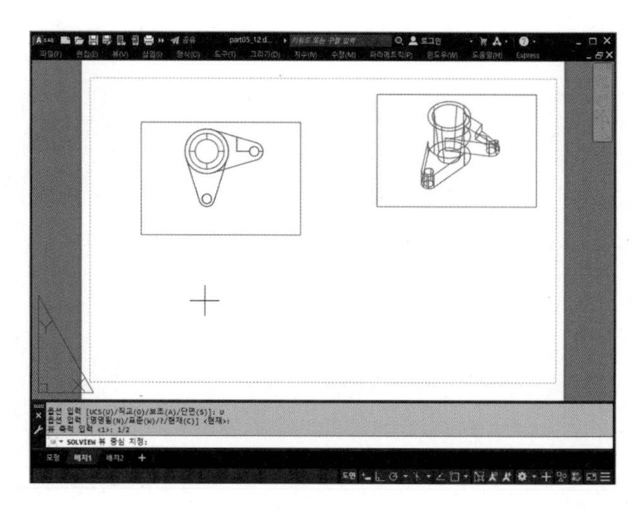

09 정면 뷰 크기 지정하기

❶ 뷰포트를 지정하기 위해 **뷰 중심 지정 〈뷰포트 지정〉:**에서 Enter를 누릅니다. ❷ 뷰포트의 첫 번째 구석점을 지정한 후 반대 구석점을 상대좌표로 입력하고 Enter를 누릅니다. ❸ 뷰 이름을 입력한 후 Enter를 누르고 명령을 종료하기 위해 한 번 더 Enter를 누릅니다.

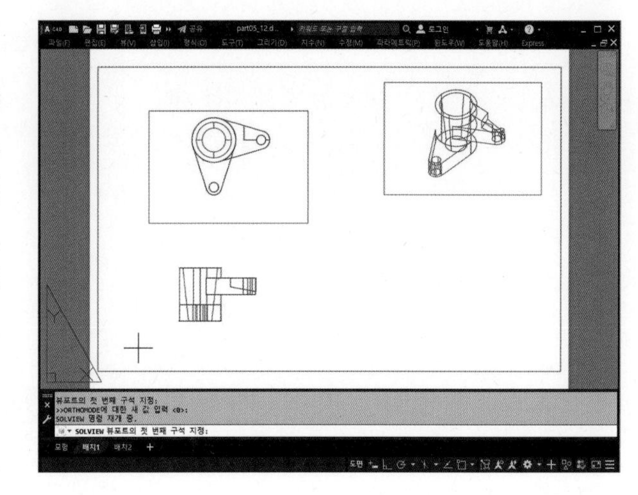

명령

뷰 중심 지정 <뷰포트 지정>: Enter
뷰포트의 첫 번째 구석 지정: P1 클릭
뷰포트의 반대 구석 지정: @138.5,95 Enter
뷰 이름 입력: FRONT Enter
옵션 입력 [UCS(U)/직교(O)/보조(A)/단면(S)]: Enter

10 좌표계 변경하고 우측면 뷰 만들기

❶ 좌표계를 변경하기 위해 **UCS** 명령을 실행한 후 Y축을 기준으로 좌표계를 회전하기 위해 Y 옵션을 입력하고 Enter를 누릅니다. ❷ Y축에 관한 회전 각도를 입력한 후 Enter를 누릅니다. 만약 모델 공간이 지정되지 않았다면 **MSPACE** 명령을 실행한 후 우측 상단 뷰포트를 지정하고 좌표계를 변경하면 됩니다. ❸ 우측면 뷰를 만들기 위해 **SOLVIEW** 명령을 실행합니다. ❹ 사용자 좌표계를 지정하기 위해 **옵션 입력 [UCS(U)/직교(O)/보조(A)/단면(S)]:**에 U를 입력한 후 Enter를 누릅니다. ❺ 현재 사용 중인 사용자 좌표계를 입력하기 위해 **옵션 입력 [명명됨(N)/표준(W)/?/현재(C)] 〈현재〉:**에서 Enter를 누릅니다. ❻ 뷰 축척을 입력한 후 Enter를 누르고 뷰 중심을 지정합니다.

명령

명령: **UCS** Enter
현재 UCS 이름: *이름 없음*
UCS의 원점 지정 또는 [면(F)/이름(NA)/객체(OB)/이전(P)/뷰(V)/표준(W)/X(X)/Y(Y)/Z(Z)/Z축(ZA)] <표준>: Y Enter
Y축에 관한 회전 각도 지정 <90>: 90 Enter

명령: **SOLVIEW** Enter
옵션 입력 [UCS(U)/직교(O)/보조(A)/단면(S)]: U Enter
옵션 입력 [명명됨(N)/표준(W)/?/현재(C)] <현재>: Enter
뷰 축척 입력 <1>: 1/2 Enter
뷰 중심 지정: P1 클릭
뷰 중심 지정 <뷰포트 지정>: Enter

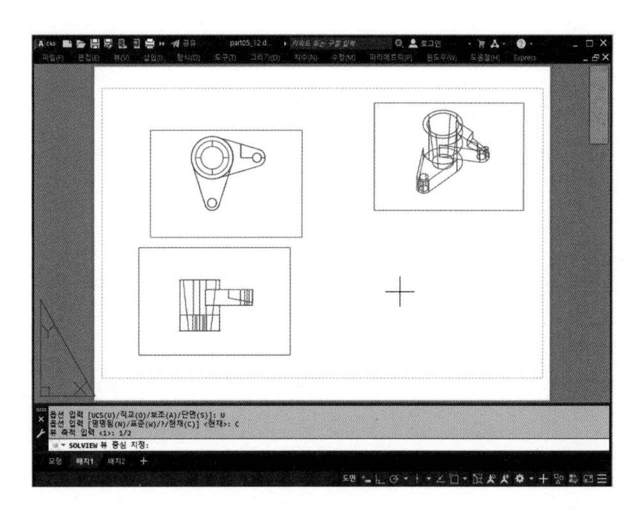

11 뷰 크기 지정하기

❶ 뷰포트를 지정하기 위해 **뷰 중심 지정 〈뷰포트 지정〉:**에서 Enter를 누릅니다. ❷ 뷰포트의 첫 번째 구석점을 지정하고 반대 구석점을 상대좌표로 입력한 후 Enter를 누릅니다. ❸ 뷰 이름을 입력하고 Enter를 누른 후 명령을 종료하기 위해 한 번 더 Enter를 누릅니다.

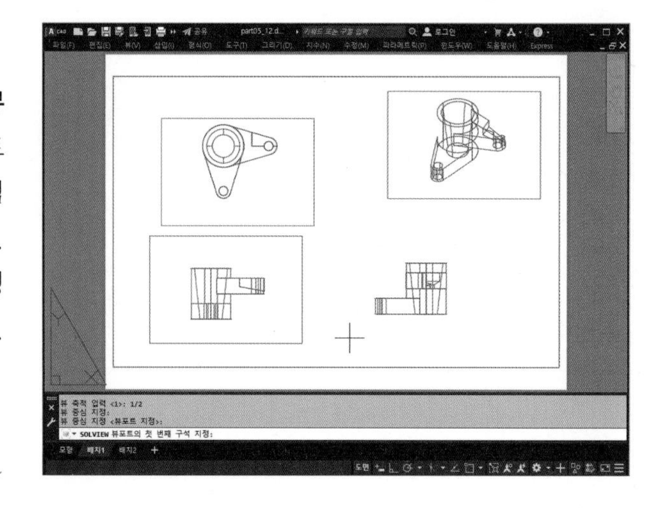

명령

뷰포트의 첫 번째 구석 지정: P1 클릭
뷰포트의 반대 구석 지정: @138.5,95 Enter
뷰 이름 입력: RIGHT Enter
옵션 입력 [UCS(U)/직교(O)/보조(A)/단면(S)]: Enter

12 종이 영역 보여 주기

❶ 각 뷰포트를 더블클릭하고 PAN 명령을 이용해 모델링을 뷰포트 중앙으로 이동합니다. ❷ 종이 영역을 보여 주기 위해 PSPACE 명령을 실행합니다. MOVE 명령을 이용해 뷰포트를 그림과 같이 이동합니다.

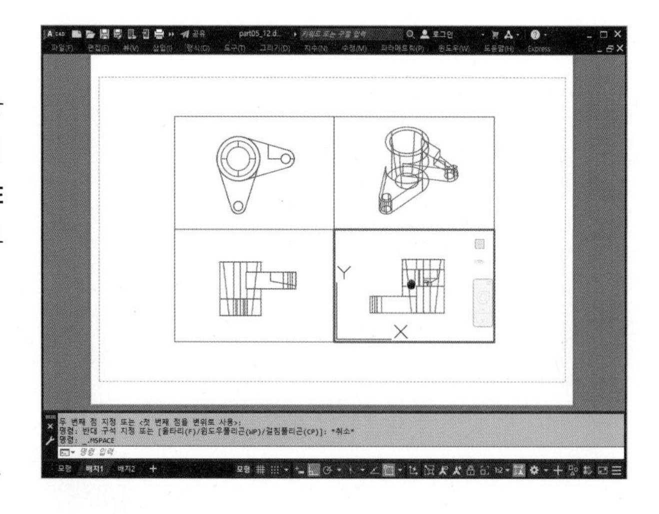

명령

명령: **PSPACE** Enter
명령: **MOVE**

13 도면 만들기

❶ SOLVIEW를 이용해 만든 평면, 정면, 우측면 뷰를 도면으로 만들기 위해 SOLDRAW 명령을 실행합니다. ❷ 평면, 정면, 우측면 뷰의 경계선을 클릭한 후 Enter를 누릅니다.

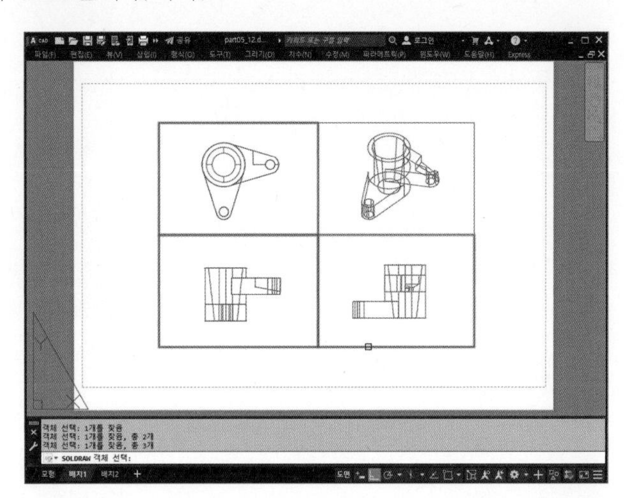

명령

명령: **SOLDRAW** Enter
그리기할 뷰포트 선택
객체 선택: C1
1개를 찾음
객체 선택: C2
1개를 찾음, 총 2개
객체 선택: C3
1개를 찾음, 총 3개
객체 선택: Enter
1개의 솔리드가 선택됨
1개의 솔리드가 선택됨

1개의 솔리드가 선택됨

14 수직 정렬하기

❶ 뷰를 정렬하기 위해 MVSETUP 명령을 실행한 후 뷰 정렬을 하기 위해 A 옵션을 입력하고 Enter를 누릅니다. ❷ 수직 정렬을 위해 V 옵션을 입력한 후 Enter를 누릅니다. ❸ 원의 중심점을 지정하기 위해 **기준점 지정:**에 MID를 입력한 후 Enter를 누르고 정면 뷰에서 선의 중간점을 클릭합니다.

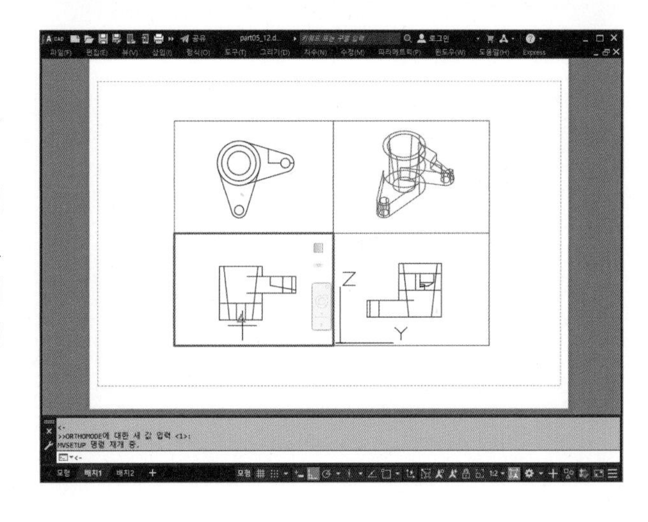

명령

명령: **MVSETUP** Enter
옵션 입력 [정렬(A)/뷰포트 작성(C)/뷰포트 축척(S)/옵션(O)/제목 블록(T)/명령 취소(U)]: A Enter
옵션 입력 [각도(A)/수평(H)/수직 정렬(V)/뷰 회전(R)/명령 취소(U)]: V Enter
_.UNDO 현재 설정: 자동 = 켜기, 조정 = 전체, 결합 = 예, 도면층 = 예
취소할 작업의 수 또는 [자동(A)/조정(C)/시작(BE)/끝(E)/표식(M)/뒤(B)] 입력 <1>: _GROUP
명령: **_.MSPACE**
명령: **_.UCS**
현재 UCS 이름: *표준*
UCS의 원점 지정 또는 [면(F)/이름(NA)/객체(OB)/이전(P)/뷰(V)/표준(W)/X(X)/Y(Y)/Z(Z)/Z축(ZA)] <표준>: _W
명령:
기준점 지정: MID Enter
← 정면 뷰에서 선의 중간점 클릭

15 두 번째 점 지정하기

❶ 두 번째 점인 원의 중심을 지정하기 위해 **초점 이동할 뷰포트에서 점을 지정:**에 **CEN**을 입력한 후 Enter를 누릅니다. ❷ 평면 뷰에서 원의 중심을 클릭합니다.

명령

초점 이동할 뷰포트에서 점을 지정: CEN Enter
<- 평면 뷰에서 원의 중심 클릭
_.UCS
현재 UCS 이름: *표준*
UCS의 원점 지정 또는 [면(F)/이름(NA)/객체(OB)/이전(P)/뷰(V)/표준(W)/X(X)/Y(Y)/Z(Z)/Z축(ZA)] <표준>: _V
명령: **_.PAN 기준점 또는 변위 지정: 두 번째 점을 지정:**
명령: **_.UCS**
현재 UCS 이름: *표준*
UCS의 원점 지정 또는 [면(F)/이름(NA)/객체(OB)/이전(P)/뷰(V)/표준(W)/X(X)/Y(Y)/Z(Z)/Z축(ZA)] <표준>: _P
명령: **_.UNDO 현재 설정: 자동 = 켜기, 조정 = 전체, 결합 = 예, 도면층 = 예**
취소할 작업의 수 또는 [자동(A)/조정(C)/시작(BE)/끝(E)/표식(M)/뒤(B)] 입력 <1>: _EN

16 수평 정렬하기

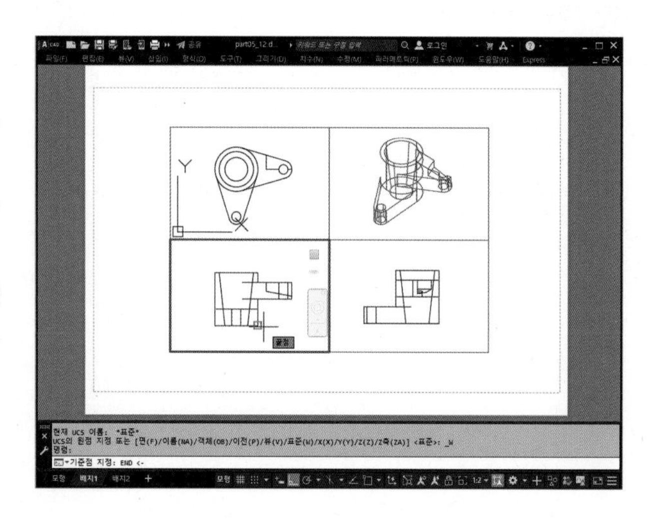

❶ 수평 정렬을 하기 위해 **옵션 입력 [각도(A)/수평(H)/수직 정렬(V)/뷰 회전(R)/명령 취소(U)]:**에서 H 옵션을 입력한 후 Enter를 누릅니다. ❷ 기준점을 선의 끝점에 지정하기 위해 기준점 지정:에 H 옵션을 입력한 후 Enter를 누릅니다. ❸ 정면 뷰에서 선의 끝점을 클릭합니다.

명령

명령:
옵션 입력 [각도(A)/수평(H)/수직 정렬(V)/뷰 회전(R)/명령 취소(U)]: H
_.UNDO 현재 설정: 자동 = 켜기, 조정 = 전체, 결합 = 예, 도면층 = 예
취소할 작업의 수 또는 [자동(A)/조정(C)/시작(BE)/끝(E)/표식(M)/뒤(B)] 입력 <1>: _GROUP
명령: **_.MSPACE**
이미 모형 공간에 있음

명령: **_.UCS**
현재 UCS 이름: *표준*
UCS의 원점 지정 또는 [면(F)/이름(NA)/객체(OB)/이전(P)/뷰(V)/표준(W)/X(X)/Y(Y)/Z(Z)/Z축(ZA)] <표준>: _W
명령:
기준점 지정: END <-

17 두 번째 점 지정하기

❶ 두 번째 점인 선의 끝점을 지정하기 위해 **초점 이동할 뷰포트에서 점을 지정:**에 END를 입력한 후 Enter를 누릅니다. ❷ 우측면 뷰에서 선의 끝점을 클릭합니다. 명령을 종료하기 위해 Enter를 두 번 누릅니다.

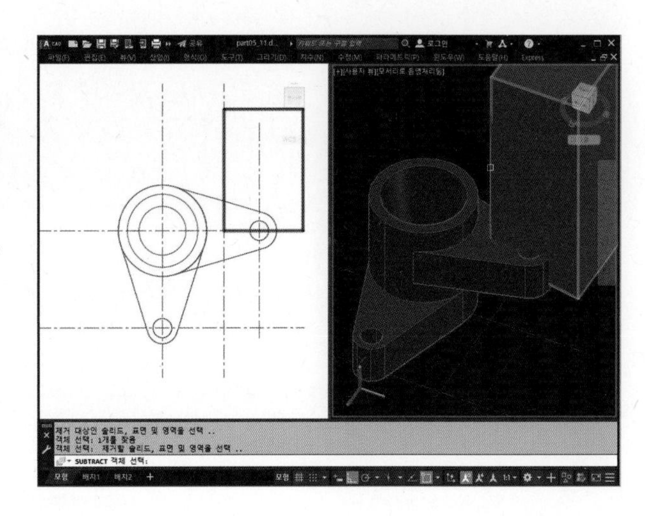

명령

초점 이동할 뷰포트에서 점을 지정: END
<- 우측면 뷰에서 선의 끝점 클릭
_.UCS
현재 UCS 이름: *표준*
UCS의 원점 지정 또는 [면(F)/이름(NA)/객체(OB)/이전(P)/뷰(V)/표준(W)/X(X)/Y(Y)/Z(Z)/Z축(ZA)] <표준>: _V
명령: **_.PAN 기준점 또는 변위 지정: 두 번째 점을 지정:**
명령: **_.UCS**
현재 UCS 이름: *이름 없음*
UCS의 원점 지정 또는 [면(F)/이름(NA)/객체(OB)/이전(P)/뷰(V)/표준(W)/X(X)/Y(Y)/Z(Z)/Z축(ZA)] <표준>: _P
명령: **_.UNDO 현재 설정: 자동 = 켜기, 조정 = 전체, 결합 = 예, 도면층 = 예**
취소할 작업의 수 또는 [자동(A)/조정(C)/시작(BE)/끝(E)/표식(M)/뒤(B)] 입력 <1>: _EN

명령:
옵션 입력 [각도(A)/수평(H)/수직 정렬(V)/뷰 회전(R)/명령 취소(U)]: Enter
옵션 입력 [정렬(A)/뷰포트 작성(C)/뷰포트 축척(S)/옵션(O)/제목 블록(T)/명령 취소(U)]: Enter
_.MSPACE
이미 모형 공간에 있음

Section

13 설계 실무도 익히고 캐드 자격증 따기! 다섯 번째 최종 완성하기

도면을 완성해 보겠습니다. 도면 층에서 특정 레이어에 색상과 선 종류를 지정한 후 선 종류의 축척도 변경합니다. 또한 수평, 수직, 반지름 치수를 입력하고 문자를 입력합니다. 3D 모델링의 셰이딩 상태를 변경해 최종 도면을 완성하겠습니다.

Key Word PSPACE, LAYER, LAYER, LTSCALE, -LAYE, DIMHORIZONTAL, DIMVERTICAL, DIMRADIUS, DTEXT
예제 파일 part05_13.dwg 완성 파일 part05_13c.dwg

01 수평 치수 입력하기

수평 치수를 입력하기 위해 **DIMHORIZONTAL** 명령을 실행한 후 치수 보조선의 첫 번째 점을 지정합니다.

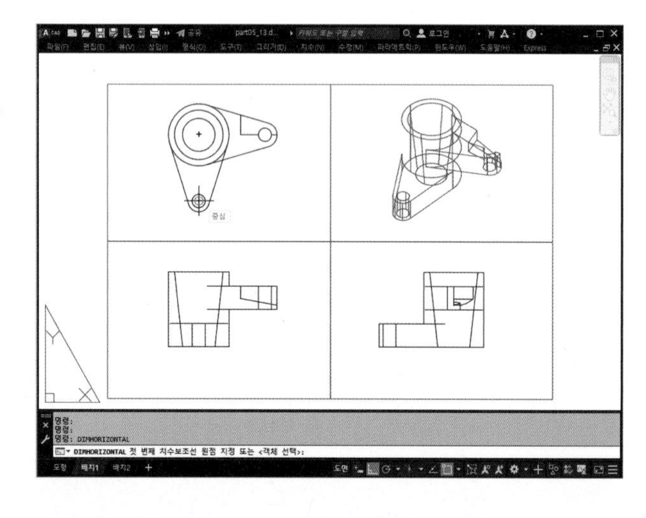

명령

명령: **DIMHORIZONTAL** Enter
첫 번째 치수 보조선 원점 지정 또는 <객체 선택>: P1 클릭

02 치수 보조선 지정하기

치수 보조선의 두 번째 점을 지정합니다.

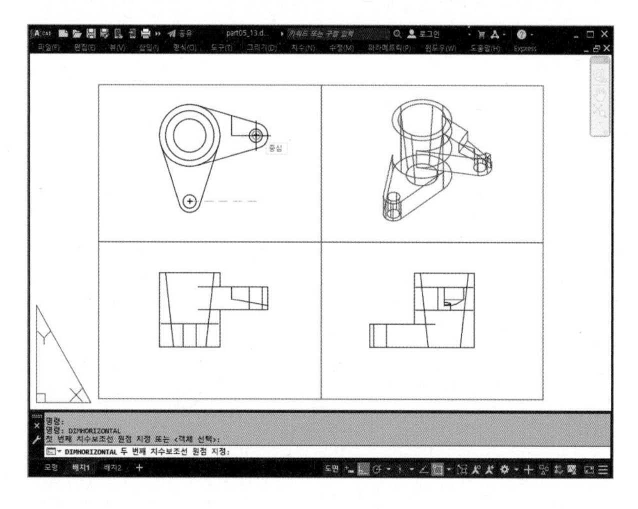

명령

두 번째 치수 보조선 원점 지정: P1 클릭

03 치수 위치 지정하기

치수선의 위치를 지정합니다.

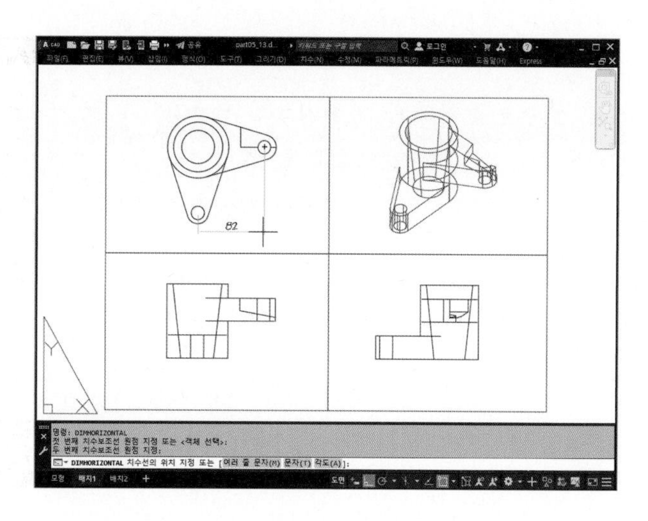

명령

치수선의 위치 지정 또는 [여러 줄 문자(M)/문자(T)/각도(A)]: P3 클릭
치수 문자 = 50

04 수직 치수 입력하기

❶ 수직 치수를 입력하기 위해 **DIMVERTICAL** 명령을 실행합니다. ❷ 치수 보조선의 첫 번째 점과 두 번째 점을 지정한 후 치수선의 위치를 지정합니다.

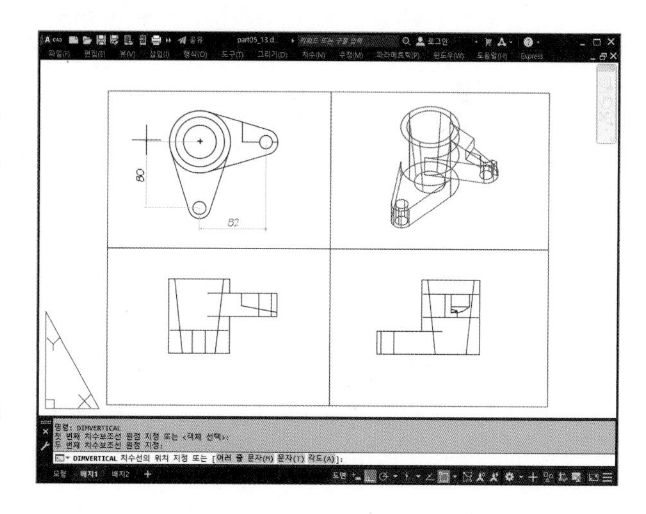

명령

명령: **DIMVERTICAL** Enter
첫 번째 치수 보조선 원점 지정 또는 <객체 선택>: P1 클릭
두 번째 치수 보조선 원점 지정: P2 클릭
치수선의 위치 지정 또는 [여러 줄 문자(M)/문자(T)/각도(A)]: P3 클릭
치수 문자 = 50

05 반지름 치수 입력하기

❶ 반지름 치수를 입력하기 위해 **DIMRADIUS** 명령을 실행합니다. ❷ 가장 큰 원을 클릭한 후 치수선의 위치를 지정합니다.

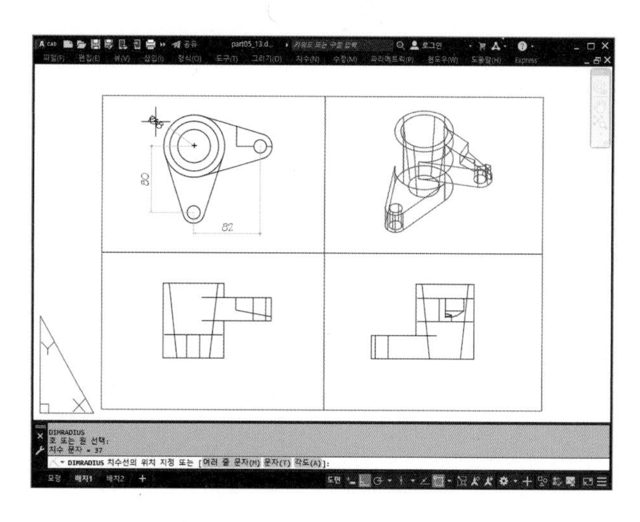

명령

명령: **DIMRADIUS** Enter
호 또는 원 선택: C1
치수 문자 = 5
치수선의 위치 지정 또는 [여러 줄 문자(M)/문자(T)/각도(A)]: P1 클릭

06 문자 입력하기

같은 방법으로 정면 뷰, 우측면 뷰의 치수를 그림과 같이 입력한 후 LINE, CIRCLE, DTEXT 명령을 이용해 각 뷰포트 이름을 만듭니다.

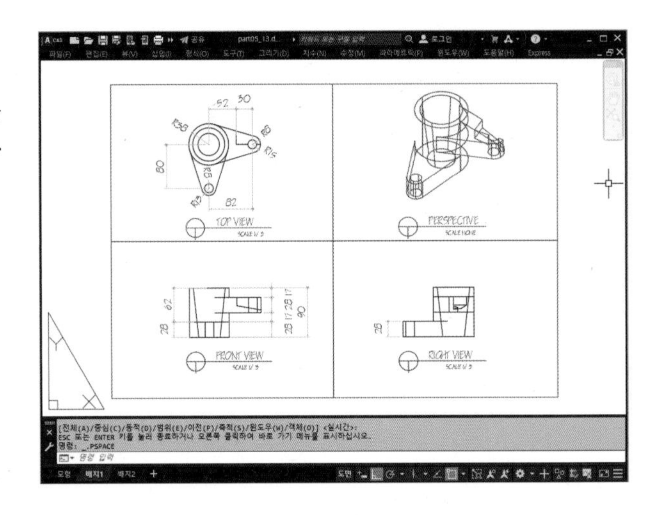

07 셰이딩 상태 지정하기

❶ 3D 모델링 뷰를 더블클릭한 후 셰이딩 상태를 변경하기 위해 SHADEMODE 명령을 실행합니다. ❷ 스케치 상태로 변경하기 위해 SK 옵션을 입력한 후 Enter를 누릅니다.

명령

명령: **SHADEMODE** Enter
VSCURRENT
옵션 입력 [2D 와이어프레임(2)/와이어프레임(W)/숨김(H)/실제(R)/개념(C)/음영 처리(S)/모서리로 음영 처리됨(E)/회색 음영 처리(G)/스케치(SK)/X 레이(X)/기타(O)] <2d 와이어프레임>: SK Enter

08 완성하기

❶ 종이 영역을 만들기 위해 PSPACE 명령을 실행합니다. ❷ 도면을 화면에 꽉 차게 보여주기 위해 ZOOM 명령을 실행한 후 E 옵션을 입력하고 Enter를 누릅니다.

명령

명령: **PSPACE** Enter
명령: **ZOOM**
윈도우 구석 지정, 축척 비율(nX 또는 nXP) 입력 또는
[전체(A)/중심(C)/동적(D)/범위(E)/이전(P)/축척(S)/윈도우(W)/객체(O)] <실시간>: E Enter
배치 재생성 중...

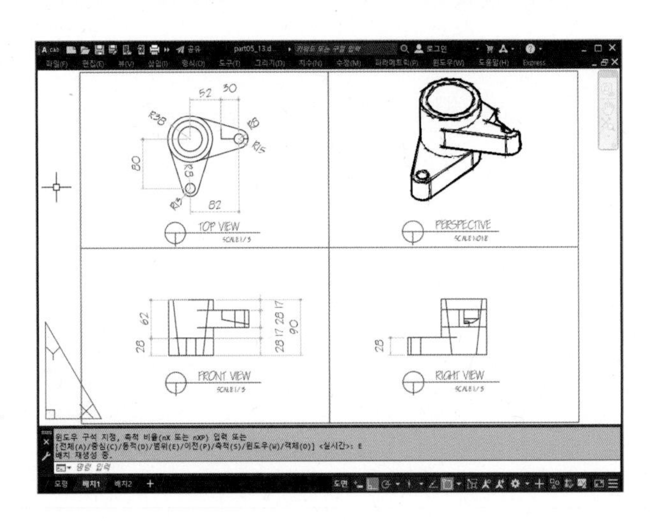

Section

14 원근감 만들기 카메라 설치해 투시도 만들기

3D 모델링에 카메라를 설치해 투시도를 만들어 보겠습니다. CAMERA를 이용해 타깃 포인트와 카메라 포인트를 지정하고 렌즈 크기를 설정합니다. 배경색 컬러를 지정하고 렌더링합니다.

Key Word CAMERA, BACKGROUND, RENDER

예제 파일 part05_14.dwg 완성 파일 part05_1c.dwg

01 카메라 위치 지정

❶ 카메라를 설치하기 위해 **CAMERA** 명령을 실행합니다. ❷ 먼저 카메라 위치를 지정합니다.

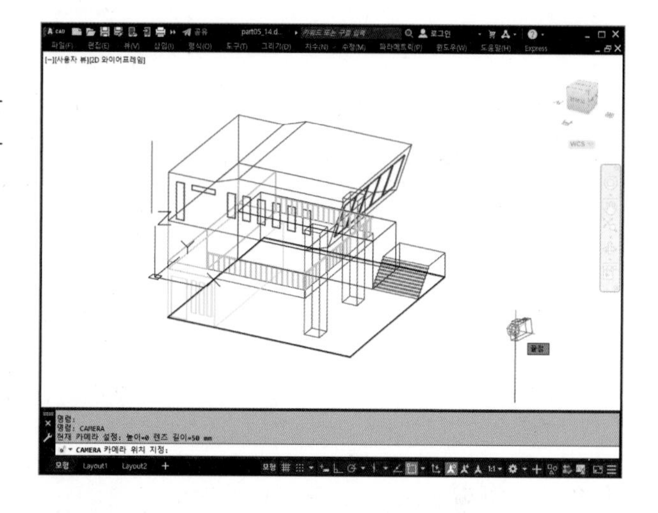

명령

명령: **CAMERA**
현재 카메라 설정: 높이=0 렌즈 길이=50 mm
카메라 위치 지정: P1 클릭

02 대상 위치 지정

카메라 대상 위치를 지정합니다.

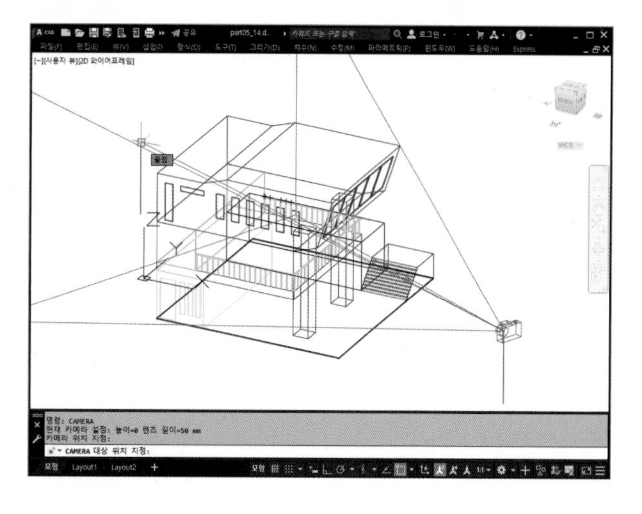

명령

대상 위치 지정: P1 클릭

03 렌즈 크기 지정하기

❶ 렌즈 크기를 지정하기 위해 **옵션 입력 [?/이름(N)/위치(LO)/높이(H)/대상(T)/렌즈(LE)/자르기(C)/뷰(V)/종료(X)]〈종료〉:**에서 LE를 입력하고 Enter를 누릅니다. ❷ 렌즈 길이를 입력하고 Enter를 누릅니다.

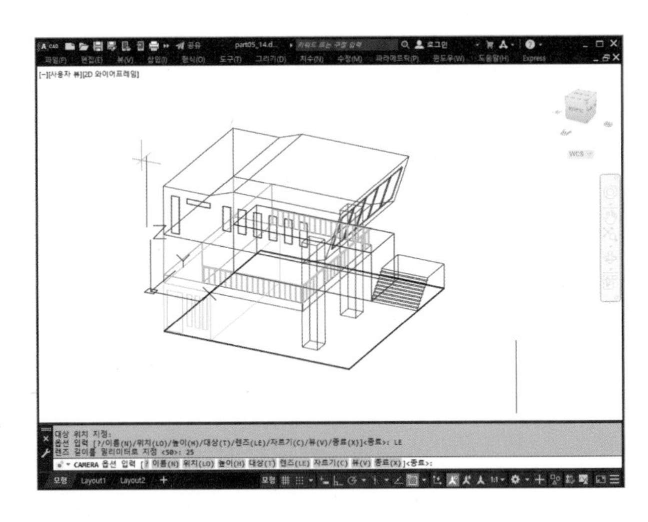

명령

옵션 입력 [?/이름(N)/위치(LO)/높이(H)/대상(T)/렌즈(LE)/자르기(C)/뷰(V)/종료(X)]<종료>: LE Enter
렌즈 길이를 밀리미터로 지정 <50.0000>: 25 Enter

04 카메라 뷰 전환하기

❶ 카메라 뷰로 전환을 하기 위해 **옵션 입력 [?/이름(N)/위치(LO)/높이(H)/대상(T)/렌즈(LE)/자르기(C)/뷰(V)/종료(X)]〈종료〉:**에서 V를 입력하고 Enter를 누릅니다.
❷ **카메라 뷰로 전환? [예(Y)/아니오(N)] 〈아니오〉:**에서 Y를 입력하고 Enter를 누릅니다.

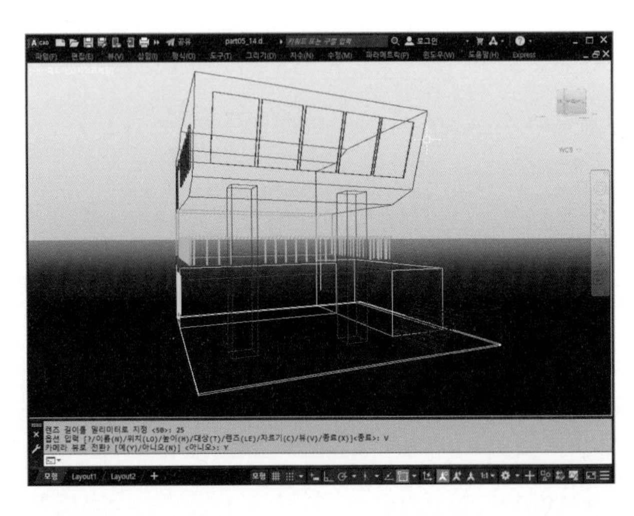

명령

카메라 뷰로 전환? [예(Y)/아니오(N)] <아니오>: Enter

05 배경색 지정하기

❶ 배경색을 지정하기 위해 BACKGROUND 명령을 실행합니다. ❷ [배경] 대화상자가 나타나면 [유형]을 **그라데이션**으로 선택한 후 [그라데이션 옵션]에서 **3색**에 체크 표시를 합니다. ❸ [맨 위 색상]을 **하늘색**, [중간 색상]을 흰색, [맨 아래 색상]을 **검은색**으로 지정한 후 [확인] 버튼을 누릅니다.

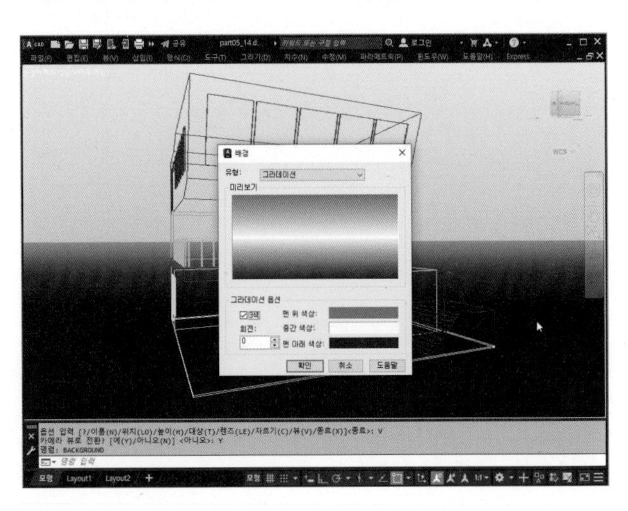

명령

명령: **BACKGROUND** Enter

06 렌더링하기

렌더링하기 위해 **RENDER** 명령을 실행합니다. 만약 [Autodesk Materials Library 설치] 대화상자가 나타나면 [Medium Images Library를 사용하지 않고 작업]을 클릭합니다.

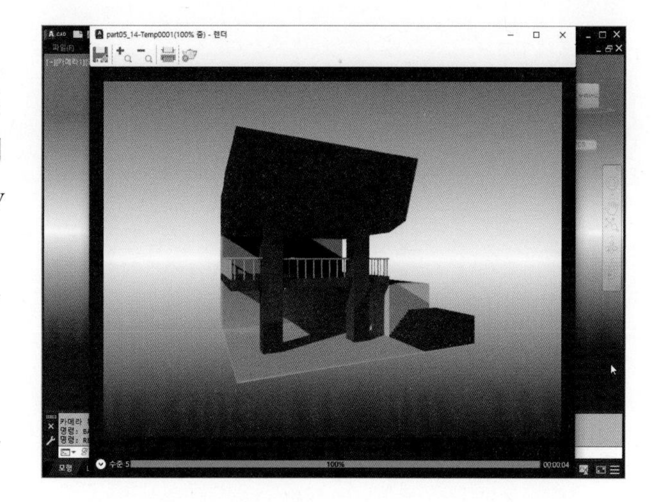

명령

명령: **RENDER** Enter

Point

Autodesk Materials Library 설치

만약 Autodesk Materials Library를 설치했다면 **RENDER** 명령을 실행했을 때 [Autodesk Materials Library 설치] 대화상자는 나타나지 않습니다.

07 이미지 저장하기

❶ 객체 색상을 변경한 후 다시 **RENDER** 명령을 실행합니다. [렌더] 대화상자가 나타나면 모델링이 렌더링된 것을 확인할 수 있습니다. ❷ [렌더] 대화상자의 좌측 상단에 있는 버튼을 눌러 렌더링된 이미지를 저장합니다.

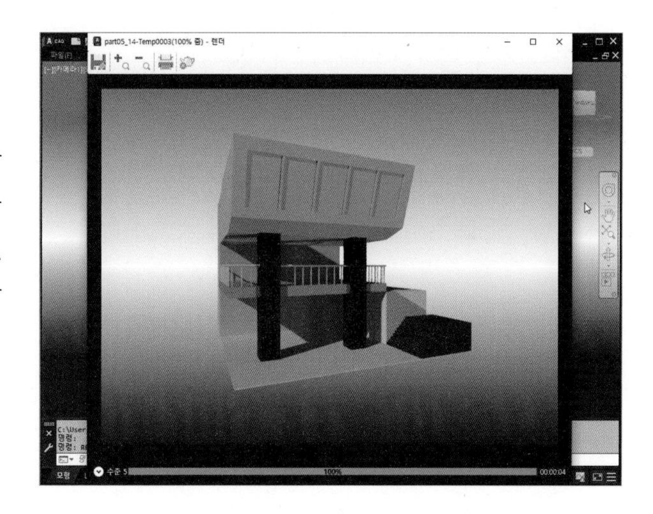

찾아보기

A U T O C A D 2 0 2 3

찾아보기